U0902878

ETHICS

The Summary of the Famous Works on Western Ethics

江西人民出版社

西方伦理学
名著提要

唐凯麟　主　编
杨君武　副主编

E T H I C S

目　录

前　言

参照西方哲学史的分期,西方伦理学史也可以分为四个时期:远古(希腊罗马时期)、中古(基督教中世纪)、近代和现代。但历史的渐进性在每两个时期之间插入了一个过渡阶段:远古与中古之间的基督教早期、中古与近代之间的文艺复兴时期以及近代与现代之间的非理性主义初兴期。这些过渡阶段使喜好规整的反思理性感到为难,然而正是它们使历史过程变得连贯而完整。

西方伦理学的源头可以追溯到哲学问世之前的希腊文学。在希腊神话、荷马史诗、赫西俄德叙事诗、伊索寓言等希腊文学作品中,若干伦理观念在形象和情节中绽放出来。

以理论形态呈现的希腊罗马伦理学通常被分为早中晚三个阶段。毕达戈拉派至前苏格拉底为早期阶段,苏格拉底至亚里斯多德是中期阶段,后亚里斯多德至基督教神学兴起谓之晚期阶段。虽然米利都派是西方哲学史中第一个哲学流派,但该派哲学家们没有任何伦理学文献传世,因此西方伦理学史的正式开端只得后推。毕达戈拉派是第一个有伦理学文献传世的学派，故而该派哲学家们可以被视为第一批伦理学家。除他们之外，早期阶段的主要伦理学家或学派还有赫拉克利特和以普罗泰戈拉为代表人物的智者派等。苏格拉底被认为是使西方哲学发生第一次转向的人。所谓第一次转向，就是从以研究自然的“物理学”(自然哲学)为中心转向以探索人生的伦理学(人生哲学)为中心。此后，希腊罗马伦理学便进入其中期阶段。这个阶段的著名伦理学家除苏格拉底之外，还有德谟克利特、柏拉图、亚里斯多德等。其中柏拉图和亚里斯多德还是全部希腊伦理学的代表人物。在整个希腊时期，唯独他们有比较完整的伦理学著作传世。晚期阶段的伦理学派主要有二:斯多亚派，其创始人是(基提恩的)芝诺，它在罗马帝国时期的代表人物有塞涅卡、爱皮克泰特和奥勒留等。伊壁鸠鲁派的创始人就是伊壁鸠鲁本人，它在罗马共和国时期的代表人物是卢克莱修。希腊罗马伦理学以人生哲学为主，幸福论和德性论是其重心，而个体主义和自然主义是其主流倾向。

基督教早期的伦理思想主要见于《新约圣经》“四福音书”所记载的耶稣言谈中。通过比较摩西的“十诫”与耶稣的“山上训导”(又称“登山宝训”)可以发现，犹太教的伦理是一种起码的义务伦理，而基督教的伦理是一种理想的仁爱伦理。

中世纪基督教伦理学也可以被分为前中后三个阶段。前期阶段(相应于教父哲学)的代表人物是奥古斯丁，他是基督教伦理学的奠基人。中期阶段(相应于经院哲学)的主要代表人物是阿奎那，他是基督教伦理学的集大成者。略显异端倾向的阿伯拉尔也是这个阶段的重要伦理学家。在后期阶段(相应于异端哲学)，R.培根、司各脱、奥卡姆等异端神学家阐述了一些不同于正统基督教伦理学的观念。中世纪基督教伦理学基本上就是神律学，绝对义务论和神学德性论是其重心，而神本主义和禁欲主义是其基本倾向。

文艺复兴时期的伦理思想主要有三个方面。第一个也是最主要的方面是人文主义者的伦理思想。他们中的代表人物有瓦拉、彭波那齐、皮科、爱拉斯谟、蒙田等。另外,但丁、彼特拉克、薄伽丘、拉伯雷、莎士比亚、塞万提斯等在各自的文学作品中表现了一些人文主义伦理观念。第二个方面是宗教改革者们的伦理思想。他们中的代表人物是路德和加尔文等。其中,加尔文的新教伦理更值得重视。第三个方面是政治思想家们的伦理思想。其中,马基雅维里的伦理思想以其反道德倾向最为引人注目。Th.莫尔作为社会主义创始人的伦理思想也值得注意。这个时期还有一位不属于上述三个方面的思想家的伦理思想亦具特色,他就是布鲁诺。

近代西方伦理学的情形比较复杂,它不便从某个单一角度进行区分,而通常从时代、国家、流派三者相结合的角度加以区分。F.培根和笛卡尔是整个近代哲学的开创者,他们也是近代伦理学的开创者。始于F.培根,出现了17—18世纪英国经验主义伦理学,该派的其他代表人物有霍布斯、洛克、休谟等。始于笛卡尔,形成了17—18世纪欧陆理性主义伦理学,该派的其他著名人物有斯宾诺莎、莱布尼茨、沃尔夫等。接着,18世纪法国启蒙派伦理学出场,该派的主要人物有伏尔泰、狄德罗、拉·梅特利、爱尔维修、霍尔巴赫、卢梭等。然后,18—19世纪德国学院派伦理学在高起点上以非凡的气势凸现,该派中有一大批知名人物,而康德、费希特、谢林、施莱尔马赫、黑格尔、洛采、E.哈特曼等是其中的杰出代表。19世纪后期的德国新康德主义伦理学也可以归入学院派,其主要人物有文德尔班、李凯尔特等。与德国学院派伦理学同时,18—19世纪英国功利主义伦理学也以不甘示弱的气势在其经验主义伦理学前辈之肩上矗立着(其实,在近代英国,伦理学中的功利主义者大多是知识学中的经验主义者),该派的主要代表人物是边沁和J.S.密尔,其他知名人物有佩利(神学功利主义者)、西季威克(直觉功利主义者)等。功利主义之后,19世纪英国进化论伦理学又带着不可忽视的特色登台,该派的代表人物是斯宾塞、赫胥黎、克鲁泡特金(其《互助论》最初在伦敦的英文刊物《19世纪》上连载)等。19世纪后期出现的新黑格尔主义伦理学在德英意法美等国都有其代表人物,其中英国的格林、布拉德莱等较为突出。上述各派内的哲学家们的伦理思想中其实存在着基本倾向或根本主张的差异乃至对立,只是为了表述的方便,他们才被归入某个广义上的流派。在这些流派之外,还有一些流派和人物的伦理思想值得注意,如可以被视为直觉主义伦理学先驱的剑桥新柏拉图主义派代表人物库德华兹、H.莫尔和苏格兰常识学派代表人物普赖斯、瑞德,霍布斯的伦理思想的反对者昆布兰和赞成者曼德维尔,可以被视为情感主义伦理学先驱的舍夫次伯利及其门生哈奇森,学术兴趣集中于经济学和伦理学的政治经济学奠基人斯密,在德国学院派之外独立思索的宗教批判家费尔巴哈等。近代西方伦理学大体上就是道德哲学,人性论、良心论、道德源泉和基础论是其主要成分,而在杂然共在的诸种主义中,人本主义、理性主义、功利主义是其主导倾向。

非理性主义初兴期也可以称为现代性哲学预演期,它是西方的近代哲学与现代哲学之间的交叉性过渡时期。此时期的非理性主义哲学主要有存在主义先驱克尔凯郭尔的生存哲学,叔本华和尼采的唯意志主义哲学,狄尔泰、齐美尔、柏格松、居友等的生命哲学。相应地,他们的伦理思想被归入非理性主义初兴期伦理学。应予补充说明的是,新康德主义和新黑格尔主义虽然与唯意志主义和生命哲学共存于同一时期,但由于前二者本质上仍是近代性哲学,因此它们不被归入非理性主义初兴期哲学流派,它们的伦理学也就不被归入此期伦理学。

现代西方伦理学流派纷呈,真正可谓百家争鸣。摩尔被视为现代伦理学的创始人,这是英美学者立足于元伦理学立场得出的见解。德法学者可能把其他人譬如胡塞尔(甚或尼采)视为现代伦理学的创始人。此处不想分辨谁是现代西方伦理学第一人,只想指出:始于摩尔的分析伦理学(又称元伦理学)和源于胡塞尔(还有其导师布伦塔诺)的现象学伦理学是20世纪两个最早出现的伦理学流派。分析伦理学这个术语或许有点笼统,它实际上包容多个支派(直觉主义、情感主义、语言分析),其中最早出现的是直觉主义伦理学,此派主要人物除摩尔之外,还有普里查德、罗斯等。现象学伦理学因其特别关注价值而又称现象学价值论伦理学,此派主要人物除胡塞尔之外还有舍勒、N.哈特曼等。在美国,有一个哲学流派自19世纪末以来就独立于欧洲哲学而自主地成长着,它就是实用主义(后来扩展到其他国家)。该派的伦理学成熟于20世纪初,最重要的代表人物无疑是杜威,其他代表人物有F.席勒、刘易斯等。20—40年代里,在英美出现了情感主义伦理学,在德法出现了存在主义伦理学(后来都扩展到欧美各主要国家)。情感主义伦理学的代表人物有罗素、石里克、艾耶尔、斯蒂文森等。存在主义伦理学的代表人物有海德格尔、雅斯贝尔斯、萨特、马塞尔等。差不多与情感主义的和存在主义的伦理学同时,精神分析伦理学(弗洛伊德主义伦理学)异军突起,其代表人物除弗洛伊德之外,还有赖希、马尔库塞、弗洛姆等。本世纪初,基督教伦理学重整旗鼓,以不同于它在中世纪和近代的刻板面貌之新形象出场。其中较为显著的派别是人格主义、新托马斯主义和新正教派。人格主义伦理学的创始人是鲍恩,其他代表人物有弗留耶林、布莱特曼、霍金、穆尼埃等。新托马斯主义伦理学的最重要的代表人物当推马里坦,其他代表人物有吉尔松、布尔克等。新正教派伦理学的创始人是巴尔特,其他代表人物有布伦纳、尼布尔等。或许因为二战之故,当代西方伦理学的主要阵地无可争辩地转移到了美英等欧陆之外的国家。继直觉主义和情感主义之后的第三派元伦理学是崛起于50~60年代的语言分析伦理学(确切地说,几乎所有现代直觉主义的和情感主义的伦理学家都或多或少分析过伦理语言,而有些语言分析伦理学家属于情感主义者,因为语言分析是一种研究方法,而情感主义是一种理论倾向,二者并不对立),此派的主要人物有诺维尔—史密斯、图尔敏、赫尔等。60年代以来,涌现了诸多阵营不大但影响不小的伦理学流派,如以弗莱彻为代表人物的基督教境遇伦理学、斯马特和布兰特的新功利主义伦理学(前者主行为功利主义,后者持规则功利主义)、以罗尔斯和诺齐克为代表人物的政治伦理学(前者张扬正义原则,后者标举资格原则)、麦金泰尔的新德性论伦理学等。当然,现代哲学的故乡德国在当代也提供了一些值得重视的伦理学建构,如伽达默尔的解释学伦理学、哈贝马斯的交往伦理学等。不容忽视的是,本世纪一些专职的心理学家和生物学家对伦理问题的研究产生了很多有深度的、有新意的或有趣味的观念和学说,前者如皮亚杰的道德发生心理伦理学、马斯洛的人本主义心理伦理学和斯金纳的新行为主义心理伦理学等(弗洛伊德主义伦理学可以归入宽泛意义上的心理伦理学),后者如洛伦兹的基于动物行为学的人性论、道金斯的基于分子生物学的人性论等(他们连同其他一些关注伦理问题的生物学家被合称为新进化论伦理学家)。在现代西方伦理学中,道德哲学、人生哲学和神律学各有其势力范围,元伦理学、价值论、人性论、人生处境论是整个系统结构中的主要板块,而在空前繁盛的和此起彼伏的理论倾向中,相对主义、情感主义、科学主义、人道主义凸现出来。

纵览西方伦理学的发展历程,可以发现,其对象、方法不断增多,其论域、视野不断扩展。就其视野而言,一种滚动式的拓展不难看出。在希腊罗马时期,伦理学采取的只是哲学视野。此期的伦理学只是哲学伦理学。在基督教中世纪,神学视野成为主导视野,哲学视野虽遭挤压,但仍苦苦支撑着自身。此期的伦理学显示出神学伦理学与从属的哲学伦理学并存之状况。在近代,哲学视野复兴,神学视野虽大去其势,但还保留着其施展空间,而心理学视野开始切入(当然还只是经验性的)。此期的伦理学呈现出以哲学伦理学为主干、以神学伦理学和心理伦理学为两翼之样式。在现代,哲学视野和神学视野依然各有其领地,而心理学视野可观地扩展,尤其引人注目的是科学视野(分析视野)以目空一切的架势闯入。此期的伦理学展露出一种哲学伦理学、科学伦理学、心理伦理学和神学伦理学四强争雄之格局(那种以元伦理学为现代西方伦理学的主流的论断似失之片面)。

尽管每一位伦理学家的基本观念和主要学说各不相同(至少他们试图如此),但仍然可以从西方伦理学史中拽出若干传统。它们中声势较大者有:快乐主义(或幸福主义,其极端情形是享乐主义)、节制主义(其极端情形是禁欲主义)、人道主义(其极端情形是人类中心主义)、个体主义(其极端情形是利己主义)、理性主义、功利主义、直觉主义、情感主义。这些传统的历史或久或暂,有些起始于远古而兴盛于中古或近代,也有些策源于近代而兴盛于现代,还有些在近代兴盛过而在现代又呈复兴之势。顺着它们梳理西方伦理学史,较之按照年代排列西方伦理学史,别有一番趣味(限于篇幅,此处不拟对上述诸传统一一加以解说)。

在3000年的西方伦理学历程中,分布着数以百计的伦理学著作或与伦理学密切相关的著作。我们只能有选择地介绍其中很少的一部分。

我们的选择原则是:西方伦理学史中各个时期各个流派的代表性的具有历史意义或重大反响的伦理学著作或包含丰富伦理思想的其他著作。在此原则下,还有一些细节性的考虑,如以近现代伦理学名著为主,兼顾远古和中古的伦理学名著。在被介绍的50部著作中,近现代有45部,远古和中古只有5部。又如以有中译本的伦理学名著为主,适量收入尚未完全译成中文的伦理学名著。在被提要的50部著作中,45部有中译本,5部没有。以下是我们的选择:

《理想国》(约前 374)是远古哲学的高峰代表人物、希腊哲学巨擘柏拉图的多部与伦理问题密切相关的对话录中最重要的一部,也是他最主要的代表作。它虽然主要是一部政治学著作,但包含着非常丰富的伦理思想。其中的正义观(城邦正义和个人正义)以奇特著称,而其中的正义与幸福的关系论足以给人留下难忘的印象(谁敢忘记"暴君型的人比贤王型的人痛苦 729 倍"这样的告诫)。当然,被后人谈论得最多的还是其中的共产公妻主张(在柏拉图那里,此主张仅适用于城邦护卫者阶层)。

《尼各马科伦理学》(约前 330)是远古哲学的另一高峰代表人物、希腊哲学集大成者亚里斯多德的三部伦理学讲义中被保留得最完整的一部。它可以说是西方伦理学史中第一部重要的伦理学专著,对其后 2000 多年的西方伦理学产生了深远影响,历代的许多伦理学家以不同方式阐释、接受和发挥了它。其中的中道说和正义观(分配正义、交换正义和矫正正义)影响尤其重大而深远。而作者所标举的思辩人生是最高级最幸福的人生之信念当令往古来今的无数饱学之士深表赞许。

《论幸福生活》(约 40 年) 是晚期斯多亚派的杰出代表人物、罗马御前哲学家塞涅卡的诸多关涉人生的著作中伦理思想最丰富的一部。作者在其中所阐述的幸福即合乎自然(理性)的生活、德性本身就是幸福、禁欲可以达成不动心的人生至境等观念,成为斯多亚派的标志性命题。据传,塞涅卡实际生活的奢华与其人生哲学所推崇的节制之间具有极大的反差。

《沉思录》(约 171—180) 是晚期斯多亚派另一位杰出代表人物、罗马皇帝哲学家奥勒留在戎马倥偬中撰就的唯一一部随想录式的心性之作,渗透于该书字里行间的悲悯情怀令阅读理性感动不已。它同样阐述了斯多亚派的一些基本观念,如德性自足,顺乎自然(理性)而生活,超然于不幸、痛苦、烦恼和死亡之外(即不动心)等。而作者所倡导的天下一家观念,在时光隧道里不断回荡,成为历代“大善知识”追求的社会理想。像《论幸福生活》一样,《沉思录》对早期基督教也产生过毋庸置疑的影响。

《论意志自由》(389—395) 是中世纪前期最著名的神学哲学家、教父哲学的首席代表人物奥古斯丁的诸多关涉伦理问题的著作中最专门的一部,可以说它奠定了基督教伦理学的基石。这位被标为浪子回头典型(从花心放纵的公子哥到寡欲清心的隐修士)的雄辩术教师基于自己的切身体会、以不容争辩的口气反复强调自由意志是人类罪孽的根源,而这一观念几乎成为后来基督教伦理学界的不刊之论。该书中的原罪说在基督教伦理学史中也非常惹眼。

《君主论》(1513) 是文艺复兴时期意大利多才多艺的“巨人”之一马基雅维里的代表作,据说它与中国的《孙子兵法》一起成为近世以来在西方影响最广泛的两部智慧之书。该书不是一部伦理学著作,但具有浓厚的伦理意味,确切地说,它是一部反道德的政治学著作。凸现于其中的目的证明手段正当之观念是伦理学中一个聚讼纷纭的命题。而作者向各式君主们进献的治国方略大多出于对道德的强暴,由此引起了政治究竟应否与道德联姻的长期争论。

《乌托邦》(1516)是文艺复兴时期英国新进的政治活动家、社会主义创始人之一莫尔所撰的一部被广泛阅读的政治学著作。该书是空想社会主义的开山之作。在它所包含的诸多伦理观念中,私有制是万恶根源,最受重视,这一观念为社会制度之伦理分析提供了一个样本。而作者所揭露的“羊吃人”现象成为英国圈地运动的形象化别称。

《利维坦》(1651) 是近代英国著名的经验主义哲学家霍布斯的最有影响的代表作。它主要是一部政治学著作,但包含着丰富的伦理思想。其中的自然状态说和社会契约论是社会哲学和政治哲学中不容忽视的特色学说。作者对自然状态中人性的自私之描述令人触目惊心。他的名言“人对人是狼”曾被一代嬉皮醒目地印在文化衫上,较之现今某些中国青年背上的“我是流氓我怕谁”更具深度的“个性”色彩。

《伦理学》(1662—1675)是近代荷兰学术品格超众的理性主义哲学家斯宾诺莎的代表作。他琢磨此书就像他磨制光学镜片一样耐心和细致。这是一部涵盖形上学、心理学(心灵哲学)、伦理学等多个哲学分支的著作。其中有关伦理学的两个部分可以说是17世纪理性主义哲学家们的伦理思想的集成。作者所着重展论的自由人说则是当时的理性主义伦理学的标志。

《道德原理研究》(1751)是近代英国经验主义哲学的翘楚休谟的唯一一部伦理学专著。它是在当初“作为死胎从出版社生下来”的代表作《人性论》第三卷“论道德”之基础上改写而成的,较之后者,它更加丰富和深入。该书蕴藏着现代情感主义伦理学的源头。作者所强调的同情说为后来的诸多伦理学家所接受和发展。

《道德情操论》(1759)是英国自由主义经济学创始人斯密不多的著作中其重要性仅次于《国民财富的性质和原因研究》的一部伦理学专著。经济学家撰写伦理学著作,这本身就是一件有趣的事情(斯密本人将其经济学著作和伦理学著作作为“道德哲学”体系的两个部分来撰写)。在前书中,作者强调人的良心和同情,而在后书中,他则强调人的自爱和自利,这种立论差异被西方学界称为“亚当·斯密问题”。《道德情操论》继承了休谟的同情说,并将之推展为公正旁观者说,其良心论、正义和仁慈论、自制论等之中亦颇有灼见。

《爱弥儿》(1762)是影响最大的法国启蒙思想家、激进的民主主义者卢梭的一部包含丰富伦理思想的教育小说。该书中的自然教育说和分段施教理论对近现代教育学产生过明显影响。作者对人性及其与道德的关系进行了透彻和精辟的分析,对同情、良心、幸福等的论说皆具独到之处。

《实践理性批判》(1788)是近代哲学的高峰代表人物、德国学院派体系哲学的开创者康德的三部伦理学著作中最系统、最丰富的一部。这位文风像生活一样严谨的哲人数学证明般地论列的三条“绝对命令”(普遍准则、意志自律、人是目的),将人的道德主体性推到了极至。他将星空的壮美与心灵的崇高并称为世界上两大令人景仰和敬畏不已的事物(“璀璨星空在我头顶,道德律令在我心中”——此言后来成为他的墓志铭),透露出他对美与善的深秘关联的领悟。他的“人为自身立法”之断言,同他在《纯粹理性批判》中所确立的“人为自然立法”之主张一道,在哲学领域中掀起了一场“哥白尼式的革命”。尽管其形式主义和唯动机论多遭诘难,但现代的许多道德理论建构都以不同方式回到康德那里,以寻求基点或者靶的。

《道德与立法原理导论》(1789) 是英国著名法理学家、功利主义创始人和主要代表人物边沁系统阐发其功利主义伦理思想的奠基之作。据说该书是在作者友人的敦促下为了与神学功利主义伦理学家佩利的《道德哲学和政治哲学原理》(1785)争荣而出版的。边沁对功利原则(又称“最大多数人的最大幸福”原则)的证明和分析是西方伦理学史中一项醒目的理论建构,研究者们不论赞成还是反对它,都得用心参详它。

《伦理学体系》(1798)是继康德之后德国学院派体系哲学的杰出代表人物、具有强烈德意志民族主义情感的费希特最重要的伦理学著作。该书在康德先验主义伦理学之基础上有所推展,演绎了伦理原则及其实在性和适用性,以大半篇幅考察了职责。其第三编第三章可以独立成为一部职业伦理学专著。

《论人类自由的本质》(1809)是继费希特之后德国学院派体系哲学又一位杰出代表人物、具有浪漫主义情怀的谢林的一部基督教伦理学著作。它推进了奥古斯丁等中世纪神学哲学家们对自由意志与人类罪孽的关系之探讨。作者别出心裁地将上帝区分为本身与根基两个部分,认为恶源自上帝根基而非上帝本身,既遵循了一切根源于上帝之传统神学观念,又为上帝开脱了责任。从他的自由观联想到存在主义的自由观,不会使人觉得特别牵强。

《法哲学原理》(1821)是近代哲学另一高峰代表人物、德国学院派体系哲学集大成者黑格尔的一部法理学、伦理学、政治学综合著作。它在作者的庞大哲学体系中居于第三阶段的第二环节(三个阶段为:逻辑学、自然哲学、精神哲学,第三阶段的三个环节为:主观精神论、客观精神论、绝对精神论)。“道德”论虽是该书三编之一,但只占总篇幅的1/7稍强。其最值得注意的特点是伦理辩证法(关于动机与效果的关系、善与恶的关系等)。黑格尔所云“做一个人,并尊重他人为人”与康德所云“唯有人是目的本身”有异曲同工之妙。

《伦理学的两个基本问题》(1841)是德国后康德派代表人物、唯意志主义开创者叔本华的唯一一部伦理学专著。它由两篇长文《论意志自由》和《道德的基础》构成。据他自述,这两篇论文的基本观念可以在其代表作《作为意志和表象的世界》第四编中找到。与后著中的人生哲学相比,前书中的道德哲学在特色和影响方面远远逊下。他的自由意志论基本上祖述康德,而他的道德基础论(同情说)虽与康德的有关学说大异其旨,但并非自家体会,至少并非独创,约一个世纪以前的英国思想家们(如休谟、斯密等)早已将同情说炒得火热。

《功利主义》(1861)是英国博学多专(逻辑学、伦理学、经济学、政治学等)的思想家、功利主义的另一主要代表人物密尔所撰的一本小册子(原为一长篇论文)。该书虽薄,但其学术价值不菲。它对功利主义所遭攻诘的辩驳和对其基本原则的相对通俗的阐释可观地扩大了这个英国学派的历史影响。如所公认,密尔的与边沁的功利主义的最大区别,在于后者只看到快乐的量差,而前者还关注快乐的质差。

《幸福论》(1869)是以宗教批判著称于史的、在德国学院派体系哲学之外独立思考的人学唯物主义者费尔巴哈的唯一一部伦理学专著。就像其整个哲学与当时德国的主流哲学格格不入一样，费尔巴哈这部在偏僻乡野写就的著作中的基本观念也跟当时的德国高等学府里的伦理学教授们的基本主张不相与谋。他以人性的自利自爱和趋乐避苦为伦理思考的前提，肯定“健康的”利己主义，反对德国道德学家们的纯粹主义（仿佛利益会玷辱道德的童贞），强调幸福与良心的一致，倡导对个人幸福的追求与对社会义务的履行相统一。

《伦理学方法》(1874) 是英国口碑甚佳的专职伦理学家西季威克的行销一时的（30 余年内再版 7 次）伦理学代表作。有论者称它为 19 世纪以英语出版的最重要的伦理学著作。它对利己主义、直觉主义、特别是功利主义这三种伦理思潮进行了细致的述评。该书对功利主义抱有明显的好感，这表明其作者也是一个功利主义者。不过，他更主张将功利主义与直觉主义结合起来，形成直觉功利主义。

《无义务无制裁的道德概论》(1885)是法国才华横溢而英年早逝的哲学家居友的伦理学代表作。它也是生命哲学伦理学的代表作。说它是 19 世纪以法语出版的最重要的伦理学著作当不为过。在该书中，作者对传统伦理学进行了清算，特别批判了其中的义务观和制裁观。他对快乐主义和功利主义都颇有微词，而力主利己主义与利他主义的统一。他认为人类生命里固有一种利他的扩张力（“道德生殖力”），在强度上不亚于太空中星辰之间的作用力。

《论道德的谱系》(1887)是以思想反叛和价值颠覆为其理论特色的、标志着近代哲学向现代哲学过渡的德国哲理随笔作家尼采的多部伦理学著作中理论性最强的一部。该书对善恶、好坏、负罪、良心谴责、禁欲主义进行了独特的分析和解说。其中的主奴道德之分颇为引人注目。作者明确表示推崇“金发猛兽”的主人道德，而蔑视“虫人”的奴隶道德，坚决反对谴责“猛兽捕食羊羔”之类的强力意志行为。就像他的其他著作一样,患有精神分裂症的尼采的这部伦理学代表作既蕴涵革命的观念亦包藏癫狂的主张。疯癫使尼采的思想增添了几多魅力,而尼采的思想又使疯癫沾上了些许魅力。

《伦理学体系》(1889) 是德国著名哲学教授、畅销教科书《哲学导论》(30 年间印行 42 版次)的作者包尔生的众多研究性教材中唯一一部伦理学著作。它体系宏大,颇有分量。就其基本伦理思想而言,作者可归入康德一派,但他亦显示出调和义务论与目的论的倾向。他所倡导的自我实现论值得重视。该书第二编曾于 1908 年由蔡元培译成中文以《伦理学原理》之名出版,向儒风犹盛的世纪初中国人文学界吹进了一阵清风。

《进化论与伦理学》(1893)是英国生物学家、达尔文进化论坚定的拥护者和雄辩的宣传者赫胥黎的一部伦理学论文集。它由不同年份写成的三篇文章(《导论》、《进化与伦理学》、《科学与道德》)构成,篇幅不大,但堪称进化论伦理学派的代表作。在其中,作者所着重阐述的两种过程说(宇宙过程和伦理过程)颇具创意,而他对同情、良心、正义、荣誉感等的探讨也都有令人耳新之处。如他认为,由于人类荣誉感或羞恶心的存在,舆论比法律更具约束力。

《互助论》(1902)是出生于俄国而活跃于西欧的著名无政府主义者克鲁泡特金的一部包含其基本伦理思想的政治学著作。它最初于 19 世纪 90 年代以单篇论文在英国一刊物上连载。作者在该书中基于进化论以丰富的生物学材料论证互助法则是一切生物(包括人类)的进化规律,并大略地考察了人类的互助史。他自认为其互助法则说是对过分强调生存竞争的达尔文主义的一个重大弥补。在人性论的利己主义和进化论的利己主义的巨大声浪之前,互助论的呼声难免显得势单力薄。但人世间需要的恰恰是“虽千万人吾往矣”的精神,无论在现实生存中还是在理论探究中。

《伦理学原理》(1903)是分析哲学的创始人之一、英国新实在主义哲学家摩尔的代表作。它标志着元伦理学的兴起,因而被视为实现伦理学转向之作。该书被西方学术界认为给伦理学的语言分析提供了一个范本。作者在其中着重剖析了"自然主义谬误"(将善事物的性质等同于善本身),深入批判了传统形上学伦理学和自然主义伦理学(包括快乐主义和非快乐主义两个亚类)。他接受功利主义的一般结论,但非议其具体论据和论证过程。

《新教伦理与资本主义精神》(1904—1905)是德国著名的社会学家和宗教学家韦伯的最有影响的代表作。它最初分上下两篇在他自己主编的刊物上登载,后被汇集成书作为其《宗教社会学文集》第一卷出版。作者在该书中关于新教伦理对西欧近代资本主义的兴起之精神作用所做的社会学的和历史学的分析引起了东西方思想界的普遍兴趣。东亚国家(特别是中国)的人文社科学者们尤其关注此书,因为作者在对比中提到儒家等东方宗教不利于资本主义精神的成长。

《伦理学中的形式主义和实质的价值伦理学》(1913—1916)是仅次于胡塞尔的现象学第二号代表人物、德国神学哲学家舍勒的伦理学代表作。它也是现象学价值论伦理学的代表作之一。在该书中,作者着意批判了康德的形式主义伦理学,系统区分了价值的类型、级次、关系式等,并尝试建构了一种伦理人格主义理论。

《存在与时间》(1927)是存在主义哲学创始人和主要代表人物,继康德、黑格尔、尼采和胡塞尔之后影响最大的德国哲学家海德格尔的毕生代表作(此书是在作者 29 岁时问世的)。它主要是一部形上学和人生哲学方面的著作。在该书中,作者描述了此在的在世存在之现身情态(烦、畏、死),剖析了此在在常人世界中的沉沦(闲聊、猎奇、暧昧),主张此在通过其良知和决断摆脱异化而回归本真能在。作者对人生情态及其异化的玄奥描述引起了艺术界和青年人的广泛兴趣。而萨特则从中单单拈出"生存先于本质"这一命题,作为存在主义的基本原则。

《文明及其缺憾》(1930)是精神分析学的创始人和最主要的代表人物、奥地利思想巨匠弗洛伊德的多部涉及伦理问题的著作中最有分量的一部。弗洛伊德的潜意识说,连同哥白尼的日心说和达尔文的进化论,被视为文艺复兴以来西方的三次科学革命,它们都曾使教会强烈震怒,使人类深感难堪。在此书中,弗洛伊德运用其潜意识说考察人类文明,得出文明虽然标志着人类的进步却是对人性的压抑之结论。他发现,文明压抑本我而扶持超我、制裁快乐原则而推行理想原则,从而导致了包括精神分裂在内的一系列缺憾。潜意识说本身就暗含着文明与本能的冲突,因此弗洛伊德的结论其实是个分析命题。在潜意识中的本我看来,文明给予人类的满足再多再大,也不过如"在寒冷冬夜里将裸露于被子外的大腿抽回来暖一暖"。

《伦理学问题》(1930)是逻辑实证主义的代表人物、维也纳学派创始人和领头人石里克的伦理学代表作。它也是现代情感主义伦理学的代表作之一。它在基本倾向上受到元伦理学和现象学价值论伦理学的双重影响。作者在该书中批判了利己主义和功利主义,考察了善、动机、意志、冲动、快乐、幸福、责任,探讨了价值的标准、特性及其实现途径,还谈论了伦理学的主题、性质、方法、类别等。他反复强调的一个观念是:快乐与道德、幸福与德性是紧密相联不可分割的。在其丰富的内容中,动机形成律和苦中之乐说引人注目。

《道德的人与不道德的社会》(1932)是深切关注现实社会的美国著名基督教哲学家尼布尔的伦理学代表作。它不是一部基督教伦理学著作,而是一部对社会政治问题进行伦理反思的著作。作者在其中多方面地考察了个人与社会的关系,分析了国家道德和阶级道德,探讨了实现社会公正的途径。他对国家道德的自私性的揭露使人们不得不慎重把握爱国主义与狭隘民族主义的界限。而他对道德的人在不道德的社会中究竟该如何生存的诘问是每一个有理性的社会人都无法回避的疑惑。

《儿童的道德判断》(1932)是瑞士杰出的儿童心理学家皮亚杰的唯一一部伦理学著作。它是现代心理伦理学的代表作之一,是个体道德发生学的奠基之作。在该书中,作者以游戏规则为切入点考察了儿童道德规范意识的形成过程,通过分组和对比探究了儿童道德判断的类型和特点,借助具体事例追踪了儿童公正感的演变历程。他所得出的诸多结论不依靠心理学方法也可以思辩地推演出来,但它们依然具有不可低估的理论价值,因为困难的不是提出意见,而是论证意见,特别是实证意见。

《语言、真理与逻辑》(1936)是分析哲学的后起之秀、逻辑经验主义的英国代表人物艾耶尔的成名作和毕生代表作(此书出版时作者年方26岁)。其内容涉及形上学、知识学、伦理学、元哲学等多个哲学分支,因而不是一部伦理学专著,但它包含着作者基本的伦理思想。它也是现代情感主义伦理学的重要文献。作者在该书中批判了主观主义的和功利主义的伦理学(混淆价值判断与事实判断)及直觉主义伦理学(将伦理陈述绝对化),对伦理判断进行了科学主义的分析。他的核心观念是:一切价值判断都只是情感或命令的表达,其有效性没有普遍的标准,它们非真亦非假,不可争论。现代伦理学中的“价值判断不可争论”之论调与近代美学中的“审美趣味不可争辩”之论调如出一辙。实际上,人们一直在就道德价值和审美趣味进行有意义的争论。究竟是常识错了还是哲学错了?

《存在与虚无》(1943)是20世纪最具社会影响的硕哲之一、存在主义哲学在法国的首席代表人物、诺贝尔文学奖获得者萨特最重要的著作。它也是存在主义伦理学的集中表述。该书第一、二卷的内容主要是形上学的,而第三、四卷的内容大多是伦理学的。自由和责任本是个老话题,但萨特在存在主义的论域中谈出了新意。他的绝对自由说令人惊喜,他的人生处境论令人色变,而他的绝对责任说则令人焦虑,于是,自由的神话变成了自由的悲剧。较之《恶心》和《禁闭》等文学作品(生存就是厌恶、他人就是地狱),《存在与虚无》对人生情状的描述还不那么悲观。萨特所坚称的“生活中没有事故”或所转述的“战争中没有无辜的牺牲者”,对于提升人们的责任心确乎是有力的口号,但由于将责任强调到极至而令人不得不“逃避自由”了。毕竟,人生中不能没有任何借口。

《伦理学与语言》(1944)是元伦理学的主要代表人物、美国专职伦理学家斯蒂文森不多的著作中最有分量的一部。它是现代情感主义伦理学的集成和总结之作。该书被西方学界赞许为继摩尔《伦理学原理》之后元伦理学领域中最富创造性的著作。作者在其中系统阐述了情感主义伦理学的基本理论,考察了道德分歧的性质、道德语词的意义和功能以及规范性判断的论证方法。值得注意的是,他并不像某些其他元伦理学家那样将分析伦理学与规范伦理学截然对立起来。

《为自己的人》(1947)是弗洛伊德主义代表人物、关注人性和人生的美籍德国著名哲学家弗洛姆的主要伦理学著作之一。在该书中,作者系统阐述了其人道主义伦理学的意义、特点、基础、传统、基本原则和主要规范等,细致分析了人格类型(生产性定向和非生产性定向,后者进而被分为接受型、剥削型、囤积型、市场型)。他试图证明的最基本观念是:成熟的性格结构和完整的人格(即生产性人格)是一切善的基础和源泉。他对自爱与自私的区分应能打消一般意识关于自我关系的顾忌。他在结尾处指出的“我们的道德问题就是人对自己不关心”令人不禁掩卷深思。对人性的透彻了解使弗洛姆的伦理学获得了非常的深度。

《推理在伦理学中的地位》(1950)是语言分析伦理学代表人物、依然在世的英国知名哲学家图尔敏的第一部学术著作和迄今为止唯一一部伦理学著作。它是语言分析伦理学的代表作之一。在该书中,作者述评了关于道德判断的正当理由的三种传统探究法(客观的、主观的和命令的),考察了道德判断与科学判断的关系,分析了道德判断的特性(规定性和可普遍化)及理由(个人行为的和社会实践的)。不同于前辈元伦理学家(如摩尔、斯蒂文森),图尔敏既不赞成直觉主义,也不加盟情感主义,他的伦理学似是纯粹技术性的伦理学。

《伦理学和政治学中的人类社会》(1954)是20世纪最具社会影响的又一位硕哲、分析哲学的创始人之一、英国现代哲学泰斗、诺贝尔文学奖获得者罗素的诸多关涉伦理问题的著作中较为晚近也较具代表性的一部。有人刻薄地说在罗素一生中其哲学的转换像其婚姻的变迁一样频繁。在伦理学中,他经历了一个两阶段的转变过程:从前期受摩尔影响的非自然主义的直觉主义到后期受桑塔雅纳影响的自然主义的情感主义。该书就集中表述了罗素后期的情感主义伦理思想。在其中,他将伦理学的基础归于人类本性中的冲动和欲望,强调伦理学的基本原则根源于情感之中,主张通过协调各种彼此冲突的愿望达成和谐的世界。一种为人类苦难寻求出路的救世情怀营造了该书的理论氛围。但作者对人性的估价未免过于悲观("把人描绘成神灵与野兽的混合物对野兽来说有失公平")。

《动机与人格》(1954)是美国著名人本主义心理学家马斯洛的代表作。它虽是一部心理学著作,但包含丰富而重要的伦理思想,因此也成为现代心理伦理学的代表作之一。该书中的需要层次论和自我实现说差不多妇孺皆知。作者对以往的心理学和哲学中关于人性的消极看法深表不满,主张建立以"优美心灵管理"为使命的"积极心理学"。他坚信人性中存在着善良的潜质。同是人性的深度探究者,马斯洛没有像譬如弗洛伊德和洛伦兹一样走向性恶论;同是饱经沧桑(两次世界大战和诸多其他巨祸)的人,马斯洛没有像譬如萨特和罗素那样陷入悲观人性论。读马斯洛的乐观人性论和自我实现说,让人感动和激越,情不自禁地遐想人性能飞达星空境界,以体验浩瀚的海洋情怀。

《爱欲与文明》(1955)是法兰克福学派“左翼”代表人物、长期致力于社会批判的美籍德国哲学家马尔库塞的代表作之一。它并未涉及狭义的伦理问题,但它对文明的批判和对人性的剖析无疑具有宏观的伦理意味。据作者自述,他在该书中试图将弗洛伊德主义与马克思主义结合起来以建构一种文明批判理论。他的核心论点是:迄今为止的文明压抑了人的爱欲(升华了的性欲)从而导致人的异化,通过消灭异化使压抑性文明变成非压抑性文明是必要的和可能的。在他看来,现代政治斗争就是“为生存而战,为爱欲而战”。应当说,马尔库塞对工业文明的批判于偏激中包含着灼见。反叛的个性不仅显示于其理论中,而且体现在其行动中:在20世纪60年代里,年逾花甲的马尔库塞走上街头热情支持欧美学生造反运动,以致博得“学生运动精神领袖”、“青年造反之父”等称号。

《功利主义伦理学体系概述》(1961)是新功利主义代表人物、依然在世的澳籍英国哲学家斯马特的伦理学代表作。作者称他意欲建构的不同于古典功利主义的伦理学体系为行动功利主义。在与规则功利主义的批判性比较中,他阐述了行动功利主义的涵义、特点、原则、方法等。他还主张用普遍化仁爱原则补充行动功利主义。斯马特的新功利主义相对于古典功利主义虽然提供了一些新东西,但并非像他自己所说的那样与“传统”没有任何联系。

《境遇伦理学》(1966)是美国基督教神学家弗莱彻的最重要的著作。它也是现代颇有影响的非正统基督教伦理学代表作之一。在该书中,作者从实用主义、相对主义、神学实证主义和人格至上主义等理论前提出发,阐发了律法主义和反律法主义之外的第三种道德决断方法:境遇论,确认了境遇论以上帝之爱为最高原则,例证了关于爱的六个命题,批判了道德领域中虔诚主义和繁琐道德主义这两种传统谬误。相对主义是现代伦理学的普遍倾向。较之世俗伦理学,宗教伦理学对相对主义的爱慕自是更加惊世骇俗。当弗莱彻说撒谎、卖淫、堕胎、婚前婚外性关系在特定境遇中可能是正当的时,教会正统派和老年人怎能不为之震惊呢?

《超越自由与尊严》(1971)是美国新行为主义心理学代表人物斯金纳的主要著作。它也是现代心理伦理学的代表作之一。在该书中,作者运用其"刺激—反应—强化"的行为主义模式探究人类社会生活中的自由和尊严。他断言,以往伦理学对自由和尊严等的解释都陷入了心理主义的迷误之中,而他的行为技术学能够避免这种迷误。他从社会性相倚联系出发解释自由和尊严,声称自由不过是逃避生存环境中的不利因素的倾向,而尊严不过是被赞许的行为的正强化作用之产物。这样,传统的自由观和尊严观就被超越了。在该书中,作者还考察了价值和文化,并探讨了文化设计。应当说,斯金纳对自由、尊严、价值和文化等的论说中有很多令人感到新鲜的见解。然而他彻底取消内在人或自主人而仅从行为技术学层面研究外在人,虽说尚未陷入"人是机器"的机械论,却也将人简单化了。

《正义论》(1971)是依然在世的美国著名哲学家罗尔斯集20年之功撰就的第一部也是他迄今为止最重要的著作。它既是一部伦理学著作又是一部政治学著作。该书被某些人赞誉为当代西方哲学经典,它也的确具有广泛的国际影响。在该书中,作者从原初状态(互不关涉的个人在无知之幕后本着最差条件下的最大利益规则各自选择基本的社会制度)的假设出发,证明只有正义才是最合意的基本社会制度,进而解说了正义的两个原则(平等的自由原则和合理的差别原则与机会的公平原则之结合)和实施正义的两个优先规则(平等的自由优先于合理的差别,正义优先于效率和福利)。他还探讨了其正义论的现实应用和伦理基础。据罗尔斯自述,他的正义论意图以更完备更严密的理论形态恢复洛克—卢梭—康德的社会契约论,以取代在现代西方盛行的功利主义。确实,罗尔斯的正义论就其形式的精致和系统而言在以往一切正义论中无与伦比。自其《正义论》出版之后，再撰有关正义的著作就需要极大的理论勇气。

《无政府、国家与乌托邦》(1974)是依然活跃的差不多与罗尔斯齐名的美国哲学家诺齐克的一部包含值得注意的伦理思想的政治学著作。该书的主题是个人权利与国家的关系。在其中，作者考察了国家的起源和演变过程，探讨了国家的正当性之证明，批判了以往多种伦理政治经济理论(其中对罗尔斯正义论的批判最引人注目)。他所阐述的资格权利论和最低限度国家说颇具特色。关于国家权限，作者既反对无政府主义，也拒斥集权主义("功能扩展国家")，而主张建立"最低限度国家"。关于利益分配，他认为正义原则应被资格原则取代。诺齐克与罗尔斯在分配上的根本分歧是:后者建议将生日蛋糕分给每一个在场者，并且饥饿者应分得较大的一块;而前者力主生日蛋糕只应由过生日者独享，如果他愿意，他可以分一部分给其他在场者。

《自私的基因》(1976)是正当盛年的英国生物学家道金斯的一部关涉人性的畅销通俗生物学著作。视之为进化论伦理学著作亦未尝不可。在该书中，作者提供了许多生动的实例，表述了不少有趣的见解。他的核心观念是:基因是极端自私的，所有生物的演化和繁衍都不过是基因谋求自身利益的结果，一切有机体都不过是自私基因的贮存器和发动机(不消说，人类也不例外)。道金斯实际上将自私当作进化的动力，这与古典进化论伦理学家(如克鲁泡特金)的互助或互利是进化的动力之观念形成鲜明的对照。在分子生物学层面上对人性自私的描述并不比在哲学或心理学层面上同样的描述更具深度，只是前者似乎更"实证"。所谓"自私的基因"，不过是一种比拟的说法而已，跟"无私的蜡烛"之类相仿。

《德性之后》(1981)是依然活跃的新德性论伦理学代表人物、美国知名哲学家麦金太尔的主要著作。在该书中，作者辨析了当代道德分歧的实质，批判了盛极一时的情感主义伦理学，反思了近代启蒙运动论证道德合理性失败的原因和后果，追溯了亚里斯多德以来的德性论传统，提出只有回归亚里斯多德的德性论并使之处于道德理论和实践的中心地位才能解决当代道德危机。他还从德性与实践的、与个人生活整体的、与传统的关系这三个角度阐述了他自己的德性论。其中，内在利益说和个人生活整体说值得注意。麦金太尔的德性论开辟了社会批判和文化批判的一个新视角，不同于弗洛伊德主义的人性论视角和法兰克福学派的政治学视角。

《伦理经济学原理》(1988)是正当盛年的以经济伦理学研究著称的德国哲学家科斯洛夫斯基的主要著作。可以说它在经济伦理学领域中具有开拓性。在该书中，作者探讨了伦理经济学的诸多方面(如前提、起因、对象、特点、目的、意义、基本原则、主要问题等)，特别着重考察了伦理学与经济学的关系。在全书宽松的逻辑结构中，贯穿着德性与效益的关系这一主题。此书对于市场经济初创时期里中国的经济发展实践具有指导意义，对其经济理论建构具有借鉴意义。顺便指出，科斯洛夫斯基曾与中国学者合作研讨过经济伦理问题。

应该说，我们所选介的著作各有其独特的地位和意义，因而都是重要的，但这并不意味着某些未经选介的著作不重要，更不意味着入选的著作都比未入选的著作重要。事实上，因篇幅、时间和资料等方面的限制，我们的选择尚有一些不容忽视的遗漏。其中特别要提及的有：在思想和行动上都具有反叛倾向的中世纪异端神学哲学家阿伯拉尔的《伦理学》(1135，这是漫长的中世纪里唯一一部知名的伦理学专著)，中世纪里影响最大的神学哲学家阿奎那的《神学大全》(1265—1273，该书第二卷可谓中世纪正统基督教伦理学的集大成之作)，18 世纪法国杰出启蒙思想家爱尔维修的《论人》(1773，这是法国启蒙思想家们的诸多著作中伦理思想最丰富的一部,“合理利己主义”就是在其中被阐述的),19 世纪英国百科全书式的哲学家、被称为“维多利亚时代的亚里斯多德”的斯宾塞的《伦理学原理》(1873—1893,该书是进化论伦理学的最系统的代表作),实用主义哲学的集大成者、被誉为“美国人民的顾问、导师和良心”的杜威与他人合著的《伦理学》(1908,该书是实用主义伦理学的代表作),现代最有影响的正统神学哲学家、新托马斯主义的最主要代表人物马里坦的《道德哲学》(1952,该书是作者多部伦理学著作中分量最重的一部,也是新托马斯主义伦理学的代表作),语言分析伦理学代表人物赫尔的《道德语言》(1952,该书标志着语言分析伦理学的一个新阶段)等。若本书再版,我们希望能够对上述遗漏有所弥补。

关于名著选择,还有一点应予说明:有少数伦理学名著(如毕达戈拉派的《金言》、伊壁鸠鲁的《致梅诺寇函》等)由于篇幅过短不便介绍,因此也未收入本书。

本书各篇提要的写作风格不尽相同,或深细或宏约,或直述或概论。但它们也显出一些共同特点:首先,它们都严格忠实于原著,以比较“客观的”转述为主,一般不做评议,最多只予点评,而留待读者判断和评价。其次,它们都把握了原著的重点和特点,并力求确切地介绍其中的主要伦理思想。再次,它们多半参考了原文著作,或直接根据原文本撰写,或对照中译本和原文本撰写。本书是一部介于教材与论著之间的集知识性、理论性、资料性于一体的读物,它对于伦理学初学者具有导引和领读功能,对于伦理学研究者也不无参考和索引价值。

在本书编撰过程中,作者们普遍感到不像原先所设想的那么轻松。在一定意义上,编写名著提要比撰写研究论文困难。他且不论,仅述一点:研究论文中对某个学说的引述只需翻阅一下原著的某页某段即可走笔,而名著提要中对某个学说的介绍则需要通读整部原著后方敢落墨。人们一般不会看重名著提要之类文章的学术价值,我们自己也不曾如此期许。但我们认为,通达学术殿堂的阶梯总得有人铺设。

本书由唐凯麟任主编、杨君武任副主编。其基本作者队伍由湖南师范大学伦理学研究所和哲学系长期从事伦理学或西方哲学教研的教授和副教授组成。其他作者大多是专门从事伦理学教学或研习的青年教师和博士生、硕士生。在经集体讨论确定书目之后,各位作者分别编撰各自所承担的部分。稿件由杨君武初统,最后由唐凯麟审定。初统工作主要包括三个方面:其一是修改文字。初统者对各篇提要做过或多或少的文字修改,调整了若干提要的局部结构,改写了个别提要中的一些段落。其二是统一译名。初统者参照当前中国较具权威性的哲学辞典统一了一些人名、书名和伦理学术语的译法。这种统一也涵盖了出自中译本的直接引述,因此幸勿以为是引述不确(翻译本是见仁见智之事,容有改动)。其三是补注重要术语原文。初统者为大多数未标明重要术语原文的提要做了补注(包括古希腊语、拉丁语、意大利语、英语、法语、德语六个语种),对部分标注了重要术语英文的提要也做过某些改动(如改英文为德文或法文,因其原文为德文或法文)。应予说明的是,少数著作的原文本初统者没有找到,其中的重要术语原文是根据相关参考书推定的,与原文本中的表达或许略有出入。此外,初统者还为每篇提要补写或改写了原著版本说明,补注了某些提要所缺的直接引述出处,调整了若干提要的注释方式。这些改动因时间紧迫未及与各位作者一一商榷,或有不妥,容存异议。

编　者

1999,11,20

柏 拉 图

理想国* (约前 374)

柏拉图(Πλατων,前 427—前 347)是古希腊哲学巨擘。他出生于雅典城的名门望族,双亲皆有贵族血统。他原本与其外祖父同名(阿瑞斯托克勒),大抵因肩部宽大(另说前额宽阔)而获时人所赐"柏拉图"绰号①。贵胄之家保证了他从小就获得良好的教育,但也使他自幼养成根深柢固的贵族意识,对民众心存不屑,对民主怀有敌意。少年时,他受过贵族子弟所热衷的骑兵训练,并在诗画乐等方面初显多面才华。他创作过史诗和悲剧,这种早年的文学经历为他后来的文采飞扬的哲学对话录的写作铺垫了良好的基

---

* 原书名为 ΠΟΛΙΤΕΙΑ。又译《国家篇》。本文根据中译版《理想国》(郭斌和、张竹明译,北京,商务印书馆,1986 年)撰写,同时参阅了希腊文 - 英文对照本 ΠΟΛΙΤΕΙΑ: THE REPUBLIC(保罗·肖莱译,伦敦,威廉·海纳曼出版有限公司,和坎布里奇,哈佛大学出版社,1935 年)。

① 在古希腊语中,πλατων 有"广阔"、"宽大"之意。

础。对哲圣苏格拉底的仰慕使他选择了哲学探究。冠年到来之时,柏拉图开始追随他自幼相识的苏格拉底研习哲学。这一过程持续了大约 8 年。前 399 年,苏格拉底因"亵渎神灵"和"腐蚀青年"(真实原因是个人冤仇)被雅典当局所指使的法庭判处死刑。这一事件对柏拉图触动甚大。是年,在高涨的反苏格拉底声浪中,柏拉图避难到麦加拉城,投奔其同门师兄。而后,他开始游历四方,先后到过南意大利和埃及等地。约公元前 395 年,几近不惑的柏拉图返回故乡雅典,开始独立的学术研究。此后 40 多年里,除了一次应征入伍参加科林斯战争中的一场战役和三次前往西西里岛的叙拉库谋求自己的政治理想的实现之外,他基本上致力于哲学活动。据说他的第一次西西里之行以被抛入奴隶市场而告终。幸得一位朋友发现并赎出,他才不致沦落为奴。素来卑视奴隶的柏拉图为了答谢这位朋友使他摆脱了奴隶命运,预备了一份丰厚的礼金,但是该礼金被谢绝,于是柏拉图便用它买下英雄阿卡德姆纪念堂附近的一座花园,并于公元前 387 年开始在此聚徒讲学。这个堪称西方历史中第一座高等学府的学园持存了近千年,直至公元 529 年被东罗马皇帝尤斯提尼查封。在他的第三次西西里之行失败之后,他对政治再也不闻不问,而潜心哲学探究、著述和讲授,直至 80 高龄时谢世。据说他是在参加一位友人的婚礼时退避一隅悄然与世长辞的。没有记载表明柏拉图结过婚,也许他确实甘愿一辈子做个"精神恋人"。

柏拉图是西方哲学史中第一位有完整著作传世的哲学家。他一生写过很多对话录,现存 30 余篇,其中一些被疑为伪作。另有 13 封信札归于他名下,但据考证只有第六、七、八封较为信实。他的对话录可以分为四个时期:第一是苏格拉底时期。在此时期,他尚未形成自己的哲学,而大多记述其导师苏格拉底的思想。属于这个时期的对话录有《申辩篇》、《克里托篇》、《尤丢弗罗篇》、《拉凯篇》、《卡尔密狄篇》、《普罗泰戈拉篇》、《大希匹阿篇》、《小希匹阿篇》、《伊安篇》等。第二是过渡时期。在此时期,他从追随苏格拉底哲学过渡到创立自己的哲学。属于这个时期的对话录有《吕思篇》、《克拉底鲁篇》、《尤丢德摩篇》、《米纳特纳篇》、《高尔吉亚篇》等。第三是成熟时期。在此时期,他在诸多基本哲学问题上形成了自己的学说,并初步建构起自己的哲学体系。属于这个时期的对话录有《美诺篇》、《斐多篇》、《会饮篇》、《费德罗篇》、《国家篇》(又译《理想国》)等。第四是晚年时期。在此时期,他继续完善自己的哲学体系,并对以往的一些哲学观念加以修订。属于这个时期的对话录有《巴门尼德篇》、《泰阿泰德篇》、《斐勒布篇》、《智者篇》、《政治家篇》、《提迈欧篇》、《法律篇》等。在他所有的对话录中,较重要的有《巴门尼德篇》(形上学著作)、《提迈欧篇》(自然哲学著作)、《泰阿泰德篇》(知识学著作)、《国家篇》(伦理学和政治学著作)、《法律篇》(政治学和法律学著作)、《大希匹阿篇》(美学著作)等,而最重要的当推《国家篇》。

《理想国》是柏拉图思想成熟时期的一部对话录,撰著于约公元前 374 年,但不是一部一气呵成的著作,因此其内容首尾有重复和先后不连贯,其整体结构不紧凑和不利落。它用叙述体写成,分十卷(卷中节次为近世编校者所分),各卷皆无任何标题。其内容涉及伦理学、政治学、艺术学、知识学等多个学科。对话的虚拟场所是雅典海滨城市佩莱尤斯港豪门大户克法鲁斯之家。时值猎神节,苏格拉底与格劳孔到该地向狩猎女神本狄斯献祭并观看赛会,邂逅克法鲁斯之子波勒马库斯,被后者强行请到家中作客。聚谈伊始,关于正义本质之争论便发生,于是一场漫长的多角对话拉开了序幕。对话的主角是苏格拉底和格劳孔,其他重要的参与者有阿戴曼托斯、特拉叙马库斯、波勒马库斯、克法鲁斯等。被讨论的主要问题依次有:正义的本质,正义与幸福的关系,城邦(本文中的城邦可被替换为国家)的形成,卫国者的艺教和体育(含城邦对诗艺和音乐的要求),城邦的正义,个人的正义,女性作为卫国者,卫国者的婚姻和生育，哲学家作为统治者(含哲学家的品性)，认识的等级，监护者的高级教育(算术、几何、天文学、辩证法)，四种政体(荣誉政体、寡头政体、平民政体、暴君政体)及相应的四类人的特性，再论正义与幸福的关系，诗艺的两个缺陷，前生后世的报应等。在散漫的论题中依然可以发现正义及其与幸福的关系是本书的主题。该书思想密度不大，时有精彩言论，多用类比隐喻，言语畅达生动，读来确乎是一种享受。限于篇幅，本文仅撮要其中的伦理思想。

《国家篇》中的伦理思想主要分布于第一、四、六、九、十卷中。下面分二节介绍其中的主要伦理学说。但有必要在此先行简介其他一些重要的伦理观念。关于善理念与个别善的关系，柏拉图提出，善本身是各种个别善的实在，神灵所创造的可知世界中的善理念(αγαθουιδεα)是可见世界中的一切善事物的根源(参见第六卷第18~19节)。这表明他在道德根源论上还是一个神秘主义者。顺便指出，柏拉图所云善理念不仅是一切善事物的根源，而且是一切可感事物的根源，因而可被视为世界的本原。关于善恶的本质，柏拉图虽未曾明言，但在多处将善与正义、恶与非义并称甚或等同，且明确表示不同意以快乐为善、以痛苦为恶之世俗见解(参见第一卷第21~22节和第六卷第17节等)。这显示出他与古希腊伦理学中颇为得势的快乐主义善恶论分道扬镳。关于德性与邪恶的关系，柏拉图主张邪恶是心灵的德性之缺失，并指出：心灵的德性即正义，而心灵的邪恶即非义；德性似是心灵的健康、优美和坚强有力，而邪恶似是心灵的疾病、丑陋和软弱无力(参见第一卷第24节和第四卷第19节)。邪恶是心灵的德性之缺失这一主张启发了中古时期基督教伦理学中一个普遍而重要的观念：恶是善之匮乏。关于艺术与道德的关系，柏拉图在第二、三、十卷中零散地表达了不少看法。归结起来，他关于此题的基本观念有：优秀的艺术作品可以涵养良好的品质，而恶劣的艺术作品非特无此功效，反而败坏人心中固有的德性;为了营造出良好的文化环境,艺术作品必须经受审查和删改;为了培训出合乎正义要求的治国者和卫国者,艺术教育必须服务于和服从于道德教化(参见第二卷第 17 节、第三卷第 9~13 节和第十卷第 6~8 节等)。柏拉图的这些意见开启了艺术标准道德化以至政治化的先河。

一、城邦正义和个人正义

1.正义不是什么

正义是《国家篇》的中心论题,其副题就是"论政治正义"(περι δικαιου πολιτικος)。

在该书第一卷中对话开始不久,"正义是什么"就被提出。在回答正义是什么之前,柏拉图先行规定了正义不是什么。他借苏格拉底之口批驳了三种正义观①。

第一种正义观由对话情境中的老主人克法鲁斯提出(转述抒情诗人希蒙尼德的见解):正义(δικαιοσυνη)就是有话实说、有债照还。对此观念,苏格拉底的批驳非常简单。他使出他擅长的杀手锏(证伪法),仅用一个反例来否定它。他提出,有话实说、有债照还有时是正义的,有时则是非义的。譬如,将你朋友头脑清醒时借与你的一件武器还给已经疯癫的他,就是非义了。将全部事情告知一个疯子也是非义的。尽管将正义仅仅规定为不撒谎和不赖账确实不可接受(因为极不完整),但是以极端情形中的一个例子推翻通常情形中的一条规则亦不可接受(因为严重违背逻辑要求)。

① 在第二卷开头处,苏格拉底的随从格劳孔转述了第四种正义观:正义就是守法践约。此说基于下述预设:正义源于在社会交往中尝过非义所带来的甜头也吃过非义所造成的苦头的人通过制定法律签订契约所达成的折衷。但是柏拉图没有借苏格拉底之口对此正义观予以评说。

第二种正义观由对话情境中的少主人波勒马库斯提出(重新解释希蒙尼德的见解):正义就是以利待友、以害报敌。经过一番辩论之后,提出者要求将其看法修改为:对真正是好人的朋友待之以善(αγαθos),对真正是坏人的敌人报之以恶(κακos),这才算是正义。但就是对这种被修改的看法,苏格拉底还是穷追不舍地盘问。他以为,坏人受到伤害后会变得更坏,而这是一个好人所不愿看到的事情。伤害任何人都不是正义者(好人)的功能,而是非义者(坏人)的功能。正义者不会以其正义使人变得非义,好人不会以其德性(αρετη)使人变坏。因此不言而喻的结论就是:对真正是坏人的敌人报之以害不合正义的要求,上述正义界定不能成立。柏拉图对第二种正义观的批驳的前提(伤害任何人无论如何都是非义)之荒谬可谓妇孺皆知。照此说来,惩罚罪犯这种最基本最普遍的正义反倒是非义的。

第三种正义观由对话情境中的旁听者特拉叙马库斯提出:正义就是强者(统治者)的利益,因为在任何地方法律都是由强者(统治者)制定的。对此,苏格拉底花费了较多的功夫予以批驳。首先他揭露隐藏于其中的矛盾:统治者(αρχων)在立法时难免出错,他们有时会无意中制定一些对自身不利的法律,当他们命令民众遵守这些法律时,分明就是让弱者去做对强者不利的事情,这就等于说正义也可能对统治者不利。然后他通过他惯用的类比法引出相反的结论:各种技艺都是为了对象的利益而非为了它自身的利益,医术不是为了医生的利益而是为了病人的利益,骑术不是为了骑者的利益而是为了坐骑的利益,航海术不是为了船长的利益而是为了水手的利益,同理,统治术不是为了统治者(强者)的利益而是为了老百姓(弱者)的利益,换言之,正义不是强者的利益而是弱者的利益。柏拉图显然是为辩论而辩论,他本人绝对不会承认正义就是弱者的利益,只因他要驳倒正义是强者的利益,他才推导出前一结论来。在他的类比推理中存在着明显的不合规则之处。

批驳了三种正义观之后,柏拉图并未紧接着阐明自己的正义观。直至第四卷中,这一学术使命才被履行。在该卷中,正义被分为城邦正义和个人正义,前者先于后者被探讨。

2.城邦正义

柏拉图从古希腊四主德入手探讨城邦的正义。他认为他所构设的理想国应具备明智(σοφια)、勇敢(ανδρεια)、节制(σωφροσυνη)和正义这四种德性。一个城邦之所以被称为明智的,是因为它被谋划和被管理得好。而谋划和管理国家的知识属于统治者。因此明智是统治者的德性。统治者的明智就是在政治事务上深谋远虑。

一个城邦之所以被称为勇敢的,是因为它的民众在战场上无所畏惧和毫不退缩。而这些特点属于卫国者(φυλαξ)[①]。因此勇敢是卫国者的德性。但是柏拉图对勇敢的解释比较奇特。他认为,勇敢就是保持,保持法律通过教育所确立的关于什么该怕什么不该怕的信念。换言之,除了不违法之外,什么事情都敢做。柏拉图的可能用意是将不法之徒的铤而走险之勇排除在真正的勇敢之外。但是他对勇敢的界定不只是适用于卫国者,而是适用于一切守法公民。

一个城邦之所以被称为节制的,是因为其各个阶层的人的欲望都很好地得到控制。这种德性不属于某个阶层,而属于整个城邦。节制贯穿整个城邦,把智慧、力量、财富或人数等方面的最强者、居中者和最弱者结合起来,造成一种整体的和谐,就像节奏贯穿整个音阶,将各种强弱的音符结合起来,产生一曲和谐的交响乐一样。这里出现一种理论的不对称。细心的读者必定预期第三种德性(节制)应归属第三个阶层(谋生者),但是柏拉图让这种预期落空了。他对节制的解释是:通过对欲望和享乐的控制达成的一

---

① 在古希腊语中,φυλαξ或其诗意拼写 φυλακos 既有护卫者、卫国者之意,也有管理者、监国者之意,本文依语境之不同分别将之译为卫国者、监护者或监国者。

种良好的秩序、一种自主的状态。就城邦而言,节制就是为数众多的平庸的下等人的欲望被少数优秀的上等人的欲望和智慧所统治;就个人而言,节制就是心灵中天然较大且较坏的部分(欲望)被天然较小且较好的部分(理智)所统治。节制的城邦和节制的个人都可被称为"自己的主人"。

在找到明智、勇敢和节制之后,柏拉图认为正义就不难发现了。

他对正义的解释有多种,其意旨大同而小异:正义就是每个人都只做自己的事(适合于自己的本性的事情)而不兼做别人的事(不适合于自己的本性的事情);正义就是每个人作为一个人干他自己份内的事而不干涉别人份内的事;正义就是每个人拥有自己的东西和从事自己的事情。简言之,正义就是各行其是、各安其分。

落实到城邦。一个城邦之所以被称为正义的,是因为它内部分工明确和秩序井然。具体说来,城邦的正义就是监国者(φυλακοs)或统治者、辅助者(επικουροs)或卫国者、谋生者(χρηματιστηs)① 这三个阶层的人各行其是而互不干涉。这种德性不专属某个阶层,而属于各个阶层。

依据柏拉图在他处的相关言论,城邦正义的目的是维持城邦的秩序和各个阶层的和睦,用现代话语来说,就是保持安定团结的政治局面。他的城邦正义观表明他在个体与群体的关系论上是一个国家至上主义者,而在对待社会各阶层的态度上具有浓厚的贵族精英意识。这种学说毫不掩饰地褫夺了公民的自由(择业自主)和平等(机会均等),从而恰恰违背了政治正义的基本规定。也许

① 在古希腊语中,χρηματιστηs 的本义为"赚钱者"、"经营者"、"从事实业者"。柏拉图用它主要指生产者,当然也包括经商者。在中译本《理想国》中,它被译为"生意人",似不妥。本文将之译为"谋生者"。

柏拉图本意非此,但是他的学说完全可以作如是观。

3.个人正义

界定城邦正义之后,柏拉图便着手解析个人正义。

他以城邦结构类比个人心灵。城邦中有三个阶层,而心灵中有三个部分,它们之间的对应关系是:谋划者(即统治者)——理智(λογισμος),辅助者(即卫国者)——激情(θυμοειδες),谋生者——欲望(επιθυμια)。他认为,使城邦获得明智、勇敢、节制和正义之美称的品质与使个人获得这些美称的品质是同一的。

一个人之所以被称为明智的,是因为他的理智明了心灵的三个部分的共同利益和各别利益,在整个心灵中起着领导作用,向其他部分传授行为信条。简言之,个人的明智就是其理智统率和指导其激情和欲望。

一个人之所以被称为勇敢的,是因为他的激情无论在欢乐中还是在苦恼中都保持着理智所教导的关于什么该怕什么不该怕的信念。换言之,个人的勇敢就是在一切情形中都敢于做其理智所鼓励所支持的任何事情。

一个人之所以被称为节制的,是因为他的激情和欲望一致地赞成他的理智对它们的领导,三者彼此友好、和谐共存。对个人节制的这种解释预支了个人正义的部分内涵(即心灵三个部分和谐共存)。

而一个人之所以被称为正义的,是因为他心灵中的三个部分各司其职,理智为整个心灵的利益谋划因而起领导作用,激情服从理智并协助理智保卫心灵和身体不受外敌侵犯,而欲望亦甘愿接受理智的统领和指导。正义的人不会让其心灵中的三个部分相互干涉、越职擅权;他会安排好自己内部的事情,使自身内秩序井然,使自己成为自己的主宰;他会将其心灵的三个部分结合起来予以协调,就像乐师将高音、中音、低音及其间的各音集合起来予以协调,以形成一个和谐的整体。

从反面来考察个人正义,非义就是心灵的三个部分争斗不和、相互干涉和彼此僭越,一个部分起而反抗另一个部分乃至整个心灵,企图取得领导地位;非义就是心灵三个部分的混淆和迷失。柏拉图甚至认为,与四主德相反的四主恶(无知、怯懦、放纵、非义)乃至一切邪恶都出自心灵三个部分的混淆和迷失。

可以看出,个人正义的实质是情感和欲望服从理智的统率,或者以理率情制欲。个人正义的目的是保证心灵的健康、和谐。这种个人正义观表明柏拉图在人性论上是一个唯理主义者。

在解说了个人正义之后,柏拉图简单地谈及正义的人不行诸恶。他指出,这样的人不会贪污公共财宝、不会偷窃他人钱物、不会出卖朋友、不会背叛祖国、不会不守誓约、不会与人通奸、不会忤逆父母、不会亵渎神灵等。这一切的原因就在于他的心灵的各个部分各尽其职,领导者领导着,被领导者被领导着。

至此,柏拉图认为他已发现正义的城邦、正义的人和正义城邦中的正义、正义人中的正义各是什么。

二、正义与幸福的关系

1.正义者还是非义者幸福

城邦正义和个人正义的本质是《国家篇》的主题的一个方面,而正义与幸福的关系则是其另一个方面。

在第一卷后半部分中,苏格拉底被特拉叙马库斯倾泻出的一大段高谈阔论引得偏离对正义本质的规定,而进入对正义与幸福的关系之辩论中。特拉叙马库斯的那段话归结起来就是:正义者与非义者相比总是处处吃亏,非义比正义对个人有利得多,因此最不顾正义的人就是最快乐的人,而最不愿为非作歹的人就是最苦恼的人[①]。柏拉图让其苏格拉底(姑为反方)与特拉叙马库斯(姑为正方)就此论调展开了激烈的辩论。

在辩论第一段结束时,反方诱导正方爽快地承认:正义者不求胜过同类只求胜过异类,而非义者则企求既胜过同类也胜过异类。在辩论第二段结束时,反方迫使正方勉强同意:正义者既智又善,非义者既蠢又恶。在辩论第三段中,反方说服正方逐步接受:在城邦、家庭、军队或其他任何团体里,正义使人们友好、和睦、协作,而非义使人们仇恨、分裂、争斗,使他们彼此为敌、相互倾轧、不能一致行动;非义在个人中同样产生其全部消极后果,先是使他自相矛盾、自我冲突、丧失主见、不能行动,再是使他与自己为敌、与正义者为敌;正义者是神灵的朋友,而非义者是神灵的敌人;正义者比非义者能够做得更好,绝对非义的坏人绝对做不成任何事情。在这些辩论阶段中,类比推理反复被运用,其中有些地方显得非常牵强。

在辩论第四段中,反方通过多步骤演绎推理牵引着正方走向自己的结论:第一步,任何事物之所以能够发挥其特定的功效,是因为它具有特定的德性;第二步,心灵若丧失其特有的德性就不能很好地发挥其特有的功效(筹划、管理、指导人生);第三步,正义是心灵的德性,而非义是心灵的邪恶(德性的缺失);第四步,正义的心灵(好心灵)一定筹划、管理和指导得好,而非义的心灵(坏心灵)一定筹划、管理和指导得孬;第五步,具有正义心灵的人(正义者)必定生活得好,而具有非义心灵的人(非义者)必定生活得糟;第六步,生活得好的人必定快乐,而生活得糟的人必定痛苦;第七步,正义者是幸福的,而非义者是不幸的(这就是最终结论)。应当指出,在此推理过程的第四、五步之间,未被言及的一步应补充进来:筹

① 在第二卷开头处,苏格拉底的随从格劳孔在一段长篇大论中表述了类似的见解。

划、管理和指导得好意谓生活得好,而筹划、管理和指导得孬意谓生活得糟。

在辩论结尾处,柏拉图让其苏格拉底以不容置疑的口气提出了一个与特拉叙马库斯的论调截然相反的观念:非义绝对不会比正义更有利!

2.正义者与非义者在幸福方面的较量

正义与幸福的关系在第九卷中以另一种方式再次被讨论。在该卷后半部分中,柏拉图对正义者幸福而非义者不幸之观念进行了三种论证(他称之为正义者与非义者之间的三次交锋)。

在描述完暴君政体及相应的一类人的特性之后,对话顺势进入对贤王制城邦与暴君制城邦、贤王型个人与暴君型个人之间的幸福的对比中。

在德性和幸福方面,不同类型的个人之间的对比关系犹如不同类型的城邦之间的对比关系。根据以前辩论所达成的两个共识[正义者幸福,非义者不幸,最善者最幸福,最恶者最不幸;贤王政体(βασιλεια)是最善的政体,而暴君政体(τυναννιs)是最恶的政体,贤王型的人最善,暴君型的人最恶],柏拉图认为,以下结论是显而易见的:没有一个城邦比暴君统治的城邦更不幸,也没有一个城邦比贤王统治的城邦更幸福;没有一个人比暴君型的个人更不幸,也没有一个人比贤王型的个人更幸福。

为了论证上述结论,三种证明被推出。

首先,柏拉图比照地描述了暴君政体的城邦与暴君型的个人之痛苦处境。这样的城邦和这样的个人:整体上受奴役(最优秀最理智的部分受最恶劣最狂暴的部分之奴役而陷入屈辱和不幸中);完全不能自主(永远被疯狂的欲望所驱使,不能自己控制自己,不能做自己想做的事情);永远贫穷(贪心无厌,永远不得满足,欲望的杂多暴露出真正的贫穷);充满恐惧、痛苦、忧患、悲伤(周围全是敌人,终日提心吊胆、患得患失,不能自由自在地外出旅游和参加节日庆典);等等。描述过程中被插入的论断:暴君制城邦是所有城邦中最不幸的,暴君型个人是一切人中最不幸的。

五种类型的人的德性和幸福依次排序为:贤王型、荣誉型、寡头型、平民型、暴君型。重申结论:最善者和最正义者是最幸福的人,他最富贤王气质,最能自主;最恶者和最非义者是最不幸的人,他最具暴君气质,不仅对自己而且对城邦施行暴政。

接着,柏拉图评定了爱智者、好胜者、逐利者各自幸福的等级。

城邦分三个等级:统治者、卫国者、谋生者。心灵也分三个部分:用来学习的部分(理智)、用来发奋的部分(激情)、用来追求食色钱财的部分(欲望)。心灵的三个部分各有其快乐所在。理智以获取知识、把握真理为乐,因而可被称为爱智部分或好学部分;激情以赢得荣誉、争取胜利为乐,因而可被称为好胜部分或慕名部分;欲望以追逐利益、积聚钱财为乐,因而可被称为逐利部分或好钱部分。

在不同人的心灵中,不同的部分占据统治地位。因此人的基本类别亦有三种:爱智者(φιλοσοφον)、好胜者(φιλονικον)和逐利者(φιλοκερδες)。对应这三种人有三种幸福。若问他们中何者的生活最幸福,他们必定回答自己的那种生活最幸福。逐利者会断言:与获取利益的快乐相比,受到尊敬的快乐和学习知识的快乐是没有价值的,除非它们也能变出金钱来。好胜者会声称:金钱所带来的快乐是鄙俗,学问所带来的快乐是瞎扯(除非它也能带来敬意)。而爱智者会认定:与认识真理和献身真理的快乐相较,一切其他快乐都不是真正的快乐,都不是必然的快乐。

这三种不同的说法中哪一种最正确?评判的依据只能是持论者的经验、知识和推理,而不能是他们的财富、利益,也不能是他们的胜利、尊荣。爱智者从小少不了要体验另外两种快乐,他在获取利益方面所得到的快乐经验不会少于逐利者在追求真理方面所得到的快乐经验,他在受人尊敬方面所得到的快乐经验不会比不上好胜者在学习知识方面所得到的快乐经验,因此他的快乐经验最丰富。加之,爱智者是这三种人中唯一拥有经验与知识之结合且最具判断所必需的手段即推理能力的人。所以,爱智者的说法最正确。

合乎逻辑的结论便是:在上述三种快乐和三种生活中,理智的快乐是最真实的快乐,爱智者的生活是最幸福的生活;处在第二位的是激情的快乐和好胜者的生活;居于最后的是欲望的快乐和逐利者的生活。

然后,柏拉图通过分析表明满足欲望和激情所造成的快乐都只是快乐的影像而满足理智所导致的快乐才是真正的快乐。这被视为最重大的一次交锋。

快乐与痛苦之间存在着一种中间状态。从痛苦上升到中间状态被一般人视为快乐,但这不是真快乐,而只是无痛苦或假快乐。

被满足的东西和用来满足的东西愈是实在,人们所感受到的快乐就愈可靠愈真实。反之,被满足的东西和用来满足的东西愈是缺乏实在,人们就愈是不能感受到可靠的真实的快乐。

那些缺乏智慧和德性经验的人(实为放纵欲望者)终生往返于痛苦和无痛苦这中下两级之间,只知聚在一起寻欢作乐,而从未攀登到真快乐这最上一级,去体验认识实在所带来的可靠的纯粹的快乐。就像牧场上俯首吃草的畜生一样,他们总是脑袋朝下眼睛紧盯着宴席。他们的快乐中混杂着痛苦,因而只不过是真快乐的影像。

那些驰骤激情者的快乐之情形类似。当他们无视理智不假思索地追逐荣誉、胜利、豪情时,他们的满足便会导致嫉妒、愤恨和强制。这意味着他们的快乐中也混杂着痛苦,因而不是真正的快乐。

然而,如若一个人心灵中的逐利部分和好胜部分遵循知识和理智的引导,只选择和追求智慧所指示的那些快乐,那么他所得到的快乐就是他可能得到的快乐中最真实的。如若作为整体的心灵遵循其爱智部分的引导，内部不起纷争，那么它就会享受到它自己特有的快乐，享受到就其各个部分而言是最真最善的快乐；而如若它受其他两个部分之一诱导，它就得不到它自己固有的快乐，并且会迫使另外两个部分追求不属于它们的假快乐。

上述三种证明表明柏拉图在人生态度和人生理想上是一个精神至上主义者，更进一步说，是一个认知主义者。不难发现，这些证明中存在着或隐含着一些逻辑的和观念的失误。如第一种证明过分夸大了暴君政体城邦与暴君型个人的处境中的诸般痛苦；第二种证明预设了爱智者就是正义者而好胜者和逐利者就是非义者；第三种证明先定了欲望和激情的快乐必定混杂着痛苦而理智的快乐必定纯粹。

在三证正义者比非义者幸福之后，柏拉图以一种奇特的数学运算方法定量地比较了两类极端者(作为正义典型的贤王与作为非义化身的暴君)的幸福。

定性的结论先行被给出：暴君离真正的快乐最远，而贤王离它最近；暴君过的是最痛苦的生活，而贤王过的是最快乐的生活。接下来是奇特的数学演算。暴君型人远在寡头型人之下第三级(中隔平民型人)，而寡头型人又远在贤王型人之下第三级(中隔荣誉型人)，因此暴君所享有的快乐影像与真正的快乐相距九级。柏拉图认为这种算法还不足以表明贤王与暴君在真快乐方面的实际差距。受毕达戈拉派的神秘算法和历法[①] 影响，他主张对九级差距之平方计算再做立方计算。这就得出如下定量结论：贤王比暴君快乐 729 倍，反之，暴君比贤王痛苦 729 倍。

在快乐和痛苦方面，正义者与非义者之间的差距如此巨大，怎么能够说非义者比正义者幸福呢？善良的正义的人在幸福方面极

① 毕达戈拉派的一些成员认为，一个大年有 729 个月，而一年有 729 个白日和黑夜。

大地超出邪恶的非义的人,这是柏拉图始终不能忘怀的要点、绝对不能退却的立场。善良的人都乐意相信他之所信,但是对于他们自己能否享受超出邪恶的人所迷恋的快乐假象729倍的真快乐,着实没有太大的把握。

最后,柏拉图借助一个类比(三位一体人之喻)再次论说在第一卷中被确认的非义对人不利而正义对人有利之观念。虽然他的类比有点怪诞,但是基于其上的论辩却颇具感染力。

他所虚构的三位一体人由多头怪兽、狮子和人三个部分合成。这一想象产物类比于心灵,它们各自的三个部分的对应关系是:多头怪兽—欲望,狮子—激情,人—理智。他认为,主张行事不义对行为人有利而行事正义对行为人不利的人,无异于说:放纵和加强多头怪兽和狮子的兽性,却让人忍饥受渴直至变得极其虚弱,以致前二者可以对他肆无忌惮和为所欲为,这样对于人是有利的;无异于说:人不应试图调解两个野兽之间的纠纷使之和睦相处,而应任其相互厮杀、相互吞食以致同归于尽。而主张正义对人有利非义对人不利的人则建议:人们的一切言行应当是为了让其内部的人性完全主宰整个人,管好那个多头怪兽,把狮子变成自己的盟友,兼顾各个部分的利益,使它们和睦相处,并促进它们成长。主张正义有利说的人是正确的,而主张非义有利说的人是错误的,因为无论是就快乐、荣誉还是利益而言,前者的论证都是有理的,而后者的反对则没有道理。

所谓美好的和可敬的事物就是那些使我们天性中的兽性部分受制于人性部分(或更确切地说神性部分)的事物,而所谓丑陋的和可鄙的事物就是那些使我们天性中的温良部分奴役于野蛮部分的事物。放纵之所以受谴责,是因为它给我们内部的多头怪兽以太多的自由;固执和狂暴之所以受谴责,是因为它们使我们内部的狮子的力量增强到太高的程度;奢侈和柔弱之所以受谴责,是因为它们使我们内部的狮性削弱直至它变得懒散和怯懦;卑鄙和谄媚之所以受谴责,是因为它们使我们内部的狮性受制于怪兽野性,为了失控的兽欲而逼迫狮子从小忍受各种屈辱,结果长成一只猴子而非狮子。

如若一个人甘心让自己最神圣的部分奴役于最不神圣的(甚至最可憎的)部分,这就是一桩非常可悲的受贿事件,一桩比爱利夫勒为了一条项链出卖自己的丈夫安菲阿劳斯的生命更加可怕的事件①。如若一个人干坏事未被发觉从而逃避了惩罚,这于他并无益处,只会使他变得更坏。若他被抓住并遭受惩罚,他内心的兽性部分不就可以被驯化被平服了吗?他内心的人性部分不就被解放获自由了吗?他的整个心灵不就获得了节制和正义从而达到了一种难能可贵的状态吗?

3.前生后世的报应

以上是就现世谈论正义与幸福的关系。在第十卷后半部分中,柏拉图则着眼于来世复论这一主题。对于一个相信灵魂不朽和生死轮回的远古哲人来说,这种话题是必不可少的。

话由是至善所能赢得的最大报酬或奖励是什么。在论证了一番灵魂不朽之后,柏拉图再次重申正义本身就最有益于灵魂。与以前类似的论断不同的是,这种论断由神灵加以保证。

人们将因保持正义和德性而在前生后世从人神手里获得各种各样的报酬。神灵事实上并非不知道正义者和非义者的品质。正义者将为神灵所爱,而非义者将为神灵所憎。一个正义的人无论陷入贫穷、罹患疾病还是遭遇其他不幸,最终必将证明,所有这些不幸对于他(无论生时还是死后)都是好事,因为一个愿意并热切

① 此为古希腊传说,其大意是:安菲阿劳斯预言攻打底比斯城必定失败,因而隐藏起来不愿出战。其妻爱利夫勒经受不住他人的一条项链之诱,供出了他的藏身所。于是他不得不与另外六位英雄一起出征(传称七将攻底比斯)。果然战败。逃亡中,他被天神宙斯的雷霆击出的大地裂缝吞没。后其子率部再征底比斯,凯旋后奉神谕弑母以报父仇。

追求正义的人,一个在人力所及的范围内实践神圣德性的人,神灵是绝对不会不予眷顾的。而关于一个非义的人则应有相反的想法。一个非义的人就像那种在前半程上跑得飞快但在后半程上跑不动的运动员,当他们精疲力竭地跑完最后一段时,不但得不到奖励,反而要忍受嘲笑嘘声。而一个正义的人就像那种真正的运动员,他们能够顺利跑到终点,赢得奖品和夺取花冠。正义者的每个行动、与他人的每次交往乃至他的整个一生,到最后总是能够从人们那里获取奖励和得到荣光。非义者即使在年轻时未被识破,大多在人生的暮年也将被抓住,他们的晚年将过得非常凄惨,他们将受到嘲笑和唾骂,受到鞭笞和拷打,受到各种严酷的刑罚。而正义者随着年龄的增长,只要愿意就可以治理自己的国家,要跟谁结婚就可以跟谁结婚,想跟谁攀亲家就可以跟谁攀亲家,还有各种其他好处。柏拉图所谈及的正义者的好处中有些是可笑的或虚夸的。

鉴于正义者享诸般好处而非义者受诸般惩罚,柏拉图语重心长地告诫世人:为人当正义,不论他有无居戈斯戒指[①]。

但是,正义者和非义者生时各自从人神处得到的东西与他们死后各自从神灵处得到的东西相比,在数量和大小上都算不了什么。柏拉图经由一个故事(厄洛斯神话)来诠释这一论断。故事情节就是由死而复活的英雄厄洛斯讲述的他本人死后的经历和见闻。此处简述其大致过程,忽略其文学细节而注重其伦理观念。

死者们的幽灵结伴来到天地交界处,那里的法官们在正义者胸前贴上总结他们前生所作所为的判词,吩咐他们从右边升天国,而在非义者背后贴上显示他们前生所作所为的标记,勒令他们从

① 此为古希腊传说(在第一卷中由苏格拉底的随从格劳孔讲述过)。其大意是:牧羊人居戈斯得到一只镶有宝石的金戒指。当他戴上它并将其上的宝石向内一转时,别人便看不到他。他凭此隐身戒指先是谋得吕底亚国王使臣一职,然后勾引王后弑君篡权,自己当上了国王。

左边下地府。一个人前生对他人做过的每一件坏事,死后都要遭受十倍的报应;而一个人前生对他人做过的每一件好事,死后都会得到十倍的报偿。崇敬神灵孝顺父母的人获得的酬报有多大,亵渎神灵忤逆父母的人遭受的惩罚就有多大。凡罪不容赦的或尚未受够惩罚的人企图走出地府的出口,洞口就会发出怒吼,此时执法者会擒回他们,施以更严厉的处罚。当幽灵们经历漫长的旅行来到一个神秘光柱(柏拉图以之为中轴构想了一个星天模型)所在地时,第一位命运女神拉刻西斯让他们通过拈阄儿挑选来世的生活模式。此事没有任何自主性可言,但是神意会保佑那些在人间忠诚地追求智慧的人,他们不但今生今世得享幸福,而且死后及再生人间时也会走上平坦的天国之路而非崎岖的地府之路。在此关键时刻,柏拉图借厄洛斯之口强烈建议幽灵们反复权衡、仔细斟酌,在较善的生活(使灵魂的本性更正义的生活)与较恶的生活(使灵魂的本性更非义的生活)之间做出合理的选择。人在死后也应将选择正义的生活就是最好的选择这一前生信念坚定不移地带到冥间,以便他即便在那里也不为财富或其他诸如此类的恶所迷惑,不陷入僭主式暴行或其他诸如此类的行为中,并知道在所有来世里永远选择这类事情方面的中庸之道而避免两个极端。在全部幽灵挑选完各自的来世生活模式后,监护者先将他们领到第二位命运女神克娄托处,她通过旋转纺锤批准他们所择取的命运,后将他们带往第三位命运女神阿特洛泊斯处,她通过旋转纺锤使他们的命运之线不可更改。然后,幽灵们继续前行,他们要走过遗忘女神勒特的平原,露宿于疏忽之川阿米勒斯河畔并掬饮定量的水(厄洛斯被允许不喝此水,因此他能回忆其死后经历和见闻)。午夜时分,雷声轰鸣,天崩地裂,所有幽灵全被抛起,像流星一样向四面八方撒开,去重新投胎。

现代的读者对此故事的真实性大可怀疑。但是柏拉图为人生道德必要性立言的良苦用心是毋庸置疑的。

故事述毕,柏拉图以一段忠告结束了他的《国家篇》。兹录这段忠告(略有改动)以结束本文:灵魂是不朽的,它能够忍受一切极端的恶和善。我们应当永远坚持走向上的路,始终追求智慧和正义,这样我们就可以亲近我们自身和神灵,无论在今生期间还是当我们领取前世奖赏之时;我们都可以一路平安,无论在此间此地还是在灵魂的千年旅程中。

(杨君武)

亚里斯多德

尼各马科伦理学* (约前330)

亚里斯多德(Αριστοτελης,前384—前322)是古希腊时期也是整个西方哲学史中最伟大的哲学家之一,与其师柏拉图并峙为西方远古哲学中两大高峰。他出生于马其顿治下的希腊东北部斯塔吉拉城一殷实医官之家,虽无贵族背景,却也门第显赫。他的名字寄予着父母对他的远大期望①。其父为马其顿王宫太医,这使得他从小就与马其顿王室建立了密切的联系,而这种联系为他以后的科学研究和哲学探究提供了极大的便利(例如,亚历山大在东征过程中命令其部下,将所有新发现的动植物品种的样本收集起来

---

* 原书名为 ΕΘΙΚΑ ΝΙΚΟΜΑΧΕΑ。本文根据英译本 Nicomachean Ethics(T.欧文译,印地安纳泊利斯/坎布里奇,哈科特出版公司,1985年)撰写,同时参阅了中译本《尼各马科伦理学》(苗力田译,北京,中国社会科学出版社,1990年)。

① 在古希腊语中,αριστο 意为"最好"、"至善",τελης 意为"完成"、"完美"。二者合意当为"尽善尽美"。

供亚里斯多德研究)。约公元前367年(时年17岁),他来到雅典入读阿卡德姆学园,跟随柏拉图学习哲学达20年之久,期间亦曾兼职教师。这段漫长的学习历程为他以后的学术研究打下了坚实的基础,也使他成为古代世界里最博学的人。公元前347年柏拉图逝世,亚里斯多德因与新任主持不和而退出阿卡德姆学园,来到小亚细亚的爱索斯,与同门学友在此地创立一个学园分部,收徒授业,历时三载。公元前342年,应马其顿国王之邀,他前往王宫担任太傅,专职教导后来成为西方历史中第一个横跨欧亚非大陆的帝国之创建者的亚历山大,直到这个太子于公元前336年即位时为止,历时六载有余。公元前335年,他回到了阔别十多年的第二故乡雅典,在吕克昂创办了自己的学园,开始潜心讲学和埋首著书。据载,这个时期的亚里斯多德身材高瘦,装扮入时,能言善辩,机敏缜密。由于学园附近的阿波罗神庙辖区内有一条林荫道(另说学园内有一条长廊),而亚里斯多德及其学生们经常在此道上边散步边讨论各种学术问题,因此他们被称为逍遥派。在散步中沉思哲学之雅兴大抵始于此时。公元前323年,亚历山大暴病而卒,希腊各地掀起反马其顿风暴,亚里斯多德因其与马其顿王室的联系而遭牵连,被控以渎神罪。与其师祖苏格拉底泰然受死不同,亚里斯多德还想多活几年,为他钟爱一生的哲学事业作出更大贡献。他本人的理由则是不想让雅典人第二次对哲学犯罪[①]。他采取了远祸全身的做法,将学园事务交托给一得力门生,自己隐居到尤贝阿岛上其故慈的庄园里。可惜天不遂人,翌年,亚里斯多德因胃病发作而与世长辞。

亚里斯多德是一位百科全书式的哲学家。他后半生笔耕不辍,著作超身,据1—2世纪的人估计,约有四百多卷,其时甚至有人认为有近千卷。他的著作有两大类:一类是在吕克昂学园创办

① 在亚里斯多德看来,雅典人对哲学的第一次犯罪是判处苏格拉底饮鸩自亡。

之前撰写的比较通俗的对话录,另一类是在该学园讲学时撰写的比较专业的讲义。前一类只有残篇留存,后一类则大多被保留下来。他的著作并未由他本人编定出版,而是由吕克昂学园第十一代主持安德洛尼科于公元前40年左右首度编纂成书并公之于世。他的讲义和部分对话录残篇所显示出来的思想历程可以被分为三个时期:第一个时期是阿卡德姆学园时期(前367—前347)。在此时期,他深受柏拉图理念论和回忆说影响,并基于它们阐发了一些相对次要的哲学观念。属于这个时期的著作有《论灵魂》(对话录)、《规劝篇》(书信)等。第二个时期是过渡时期(前347—前335)。在此时期,他逐渐从柏拉图哲学的深重影响中摆脱出来,开始批判理念论和其他一些学说,并在若干重要哲学问题上阐述了自己的思想。属于这个时期的著作有《论哲学》(对话录)、《形上学》的部分初稿(传世《形上学》中的第1、2、14卷)、《优代摩伦理学》(《规劝篇》与《尼各马科伦理学》的中介)、《论正义》(对话录,仅存残篇)、《论国民》(对话录,仅存残篇)、《物理学》前二卷等。第三个时期是吕克昂学园时期(前335—前322)。在此时期,他成效卓著地研究了范围宽广的哲学问题,创建了一个庞大的哲学体系。13载辛勤耕耘为哲学史留下了诸多经典之作。属于这个时期的著作有30多种,其中有数种被疑为伪作。这些著作按学科分类如下:(1)形上学著作。《形上学》(他本人称之为"第一哲学",而形上学原义为物理学以后诸篇)。(2)逻辑学著作。《范畴篇》、《解释篇》、《前分析篇》、《后分析篇》、《正位篇》(或《论题篇》)、《辨谬篇》(或《论智者们的谬误》),它们被合称为《工具论》。(3)伦理学和政治学著作。《尼各马科伦理学》、《伦理学大纲》(又译《大伦理学》)、《政治学》、《雅典政制》等。(4)艺术学和修辞学著作。《论诗》(对话录)、《诗学》、《修辞学》。(5)心理学著作(包含知识学思想)。《论灵魂》、《自然短论集》中一部分等。(6)自然科学著作(包含自然哲学思想)。《物理学》、《论天》、《论生灭》、《论宇宙》、《气象学》、

《动物志》、《动物学》(含《论动物的部分》、《论动物的形态》、《论动物的行动》、《论动物的起源》)、《自然短论集》中另一部分等。以下著作被疑为伪作:《力学》、《论体相》、《论现象》、《论色彩》、《论不可分割的线》、《论植物》、《经济学》等。还有多部著作失传。他成熟时期的许多著作都是开创性的,因而在思想史中都占有重要的地位。比较而言,更重要的是《形上学》、《物理学》、《工具论》、《尼各马科伦理学》、《政治学》、《诗学》等,而最重要的当推《形上学》。

在亚里斯多德三部伦理学论著中,《尼各马科伦理学》最重要,因为其内容最丰富,其理论最成熟。它可谓西方哲学史中第一部影响巨大的伦理学专著。作为讲义,它成书于约公元前330年左右。研究者们发现,它是亚里斯多德所有著作中被保存比较完整的一部,几乎未经后人整理,因而非常真实地体现了他本人的思想。它共有10卷,各卷分9至14节不等。其一级论题依次是:幸福、伦理德性、正义、理智德性、自制、友谊、快乐。其中有些二级论题和三级论题或本身过于琐细或被论说得过于琐细。它结构紧凑,层次分明,分析细致,思虑周详,语言平实,然时显晦涩。与柏拉图的《国家篇》相比较,它文采逊下但学理胜出,修辞略显稚拙但逻辑远为练达,对于读者它趣味性稍差但严谨性更强,阅读阻力甚大但理智收获倍多。

限于篇幅,本文仅介绍《尼各马科伦理学》中的幸福论、德性论(含伦理德性论和理智德性论)和正义论,而略去自制论、友谊论、快乐论。

一、论幸福

《尼各马科伦理学》第一卷(凡13节)的主题是幸福,包括幸福的本质、幸福与外在善的关系、幸福的由来、机遇对幸福的影响等。在进入主题之前,亚里斯多德论说了技艺的目的,政治学的对象、地位、目的和意义等。第1节和第2节前一部分论技艺的目的。一切技艺都以某种善(αγαθos)为目的。技艺多种多样,因此目的也多种多样。主导技艺对于从属技艺是最为重要的,因此从属技艺以主导技艺的目的为目的。在实践中存在着某种因其本身而被追求的目的,一切其他目的都是为了它。这样一种目的就是善本身,就是最高善。要注意,“善”在亚里斯多德那里只是一个一般概念,并非一个伦理学专用术语,它包括但远远不限于伦理语义的善,而毋宁是指一切对人有益的事物(或许译之为“益”更确切)。第2节后一部分和第3节论政治学的对象、地位、目的和意义。关于最高善的知识对于人生至关重要。以最高善为对象的学科就是政治学。它是最具权威、最占主导地位的学科,它让其他学科为之服务,它的目的本身就包含着其他学科的目的。政治学的目的就是促进人本身的善。它制定法则,指明何事该做和何事不该做。它不是为了知识而是为了实践。对于那些想使欲望服从理性的人,政治学是大有裨益的。亚里斯多德这里所云政治学是广义上的,包含伦理学、政治学、法律学等各种实践学科。第4~12节大体上围绕幸福展开,但在第4、6节中插入了对柏拉图理念论的批判。

1.幸福的本质和幸福与外在善的关系

幸福的本质(第一卷第4~8节)。批判了关于幸福本质的诸种说法之后,亚里斯多德提出了自己的见解。大多数人同意幸福(ευδαιμονια)是行动所追求的一切善的制高点。但是他们关于幸福究竟是什么颇有争议。有人认为它就是快乐,有人认为它就是财富,还有人认为它就是荣誉。甚至同一个人在不同时候将不同东西当作幸福。生活方式主要有三种:享乐生活、政治生活和思辨生活。那些最平庸的人将快乐与幸福等同,因此他们满足于享乐生活。那些崇尚声名、积极活动的人以荣誉为幸福,因为荣誉可以说就是政治生活的目的。关于倾心思辨生活的人的幸福观,亚里斯多德拖延到第十卷中才予以考察。他反对以荣誉为幸福,断言这种幸福观太肤浅,因为荣誉更多地取决于授予者而非接受者,可是幸福却是人们所固有的、难以取走的某种东西;况且,人们是为了德性(αρετη)而追求荣誉,因此德性优于荣誉,德性比荣誉更有可能成为政治生活的目的(这只是一种论证技巧,其实亚里斯多德认为德性本身也不足以成为政治生活的目的)。他也反对以财富为幸福,因为它不是因其本身而是为了其他东西被追求。比较而言,快乐、荣誉、德性比财富更有资格被视为生活的目的,因为它们都因其本身而被追求,然而它们看来也并非幸福(最高善)。

亚里斯多德意识到,称最高善为幸福只是同语反复,有必要进一步解说幸福。首先他指出幸福的两个特点:幸福是终极的和自足的。终极性意指幸福是一切行动的最后目的,人们总是因其本身而绝非为了其他东西选择它。自足性意指幸福仅凭其本身就足以使生活有价值且无匮乏。接着他谈论了人之善与人之功能的关系。任何一种技艺的善都存在于其功能中,同样,人之善亦存在于人之功能中。人之功能就是心灵的合乎理性(λογοs)或需要理性的活动(ενεργεια)。因此,人之善就是合乎德性的心灵活动(这里缺乏一个中间环节:合乎德性就是合乎理性)。换言之,幸福就是合乎德性的心灵活动。当然,并非心灵活动一日合乎德性便可获得幸福。德性须终生践行。一只燕子不能造成春天,一日的德性也不能给我们造成幸福和至福。然后他将自己的幸福本质论置于各种幸福观中再加论说。一些人说幸福就是德性,另一些人说幸福就是明智,也有一些人把智慧视为幸福,还有一些人将这些特质或其中之一与快乐的结合视为幸福,更有一些人将外在的好运也加进来。亚里斯多德认为他对幸福的解说与幸福即德性或某种德性之说法一致,因为合乎德性的活动为德性所固有。正如只有参加竞技才能赢得奥林匹克奖一样,只有那些行动正当的善良的人才能赢得人生的奖赏。

这样的人生本身就令人快乐。合乎德性的活动在其本身就有快乐。任何人都在他所喜爱的事物中找到快乐。正如马使爱马者快乐,戏剧使戏剧迷快乐,合乎德性的活动也使爱德者快乐。合乎德性的活动所导致的快乐比任何其他快乐都更美好、更高尚、更令人快乐。而最美好、最高尚、最令人快乐的东西就是幸福。

幸福与外在善的关系(第一卷第8节)。尽管亚里斯多德不同意将幸福当作任何一种外在善,但他不得不承认幸福也必需外在善。他将善分为三种:外在善、身体善和心灵善。依他之见,心灵善当然是最充分的、最重要的善。心灵善就是幸福。但是幸福显然需要外在善辅佐,因为两手空空,我们是不能或难以行善的。在许多活动中,我们用得着某种外在善(如友谊、财富和权势),就像用得着工具。某些外在善(如出身高贵、儿孙满堂、相貌俊美)的匮乏会败坏我们的幸福,说出身卑贱、孤苦伶仃、相貌丑陋的人幸福绝不合我们的幸福观。但他提醒人们,虽然幸福需要外在善辅佐,但是这不成其为将外在好运视为幸福的理由。

2.幸福的由来和机遇对幸福的影响

幸福的由来(第一卷第9~10节)。幸福可以来自神恩、机遇或努力。通过神恩获得的幸福当然是最好的,但亚里斯多德认为这超出了伦理学的考察范围,因此搁置不论。通过机遇获得幸福坚决被否定,因为将最伟大、最高尚的东西托付于机遇是极不恰当的。而通过学习和培养德性所获得的幸福虽非神之馈赠,却也是最神圣的东西。凭努力获得幸福比靠机遇获得幸福更好,这表明努力是通达幸福之途。合乎德性的活动是幸福的主导原因。联系幸福的由来,亚里斯多德重申了他的幸福本质观:幸福就是合乎德性的某种心灵活动(而非机遇的产物),其他善或是幸福的必要条件,或是本性上作为手段协助和裨益幸福。

机遇对幸福的影响(第一卷第10~11节)。亚里斯多德强调,机遇只是人生的伴随现象,人不应听凭命运摆布。不过,有些重大的好机遇能够给人带来幸福,而有些巨大的坏机遇可能破坏幸福,因此人们要恰当地、熟练地处理机遇。他还花费不少笔墨批驳了有关机遇对幸福的影响的两种论调。针对那种人生命运多变因而只有盖棺定论后才可谈论幸福与否之说法，他指出，一个其活动充分合乎德性且拥有完全外在善的人可以被称为幸福的人，因为这样的人绝不会做卑鄙下流之事，因而绝不会倒霉，况且他们作为真正善良和明智的人会非常妥善地处置一切机遇。针对那种亲属或后代的坏命运可能破坏死者的幸福之说法，他指出，亲属或后代的坏命运不会剥夺死者的幸福，因为它的影响极其微弱，不足以将幸福变成不幸或者将不幸变成幸福。

在第12节中，亚里斯多德提出幸福不是一种可称赞的东西，而是一种可尊崇的东西。因为受称赞的品质(如正义、勇敢等)总是关涉某种另外的善，而幸福作为最高善是无待自足的，它应被当作某种更高尚的更神圣的东西来祝福。在第13节中，亚里斯多德论及心灵的构成和德性的分类。心灵有一个非理性部分和一个理性部分。非理性部分又有两个方面：一个方面是植物性的(营养和生长)，为一切生物所共有，根本未分有理性；另一个方面是欲望，在一定程度上分有理性(就它听从理性而言)。理性部分也有两个方面：一个方面内具理性(相当于理论理性)，另一个方面听从理性(相当于实践理性)。德性应依照心灵的构成来区分。相应于理性的两个方面，德性有两类：一类是理智德性(或译思维德性，被列举的有智慧、理解、明智)，另一类是伦理德性(或译性格德性，被例举的有温和、节制)。此节可以被视为从幸福论到德性论的过渡。

3.幸福与娱乐、思辩的关系

在第十卷第6~8节中，亚里斯多德亦论及幸福，论及幸福与娱乐的、与思辩的关系。在进入其德性论之前，本文先行补述这三节中有关幸福的重要观念。

亚里斯多德首先概括了第一卷中关于幸福的基本观念：幸福是人生的目的。它不是一种品质而是一种活动。它显然应该算作因其本身而非为了它物就值得选择的活动。它是自足的,无所匮乏,不寻求它自身之外的任何东西。它就是合乎德性的行动,就是为其本身而值得选择的高尚的和优良的行动。

幸福与娱乐的关系(第十卷第6节)。大多数人将娱乐所带来的快乐称为幸福。但是,幸福决不在娱乐中。这一论断的理由有三:其一,我们一生含辛茹苦、任劳任怨是为了自身目的的幸福,若是为了以其他东西为目的的娱乐,岂不荒唐。其二,娱乐是为了放松一下自己,以便我们继续从事严肃艰辛的劳作,若说严肃艰辛的劳作是为了娱乐,则未免太傻气太幼稚。其三,任何人都可以享受娱乐所带来的身体快乐,这方面甚至奴隶也不亚于出身最高贵者,但是没有人承认奴隶享有幸福。他反复强调:幸福决不在消遣中,而在合乎德性的活动中;一个人愈是高尚,他的活动就愈严肃和愈优良,而活动愈优良,就愈幸福;幸福的生活可以说是合乎德性的生活,这种生活包含着严肃艰辛的行动,而非包含于娱乐之中。这里的幸福不是娱乐之观念可以跟前面的幸福不是快乐、财富、荣誉、好运等观念一起被归入幸福本质论中。

思辩与幸福的关系(第十卷第7~8节)。在第一卷中,亚里斯多德提出思辩生活是三种生活方式中最高级的一种。在最后一卷中,他履行诺言对思辩生活进行了考察。他以多种不同的措词表达了思辩生活是最幸福的生活:完满的幸福就是合乎其本己德性的思辩(θεωρια)活动;终生从事思辩活动,这就是一个人所能获得的完满幸福;既然理智最为人所固有,那么显出理智的活动对于人就是最高尚最快乐的活动,而这样的生活就是最幸福的生活。他断言神最宠幸那些其活动合乎理智和悉心照顾理智的人,最宠幸那些最热爱和最尊崇理智的人。他还依据思辩与幸福的对应关系比较了神、人和其他动物的生活。神的活动只能是思辩活动,它的整个生活都是最幸福的;人在多大范围内拥有思辩活动,其生活就在多大范围内是幸福的;而其他动物根本缺乏思辩活动,因此它们丝毫不享幸福。思辩的范围有多大,幸福的范围就有多大。一个人思辩愈多,他就愈幸福。幸福就是某种思辩。思辩被视为幸福而且是最完满的幸福之原因有:第一,它是最高级的活动。理智是我们之中最高级的因素,而理智对象也是最高级的认识对象,因此运用理智的思辩活动就是最高级的心灵活动。第二,它是最持久的。较之任何其他活动,我们更能持久地思辩。第三,它是最快乐的。合乎理智的活动(思辩活动)是一切合乎德性的活动中最快乐的。哲学似乎拥有显著的纯粹和持久的快乐。第四,它是最自足的。具有正义、勇敢或节制等伦理德性的人都需要协同者和承受者,且这些德性都带有外在于自身的目的,需要多种多样的外在善;而智慧的人则能独自从事思辩(他愈智慧愈能这样),且思辩活动是因其本身而被热爱的,不带任何外在的目的,几乎不需要外在善,至少比伦理德性所需少得多。第五,它包含着悠闲。幸福存在于悠闲之中,而理智活动有它自己固有的悠闲。第六,它是神圣的活动。理智对于人是神圣的东西(理智是人之中最类似神的德性),理智的生活对于人就是神圣的生活。这种生活高于人世生活,人不是作为人而是作为其内在的神过这种生活。理智生活或思辩活动最幸福之主张,表明亚里斯多德在人生观和德性论上是一个认知主义者。他的这一主张显然受到其导师柏拉图的爱智者的快乐是最高级最真实的快乐之观念的影响。

二、论德性

《尼各马科伦理学》第二卷(凡 9 节)、第三卷(凡 12 节)、第四卷(凡 9 节)和第六卷(凡 13 节)的主题是德性,包括德性(主要是伦理德性)的来源、伦理德性的本质与特点和主要类别,理智德性的基本类别和作用等。德性论占整部书的近半篇幅(若算上关于正义这种特殊德性的一卷,则占大半篇幅),因而无疑是本书的重心。作为亚里斯多德伦理思想的标志的中道说就是在这一部分中作为核心观念被论说的。

1.伦理德性的来源和本质

伦理德性的来源(第二卷第1节)。亚里斯多德略议了两类德性的来源。理智德性主要来自教导,因而需要经验和时间;伦理德性产生于习惯,因而其名称“伦理”(ηθικos)就由“习惯”(ηθos)稍加变化而来。但他着重谈论的是伦理德性的来源。没有一种德性[①]自然地出现于我们之中。我们能够凭本性获取德性,而由习惯达到完善。我们先有接受自然地出现于我们之中的东西的潜能,然后显现为活动。我们获取德性,正如我们掌握技术,是经由先行的训练。只有通过建造我们才能成为建筑师,只有通过演奏我们才能成为竖琴师,同样,只有通过采取正义的、节制的或勇敢的行动我们才能成为正义的、节制的或勇敢的人。但是持久训练所形成的习惯可能造就某种德性也可能毁灭它,正如它可能提高某种技术也可能败坏它。演奏竖琴可以造就优秀的竖琴师也可以造成糟糕的竖琴手,建造房屋既可以造就高明的建筑师也可以造成低劣的建筑匠,同理,待人接物方面的活动使一些人变得正义而使另一些人变得非义,可怕处境中的行动和恐惧或自信的习惯使一些人变得勇敢而使另一些人变得怯懦,涉及欲望和怒气的情景中的举止使一些人变得节制和温和而使另一些人变得放纵和暴躁。总之,品质来自相应的活动。基于伦理活动对道德品质的决定性影响,亚里斯多德强调,一个人从小养成何种习惯并非小事一桩,而是非常重要、最最重要的事情。将伦理德性视为活动所形成的习惯之产物而非神赋天赐,表明持论者离弃了道德根源论中的神秘主义而走向了现实主义。

① 尽管亚里斯多德将德性区分为伦理德性和理智德性,但是当他在“德性”之前未加限制词“理智”时,他所意指的就是伦理德性。

在第二卷第 2 节中,亚里斯多德预告了他的伦理德性本质观,提出节制和勇敢等品质被过度和不及所破坏而为中道所保持,并以饮食和体训对健康的影响做类比。在同卷第 3~4 节中,他提前要言了伦理德性的一些特点,如德性涉及愉快和痛苦之情,德性就是涉及到快乐和痛苦时采取最妥善行动这样一种品质(邪恶则反之);德性要求行动人自知自觉、自主自决和持之以恒(关于伦理德性的部分特点之更加充分的论说出现于第三卷中)。在同卷第 5~9 节中,伦理德性的本质从多个方面被考察。

伦理德性的类属(第二卷第 5 节)。亚里斯多德认为,在人类心灵中出现三种状态:情感(παθos)、潜能(δυναμιs)和品质(εξιs)。情感意指欲望、愤怒、恐惧、信心、嫉妒、喜悦、友爱、憎恨、渴望、骄傲、怜悯等等,总之快乐或痛苦随之而生的一切东西。潜能意指人们能够由之产生情感的东西。品质意指人们对待情感的良好的或不良的态度。德性不是情感。理由有四:其一,我们之被称为高尚的或卑下的,不是就我们的情感而言,而是就我们的德性或邪恶而言。其二,我们不是因我们的情感而受到称赞或谴责,而是因我们的德性或邪恶而受到称赞或谴责。其三,部分情感(如愤怒和恐惧)是未经抉择的,而德性却是某种抉择,至少必须抉择。其四,就我们的情感而言,我们说是被感动,但就我们的德性或邪恶而言,我们不说是被感动,而说是以某种方式被赋予。德性也不是潜能。理由有二:其一,我们之被称为善良的或恶劣的,不是就我们的潜能而言,而是就我们的德性或邪恶而言。其二,我们天生拥有潜能,但我们不是天生就成为善良的或恶劣的。既然德性既非情感亦非潜能,那么剩下的可能性就是:德性是品质。

伦理德性的本质(第二卷第 6 节)。一切德性都使其拥有者处于一种良好的状态中并发挥良好的功能。眼的德性(视觉敏锐)如此,马的德性(奔跑迅捷)如此,人的德性亦如此。人的德性是一种使人变得优秀并出色地发挥其功能的品质。这究竟是一种什么样的品质？考察从两种中点开始。在一切连续的和可分的事物中，我们可取较多、较少或相等。相等就是过多与太少之间的某种中点。中点有两种：一种是事物中的中点，它对于一切人都是同一的(如2与10之间的中点是6)；另一种是相对于我们的中点，它对于一切人并非同一的(如1千克食物为少而5千克食物为多，但3千克食物并非对于一切人都适当，对于专业运动员它还是少了，而对于体操初学者它却多了)。一切有识之士都避免过度和不及而寻求和选取适中，但不是事物中的适中而是相对于我们的适中。过度或不及破坏善而适中则保持它。制作物品的技术以适中为标准，关涉情感和行动的德性比一切技术都要更准确和更精致，因此它也以适中为标的。在德性所关涉的情感和行动中也存在着过度、不及和适中，过度和不及是错误的，会招致谴责，而适中是正确的，会赢得称赞。正确和受称赞正是德性固有的特征。因此德性就是中道(μεσοτηs)，就是以适中为标的而言。这就是亚里斯多德对德性本质的厘定。类似的表述还有：德性是两种邪恶(一为过度另一为不及)之间的一种中道；过度和不及为邪恶所固有，而中道为德性所固有；在情感和行动中存在着超越应有限度(不及和过度)的邪恶，而德性则寻求和选取适中；无论从实体来看还是从本质来看，德性都是一种中道；德性是一种中道，因为它以情感和行动中的适中为标的。如此重要的中道并没有明确的被解释。参照相关言论，中道似指在适当的时间、就适当的事情、对适当的人物、为适当的目的和以适当的方式产生情感或发出行动。中道并非适用于一切情感和行动。亚里斯多德指出，有些情感(如恶意、无耻、歹毒)和行动(如通奸、偷盗、谋杀)本身就是罪过，谈不上什么过度或不及，因而也谈不上什么中道。既不存在过度和不及的中道，也不存在中道的过度和不及。将其类属和本质结合起来，亚里斯多德定义了德性：德性是一种决定我们的情感和行动的品质，这种品质处于一种相对于我们的中道之中，而这种中道参照理性加以确定。这一定义涉及了德性的一般功能、类属和本质以及内在依据,它连同其他观念表明亚里斯多德在多种伦理论题上具有理性主义的倾向。

各种主要伦理德性的中道(第二卷第7节)。规定了德性的本质之后,亚里斯多德以当时主要的伦理德性为例解说了他的德性本质观。关于恐惧和信心,中道是勇敢,而过度是鲁莽,不及是怯懦。关于享乐和受苦,中道是节制,而过度是放纵,不及是冷淡。关于少量地支付钱财(被提及的还有收取钱财,但说不通)中道是慷慨,而过度是浪费,不及是吝啬。关于大宗地支付钱财,中道是大方,而过度是炫耀(或摆阔),不及是小气。关于重大的荣誉(被提及的还有耻辱,但说不通)中道是自重,而过度是虚荣,不及是自卑。关于细小的荣誉,中道被认为无以名之(实可称为随遇,荣誉来时不拒绝,荣誉去时不挽留,荣誉没时不强求),而过度是好名(后卷中指出好名有时被誉为有气魄和有雄心),不及是无谓(后卷中指出无谓有时被赞为节制和温和)。关于生气发怒,中道是温和,而过度是暴躁,不及是麻木。关于个人实情,中道是忠实,而过度是吹嘘,不及是自贬。关于社交快乐,中道是机智,而过度是戏谑,不及是呆板。关于日常快乐,中道被认为无以名之,勉强可称为友善,而过度是迎奉或谄媚,不及是好争或难处。关于羞恶之心,中道是知耻(后卷中以知耻为德性被认为并不恰当),而过度是害臊,不及是无耻。关于邻里的快乐和痛苦,中道是义愤,而过度是嫉妒,不及是恶意。至于正义,亚里斯多德认为不能笼统论说,他将于后卷中将之区分为两类并分别考察它们如何是中道(在后卷中被考察的还有自制和友谊)。

中道、过度、不及的各各对立(第二卷第8节)。在中道、过度和不及这三种状态中,每一种都以某种方式与其他两种对立。两个极端都与中道对立,并且彼此对立。而中道也与两个极端对立。较之不及,中道是过度的,而较之过度,中道又是不及的。譬如,勇敢者相对于怯懦者是鲁莽的,相对于鲁莽者是怯懦的;节制者相对于冷淡者是放纵的,相对于放纵者是冷淡的。两种极端者中的每一种都试图将中道者推向另一个极端。例如,怯懦者称勇敢者鲁莽,而鲁莽者称勇敢者怯懦;放纵者称节制者冷淡,而冷淡者称节制者放纵。尽管中道、过度和不及三者之间两两对立,但是两个极端之间比中道与一个极端之间更加对立。有时,一个极端与中道有点相似,有时,另一个极端与中道有点相似。譬如,鲁莽而非怯懦有点类似勇敢,浪费而非吝啬有点类似慷慨。在一些情形中,不及与中道更加对立,在另一些情形中,过度与中道更加对立。例如,与勇敢更加对立的不是鲁莽而是怯懦,与节制更加对立的不是冷淡而是放纵。这种现象或者源自事物本身(实体所决定的特性)或者源自我们自身(本性所决定的倾向)。

达成中道的建议(第二卷第 9 节)。中道的命中是困难的,因为错误是多种多样的,而正确只有一种。这一点亚里斯多德当然意识到了。他晓谕人们:发现情感和行动的中道是一项需要技术和熟练的事业。他建议:首先我们应当避开两个极端中与中道更加对立的极端。在两极端中,一者危害更大,另一者危害较小,若精确地命中中道是困难的,则两恶相权取其轻。其次,我们应当避免我们更容易陷入的极端。凭借出现于我们之中的快乐和痛苦,我们可以得知我们本性上所倾向的目标,若我们将自己拽往相反的方向,则我们就会避免失误而达到适中。再次,最重要的是,我们应当警惕快乐和产生快乐的东西。裁判快乐时,我们已然受惠于它而变得不公正,因此我们的判断并不可以信赖。我们最好把快乐送走,这样可以少犯错误。亚里斯多德承认,遵循他的上述建议,只是使人更有可能达成中道,但在各种个别情形中要达成中道依然是困难的。

2.伦理德性的特点

考察完伦理德性的本质之后,亚里斯多德分析了前已简要谈及的伦理德性诸特点中的两个。

伦理德性的第一个特点:自愿性(第三卷第1节)。德性和邪恶存在于自愿的行动而不是非自愿的行动中。自愿的行动应受称赞或谴责,而非自愿的行动应被原谅,有时甚至应被怜悯。自愿的行动意指行动的根源在行动者自身中,同时他知晓其行动所包含的各个因素。而非自愿的行动意指行动或出于强制或出于无知。

行动出于强制是指行动有一种外在的根源,行动者对此却无能为力。人们的行为应否受奖赏或处罚,要以他们是否被强制而定。这一迫不得已不为罪的观念是现代司法中因不可抵抗力量而犯罪可以减刑甚至免刑的法理依据。但亚里斯多德意识到,行动究竟是自愿的还是非自愿的,有时不能截然判定。有些行动本身出于强制,是非自愿的,但是行动者可以有所选择,因而又是自愿的,这样的行动是混合行动。对这种混合行动的态度,应依行动者的意图而定。当人们为了伟大的和高尚的结果而忍受可耻的和痛苦的事情时,他们应受称赞;而当人们不为任何高尚的事情或者只为某种勉强高尚的事情而忍受可耻的和痛苦的事情时,他们应受谴责。

行动出于无知是指行动在某种不明真相的情形中发生,行动者关于什么人、用什么工具、为什么目的、以什么方式、对什么人、做什么事这六个因素中的任何一个(特别是做什么事和为什么目的)不清不楚。并非一切出于无知的行动都是非自愿的。只有那些出于无知且引起痛苦和悔恨的行动才可称为非自愿的。就像出于强制的非自愿的不良行动可以免受谴责一样,出于无知的非自愿的不良行动也可以被原谅。这一不知情者不为罪的观念是现代司法中过失犯罪可以减刑的法理依据。至于那些出于无知但不引起悔恨的行动,亚里斯多德称之为无自愿的行动。他还指出,出于无知的行动亦不同于无知之中所采取的行动。无知之中所采取的行动(如醉酒者和狂怒者所为)不是非自愿的,应受称赞或谴责。

其实,所有恶人都不知道他们应该采取或避免的行动,由此成为不义之人,且往往成为邪恶之人。

亚里斯多德认为将出于欲望和情绪的行动称为非自愿的行动是不当的。他提出了三条理由:第一,依此看法,其他动物和儿童们都绝不自愿行动(言外之意是,其他动物和儿童们的一切行动都出于欲望和情绪,但其中有自愿的和非自愿的之分)。第二,这种看法的真实原因是,持论者认为只有高尚的行动是自愿的而卑劣的行动则是非自愿的;但是既然两种行动都出于欲望和情绪,这样的区分是可笑的。况且,非自愿的行动是痛苦的,而满足欲望的行动却是快乐的。第三,非理性的情感与理性的算计一样是属人的,出于欲望和情绪的行动像出于理性的算计的行动一样是人所固有的,因此将前一种行动视为非自愿的行动毫无道理。

伦理德性的第二个特点:抉择性(第三卷第 2 ~ 4 节)。抉择(προαιρεσιs)看来是德性最本己的特点,它比行动更能判别一个人的品质。

抉择显然是自愿的,但不同于自愿,自愿比抉择外延更加宽泛。因为其他动物和儿童们的行动可以享有自愿性,但不可能享有抉择性;因为我们在突发时机所采取的行动可以说是自愿的,但却是未经抉择的。

抉择也不同于欲望和情绪,不同于意图,不同于信念。抉择不同于欲望是因为:抉择不为非理性者所享有,而欲望却为它们所享有;不自制的人按照欲望而非抉择行动,而自制的人按照抉择而非欲望行动;欲望跟抉择相反,却不跟欲望相反(这条理由含义不明,似不成理由);抉择的关涉对象既不快乐也不痛苦,而欲望的关涉对象可以是快乐的或痛苦的。抉择不同于情绪的理由同上。抉择不同于意图是因为:我们不抉择不可能的事情,但是我们却意图不可能的事情;我们意图那些不是经由我们自己的行动而达成的事情,但我们只抉择那些经由我们自己的行动便会实现的事情;我们意图更多是为了目的,而我们抉择是为了促成目的者。抉择不同于意见是因为:意见似乎关于一切,既关于我们力所能及的事情,同样也关于永恒的和不可能的事情,而抉择似乎总是关于我们力所能及的事情;意见只有真假之分而无善恶之分,而抉择更多是善恶之分而非真假之分;我们抉择的是采取或避免某种善的或恶的事情,而我们的意见涉及的是这种事情是什么、对谁有利或怎样有利,而不涉及对这种事情的采取或避免;抉择更多是因为确实正确而被称赞,意见则是因为信以为真而被称赞;我们抉择那种我们完全确知它为善的东西,而我们的意见却涉及我们不太知晓的东西;作出最佳抉择的人并非提出最佳意见的人,反之,似乎拥有较好意见的人却因邪恶而作出错误的抉择。

那么抉择究竟是什么呢?抉择是某种先行的思虑之结果,因为抉择总是包含着理性和思维,甚至其名称就指明它是先于其他事物而被选择①。抉择不思虑永恒的东西、偶然的东西,只思虑我们力所能及的事情亦即我们能够采取的行动;抉择不思虑精确的自足的知识,只思虑那些其结果不明朗、其正当的行动方式未确定的事情。抉择不思虑目的,只思虑促成目的者。我们所思虑的东西也就是我们所抉择的东西,因为我们所抉择的东西就是我们经过思虑判定为正当的东西。最后的结论:既然我们所抉择的东西就是我们思虑过的和愿意采取的力所能及的行动,那么抉择就是采取我们力所能及的行动的一种审慎的愿望。

愿望是为了目的。一些人的愿望是真善,而另一些人的愿望是似善。无条件的实在的可愿望的东西是真善,而对于各个个人可愿望的东西是似善。判定愿望的善恶以及真善或似善的标准被归于高尚的人。对高尚的人来说可愿望的东西是实在的善,而对

① 在古希腊语中,προαιρεσιs 的前缀 προ 意为"在……之前",词根 αιρεσιs 意为"选择",二者合意为"先行的选择"。

卑劣的人来说可愿望的东西只是表面的善。高尚的人之所以远为优秀,是因为他能够在一切情形中看清真实的东西,从而成为高尚的和快乐的事物的一种标准和尺度。

伦理德性与意志的关系(第三卷第5节)。基于伦理德性的自愿性和抉择性,亚里斯多德论说了伦理德性与意志的关系。其论说可算是西方伦理学史中对道德主体性的第一次比较深入的阐发,值得引述(据英译本转译):我们发现,我们愿望是为了目的,而我们思虑和抉择是关于促成目的者,因此关涉促成目的者的行动就会是合乎抉择的和自愿的。于是,德性的活动也就关涉促成目的者。德性取决于我们,邪恶亦取决于我们。因为行动取决于我们,不行动亦取决于我们;说"不"取决于我们,说"是"亦取决于我们。如若事情高尚时行动或不行动取决于我们,那么事情可耻时不行动或行动亦取决于我们。如若采取高尚的或可耻的行动取决于我们,那么不采取可耻的或高尚的行动同样地取决于我们。既然如我们所见采取或不采取这些行动使我们成为善人或恶人,那么做一个高尚善良的人还是做一个卑鄙恶劣的人就取决于我们。无人自愿恶劣或不愿受福之断言看来部分正确部分错误。因为确实无人不愿受福(在多数古希腊人看来,行善必受福,受神赐福),然而邪恶却是自愿的。若非如此,我们便得争执刚刚达成的结论,即人创始和生成他自己的行动,就像他创始和生成他的孩子。但是,若我们的结论看来真实可靠,而我们又不能将行动回溯于我们自身之外的其他根源,那么随之而来的便是,根源于我们的无论什么行动本身都是取决于我们的和自愿的。

在探讨各主要伦理德性之前,亚里斯多德对其伦理德性总论进行了小结:德性是品质。德性是中道。特定的行动产生德性,而德性又引起我们采取同样的行动,这些行动以正确的理性所预设的方式合乎德性本身。德性的行动是取决于我们的和自愿的。

在第三卷第6~12节和整个第四卷中,亚里斯多德解说了古希腊时期各种主要的伦理德性。其伦理德性分论包容着许多精彩的言论,但显得琐细,故此不述(其中的基本观念实已在伦理德性本质论中被提及)。

3.理智德性的基本类别和作用

在第六卷中,亚里斯多德解析了多种基本的理智德性并为理智德性的作用做了辩护。在扼要地复述前已论及的心灵的构成(心灵由理性部分和非理性部分构成,其中理性部分又可以被分为以具有不变本原的事物为对象的认知方面和以具有可变本原的事物为对象的核计方面)和德性的分类(心灵的德性可以被区分为伦理德性和理智德性)之后,他进入对理智德性的论说。

理智德性的含义和特点(第六卷第 2 节)。伦理德性曾被解释为一种关于情感和行动的、受理性指导的、合乎中道的心灵品质。但理智德性未明确地被解释。依据相关言论,它可作如是解:理智德性是一种关于认识对象的、以理性为工具的、追求真理的心灵品质。理智德性的特点也未明确地被描述。依据相关言论,它的主要特点可以被概括为:认知性的而非实践性的,以真理而非中道为目的,只有真假之分而无善恶之别,以肯定和否定而非称赞和谴责为评判方式。

理智德性的基本类别(第六卷第 3 ~ 11 节)。亚里斯多德认为心灵在其肯定和否定中藉以把握真理的品质有五种:技术、知识[①]、明智、智慧[②]、理解。意见和论断因可能失误而不被视为理智

① 亚里斯多德因承柏拉图,将 επιστημη(知识)与 δοξα(意见)对立起来。知识意指对永恒的和必然的不变实体的认识,意见意指对暂时的和偶然的可变事物的见解。前者普遍认同,后者因人而异。

② 柏拉图和亚里斯多德对 σοφια 的理解不同。前者将之理解为对城邦统治术的精通,因此中译为“明智”较恰当;后者将之理解为对哲理的精通,因此中译为“智慧”较确切。在亚里斯多德那里另有一词 φρονη - σιs,被理解为对人生事务和政治事务的谙熟练达,与柏拉图所谓明智大体相当。

德性。但他实际论说了八种理智德性:除前述五种外,还有慎思、领会、明断。这三者虽与明智相关,但不同于明智。关于这八种理智德性的论说,本文不拟详加介绍,而只述其大要。知识是认识必然的永恒的不生不灭事物的一种品质,它可教可学,可证明(通过演绎和归纳)。技术是关涉可变事物之创制的、包含真正理性的一种品质,它只与那些其根源在创制者中的事物有关,而与那些其根源在自身中的、必然的或自然的事物无关。明智是善于思虑对自己和他人的整个生活为善为恶的事情的、包含真正理性的一种实践性品质;它关涉的是可以变更的和人力所及的事物,而非不变的和必然的事物,因此不是科学;它关涉的是实践活动而非创制活动,没有熟练与生疏之分,因此不是技术(明智被谈论得最多,此处仅述其含义)。理解是既把握不变事物的真理也把握可变事物的真理的一种品质,它是各种理智德性中唯一有关认识对象根源的德性(理智被谈论得极少)。智慧是以理智把握最高尚事物(知识根源)的真理、从而获得最高级最精确的知识的一种品质,它既是理解又是知识,它是罕见的、奇妙的、艰深的和神圣的,它不寻求人事之善因而没有实用价值(亚里斯多德极力反对柏拉图将政治事务方面的明智视为最高知识)。慎思(或译善谋)是在正当的时间以正当的方式对正当的事情进行正确筹划的一种品质,它不是知识(因为已知的东西不需探索,而慎思需要探索),不是猜测(因为猜测不需论证,迅速完成,而慎思要缓慢进行,需一段时间),不是意见(因为意见可能出错,而慎思是某种正确),它是那种在筹划促成目的者时合乎明智的正确。领会是运用意见于明智的对象上以判断他人的说法的一种品质(人们亦常称学习为领会),它不是知识(因为它不以永恒的和不变的事物为对象),不是意见(因为意见人人有,但领会并非如此),它与明智对象相同(即都关涉那些令人困惑的和应予思虑的事情),但它不同于明智(领会是判断性的,而明智是指令性的)。明断[①] 是正确地判定何者正当和何者真实的一种品质(明断亦被谈论得极少)。上述德性中的多种可以为一个人所兼有,譬如那些慎思的人是明智的,他们长于理解、善于领会;那些对明智对象有判断能力的人同时就是善于领会、敏于慎思或精于明断的人。

理智德性的作用(第六卷第 12~13 节)。有人对理智德性(以智慧和明智为代表)的作用提出质疑:智慧不关注任何生成的东西,因此它不考察人类幸福的来源;虽说明智考察人类幸福的来源,但它也没什么用,因为关于何者于人为正义、高尚和善良的知识(明智)并不能使人们做得更好,毕竟德性是在行动中而非在知识中实现的品质;明智不但对于那些已然善良的人无用,而且对于那些尚不善良的人也无用,因为对于这种人来说,他们自己具有明智还是从其他明智者那里听取劝告是无关紧要的。针对这些质疑,亚里斯多德进行了多种辩驳。首先,他强调理智德性本身就有其价值。智慧和明智因其本身就值得选择,即使它们什么也不创制,因为它们是心灵的两个理性部分之一的德性。其次,他肯定理智德性还是有所创制的。智慧造成幸福,它是德性整体的一部分,拥有它和实现它就使我们幸福。而明智则促成伦理德性实现和成熟。关于此点,亚里斯多德分两步论证。第一步,明智促成伦理德性实现。德性使目标正确,而明智使促成目标者正确。一个人要成为善人,就应出于抉择和为了行动本身而行动。德性可以使抉择正确,但是完成抉择则与另一种能力即机灵相关。明智虽不等于机灵,但包含着机灵(善者的机灵)。可见,明智(心灵之眼)离开德性固不能充分地发达,德性离开明智也不能顺利地实现。第二

① 在中译本《尼各马科伦理学》中,συγγνωμη 被译为“宽容”。这种翻译易于使读者将它当作一种伦理德性而非理智德性。本文依据其词源学含义(“众人一起所下判断”)并参照英译本,将之译为“明断”。

步，明智促成伦理德性成熟。伦理德性从层次角度被分为两种：自然德性和成熟德性。前者是人生来就由本性赋予的，因此儿童和兽类都有；后者是后天养成的，只有成人才有。若无理智来规范，自然德性显然是有害的，正如一个走来走去的强壮躯体因为失明而重重跌倒一样。但若一个人获得理智，他就可以改善其行动，他所拥有的品质尽管与以前的类似，但却是臻于成熟的品质。没有明智，成熟德性就不能获得。苏格拉底声称一切德性都是明智固然不对，但他认为一切德性都需要明智却是对的。德性就是合乎正确理性的品质，而正确理性就是合乎明智的理性，因此德性就是合乎明智的品质。德性不仅要合乎正确理性，而且要包含正确理性。最后，他归纳了理智德性与伦理德性的相辅相成的关系。没有明智，我们不可能充分地善良，而没有德性，我们不可能充分地明智。在行动中，德性提供目的，而明智则提供促成目的者。没有明智或德性，抉择都会失误。

三、论 正 义

在第五卷中，亚里斯多德考察了作为德性总体的正义，包括正义与伦理德性的关系、正义的规定、分配正义、矫正正义、交换正义、政治正义、正义与自愿的关系、正义与理当的关系、正义与自我的关系等。在各种主要伦理德性论中，正义未被论说。因此，亚里斯多德觉得有必要先行谈论一下正义与伦理德性的关系。正义(δικαιοσυνη)不是德性的一部分，而是整个德性，非义(αδικια)也不是邪恶的一部分，而是整个邪恶。正义在诸德性中看来是至上的，比暮星和晨星更加令人惊异。它之所以是最高程度上的完全德性，是因为它是完全德性的完全实行。而它之所以是完全德性的完全实行，是因为拥有正义的人不仅以德对己而且以德待人。在各种德性中，唯有正义关注他人的善[此言不确，亚里斯多德所谈论的伦理德性中大多(如勇敢、节制、慷慨、大方、温和、友善、忠实、机智、知羞、义愤)在有利于行动者自身之同时亦有利于他人或社会]。但是亚里斯多德对正义和伦理德性还是要加以区分。正义不是无条件的完全德性,而是相关于他人的完全德性。德性就其相关于他人而言是正义,就其为无对待的品质而言依然是德性。他的这种区分显然是勉强的。

1.正义的规定及其与自愿、理当、自我的关系

正义的规定(第五卷第1~3节)。与柏拉图主要从政治角度论正义不同,亚里斯多德主要从法律和经济角度论正义。他对正义的规定是合法和公平,相对地,他对非义的规定是非法和不公。非法的和不公的人是非义的,而合法的和公平的人是正义的,因此正义就是合法和公平,非义就是非法和不公。合法和非法不需解释,但公平和不公需要解释。他的相关言论表明他对不公的理解是:好处给自己多、给他人少,而坏处给自己少、给他人多。没有言论表明他对公平的理解,只能依据他对不公的理解来反向推定公平:给予自己和他人应得的东西,不论是好处还是坏处。在对整体正义与部分正义的区分中,他谈及正义和非义各自的两个规定的关系。公平是合法的一部分,不公是非法的一部分。不公对非法的关系是部分对整体的关系,因为一切不公都是非法,但是并非一切非法都是不公。同样,公平对合法的关系也是部分对整体的关系,因为一切公平都是合法,但是并非一切合法都是公平。

尽管为正义找到了两个规定,但是亚里斯多德实际上将正义与合法等同。这一点不仅可以从他的正义本质观中导出(正义就是合法和公平,公平是合法的一部分,因此正义就是合法),而且可以从他的法律与正义的关系论中看出。在他看来,大多数合法行动出自德性总体(即正义);法律指导人们在生活中合乎各种德性(即合乎正义),而禁止人们在生活中显出各种邪恶;产生德性总体的行动就是合法的行动,就是法律为教导人们促进公益而规定的行动。可见,在亚里斯多德那里,正义是法律的根据,而法律是正义的源泉,正义与法律是同一的。这一观念为古罗马法学家们所继承。

在相隔一节的第5节中,亚里斯多德对正义和非义做了界定。首先他概括了实行正义、实行非义和忍受非义三者的关系:实行正义是实行非义与忍受非义之间的适中状态,因为实行非义是占有得太多而忍受非义是拥有得太少。接着他界定了正义:正义是一种中道,但不像其他德性那样,因为它关涉一种适中状态,而非义关涉两个极端。正义就是正义的人在合乎其抉择的正义行动中显出的德性,这种德性要求在他本人与其他人之间不要将过多的好处分配给自己和将太少的好处分配给邻人(关于坏处则反之),而要分配得合乎比例的均等,在其他人之间分配时也一样。然后他界定了非义:非义则与非义的人的非义行动相关,非义行动是在分配好处或坏处时不合比例的过多和不足,因此非义就是过度和不及。非义的人分配给自己好处过多而坏处不足,总体说来他在其他人之间分配好处或坏处时也一样,不过在任一方面都偏离了比例。在非义的行动中获得好处太少就是忍受非义,获得好处太多就是实行非义。亚里斯多德的这种界定显然是就分配中的正义和非义而言,不过若宽泛地理解好处和坏处,那么它同样适用于矫正中的和交换中的正义和非义因而适用于一般的正义和非义。

正义与自愿的关系(第五卷第8~9节)。基于其德性特点论,亚里斯多德强调正义的和非义的行动都必须是自愿的,一个非自愿的行动即便显得正义或非义,也不能被称为正义的或非义的行动。正义的和非义的行动取决于自愿和非自愿。只要一个人行动自愿,他就是在实行正义或非义,只要一个人行动非自愿,他就不是在实行正义或非义。自愿的行动应同时具备两个条件:一是行动取决于行动者而非出于机遇或强制,二是行动者知情而非对行动的对象、手段和目的无知。而非自愿的行动只要具备两个条件中的任何一个:或者行动者对行动的对象、手段和目的不知情,或者行动不取决于行动者而出于强制。自愿的行动进而被分为经过抉择的和未经抉择的。经过抉择的自愿行动基于事先的思虑,而未经抉择的自愿行动不带事先的思虑。由此,正义应可分为自觉的和自发的正义,非义应可分为蓄意的和无意的非义,但是亚里斯多德没有做这样的区分。不过,他从是否知情和故意角度对行动所造成的伤害进行了区分。他指出公共生活中有三种伤害:第一种出于不知情(对行动的对象、事件、手段、目的无知),称为疏忽伤害;第二种违背行动者的理性本意或者虽未违背其理性本意但不带恶意,称为意外伤害或误失伤害;第三种虽知情但并无预谋,称为非义伤害(第三种伤害与第二种伤害中的第二个情形之间的区别不明显)。第三种伤害是非义行动,但是造成这种伤害的人不是非义之人,因为他没有恶意。看来,亚里斯多德对非义之人的界定非常严格(既要知情又要自主还要蓄意),这意味着对很多非义之事的宽容。找不到他对正义之人的同样严格的界定。以自愿自觉与否区分真正的正义或非义与貌似的正义或非义对于道德评价和法律处分是必要的,但是亚里斯多德不知道这在实际操作中有多么困难。

在自愿或非自愿实行正义和非义问题之后,亚里斯多德接着谈论了自愿接受正义和非义问题。人人自愿承受正义,这是众所公认的,无需讨论。但是是否有人自愿忍受非义呢?通过对不自制者自愿伤害自身和自愿忍受他人的伤害这一事例的分析,亚里斯多德得出结论:没有人真正自愿忍受非义,因为没有人自愿忍受违背其意愿的事情。某个人似乎自愿被伤害,自愿忍受非义的事情,但其实没有人自愿忍受非义;因为没有人愿望非义,甚至不自制者也不愿望非义,不过其行动违背了其意愿(误将非义当正义来忍受);因为没有人愿望他认为不好的东西,不自制者之所为并非他认为应当做的事情。这种论证有点强词夺理,亚里斯多德怎么知道一个似乎自愿忍受非义者不是真正自愿忍受非义呢？他人之心谁能透视？

正义与理当的关系(第五卷第10节)。由于正义主要被理解为法律正义,因此正义与理当的关系必定被提出,因为法律总有其漏洞和缺陷,它不能保证一切事情中的正义。亚里斯多德意识到,法律是普遍的,而普遍的规则在某些场合中是不适用的,因此法律难免有失误和疏忽,这就需要理当来补充正义。理当(επιεικεια)[①]是一种正义,但不是法律正义,而是对法律正义的纠正。理当并非另外一种正义,它与正义是同一的,但是它又优于正义,它优于那种因普遍规则的疏忽造成失误的正义(法律正义)而非绝对正义。纠正法律的普遍性所造成的缺陷就是理当的本质。亚里斯多德的这一观念是重要的,但还不够,因为理当不仅要纠正法律的普遍性所造成的缺陷,还要纠正法律的悖理性所造成的错误。并非一切法律都是善法,并非一切法律都合乎本真的正义。

正义与自我的关系(第五卷第11节)。正义是相关于他人而非自我的总体德性,这是亚里斯多德在其正义论开卷第一节中就确认的观念。但是在其正义论最后一节中,他对这一观念有所变更。原则上,他还是不承认有对自身的正义或非义。因此他竭力将自愿地自杀或自戕这种非义行动解释为不是对自身而是对城邦的非义(更确切地说,首先是对家庭其次是对社会的非义)。但是,他认为,从类比和转义角度看,在自我中存在着正义或非义,不过不是自我对自我的正义或非义,而是自我的一个部分对另一个部分的正义或非义。自我之中的这种正义或非义类似主人与奴隶之

① 在古希腊语中,επιεικεια意为“合理性”、“公准性”、“可尊敬性”、“可称赞性”等。有英译者将之译为equity(均等、平等),也有英译者将之译为decency(正当、公准),中译者将之译为“公平”。本文从后一种英译,但为了区别于rightness(正确、正当),将之译为“理当”。

间的、父亲与孩子之间的正义或非义。亚里斯多德如此类比的隐秘依据是:奴隶作为有灵魂的会说话的工具是主人的一部分,孩子作为未成年的无独立法律资格的家庭成员是父亲的一部分。这样的观念当然早已不合时宜。

2.分配正义、矫正正义和交换正义

亚里斯多德将正义的领域分为两个:其一是分配,财富、荣誉和其他为合法公民所共享的东西的分配。在分配中存在着公平和不公,正义要求公平。其二是交往,一种是自愿交往(如购买、出售、放贷、抵押、租赁、寄存、出租等),另一种是非自愿交往,包括秘密进行的非自愿交往(如偷盗、通奸、投毒、淫媒、诱骗、暗算、伪证等)和暴力进行的非自愿交往(如袭击、关押、杀害、抢劫、摧残、欺凌、侮辱等)。在交往中存在着合法和非法,正义要求合法。但是他论及的正义其实有三种:分配正义与交往中的矫正正义和交换正义。

分配正义(第五卷第3节)。正义作为总体德性是对他人的非义(过度)与对自我的非义(不及)之间的中道。这种中道的基本规定是合法和公平。依照亚里斯多德的理论逻辑,分配正义应是对他人的分配不公(过度)与对自我的分配不公(不及)之间的中道。这种中道的基本规定就是合乎比例的均等或几何的均等。在分配中,适中就是合乎比例,合乎比例就是正义,而违背比例就是非义。这种比例数学家们称为几何比例,因为在几何比例中整体对整体的关系等于部分对部分的关系。分配正义要求,在合法公民所共享的一切东西(如财富、荣誉等)的分配中,合乎比例的原则应被遵循,相同的人获得相等的份额,不同的人获得不等的份额(一个比例算式被用来说明这一原则)。若相同的人获得不等的份额,而不同的人获得相等的份额,抱怨和纠纷就会源源不断。那么,根据何者确定人们相同或不同?亚里斯多德认为那就是人的价值。然而,他也发觉,衡量人之价值的标准是不一的。人人都同意分配正义应符合人的某种价值,但是他们所称的价值是不同的,平民派人士说它就是自由公民身份,寡头派人士说它就是财富,贵族派人士说它就是德性,还有其他人说它就是高贵出身。究竟以哪一个或哪一些指标作为衡量人之价值的标准,亚里斯多德并没有亮出自己的立场。现代人可以轻易地想到以劳动的多少或贡献的大小为标准,但这种想法对于2000多年前的远古先哲来说还过于超前。亚里斯多德所云分配正义的实质就是各得其所应得,这一分配原则在2000多年后依然有效。

矫正正义(第五卷第4节)。自愿交往或非自愿交往中的矫正正义不同于公共福利的分配正义。矫正正义是交往双方中一方得利与另一方失利之间的中道。这种中道的基本规定是算术的均等。交往中的正义当然也是某种均等,而其非义就是某种不均,但是它符合的是算术比例而非几何比例(准确地说,矫正正义所符合的是算术均等,而非算术比例的均等,因为在对不义利得的剥夺与对不当利失的补偿之间不可能存在任何比例关系)。如果说分配正义计较分享者的价值,那么矫正正义则根本不考虑当事人的价值。无论是高贵的人损害卑贱的人还是卑贱的人损害高贵的人都无关紧要。法律只注重损害的大小,而对当事人则一视同仁。矫正正义是由仲裁人(或译法官)来实现的。仲裁人通过剥夺不法者的利得和补偿受害者的利失恢复均等(一组线段的增减被用来说明这种均等的恢复)。向仲裁人申诉就是向正义申诉,因为仲裁人已被当作正义的一种有生命的化身。显然,亚里斯多德所云矫正正义就是司法正义,其实质是各失其所应失。在矫正正义中,被强调的是不法者与受害者之间利益的均等(补偿正义),而非各个不法者之间惩罚的公平(惩罚正义),但后者恰是人们对司法正义的第一期望。

交换正义(第五卷第5节)。如果说矫正正义是由第三者仲裁人来实现的强制的正义,那么交换正义则是由当事双方来实现的主动的正义。依照亚里斯多德的表述方式,交换正义应是被交换的两种东西的价值之间的中道。这种中道的基本规定是合乎比例的报偿。报偿既不适合于分配正义也不适合于矫正正义(在许多情形中报偿甚至跟矫正正义相冲突)。交换只能在不相同的东西之间进行,但是交换正义要求被交换的两种东西价值相同(以砌匠的房屋与鞋匠的鞋子之间或农夫的谷物与鞋匠的鞋子之间的交换为例)。只有在合乎比例的报偿中,交换双方才能互通有无和各得所需。只有在等值的条件下,合乎比例的报偿才会出现。为了比较被交换物品的价值,人们发明了货币。货币以某种中介物出现,因为它衡量一切物品,确定价值的超出或不及。一切东西都必须有一个定价,这样就会永远有交换,尔后永远有互通。货币作为一种尺度,通过公度物品使之等值。没有交换就没有互通,没有等值就没有交换,没有公度就没有等值。亚里斯多德对货币本质的见解确实是一种卓识。受柏拉图影响,他也认为交换维系民众和形成城邦。在交换互通中,报偿这种合乎比例而非均等的正义使人们聚集在一起,人们寻求以恶报恶(否则就会像奴隶般受辱)和以善报善(否则就不会有交换),城邦就是由合乎比例的报偿来维系的。亚里斯多德所云交换正义的实质就是等值交换。等值交换固然是一条上好的原则,可是人们根据什么确定被交换的物品等值或不等值呢?衡量物品价值的标准似乎根本不曾困扰过亚里斯多德。

3.政治正义

分配正义可以说是一种社会正义,因为它是由国家、社会团体、家庭等来实施的。矫正正义无疑就是法律正义,因为它是由仲裁者(法官)来执行的。而交换正义主要是经济正义,因为它主要是在贸易中实现的。在社会正义、法律正义和经济正义之外,亚里斯多德也未曾忘记谈论一下政治正义。与柏拉图以整部书探讨政治正义相比,亚里斯多德给予政治正义的篇幅实在少得可怜,只有短短的两节。他谈及政治正义的范围、依据、类别、变异等。

政治正义的范围和依据(第五卷第6节)。政治正义出现于旨在自足的共同生活者中,他们或者是自由的,或者是比例上或算术上均等的。至于不符条件的那些人(如奴隶、孩子)在其对他人的关系中并无政治正义,只有类似的正义。所谓类似的正义就是家庭正义。在亚里斯多德看来,奴隶是主人的一部分,未成年孩子是父亲的一部分,在一个人对他自己的所有物的关系中无所谓正义或非义,因而在主人对奴隶的、父亲对孩子的关系中不存在政治正义或政治非义,若定要说他们之间有什么正义,那只能说是类似政治正义的家庭正义。政治正义必须符合法律,必须应用于那些本性上与法律相适应的人(奴隶和孩子被认为本性上与法律不相适应),也就是那些在治理和被治理方面机会均等的人。正因为政治正义必须符合法律,所以亚里斯多德主张法治反对人治。我们只允许法律统治而不允许个人统治,因为个人会让自己占有太多的好处而成为暴君,可是统治者应是正义的维护者并因而是均等的维护者。与政治正义相关,亚里斯多德还谈论了正义的统治者的报偿问题。一个正义的统治者看来是不谋私利的,因为若不合比例他就不会让自己多占好处,他看来是为了他人的利益而操劳,因此应当给予他某种补偿,这就是荣誉和特权。亚里斯多德所述的正义的统治者在从政热情普遍不高(因为油水不丰)的古希腊时期尚且极其罕见,在人们向官场趋之若鹜(因为野食充足)的近代和现代就更加稀罕了。

政治正义的类别和变异(第五卷第7节)。政治正义有两类:一类是自然的,另一类是法定的。自然的政治正义到处都同等有效,不管人们承认不承认。法定的政治正义原本不会造成这样那样的分歧,可是一旦人们定下规则,反而造成分歧。在某些人看来,一切政治正义都是法定的,因为自然的政治正义是不可变更的和到处同等有效的,可是他们所见到的却是变化不定的政治正义。

亚里斯多德对此不以为然。在他看来,即使一切都是可变的,也还是存在着自然的东西。既然自然的和法定的东西都是可变的,那么可变的东西中就既有自然的也有非自然的。出于习俗和便利的政治正义就像物品的度量一样变化不定。由人而非由自然确定的政治正义因地而异,因为政体因地而异。不过,亚里斯多德强调,无论何处,唯有一种合乎自然的政体是最好的。这种政体是什么他没有当即言明,依照他在《政治学》中的有关论说,它就是中产阶级执政的贵族政体。

在《尼各马科伦理学》最后一段中,亚里斯多德暗示他的下一部著作是《政治学》。本文当然不能跟随他的理论进程步入后书中,故摘录他在前书第九卷第 8 节中关于善人和恶人的论说中的两段作结(据英译本转译,略有改动):善人必定自爱,因为他在采取高尚行动时既便利了他人也助益了自己;恶人必定不自爱,因为他在追随其卑劣情感时既损害了邻人也伤害了自身。卑劣者的所作所为与正当的行动相冲突,而高尚者的所作所为与正当的行动相一致,因为一切理智都选择那对它自身最好的东西,而高尚者是服从其理智的。……优秀的人为他的朋友和祖国而操劳,必要时他会为他们而献身。在获致对他本人而言的高尚事物之时,他会不惜放弃金钱,放弃荣誉,总之放弃各种众人竞逐的好处。他会选择那短时的强烈快乐甚于长时的平淡快乐,选择那奇妙生活的一载甚于平庸生活的多年,选择那高尚伟大的一个举动甚于琐碎卑微的众多举动。

(杨君武)

塞涅卡

论幸福生活[*] (约40)

吕齐乌斯·安涅乌斯·塞涅卡（Lucius Annaeus Seneca，前4—65）是古罗马时期著名的哲学家、剧作家和政治家，新斯多葛主义的主要代表之一。他出生于西班牙科尔多瓦一个显赫而富裕的骑士家庭。其父任罗马帝国的税吏，擅长演说和辩论，是当时著名的修辞学家。塞涅卡早年有一段时期是在埃及度过的，在那里学到了行政和财经方面的知识，研究过埃及和印度的地理和人文，还培养起了对自然科学的兴趣。公元31年，塞涅卡从埃及回到罗马，很快进入政界，开始了他的政治生涯。一度因故被罗马皇帝克劳狄放逐到科西嘉岛。公元49年，塞涅卡从流放地返回罗马，被任命为掌管司法事务的执政官，并被聘请为后来皇帝尼禄的家庭教

---

* 原书名为 DE VITA BEATA。本文根据拉丁文—英文对照本 DE VITA BEATA：ON THE HAPPY LIFE(收入《塞涅卡道德论文集》第二卷，约翰·W.巴索译，伦敦，威廉·海纳曼出版有限公司，和纽约，G.P.帕特南氏兄弟出版公司，1932年)撰写。

师。尼禄执政后,他成为主要顾问之一,经常向尼禄进言诤谏。但尼禄专横残暴,恣睢纵欲,根本不纳忠言。公元65年,塞涅卡因被控参与了企图谋害尼禄、拥戴新帝的阴谋而被迫自尽。

塞涅卡把修习哲学作为获得美德的一种手段,认为善恶问题是哲学的重要对象。受斯多葛学派传统的泛神论影响,他把神看作超验的实体,认为神是指导万物的精神,是以最智慧的目的安排万物的理性,神的意志就是人的最高法律,因而信仰天命就是最高的善。但他同时又相信,人是有理性的,具有自由意志。他宣扬早期斯多葛派的禁欲主义,强调肉体与灵魂的冲突,认为肉体的快乐是不足道的、短暂的、有害的,唯美德具有真正内在的价值。在他看来,外在的善(如财富)并不提供真正的幸福,而只是愚弄人的短暂礼物(但他还是承认外在的善可用于达到善的目的),因此聪明人应是财富的主人而不是财富的奴隶。他强调,幸福的生活就是符合自己本性的生活,就是一种有德性的生活。为确保道德上的进步,他提倡每日自省、助人为乐和宽恕损害自己的人。他指出,做恶事的人必须受惩罚,但惩罚不宜过度,以免引起报复。塞涅卡的这些观念对早期基督教产生过影响,他的某些言论被圣经作者吸收,他因此而有"基督教叔父"之称。

塞涅卡生前勤于著述。除了《美狄亚》、《俄狄浦斯》等悲剧剧本外,还有不少哲学著作,主要有《论幸福生活》、《论灵魂的恬静》、《论短促的人生》、《论善行》、《论神意》、《论悠闲》、《道德书简》等。

《论幸福生活》是塞涅卡的一部重要的伦理学著作。全书共28节(后世编者所分),可分为三部分:第一部分(第1~6节)探讨幸福生活的本质、通达幸福生活的途径等。在该部分中,塞涅卡提出,幸福的生活是符合自己的本性的生活,它必须遵循自然的指导,按自然的规律和方式塑造人自身,它建立在理性的基础之上。第二部分(第7~20节)是该书的重点,主要论说德性与幸福、快乐的关系。在该部分中,塞涅卡声言,快乐必以自然为向导,快乐不是追求德性的目的,德性为快乐引导方向和道路,达到快乐的途径是禁欲或节制,评定德性的标准是无动于衷。第三部分(第21~28节)谈论关于财富的若干问题。在该部分中,塞涅卡主张,财富应为践行德性提供物质基础,获得财富的途径要正当,不可伤害任何人,不可夺取别人的财产。

一、幸福生活即符合自然的生活

人应当如何生存?这是包括塞涅卡在内的许多希腊、罗马哲学家关注的问题。在塞涅卡看来,自然(natura)是我们人生的向导,幸福的生活就是符合自然的生活。为了获得幸福的生活,首先我们必须有一个健全的心灵(anima),一个持久地保持清醒的心灵;其次我们的心灵必须勇敢无畏,精力充沛,具有高贵的不屈不挠的精神以应对各种紧急情况;再次我们必须关注使生活变得美好的各种便利,但不要过分迷恋任何东西,要做命运馈赠的使用者,而不要做它们的奴隶。只有这样,我们才会获得一种持久的心灵宁静(tranquillitas),一种不为任何刺激和恐惧所动的自由(libertas)。

在塞涅卡那里,自然就是理性,因此符合自然的生活就是依照理性的生活。我们应遵循自然、尊重自然。明智的人就是按自然的规律进行自我修养并把幸福的生活建立在正确可靠的理性(ratio)上的人。让理性来判断任何事物,让理性主宰人的感觉和欲望,通过理性调节人自身内部的各种复杂关系并建立一种和谐,从而达到善(bonum)。哪里有心灵的和谐,哪里就有德性(virtus)。不要受外物影响,不要成为外物的奴隶,要勇敢地面对生活,塑造自己的生活。

二、德性即幸福

德性与幸福、快乐的关系是《论幸福生活》的中心论题。关于此论题,塞涅卡反复强调的基本观念是:快乐不应是追求德性的目的,德性本身就是幸福。

他指出,德性是快乐(voluptas)的先行者、引导者。虽然德性能给追求德性的人带来无穷的快乐,但快乐不是人们孜孜不倦追求德性的目的。即使德性能给人带来快乐,人们也不为此追求德性。塞涅卡就这个问题打了一个很形象的比喻:在一块耕地里种上悦目的鲜花,固然使人心旷神怡,但在耕地上种花显然是大材小用,且浪费大量的时间和精力。快乐就好比鲜花,耕地就好比德性。

我们生活在纷繁复杂的社会中,有许多不随自己心愿的事情,有许多想法和观念跟其他人的不同甚至格格不入,这一切使我们痛苦、懊恼、心神不宁。但塞涅卡认为,一个明智的人不会这样。对于明智的人,快乐就是宁静、适度、对外界事物无动于衷和节制自己的欲望。他们不会为追求快乐而做某件事情,虽然他们承认快乐的存在,但不会为快乐所控制和迷惑,因为他们知道,一旦沉迷于快乐,他们就无法忍受和面对一切痛苦、辛劳和死亡。那些被繁花簇拥、品尝各种佳肴、欣赏着悦耳的音乐、陶醉于迷人的风景、居住于豪华大舍的人,会拥有真正的快乐吗?没有。那些把追求快乐摆在第一位的人,既无德性也无快乐。我们要把握德性,让德性先行,以德性为圭臬,使自己成为快乐的主人。

在论及德性与快乐的关系时,塞涅卡还为被视为快乐主义的伊壁鸠鲁学说做了一点澄清。他认为,伊壁鸠鲁的学说是严肃的和正确的,它强调在遵循自然的同时要学会享受生活。在付诸实施的过程中,人们会发现伊壁鸠鲁所倡导的快乐与他们所意指的快乐并不相同。伊壁鸠鲁所倡导的快乐之形式跟人们所追逐的快乐之形式大相径庭。不过,伊壁鸠鲁宣扬在遵循自然的过程中要注重享乐,这为那些邪恶的人提供了理论根据,他们打着伊壁鸠鲁的幌子,宣称自己的一切不正当行为都是正大光明的。但是,塞涅卡指出,并不能因此推断出伊壁鸠鲁的学说是邪恶的学说。

既然德性是快乐的引导者,那么德性与幸福就是一致的。塞涅卡反复表述了类似的观念。只有德性才能达到至善,真正的幸福(beatitas)建立在德性之上。德性就是幸福,幸福就在德性中。只有德性才是善,幸福只根植于德性之中。德性能在人心中造成一种生动的和谐。

那么,怎样获致德性呢?塞涅卡认为,无动于衷(indefferentia,又译不动心)是获致德性的唯一途径。只有不生感情的、无动于衷的境界是美好的。人不应被各种激情所支配,而应控制自己的情感,面对任何境况都泰然自若,永不被恐惧、欲望和快乐痛苦之情所烦扰,这样才是合乎理性、合乎善的状态。

有人这样质问:为什么你在圣人面前说话如此谦卑?为什么你相信钱是人生中的必要物品?为什么你听到妻子或朋友死亡的音讯时伤心落泪?为什么你在满足自己的需要的同时不断扩大自己的耕地?为什么你拥有豪华的家具和大舍?针对这些质问,塞涅卡辩驳道:他不是一个明智的人,他不要求自己跟最善的人一样,但他要求自己比恶人好,如果他每天反省自己的过错,不断减少邪恶,他就满足了;柏拉图、伊壁鸠鲁、芝诺这些哲学家所谈的都不是他们自己怎样生活,而是应当怎样生活,同样,他本人谈德性,并不是说他自己德性有多高尚;只要他能够,他就要像应当的那样生活。塞涅卡认为,哲学家追求有益的理论研究,尽管没有实践的结果,也是值得称赞的。

三、以禁欲为核心的道德生活和以至善为目标的人生理想

塞涅卡提出,人的本质就在于理性地生活,理性地生活才是真正的道德生活,因此,道德生活要求排除人的肉体感觉、弃绝世俗的激情和欲望。在他看来,肉体的快乐是短暂的和有害的,应予拒斥,人们当用理性支配欲望,这样就能获得心灵的宁静。寻求高尚的理性生活就能获得幸福的人生。幸福的人具有正确的理性,他安于现状,满意于周围的一切事物。

在谈论禁欲时,塞涅卡提及了应当如何对待财富。他通过比较明智的人与不明智的人来表明他的主张。明智的人不贪图财富(fortuna),把财富摆在次要地位;他们没有财富照样生活得幸福,但他们也不拒绝财富,因为这是命运的恩赐和德性的成果;他们拥有财富是为了使之为德性服务。而在不明智的人眼里,财富是他们的主人,是他们生命的一切;获得财富时,他们欣喜若狂,失去财富时,他们惊慌失措;在他们生命中财富是最高的善。这就是明智的人和不明智的人对待财富的不同态度。塞涅卡指出,获取财富时,不可剥夺别人的财富,不要伤害任何人,不要沾上任何人的鲜血,而要凭借正当的手段。他提醒人们,财富虽能给人带来快乐,但并不属于善的范围。

塞涅卡将至善理解为一种特殊的心态。他认为,至善(summum bonum)就是心灵拥有不可战胜的力量,从经验中获得明智,在为人处世上小心谨慎、深思熟虑。幸福的生活就是一个自由的人拥有高贵的、无畏的、坚毅的心灵。

关于达到至善的方式,塞涅卡联系人之为人的本质来谈论。他指出,人除了自卫、满足自己的冲动和欲望这种本能外,还有理

性。理性是人区别于动物的标志,如果没有理性,人的行为就会出错。依照理性而生活就能臻于至善。至善在于理性。

《论幸福生活》是斯多葛派的一部代表性著作。其中的诸多观念和学说被早期基督教吸收。他所标举的德性即幸福之观念成为西方伦理学史中的经典命题。塞涅卡所建议的通达人生幸福的若干具体方式有点苛严甚至不近人情,但是他对陶铸心灵的热切呼吁是值得倾听的,尤其值得机械时代和电子时代里在物欲之流中挣扎浮沉的人们倾听。

(朱玲莉)

奥勒留

沉思录[*] (约 170—180)

马可·奥勒留·安东宁(Marcus Aurelius Antoninus,121—180)是罗马帝国的明君,史称罗马五贤王之一。他爱好哲学沉思,是斯多葛派在古罗马时期的主要代表之一。他幼年丧父,为其叔父安东宁·安尼(后成为罗马皇帝)收养,受到良好教育。140 年,他被推举为执政官。147 年,他又被指定为皇位继承人。161 年,其养父去世,他继位为皇帝,与堂兄弟奥勒留·韦勒共享皇权。在位期间,奥勒留经年征战。对外,东与帕提人作战(162—166),北与日耳曼人作战(166—180);对内,平定了帝国东部的总督阿维狄在叙利亚的反叛。他的大部分时间是在抵御入侵和镇压叛乱的军营中度过的。公元 180 年,奥勒留病逝于温多波纳(今维也纳)。

---

* 拉丁文书名 MEDITATIONS AD SE IPSUM。本文根据中译本《沉思录》(朱汝庆译,北京,中国社会科学出版社,1998 年)撰写。

奥勒留执政的近20年间，罗马帝国天灾人祸不断：水灾、地震、瘟疫、饥荒、蛮族的入侵、军事的反叛等等。他本人也经历了不少磨难和痛苦。公共职责的沉重负担和个人际遇的沉痛经历使他陷入极大的悲观中，而使他能忍受下去的正是哲学。他自幼喜爱斯多葛派哲学，深受爱皮克泰特的影响，并试图对斯多葛派的伦理理想——一种教人依照自然而生活、克制、忍耐、弃绝快乐、追求超凡脱俗的德行的冷峻说教——身体力行。在鞍马劳顿之际和政务操劳之余，奥勒留仍不忘思索人生，给后人留下了《沉思录》这部具有强烈个人色彩的哲学日记。

《沉思录》是奥勒留为他自己而写的。正因此，他使用的不是母语拉丁文而是他所挚爱的哲学所说的希腊文。他试图以哲学的沉思来避开人世的纷扰，追求内心的安宁。该书的写作是断断续续的，记录下来的是飘忽不定的点点思想火花，是一位有强烈自明意识和敏锐道德感的统治者的内心独白。全书凡12卷，各卷分15~75小节不等。没有什么逻辑结构，前后内容多有重复之处。在该书中，奥勒留考察了人与神的关系、理性与情欲的关系、自我与他人的关系，剖析了他本人独特的内心世界。他强调人要依循自然，过一种合乎本性（理性）的生活。人一方面要服务于社会，承担人的责任；另一方面又要培养自己的德性，保持心灵的宁静和自足。书中所蕴含的那种天下一家的世界主义以及人皆有理性、理性皆相同的平等思想在后世产生了深远影响。正是《沉思录》这本随想集使奥勒留成为斯多葛派无可争辩的末代传人。

一、履行人的责任

奥勒留在《沉思录》第八卷中写道："每个人都可以从三种关系来认识自己：你与那包裹着你的躯体的关系，你与那将一切事务给予人的神圣原因的关系;你与你的邻人的关系。”[①] 人与神的关系、自我与他人的关系以及人自身的理欲或灵肉关系是他全部思考的重心。相应于这三种关系,人也就有三重义务或责任:对神要敬重、服从,保持虔诚;对他人要履行社会职责,做到仁爱、公正;对自己要遵循自然,看管好自己的心灵,实行节制。

1.三种关系

神与人的关系。神(θεos)是万物的源泉,是宇宙理性,它创造了整个世界,世上万物来源于神又复归于神。整个宇宙都服从神的法则,一切处于因果系列中的东西都在天道神意的支配中。神不仅预先确定了一切事物的起始,也确定了一切事物的结局。人所遭遇的任何事,如生死、福祸、贵贱、寿夭,都是神意的安排。神是仁慈的,它既直接关心个人,又通过自然的联系来关心个人。人与神是相通的。

理性与情欲的关系。或称人与自然的关系。人是理性的存在物。自然(ψυσιs)是有生命的存在,也有心灵和肉体。人与自然的关系,犹如树叶同那负载树叶的大树的关系。自然的本性是理性(λoγos)。人由肉体、气息、心灵(ψυχη)三部分构成,有两重本性:理智的本性和动物的本性。属于肉体的是欲望,属于心灵的是理性。根据宇宙法则,较低层次的事物应服务于较高层次的东西。人的情欲是动物性的和低下的,理性作为较高者,天然就是统治者,要支配较低级的情欲,所以理性才是人的真正本性。人的理性是宇宙理性流溢出来的,是普遍理性的一部分。从神那里分有的理性也就是人内心的神性,是人优越于动物之所在。凭借理性,人可以认识身外的神。

自我与他人的关系。人们彼此皆为同胞。一切人,尽管其血肉各不相属,但其本于一源的理性是相同的。人类理性有一种倾

① 奥勒留:《沉思录》,中译本第87页。以下引文出自本书只注明页码。

向统一的特殊气质,它倾向于聚物为类。所以人的社会倾向性是人性的天然取向。人作为有着同样理性的动物依靠公共事务、社会利益,凭借具体的友谊和家庭结成一体,服从一个共同的法则,同属公民中的一分子(属于某个政治国家)。整个世界就是一个共同体,人们彼此皆有同胞之谊。

2.服从天命

既然人是宇宙总体的一部分,那么服从宇宙法则,遵从天道神意,服从命运的安排,对神虔敬便是人的一种责任。这就要求人把所遭遇的一切当作宇宙全部过程的一个必然结果,即使对不利的事也要心平气和地接受。抱怨所遭遇的事情和所处身的环境,就破坏了天道。对生死、荣辱、苦乐不能等量齐观,就背离了自然。不安分、不知足的人就是逃避神圣法则的逃亡者,如同畏罪逃亡的奴隶。那同自己的命运抗争的人就像被割断喉咙而挣扎嘶吼的猪。这些都是对神的亵渎,是不虔敬的表现。

人应该服从天命,顺应环境,坦然接受命运的支配。这样才合乎自然之道,才能始终保持内心的欣悦和恬静。

3.热爱人类

宇宙是一个合目的的体系,其中任何事物的产生总有着某种目的。人是为某种目的的存在,是为某种功用和义务的存在。人是为社会而被造出来的,人生下来就负有此世间的责任。人生不是为了舒适享乐,生存的目的就是行动。正像昆虫和飞鸟不遗余力地尽其天性、各安其分、辛勤忙碌一样,人也应该依天性而行动,尽量发挥自己的能力,以履行社会职责。

既然任何个体都是人类整体的一员,既然人都有共同的理性,那么为人类整体利益服务、热爱人类就是个体应尽的责任。

个人利益与整体利益是密切关联的。凡不符合蜂群的全体利益者,也就不会符合单独的每一只蜜蜂的利益。任何对整体有益者,对部分便不会有害。只有那有利于我的国家和人类全体这两者的东西,才有利于我个人。个人利益存在于整体利益中,因而,绝不能去做任何违背整体利益的事情。个人也没有理由抱怨自己本来就理当为之服务的整体利益。

把自己看成是人类的一分子,竭力服务于公共利益,这是热爱人类的表现。如果有人认定自己是独立自存的个体,而逃避对人类的责任,那就会造成他同社会的疏远、分离,而这不仅会使个人丧失在社会中的利益,也背离了人的本性。这种人就如同那从身体上砍下来的一只手或一只脚。人们应当牢记人所应尽的伟大职责:不断改善自己的心灵,使自己的行动符合理性,并与社会协调,促进人类的公共利益。

为人类整体利益服务,首先要求在考虑人生目标时以社会的福祉和普遍的世界利益为标准;其次要求每一行动都对社会有益,可以改善社会。如果有所举动,但却对总的社会利益既无远的也无近的助益,就等于破坏了自己的生存,破坏了生活的统一性。所以要永远保持两个目的性原则:一是除了理性的命令,除了自己内心的统治能力和立法能力要求你为人类所做的事情,一切不为;二是改变做法的理由来自你对正义和公众利益的考虑,来自类似的良善动机。此外还要有一种紧迫感,牢记你在这世上的责任和义务,时时告诫自己:"我要起床去履行一个人所负的责任。"生活就在此时此刻,值得注意的只是现在,因为过去已经流逝,未来又尚未确定。"如果你的选择是今天便行善,而不是推到明天,那你就尽了你的本分。"(P.85)要把每一天当作你生命的最后一天。在享受人生时,永远要自我警醒:别以为你有万年的生命可以抛洒,死亡就迫在眉睫。趁你还活着,趁你还有能力行善,努力去做吧。

热爱人类,还体现在与他人合作、容忍他人的缺点、宽恕他人的不义。每个人都是全人类的一分子,都与他人处于密切关系中,彼此为对方而存在。人是为了合作而生的,人与人之间犹如手足、上下眼睑、上下牙齿。牛群尚能保持天生的合群性,蜜蜂也不会用刺蜇它的同类。作为理性动物的人更应互助互利,而不是损害对方,任何对抗和冲撞都是不自然的。基于自然本性,众人皆为同胞,有着兄弟情谊,所以人们要相互同情,容忍他人的缺点和错误。要设想他人做错事是由于无知,并非自觉,他人的行为失误并非本意如此。如果我了解到做错事的人与我相关,他们的本性与我的相似,那么我就会相信:没有人可以真正伤害我,因为没有人可把恶强加于我,迫使我违背理性而行动,我也就不该憎恨他人。要把宽恕当作正义的一部分。要以德报怨,即便别人待你恶劣,你也慈善待人,对损害你的人心平气和地给以恰如其分的忠告。

4.依照自然之道而生活

依照自然之道而生活,就是依照理性而生活。人是理性动物,无论行止,都要接受理性的指导。要提防心灵屈从于肉体,理性屈从于快乐。因为享乐既非有益的也非善的,任何内心属善的人都不会因为错过了享乐而烦恼。一个理性的人要克制自己的情欲,审查动物性的要求,摆脱感官的诱惑,保持对享乐的超越。如果心灵独立于并超越于声色犬马对象,不受既往将来的事件影响,那就会造成一个圆满的世界,永远与你心中的神和谐一致。人心可因理性而加强。“一个不受欲望困扰的心灵便是一座城堡,也是人面对未来的坚不可摧的安全屏障,依凭它,我们可以休憩,可以视敌人如草芥。”(P.91)相反,如果让心灵受私欲驱遣,沉溺于口腹之乐或声色犬马之娱,那就会毁灭人的理性。而理性的毁灭是一场远较我们周围的空气腐臭要严重得多的瘟疫,因为它毁灭的是人本身。

依照自然之道而生活,需要看管好自己的心灵。心灵是自然的一部分,忿怒、报复、憎恨他人、弄虚作假、屈从于快乐和痛苦等都会败坏心灵,意味着同自然的分离。所以要远离各种邪恶的情感和不义的行为,要让心灵保持善良、质朴、真诚、知足,满足于现实境况,能与神和人都和谐相处,既不抱怨他们也不受他们的责备。

欲看管好自己的心灵,就要以哲学来指导自己。如同眼睛肿痛的人需要灵丹妙药,病态的心灵也要用哲学加以治愈。哲学可以使人与自然之道和谐一致,保持心中的神性;可以使人免受伤害和屈辱,摆脱虚伪和虚荣,获得尊严与自由;可以使人对宇宙理性的安排逆来顺受、达观知命,无论逆顺都安之若素;可以使人正确理解痛苦和不幸,超然于苦乐之上;可以使人轻视浮名,坦然面对死亡;可以使人获得内心的宁静与平和,达到圆满的人生境界。

二、过有德性的生活

德性是人世间唯一值得追求的东西。它本质上是自足的。人应过一种有德性的生活。人有自由意志,人也完全可能过一种有德性的生活。有德性的生活就是幸福的生活。

1.唯有德性值得追求

思考何为善(αγαθον)是学习的开始。要以公正、忍耐、谨慎、坚强等具有内在价值的东西为善,不要以多数人追求的东西为善。除了能增进公正、独立等德性(αρετη)的事物,没有什么东西对人是善的;除了那使人不能自已地走向邪恶的事物,没有什么东西是恶的。在人生中,除了仁爱、节制等德性,没有其他东西可称得上美好,或更有价值。

无论大众的称赞,还是权势、财富都不能与德性相提并论。财富、名声这些在世人看来具有巨大价值的东西都是空洞的、无意义的、易朽的,只有德性,如谦虚、虔诚、忠实,能从这广袤无垠的大地飞上奥林匹斯山,得以永存。德性是这世间唯一值得关注的、值得追求的。

2.德性是自足的

任何善的事物都有本来的善性,其中并不包含赞美,德性并不因为被赞美才成为德性。德性既然有内在价值,也就无需称赞,正像一块祖母绿,人不称道它,它仍然会熠熠生辉。德性不是用来炫耀于人的,也不是博取虚名的手段,它本身就是目的,是一个理性的人应具有的品质。

人若行善,就不必说出来,心中也不要念念不忘自己的善行,只需等待下一次行善的机会,不用期待别人的叫好或喝彩。就像果实累累的葡萄藤,不期待什么感谢,只期待继续结出果实。践行德性是符合本性的事,是人性尊严的要求,也是人的义务。

3.为善在己

任何动机和行为都在自己的控制之下,没有外在力量能剥夺一个人的德性。"如果你愿意,你就可以做一个严肃而虔诚的人,可以吃苦耐劳而摈弃欲乐,可以所求甚少而毫无怨尤;如果你愿意,可以举止文雅而神情威重,可以性情不事铺张,而又不以琐细为意。"(P.39)没有能力为善只是一种借口,有谁能阻碍你,使你不能坚持诚实与公正呢?一个人只要愿意也可以去掉各种毛病和恶行。不陷入真正的恶,不做违背良心的事,是在一个人的力量范围之内的。

真正善的人并不依赖于环境。即使别人心存不善或捣乱作梗,这并不能使你偏离理性,也无法阻止你的道德进步。因为人有禀自上天的理性、有无法剥夺的自由意志。心灵的力量无法遏制,理性前进的路线不能阻挡,心灵的活动有如火焰之向上、石头之落下。没有任何东西能够桎梏心灵,无论是剑还是火,是造谣中伤、流言蜚语,还是君主的暴虐。既然没有人可以强迫我,没有力量可以迫使我违背我的判断,那我就不必做任何违背我的良心和内在神性的事。无论我处在怎样的环境、怎样的状态,我都有把持自己的能力,都能努力为善,保持自己的内在神性的那份自足。

4.德性就是幸福

当一个人具有公正、慷慨、忍耐、谦虚、真诚、虔敬、自尊这些品格时,他的本性便是圆满自足的。愉快的心情在于人对理性的依重,在于人具有无愧于人的欲望和合德的言行。使人愉快的正是心胸博大、朴实、怜悯、谨慎、智慧、明断。

幸福(ευδαιμονια)就是拥有善的某种能力或保持善的某种品行。无论地位、财富还是名声、享乐都无助于实现幸福。过一种幸福生活所需的东西其实是很少的,只要有节制、仁爱、恭顺等德性就够了。人的幸福就在于德性的完善,有德性的生活就是幸福的生活。

三、追求淡泊宁静的心境

人生的最高境界是内心的宁静。要获得内心的宁静,就要敬拜诸神,热爱人类,遵循自然,过一种有德性的生活。除此之外,还要能直面人的卑微,超越痛苦,摆脱烦恼,坦然面对死亡。这才是真正的静心之道。

1.在卑微中保持达观

人在宇宙中的地位是渺小的:广袤的欧亚大陆不过是宇宙的一角;海洋之大,不过是浩淼宇宙中的一滴水;人所匍匐的地面,相对于整个大地,只是渺小的一点。人的存在是短暂的:那不可计数的无穷无尽的时间,给予单个人的生命是有限的,他转瞬之间便为无限的永恒所吞没。人自身是卑微的:每一个体的人所得到的宇宙质料是稀少的,人所得到的心灵在宇宙心灵中是微不足道的;肉体易于瓦解,心灵也易于消散。

人所渴求的一切是靠不住的:地位、财富是神意所赐或是机遇造成的,大众的称誉没有价值;名声只是一种音响、一种回声。世人所看重的一切不过是梦幻泡影。历史上的那些英雄伟人不过如过眼云烟,个体的人一旦消失便不会在别的时代浮现。生活就如旧戏重演,人生只是一场战役、一段旅途。人除了理性,毫无伟大可言;除了德性,毫无价值可说;除了把握现在,毫无意义可论。

在元素的浮沉变化、事物的离散瓦解中,世界万物了无意义且极不稳定。当我们着眼于永恒无尽的变化,想想世界的永久持续性,想想世界中具体事物倏忽变幻的特性,像一个自知生涯有限的人那样思考,就能形成一种伟大的思想:人生场景不断变化,那些扰乱你心灵的事物很快就要消失;那些以快乐诱惑我们,以痛苦恐吓我们,以名声令我们企羡的感觉对象是无价值的、可蔑视的;因转瞬即逝的事物而骄傲自大、躁动不安、忧心忡忡是愚蠢的;无视自己的卑微而自鸣得意是可耻的。这样的思考能够让我们学会从全体的观点看待得失、荣辱、苦乐、善恶、生死、福祸,培养一种澄澈清明的合乎自然的人生观,获得更大的自由度。

2.超然于烦恼、不幸和痛苦

烦恼仅仅来自内心的意见。使人心情烦恼的并非事物本身,而是人对事物的看法。大部分烦恼都源于人的想象。厌弃和欲求是烦恼的普遍诱因。只要人运用理性的力量,外在的事物便不能拂乱人心,人也就不会受感觉活动的影响。所以不要让琐碎的事扰乱你,不必为明天的事烦恼,这样才能摆脱无意义的焦虑,保持内心的安宁和自由。

同样,不幸并非在心外,而是想象的结果。任何东西只要不违背大自然的本意,就绝不能在真正的意义上说成是一种不幸。不要把并不偏离、扰乱的人的本性者称为不幸,一个人如果能保持自己的本性并能率性而行,就会相信这世上并不存在可以怀疑不幸作祟的理由。如同健康而合乎自然的眼睛对所有颜色没有偏好一样,完善健全的心灵可以消化任何事件。要把不幸当作自然发生的事情加以接受并泰然处之。

痛苦是神意的安排,人生中难以避免。害怕痛苦便是害怕这世上永远不可避免的东西。痛苦是可以忍受的,不可忍受的痛苦是不存在的。痛苦对人生是有价值的。“人面对所遭受的痛苦,可以表现得更好，由于他运用正确的态度对付坎坷的人生事件，他提高了自己的生存价值，提升了自己的道德禀性。”(P.120)一个理性的人不会把痛苦当作一种恶，他能够不为痛苦所动，对痛苦始终保持自由。

世上没有绝对的恶(κακον)。宇宙中的创造力量是公正和理智的，自然不会既允许善的事物又允许恶的事物同样混杂地降临到好人或坏人身上。任何遵循自然的事物都不是恶。一切表面的恶都为普遍的善所要求。没有骗子、恶棍、背信弃义的人也就没有生活，行为下流的家伙也是这个世界中非有不可的流氓，希望坏人不做恶事就如同指望小孩不哭、马不嘶鸣一样。恶并不为害自然，自然也不会对人施加以不可容忍的恶。只要同意任何事件都没有恶的性质，那你仍然可以保持自己精神上的澄明与宁静。

3.坦然接受死亡

生死乃是大自然的奥秘，生存是元素的结合，死亡是元素的分解。死亡是自然产物的一部分，是天道神意安排的结果，完全合乎自然之道。而合于自然之道者便是合理的，含有欢乐的成分。因此死亡本身不是真正的恶。害怕死亡这种自然过程的人，就如同稚气未脱的孩子。

对世界的总体利益而言，死亡具有积极的意义。对个体而言，死亡不过“是喧嚣的感觉活动的中止，是动摇不定的欲望的中断，是跌跌撞撞的思想的却步，是疲惫不堪的身体的解脱”(P.56)。所以死亡不是一件坏事。再说从无限的全过程看，天道周而复始，长生不老的高寿与方生即死的夭亡无别，人所丧失的不过是当下拥有的那点生存。因而不要憎恶死亡，而要由衷地接受它，像告别亲朋那样地告别这世界，像演员演完他的戏后心满意足地退场。

生命的价值不在于长短。如果一个人年老而昏愦，丧失了理解力，不能正常地发挥能力，不能履行自己的义务，这样的人其实早已死亡，这样苟延残喘的余生其实与畜牲留栏无异。一个严格意义上的善人必然不会卑贱地活着。在尘世生命中唯有虔敬的精神和仁爱的举动产生,如此度过的人生,哪怕只有三小时也足够了。只有崇尚理性的人,能正确利用内在神性的人,才不在乎生命的长短,在死亡面前能完全淡泊、泰然处之,因为他所关心的只是如何做一个符合理性的社会的人;只有德性完善的人才不惧死,因为他只关心他自己的行为正当与否,他只考虑如何才能充分发扬光大生命、如何最为有益地度过此生。所以面对死亡的逼迫,我们要关注的是如何进取。"我们所应遵循的,无非是使这短暂片刻同大自然相和谐。要死,我们就欢快地辞别,像那熟透的橄榄坠地,无愧于那生育我们的母亲,感谢那使我们在枝叶间生存过的树木。"(P.35)

4.退隐到宁静的心灵深处

一个人的心灵是他回避尘世喧嚣的最自由的宁静去处。宁静就是内心的和谐、恬淡、知足、平和。

要使内心宁静,就要崇尚和服务于内在神性:满足于命运的安排,坦然接受逆顺之境;不受感觉活动的影响,远离喧嚣的情欲,免于邪恶的感情;认识到人生的短暂、浮名的空虚,不为声名所累,不为外物所系;不受烦恼的困扰,不怕痛苦的侵袭,不为世间的邪恶所刺激,也不畏惧死亡。

要使自己生活宁静,还要不屑于琐事,省掉不必要的行为;不贪图力所不能及的事物,不过分倚重外物;懂得有些事物并不是人该追求的,没有此类事物,人生反而更为轻松;抛开不适当的念头,免除所有压力而生活。

只有这样,我们才能真正退隐于内心,保持自己精神世界的宁静,使自己像恩培多克勒的球体一样,浑圆完满,在快乐的宁静中安息。

奥勒留的《沉思录》给经由他继承下来的斯多葛主义注入了新

的精神。而斯多葛派传统的节制主义、世界主义与他的神秘主义、信仰主义结合在一起又为基督教伦理的萌生提供了养分。他的平等、博爱主张在启蒙思想家们那里得到了回应。他的德性自足之说法在康德那里引起了共鸣。而他关于恶的见解则为黑格尔所发挥。这本薄薄的随想集为一代又一代注重心灵修养、崇尚精神追求的人所珍视。时至今日,坐在床头翻翻它,依然可以使人觉着内心深处漾起一波超迈的豪情。当然,他的沉思中还有他难以解决的矛盾(如神定论与自由意志论之间的矛盾)。他的思索笼罩着一层让常人难以理解的悲观情调和神秘色彩。不过,揭开这层灰暗的外套,我们便可以看到它的坚硬的盔甲:骨子里充满着对人性尊严的肯定,充盈着对人类理性的崇尚,特别是充溢着一种瞩望永恒的自我策励的奋发进取的精神。

(叶玉泉)

奥古斯丁

论意志自由* (389—395)

奥古斯丁(Aurelius Augustinus,354—430)是西方中古时期著名的神学哲学家,教父哲学最杰出的代表。他出生于罗马帝国治下的北非塔加斯特城一普通市民家庭。据他本人的《忏悔录》,其父信奉异教,脾气暴烈,行为散漫,而其母信奉得势不久的基督教,温柔贤淑,持家有方。奥古斯丁出生时未从其母信仰基督教。7—12岁,他在故乡小城接受初等教育(相当于小学),学习拉丁文、希腊文和算术。12—16岁,他在故乡附近的马道拉城接受中等教育(相当于中学),修习语法、诗艺和历史等。中等学业完毕,他因家用拮据而暂时辍学一年。据他自述,在这一年里,他伙同一帮同龄人到处闲逛,经常惹是生非,时不时到花街柳巷里泡一泡,别出心裁地将邻家的梨子一个不留地打下来喂猪,还跟一个有夫之妇暗

* 原书名为 DE LIBERO ARBITRIO。本文根据英译本 ON FREE CHOICE OF THE WILL(托马斯·威廉斯译,印地安纳泊利斯—坎布里奇,哈科特出版公司,1993 年)撰写。

中勾搭。17岁那年,失去父亲的奥古斯丁在母亲的苦心劝导和亲戚们的鼎力资助下前往迦太基城接受高等教育(相当于大学),专攻修辞学(雄辩术)。据说西塞罗的《赫尔顿修斯》(已佚)激发了他的哲学兴趣。他阅读了不少新柏拉图主义者的著作,接触了《圣经》但不解其中奥义,对摩尼教①倾心服膺。大都市里的寻欢作乐之风令这个小城来的寒伧青年心旌摇荡不能自持,在“烟酒和情人的团团包围”中迫不及待地绽放了刚刚有所收敛的花心。374年,奥古斯丁修完高等学业,返回故乡执教,讲授语法。翌年,他赴迦太基教修辞学,历时九载。期间,他曾与一摩尼教主教晤谈,因困惑未得脱解,其摩尼教信仰开始动摇。公元383年,他横渡地中海,到罗马谋得一个教职。一年后,他前往当时的罗马帝国首都米兰应聘修辞学教席遂愿。在此都,他对女人的激情依然不减当年。也是在此都,他接识了名重一时的基督教主教安布罗希。这位年迈主教的口才令专门训练学生口才的奥古斯丁仰慕不已,不久便改变了青年教师的信仰。公元386年,奥古斯丁决定改宗基督教。是年秋,他到米兰郊外一所别墅里静修思过。经过半年多的灵魂净化之后,他领受了米兰主教的洗礼,正式成为基督徒。公元388年,斩断情根的奥古斯丁再返故乡,变卖家产,施舍穷人。情财两空之后,他召集一批同道开始过一种寡欲清心的隐修生活(修道士由此肇始)。此时的奥古斯丁仿佛脱胎换骨,与往昔的风流浪子判若二人,潜心教理,节用尚简,不沾烟酒,不近女色(甚至连自己的亲姊妹也不愿相见)。公元391年,奥古斯丁出访希波城,深得当地主教赏识,被聘为神甫,襄助主教,并破格筑坛布道。公元395年,他补缺升任该城主教,任期长达35年。任内,他以正统基督教

① 摩尼教为波斯人摩尼在3世纪末创立的一种宗教,吸收拜火教、早期基督教、佛教及基督教诺斯梯派的一些教义杂糅而成,主张善恶二元论,光明为善之本源,黑暗为恶之本源。

理论家自居，对教内各种“异端”学说发动了猛烈的抨击。有时他甚至赞同对异端学说坚持者动用刑罚。多半是由于他的名望和辩才而非理论的严密性和真理性，他的学说在两次迦太基主教会议上被确认为正统教义。公元430年，在旺达尔人对希波的围攻中，奥古斯丁离开了这座尘世之城，前往上帝之城履新。教会在悼文中称他为“伟大的教父”、“杰出的大师”和“上帝的圣使”等。不久，其亡日被教会定为祭拜日。

奥古斯丁的传世著作都是在皈依基督教之后写成的。据他自己晚年统计，其论著有93种(232卷)，不包括众多布道文稿和往来书信。很难将他的思想和著作截然分期，因为对基督教的虔信保证了他的主要思想前后一贯，而他在不同年代写出的著作并未显出水准的层递。这里姑按编年顺序(部分著作的撰写年份有异议)胪列其重要著作:《驳学园派》(386)、《论幸福生活》(386)、《论秩序》(386)、《独白录》(387)、《论灵魂不朽》(387)、《论音乐》(387—391)、《论意志自由》(389—395)、《论真正的宗教》(390)、《论信仰的价值》(391)、《论两类灵魂》(391—392)、《驳福斯特》(392)、《忏悔录》(397—400)、《论基督教教义》(397—426)、《论修道士的功业》(397—426)、《论洗礼兼驳多纳图派》(400—401)、《论教会的统一》(405)、《上帝之城》(413—426)、《论三位一体》(414)、《论自然和恩宠》(415)、《驳贝拉基》(418)、《论基督恩宠和原罪》(418)、《论灵魂及其根源》(419)、《论恩宠和意志自由》(426)、《再思录》(427)等。在其众多著作中，《忏悔录》是其文学代表作，《论基督教教义》是其教理代表作，《上帝之城》是其历史哲学代表作，而《论意志自由》是其伦理学代表作。就学术价值和历史影响综合考虑，他的最重要的著作应是《上帝之城》。

《论意志自由》可以说是奥古斯丁出任主教之前最值得注意的一部著作。它汇集了他的伦理思想中大多数重要观念。该书共三卷，分别有16、20和25节(节次为后世编者所分)。第一卷写成于公元389年,第二、三卷写成于公元395年。它采用对话体,参与对话的人物是奥古斯丁本人和艾佛狄乌斯。该书多用适于简单思维的类比法和例证法,语言畅达,遣词考究,时见文采斐然的精妙段落,但总体结构松散,理路不清,逻辑性不强,主题论说不集中不突出(这后三点是对话体论著的通病)。这些特点表明其作者是一个形象思维比抽象思维更出色的思想家。该书是一部论辩性著作,据作者自述,其主旨是批驳摩尼教的善恶二元论。他极力要论证的基本观念是:恶并非源于上帝而是出自人对自由意志的不当运用。该书的基本范畴亦即其基本论题有:罪孽(或恶行)、善意、灵魂、上帝、意志、原罪等。在晚年所撰《再思录》中,奥古斯丁对他的这部早期著作感到满意,未做任何观念修订。

在《论意志自由》三卷中,观念上前后重复之处甚多,与论题无关或关系疏远的论说亦甚多。本文拟以伦理学说为中心分别介绍其三卷中的基本思想。

一、恶行、善意和自由意志

《论意志自由》第一卷概要地呈示了奥古斯丁关于自由意志的基本思想。其各节论题依次是:恶行与学习的关系,上帝作为万善的创造者,纵欲作为恶行的驱动力量,贪婪(或纵欲)的本质,人法相对于神意的缺陷,永恒法与暂时法的关系,人类凭借理性相对于动物的优越性,人类与动物、植物的同异,理性作为智慧的必要条件,心智相对于贪婪的优越性,纵欲统治心智的恶劣后果,善意作为最可贵的人世善,善意与四德(明智、勇敢、节制、正义)的及与幸福的关系,正直生活作为幸福生活的必要前提,对应于两类法(永恒法和暂时法)的两种人(善人和恶人),作为恶行源泉的自由意志。可见,本卷各节大体上都关涉主题。

1.恶行的心理根源、对恶行的惩罚和心智对纵欲的控制

对话从“上帝是否恶之原因”开始。奥古斯丁首先指出，人们在两种语义上使用“恶”，其一是当他们说某人作恶时(恶行或罪孽)，其二是当他们说某人受恶时(恶果或惩罚)。然后分辩道，上帝(deus)是善的，他不作恶，但是他也是公正的，他赏善(bonum)罚恶(malum)，因此上帝不是第一种恶的原因而是第二种恶的原因。就提问者艾佛狄乌斯(下文简称提问者)的本意而言，恶当然是指罪恶或恶行，故后面的对话都在第一种语义上使用“恶”。恶行必定有其原因，既然此原因不是上帝，那么它究竟是什么呢？

恶行的心理根源(第1~4节)。提问者认为，除非先学会怎样犯罪，否则没有人会犯罪。那么人们从哪里学会犯罪呢？奥古斯丁对此问题本身就不赞同。他认为，学习是善事[1]，人们通过学习认识的只是善事而非恶事；人们之所以作恶，或许正因为他们背离了学习、疏远了学习。他甚至断定，作恶就是背离学习。针对人们既可以学习行善也可以学习作恶之异见，奥古斯丁不得不进一步为学习就是学会行善之观念辩护。他要提问者确认理解总归是善的。既然一切理解都是善的，而不理解的人就不是在学习，那么每个学习者就是在行善，因为每个学习者都理解，而每个理解者都是在行善。神秘的罪恶教师是不存在的。如若他是罪恶的，他就不是教师；如若他是教师，他就不是罪恶的。不言而喻的结论就是：人们没有从任何人那里学会犯罪。显然，奥古斯丁对学习的理解是理想化的。无可否认，许多罪犯是学坏的。同样无可否认，有些人是教唆犯。其实，承认某些人学坏不会危及上帝不是罪恶原因这一根本观念。

提问者表示信服奥古斯丁的人们不是学会犯罪之说法，但继

① 在奥古斯丁那里，就像在柏拉图和亚里斯多德那里一样，“善”不限指伦理语义上的合德性，而是泛指一般语义上的有益性。

续追问恶行的源泉是什么。奥古斯丁没有紧接着正面回答问题，只是奉劝人们要坚信上帝不是罪孽(crimen)的源泉。他引述先知说："除非你相信，否则你不会理解。"他反对人们从罪孽出自灵魂(animus)和灵魂来自上帝两个前提出发将罪孽回溯到上帝。他主张人们应当将上帝设想得尽可能伟大崇高，相信上帝是全能的和恒定的，相信上帝是万善的创造者而其本身比它们更优越，相信上帝是他所创造的一切事物的至上的公正的统治者。

在奥古斯丁看来，欲知晓恶行源自何处，先须确认恶行是什么。将法律的禁止和人们的谴责当作恶行的判定依据被否定。他断言，在外在的可见的行动中寻找恶行之源注定也遭遇困难(换言之，恶行之源在人心中)。他认定，纵欲(libido)[①] 是恶行(maleficium)的驱动力量。纵欲又称贪婪(cupiditas)。一切过失之所以是罪恶，只是因为它们出自纵欲，即出自应受谴责的贪婪。纵欲或贪婪的本质是对那些可能违愿地丧失的东西的喜爱。譬如，一切恶人像所有善人一样欲求无忧无惧的生活，不同之处在于，善人在欲求这种生活时使他们的爱背离那不可能无丧失忧患地占有的东西，而恶人则试图摆脱那妨碍他们安全无虞地享受如此事物的东西。

对恶行的惩罚(第 5～6 节)。参照奥古斯丁的相关言论，可以归纳出对恶行的惩罚(punitio)有两种：一种是法律的处罚，另一种是神意的报应。法律的处罚在一定范围内有其正当性，但是它留下许多漏洞；神意的报应高于法律的处罚，它可以弥补那些漏洞。在讨论进攻的敌人和隐藏的杀手能否为了某人的生命、自由或贞操之故而正当地被杀死时，人法相对于神意的缺陷被论及。提问者认为人类所制定的法律可以正当地允许谋命者被自卫者杀死，

① 在各种英译本中，拉丁语单词 libido 或被译为 desire(欲望)，或被译为 lust(淫欲)，或被译为 inordinate desire(无节制的欲望)。本文从第三种英译，但为概念精简起见，译之为"纵欲"。

强暴者被受辱者杀死，敌人被卫兵杀死，但是这些行为将受到一种更加有力的潜在法律（神意）的谴责。成文的法律正当地允许这些杀害行为，而未成文的神意则报应它们（正当的自卫亦受报应，不可思议）。人法规定处罚只能在无知的人们之间维持和平，且仅在他们的行动能够为人世政府所规范的范围内，但是另类错误应受唯有大智慧（上帝）能够废止的另类处罚。奥古斯丁赞赏人法与神意之分，认同为统治人世城市而订立的法律允许相当可观的庇护和留下许多有待神意报应的未受惩罚的事情之见解。不过他也指出，人们不能因为法律未做一切事情而否决它所做的事情（法律毕竟在一定范围内具有惩恶罚罪之功用）。如若将神意理解为自然法或习惯法，那么奥古斯丁所认同的见解是可以被接受的。而如若将神意理解为上帝的意志，那么那种见解就是荒唐的。在这种讨论中，奥古斯丁还提出了一个非常重要的观念：不公正的法律根本不是法律。这一观念成为近现代自然法派与实证法派争论的焦点。

联系于对恶行的惩罚，法律（暂时法）与神意（永恒法）的关系进入讨论之中。法律是可变的，受限于时间，因此被称为暂时法。神意（“最高理性”）是不变的，不受限于时间，因此被称为永恒法。暂时法源自永恒法，依据永恒法制定和修改。除了人类从永恒法中引申出来的东西之外，暂时法中没有什么是公正的和合法的。永恒法是万物借以完善的公正的被安排的法律。

在第 15 节中，奥古斯丁亦谈及法律对恶行的惩罚和永恒法与暂时法的区别（见下）。

心智对纵欲的控制（第 7 ~ 11 节）。由人类完善地被安排在永恒法之内意指什么出发，对话转入对人类的优越性，人类与动物及植物的同异，理性对于智慧的必要性，心智的优越性等的探讨。人类和动物都有生命。但是动物不知自己有生命，因为它们缺乏理性，而人类知道自己有生命，因为他们拥有理性。许多动物在力量和其他体能上轻易地胜过人类,人类唯有借助理性(ratio)或理智(intellectus)才能成为万物的灵长,从而才能控制许多动物而不为任何动物所征服。理解就是凭借心智(cor)之光(理性或理智)过一种更加清醒更加完善的生活。以理性为人类区别于动物的标志是古希腊罗马哲学中的一个普遍观念,奥古斯丁因承了它。

在对人类与动物及植物的同异的比较中,奥古斯丁进一步强调理性对于人类的重要性。人类不仅跟动物而且跟植物有许多共同的特征。植物作为最低级的生命具有营养、生长、复制和繁殖等功能。动物能够凭借其视觉、听觉、触觉、味觉和嗅觉感知物质客体,且通常比人类更能如此。在力量、健康、活力、动作的轻松迅捷等方面,人类优胜于一些动物,与另一些动物不相上下,而逊色于多种动物。有一些品质(如玩笑和欢笑、对赞赏和荣誉的热爱、权力意志)看来不存在于动物中,但也不是人类的最高属性。不应认为对这些东西的纵欲使人类优越于动物。当冲闯意志不受制于理性时,它会使人变得恶劣。而当灵魂冲动为理性所统治时,人就可以说是井然有序的。理性或心智控制灵魂的非理性冲动之时,就是人为那依据永恒法应当统治的东西所统治之时。而以这样的方式被处置和整饬的人就是明智的。

通过对傻瓜与智者的对比,奥古斯丁突出了理性或心智对于智慧的必要性。傻瓜就是那些心智在其灵魂中不具主宰能力的人。而智者就是那些通过将一切纵欲置于心智的控制之下达成灵魂的安宁的人。傻瓜有心智,但是他们的心智缺乏控制力,唯有在智者那里心智才具控制力。人类的智慧就包含在心智对纵欲或贪婪的控制之中。由此可见,奥古斯丁对智慧的理解不同于柏拉图的和亚里斯多德的(柏拉图将之理解为对国家事务的精通,为政治家所富有;亚里斯多德将之理解为对实体真理的把握,为哲学家所富有)。

奥古斯丁坚信:心智必定比贪婪更有力量,只因为心智统治贪婪是正当的和公正的;一切德性(virtus)都优越于一切邪恶(vitium),没有任何邪恶的灵魂能够击败装备着德性的灵魂;任何一种灵魂都比任何物质客体更好和更有力量,更加没有任何一类物质客体能够胜出任何一种装备着德性的灵魂。他断定,只有上帝比理性的和明智的心智更优越。一个公正的心智不可能驱使另一个拥有同样的权力和德性的心智屈服于纵欲。不论在权力上优越于为德性所授权的心智之自然存在是什么,它都不可能是不公正的,即使它有能力强迫一个心智奴从于纵欲,它也不可能这样做。无论是较低级的物质客体还是同等的心智抑或是更高级的自然存在都不可能强迫一个心智屈从于纵欲,那么剩下来的唯一可能性就是:唯有心智自己的意志(voluntas)能够使它与纵欲为伍。在此,奥古斯丁预告了他关于罪孽根源的一个重要观念。

心智控制纵欲使人明智和安宁,而纵欲统治心智则会造成截然不同的状况。奥古斯丁用文学化的语言描述了这种状况:纵欲统治心智本身就是不小的惩罚。被敌对力量剥夺了德性的辉煌财富之后,心智为纵欲拽进毁灭和贫困之中,时而以假为真甚至再三为那些谬误辩护;时而弃绝一度所信而一头冲进其他谬误之中;时而吹毛求疵并常常在清晰论证面前赧然而退;时而对发现真理悲观绝望并在愚蠢之阴影中踯躅不前;时而企图步入理智的光明中却在精疲力竭时摇摇晃晃地折回。与此同时,贪婪伸展出一片恐怖的地带,用来自四面八方的狂风暴雨击打人类的整个灵魂和生活。恐惧从一方来袭,欲望从另一方来袭;焦虑从一方来袭,虚幻幸福从另一方来袭;丧失所爱的悲痛从一方来袭,获取所缺的激情从另一方来袭;所受伤害的疼痛从一方来袭,复仇的熊熊欲火从另一方来袭。无论你转向何处,贪心可能挤迫你,放纵可能耗尽你,野心可能摧毁你,骄傲可能膨胀你,嫉妒可能折磨你,冷漠可能压榨你,固执可能激荡你,压抑可能恼怒你,还有无以数计的其他邪恶亦挤进纵欲地带寻衅闹事。总之,如若人们抛弃德性的堡垒而选择做纵欲的奴隶,他们就应受如此痛苦的处罚。奥古斯丁对纵欲统治心智的恶果的描述比某些斯多葛派哲学家们的相关描述更加夸张。尽管心智控制纵欲之主张与禁欲主义尚有程度之别,但是考虑到这一主张的宗教背景和奥古斯丁本人的苦修实践,推定他标举禁欲主义当不为过。

2.善意及其与四德、幸福的关系

由人们选择让心智控制纵欲还是让纵欲统治心智可知,人是有意志的。意志当然有善恶之分。奥古斯丁对善良意志(简称善意)的解释是:它是人们藉以过正直的和荣誉的生活和获得最高智慧的一种意志。

善意作为最可贵的人世善(第12节)。财富、荣誉、身体快乐以及它们的总和都不可与善意(bona voluntas)媲美。我们应当庆幸我们的灵魂中拥有善意这种东西。拥有善意就是拥有某种比一切人世快乐乃至王国远为可贵的东西,而缺乏善意就是缺乏某种比一切不在我们能力范围内的善更好的东西。有些人认为,如若不获致辉煌的声名、巨额的财富和各式各样的身体好处,他们就是十分悲惨的。但是即使他们拥有这些东西,在他们倾心于这些非常易于丧失的东西、倾心于这些仅仅借助于愿望并不能拥有的东西之同时,他们却缺乏那较这些东西无比地优越的善意,缺乏那只要他们意愿就可能属于他们的善意,那么他们依然是十分悲惨的。我们是享有还是匮乏这种伟大的真正的善,取决于我们的意志。奥古斯丁似乎认为,人们是否拥有善意,系于他们的一念之差。善恶最终当然取决于主体的意志,但是诸多外界因素的先在影响也是不可忽视的。

善意与四德的关系(第13节)。古希腊时期的四种主要德性被联系于善意加以讨论。奥古斯丁对这四德的解释是:明智(prudentia)就是关于何者可欲求何者应避免的知识;勇敢(fortitudo)就是人们藉以对不幸和不可控制之物的丧失无所忧惧的灵魂气质;

节制(temperantia)就是监督和限制对那些恶劣事物的欲望的灵魂气质;而正义(justitia)就是据以给予一切人以其应得之物的德性。他认为,这四种德性都出现于那些热爱其善意和高度评价其善意的人那里,拥有和珍视善意的人不可能缺乏这四种德性。似可断定,奥古斯丁将善意视为这四种德性乃至各种德性的心理源泉。

善意与幸福的关系(第 13 节)。拥有和珍视善意的人们的生活是值得称赞的,而值得称赞的生活不会是苦难的。当人们热爱他们自己的善意(与此相对,他们蔑视那即便一个人意愿保留也可能丧失的所谓善的一切东西)时,他们是幸福的;而那些拥有相反意志的人则是苦难的。奥古斯丁对此深信不疑。何谓幸福生活?当那种生成于善意的欢乐沉稳地、平静地、持久地滋养着灵魂时,这就叫幸福生活(beata vita)。因为幸福生活就包含在对真正的稳固的善之享受中。对幸福生活的这种理解与柏拉图的见解(正义的人是幸福的)和亚里斯多德的论断(合乎德性的活动就是幸福)明显相似。

3.自由意志与幸福、恶行的关系

拥有善意就可以过上幸福生活,而只要意愿就可以拥有善意,随之而来的结论就是:每个人都可以轻易过上幸福生活。这一结论合乎奥古斯丁的本意。一切意愿过正直的和荣誉的生活的人,如若他们真正意愿这种生活而非那些变幻无常的善,则可轻易地获得这样一种伟大的善(即只要凭愿望就可拥有它)。然而,不可否认的事实是,很多人并不拥有善意,因而并未过上幸福生活。对此现象,奥古斯丁不能不予以重视。

自由意志与幸福的关系(第 14 ~ 15 节)。一个人的生活是幸福的还是不幸的,取决于他本人的意志对生活方式的选择(如若他选择正直地生活,他就将是幸福的;如若他选择卑劣地生活,他就将是不幸的)。这是可以从奥古斯丁对上述事实的解释中引申出来的观念。很多人没有过上幸福生活是因为:正确地或错误地意愿是一回事,而因善意或恶意应得某种东西是另一回事。那些幸福的(也必定善良的)人之所以幸福,不仅仅因为他们意愿幸福(beatitas),而且因为他们以正确的方式意愿幸福。而那些不幸的人之所以没有获得他们所意愿的幸福生活,是因为他们不像幸福的人那样意愿那种与幸福生活相伴相随的东西,没有这种东西,任何人都不能获得幸福生活,或者不配获得幸福生活,这种东西就是正直地生活。永恒法早已规定,意志应赏以幸福还是惩以不幸取决于它的功德。每个人都意愿幸福,但不是每个人都能够幸福,因为并非每个人都有正直生活的愿望,而正直生活的愿望必须伴随着幸福生活的愿望。简言之,在奥古斯丁看来,人人都可以意愿幸福生活,但是先须意愿正直生活;而要过正直生活,只要你意愿就可以。因此,幸福与否取决于人的意志。正是凭借意志,人类应得一种幸福的或不幸的生活。

由于意志的选择不同,因此出现了两种人。一种人坚持其善意,以正直地生活为乐且发现这种生活不仅是正直的而且是甜美的和欢乐的,他们喜爱和追求那些永恒的和不变的事物。而另一种人固执其恶意却还欲求幸福,他们喜爱和追求那些不能仅凭愿望获得和保持的暂时的和可变的东西(如财富、荣誉、快乐、美貌等)。相应于这两种人,有两类法:一类是永恒法,另一类是暂时法。那些因对永恒事物的喜爱而幸福的人生活在永恒法之下,而那些因对暂时事物的喜爱而不幸的人则隶属于暂时法。那些忠于永恒法的人不需要暂时法,而那些服从暂时法的人却不能摆脱永恒法。永恒法要求人们通过从暂时事物转向永恒事物来纯洁其爱,暂时法要求人们依法(不破坏和平共处和人类社会)拥有那些为贪婪所倾心的东西(被提及的有五类:身体好处、自由、亲朋、城市、财富)。永恒法通过剥夺人们的幸福来惩罚恶行,暂时法则只能通过剥夺那些好处中的一种或另一种来惩罚恶行。可见,永恒法和暂时法对恶行的判定标准和惩罚方式是不同的。在永恒法看来，一切追求暂时善(人世善)的行为都是恶行，都应被罚以忍受不幸生活；而在暂时法看来，唯有非法地追求暂时善的行为才是恶行，应被罚以剥夺非法所得。在永恒法与暂时法的对比中，奥古斯丁的禁欲主义表露得更加明显。他对善人与恶人的截然二分忽视了现实生活中还存在着不善不恶的人和时善时恶的人。

自由意志与恶行的关系(第15~16节)。谈及暂时法对恶行的惩罚，奥古斯丁强调了自由意志的责任。追求暂时善的人之所以受暂时法惩罚，不是因为他们喜爱暂时善，而是因为他们错误地从他人那里攫取暂时善。同样的东西可以由不同人以不同方式加以使用，一些人恶劣地使用它们，而另一些人良好地使用它们。那些东西不会使其使用者们变善或者变恶，其实，他们变善或变恶是通过良好地或恶劣地使用它们。我们不能谴责某人错误地使用的某种东西，而应谴责错误地使用这种东西的人(因为正是他的意志选择了这种错误的使用方式)。我们不可因为贪得无厌而指责金银，不可因为贪吃馋嘴而指责食物，不可因为酗酒醉晕而指责葡萄酒，不可因为淫乱通奸而指责女性美，如此等等。火既可以用来治愈疾病也可以用来炮制毒药(暂时善既可以给人们带来快乐也可以给人们招致惩罚)。追随和拥抱永恒善还是暂时善取决于意志的选择(同样，获取和使用暂时善的不同方式也取决于意志的选择)。唯有意志能够将心智从其权力堡垒中放逐出来和剥夺其正当的等级序位。也就是说，在奥古斯丁看来，意志应对恶行及其后果负责。

在第一卷结尾处，奥古斯丁规定了恶行的本质，指明了恶行的源泉。恶行就是忽视永恒的事物而追逐暂时的事物。一切恶行(即一切罪孽)都可归入这一范围。一切恶行都发生于某人背离真正持久的神圣事物而转向可变的偶然事物之时。显然，他的这种恶行观念依据的是永恒法而非暂时法。而恶行的源泉被追溯到自由意志：我们正是凭借自由意志(libera voluntas)作恶的；自由选择给予我们以犯罪的能力。关于自由意志本身,奥古斯丁所论无多。除了宗教背景之外,他关于自由意志的见解与亚里斯多德关于德性的自愿性和抉择性的见解没有什么实质的区别。

尽管奥古斯丁已将恶行的源泉归于自由意志而提问者也信服这一点,但后者还是认为存在着将上帝视为恶行原因的危险,因为如若缺乏上帝赐予的自由意志,人们就不会犯罪。奥古斯丁不想争论这种可能的危险,而提出讨论该结束了。不知是因为他当时没有想好怎么回应那种质疑,还是因为他打算将它作为靶的留待下卷使用。

二、自由意志的必要性及其误用

《论意志自由》第二卷的缘起是第一卷结尾处被预见的一个问题:既然人类运用自由意志犯罪,上帝有无必要赐予人类以自由意志?由于两卷的写作时间相隔七八年,因此在内容上多有重复之处。整个第二卷的最终目的是论证上帝有必要赐予人类以自由意志。为达到这一目的,它不必要地绕弯兜圈分道三程:第一程(第2~14节)论证上帝存在,第二程(第14~17节)论证万善来自上帝,第三程(第18~20节)论证自由意志属于善。其各节的论题依次是:上帝赐予人类以自由意志的原因,关于上帝存在的信仰与理解之关系,人类的三级认识能力(感觉、内在感觉、理性)各自的功能,三级认识能力各自的优势和劣势,内在感觉与感觉的关系,宇宙的等级序列,五种感觉的感知方式的差异性,数的秩序和数的真理之共同性,智慧的必要性和共同性,续论智慧的共同性,数与智慧的关系,永恒真理(上帝)相对于心智的优越性,享受永恒真理的幸福,永恒真理的特点,智慧观念作为智慧的前提,数作为万物共同的形式,上帝作为万善的根源,再论自由意志的必要性,作为居中善的自由意志之误用,自由意志之误用的由来(或罪孽的原因)。

可见,本卷中多数节与主题无关或关系疏远,其内容此处略过。

1.自由意志的必要性

在第二卷一开始,对话者提出一个尖锐的问题:既然人们若不曾接受自由意志就没有能力犯罪,上帝为何还给予人类以自由意志呢?为了回答这一质问,奥古斯丁先行断定:一切善来自上帝;人类也来自上帝;人类本身就是善的事物,因为只要他们意愿就能够正当地生活。然后他切入问题直截地作答。其答案要旨是:如若上帝不赐予人类以自由意志,人类就不能正当地生活;如若上帝不赐予人类以自由意志,赏善罚恶的正义就不可能存在。

自由意志的必要性(第二卷第1节)。既然人类本身就是善的事物,而除非他们意愿否则他们就不能正当行事,那么他们就应具自由意志。缺乏自由意志,他们就不能正当行事。确实,他们也可能利用自由意志犯罪,但我们不能由此认定上帝赐予他们以自由意志是为了他们能够犯罪。人类缺乏自由意志就不能正当地生活这一事实就是上帝提供自由意志的充足理由。正是任何利用自由意志犯罪的人都遭到天谴这一事实表明,自由意志之被赐予是为了使人类正当地生活,因为自由意志之被赐予若是既为了正当地生活又为了犯罪,那么这样的惩罚就是不公正的(一个为了自由意志的原定目的而运用它的人遭受惩罚,这不可能是公正的)。如若人类缺乏自由意志,那么上帝的赏善罚恶之正义就不可能存在,因为若非出于自由意志,任何行动就既不是善的也不是恶的。

奥古斯丁结论道:上帝赐予人类以自由意志是正当的。其探讨过程中所包含的自由意志是行善作恶的前提和赏善罚恶的依据之观念显然源于亚里斯多德对德性自愿性的论说。

再论自由意志的必要性(第二卷第18节)。绕了一个大圈之后,奥古斯丁又回到自由意志的必要性。这一绕圈的最终结论是:一切善都来自上帝,自由意志应算是善的事物,因此它必定来自上帝。人类可能利用自由意志作恶。这是否成其为对上帝赐予人类以自由意志的必要性之否定呢？奥古斯丁不以为然。他运用类比法来论证这一点。

灵魂的本质比身体的本质高级。既然当我们在身体中发现某些我们可能误用的善事物时，我们不说它们不应被给予身体，那么在我们的灵魂中存在着某些我们可能误用的善事物有什么大惊小怪的呢？以手、脚、眼为例。人们可能利用手、脚或眼去做可耻的、残暴的、邪恶的、纵欲的事情，但是这些器官对于人体却是多么必要。因此，正如我们认同身体中的这些善事物并无视可能有人误用它们而称赞那提供者，我们也应承认自由意志(缺乏它任何人都不能正当地生活)是一种善的和神圣的恩赐。

奥古斯丁的身心类比显得有点牵强。因为身体器官本身无善恶之分，但自由意志本身却有善恶之分。

2.自由意志的误用

在第二卷最后两节中，奥古斯丁分析了自由意志的误用。在此之前，他派定了自由意志在三级善中的归属，提到了对自由意志的两种运用。

自由意志作为居中的善(第二卷第19节)。世间的善被奥古斯丁分为三等。最低级的善是物质客体的优美，缺乏它，人们依然能够正当地生活。居中的善是灵魂的力量，缺乏它们，人们便不能正当地生活。最高级的善(伟大的善)是灵魂的德性，凭借它们，人们正当地生活。自由意志显然属于居中的善。

在这三等善中，最高级的善(德性)不可能被误用，但是居中的善和最低级的善则既可能正确地也可能错误地被运用。自由意志既然属于居中的善，当然就既可能正确地也可能错误地被运用。

自由意志的误用(第二卷第19~20节)。在奥古斯丁看来，对自由意志的正确运用就是让它倾向于共同的和不变的善，而对自由意志的误用就是让它背离共同的和不变的善而转向一己的和可变的善。当自由意志倾向于共同的和不变的善时，它就获得了对人类而言伟大的和首要的善，尽管它本身只是居中的善。但是当自由意志背离共同的和不变的善而转向它自己的一己的善或者转向外在的或低劣的事物时，它就是在犯罪。一个人就是这样变得傲慢、好事和贪婪的，就是这样被拽进那种较之高尚生活简直就是死亡的生活中的。

自由意志的误用不会使被追求的善变得邪恶，也不会使自由意志本身变得邪恶，邪恶的是自由意志背离不变的善而转向可变的善这种转变。这种转变不是被迫的而是自愿的，因此以苦难惩罚它是公正的和罪有应得的。

至于这种转变的由来(即自由意志之误用的由来)，奥古斯丁坦率地承认他不知道，他并断言没有人能够知道虚无的东西(自由意志之误用的来由或罪孽的原因被归于虚无)。但是他强调，这种转变的由来不是上帝。他的理由是，既然背离上帝的运动无疑是罪孽，那么我们肯定不能说上帝是罪孽的原因。

一切善都来自上帝，所有恶都来自虚无——这是奥古斯丁的基本信念。被认定为罪孽的那种转变是一种有缺陷的运动。这种运动既然是自愿的，就应被置于人类的控制之下(言外之意是，人类应对自由意志的误用负全部责任)。人应对自己的行为负责是完全正确的，但只有当自由意志为人本身所固有(而非出于上帝)时才如此。奥古斯丁只想到为上帝开脱罪责，而无视上帝对出于自由意志的罪孽应负一定责任(如果自由意志确为他所赐)。一切善都归功于上帝，但出于上帝所赐的自由意志的一切恶皆与之无关，即便是虔诚的乡间老祖母们也会质疑：天底下哪有这等好事？

三、上帝对罪孽的预知和惩罚及原罪

《论意志自由》的第三卷和第二卷于同年写成，因此二者在内容上的重复之处被避免。第三卷在篇幅上几乎相当于第一卷和第二卷之和,但是其中所容纳的与主题相关的思想却不见得比第一卷和第二卷中的更丰富。其各节的论题依次是:意志堕落与石头堕落的相似性和差异性,对有关上帝主宰人生的两种怀疑的批驳,上帝预知与意志自由的一致性,续论上帝预知与意志自由的一致性,罪孽灵魂在受造物等级序列中的地位,不幸的公正性,存在的意义及不幸相对于死亡的优越性,某些人欲求死亡的原因,不幸灵魂对于宇宙完善的必要性,魔鬼对人类的引诱和上帝(通过基督)对人类的拯救,高级自然和低级自然对宇宙秩序的不同影响,天使在宇宙秩序中的地位,自然或实体的败坏,高级自然对低级自然的败坏,谴责缺陷的前提,造物主与受造物的罪孽之关系,探讨犯罪意志的原因之不可能性,上帝对罪孽的惩罚,原罪作为罪孽的根源和罪孽、人性的二重含义,上帝对不同灵魂的不同援助,对关于灵魂来由的四种观念的非议,探讨灵魂来由的不必要性和未来相对于过去的重要性,自然状态中的灵魂之改进,对有关儿童和畜生受难或死亡的异议的辩驳和万物对与造物主合一的追求,智慧与愚昧的居中状态及智慧、愚昧与罪孽的关系,人类的两种选择和两类被感知事物。可见,第三卷中有不少节与主题无关或关系疏远,其内容此处不述。

1.上帝对罪孽的预知和惩罚

在第三卷开端数节中,奥古斯丁与提问者继续讨论自由意志的误用。提问者一开始就提出第二卷结尾处被搁置的问题:自由意志背离共同的和不变的善而转向一己的善或他人的善或低级的善(三者都可变)之运动的源泉何在?奥古斯丁尽管不太情愿讨论这个难题,但为了使对方信服他的说教,还是勉强进入了讨论中。

上帝对罪孽的预知(第三卷第1~5节和16节)。讨论从意志堕落的特点开始。意志堕落与石头堕落既有相似之处也有不同之处。二者的相似之处在于:意志的堕落属于意志正如石头的堕落属于石头。二者的不同之处在于:石头没有能力检讨其自高处堕落到低处的运动,而灵魂除非它自己意愿否则就不可能被推动起来以抛弃高尚的事物而迷恋低劣的事物。简言之,灵魂的运动是自愿的,而石头的运动是自然的。灵魂抛弃高尚的事物而决定享受低劣的事物这种运动仅仅属于灵魂本身。这种运动是自愿的,因此应受谴责。如若意志藉以这样那样地转变的运动不是自愿的和自控的,那么一个人就不应因转向高尚的事物而受到称赞或者因转向低劣的事物而受到谴责。关于意志或灵魂的堕落,奥古斯丁趁便指出,唯一有用的教导是指责和检讨这种运动并致力于将人们的意志从向暂时善的堕落中拯救出来使之转向对永恒善的欣赏,至于追问意志背离不变善而转向可变善的运动之源泉没有什么必要。他的用意很明白:不要总是逼他回答那个棘手的问题。

提问者不再追问意志堕落的源泉,但提出另一个难度不小的问题:既然上帝预知了未来的一切事情,人类怎么能够不是必然地犯罪呢?这个问题隐含着一个对奥古斯丁极为不利的观念:既然人类必然地犯罪,那么上帝惩罚人类的罪孽就是不公正的。为了回答这个问题,他首先批驳了有关上帝主宰人生的两种怀疑,然后论证了上帝预知与意志自由并不矛盾。

一些人乐于相信没有神意主管人类事务,认为一切都出于偶然,他们将自己的身心交托给偶然之恩赐,自暴自弃,一任纵欲击打和压榨。另一些人虽然不那么鲁莽地否定神意主宰着人类生活,但却宁愿错误地相信神意是虚弱的或不公的或邪恶的,而不愿带着谦卑的恳求忏悔自己的罪孽。奥古斯丁认为第一种怀疑是愚蠢的和狂乱的,第二种怀疑出自认识的局限和良知的沉睡。

上帝预知未来的一切和人类凭借意志而非出于必然犯罪这两种预设在奥古斯丁看来并不矛盾和冲突。他举例说明,并非上帝预知的一切事物都是出于必然而非凭借意志发生。尽管上帝预知我们在未来将意愿什么,但随之而来的并非我们不凭意志进行意愿。没有什么像意志本身那样处在我们的能力范围内。上帝对我们未来幸福的预知(praescitum)并不排斥我们对幸福的愿望;同样,我们的应受谴责的意志也并不仅仅因为上帝的预知而不再是意志。上帝的预知不会取消我们的能力,因此上帝的预知也不会排斥我们的意志。针对那种"一个人可能有意但无力做某事"的说法,奥古斯丁反驳道,当我们意愿某事但某事却不在我们的能力范围内时,我们的意志就不是意志。这种奇特的反驳基于对意志的一种奇特的理解:只有对处于我们能力范围内的事物的愿望才真正是意志。

例证法之外,奥古斯丁还通过类比法来论证上帝预知与意志自由并不矛盾。你预知某个人将犯罪,但你并不因有这种预知便是强迫了他这样做,即使他无疑必将犯罪,你的预知也并没有强迫他这样做。同样,上帝预见人类将犯罪,但是他并不因有这种预见便是强迫了他们这样做,即使上帝预见某些人将凭借他们自己的意志犯罪,他也没有强迫任何人这样做。正如你的记忆没有强迫过去发生一样,上帝的预知没有强迫未来发生。正如你记住了你所做过的一切事情但并未做过你所记住的一切事情一样,上帝预知了他所引起的一切事情但并未引起他所预知的一切事情。罪孽是由人类的意志造成的,而非由上帝的预知强制的,因此没有任何罪孽不受上帝的正义之惩罚。上帝不是邪恶的原因,只是公正的报应者。一有机会,奥古斯丁就不忘为上帝辩护:上帝不是罪孽的原因,人类的自由意志才是邪恶的源泉。预知不等于强迫,奥古斯丁的这一见解是可以接受的。但是上帝的预知非同寻常。人们不禁要问:仁慈的上帝预知某人将犯罪,为何不阻止他?预知而不阻止罪孽,岂不就是姑息纵容或者幸灾乐祸?难道上帝也像某些搜寻犯罪证据的私人侦探那样欲擒故纵或者像某些嫉妒心重的邻家大婶那样隔墙观火?

经过一番漫长的远离主题的讨论之后,奥古斯丁于第16节中回到罪孽出于自由意志之主导观念。没有人被强迫犯罪,无论是被他自己的本性还是被他人的本性。既然如此,剩下的唯一可能性就是,我们凭借自己的意志犯罪。因我们的罪孽而谴责造物主无论如何是不当的。即便是在我们的罪孽中,造物主也应受赞美,不仅因为他惩罚我们的罪孽,而且因为罪孽正是在我们背弃他的真理时发生。

既然罪孽是人类凭借自己的自由意志犯下的,那么上帝就可以公正地惩罚人类的罪孽。这是奥古斯丁必然得出的结论。

上帝对罪孽的惩罚(第三卷第18节)。一切处罚都是对罪孽的处罚。上帝对罪孽的处罚总是公正的,怀疑上帝的全能和公正是愚蠢的。在奥古斯丁看来,对我们的罪孽的最公正的处罚是,我们丧失我们不愿善加利用的东西,因为这种东西只要我们意愿就能够几乎毫无困难地善加利用。这种东西就是关于何为正当的知识或正当行动的能力。

这样,上帝对我们的罪孽的惩罚方式就有两种:一种是知道何为正当但不付诸行动的我们丧失关于何为正当的知识;另一种是有能力但不愿正当行动的我们丧失正当行动的能力(即便当我们有此愿望时)。所有罪孽灵魂都受到这两种惩罚的摧折:无知和磨难。由于无知,错误困挠着我们的行动;由于磨难,我们的生活变成拷打和折磨。看来,奥古斯丁所设想的上帝对罪孽的惩罚比之法律对罪行的惩罚要轻微得多。这正是法律比上帝更具威力的原因。

想必依据《圣经·创世纪》,奥古斯丁断言,在受造之初,人类原本不是无知无识的和磨难深重的。以假为真,不知不觉出错,抗争肉欲枷锁所致苦痛,无能禁绝纵欲恣情,这些并非同人类一起受造的本性,而是对被控囚徒的处罚。

2.原　罪

将人类的罪孽归咎于自由意志在非宗教的论域中本不成问题,但在宗教论域中却留下悬疑。既然自由意志是上帝赐予的,那么上帝是否罪孽的根源？如若上帝断然被否决为罪孽的根源，那么罪孽的根源究竟何在？面对这一咄咄逼人的诘问，奥古斯丁迫不得已亮出了他的原罪说。

奥古斯丁原本不想进一步追溯罪孽的根源。他认为将罪孽归咎于放纵意志足矣。在第三卷第 17 节中，他抱怨：如若继续追问犯罪意志的原因，那么就还得追问这原因的原因，如此追问下去，岂不没完没了？但在相隔一节的随后二节中，他却不明确地谈及罪孽的根源，将之归于人类始祖所犯下的原罪。

作为罪孽根源的原罪（第三卷第 19～20 节）。奥古斯丁原罪说的提出起因于他所设想的一个质问：如若犯罪的是亚当和夏娃，我们这些可怜的人怎么生来就应遭受无知的盲目和磨难的痛苦呢？我们在对何为正当的无知中犯下第一次错误后，当正义之教诲向我们敞开而我们也意愿实行正义时，为何我们无能为力而受某种肉欲的必然性之阻挠呢？在回应这类质问时，奥古斯丁首先承认人类的一切罪孽都根源于始祖所犯的原罪（primum crimen）[①]。当一个人出于无知错误地行动或者不能做他正当地意愿做的事情时，他的行动被称为罪孽，因为它们根源于那种由自由意志犯下的原罪。后来的罪孽正是那种原罪的结果。

衍生自第一对夫妇的我们应当生来就陷入无知、磨难和可朽之中，既然我们的原初父母曾陷入错误、抗争和死亡中，所有人类灵魂都是从上帝所创造的唯一灵魂（亚当的灵魂）胤续下来的。既然亚当都曾犯罪，谁还能说他未曾犯罪？（既然亚当的灵魂因罪孽而遭受无知和磨难，所有后人的灵魂怎能不生来就遭受无知和磨

① 据《旧约·创世纪》，夏娃被蛇引诱，偷吃禁果，并劝亚当同食，自此，人类始祖赋得羞恶心和求知欲。上帝知悉，怒逐他们于伊甸园外。亚当夏娃违背天命追求智慧和德性的行为被早期基督教神学家们称为原罪。若无所谓原罪，人类将永远停留在无知和无耻的自然状态。

难?)若说血统论还有些许遗传学依据,那么奥古斯丁的这种灵统论则毫无依据可言。

灵魂对原罪的超越(第三卷第20节)。尽管由于原罪我们的灵魂天生处于无知和苦难状态,但是奥古斯丁强调,没有必然性强迫我们的灵魂停留在这种状态。我们不会因原初的无知和无能而遭受谴责,但是如若我们止步不前,不去求索我们应当掌握但并未掌握的知识,不去培养我们应当具备但并未具备的能力,那么我们就应受谴责。新生灵魂中的无知和苦难不是一种惩罚,而是一种激励进步的马刺和一种通向完善的开端。

奥古斯丁安慰人们,在上升前行的过程中,他们并不是孤独无助的。上帝将对情形不同的各种灵魂给予不同的援助。他唤回那些背离他的人,指导那些信仰他的人,安慰那些有希望的人,鼓励那些勤勉的人,扶助那些抗争的人,倾听那些祈祷的人。奥古斯丁坚信,上帝的援助是毫不费力的和绝无闪失的。

上帝依据原罪使人类的灵魂处于无知和苦难的状态,即便在此原初状态中,人类也应感激上帝。然后上帝凭借援助使人类的灵魂逐渐摆脱无知和苦难臻于智慧和幸福,在这种理想状态中,人类更应感激上帝。总之,上帝无论如何应受感激而不应被抱怨,这是贯穿整部《论意志自由》的主旨。

撇开其宗教语境,奥古斯丁在此书最后一段中对正义之美和真理之乐的由衷赞叹当更能共鸣现代的高尚心灵:正义的美妙何其伟大!永恒之光即不变的真理和智慧的欢乐何其伟大!纵使我们只能在其中驻留一日,为此片刻之故,我们理所当然地会蔑视此生那无数的岁月、那充盈的快乐、那丰盛的一时之利。

(杨君武)

马基雅维里

君主论* (1513)

尼科洛·马基雅维里(Niccolò Machiavelli,1469—1527),1469 年生于佛罗伦萨,意大利著名的政治活动家、历史学家、军事学家、诗人和剧作家,文艺复兴时期多才多艺的"巨人"之一。他在国家观上摆脱了神学的束缚,第一个使政治学独立,被称为近代西方政治学的奠基人。

马基雅维里家族从 13 世纪起就是佛罗伦萨富有的世家大族。然而,马基雅维里的父亲以律师为业,家境不甚富有,但他非常重视儿子的教育。12 岁时,马基雅维里被送往一著名教师门下接受正规教育。而后进入佛罗伦萨大学,接受古典教育。

当时,文艺复兴运动进入巅峰时期,意大利成为世界上经济发达、文艺繁荣的地区,但未能摆脱四分五裂的局面。马基雅维里作

* 原书名为 IL PRINCIPE,又名 DE PRINCIPATIBUS。本文根据中译本《君主论》(潘汉典译,北京,商务印书馆,1985 年)撰写。

为一名深受人文主义影响的有志青年,开始构想意大利的统一,并投身于如火如荼的政治斗争。1494年,佛罗伦萨爆发了反对梅迪奇家族暴政的民众起义,恢复了13世纪末叶建立的佛罗伦萨共和国,时年25岁的马基雅维里参加了起义,并在他以前的老师、时任共和国第二大法官的阿德里安尼手下当书记开始了他的政治生涯。随着阿德里安尼升任第一大法官,马基雅维里被委任为第二大法官兼国务秘书,负责起草政府的各种文件及佛罗伦萨的防务,并多次被派遣出国执行一些重要的外交使命。

1500年以后,他多次出访意大利各城邦和法、德等国,了解了欧洲一些君主国的国情和实力,亲身感受了君主集权国家的统一和强盛以及分裂的意大利在国外所受到的轻视。他深感要使意大利强大就必须消除分裂状态,拥有一支自己的军队,驱逐外国侵略者。于是,他提出了一个军事改革方案,建议设立一支国民军以取代纪律涣散、容易叛变的雇佣军。方案为政府部门采纳。1502年,他作为特使奉命到教皇亚历山大六世的儿子波尔查公爵在罗曼雅的军营,看到波尔查使用种种阴谋勾当却建立起了秩序和统一。他从中得到启发,认为在当时的意大利也需要一个诡谲狡诈、勇猛残暴的君主来消除封建割据局面从而实现统一。1503年,他回到佛罗伦萨后,将大部分精力投入到探究古往今来各种国家(特别是意大利)的兵役制度。1506年,他向十人委员会提交了一份关于建立一个新的军事组织的建议书。一个由他担任秘书的专门负责兵役事务的机构被建立起来,他从城郊农村征集了许多士兵组建了一支以步兵为主的国民军(这支军队后来在他指挥下战胜过比萨城邦的军队)。

1512年,梅迪奇家族在西班牙军队的协助下进攻佛罗伦萨,恢复了统治。本想再效忠于梅迪奇家族的马基雅维里被解职并被逐出佛罗伦萨城,禁止自由行动一年。1513年,他又被诬控参与了一项反对梅迪奇家族的密谋,遭到逮捕、囚禁和严刑拷打。不久,他因大赦获释,但仍处处受限。至此,他的政治生涯基本结束。他隐居在自己的小农庄里,过着清贫的生活,开始用意大利语从事著述。政治上的失意和孤独却换来了学术上的显著成就。他撰写了《君主论》、《论提图斯·李维的〈罗马史〉前十卷》、《佛罗伦萨史》、《战争的艺术》、《卡斯特鲁乔传》等,翻译了《安特利亚》,编了《曼特罗哥拉》等喜剧,还写下了一些清新、活泼、优雅的诗歌和散文。此前,他还写了长诗《意大利史》和一部喜剧。

1519年后,他应教皇利奥十世及其侄儿朱利奥·梅迪奇之邀担任过一些无关紧要的官职。1520年,他被聘为史官。1526年春,教皇克莱门特七世曾委派他检查佛罗伦萨的军事堡垒,同年夏又任命他为教皇军务大臣随从,去往异域他邦。1527年,爆发了反梅迪奇家族和外国占领者的起义,梅迪奇家族被放逐,佛罗伦萨共和国重新建立起来。马基雅维里满怀喜悦地回到故乡,希望新共和国政府考虑到他当年的功绩,予以起用,俾能贡献余生。但新政府因他与梅迪奇家族有过瓜葛而拒绝了他的请求。受此打击后,他深感痛苦,忧郁成疾,数月后病逝。后人为纪念他,制作了刻有碑铭的石棺,碑文上写道:“这位伟人的名字使任何墓志铭都显得徒费言辞!”

《君主论》是马基雅维里的代表作。这部书既使他名垂青史,也使他身被骂名。它是一部阐述治国经世之道的政治学著作,其中包含着一些重要的伦理观念。它共计26章,第1~11章考察了君主国的获得及其类型和统治方式;第12~14章论说了军队的性质和作用以及君主对于军事行为的责任;第15~23章探讨了君主的应有品质和注意事项;第24~26章分析了意大利君主们丧失其国家的原因,最后发出了解放意大利的号召。

一、君主国的类型及相应的统治方式

1.世袭君主国

世袭君主国(monarchia),是指那些长期以来由君主后裔继承君权的国家。因为世袭的君主(monarca)得罪民众的原因和必要性都比较少,所以只要君主不是异常恶劣、惹人憎恨,就会较受爱戴,自然而然地得到臣民的拥护。而且,由于君主家族在其领地上的统治历史悠久,人们已经习惯了在其后裔的统治下生活。君主后裔仅需普通的才能与智慧,只要不触犯皇宗皇祖的制度,他就可以轻而易举地保有他的政权。即使他遇到某种异乎寻常的、格外强大的力量而被夺权,只要夺权者一发生祸患,他就能够重新夺回他的王位。

2.新君主国

根据获得方式,新君主国可以分为两种:一种是新崛起的全新的君主国,另一种是被世袭君主国占领的混合君主国。由于新君主国必须诉诸武力才能获得,且建成后必然带来无数损害,因此它常常不可避免地开罪于当地民众。此外,如果新君主无法满足那些帮助他取得政权的朋友们的期望,而又因为感恩于他们无法采取强有力的措施对付他们,那么这些往日的朋友和那些受到损害的当地民众都将成为新君主的敌人。因此,新君主国的君主要维护其政权,相对于世袭君主要困难得多。至于新君主国应当如何巩固统治,应依其获得方式而定。

在混合君主国里,如果被征服的国家在语言、习惯和制度方面与征服者的相一致,那么新君主只要灭绝过去统治过该国君主的血统,而不改变其法律和赋税,就可以使新君主国在极短的时间内同古老的王国浑然一体。

但如果二者不相一致,那么要保有这些国家的最好的和最强有力的办法之一,就是征服者亲自驻跸那里。这样,只要骚乱一露头,他就能迅速加以消除。另一个更好的对策,就是在被占领国的要害之地殖民,或者在那里驻扎大批步兵和骑兵,二者必择其一。此法花费不多,但甚为可靠。必须注意的是:对人们应当加以爱抚,不然就把他们消灭掉,因为人们只受到轻微的侵害时能够进行报复,但对于沉重的损害就无力报复了。所以对一个人施加的侵害应当是无需害怕他们会报复的那种侵害。同时,占有这样的地区的君主应当使自己成为那些较弱小的邻国的首领和保护者,并且设法削弱它们当中较强大者的势力,和注意不让任何一个同自己一般强大的外国人利用任何意外事件插足那里。

如果被征服的国家向来习惯于在自己的法律下自由生活,那么要保有这种国家有三种办法可选:其一是君主亲自驻留那里;其二是允许其民众在自己的法律下生活,但务必使他们进贡,并在那里建立一个忠实于你的寡头政府;其三,过惯了自由生活的国民,时间或恩惠都无法使他们忘怀古老的秩序,他们总会利用自由的名义进行叛乱,要稳固地保有这样的国家,最稳妥的办法就是把它们毁灭掉,或者驻军在那里。

在全新的君主国里,因新君主由平民崛起为君王的方法不同又可分为四类:

一是新君主依靠自己的武力和能力获得的君主国。这种方法在获取君权时困难,但运用力量克服了困难,他就会开始受到人们的尊敬。保有这种国家的困难因君主能力的大小而异。这样的君主最不依靠幸运,所以他最能稳固地保持其权位。

二是单纯依靠他人的武力或由于幸运而取得的新君主国。这样的新君主在发迹时并不很辛苦劳瘁,但要保持其地位就很艰难。这是因为别人的好意和他们自己的幸运都是变化无常的。只要好运一消失,他们就亡国了。凭这种方法获得君权的人要保有其地位,必须在得到君权之后建立自己的武力,同各国国王保持友好。

三是利用某种邪恶而卑鄙的办法获得的新君主国。这种新君主必须把所有损害民众的行为在夺权之初一下子干完,这样一来,由于不必一再从事侵害行为,他就能重新使人们感到安全,然后通过施恩布惠再把民众争取过来。

四是依靠同胞们的帮助获得的新君主国。这种新君主必须与民众保持友谊使之免遭压迫。尽管这样做有损于贵族的利益,但贵族毕竟是少数,君主易于控制他们。

3.两种特殊的君主国

市民的君主国是指一个平民并非依靠罪恶之道或其他难堪的凶暴行为,而是在本土其他市民的赞助下成为本国君主的那种国家。要取得这种地位,一个人既不完全依靠能力,也不完全依靠幸运,需要的是一种幸运的机灵。这种君主国中的君权要么来自民众的赞助,要么来自贵族的赞助。如果一个人由于民众的赞助而成为君主,他就应与民众保持友好关系;如果一个人同民众对立而依靠贵族的赞助而成为君主,他要做的头一件大事就是想方设法争取民众。一个英明的君主应该使他的市民无论何时对于国家和他个人都有所需求,这样他们就会永远对他效忠了。

教会的君主国是指取得政权或靠武力或靠幸运,而保有国家则靠古老宗教制度的那种国家。在那里,古老的宗教制度使它们的君主当权,而不问其怎样行事和生活。君主拥有国家而不加防卫却不会被夺取,对臣民不加治理却不会使臣民介意。在所有君主国中,只有这种君主国才是安全和幸福的。

二、军队的种类、作用和君主的军事责任

1.军队的种类和作用

任何形式的君主国要免遭灭亡,就必须把自己建立在一个稳定的基础之上,其主要基础就是良好的法律和良好的军队,二者之

间相辅相成,缺一不可。君主用来获取或保卫自己国家的军队有这样几种:本国军队、雇佣军、援军、混合军队。但雇佣军和援军不但无益,而且危险。

君主与雇佣军的关系靠军饷维系。雇佣军没有忠义之忱,而微薄的军饷并不足以使他们为君主牺牲生命。雇佣军还具有以下弊病:不团结,身怀野心,毫无纪律,不讲忠义,在朋友面前耀武扬威,在敌人面前表现懒散和怯懦等等。其首领也不可靠,他们要么能干,要么不能干,二者必居其一。如果能干,则他们总是渴求自我扩张,不是压迫君主就是违背君主意旨去压迫别人;如果不能干,则他们往往使君主趋向毁灭。历史证明,正是这些躲避疲劳和危险的雇佣军使意大利陷入奴隶状态和屈辱之中。

援军是指一个强国应求派来援助和保卫一个弱国的军队。军队本身可能是有用的、良好的,但它对于招请人来说则几乎经常是有害的。援军带来的危险比雇佣军的多得多,因为他们全体团结一致而且完全听从外国人的命令,如果他们打败了,招请人就完蛋了,反之,招请人就要成为他们的俘虏。所以,援军到来也就造成了毁灭的条件。

相对而言,混合军队比单纯的雇佣军和援军好得多,但同样存在着危险。它其中一部分是雇佣军,一部分是本国军队。这种军制常使自己的士兵积极性受挫,更多地依赖于雇佣军,长期协同作战的惯性甚至会使本国军队产生这样的认识:没有雇佣军就不能获胜。这样一来,本国军队无法与雇佣军对抗,而且没有雇佣军就不敢对抗别人。

因此,英明的君主总是谢绝一切其他的军队,转而依靠自己的军队。他宁可依靠自己的军队打败,也不愿依靠他人的武力取胜,因为他并不认为依靠他人的军队赢得的胜利是真正的胜利。所谓自己的军队就是指由臣民、市民或者属民组成的军队。任何一个君主如果没有自己的军队,他的地位就不稳固。

2.君主在军事方面的责任

君主应有的唯一专业是战争、军事制度和军事训练。如果一个君主赢得国家是因为他精通这门专业,那么亡国的第一原因就是他忽视这种专业。武装的人与未武装的人是无法比较的。要使已经武装起来的人心甘情愿服从一个没有武装起来的人,或让没有武装的人置身于已经武装起来的臣仆之中而能安安稳稳,都是不合情理的。因为一方抱着蔑视,另一方抱着猜疑,就不可能和睦共事。因此,如果一个君主不懂军事,除了已经提到的不幸之外,他不能获得士兵们的尊敬,而他本人也不可能信赖他们。因此,君主永远不要让自己的思想离开军事训练,在和平时期比在战争时期更应注意此事。为此,君主本人务必做到以下两点:

一是勤于训练。君主除了妥善组织他人进行训练之外,自身还必须不断从事狩猎活动,锻炼自身,习惯艰苦生活,并熟识各处地理。这样,君主就可以了解自己的国土,更好地保卫它。这种知识和经验也有助于他以后了解任何一个地方的地理,以应付任何意外事件。二是勤于思考。为了锻炼脑筋,君主应阅读历史,并研究伟大历史人物的行动,特别是其战争策略和成败原因。君主应该选择某些受到赞美和尊崇的先贤作为榜样,将其举措和行动铭记于心,并像他们一样行动。

如果君主在和平时期充分利用时间进行军事训练,那么他就为命运逆转之时做好了反击的充分准备。

三、君主的应有品质和注意事项

任何人都具有某些会引起赞扬或招致责难的品质。君主亦不例外。品质左右着君主的行动和方法。由于人们实际怎样生活和应当怎样生活之间有着遥远的距离,因此马基雅维里声明他在讨论中撇开了想象中的君主的品质,而只讨论那些确实存在的事情。

他列举了一系列优秀的品质,如慷慨、好施、慈悲、守信、勇猛、和蔼、自制、诚恳、易处、虔诚和稳重等等。反之,吝啬、贪婪、残忍、食言、怯懦、傲慢、淫荡、狡猾、乖戾、渎神及轻浮等等则为恶行。马基雅维里承认,君主如果表现出上述优秀品质,当然值得褒扬,然而人世的条件并不允许他们那样。如果一个人在一切事情上都发誓以坚守善良,那么他厕身于许多不善良的人当中就定会遭到毁灭。一个君主不可能也不必要具备所有优秀品质,因为有些事看起来是善行,但君主照办了就会自取灭亡,而另一些事看起来是恶行,但君主照办了却会带来安全与福祉。马基雅维里具体探讨了君主的数种应有品质和注意事项。

1.吝啬比慷慨更重要

人们都以慷慨(generosita)为美德。但君主若图慷慨之名,不仅会将自己的财富消耗殆尽,而且还不得不对民众横征暴敛,使民众开始仇恨他。当他拮据时,任何人都不会敬重他。当他认识到自己受损而想缩手自敛时,他将立即获得吝啬的恶名。因此,不当的慷慨会同时给君主带来轻视和憎恨。为了不陷于穷困而有足够财富应付战争,君主对于吝啬之名就不应介意,这是他能够统治下去的恶德之一。从现实看,也只有那些曾经被称为吝啬的人才成就了伟大的事业。如果君主所花费的钱财不是他自己及其百姓的而是别人的,他就不应忽略表示慷慨的任何机会。例如君主在带军出征时依靠掳掠、勒索、敲诈和使用别人的财物的情况下就应慷慨,否则士兵就不会追随他。这种慷他人之慨淋漓痛快,不但无损于自己的名声,反倒能使君主的声誉鹊起。

2.残酷比仁慈更必需

君主千万不能滥用仁慈(benevolenza)。为使臣民团结一致,残酷的恶名是不可避免的。过多的仁慈会导致混乱、凶杀、劫掠的发生,使整个社会受害;而严酷的刑罚不过是损害个别人,却给国家带来良好的秩序。而且,在新君主国中危险重重,要避免残酷之名更不可能。特别是当君主指挥庞大的军队时,他完全有必要置残酷之名于度外,否则就无法使自己的军队保持团结和踊跃执行任何任务。

仁慈带来爱戴,残酷带来畏惧,二者孰好孰坏?如果必取其一,被人畏惧比受人爱戴要安全得多。这是因为爱戴由恩义来维系,而人性是恶劣的,有些人无论何时只要于自己有利就会把这条纽带一刀两断。而畏惧则是出于害怕受到无法逃脱的、严厉的惩罚而保持着。此外,人们爱戴君主是基于他们自己的意志,感到畏惧则基于君主的意志,明智的君主绝不应立足于其他人的意志之上。但是君主在使人们畏惧自己时应当做到:即使自己不能赢得人们的爱戴,也要避免人们的憎恨。这一点,只要君主对自己的公民和属民的财产及其妻女不染指就可办到。人们忘记父亲之死比忘记遗产的丧失来得快些。

在这里,马基雅维里阐述了他的一个著名的伦理学说:人性本恶说。在西方伦理史中,他是较早提出性恶论的人。他认为,人的本性(natura)是一致的和永恒不变的,这种共同人性就是自私或利己。用他的话来说:"人天生是恶的。"人的本性为恶,是因为人是有情欲的动物,受着自私情欲和意向的统治。人性的基础是对权利和财富的欲望。由性恶论出发,他断言,君主如果没有那些恶行就难以挽救自己的国家,而君主为了保有自己的国家就必须懂得如何保有那些不会使自己亡国的恶行。君主不必因这些恶行而感到不安,而必须用背信、欺骗、残忍、狡猾、威吓和镇服的手段来控制和统治自己的臣民。

3.背信比守信更可取

任何人都希望君主正直、守信。但真正建立了伟业的君主们却恰恰是运用诡计去征服人们的。君主必须掌握两种斗争方法:一种是运用法律,这是人类特有的方法;第二种是运用武力,这是属于野兽的方法。君主必须以半人半兽为师,结合运用人性与兽性。要善于运用野兽的方法,君主就应当同时效法狐狸和狮子。他是一头狐狸,可以认识陷阱;他又是一头狮子,使豺狼感到惊骇。当遵守信义反而于己不利时,或者原来作出诺言的理由不复存在时,或者恶劣的人们并非守信不渝时,一位英明的统治者绝不能够也不应当遵守信义(credito),而要找到为背信弃义涂脂抹粉的正当理由是很容易的。君主必须深知怎样掩饰这种兽性,并且必须做一个伟大的伪装者和假好人。他并不必要具有人类所有的优秀品质,但他必须显得具备这一切品质,让人们深信君主是慈悲为怀、笃守信义、合乎人道、清廉正直、信奉神明的。如果可能,他不应背离善良之道,但如果必需,他就要懂得如何改弦易辙走上背信弃义、为非作恶之途。事实证明,如果君主能够征服并保持那个国家,他所采取的手段总是被人们认为是光荣的,并将受到每一个人的赞扬。

在这里,马基雅维里提出了他的另一个著名的伦理学说:目的证明手段正当说。他认为目的(fine)是唯一重要的,手段(mezzo)从属于目的。只要目的正当,什么手段都可以使用。无论什么手段,只要能达目的就是好的。不能因为手段的恶而影响目的的善。一个行为是否具有道德价值,就在于它能不能巩固权利和保卫国家。"国家利益"是他的政治伦理的唯一准则。德性的价值决不在它本身,而在于它所涉及的功利。因为强权是达到成功的有效手段,所以强权即公理即道德,只有强权才能决定真理和公正的价值。因此,统治者为达目的可以不择手段,依靠实力而不必信守道德诺言。马基雅维里的这些主张在后世引起了激烈的争论。

4.君主应该避免受到蔑视和憎恨

如果一个君主被人认为反复无常、轻率浅薄、软弱怯懦、优柔寡断,他就会受到轻视。如果一个君主贪婪、霸占臣民的财产及其妇女,他就会被憎恨。此二者是历史上许多君主灭亡的原因。为避免它们,君主必须处理好两个方面的事情。

一是有关内部臣民的事情。君主应确保大多数人的财产和体面不受侵犯,以使他们安居乐业。同时君主应在行动中表现出伟大、英勇、严肃庄重、坚忍不拔,对于臣民私事所做的决断不可更改,使人们相信谁都不要指望能欺骗或者瞒过他,从而产生畏惧感。那些要担负责任的事情,君主应委诸他人办理,自己则掌管布惠施恩的事情。他必须看重贵族,但不应因此而为大多数的民众所恨。君主还需留意不要严重损害服侍自己的人或在他左右为国家操劳的人。这样,贵族和民众都获得满足,君主也就会深受敬重,也就不必为内部的阴谋者们而忧心忡忡了,因为阴谋反对一个受到敬重的人是非常困难的。

二是有关外国势力的事情。外国势力,依靠坚兵利甲和亲密盟友就能够御防。而且只要拥有坚兵利甲,君主就总会有亲密盟友。如果君主正确处理好了内部问题,拥有了强大的武力,即使遇有外患,他也能抵抗一切侵略。如果君主对外泰然无事,国内也就泰然无事。

5.君主巩固其在新国家的统治应采取适当方法

为了牢靠地统治新获得的国家,不同的君主采取了不同的方法。马基雅维里对之进行了逐一分析。

解除属民武装。新国家里的新君主常常整军经武。但当一位君主取得一个新国家而要在那里巩固其统治时,就必须解除这个国家里除了在他取得这个国家时就拥戴他的人之外的任何武装。而且对于那些曾经在他取得这个国家时就拥戴他的人,他也必须看准时间和机会使他们变得柔弱和软化。君主必须进行妥善安排,使这个新国家的全部武器都掌握在他的老部下手中。

分裂所辖城市。这种方法可能在一定时间里使国家保持一定程度的均衡状态,易于驾驭属民。但这种分裂使市民纠缠于自己的纠纷而不会团结起来一致对外。当敌人迫近时,较弱的一派总是投靠外国军队,从而让其余部分立场不稳。这种方法表明君主力量的薄弱,一个强有力的君主绝不允许这样的分裂。

有意树立反敌。当君主克服种种困难和阻抗时,他就变成了伟大人物。因此,一个英明的君主一有机会就应该诡谲地树立某些仇敌并使他们从事反对他的战争,以便使他有理由战胜和制服他们,从而使自己变得更加伟大。

努力争取当初的敌人。君主特别是新君主已经发现,在他们建立新国家之初时被认为可疑的人们比那些一开始就被信赖的人们更加忠诚、更加有用。但这要依具体情况而论。如果那些在国家初创之时采取敌对态度的人们需要获得君主的支持以保持其地位,则新君主往往容易赢得他们;而且他们为了消除君主原先形成的对他们的坏印象,也就不得不更加尽忠侍奉君主。因此,君主从他们那里得到的利益,往往比从另一些人那里得到的多,因为另一些人由于过分的安全感而对于君主的事情掉以轻心。但是,对于那些依靠本地人的赞助而获得新国家的君主,必须很好地考虑是什么因素促使那些赞助他的人这样做。如果他们不是由于对君主的自然情感,而只是由于对前政府不满,那么要满足这些人是不可能的。君主要使他们继续成为自己的朋友,也就比赢得那些对前政府感到满意而成为自己的敌人的人们作为朋友要远为困难,必须做大量非常辛苦而且十分困难的工作。

建筑城堡。君主们建筑城堡,作为对付那些企图反对自己的人们的缰绳和马勒,并且作为应付突然失势的安全避难所,这已形成为习惯。城堡是否有益,要依情势而论,不同情况下利弊会相互转化。一位君主如果害怕外国人更甚于害怕群众,就应当建筑城堡,反之就应抛弃城堡。但是如果民众憎恨君主,则任何堡垒都无济于事。对于君主,最好的城堡就是不要被民众所憎恨。

6.君主应使自己受人敬重

世上没有任何事情比伟大的事业和卓越的示范更能使君主赢得人们更大的敬重。当遇到有人在社会生活中做出不同寻常的事情时,君主应抓紧机会在内政管理方面作出罕见的范例,并给以奖励或惩罚,这对于君主是大有帮助的。最重要的是,君主必须依靠自己的行动去赢得伟大和非凡之称誉。他还必须表明自己是一个珍爱才华并善于运用人才的人,对各个行业中的杰出人物以及试图以任何方法发展城市和国家的人给予及时的荣誉和奖励。他应在每年适当的时候使民众欢度节日和赛会,并重视城市中各行会或部族集团,在保持至尊地位的威严的前提下,作出谦虚有礼和宽厚博济的范例,时时会见他们,以赢得民众的敬重。

此外,如果一位君主面对交战双方时公开表明自己毫无保留地赞助某一方而反对另一方,那么他也会受到敬重。他采取这种方法总是比保持中立更有用处。除非必要或迫不得已,一个君主绝不要为了进攻别国而同一个比自己强大的国家结盟,因为即使获胜,仍然要成为强国的俘虏,使自己处于听从他人随意决定的境地。

7.君主应明智遴选和对待大臣

人的头脑有三种:一种是靠自己就能够理解,这是最优秀的;另一种是能辨别别人所说明的事情,这也是优秀的;第三种是既不能靠自己理解又不能辨别别人所说明的事情,这是无用的。所以遴选大臣实在是一件重大事情。大臣是否良臣,取决于君主的明智。如果君主对于他人的言行具有鉴别力,他就能识别大臣行为的善恶,他们就不敢指望蒙骗他而保持良善。君主识别大臣的良善与否,有一个屡试不爽的方法:如果察觉该大臣为自己着想胜过为君主着想,且在其一切行动中追求他自己的利益,那末这个人就绝不是一个好大臣。

如何对待大臣,是君主能否使大臣保持忠诚的关键。君主必须常常想着大臣,尊敬他,使他富贵而不想更有所得,让他分享荣誉而更无所求,分担重任而害怕更迭,使他感恩戴德,使他知道必须依赖君主才能站稳脚跟。这样,君臣之间就能诚信相孚。否则,其结果于此于彼都是不利的。

8.君主应避开谄媚者

当危险的谄媚者充斥朝廷时,君主若不是十分审慎或清醒地抉择,就很难不犯错误。为了防止人们阿谀谄媚,君主要让人们讲真话。但是当众人都能讲真话时,他们对君主的畏惧和尊敬也就少了。所以君主只能给少数有识之士以讲真话的自由权,并常常征求他们的意见,但只是在他自己愿意时并仅就他想咨询的那些事情耐心听取他们的意见,然后自主地作出决断。而在任何其他场合下,他必须使每一个人都没有勇气提意见。君主必须让人们认识到,一切良好的忠言,不论来自何人,必须产生于君主的贤明,而不是君主的贤明产生于良好的忠言。

总之,君主的任何行为都应以能够征服和保有一个国家为准则。他若以好的法律、武器、盟友和榜样使国家繁荣昌盛,就会获得加倍的光荣。他还应时刻提防被人憎恨和轻视,并努力成就伟大事业以赢得人们的敬重。

在关于君主的应有品质和注意事项的论说中,马基雅维里的伦理思想集中体现出来了。这些伦理思想与政治思想密切结合,具有现实性和经验性。他除了陈述并肯定那些不道德的事实外,并没有指出人们应该具有什么样的德性。他的伦理思想可以说是非道德主义的。有人因此说他向人们推荐一种"不道德的实践",将之称为"邪恶的导师"。平心而论,我们不能简单地将他看作公开赞成邪恶而反对人类公认的道德准则的人。毕竟,他在《君主论》中也承认,新君主所表现出来的那些善的品质,是最值得称赞的。他甚至还说过,若一个统治者生活得诚实而不欺骗,这多么地值得称赞!

四、解放意大利的呼声

1.意大利君主们丧国的原因

意大利的君主们之所以丧失他们的国家,有以下原因:首先,他们没有自己的军队;其次,他们中有些人或者被民众敌视,或者尽管民众对他们友善却不知道怎样防止贵族为患,最后招仇惹恨;再次,他们在和平时期未能做好应付突发事件的充分准备,一旦恶劣形势来临,就只好逃跑而不是考虑怎样防卫,他们寄希望于有朝一日能把被惨遭征服者凌辱的民众召唤回来,而不是谋求其他补救之道。

事实证明,只有依靠自己和自己的能力来保卫政权,才是可靠的、有把握的和持久的。如果君主们没有这些缺点,只要他们有足够的力量保持一支作战军队,就不会丧失自己的国家。

2.君主们应勇敢对抗和征服命运

因为过去和现在的重大的世事变幻远在人们的预料之外,因此许多人认为世事是由命运(fortuna)和上帝支配的,从而断定为人世事务辛劳徒然无益,以致于任命运支配。任何一个君主如果完全依靠命运,那么在命运变化时他就必然垮台。正确的看法是:命运只是我们半个行动的主宰,其余一半或近乎一半则归于我们自己支配。

如果在命运来临之前,我们能积蓄足够的力量作好抵抗的准备;在她变化时,我们仍然顽强地坚持自己的方法并同命运密切调协,而且多一点迅猛和大胆的行动,它就无法显出她的威力而被制服。所以,在夺取和保有自己君权时能得心应手的君主们都能做到这一点:他们的性格和做法符合时代的特征,而且能够随着时间和事态的发展而随机应变。

3.意大利已到了从蛮族人手中解放出来的时候

从情势来看,意大利已沉沦到了绝境:她的民众正遭受着蛮族人的凌辱、奴役和压迫,流离分散;她既没有首领,也没有秩序;她处处受到打击,遭到劫掠;她被蛮族人所分裂、蹂躏,忍受着种种破坏。蛮族的控制对于意大利的每一个人都已忍无可忍。在这样一个备受外国蹂躏的地方,民众怀着无比的热爱、复仇的渴望、顽强的信仰,抱着无比的赤诚,含着激动的热泪欢迎着一位能将意大利从蛮族人手中解放出来的新君主。

马基雅维里认为,当时的形势已为意大利解放提供了最好的条件,因此他奉劝洛伦佐·梅迪奇担负起这一历史使命。以下是他对梅迪奇的建议和鼓励:如果你的显赫的王室决意效法那些拯救国家的优秀人物,你只要采取上文推荐的那些方法,就不存在巨大的困难。你要做的第一件事情就是组建自己的军队作为任何一件事业的真正基础,因为没有比自己的军队更忠实、更真诚、更优秀的士兵。君主要选择武器和改变战术,创建一种既能击退骑兵、又不需害怕步兵的新型的骑兵。而这一切就像建立新制度一样,会给一位新君主带来巨大的名誉和崇高的地位。

最后,马基雅维里引用了同样渴望意大利统一的14世纪诗人彼特拉克的一阕诗鼓舞有志于民族解放事业的同胞:“反抗暴虐的力量/将拿起武器,战斗不会太长,/因为古代先民的勇气/在意大利人心中尚未消弭。”

(李 霁)

莫　尔

乌托邦* (1516)

托马斯·莫尔(Thomas More,1478—1535)是文艺复兴时期英国杰出的人文主义者,生于伦敦一官宦之家。其父曾任英国皇家高等法院法官。莫尔少年时曾长期寄住一主教家中,受到宗教的熏陶。他一度进入了特雷兹修道院,从事严格的圣功净修。1492年,莫尔进入牛津大学,接触到一群人文主义者,开始醉心于人文主义学说。由于父亲的逼迫,他不得不离开牛津大学去从事法律实务。但他自己的志愿不在法律,而在人文主义文学和古典哲学。他没有放弃对古代典籍的研究,诉讼之余仍然从事在牛津大学即已开始的学术生涯。1497 年,莫尔结识了著名的人文主义者爱拉斯莫斯。此后,莫尔更多地接近了人文主义者,成为 1498 年担任牛津大学希腊文讲座教授的爱拉斯莫斯的小组里的活跃分子。莫

---

* 原书名为 DE OPTIMO REIPUBLICAE STATU, DEQUE NOVA INSULA UTOPIA。本文根据中译本《乌托邦》(戴镏龄译,北京,商务印书馆,1982 年)撰写。

尔特别喜爱古希腊哲学,尤重柏拉图。他青年时代就对柏拉图的“共产主义”思想很着迷,曾写过一篇对话录为柏拉图的共产共妻说进行辩护。

作为一个律师,莫尔由于在诉争中主持公道和替受屈者伸冤而闻名伦敦。1504年,他被选为英国下议院的议员。他记忆惊人,才思敏捷,风趣乐观,深谋远虑,在下议院中声望很高。但他性情耿直,酷爱平等,不谀权贵,敢犯龙颜。其父因他得罪国王亨利七世而被捕入狱,并被罚以巨款。此后,莫尔决意脱离政治,重新研究文学和哲学。1509年,亨利七世去世,莫尔很快被任命为伦敦代理执政官,并担任了伦敦林肯法学会的公断人。此时,他已博得市民们的普遍信任,特别是商业界的拥护。英国商人两次通过国王委派他出使调解纠纷。在1516年出使过程中,他开始撰写《乌托邦》。由于深得亨利八世赏识,1518年,莫尔担任了王室请愿裁判长和枢密顾问官。三年后,他又转任财务大臣,并被封为爵士。1523年,莫尔当选为下议院议长。1525年,他又受命出任兰加斯德公国首相。1529年他升迁为大法官,成为英王之下第一号要人。但是如此青云直上,并没有使他头脑发热,他明白等待他的与其说是荣誉,还不如说是困难和危局。在他那个时代,爬得高,跌得重,是政界常事。

尽管如此,莫尔仍然坚守他的信念,不以权贵为荣。在国务活动中,他完全独立自主,从不肯附和别人,委曲求全。1528年,莫尔面临荣誉流放的威胁。数年后,亨利八世为了同美貌的宫女安·菩琳结婚,决定同西班牙公主卡萨琳离婚,并从天主教寺院取得大量财富,为此改变了对宗教改革的态度。莫尔反对这些做法,便毅然辞去大法官之职,退居家中,专事著述。由于他拒绝宣誓承认亨利八世颁布的“至权法案”,拒绝出席安·菩琳皇后的加冕典礼,终于遭到更大的报复。1535年,他被判为大逆罪,囚禁于伦敦塔,不久被斩首示众。

莫尔的主要著作是《乌托邦》,全名为《关于最完美的国家制度和乌托邦新岛的既有益又有趣的全书》。在该书中,莫尔假一位航海家之口叙述了理想国"乌托邦"各方面的情形。乌托邦位于南半球的某个岛屿上,它的国家制度是最好的,它的一切都尽善尽美,它是唯一真实的国家。在这个岛国里,消灭了私有制、等级制等不合理制度,确立了财产公有、社会平等等理想制度,人们勤劳善良,品德高尚,过着幸福美满的生活。岛上的情形很长时期不为外人所知,有一个叫拉斐尔·希斯拉德的航海家偶然来到岛上,驻留了五年,知悉了那里的一切。为了让人们了解这个岛国的完美制度,他又回到了大陆。

原书分两个部分。第一部分批判莫尔时代欧洲各国的不合理的社会制度。第二部分描述乌托邦这个理想国的各种制度和设施。下文先简述有关两类社会制度的思想,再集中介绍包含于这两个部分中的伦理思想。

一、不合理的社会制度

在第一部分中,莫尔借希斯拉德之口表述自己的见解,尖锐地抨击了当时在英国已登峰造极的君主专制制度及其政策。

首先被谴责的是专制君主的对外侵略政策,这种政策不但使被侵略的国家遭到蹂躏,而且使本国民不聊生。莫尔发现,几乎一切国王都乐于追求武功,而不愿从事和平活动,他们想方设法夺取新的王国而不是治理好已获得的王国。

国王们为了私利,不顾执政者必须关心臣民幸福、保护臣民利益的正确统治原则而对臣民进行无情的剥削。这在莫尔看来完全违背了统治者的职责。他指出,人民选举执政者是为了人民自己,而不是为了执政者本身。国王应该辛勤执政,让人民安居乐业,不遭欺侮和冤屈。国王应该关心百姓的幸福而不是他个人的幸福。

国王如牧羊人一般,其职责是喂饱羊,而不是喂饱自己。国王的荣誉和安全在于人民的幸福。国王是在管理国家而不是在管理监狱。国王应该力戒懒惰与傲慢,依靠自己为生,不聚敛财富,从而赢得人民的爱戴。

可是这些原则在国王的宫廷里是没有人愿意理会的。国王的谋臣们阿谀奉承,随声附和,又傲慢顽固。他们随时都能为那些打算剥削百姓的决议找出这样或那样的论据,告诉国王各种各样加强剥削的方法。他们臆造出一套"理论",说国王从来不会做错事,因为国家的一切,包括百姓在内,都是属于国王的;百姓所以能够有财产,只是因为国王开恩不曾取回那一份财产。他们还大发谬论说,百姓穷就会导致国家太平,贫穷会使人民养成忍耐的习惯,而且保持社会安宁。而事实上恰恰相反,贫穷永远是产生动乱的根源,不满意生活现状的人更急于造反,最倾向于革命的人正是那些不满意现行制度的人。如果一个国王的统治使百姓难以为生,他就应该承认自己执政无方。莫尔还直率地揭露了英国社会中最令人怵目惊心的"病毒"问题。他指出,当时社会突出的、首要的和根本的祸害,就是有大批贵族。他们像雄蜂一样,终日无所事事,强迫田庄上的佃农为他们劳作。为了增加收入,贵族竭力剥削佃农,而佃农则含辛茹苦,既要养活贵族还要养活大批游手好闲的贵族随从。莫尔还揭露了英国农民在养羊业勃兴的情形下怎样被剥夺了土地。"你们的羊一向是那么驯服,那么容易喂饱,据说现在变得很贪婪很凶蛮以至吃人,并把你们的田地、家园和城市蹂躏成废墟。"他痛切地指出,由于羊毛价格的上涨,大地主把土地全部变成牧场,把佃农驱赶出去,使所有的村落变成了荒芜之地。他们用诱骗或暴力手段迫使有土地的农民贱价卖掉自己的地产,离开自己久居的家园,以致流离失所、妻离子散。由于养羊业不需要那么多人手,很多流浪者便被迫沦为盗贼。可是政府不但不采取任何措施来消除祸害的根源,反而用各种严酷的法律手段对付那些失去诚实劳动机会而不得不流浪和偷窃的穷人。政府对盗窃犯处以极刑,轻微犯法就会丧命。可是即使对盗窃犯处以极刑,仍不能阻止盗窃,全国依然盗窃成风。莫尔主张,政府应制止富人横行霸道,恢复被破坏的农庄和乡村,让农民能够回来继续从事农业劳动和羊毛加工。

不过,熟悉官场内幕的莫尔并不相信任何明智的忠告会被政府采纳。在他看来,国家无非是富人狼狈为奸和盗用名义为己谋利的工具。明智的忠告不能改变国王。自上而下的改革是不可能的。

二、乌托邦的社会制度

在第二部分中,莫尔描述了一套与欧洲各国的制度截然不同的理想国家的制度。以下按其内容分四个方面介绍。

1. 财产公有

财产公有是乌托邦的最大特点。乌托邦在经济上是一个统一体。全部社会财富是大家所公有的。国家的最高机关——元老院对各个地区生产的一切产品进行统计,在必要时还进行产品再分配。不管什么产品,都汇聚到每座城市的若干指定市场,家家户户到市场领取所需物品,不必付钱,按需取用。但是从来无人多领,因为乌托邦物资充裕,取之不尽,根本没有必要在家积存物质。不但城市如此,而且在城乡之间、在各个城市之间无不平均分享物资,互通有无,不需补偿。

乌托邦的基本经济单位是家庭。每个家庭都从事某种手工业生产。家庭的生产受国家官员的监督,家庭所能生产的产品全部归国家所有。家庭实质上就是一个公共作坊。乌托邦的家庭不一定是以传统血缘关系为基础的自然家庭,甚至可能是经济上结合的家庭。如果一个儿童不愿意从事这个家庭所担任的那种手工业,他可以按照自己所选择的工种转到别的家庭中。这样,同一家人可能生活在不同的家庭中。当一个家庭的规模超过经济上的需要时,国家也可以把公民从这一家调往另一家中。

总之,乌托邦实行财产公有和按需分配,物资非常充足,产品非常丰富。整个乌托邦就是一个“共产主义”大家庭。

2.共同劳动

乌托邦实行严格的生产制度。乌托邦人不分男女都以务农为业,但除了务农外,还得各学一项专业手艺。他们每天劳动六小时,各自辛勤地干本行。凡年龄、体力适合于劳动的男女都要参加劳动。只有从事各项科学研究的人以及官员才依法免除劳动,但如果做学问的人辜负人们对他们的期望,将被调回去做工。相反,如果一个工人业余钻研学问取得显著成绩,那么他可以转而去做学问。所有的居民都从事有益的工作,所有的劳动都用于增加国家财富,提高社会福利,有利于全体人民的衣食住行等各种生活状况的改进。精巧的工艺、徒供奢侈享受而无益于民生的物品,都在禁止之列,人们不得为此花费劳动。政府并不强迫公民从事多余无益的劳动。法律规定所有公民除了从事必要的体力劳动外,还可把充裕的时间用于精神的解放和开拓,培养自己的业余爱好。

乌托邦没有贵族、地主这些只图享乐的寄生虫,没有二流子,没有乞讨为生的人。乌托邦人虽然每天只劳动六小时,他们的产品却十分丰富,能保证全体公民的生活需要。乌托邦人不仅共同生产而且共同消费。他们有公共食堂,大家在其中共同进餐。不过,若有人愿意单独起伙,他也可以从公共市场领取食物原料。

在乌托邦,农业不是一种职业。除少数人外,人人都必须参加有益的劳动,首先是农业劳动。乌托邦人牢牢树立起务农为本的观念,特别重视农业劳动。他们的农业劳动是按义务劳动的原则来安排的。无论男女,乌托邦人从小就在学校里接受农业教育,并到田地里实习。城市中每个公民都必须在农村中住两年,以种田为业,但乐于务农者可以申请在农村久住。在乌托邦里,农作是一种很受尊敬的劳动。

乌托邦没有真正的乡村,只有农场。人们从城市来到这里,干一段时期的活,期满后又回到城市,继续从事自己的基本工作(即手工业)。在乌托邦几乎消灭了城乡对立。

3.民主管理

乌托邦采用民主制度管理国家。全体官员都由公民选举产生。下级官员摄护格朗特(Syphogrant)由家长选举产生,高级官员特朗尼菩尔(Tranibor)及总督(Gubernator)由下级官员选举产生。全城分为四个区,每个区选出一名总督候选人,提交到议事会,再由议事会选出一个总督。总督为终身职务,除非有阴谋施行暴政之嫌而被废黜。特朗尼菩尔虽每年选举,但无特殊理由,一般不更换。而其他官员都是一年一选。

特朗尼菩尔每天与总督商量公务,及时处理民间纠纷。每天都有两位不同的摄护格朗特参加议事会。法令必须通过议事会的批准。为了防止高级官员共谋对人民专制,变革国家制度,凡是在议事会外议论公事者,以死罪论。凡关涉国计民生的要事由全民讨论或审议。

4.教育、学术、宗教、设施及其他

在乌托邦里,所有儿童,不分男女,都受到教育。他们的教育既包括书本学习,也包括实际工作——手工业和农业的实习。成人们不但要求儿童和青年读书求知,还重视培养他们的品德。大部分公民总是把体力劳动后的剩余时间花在学习上。他们的社会教育着重提倡公共道德、集体义务、正当娱乐以期养成良好的社会风气。更重要的是,全国公民彼此观摩,互相激励,做到自觉遵守纪律和维护公共利益。即使对犯有重罪被贬为奴隶的人,他们也进行教育。奴隶若被改造得好,可以减刑,甚至可以获得豁免而恢复自由公民身份。

乌托邦人也积极从事学术研究。但从事学术研究的人经过严格挑选。研究人员可以免除体力劳动,全力以赴从事学术研究。凡是出国担任外交使节者都必须是有学问的人。对其他重要公职,包括各城市首长职位也是如此要求。一般公民的空闲时间大多用于学术探讨,他们照例每晨举行公共学术报告会,专职研究人员必须参加,一般公民可以随兴听讲。

乌托邦人对宗教也很重视。在乌托邦里,占统治地位的宗教是理性化的宗教(其实质是神圣化的人文主义)。尽管所有乌托邦人信仰不一,但他们都认为只有一个神,是全世界的创造者和主宰者。这个神就是自然本身。乌托邦人尊重信仰自由。每个人可以信仰自己所选择的宗教,可以向别人宣传自己的宗教并劝其接受,但不得诉诸谩骂或暴力。任何人都不会由于自己的信仰而受到责罚。乌托邦人相信灵魂不死。行善修德,死后必有善报;为非作恶,死后必受惩罚。但乌托邦人极端轻视一切迷信的占卜方术。他们只崇拜非自然的奇迹。

乌托邦只有少数教士,由选举产生。教士们主持礼拜,掌管宗教仪式,监察社会风气。他们还负有教育儿童及青年的任务,指导他们读有益的书籍,培养他们的品德。所有教士都是因自身品德贤良而被择优选举的,他们是最受尊敬的公职人员。乌托邦有54座城市,所有城市有共同的语言、风俗与法律。各个城市布局相仿,风格类似。每个城市都不愿扩张自己的地域,因为乌托邦人认为自己是土地的耕种者,而不是占有者。城市人口有严格限制,不得过分集中,除郊区外,每座城市限定6000个住户,每户的成年人少则10名,最多16名。若超过限额,则将多余人口迁居到人口稀少的城市。乌托邦也重视控制人口密度。如人口过多,则向国外邻近地区拓荒移民。每座城市被划分为均等的四个部分,各有其市场(货物总栈和食品供应站)、医院、公共食堂,这一切设施都免费为所有公民服务。乌托邦没有酒馆,没有烈性饮料,没有妓院等腐化场所。

乌托邦人储存了大量金银,但他们只按金银本身的价值来看待金银。他们将金银铸成粪桶溺盆和脚镣手铐等。只有罪犯才戴金器。黄金成为可耻的标志。

乌托邦实行一夫一妻制。破坏夫妻关系者被罚为奴隶。企图诱奸与实际奸污同一处罚。乌托邦没有死刑。对于罪大恶极的人,一般罚作奴隶。他们既用刑罚禁止人犯罪,又给行善的人以荣誉。乌托邦的法令很少却已足够。因为乌托邦人品德高尚,根本不需要更多的法令。

乌托邦人酷爱和平,痛恨战争。他们出战或是为了保卫祖国领土,或是为了驱除侵入友邦的敌人,或是出于同情用武力解放在暴君统治下的苦难民族。他们认为战争是仅仅适宜于野兽的活动。

三、私有制是一切罪恶的根源

在对不合理的社会制度的揭露和批判中,莫尔提出,私有制是一切社会罪恶(malum)的根源。“任何地方都有私有制存在,所有人凭现金价值衡量所有事物,那么,一个国家就难以有正义和繁荣。”在私有制下,既谈不到社会正义,也谈不到社会太平。在私有制下,每个人都不择手段谋取财产,都尽可能把一切据为己有。不管财产有多少,它总是为少数人所分享,其余的人只有贫困。富人贪婪、凶狠、奸诈,而穷人正派、勤劳、纯朴,每天为社会的福利而劳动,牺牲自己为国家作贡献。在私有制下,人的价值按拥有黄金的多少来确定。一个既不聪明又无道德的无赖,只要拥有黄金,他就可让一大群聪明人对他俯首贴耳。人成为金钱的奴隶,更无幸福(beatitas)可言。莫尔认为,财产均等是通达社会幸福的唯一道路。

在他所设想的乌托邦里,一切归全民所有,没有私产,也没有物质分配不平衡的现象,一切产品都按需分配。在乌托邦人看来,黄金本身是没有多大价值的,是人赋予它们以价值。因此,乌托邦人将黄金视为平常物,甚至视为可耻的标志。他们感到奇怪的是,竟然有人拼命积累黄金,以拥有黄金为最大的快乐。乌托邦人共同劳动,共同享受,他们衣食无忧,过着幸福而安宁的生活。

莫尔断言,只要私有制存在,就不可能根除贪婪、争讼、掠夺、战争及一切社会不稳定因素。不彻底清除私有制,人就不可能获得幸福。一切局部性的改革都只是治标的办法,不能根治社会的疾病。只有完全废除私有制,财富才可以得到平均分配,人类才能幸福。

四、德性就是依照本性生活

莫尔的很多伦理思想体现在他对乌托邦人的主张和看法的转述中。乌托邦人认为,快乐(voluptas)构成人类的全部的或主要的幸福。他们将哲学的理性和宗教的原则联系起来讨论幸福。上帝规定人们应当按照自然法则来生活。因此,人们必须遵循自然(natura,又译本性)的要求,要用理性(ratio)去判断什么值得追求或应当避免,才不致因最小的快乐妨碍最大的快乐。

人生来是要享受幸福的。刻苦修行,放弃人生的欢乐,是愚蠢的。人的本性就是要愉快地生活,把享受当作我们一切行动的最终目的。德性就是按照本性的要求去生活。至善(summum bonum)就是符合本性的生活。这些观念表明莫尔在伦理思想方面深受人文主义的影响。

但是,莫尔并不赞成单纯的享乐主义。在他那里,人的本性就是理性,按照本性的要求生活就是按照理性的要求生活。他提出,一个人的追求应该服从理性的吩咐。理性要求我们免除忧虑,快乐地生活。但是为了更好地安排幸福生活,理性告诉人们,人生在世要相互帮助，不仅让自己而且让他人同样过上幸福的生活。但人不能厚于别人而薄于自己，不能善待别人而苛待自己。本性号召人人相互帮助以达到更愉快的生活，所以人们应该在不损害他人利益的条件下追求自己的利益。

五、快乐是全部行为的目标

乌托邦人认为快乐是全部行为的目标。但他们认为，只有正当的、高尚的快乐才构成幸福，而非每一种快乐。

所谓快乐，在乌托邦人看来，是指人们自然而然喜爱的身心活动及其状态。有些快乐是虚假的，如追求服装的高级和华丽、贪慕空虚无益的荣誉、贪爱珠宝成痴、聚积多余财富等，因为这些享受不是来自事物本身的性质，而是来自当事人的反常习惯。

真正的快乐分为两类：一类属于身体(cprpus)，一类属于精神(animus)。精神方面的快乐有智力以及静观真理时所获得的喜悦，还有对过去美满生活的惬意回忆和对未来幸福的期望。身体方面的快乐又分为两种：一种引起人们明显的愉快感。当体能经过饱食恢复过来时，我们往往有这种愉快感。有时，排泄体内多余的东西也有这种愉快感。另一种以一种潜在的奇妙力量刺激我们的感官。它既不补偿我们身体的需要，也不消解我们身体的不适。从音乐中产生的快乐就是这种快乐。但它主要是健康。健康是快乐之源，是所有快乐的基础与根本，有健康才有快乐。

乌托邦人认为，身体快乐与精神快乐相比，精神快乐是主要的、根本的。精神快乐来自德性的实践以及对高尚生活的自我意识。物质的快乐是基础，而精神的快乐高于物质的快乐。如果把吃、喝、玩、乐当作唯一的快乐，那就会把人生的快乐看作不断地喝水、吃饭、搔痒等。这种快乐是低级的，只在需要的范围内才有价值，超过限制，低级快乐会带来痛苦的后果。

在《乌托邦》中,莫尔把自己所要表述的新思想假希斯拉德之口说出,但考虑到官方的检查和不利的政治后果,又将自己扮成与之争辩的人,足见其用心良苦。在对话中,莫尔阐发了他的政治理想,尖锐地抨击了当时社会的弊端(特别批判了英国的专制制度),为当时英国广大劳苦大众所遭受的痛苦慷慨陈词。他在揭露当时的社会弊病之同时,提出了具体的解决方案,提出了关于未来社会制度的构想。当然,莫尔的"乌托邦"构想还只能是一种空想。

(彭立静)

霍 布 斯

利 维 坦* (1651)

托马斯·霍布斯 (Thomas Hobbes，1588—1679)，17 世纪英国杰出唯物主义哲学家，生于英格兰南部威尔特郡的马尔麦斯堡。15 岁时，进入牛津大学学习哲学。毕业后曾当过家庭教师。先后两次陪伴其学生到欧洲大陆旅行，深受新思想的影响，并与一些著名学者(如伽利略、刻卜勒、伽桑狄等)建立了友谊。1644 年英国民主革命爆发前夕，他随同贵族流亡到法国，跟许多在巴黎的数学家和科学家建立了联系，并曾与唯理主义代表笛卡尔进行过著名的哲学辩论。1651 年，霍布斯返回英国，开始构筑他的哲学体系，该体系由自然哲学和公民哲学(又分伦理学和政治学)组成，政治学是其重心。霍布斯的主要哲学著作有《论公民》(1642)、《利维坦》(1651)、《论物体》(1655)、《论人》(1658)等。其中最重要的当属

---

* 原书名为 LEVIATHAN。本文根据中译本《利维坦》(黎思复、黎廷弼译，北京，商务印书馆，1985 年)撰写。

《利维坦》。

《利维坦》是西欧民主革命时期的时代精神的产物,是一部在西方政治思想史中具有划时代意义的著作。该书主要是一部政治学著作,但其中包含着值得重视的伦理思想。全书除引言和结论外,分四个部分:第一部分论人(凡16章),第二部分论国家(凡15章),第三部分论基督教国家(凡12章),第四部分论“黑暗王国”(凡4章)。

一、论人类

霍布斯首先用机械运动的原理说明人的本质。他在本书的“引言”中指出,人的生命只是肢体的运动。人的心脏是发条,神经是游丝,关节是齿轮,整个人体就是一架由各种机件组织起来的活机器。国家也只是一个“人造的人”。

接着他以唯物主义感觉论为基础对人作了较系统的论述。这就是第一部分“论人类”,其内容大致包括心理学、认识论和伦理学三方面。

1.心理学

霍布斯认为,人的各种观念(idea)都是从感觉(sensation)中引申出来的。感觉是外界事物施压于人的某一感官,传至人的心中,引起一种反压而表现出来的影像。想象是对象或外界物体移开后在脑子里继续留存的影像。影像渐淡,就叫记忆,想象与记忆本为同一东西。许多记忆或记忆许多的事情就叫经验(experience)。睡眠中的想象叫做梦。语言或其他符号所引起的人或其他有构思能力的动物的想象,即是理解,但人的理解与动物的不同,因为人能够动用概念和思想去进行推理。人有语言,有方法,从而人的心理功能的发展无可限量。这是任何动物都不能达到的。

从感觉论出发,霍布斯把人体的动作分为生来具有的和后天自愿的。在体内最初发动的细微动作被称为意向。意向所向之目的便是欲望，回避某种事物便是厌恶。欲望与爱、厌恶与恨是同一个意思，人们所欲望的就是爱，所厌恶的就是恨，所爱者引起快乐，所恨者引起痛苦。欲望中有些是与生俱来的，有些是从经验中得来的。人的智愚差异，主要是由后天经验造成的。人们的欲、恶、爱、恨、喜、怒、哀、乐等，就是情感。一连串欲望和厌恶相交织而最后决定做或者不做某一件事，便叫斟酌，意志是斟酌过程中最后一个欲望。在对真理的探讨中，意见相当于欲望，判断相当于意志。情感、意志等源于感觉，是感觉的表现。因此，在霍布斯看来，人的本性非先天固有，而是后天形成的。

2.认识论

霍布斯不仅以感觉为基础来说明人的心理活动，而且以感觉为基础来说明人的认识活动。他认为，人的认识是从感觉开始的。感觉是知识(knowledge)的来源。人们初生下来，身心条件相差甚微，他们在体力和智力上的差别乃后天形成。人们的聪明和才能都在于经验的积累，经验是智慧的源泉。但他又认为经验还不是真正的知识。因为经验来自感觉和记忆，而感觉和记忆并非人所独具，其他动物亦同样具有。并且，经验只能知道过去的事实，不能推断将来的因果。人之胜于动物不在于感觉，而在于理智(understanding)。理智的功能在于推理，只有经过推理，才能揭示出事物的因果联系，产生出真正的知识。所谓推理，在霍布斯看来，就是运用公认的概念进行加减计算以表达思想。他认为推理并不像感觉和记忆一样是先天具有的，也不像谋略一样可以从经验中获得，推理完全是勤奋学习的结果。学习过程被分为三步：第一步是正确定名；第二步是用正确的方法把名词组成句子；第三步是连结两个句子组成三段式，直到得出推论的知识。

知识被霍布斯分为两类：一类是关于事实的；另一类是关于断言间推理的。前者就是感觉和记忆，它是绝对的，如法庭上证人的证词。后者就是科学,是相对的,如哲学家推理而得的知识。前者的记载就是自然史和人文史,后者则包含在哲学书籍中。哲学又分为自然哲学和政治哲学。自然哲学分支很多,如数学、力学、天文学、地理学、动植物学等。政治哲学研究公民的权利和义务、国家的起源和统治者的权利等。在霍布斯的哲学体系中没有神学的地盘,因为他主张哲学排除神学。

3.伦理学

他认为,人类在身心两方面的天赋才能是平等的,所以一个人不能在这些方面要求别人不能享受的利益。由于天赋才能平等,因此人们达到一个目的的希望也是平等的。当两个人同时想望一件不能共享的东西时,他们就成了仇敌,彼此不信任,各人都希望打垮对方。这样一来,人类便互相侵犯,首先是为了求利,其次是为了求安全,第三是为了求名。

霍布斯由其人性论推断,在国家尚未建立以前,人们生活于一种自然状态(natural state)中。因为没有一个公认的强权使人敬畏,人们必然会进行连续不断的战争。在这种状态下,工农业无人经营,科学文化更无人过问,一切陷入混乱。也不存在是非曲直,唯有欺诈和暴力。为了摆脱这种厄运,寻求和平和安全,人类的理智便会提出一种人人都能同意的和平相处条款,这种条款就是自然法(natural law)。

在自然状态下,每个人对任何东西都有权利。因此,安全只有从一条最基本的法则中才能得到,这条法则就是:寻求和平,信守和平,并尽一切手段保卫自己。这是第一条自然法。从第一条中又引申出第二条:人们要想达到自我保存的目的,就必须自愿放弃占有一切的自然权利(natural right)。权利放弃或转让后,就有义务不再妨碍别人使用这种权利,也不能反悔,否则为不义。但是自愿行为的目的是为了本身的利益,如果这种放弃行为对于本身无利,就是无效的。所以,一个人不能放弃他自己的自卫权。放弃或转让权利的表示就是契约(contract),契约的力量在于人所惧怕的毁约带来的恶果。第三条自然法是:必须履行既定契约。守约是正义(justice)的源泉,正义就在于履行契约,毁约为最大的不义。但是要执行这条法则,必须建立施行监督的权力,强迫人们去践约,才能清除订约者对别人毁约的担忧。由此才产生正义和公道。

自然法除了以上基本的三条外,还可以列举很多。这些法则都可以归结为最简单明了的一条总则:己所不欲,勿施于人。

霍布斯认为自然法来自人的内心,因而是永恒的、普遍的。遵守自然法就是正义。研究自然法的科学是唯一真正的道德哲学。人的情感、欲望、习惯、理想不同,对善恶的见解也不一,从而引起争议和战争。于是人们得出共同的意见,把善恶的标准定为对和平之道是否有利。人们虽然把自然法称为法律,其实它们只是理性的教导。真正意义上的法律,应该由统治者作为命令发布。

二、论国家

第二部分题为"论国家",这是全书的主体,主要论述了国家的产生,统治者的权力,政体,公民自由,社会团体,法律惩罚,国家解体的原因,统治者的职责等。

1.国家的产生

霍布斯认为,在自然状态中,人们在不幸的生活中都享有天生平等的自然权利,又都有渴望和平安定生活的共同要求,于是出于人的理性,人们相互间同意订立契约,放弃各人的自然权利,把它托付给某一个人或一个由多人组成的集体(如社会),这个人或集体把大家的意志化为一个意志,服从他的判断。也就是说,指定一个人或一个由多人组成的集体代表他们的人格(person),这一人格是人人相互订立信约而形成的。像这样统一在一个人格之中的一群人就被称为国家(state)。这便是伟大的利维坦(《圣经》中所描述的一种巨兽,霍布斯用以喻指国家)的产生过程。由于有了它,我们才能获得和平与保障。

体现这个人格的人就是主权者(sovereign),所有其他人都是臣民。取得主权的方式有两种,一种是通过自然力,另一种是按约建立。

2.统治者的权力

霍布斯指出,用条约组成国家的人,若没有得到主权者的允许,就不能另外订出跟原有条约相抵触的条约。但统治者是由群众相互订立条约而产生的,他并没有与群众之中任何一人订立条约,所以当条约不合其心意时,他不得请求废除条约。统治者所做的任何事情对任何臣民都不可能构成侵害,因为他已获得臣民让渡给他的权力,所以他对臣民所做的事便是臣民自己愿意做的事,同时臣民也就不能惩罚主权者。

由于主权者是为了和平与安全而产生的,所以他控制战争与和平的手段,裁决促进或危害和平的意见。由于自然状态中没有财产,所以他有权制定有关财产的法律。他具有司法、对其他国家宣战媾和、挑选官吏、施行赏罚、颁赐荣衔等等权利。这些权利是不可转让和不可分割的。转让和分割统治权就会乱国。

3.三种政体

统治权可以由一个人、一个人数有限的议会或全体人民的议会掌握,即君主国、贵族国和民主国。国家只有这三种,只是当人们讨厌某种政府形式时,才会叫成其他名称。不管统治者是君主还是议会,在任何情形下他的权力都是绝对的。

在霍布斯看来,这三种国家在统治权上是一样的,只是在取得和平与安全的方法上有所区别。其中君主制(monarchy)是最好的政体,因为在君主政体里比起在贵族政体或民主政体里来,统治者私人的利益必然更加与全体的利益相符合。议会不可能秘密地听取意见,而君主则可以在行动以前想听取多久就听取多久,要多保密就多保密。任何政府决不能是两种政体的混合物。比方说,选任的国王并不是主权者,而只是主权者的大臣。

霍布斯认为,人们之所以选择统治者,是由于彼此之间相互害怕,但服从一个取得的政权则是由于害怕统治者。取得的统治权可能是按世袭继承的,也可能是由征服得来的。一个家族只有大到用战争也不能降服它的程度时才构成国家。夺取得来的统治权也是绝对的,其理由和建立起来的统治权相同。

4.臣民的自由

自由(liberty)是指没有阻碍的状况。霍布斯认为,畏惧和必然都可以与自由相容,因为人们在国家之内由于畏惧法律而做的一切行为都是行为者有自由不做的行为。一个自愿的行为由于出自人们的意志,所以便是自由的行为。但人类自己又造出了许多人为的障碍和束缚,叫做法律。臣民只有在统治者准许的情况下才有自由,因为统治者有权按自己的意旨处置一切事物,包括臣民的生命在内。

当统治者的命令违反了自卫权不能取消这一法则时,除非这个命令使统治者像士兵一样为保卫国家而危及自己的生命,否则臣民便有不服从这个命令的自由。统治者之所以被拥戴为统治者,就是为了保卫臣民,所以统治者能保卫臣民多久,臣民就服从统治者多久。

5.臣民的团体

霍布斯对团体的解释是:在一种利益或事业中联合起来的任何数目的人。其中政治团体的成立必须由法律许可。还有些私人团体,其中又分为合法的与非法的。除开国家本身以外,一切团体都服从国家,而且不得具有主权的性质。主权者统治团体的权力,只限于法律明文规定或对这些团体特别准许的权力。国家的各种团体和人身体上的肌肉相似。

6.法律的惩罚

霍布斯认为,民法是任何国家成员都必须遵守的法律。在所有国家中,唯有主权者能充当立法者,他也可以任意废除法律,他本人并不受法律的约束。民法是用国家律令形式表现出来的自然法或统治者的意志。所有非自然法的部分,都应当明文公布,一体周知。自然法和成文法都需要解释。这种解释就是由统治当局指定的法官所作的判词。

破坏法律的企图是恶,表现出违法行为是罪。破坏自然法无论何时何地都是恶。只有破坏国家法律时才是罪。因不可避免的无知而犯法是完全可以宽恕的,但因努力不够而产生的无知并不是不可避免的。由于惧怕眼前的死亡和统治者的命令而犯法也是完全可以宽恕的。此外还有许多事情可以减罪。

犯罪不能不加以惩罚,惩罚违法行为是为了使臣民更好地服从法律。这种惩罚的权力不是由臣民交给统治者的,因为臣民不能放弃抵抗暴力的自卫权利。在最初的时候,人人都有伤害别人的自然权利。但这种权利按照条约只留归统治者享有,而其余的人都放弃这种权利,这就更加强了统治者的权力。对人的惩罚分为体刑、财产刑、名誉刑、监禁、放逐等,或者是它们的混合。

对无辜臣民的一切惩罚,不论大小都违反自然法。因为惩罚只是为犯法行为而设的。但对不是臣民的无辜者施加任何损害,如果是为了国家的利益而又没有破坏原定的信约时,便没有违反自然法。因为所有非臣民的人,不是敌人,就是由于原先的信约而不再成为本国臣民的人。但国家对它认为可能损害自身的敌人进行战争,根据原始的自然权利乃是合法的。

7.国家解体的原因

霍布斯认为,国家衰弱的原因,一是统治者在建国时没有掌握足够的权力,二是由于各种蛊惑人心的谬论,譬如:(1)人人都是善恶的判断者,违反良心而服从国家是罪恶;(2)统治者应受民法的约束;(3)统治者不得干预私有财产;(4)统治权可以分割。此外还有一些其他原因,譬如:(1)战争中吝啬金钱;(2)财税收入被个人侵吞;(3)城市过大;(4)贪得无厌的领土扩张欲等。当一个国家被征服时,这就意味着它的整个政体瓦解了。

8.统治者的职责

在霍布斯看来,统治者的根本职责在于为人民求得安全,为此,统治者不能放弃自己的权利,并要教导人民懂得维护统治者的重要性。此外统治者还要制定优良法律,选任优秀官吏等等。

除了违反神律的事情以外,臣民在一切其他事情上都应当服从统治者。因此,剩下要讨论的便是上帝的王国。这个国家的臣民都信奉上帝。上帝通过自然理性、启示和先知者的言论来宣布他的律令。于是,霍布斯由对一般国家的探讨转向对基督教国家的探讨。

三、论基督教国家和黑暗王国

第三部分题为“论基督教体系的国家”,旨在否认自成一统的教会,抨击教皇掌有超越世俗政权的大权。第四部分题为“论黑暗的王国”,其矛头主要针对罗马教会,大量揭发了罗马教会的种种丑行劣迹,从而使教会的威严神圣黯然失色。

1.上帝之言

霍布斯认为,自然国家的性质基于经验,由人的天性就可理解;而基督教体系的国家的性质则不能仅凭人的感觉、经验和理智所能明了。但人的理智本来是上帝所赐,上帝之言虽难理解,但可断言,如果我们觉得它们违反我们自己的理智时,其原因必定在于我们的解释不当或推理有误。凡是上帝的教谕有不能理解之处,不得强以逻辑或科学的方法去妄加解释。因为宗教的神秘就像灵丹妙药一样,整丸地吞下去倒有疗效,但要是嚼碎,大多数都会被吐出来,一点效力也没有。

根据《圣经》,上帝之言通过先知者昭告于世人的方式有两种:一是先知者创造出奇迹,二是先知者传达既定的正统教义。既然奇迹已经不再出现,显然上帝也不再通过先知者说话了。但上帝已经在《圣经》中显示了自己。

2.教权与王权

霍布斯给教会下的定义是:"明证基督教信仰并结合在一个主权者的人格之中的一群人,他们应当在主权者的命令下聚会,没有主权者的权力为根据就不应当聚会。"由于在所有的国家中未得到世俗主权者承认的任何聚会都是不合法的,因此教会在任何禁止其聚会的国家中都是不合法的。在各自分立的国王的领域之中都有基督存在,但他们每个人都要服从自己的祖国,因之便不能服从任何另一个人的命令。所以,所有基督徒都要服从的普遍教会是不存在的。

霍布斯指出,亚伯拉罕的条约使他获得了一种独特的权力——可以惩罚那些冒充受到启示而宣扬他所禁止的学说的人。这种权力便成了后世每一个统治者的遗产。上帝之国,就是根据这种条约建立起来的,直到世俗国王扫罗时才中断。基督降生就是为了用一种新条约来恢复这个王国。耶稣复活以后,这种王国便只能在另外一个世界里出现了。他只把宗教的权力留给信徒们,显然并没有在尘世中留下一种强制性的权力。因此,基督降生,并没有剥夺统治者的任何权力。即便统治者把政府中有关臣民的宗教事务委托给教皇,教皇也并不是高居于世俗统治者之上而是在统治者许可的范围内来接受委托的。

3.黑暗王国

霍布斯指出,前面论述了人之国和上帝之国,但《圣经》还提到黑暗之国,也叫撒旦王国或魔鬼王国。这个王国是骗子的联盟,为了在今世取得统治人的权力,力图以黑暗的和错误的说法熄灭人身上的天性和福音之光，以阻挠他们进入王国。

黑暗王国的成因有四：首先是歪曲《圣经》，使人们不懂经文；其次是引入异教诗人的鬼话；第三是在《圣经》中混入形形色色的宗教史迹和许多希腊人的谬误哲学；第四是在这些东西里再掺进一些不可靠的传说和杜撰出来的或真伪难辨的历史。

（彭柏林）

斯宾诺莎

伦理学* (1662—1675)

别涅狄克特·德·斯宾诺莎(Benedict de Spinoza,1632—1677),荷兰犹太人,出身于经商世家。1639—1645年,以巴鲁赫·德·斯宾诺莎(Baruch de Spinoza)之名就读于阿姆斯特丹一所犹太教会学校,被视为犹太教的希望——“希伯来之光”。毕业后经营商业。1652年,进拉丁文学校学习拉丁文,兼授数学、希伯来语。在这里,斯宾诺莎接触了笛卡尔的哲学、卢克莱修的原子论、布鲁诺的自然哲学。因坚持思想自由,怀疑灵魂不灭,否认天使存在,主张上帝是有广延的存在,1656年,斯宾诺莎被犹太教永远革出教门,并被逐出阿姆斯特丹。随后,他更名避居,以磨制透镜为生。1660年,迁居莱茵斯堡后,他以通信方式组建了一个哲学学习小组。1662年,他给莱登大学神学系一个学生讲授笛卡尔哲学,讲义后

* 原书名为 ETHICA。本文根据中译本《伦理学》(贺麟译,北京,商务印书馆,1983年)撰写。

来辑录成书。1673 年,普鲁士国王有意聘请斯宾诺莎任海德堡大学哲学教授,但因言论自由受限而被拒聘。1677 年,斯宾诺莎在贫病交加中去世,年仅 45 岁。

斯宾诺莎早期哲学著作有《神、人及其幸福简论》、《笛卡尔哲学原理附形上学思想》、《知性改进论》等,晚期哲学著作有《神学政治论》、《伦理学》等。其中只有《神学政治论》在他生前出版过。

《伦理学,依几何学程序证明》是斯宾诺莎一生中著述时间最长、耗费心力最多的一部代表作。全书包含五个部分:一、论神;二、论心灵的性质和起源;三、论情感的起源和性质;四、论人的奴役或情感的力量;五、论理智的力量或人的自由。每部分中有界说和公则或公设,公则或公设下有诸多命题,各个命题后有证明,有些还有附释和绎理,全书的结构完全是几何证明式的。该书不是一部伦理学专著,但其第四、五部分中包含丰富的伦理思想。这里先简介其中的形上学和认识论方面的学说,然后分节介绍其中的伦理思想。

斯宾诺莎认为,人是自然的一部分,自然包含人于自身中。宇宙中只有一个最高的存在——实体(substantia),也就是神(Deus)或自然(natura)。它依赖于自身而存在,并通过自身而被认识。自身的存在即是自身的本质的绝对根据。实体的本质通过无限多个属性(attributus)表现出来。人类只能认识这些属性中的两个:思维(cogitatio)和广延(extensio)。这两个属性是实体、神或自然的本质,是宇宙的活动力量。它们是主动的、永恒的、无限的属性,二者之间并没有互相影响、彼此作用,但却共同存在,相异地表现同一个神或实体。同时,属性又表现为直接的永恒无限样态(modus)与间接的永恒无限样态,分别描述神的属性之绝对本性和其分殊(affectio)。就广延而言,神的属性之绝对本性是运动和静止,其分殊则是宇宙的全貌,构成自然万物的动静守恒规则。就思维而言,神的属性之绝对本性是绝对理智,作为神的属性之分殊的宇宙全貌则表现为精神领域的观念逻辑推演规则。神及其属性通过永恒无限样态的中介和媒介表现为有限样态,这就是自然中的一切个别事物(如物理领域中的个别自然物体,心理领域中的个别观念、情感和欲望)。由于必然无限样态的绝对必然的法则的支配,作为有限样态的各个自然领域及自然本身都构成本质一致的无限的必然的因果系列。在斯宾诺莎看来,实体及其属性是能动的作为原因的自然,而样态或样式则是被动的作为结果的自然。但是,这两种自然其实都是同一个自然。

作为自然的一部分的人是有限样态的存在。当实体的思维属性过渡成为自然物时,人本身是心灵样态的存在;当实体的广延属性过渡成为自然物时,人本身表现为身体样态的存在。二者的区别还在于心灵是人的身体的复合观念或观念系统,并以身体的存在状态作为心灵的观念对象。但由于二者都源于神或实体的必然性,所以心灵和身体是一体的两面存在,都是相对于神或实体的有限样态的存在。外物对人的身体的刺激所产生的结果是形象及其观念。人们不可能由此获得真知识,而只是得到零碎的、混乱的错误知识。所以,想象(imaginatio)因形象的不稳定性、受制于他物、局限于人身情状而变得不可靠,神之中的真实观念纯粹产生于人内在的心灵,并因其内在本质的主动性、客观性和人人共同的秩序性使人得到真知识,使人自觉接受理性的指导。斯宾诺莎同时强调,真理既是自身的标准,又是错误的标准。他划分人类知识为三类:意见或想象,仅依照自然界的共同形象、现象或名称、符号而定,这是不可靠的;理性(ratio),产生关于事物的共同之处的普遍的抽象知识;直观知识(scientia intuitiva),是真正真实的对于神的理智之爱,我们因它而达到自由和幸福,唯有这种知识是真知识。

一、自由与必然

人是自然的一部分,自然是人存在的条件、前提和基础,所以,对于人来说,自然具有绝对的先在地位。在某种范围内,人只能受自然的摆布,从而处在必然性的领域;在某种意义上,人却是自然的主人,因而确定人自己的自由状态。斯宾诺莎首先规定,自由(libera)是仅仅由于自身本性的必然(necessaria)而存在的,其行为也只是由自身决定的东西的存在状态。也就是说,自由是神或实体的本质,神或实体因此也构成万物存在和行动的自由因。必然就是其存在和行动皆出于另外有限的存在物的物自身;所有的个别事物或有限样态都是这样的必然之物。斯宾诺莎认为,自由和必然不仅分离、对立,而且它们也在这种状态中统一、联系。他认识到,自由是被认识了的必然。

1. 必然的分类

在斯宾诺莎看来,整个自然界都严格受制于一种绝对的必然性,一切事物的存在和行动都以一定方式出于神的本性的必然性,任何偶然性的清除都是由于认识了该偶然性由之产生的必然性。这种必然性可分为两类:自由的或内在的必然性和强制的或外在的必然性。一物之所以被称为必然的,其动因要么是存在于它自身的内在本性中,要么是出于在它之外的有限他物。出于自身内在本性的必然是内在的必然,这个内在因素是自由的因素,它只依靠自身而存在和行动。具有这一特点的东西只有神、实体或全体的自然。因此,这种内在的必然只能是神本身。神本身存在和行动所依据的内在本性的必然性就是这种内在的或自由的必然。其存在出于外在的他物的必然是外在的必然,它只是经由他物解释自身的存在和行动。对于这个被解释的必然之物来说,这些原因是外在的强制的因素。适合于这个特点的存在物是个别事物或有限样态,它们的运动表现为不同的个别事物和相异样态之间的彼此作用。

必然的这种区分,无论对自然全体还是其某个部分而言,实质上是事物存在和运动的内部原因与外部原因的区别。

2. **努力**

个别事物或有限样态的存在和行动归根到底都遵循神或自然的永恒自然性或绝对圆满性。但在其实现过程中,这种存在和行动具体表现为,有限样态自神或神的属性的样态而出。当有限样态由神的属性决定时,不同的有限样态或个别事物间相互作用,构成特定的无限的因果系列。由于这些个别事物或有限样态彼此独立、相互外在,所以,被决定的有限样态只能处于外在的必然中。这在根本上决定了有限样态(包括人)的被动性,人因此必然受制于情感,服从、遵守自然的永恒秩序,适应事物的本性的要求。只有当有限样态直接自神而出时,有限样态的自由状态才有可能。

有限样态满足并限于自身的存在,不断强化自己的内在根据。神是有限样态(包括人)的内在的必然(即自由)的根据。有限样态的存在和行动在遵循神的存在的必然性时,以永恒保持它们自身为鹄的。这种永恒存在、绝对圆满之本性在有限样态中表现为个别事物内部的自我保存的自然倾向或冲动——努力(conatus)。不同的个别事物或有限样态的存在表现千姿百态、互不相同,但它们的共同特征在于它们都存在和行动这一事实。任何个别事物或有限样态在自在中所要努力保护的,正是这种永恒不变的存在。这种努力虽然保持的是自身的有限样态的存在,但却根源于神本身,是基于神的内在必然性的努力。人是一个个别事物或有限样态,是自然的一环,是一个受控制的自然物,是一个任何刺激都会使之产生触动的肉体存在,因此存在才是人的本性。当人在作出各种有利于自己的努力时,其行为都是由自己的内在因素决定的,都是人的自然倾向(倾向于神的存在的自由)之样态实现。

3. 自由——被认识了的必然

人的活动若仅仅只是直接向着神,人本身所拥有的自由便是空洞的和虚弱的,因为人不是神本身,人无法不是自然的一部分。所以,人在向着自由时是不能离开由人的身体及其所依附的诸个别事物或有限样态所构成的人的具体活动本身。对于人而言,属于神的自由应充实以属于人自身的活动之内容,其自由才是充实的和坚强的。但自由是由神的内在本性决定的,人是否自由之关键在于,人的具体活动在何种意义上是神的存在的自由活动。在斯宾诺莎看来,人不可能不时时从事人的具体活动,他必须在其特定有限样态的不断波动中成就其出于神的必然性、永恒性和圆满性之本质,他必须努力争取自由,努力实现神对于人本身的必然性命令。人是自然的一部分这一特性决定了人的这些努力都必定是他的具体活动:意志(努力之于人的心灵)、冲动(努力之于人的心灵和身体)、欲望(意识到的或自觉的冲动)。这所有活动的具体性决定了人的身体作为特定的有限样态与其他有限样态(包括他人的身体)外在的相互影响,从而决定了人自身受制于外在的必然的因果规定性,这种状态是作为肉体的人所无法主宰和控制的,人的身体也因而是无限的有限样态之链上的一个必然环节。作为肉体的人只能听从命运摆布而不断波动。

但是人同时是一种心灵的存在,是神的思维属性的样态表现。只要人自身在心灵的范围内,不误陷于身体及其所关涉的作为广延属性之表现的有限样态和作为这二者相互作用之结果的身体感触中,而是坚定地指向包括人的身体在内的自然本身的无限的观念逻辑推导法则——神的存在的必然性内涵,那么身体的从属于自然的外在必然就转变为心灵的理智性存在的永恒而无限的内在必然,从而实现自由与必然的统一。自由是对外在必然性的理性认识,即对神的存在的必然性的认识。可见,理性知识是使人的某些具体活动成为神的存在的自由活动之根本原因,是使人的活动自觉其神的自由必然性的本质之世俗力量。

二、情感与理智

斯宾诺莎伦理学的根本出发点是,人是一种特定的有限样态,是自然的一部分。因此,正当的人类生活方式、行为规范必须奠基于对如下问题的正确理解:情感的源泉、性质和类别,情感的奴役力量,理智的自由力量。

1. 情感的源泉、性质和类别

一切有限样态(包括人在内)的现实本质都是努力,即竭力保持自身特殊存在的自然趋势,维护自己的此在的倾向。人的现实本质体现为不同层次的努力:意志、冲动和欲望(cupiditas)。情感(affectus)就源于欲望。

情感是这样的身体情状及其观念,它们使人的身体竭力保持自己存在的力量得以增加或减少、促进或阻碍。其中,身体的情状是情感在广延属性上的表现,身体情状的观念是情感在思维属性上的表现。前者是生理学的,后者是心理学的,二者都是身体之被刺激的不同表现。在这两者中,情感的广延表现或身体的情状是更为基础性的,其优越性和实际力量是以在广延上对身体的维持为标准的。心灵的原始成分是现实的身体的观念,心灵的本质在于肯定身体存在,心灵的基本的首要的努力也是努力实现它自身的这一本质,最终趋向增加和促进身体的存在力量。与此相反,伦理学和心理学却认为,身体情状的观念或情感的思想样态更重要。人的心灵的努力只有通过情感才能实现肯定人的身体存在力量的最终目的。

当人的身体存在是广延意义上的自然的一部分时,人总是处于跟许多外在物体的相互作用中,人的身体存在力量总是受到总体上相反方向的证明,形成不同的身体情状及相应的观念。其中正向地肯定该力量的由外在物体所激起的情感或身体情状观念使人的心灵产生快乐(laetitia),反向地肯定该力量的由外物所激起的情感或身体情状观念则使人的心灵产生痛苦(tristitia)。这二者和欲望构成人的基本的原始的情感。这三种情感都以意志、冲动为基础。其他情感都是这三种情感演变的结果。斯宾诺莎逐一解释了派生情感中的48种。

情感有主动和被动之分。其区分标准是情感的原因,即身体的激动是由什么外界物体(个别事物或有限样态)所激起。

2. 情感的奴役力量与理智的自由力量

人居于自然之中,作为有限样态,总是无限地为外在物体的存在力量所超越和限制。比较起来,人自身的存在力量是弱小的。所以,人必然受制于情感,顺应自然本性的需要,满足外在物体的存在本性之所求。这种情况使人在抑制、克服情感时必然无能为力,只能充当情感的奴隶。这是情感的奴役力量。意志、知识也不能制服情感的奴役力量(如明知故犯、及时行乐等)。而且,不同性质、不同层次的东西不能直接相互作用,而必须经过一定的中介彼此过渡到同一水平和同一性质才能实现彼此间的互相影响。一切都必须转化成为情感世界的一员,才可对应于克制的情感施加影响。

只要情感(不论是既有的或是转化过来的)是主动的,这情感就可以超越被动情感的奴役力量。而要获得这种主动情感,心灵就必须获得情感的正确原因(即身体被激动的真实原因),探索自然的真知识。所以伦理学问题的解决,就在于真知识之中。理智(intellectus)是获取真知识的唯一途径。它克服情感的奴役力量,使人达到心灵的幸福和自由的起点。在理智本身,这种力量表现为克制情感奴役的五种有效办法:第一,以明晰清楚的正确观念代替混乱错误的观念,始终依赖于理性的指导;第二,以必然性的知识代替单纯想象的知识,遵循自然的永恒律令和神性必然性;第三,以理智的秩序代替想象的秩序整理、联系情感;第四,对情感原因的多方面思考代替对情感原因的单方面思考。以上四种方法均为外在的方法,是知识性的,必须转化为情感才能发挥作用,而真正根本的内在的方法则是伦理性的。第五,对人的德性即心灵至善的充分理解和对神的理智的爱,使人获得心灵的最终解放,绝对地制服情感,在最高尚的、最纯真的情感中达到灵魂的最高满足。

3. 自由人

自由人拥有正确的知识、必然的知识、全面的知识,其心灵具有理智的力量,尤其是他自觉地获得了关于神的永恒的彻底的知识。他完全依理性的指导而生活,两善择其大,两恶择其小。他依本性而行,在寻求自身利益的基础上,以理性为指导而生活、行动。他目标远大,以大局、长远、全体的利益为重。他对自身、外物和神均有透彻明白的知识。其心灵以最大的宁静在永恒的形式下观照自然,把握人和外物的真理。他绝少想到死,其智慧不在死之默念而在生之沉思,沉思人的存在力量、内在神性。他对人生乐观,充满无限的青春活力和盎然生机。他有力量、果敢、进取而主动。他所从事的一切活动都是源于增强和促进自身存在力量的要求。他不同流合污,但也不遗世独立,而是尽己所能,恪尽职守。总之,自由人的存在和行动皆出于神本身。自由人的本性就在于他自身的存在力量处于神之中。

三、人类的三个时代

斯宾诺莎从"努力"出发相应于人的知识的不同阶段思考人自身的存在状态,将人的存在状态分为三个时代:奴隶时代、理智时代和神性时代。

1.奴隶时代

当每个人都努力保持自身的存在力量,维护自身的有限样态的存在时,他们都各行其道,不择手段,人与自然中的非人存在物在同一种意义上为生存而斗争,理智与欲望、情感具有相同的地位,人不是变情感、欲望为人的理智并认识它,而只是把理智当作一种情感或欲望,一种想象或意见;一部分人的存在以另一部分人的不存在为存在力量的根据。这是一种低级的自然状态,人在其中的存在是一种自在的非生活的生活(即自然的感性生活),人只是自然的一个普通的成分,只能从属于自然;观念间的相互联系也只是依照情感的次序排列。这是一个动物的奴隶时代。

2.理智时代

为了维持人类全体的存在,并使每个个体都积极地实现自身的存在力量,每个人必须部分放弃自己的存在力量,而让渡给社会。人们凭借理性清楚明晰地认识事物,制定法律、规章、条约。一个受理性指导的自由人,遵从这些公共的法律、规章、条约,在国家中生活,而不是孤立地实现自己的存在力量。人类所处的这种社会状态使人过着一种人群的社会生活或政治生活。与人为善,为他人谋福利,人自己的努力才不至于堕入动物式的纯自然追求中。这是一个公民的理智时代。

3.神性时代

人类要真正实现其自由,必须拥有直觉知识,为此,人类必须认识神本身。人在直觉知识中自觉到神就在心中,人自身不过是神的一种特殊样态。人类理智地爱神之情形把人类推入神性状态,走向宗教生活。对神的这种宗教态度是一种理智性的信仰,而不是一种蒙昧的非反思态度。每个人都天然具有理智地爱神之本性,心灵的最高德性就是认识神。认识神本身,是人生最彻底的理想境界。斯宾诺莎认为,臻于此境界,人类就进入了神性时代。在此时代中,认识论、宗教和伦理学一体化了,智慧、神性、人性完全同一了。

(龙沛林)

休　谟

道德原理研究*(1751)

大卫·休谟(David Hume,1711—1776)出生于英国爱丁堡,父亲是律师、乡村绅士,家庭门第很高但并不富有。1723年,休谟入爱丁堡大学学习法律,两年后即因家庭原因辍学在家,先是坚持自学法律,并进行了以哲学和文学批评著作为主的广泛阅读。到18岁学识增长、眼界大开时,他干脆决然放弃法律,立志在哲学方面有所建树。他还曾试着经商,以改变生活方式,但在布里斯托尔的一个商人营业所呆了几个月后,他发现自己不适于这门职业,便立即放弃了。1734年,他前往法国,以便专心致志于哲学研究。他在那里隐居了三年,完成了他的第一部也是最重要的一部哲学著作——《人性论》的写作。1737年,他回国操办此书的出版事宜(1739年该书头两卷问世,1740年第3卷问世)。从此,他多半住在奈因

* 原书名为 AN ENQUIRY CONCERNING THE PRINCIPLES OF MORALS。本文根据英文本(Illinois,The Open Court Publishing Company, 1938)撰写。

维尔斯的父母庄园里。尽管他的《人性论》头两卷如他自己所说“是从出版社作为死胎生下来的”——毫无社会影响,他还是继续坚持自己的哲学志向和保持旺盛的写作激情。1741年出版的《道德和政治论文集》第1卷的初步成功,给他带来了巨大的精神鼓舞和经济收入。于是他一鼓作气,接连完成并出版了《道德和政治论文集》的第2卷和第3卷、《关于人类理智的哲学论文集》(再版时更名为《人类理智研究》)、《道德原理研究》和《政治论》等。

休谟曾两次谋求大学教职,但因资历浅和主张怀疑论而遭拒绝。其间他当过家庭教师、远征团秘书、外交使团秘书。1752年,他受任苏格兰律师协会的图书馆管理员,并开始撰写《英国史》。1763—1765年,他担任英国驻巴黎大使馆秘书,在那里受到了宫廷和文化界的热情接待,并与法国著名思想家卢梭等人结下了友谊。回国后,休谟于1767—1768年应召在伦敦任次国务大臣。1769年,他回爱丁堡颐养天年,在写作和交往中过着宁静的生活:与当地一些文人、牧师交往,修改完成了他死后出版的《自然宗教对话录》(1779),直至1776年因病去世。

休谟一生著述颇丰,内容涉及哲学、宗教、历史、文学批评和经济学等,其中最有影响的还是《人性论》。休谟哲学被公认为以经验主义怀疑论为标记,并以此在西方哲学史中占有难得的重要地位。究其原因,主要是其思想的独特与深刻。

表面看来,休谟只是把英国的经验主义认识论传统合乎逻辑地推向怀疑论的极端。这样的怀疑论固然是对宗教神学的摧毁性打击,是对以笛卡儿为代表的唯理主义的有力批判,是对经验主义缺陷的深刻暴露;但它同时也从根本上否定了人的理性的力量,否认了一切确定的知识;更有甚者,当休谟把这种彻底的感觉经验论运用于人的道德生活时,人不仅因为没有自我人格的同一性而成了“原子性”的印象和观念——完全处于随机碰撞的偶然性即机械必然性中,从而毫无自由能动性,而且其道德的善恶完全取决于情感的快乐和痛苦,正义与非义的判断原则也完全在于人的主观的“道德感”,人本身似乎完全成了眼前利益的奴隶。

但深入一步来看,特别是把休谟哲学置于整个西方哲学直至现代的发展来看,我们不难发掘其积极的意义和启示:休谟坚持感觉经验对于人的认识和道德生活的本源性,不仅惊醒了康德的“独断论的迷梦”,促使了整个德国古典哲学在探求理性与感性的统一中不断取得开拓性的成果;休谟的彻底的感觉观念论被往后的一代又一代经验主义者继承、修补和发扬光大,至今仍是发展认知科学的重要依据;他的怀疑论及著名的逻辑悖论——实际上是理性与感性的尖锐矛盾,至今依然激发着众多智慧头脑的不倦探索,因为正如奎因所指出的,“休谟难题”其实正是人类的困境——对人类理性矛盾的深刻揭露。最为突出的是,休谟以建立“人的精神科学”为宗旨,有力地论证了自然主义的人本原则,他的这一思想在后来的诸多哲学家那里都留下了印记。无论如何,确证并强调人的感性自然属性,不仅是对西方占统治地位的理性逻各斯和基督教传统的有力反叛,而且确实是建立人性科学的根基——尽管它存在着严重的局限和失误。

对休谟哲学的这一总体理解,是弄清他的伦理思想的前提。《人性论》中的“道德学”卷和《道德原理研究》是他对道德的集中论述,由于后者是前者的改写和补充,所以本文只介绍后者。两相比较,后者论述得更加简明、语言上更为严谨和成熟。二者在内容和结构上也有明显的差异:在开始简单论述道德的总原则之后,“道德学”分两章分别探讨社会的正义与非义问题及个人在性情、行为和才能等方面的德恶问题,前一章的篇幅远远大于后一章,而《道德原理研究》则接着平行地以 7 节的形式分别讨论仁慈、公正、政治、社会、功利、对自己有用的品质、直接令自己愉悦的品质和直接使他人愉悦的品质,最后还有论道德情感、论自爱、对公正的进一步讨论和关于用语的争论四个附录。可见,两者最大的区别是,前者着重于伦理、法律乃至社会历史问题,而对个人品质问题论述较弱,后者则对这两方面作了并重的讨论。这样的改动,也许是为了以更多的大众感兴趣的个人问题来赢得社会的关注。

但两书在基本思想上却毫无差异,而且看问题的方法、论证的方式和所涉及的具体现象、事例,也大体相同。总的说来,休谟先是提出道德或德与恶的总原则,即他的情感主义的道德标准观,接着用社会伦理和个人品质所及的具体问题展论自己的各种伦理学说。

一、道德总原则

休谟所提出的道德或德与恶的总原则,基于他的彻底经验主义的认识论。他主张一切经验知识无不来源于印象(impression)和观念(idea),印象和观念又都不过是简单不可分的“原子”及其复合,它们既是心灵的表象又是自然的对象,它们之间的所谓联系、因果性、必然性,其实只是心理的习惯性联想(association)。因此,理性、自我、客观事物乃至上帝,统统被化归成了一连串的印象和观念,至于它们的实体性、实在性、确定性则是根本无法证明的。他从“一切观念都起源于印象”这个“人性科学的第一原则”出发,认定“不论直接的或间接的情感都是建立在痛苦和快乐上面”,[①]即情感源于原始的苦乐感觉印象。这是他关于道德的一切立论的直接依据。

据此,他首先问道,道德的普遍原则是来自理性还是来自情感,道德知识是推理得来的还是属于直接的感觉和细微的内在感官,以及它们是人人共同的还是完全基于人的特殊心智构造而各自不相同的?通过对古往今来人们在这个问题上的混乱见解的简

① 休谟:《人性论》。关文运译,商务印书馆,1981 年版,第 18、476 页。

要分析和批判,他认为,一切道德善恶之分及其决定和结论,“最终的裁判很可能依赖于某种内在感官或感觉,那是自然在整个人类中普遍地造成的”①,即它在根本上取决于人心内在的、自然的“道德感”(sense of morals)。“这种情感只不过是对人类幸福的寻求和对其痛苦的憎恶”,而“这二者也就是德(virtue)和恶(vice)倾向于促成的不同目的”(P.126),或者说,德的本质就在于使人快乐,而恶的本质就在于给人痛苦。

休谟强调,这种普遍的自然的“道德感”,决不是纯粹感性的,相反,其中少不了理性的因素:“理性和情感同时出现于几乎一切道德决定和结论之中。”(P.5)因为,善恶与美丑一样,虽不同于关于事实真理的是非判断(那完全是理性的功能),都依赖于情感,但许多美的东西,特别是艺术美的东西,要获致相应的美感却必须运用推理,而且错误的欣赏往往是靠反思和论证来纠正的。所以,有正当的理由认定,道德美十分类似艺术美,而且要求我们的理智官能的协助,才能使之对人心产生合适的影响。不过他又多次指出,理性与感觉的职责是容易区分的,“前者表达知识的真假,后者给予美丑、德恶的情感。一个不增不减地发现对象在自然中的真实状况;另一个则具有生产性的功能,通过借助内在的情感给一切自然对象涂上光彩和颜色,在一定程度上把它们提升为一种新的创造”(P.135)。用《人性论》中的话说就是,理性服务于情感,从而指导意志,但是,“理性在指导意志方面并不能反对情感”(P.451)。

然而,休谟如此明确区分的理性与情感,它们之间又怎样能够“和谐协作”呢?我们看到,与《人性论》中的“道德学”卷稍有不同,在《道德原理研究》中,他特别突出地使用“对自己和他人有用或令人愉悦”这一标准,展开对上述总原则的论证,以求得理性与情感之间矛盾的解决。而且他的论证,正如他自己所强调的,遵循实验

① 休谟:《道德原理研究》,英文本P.5,下引此书只注页码。

科学的方法,从具体事例的比较中抽引出普遍的公理。因为这里涉及的是不完美的人性问题,从伦理体系出发的抽象演绎只能导致错误的假象。

休谟以为,情感的本性是最原始的印象或由此派生的反省印象,理性则是作为印象的复本之观念,因此二者在本源上是一致的。这样的自然情感当然不能被理性所反对,或者与之相矛盾,否则便意味着,作为复本的观念跟它们所表象的那些对象不相符合。而这是说不通的。因此,既然德恶以自然情感为基础,理性就不会与之相矛盾。但是,人性的缺陷、情感的无常及相互冲突(个人之间、个人与社会之间)毕竟也是不可否认的经验事实。而且休谟还明确承认"情感与理性的冲突"(P.476)。对此他的解决办法是诉诸自然的普遍的同情原则,实质上仍是坚守着把一切化归为感性自然的立场。这可从他关于社会伦理和个人品质的具体讨论中明显看到。

二、社会伦理问题

在社会伦理方面,休谟首先肯定,仁慈(benevolence)这样的社会美德,包括和蔼、温厚、宽容、感恩、友谊、慷慨等等,既是人类普遍赞许的善良意志,又是人的本性可以获得的品格,它们高于勇敢、才华和成功之类。单纯的勇敢之类只能引起嫉妒和嫌恶,也易于使人堕落为暴徒之辈,仁慈等在良好的先天和后天条件下却足以将人提升为神。这样的德性来自对他人的温情和同情,来自对同类的博大的关怀,它们一旦出现便会进入感受到它们的人的心中,并唤起同样美好温馨的情感。仁慈之人之所以倍受赞扬,事实表明,关键原因就在于这样的人给亲人、朋友、同事、下属、社会带来了幸福和满足。因此,"产生于社会德性的功利(utility)至少是构成其优点的一个部分,是人们普遍对之报以赞许和尊重的一个根源”(P.11)。恰如人们对动植物、机器、家具、房屋等的称赞,也正是由于它们对人的有用性和有益性。总之,历史的事实、社会的现实乃至宗教的真谛,无不表明仁慈乃是人类最杰出的优点,而其优点之所在,至少部分地就是它对人类利益的促进并带来社会的幸福。

同样,“公众的功利是公正(justice)的唯一本源,而且对此德性所带来的利益的考虑乃是其优点的唯一基础”(P.21)。关于公正,休谟首先指出,公正和平等乃是人类社会处于既不非常富足也不十分贫困的中间状态时的社会德性,是一切市民社会必不可少的财产权观念的必然产物,因此公正就源于它对公众的有用性,从而仅此便产生了它的优点和道德义务。历史、经验和理性还同样教导我们,我们越是认识到公正的广泛的功利性,就越会增加我们对它的尊重。那么,公正所涉及的法律问题(即决定财产权的法律问题),也同样如此。因此,“人类的利益乃是这一切法律和规则的唯一目的”(P.25)。法律,无论是所谓自然法还是民法,无论在什么国家和社会,无论具体执行时多么复杂,共同之处就在于明确宣称以人类社会的利益和幸福为目标。而这个目标的具体落实,又完全是人的公正感的问题——即是个具体的特殊的日常生活的体验问题,决不是个抽象的普遍的理论问题。公正感乃是自然根植于人心的原始本能,因此,它与公正、财产权法和社会功利原则似乎是互相矛盾的。但是,休谟断言,自然的本能情感便是区分财产权的,尽管这种本能非常复杂,但有着相似的有益的目的——社会的幸福和安宁;而且,人毕竟不同于动物,他们毕竟有着理性和反思——民法等等便是由此制定和执行,但它所规定的财产权也是为了社会的福利,所以这样的法律、理性、公正跟公正感是可以相互调和的。正如我们在日常生活中经常习惯地问道:如果社会一片混乱,没有法律的约束,世界将会怎样?毫无疑问,公正感——对公正、财产法的尊重和赞许,又在很大程度来自理性,即来自对公正和法律的社会功利的反思。因此,"公正对维持社会的必要性乃是这种社会德性的基础"(P.37),而且"有用性具有最强的力量,能够最全面地控制我们的情感"(P.38)。

但是,休谟也看到,并非人人同等地具有充分的心理力量和强烈的兴趣,使他们能够同样充分地恪守普遍的、遥远的社会利益,并抵制眼前的快乐和好处的引诱。解决这一矛盾的出路,自然是政府、政治社会和成文法。人们的自然的自由、自然的公正确实不完善、不充分,政府的存在就因为它对人们和社会的有用性,忠于政府的义务就出自它能给人带来的好处,即保持各国的和平和秩序。在这里,个人之间与国家之间有着基本相同的情况:人性没有个体间的联合便无法存在;而这种联合离开了对平等和公正的尊重便无法维持;当然,道德的约束力在国家之间不如在个人之间那么强大,因此也就不会带来那么巨大的好处;这又正好说明了社会德性、公正、法律、财产权、政治社会、对国家的忠诚等等,无不以功利为根本。为了充分说明这一论点,休谟列举了王国之间关系的史实、人与人之间的信誉、女子的贞洁、婚姻法、隐私权、礼貌待人等等,以及法治好的社会和不公正不道德的立法的正反方面的情况。其结论是:"公共的利益和功利决定着有关当事方判定正当与不当的标准的正确性。"(P.45)也就是说,人们对社会德性的赞美全在其功利性,全在其对公众的有用性;而凡是危害社会和他人的行为都为人所不齿,会引起人们厌恶的感情。

问题是,这种功利性或有用性确有难以测定之处。历来的哲学家们之所以不将功利性或有用性纳入自己的伦理体系,而单纯从理性、教化或神道方面去解释善恶,大多出于此因。休谟对此的解答是,强调人心、德性、善恶与功利等等的自然性及由此而来的普遍性:荣辱、美丑、爱恨、贵贱的区分是一切种族所共有的,社会德性具有自然的美,人与社会不可分割——人们对个人幸福的重视与其对公正和人道的赞颂是同等的,因为那是社会得以维系、人人都可获利和得到保护的东西。在此,休谟批评了由人的自爱推出人人自私的理论:一切对公利的关心似乎最后都归结到为了个人的私利,所谓公私兼顾统一乃是虚假的,并且,公私利益有时甚至相反,这是事实。尽管如此,众多的经验事例却同时揭示了人们道德感的一律性,“凡是在不同的利益明显地同现之处,我们总是发现情感明显增强,即对德愈加喜爱和对恶愈加憎恨,或更恰当地说,更强烈的感恩心理和报复心理”(P.53~54)。这也就是说,有用性虽只是达到某种目的的手段,但手段和目的是不矛盾的,“如果承认有用性是道德感的来源,如果承认这种有用性并非总是一种自我的考虑,那么,凡是有助于社会幸福的一切,它自身便直接地归于了我们的赞许和善良意志”(P.54)。实际上,休谟既不否认人有自私的一面,又强调人性对社会公德普遍赞同。但他究竟怎样解决二者之间不可避免的矛盾呢?

在“功利为什么讨人喜欢”一节中,休谟集中论述了他的观念联想原则,以证明人类道德感的共同性,从而解决自私与利他之间的矛盾。远离我们的古代的或异国的贤德之士和英雄之举,尽管与我们的私利毫无联系甚至有背于它,为什么仍备受赞扬?在公私同现之时,尽管你会更欣喜于对私利有助益的慷慨行为,但为什么你总想争取他人也分有你的感情?其中的奥妙,休谟断言,就在于观念联想原则,就在于人的同情心(sympathy)。“煽动民众闹事,团伙的狂热,对宗派头头的效忠,这些都是人性中的社会同情心的最明显的作用——虽然不值得称赞。”(P59)我们同情残疾人的苦难,乐于他人的礼貌殷勤,受他人笑容或泪眼的感染,对邻人所受的恶待陡生义愤,与戏剧、诗歌、历史人物的情绪气氛共鸣等等,无不证明“同情是人性中的一个强有力的原则”,“同情是道德区别的主要源泉”(P.661、662)。因此,对象和行为的有用性并不单独是对我们自己,而是对所有有关的人们,同样,我们对它们的赞许也总是广泛扩散的。而且,人们在社会和交往中情感的交流必然使我们形成对于德恶等等的普遍的、不可更改的统一标准;在我们对社会德性的普遍赞许中,其有用性决不是把我们推向个人的私利,而是具有普遍和广泛得多的影响。总之,同情的原则深深扎根于我们的一切情感之中并且具有强大的作用,这是人类一致的经验和观察所确证的简单道理。

三、个人品质问题

在个人的品质方面,不证自明的是,凡是有害于本人的东西,诸如懒惰、马虎、邋遢、固执、无常、粗鲁、轻信等,都总是被视为缺陷并受到责备,决不会有人赞之为德性;这些东西若是直接出现于眼前,便会引起痛苦和不满的情感。不过,休谟承认,没有哪种品质是绝对应受责备的或绝对值得赞扬的。因此,"正如亚里斯多德学派所说,中道(meanness)乃是德性的特征。而这种中道主要是由功利决定的"(P.68)。但人们赞美中道品质的好处,却并非出于自爱或自私,因为我们无法想象他人的品质会给我们自己带来什么好处。那么,究竟为什么一个人自己的某些品质会受外人的称赞呢?道理就在于,"幸福、快乐、胜利、成功的观念是与他的每种性格联系在一起的,并且向我们的心灵扩散着一种愉悦的同情和人道的情感"(P.69)。

在此,休谟再次反复强调的仍是观念联想和同情这两条自然的原则。

关于观念联想,他不厌其烦地列举了众多联系于快乐和功利观念的品质。诸如对自己有用的品质:谨慎、勤奋、节俭、诚实、贞洁、坚强、合理的自满、杰出、新颖、创造性、自制、忍耐、恒心、体谅、深思熟虑、保守机密、守秩序、用心、机敏、含蓄、善辩等等,还有自己身体外貌方面的优秀特征(匀称、强壮等),以及物质生活上的富庶乃至社会地位的权势:赞许、尊重的观念总是伴随着成功、幸福、安逸、富裕、权威等等形象,漂亮的房子、精美的家具、便利的服务以及美食佳酿和华服盛装,呈现给人们的是愉悦的观念;而贫困、辛劳、陋室空堂、破衣烂衫和粗餐淡饮这样一些令人不快的形象,呈现的则是不幸和怜悯的观念。所以,"权力和富裕通常带来尊敬,贫穷和卑下通常引起轻蔑,尽管在特殊情况下或附带地有时也会产生嫉妒和怜悯的情绪"(P.84)。当然,休谟也指出,这些物质上的东西毕竟是外在的、偶然的、无常的,但这又并不能否认上述观念联想的必然性。

此外,快乐的心情也总是伴随着巨大的优点,忧郁则总是给人带来不适。而与快乐的心情相关的还有伟大、尊严和崇高,高昂的精神和不凡的勇气(包括适度的自豪和自重),仁慈、宽宏和淡泊宁静,乃至富有诗人的才智和美感,所有这些品质、观念都是直接联系着愉快的心情和观念。相反,平庸的性格、沮丧的精神、疯狂、错乱、了无生气等等,则直接地就是不快。在这方面,那些美好的品质也有个适度的问题,例如过分的勇敢便走向了疯狂和错乱。再则,这些品质虽无直接的功利性,"但它们所引起的赞许的情感,与由公共的或私人的功利所带来的情感是类似的"(P.97),而且二者都是由于对人的幸福或痛苦的同样的社会同情心或同胞之情造成的。

还有直接地令他人惬意的品质,那就是礼貌、互敬、友好、干练、谦虚、大方、得体,乃至清洁、幽默和雄辩等等。经验事实告诉我们,人们总是赞同这样的品质,它们总是令人愉快的、引起赞许的情感;即使我们不认识具有这些品质的人,且没有享受到它们带来的乐趣,也是如此。另外,社会交往中的失礼、自负、呆板等等却总使人不快。休谟在此再次强调同情心的作用。在他看来,一切个人品质——无论是对自己有用的和直接使自己快乐的品质,还是直接使他人惬意的品质,都是由于观念的自然而普遍的联想,一方面伴随着苦乐、有用无用、德恶和赞同反对之类情感和观念,另一方面必然地引起“情感投射”(情感的扩散、传染)即同情。例如,他指出,在人际交往中,快乐的心情之类品质虽无任何直接的甚至遥远的功利性,却能向旁观者散播一种满足,并获取友谊和尊重。人们对于拥有这些品质的人的直接感觉是惬意的,他人由于感染和自然的同情而参与到同样的愉快情绪中,抓住了同样的情感。“凡是其本身是讨人喜爱的感情必然地把它们自己传给观察者,使他们融入同样的欢喜和心绪。对这种暖暖的情感的体验,会使我们自然地闪动着泪花,胸膛起伏,心潮波动,我们身体的每个柔和的人性原则都会受到驱动,并给我们带来最纯洁最满足的享受。”(P.94)同样,“对美好事物的敏感,或者一种精妙的品鉴,其本身正是一种美的特征,因为它体现着最纯洁、最持久、最无邪的快乐”(P.97)。至于不快的事物和观念,虽然常有不易引起同感的情况,但它们之引起人们的不满、悲愤之类情绪,也同样证实了同情原则的存在。

最后,休谟强调,同情或道德感无疑是自然的,是人的禀赋,是身体的自然构造,人人原本一律,乃至其更深的原因不必追溯也不可追溯。“人心具有同样的禀赋,在一切情况下,都符合于道德的和人道的情感……我们必须结论说,这些情感本源相同,因为在每个特例中,甚至在最细微的方面,它们都受着同样的规律的支配,受着同样的对象的驱动。”(P.71)这个道德规律的确定无误,就像月亮由于引力的作用而走着不变的轨道那样。在此还须谨记,休谟的这种自然的道德感始终是密切联系着功利的:“什么是有用的,什么是有害的,这种区别在一切方面都与道德的区别相一致。”(P.70)个人品质的德就在于它有利于个人或公众,其恶就在于它有害个人或公众,这同样是普遍的“自然的必然”。

休谟的《道德原理研究》及其整个道德理论乃至“人性科学”(《人性论》)在刚问世时几乎没有什么反响,甚至在休谟的整个有生之年也影响不大。原因是,他那德恶皆为感觉,属于情感活动,并以同情、功利为终极依据之见解,其实与他那个时代盛行的哈奇森和巴特勒等一批道德学家的"道德感"学说没有多少区别。休谟伦理思想真正得到响应始于边沁和密尔,这两位著名的功利主义者继承和发挥了休谟的德性即功利之基本见解,得出了"当与不当的尺度就是最大多数人的最大幸福"这一原则。休谟的感觉主义、情感主义、自然主义的道德观在他身后的众多思潮中都留下了深刻的印记。进一步深入探究他的伦理思想,应该是很有价值的。

(黄振定)

斯　密

道德情操论* (1759)

亚当·斯密(Adam Smith, 1723—1790)是著名的政治经济学家和伦理学家,生于苏格兰法夫郡的柯卡尔迪,其父是当地海关的审计员,其母是大地主的女儿。斯密无兄弟姐妹,一生未娶,同母亲相依为命。在故乡念完小学和中学后,1737 年他以优异成绩进入给他以深刻影响的哈奇森任教于其中的格拉斯哥大学学习。在那里,经哈奇森介绍,他与休谟相识。1740 年他被推荐到牛津大学深造,1748 年任爱丁堡大学讲师,1751 年任格拉斯哥大学逻辑学教授,1752 年起至 1763 年辞职为止任该校道德哲学教授。1759 年《道德情操论》出版后,斯密成为知名学者。1763 年他应邀做了英国财政大臣之子的家庭教师,陪伴其学生进行了为期近 3 年的欧洲大陆之行,除考察法国和瑞士的一些重要城市的社会、经济、政

---

* 原书名为 THE THEORY OF MORAL SENTIMENTS。本文根据中译本《道德情操论》(蒋自强等译,北京,商务印书馆,1997 年)撰写。

治状况外，还进行了广泛的学术交流活动，与伏尔泰、狄德罗、霍尔巴赫、爱尔维修、魁奈、杜尔哥等许多思想家讨论过经济学、哲学、文学、政治等方面的问题。为了集中全力写作《国富论》（全称《国民财富的性质和原因的研究》），1767年斯密辞去家庭教师职务，返回故乡。1776年《国富论》这部经济学巨著终于问世。除《道德情操论》和《国富论》这两部传世佳作外，斯密还于1763年撰写了《关于法律、警察、岁入及军备的演讲》（1896年出版）。

《道德情操论》出版之后，斯密对它进行过五次修订。就第六版而言，该书凡七卷，每卷有一至四篇不等，主要的论题依次是：行为的合宜性（含同情感），优点和缺点，正义和仁慈，良心和责任感，行为效用，道德风习，个人品质，诸种道德哲学体系等。《道德情操论》是情感主义伦理学的一部重要著作，它在继承近代英国经验主义传统的基础上，又试图突破这一传统的限制，运用联想主义方法，发展了沙甫茨伯利、哈奇森、休谟等的情感主义伦理思想，阐述了以同情说为基础的、包括公正旁观者说和良心论的道德评价论，以及以审慎、仁慈、正义、自制为主的德性论，其中所包容的一般道德准则和道德评价的共同标准思想及对社会整体利益的强调，隐含着向理性主义伦理学靠近的倾向，反映了斯密对情感主义伦理学滑向相对主义的警觉。

一、同情说

斯密认为，人人都有一种关心别人的命运、把别人的幸福看成是自己的事情的牵挂，这种本性就是同情（sympathy）。它是人性中的一种原始情感。与我们对别人的悲伤表示同感的怜悯不同，同情专指我们对任何感情的同感或共鸣。

同情或感情共鸣是通过设身处地的想象（imagination）而形成的。因为我们如若对别人的感受没有直接经验，就无法直接知道别人的感受。而设身处地的想象,则使我们似乎身临别人那样的处境,想到自己忍受着同别人一样的痛苦,在一定程度上跟别人仿佛一个人,因而形成关于他的感觉的某些想法,有了与他的体验相类似的体验。由于只是一种设身处地的想象,因而,我们所设想的我们身处别人那般处境中的感受和体验,与别人在其中的真实的感受和体验在程度上可能有一定差距,尽管如此,我们的感受和体验跟别人真实的感受和体验在性质上却是相同的。这就是说,别人遭遇不幸时会痛苦和悲伤,我们对别人的不幸也会产生类似的痛苦和悲伤之同感;别人因幸福而高兴,我们也会因别人处于幸福之中而高兴。

既然同情是人所固有的本性,那么,我们对别人的感情共鸣,就不仅仅局限于别人的痛苦和悲伤,只要我们想象自己身处别人所处的任何处境,我们就会唤起我们的类似感情。我们会为自己关心的悲剧或传奇中的英雄们获释而感到高兴,会极其赞同英雄们对伤害、遗弃、欺骗了他们的背信弃义的叛徒们所抱有的憎恨之情。由此可见,同情的内容不是单一的,而是多种多样、十分丰富的。

引起我们同情的方式有两种。第一种方式是,同情只来自对别人一定情绪的观察。如在一个人的脸色或姿态中强烈地表现出来的悲伤或快活,马上可以在旁观者心中引起某种程度相似的痛苦或欣喜之情。这种同情产生的方式,就是通过对别人表露出来的感情的观察而产生的情感感染。由于旁观者只注意了对别人表露出来的感情的观察,而没有去探究和了解别人何以产生这种感情的原因,于是,旁观者并不总是产生同别人类似的感情,有时可能反而是厌恶和反感。譬如,就一个人发怒而言,由于我们不知道他发怒的原因,因此也就不会体谅他的处境,也不会想象到任何跟其处境所激发的激情类似的东西。而我们又清楚地看到他对之发怒的那些人的情况,以及后者由于对方如此激怒而可能遭受的伤害。于是,我们容易同情后者的恐惧或忿恨,并立即打算同他们一起去反对发怒者。这似乎是人的天性。并且,由此方式产生的同情也总是很不充分的,它在我们身上引起的也许是探究对方处境的好奇心以及对他表示同情的某种意向。

第二种方式是,同情来自对一定处境的观察。这种情形指的是,我们设身处地地想象自己处于所观察到的别人置身其中的那种处境,因而唤起了我们的同情,而对方自己似乎没有产生类似感情。我们为别人的无耻和粗鲁而感到羞耻,而他似乎不了解自己行为的不合宜。一个母亲在听到自己的婴儿在疾病的折磨中呻吟时,由于产生了对疾病难以预料的后果的恐惧和对无助的感觉,她就会痛苦;而婴儿由于缺乏思虑和远见就不会感到恐惧和痛苦,只是感到身体不适。由此可见,旁观者之所以会因别人置身其中的处境而产生同情,而别人(当事人)却没有因此产生类似感情,就是因为旁观者能用健全的理智去思考,而当事人却缺乏或丧失了这种理智。我们之所以同情死者,就是由于我们对有关死后情况的设想,这些情况只是在我们活着的时候才使我们痛苦,而在我们死亡时决不会给我们带来痛苦。对死亡的恐惧(此乃人类天赋中最重要的一个原则)是人类幸福的巨大破坏者,但又是对人类不义的巨大抑制;它在折磨和伤害个人的时候,却捍卫和保护了社会。

不论何种同情,都不能从任何自爱之心、利己考虑中产生。旁观者的单向性同情是这样,人与人之间的相互性同情也是如此。相互性同情就是人与人之间感情的共鸣或一致。一个人总把同伴们的感情同自己的感情一致看成是最大的赞赏,因而产生愉快,总把它们的相背或同伴们的无动于衷看成是失望,因而引起痛苦。可见,这种相互性同情实际上是一种美感。正因为如此,相互性同情总是既增加愉快又减轻痛苦。它通过提供另一种使人满足的源泉来增加愉快,同时通过暗示当时几乎是唯一可接受的合意感情来减轻痛苦。不过,由于我们更渴望向朋友们诉说的是自己的不愉快感情而不是愉快感情,因而,我们更想得到的是朋友们对前者表示同情。因为,爱和快乐这两种令人愉快的感情不需要任何附加的乐趣就能满足和激励人心,恨和悲伤这两种令人痛苦和苦恼的感情则强烈地需要用同情来平息和安慰。一般说来,当事人会因为得到我们的同情而高兴,因为得不到我们的同情而痛苦;我们则在能够同情他时感到高兴,在不能同情他时感到痛苦。当然,如果当事人的行为是轻率和愚蠢的,那么,我们就不能与当事人相互同情。

在斯密看来,同情不仅是每个人都具有的天性,是道德起源的原始感情基础,而且是我们据以理解行为者的动机和赞同因他人行为而受益的人们的感激之手段,是一般道德准则形成的基础和进行道德评价的根据(后文中三个方面的内容就是这些思想的展开)。可以说,同情说是斯密道德学说的基石。

二、公正旁观者说

斯密指出,对感情和行为的评判有两种:一种是对他人的感情和行为的评判,另一种是对自己的感情和行为的评判。他认为,这两种评判的原则完全相同。有关第一种评判的原则的学说就是他的公正旁观者说,有关第二种评判的原则的学说就是其良心论(见第三节)。

在斯密看来,既然同情是人所共具的天性,那么,人与人之间的关系就一定会表现为相互性同情。然而,相互性同情并不意味着人们彼此之间的感情是完全吻合的。正是由于存在如此情形,在判断我们的感情是否合宜(propriety)时,其评价标准就是别人的感情同我们的感情是否一致。于是,如果当事人的原初感情跟公正旁观者(impartial spectator)表示同情的感情完全一致,那么,它就是正确而合宜的,且符合客观对象;如果跟后者不一致,那么,它就是不正确而又不合宜的,且与引起这些感情的原因不相适应。一个人赞成我的意见,实际上就是说我的意见与他的意见一致,就是说我的感情与他的感情一致;一个人不赞成我的意见,实际上就是说我的意见与他的意见不一致,就是说我的与他的感情之间存在着或多或少的差别。一句话,他自己的情感就是用来判断我的情感的标准和尺度。

除了赞成当事人的意见而又与其感情一致的情形外,还有我们似乎赞成当事人的意见却没有任何同情或一致感情这样的情形。即使在这种场合,我们的赞成最终也是建立在同情或感情一致的基础上的。不同的是,这种同情是有条件的同情,它是一种这样的同情:我们由于特殊的原因没有设身处地去想象当事人的处境并因此未唤起我们的同情,但我们能根据从自己以前的同情经验中得到的一般规则来判断当事人的感情是否合宜。

上面所提及的两种情形,要求我们从两种不同关系的角度来研究产生各种行为和决定全部善恶的感情:一是从它跟产生它的原因或引起它的动机之间的关系来研究;二是从它跟它意欲产生或实际产生的结果之间的关系来研究。与此相联系,感情和行为是否合宜的评价方式也有两种:一是感情相对于引起它的原因或对象来说是否恰当、相称,决定了相应的行为是否合宜;二是感情意欲产生或实际产生的结果的有益或有害的性质,决定了它所引起的行为的功过得失,并决定它是值得报答还是应受惩罚。

就第一种评价方式而言,感情和行为是否合宜的标准,只能是当事人的感情跟公正旁观者的感情是否吻合一致,换言之,一个人的各种官能是用来判断他人的相同官能的尺度。在此要区分两种情况:一是当引起感情的客观对象被认为与我们自己或我们判断其感情的人没有任何特殊关系时;二是当它们被认为对我们当中的某个人有特殊影响时。

在第一种情况下,当对方的感情与我们的感情完全一致时,我们就会赞同他，而且会因其超常的敏锐和悟性而高度称赞和钦佩他。我们这样做，不是因为他的判断有用，而是因为他的判断恰当正确符合真理和实情，与我们的判断一致。

在第二种情况下，要保持人与人之间感情的和谐一致，就既很困难，同时又极为重要。可能会发生这样的情况：我多半会宽容自己的同伴对于跟我和他都无关的一般客观对象所具有的感情跟我的感情不一致，而不大会宽容自己的同伴对于诸如落在我身上的不幸或伤害那样的与我关系密切的事物所具有的感情跟我的感情不一致。也可能存在这样的情况：公正旁观者与当事人之间可能存在着某些一致的感情，但是，公正旁观者虽然尽可能努力想象自己处于对方的处境中，然而其感情仍然不易达到受难者所感受的强烈程度。这并不意味着人与人之间感情的一致是不可能的。为了产生一致的感情，同情的天性教导公正旁观者和当事人相互去设想并将自己置于对方的处境中，控制自己，相当冷静地想象自己的命运，感到对方也会如此看待自己的命运，由此产生出以公正而无偏见的眼光看待的感情。与公正旁观者努力体谅当事人的感情和当事人努力把自己的感情降低到公正旁观者所能赞同的程度相适应，温柔、礼貌、和蔼、公正、谦让、宽容、仁慈的德性及崇高、庄重、可敬、自制、自尊的德性分别被确立起来。正是这两类德性中所包含的多同情别人少同情自己的感情、抑制自私和乐善好施的感情，构成了尽善尽美的人性。

由以上的分析可知，与我们有特殊联系的客观对象所引发的每种感情的合宜性，即公正旁观者能够赞同的强度，必定存在于某种适中程度之内。如果各种感情不在适中程度之内，就是不合宜的，相反则是合宜的。从肉体产生的激情作出任何强烈的表示，都是不适当的。因想象的某种特殊倾向或习惯而产生的那些激情（如两性间的强烈依恋之情），几乎是得不到同情的。而所有友好的和仁慈的感情，则是令人愉快和合适的。

而且,行为是否合宜,也是由感情是否一致决定的。斯密在此具体分析了三种特例:

其一,对悲伤和快乐的同情。斯密发现,我们对悲伤的同情虽然是比对快乐的同情更为普遍、更具刺激性的感情,但我们常常努力控制它,因此,它在强度上远不如当事人自然感受到的,而我们对快乐的同情,则更接近于天生的、原初的快乐之情,在强度上更接近于当事人自然感受到的。由于当事人需要作出巨大努力才能把自己因不幸而产生的悲伤降低到同公正旁观者的感情完全协调一致的程度,因此,如果他没有成功地做到这一点,我们多半还是原谅他,而如果他能控制自己的悲伤,我们就会钦佩他。而由于当事人不需要作出如此巨大的努力就能把自己因幸运而产生的快乐降低到公正旁观者能够完全同情的程度,因此,我们不会宽容当事人的过分快乐,也不会因他能够控制自己的快乐而称赞他。可见,当事人必然感受到的与公正旁观者能够完全赞同的之间的差距,在前一种情况中比在后一种情况中更大。这就是说,当事人行为的合宜性,是由当事人的感情与公正旁观者的感情之间的一致决定的。

其二,对抱负的同情。斯密认为,我们之所以夸耀自己的财富而隐瞒自己的贫穷,是因为人们倾向于同情我们的快乐而不是悲伤。我们追求财富、权力和优越地位的目的,就是引人注目、被人关心、得到同情、自满自得和博得赞许,即是虚荣而不是舒适或快乐。而虚荣总是建立在我们相信自己是关心和赞同的对象之基础上。要成为关心和赞同的对象,一个人就必须拥有财富、权力和优越地位。我们对这种人的满足抱有特殊的同情,赞同他们的一切爱好,促成他们的一切希望,为任何毁坏这种令人愉快的状态的举动而遗憾,对因他们遭遇的不幸而引起的同情比因别人遭遇同样的不幸而带来的同情多得多,甚至这种同情代替了我们以前对他们的愤恨。在人们的想象中,置身于普遍的同情和关注之中仿佛是非常重要的，因此，谁也不会轻视地位、荣誉和杰出，除非他的做人标准远远高于普通人，或者他不在乎也不赞同这些东西，或者他完全摈弃了其欲望。正是地位、荣誉和杰出，引起了人们的同情。一个被送上断头台的勇敢者会得到普遍的同情、尊敬和钦佩，一个因其可耻行为而披枷示众的人则得不到同情，反而被嘲笑、鄙视和羞辱。

其三，对富人和大人物的同情。斯密指出，钦佩富人和大人物、轻视或怠慢穷人和小人物的倾向，必定会败坏道德情操。在人世间，智慧和德性并不是唯一受到尊敬的对象，愚蠢和罪恶也不是唯一受到轻视的对象；富裕和有地位的人引起世人的高度尊敬，而具有智慧和德性的人却并非如此；强者的愚蠢和罪恶较少受到人们的轻视，而无辜者的贫困和软弱却并非如此；只有少数人是真正地、坚定地钦佩智慧和德性的人，大部分人却是财富和显贵的钦佩者和崇拜者。即便富人和大人物与穷人和小人物具有同等程度的优点，几乎所有人对前者的尊敬也超过对后者的尊敬。正是由于我们钦佩富人和大人物进而仿效他们的倾向，使得他们的衣饰、语言、举止风度甚至愚蠢和罪恶成了时尚。为了获得令人羡慕的境遇，追求财富和地位的人们时常放弃通往德性的道路。不幸的是，通往德性的道路与通往财富的道路在方向上有时截然相反。人们为拥有财富、权力和优越地位，可以不择手段。可以说，唯有财富和地位值得尊敬这件事本身就是对高尚道德的亵渎。

就感情和行为是否合宜的第二种评价方式来看，感情和行为是否合宜的标准，也只能是当事人的感情跟公正旁观者的同情是否吻合一致。斯密认为，与感情意欲产生的或实际产生的结果的有益或有害性质相应，任何表现为某种感情的合宜而又公认的感激对象的行为，显然应该得到报答；而任何表现为某种感情的合宜而又公认的愤恨对象的行为，则显然应该受到惩罚。这里要注意的是，对一个人仅仅因为别人给他带来好运而表示的感激，我们并不充分地和真诚地表示同情,除非这种感激出于一种我们完全赞同的动机。我们必须在内心里接受行为者的原则和赞同影响其行为的全部感情,才能完全同情因这种行为而受益的人的感激。如果施恩者的行为看来并不合宜,则无论其后果如何有益,似乎并不需要或不一定需要给予任何相应的报答。如果我们完全同情和赞同施恩者的动机和感情,我们就一定会同情受益者的感情,赞同由报答之心激起的报答行为,并把被报答的人看成合宜和恰当的报答对象。同样,仅仅因为一个人给某人带来不幸,我们对后者之于前者的愤恨也不能简单表示同情,除非前者造成的不幸出于一种我们不能谅解的动机。如果行为者的动机和感情在我们看来并非显得不合宜,那么,不论他们对那些受难者所作的行为的倾向如何有害,这些行为都不应受到任何惩罚或者不应成为任何合宜的愤恨对象。如果这种行为的伤害同由此产生的不合宜的感情和动机结合在一起,如果我们带着憎恨的心情拒绝对行为者的动机表示任何同情,那么,我们就会真诚地完全同情受难者的愤恨,赞同对行为者的惩罚,并把受惩罚的人看成合宜和恰当的惩罚对象。

由上面的分析可知,第二种评价方式所用的标准,虽然同第一种评价方式所用的标准相同,都是人与人之间的感情一致,但是,后者中的感情一致只是公正旁观者与行为者的感情一致,而前者中的感情一致是一种混合的感情一致。具体说来,行为者行为的合宜性,是由我们对行为者感情的直接同情和对从他的行为中受益的那些人所表示的感激的间接同情的一致所决定的;行为者行为的不合宜性,则是由于我们对行为者的感情所表示的直接反感和对受难者的愤恨所表示的间接同情的一致所决定的。进一步说,我们对行为者有益或有害的行为的感觉、对行为者所受到的报答或惩罚的感觉以及使他感到愉快或痛苦的一切感情的感觉,都来自公正旁观者心中自然激起的感情。

值得指出的是,虽然一个行为是由其动机和感情、其外部动作及其后果三个方面构成的，但是，只有第一个方面才能作为任何赞扬或责备的根据，而后两个方面却不能，因为受赞扬或责备的行为在外部表现上往往相同，而行为后果只取决于机遇而不取决于行为者。即使如此，决定行为后果的机遇，对我们关于行为的优点或缺点的情感仍然具有巨大影响，会影响我们对行为者的道德评价，甚至会导致我们对作为道德评价的唯一根据的行为者的动机和感情的否定，最终使我们对德性失去信心。值得庆幸的是，每个人内心里都有一个伟大的法官，它能够审理、纠正这种偶然原因所引起的动机和感情。

三、良心论

斯密认为，我们据以自然地赞同或不赞同自己行为的原则，似乎同据以判断他人行为的原则完全相同。我们根据从自己的立场能否对导致他人行为的动机和感情充分同情来决定是否赞同这种行为，而当我们以他人的立场来看待自己的行为时，也是根据他人能否对影响自己行为的动机和感情充分同情来决定是否赞同这种行为。

为了能够成功地让自己的感情和动机得到他人的同情和理解，我们就必须预先审查自己的感情和行为。为此，我们需要假定我们是自己行为的公正旁观者，并且用这种旁观者的眼光来尽力想象这种行为会对我们产生什么影响。在某种程度上，这是我们能用别人的眼光来检视自己的行为是否合宜的唯一镜子。在这种场合，我们仿佛把自己分成两个人：一个“我”是审查者和评判者，是公正旁观者；另一个“我”是被审查、被评判的行为者。前一个“我”尽力通过设身处地地设想并考虑如何表现来理解有关后一个“我”的行为之感情，并以公正旁观者的身份作出某种评价。

我们生来就希望被人热爱，希望成为可爱的人，而害怕被人憎恨,害怕成为可恨的人。因此,我们必须成为自己的品质和行为的公正旁观者,必须努力用别人的眼光来看待自己的品质和行为。这样,我们就可以由对他人的赞扬的喜爱转变为对自己之值得赞扬的喜爱,为自己成为自然的赞同对象而高兴,完全理解和满意自己行为的动机和感情。

但是,单单这种对同胞们的赞同所抱的愿望和对他们的不赞成所感到的厌恶,并不会使人适应他所处的社会。人天生既有某种被人赞同的愿望,又有某种应该成为被人赞同对象的愿望。前者只能使他希望从表面上去适合社会,使他假仁假义和隐瞒罪恶;后者对于使他渴望真正地适合社会、唤起他真正地热爱德性和痛恨邪恶来说是必不可少的。两者之中,后者是更强烈的愿望。对于一个有着健全心灵的人来说,获得不该得到的赞同从来不是重要目的,获得确实应该得到的赞同有时可能是不太重要的目的,而成为值得赞同的对象始终是他的最大目的。当他用公正旁观者的眼光来观察自己的行为时,他有时鄙视和憎恨那些自己能从中得到好处的赞扬,他会因某种激起憎恶和愤恨的罪行而惭愧、惶恐、悔恨和极度痛苦,他的良心(conscience)会使他深为不安,无法从犯罪感中摆脱出来。

既然每个人都毫不犹豫地鄙视不该得到的称赞,那么,不应有的指责何以常常能使非常明智和富有判断力的人蒙受如此重大的屈辱呢?因为,痛苦是比快乐更具刺激性的感觉,它总是把我们的感觉压到大大低于自然的幸福状态之程度。一个明智的人更易因受到公正的指责而感到羞辱,而从不因受到公正的赞美而感到得意。他会因他从未犯下的某种罪行错归于己而感到巨大的痛苦,朋友们和邻人们的不信任和令人不快的评价比任何东西都易增加这种痛苦,如同注入他那不安心里的最苦涩、最剧烈的毒药。

可见,人总是尊重同胞们的感情和判断,因他们的赞同而高兴,因他们的不赞同而不快。人就是以这种方式成为人类行为的直接审判者,但这只是在初审时才如此。最终的判决则要求助于良心的法庭:那个公正的和无所不知的旁观者的法庭、人们心中的“那个人”(人类行为的伟大的审判者和仲裁人)的法庭。这两种法庭的裁判权建立在不同原则之上,外部那个人的裁判权完全以对实际赞扬的渴望及对实际责备的嫌恶为依据,内心那个人的裁判权完全以对值得赞扬的渴望及对该受责备的嫌恶为依据。内心那个人会纠正外部那个人对自己的错误的感情和判断,会在所有同胞不公正地责备我们时怀着恐惧和犹豫不定的心情提出有利于我们的意见;在所有同胞从他们的视点出发表达的意见强烈而又一致地反对我们时,心中这个半神半人的人会尽力加以斟酌,并向从来不会作出错误裁决的最高审判者求助。良心就是这个最高审判者。

一个从自私立场出发的人,决不会把别人的利益看得同自己的利益一样重要,决不会限制自己去做任何有助于促进自己利益而给他人带来损害的事情。我们要对这两种对立的利益作出公正的比较,就必须先改变一下自己的地位,既不从我的地位和眼光也不从你的地位和眼光而从与你我没有特殊关系的第三者的地位和眼光来看待它们,迅速而又无意识地作出合宜而公正的判断。第三者是理性、道义、良心、判断我们行为的伟大的法官和仲裁人。每当一个人不正当地夺取他人的东西,或不正当地以他人的损失来增进自己的利益时,它会马上提醒这个人:你并不比别人更重要,而且你那不正当的偏爱和行为会使你自己既成为人们轻视和愤恨的合宜对象,又成为那一种轻视和愤恨必然会带来的惩罚的合宜对象,因为你由此违背了一条神圣的规则,人类社会的全部安全与和平就建立在对这一规则的整体遵守上。总之,不论别人的幸福和不幸是否确实取决于我们的行为,我们的利益是否与别人的利益相关,良心都能判断我们的道德情感的合宜性,教导我们按某种公正原则行事。

良心的影响和权威虽然非常大,但是,我们的自爱、自私使我们在计划行动和行动之后这两种场合都难以用公正旁观者的眼光来公正地判断,这就是自欺。人类天性中的这种致命弱点是人类生活的部分混乱的根源。但我们不会完全听任自己受自爱的欺骗。我们通过对他人行为的不断观察为自己所订立的关于什么事情适宜或不适宜、应做或不应做的某些普遍准则会纠正自欺。我们从每个人对别人的某些行为的相同憎恶和共同指责中规定了这样一条普遍准则:避免所有这样的行为,因为它们往往会使自己变得可憎、可鄙或该受惩罚,即成为所有那些我们最害怕和最讨厌的情感的对象;从每个人对别人的某些行为的赞同、钦佩及报答中,我们自然而然地为自己规定了另一条普遍准则:用心地寻求一切以这种方式行为的机会。普遍准则建立于我们在各种场合赞同或反对什么的经验之上,并没有先于对行为的赞同或责备的普遍准则。共同被承认和被确立的这些普遍准则,成为决定性质复杂的人类行为中哪些正义或非义的基本根据。由于对普遍准则的敬畏和尊重,一个人会纠正出于自爱之心的偏私的感情和行为,会因违反神圣准则而极度悔恨、痛苦。

对普遍准则的尊重,就是责任感。这是人类生活中最重要的、且是大部分人能用来指导其行为的唯一的原则。人们在其一生中更注重的是避免受到责备而非别人对自己的合宜行为的赞赏之动机,就在于对这些神圣准则的尊重。正是这种尊重构成了有节操的正直者与卑劣者之间最本质的区别。这种尊重或责任感出于两个方面:一是人类社会的存在依赖于人们更好地履行这些责任;二是这些普遍准则是造物主的指令和戒律,造物主最终会报偿那些顺从者,而惩罚那些违反者。对普遍准则的尊重或是非之心,是人类天性中起支配作用的本性,它充当我们全部行为的最高仲裁者,监督我们的意识、感情、欲望和判断,用内心的羞愧和自责折磨那些违背普遍准则的人,用心安理得和自我满意来报答那些遵守普遍准则的人,它促成着人世间的安定和幸福、人性的完美和愉快这一伟大目标。这就是普遍准则的权威和作用。斯密最终把这些普遍准则看作某个无所不能的造物主的规则,声称行为的最高准则应当是尊重造物主的意志。

责任感不仅是最高的权威准则,而且应该成为行为的唯一原则。在天然令人喜欢或讨厌的感情促使我们去做的令人钦佩或憎恨的行为既来自对普遍准则的尊重又来自激情本身的情况下,责任感就是我们行为的唯一原则。在除正义准则外有关审慎、宽容、慷慨、友谊、人道等的准则本身含糊不清时,指导我们行为的,与其说是对准则的尊重,不如说是某种有关合宜性的想法,是对某一特定行为习惯的某种爱好,是对这些准则所要达到的目的的考虑,在此情况下,某些其他感情与责任感同时发生作用,并产生主要的影响。

四、德性论

斯密主张,我们要从两个不同角度来考察个人德性:一是它对我们自己幸福的影响,二是它对其他人幸福的影响。前者要求我们具有审慎的德性,后者要求我们具有正义和仁慈的德性。而这些德性的践行都离不开自制这种德性。

1. 审　慎

个人的身体状况、财富、地位和名誉被认为是他此生舒适和幸福所依赖的主要对象,对它们的关心被看成是审慎(prudence)德性的合宜职责。由于我们从较好处境落到较差处境时所感受的痛苦,甚于从较差处境上升到较好处境时所享受到的快乐,因此,安全是审慎德性的首要的和主要的对象。人们考虑较多的是小心谨慎地保持自己已经拥有的有利条件,而不是激励自己去获得更多的有利条件,人们所依靠的增进自己财富的主要方法是那些不致遭受损失或危险的方法。在此意义上,审慎虽然被视为值得尊重、甚至在某种程度上是可爱的和受欢迎的一种品质,但是,它从来不被认为是最令人喜爱或最高贵的德性;它受到某种轻微的尊敬,而似乎没有资格得到任何非常热烈的爱戴和赞美。

而明智的行为则是较高级的审慎,它指向比关心个人的健康、财富、地位和名誉更为伟大高尚的目标,同许多更伟大显著的德性、同英勇、同广泛而又热心的善行、同对于正义准则的神圣尊重结合在一起,而所有这些都是由恰如其分的自制所维持的。它如果被推行到最完美的程度,必然意味着理智和德性的尽善尽美,意味着最高智慧与最好德性的结合。可以说,审慎同其他德性结合在一起构成了所有品质中最高尚的品质,而轻率同其他坏品质(如邪恶)结合在一起则构成了所有品质中最卑劣的品质。

2.仁慈和正义

仁慈(benevolence)准则同审慎准则一样,是不严格的、含糊的、不明确的。仁慈总是自由的,不受外力的强制。一个缺乏仁慈的人可能被人厌恶和反对,但由于他没有对任何人造成实际的伤害,因此他不可能激起人们一致赞同的任何愤恨之情,也不会受到任何惩罚。而友谊、慷慨和宽容促使我们去做的得到普遍赞同的事情,更加自由,更加不是外力逼迫而是感激的责任所致。

正义(justice)则对要求我们作出的外在行为规定得极为明白和精确,不允许有任何例外和修改,与审慎、仁慈等准则不能教人在具体场合十分仁慈、审慎的行动不同,一个人可以根据正义准则学会完全正确的、公正的行动。正义准则所要达到的目的是阻止我们伤害周围的人,违反它常常是一种罪行。它不取决于我们自己的意愿,而靠外力来贯彻,可以用压力强迫我们遵守,谁违背它就会招致愤恨、成为愤恨和惩罚的合宜对象。由于人们同意和赞成为了报复非义行为所造成的伤害而使用的暴力,所以他们更加同意和赞成为了阻止、击退伤害行为而使用的暴力。由此产生了正义与仁慈的明显区别：仁慈听任我们自己选择，正义受到外力的严格约束；仁慈行为应该获得赞扬和报答，正义行为不值得感激也似乎不会得到任何报答；缺乏仁慈似乎不应受到惩罚，而违反正义则会遭到惩罚。在极大多数情况下，正义只是一种消极的德性，目的在于避免伤害。

斯密发现，仁慈和正义对社会的作用是不相同的。人只能存在于社会之中，所有社会成员都处在一种需要互相帮助的状况之中，同时也面临相互之间的伤害。社会成员通过爱这种令人愉快的纽带联结在一起。不过，虽然这种必要的帮助不是产生于慷慨和无私的动机，虽然没有仁慈之心，社会也可以存在于一种不很令人愉快的状态之中，但是非义行为的盛行却肯定会彻底毁掉它，社会不可能存在于那些老是相互损害的人们中间。因此，与其说仁慈还不如说正义是社会存在的基础。仁慈犹如美化建筑物的装饰品，而非支撑建筑物的地基，正义则犹如支撑整个大厦的主要支柱。只有较好地遵守正义法则，社会才能存在。对正义法则之必要性的考虑，是我们赞成通过惩罚非义者来严格执行它的根据。我们憎恨一切违反正义的事情，并用一切办法来阻止这种事情发生，如果不能用温和而合理的手段去约束它，就必定要采用暴力来压制它。为了遵守正义法则，我们有必要唤起人们保持对社会整体利益的考虑，并为遵守它们的合宜性辩护。我们要求对伤害他人的人进行惩罚，与其说是出于对那个受伤害者的关心，不如说是出于对社会整体利益的关心。

斯密认为，仁慈行为是有次序的，这种次序由人的天性规定。就天性致使个人成为我们关心和注意的对象所依据的次序而言，首先是自己的孩子，然后是自己的父母，再是自己的兄弟姐妹，接着则是随着亲属关系逐渐疏远，感情也就逐渐淡薄。关系疏远的亲属们之间彼此的感情是习惯性的同情。在具有业缘、地缘关系的人们中间所产生的为了便利的感情是勉强的同情。而友谊是最可尊重的感情,它是自然的同情,来自我们自己对朋友们的依恋,是尊敬和赞同的自然而又合宜的对象,它只能存在于具有德性的人之中。我们究竟应当按这些不同的仁慈感情中的哪种来行事,内心那个公正旁观者会作出决定,它决不会使我们受骗。

就天性致使社会团体成为我们的仁慈对象的次序而言,首先是民族、国家、政府,然后是国家内不同的阶层和社会团体,然后是党派。对它们的仁慈行为不是来自人类之爱,而是来自热心公益的精神。还有一种普施万物的善行,这种善行是有智慧和德性的人乐意为了全世界更大的利益、一切生物这个更大社会的利益,而去牺牲一切次要的利益(包括个人利益、社区利益和国家利益)的善行。

3.自　制

在分析审慎、正义和仁慈三种德性的基础上,斯密指出,按照完美的审慎、严格的正义和合宜的仁慈这些准则去行事的人,是具有完善德性的人。一个人如果只有对这些准则的最充分的了解,而无最完善的自制(self - control),就不能尽到自己的职责。

他认为,作为无休止的诱惑力量的激情有两种:一种是要求作出相当大的自制努力的恐惧和愤怒;一种是容易在短期内加以抑制的对舒适、享乐、赞扬及其他只使个人得到满足的事情的喜爱。前者常常促使我们背离自己的职责,后者往往引诱我们背离自己的职责。一个人如果不能自制,他就没有德性。正是在对这两种激情的诱惑的自制情况下,我们仍然按照审慎、正义和仁慈的要求行事,才真正显现了我们的高贵品质。自制不仅其本身是一种重要的德性,而且所有其他德性的主要光辉似乎也源自它。然而,并不是任何不同的激情都要求同样的自制,自制的合宜程度,即公正旁观者所赞成的任何激情的程度是因激情的不同而不同的。对某些激情来说,过分比不足较少使人感到不快;对另一些激情来说,不足比过分则较少使人感到不快。激情是否合宜的法则是这样的:公正旁观者最乐于表示同情的那种激情——因此其所达到的合宜程度可以说是较高的——是其即时的感受或多或少合乎当事人心意的一种激情。相反,公正旁观者最不想表示同情的那种激情——因此其所达到的合宜程度可以说是较低的——是其即时的感受或多或少不合当事人心意的、甚或使他厌烦的一种激情。如有助于人们团结起来的感情倾向即仁爱、仁慈、亲情、友谊、尊敬的倾向,即使过分也总是使人喜欢而从不会厌恶;使人们切断人类社会各种联系的感情倾向即愤怒、憎恨、妒嫉、怨恨、仇恨的倾向,其过分较之不足更易使人感到不快。在自我评价的感情中,像在其他各种感情中一样,最能使公正旁观者感到愉快的程度也就是最能使当事人自己感到愉快的程度,而且,其过度或不足最少令前者不快,也就相应地最少令后者不快。

可见,与审慎是自爱向我们提出的要求及正义和仁慈是仁爱向我们提出的要求不同,自制则是由合宜感——对想象中的这个公正旁观者的情感的尊重向我们提出来的要求。在我们对审慎、正义和仁慈诸德性的赞同中,我们对它们的令人愉快的后果及其效用的感觉会与我们对它们的合宜性的感觉结合在一起,并且总是构成那种赞同的值得注意的、常常是十分重要的因素。而在对自制德性的赞同中,我们注意的似乎总是在所作努力中表现出来的高尚和坚定及必需的强烈合宜感等品质,而对自制的后果的满意有时并不构成那种赞同的要素,或者常常只构成其微不足道的要素。

(彭定光)

卢 梭

爱弥尔* (1762)

卢梭（Jean - Jacques Rousseau, 1712—1778），法国杰出的启蒙思想家。生于瑞士日内瓦一个普通钟表匠家庭。出生刚一周时，其母去世。10岁时，他因父亲与贵族争斗受到通缉而随父逃离日内瓦，长期生活在农村。从12岁开始，他就不得不独立谋生，先后当过多种手艺学徒、仆人、随从。16岁时，他开始了流浪生活。经过勤奋自学，到而立之年时，他成为一名音乐教师，定居巴黎，主要靠教音乐、为贵族家庭和音乐团体抄写乐谱为生。1743年，在一位贵族夫人的举荐下，他曾短时做过法国驻威尼斯大使的秘书。定居巴黎期间，他同一位贫苦善良的客店女仆勒瓦瑟尔同居，由于生活贫困，他把五个孩子都送进了孤儿院，这给他造成终生痛苦的

---

* 原书名为 EMILE OU DE L'EDUCATION。本文根据中译本《爱弥尔》（李平沤译，北京，商务印书馆，1978年）撰写。

自责。在巴黎,他结识了狄德罗,阅读了伏尔泰和孟德斯鸠的著作,深受启蒙思想的影响。1749 年,他应征撰写了《论科学与艺术》一文,荣获第戌科学院奖金,一举成名。同时,他开始为狄德罗、达兰贝筹备的《百科全书》撰写音乐方面的部分条目。1757 年,卢梭与百科全书派的一些思想家产生矛盾并最终闹翻。此后,他先后完成数部论著,系统地阐发了他的哲学、政治、教育、宗教等方面的思想。这些著作,激怒了官方和教会,他遭到迫害,不得不流亡。1766 年,他随休谟到英国避难,不久同后者发生冲突。多年的颠沛流离生活使他逐渐患上了被迫害狂。从英国回到巴黎后,卢梭断断续续地撰写他的回忆录。他的晚年是在孤独和贫困中度过的,但他始终保持着独立的人格,宁肯以抄写乐谱为生也不接受皇室的佣金和权贵们的赠礼。

卢梭的著述始终同他处的时代融为一体。作为一个思想家,他在多个领域里都起了启蒙作用。他的重要著作,除了《爱弥尔,或论教育》(1762)外,还有《论人类不平等的起源和基础》(1755)、《新爱洛依丝》(1761)、《社会契约论》(1762)、《忏悔录》(1766—1770)、《一个孤独的散步者的梦》(1778)等。

在《爱弥尔,或论教育》中,卢梭提出了对不同年龄阶段的儿童进行教育的原则、内容和方法,阐述了他的教育思想和伦理思想。全书共分五卷:第一卷的主题是对 2 岁以前的婴儿的体育教育;第二卷的主题是对 2 岁至 12 岁的儿童的感官教育;第三卷探讨对 12 岁至 15 岁的少年的智力教育;第四卷探讨对 15 岁至 20 岁的青年的德育教育;第五卷主要论述对女子的教育和对男女青年的爱情教育。大体说来,从伦理学角度看,前三卷论个人道德,后二卷论社会道德。《爱弥尔》的出版,引起了关注教育的读者的极大兴趣。德国哲学家康德日常活动十分刻板,也因捧读此书而打乱了生活次序。下文仅介绍该书中的伦理思想。

一、个人道德

卢梭认为道德来自双重关系,即对自己的关系和对他人的关系。根据这种双重关系,他把道德分为个人道德(morale personnelle)和社会道德(morale sociale)。个人道德是关于个人自身的道德,体现于人对自己的关系中。关于个人道德,卢梭探讨了人的本性,人的理性与欲望、情感的关系,行为选择与道德责任的关系等问题。

卢梭认为人的一切都是教育的结果。他所理解的教育是广义上的。他指出:人的才能和器官的内在的发展,是自然的教育;别人教我们如何利用这种发展,是人的教育;我们对影响我们的事物获得良好的经验,是事物的教育。每个人都由这三种教育培养出来。

在自然状态(état naturel)中,所有人都是平等的。自然人除了年龄、体力上的差别外,没有任何特权上的不平等。人的婴儿状态就是这样。在这个年龄阶段,人的本性(nature)无所谓善恶。因此,教育的目的是教导如何做人。"只有一门学科必须要教给孩子们:这门学科就是做人的天职。"① 对于为孩子选择的教师来说,重要的不是他拿什么东西去教孩子,而是他指导孩子怎样做人。他的责任不是教给孩子们行为的准绳,而是促使他们去发现这些准绳。

依卢梭之见,人性中有两种基本的东西:一是欲望(désir),一是理性(raison)。欲望使人固守自然,受感官的奴役,受情欲的支配;理性则使人进入怡然沉思的领域,追求真理,热爱正义和德性。人的欲望有的出于自然,有的出于非分。非分之想应受限制。卢

① 卢梭:《爱弥尔》,第31页。以下引文出自本书,只注明页码。

梭甚至主张,对婴儿的欲望也应如此。关于此点,他指出有两个准则要遵循,一是在给予婴儿帮助时,应当区分他的欲望是真正的需要还是胡乱的和无理的想法;二是应当辨别他的欲望是直接由自然产生的还是由心里想出来的。

卢梭试图阐明欲望与能力的关系是导致快乐或痛苦的根源。一个人的欲望少于他的能力就不能完全享受自身的存在,但欲望与能力按同样的比例增加也会导致痛苦。因此,人的真正幸福的道路在于减少超过其能力的欲望,在于使能力与欲望两者之间达到充分的平衡。

欲望是人的行为的动力,但只有理性才能给人以知识,教导人以善恶,使人在正确认识的基础上追求幸福。“只有理性才能教导我们认识善和恶,若无理性,良心就不能得到发展。”(P.56)卢梭反复强调理性的重要,认为没有理性指导欲望和情感(sentiment),人就不能成为一个好公民和道德人。但是,卢梭并不主张理性主义。他批评说,有些人单单拿理性来建立道德,这是不可能的,因为这样做,道德就没有坚实的基础。因此,卢梭坚决反对用理性去教育孩子,认为这是本末倒置。在他看来,道德是由理性和情感共同建立起来的,没有情感,理性是不完善的。情感传达和反映着人的需要,推动着理性。人的错误不是来自感觉和情感,而是来自理性判断。人们每获得个真理,就会产生100个错误判断。理性必须依赖于情感。

卢梭把人的行为选择与道德责任相联系。他注意到,一个人在不同的年龄阶段有不同的行为选择。在儿童阶段,一个人的理性尚未形成,人们就不应当向他传授道德和知识,他的行为也不承担道德责任。因为形成道德责任必须考虑行为的动机和后果,而儿童总是出于自然的欲望作出行为的,不带功利动机。因此,对于儿童,需要告诉他们的是他们拥有的权利(droit)而不是责任(devoir)。他批评那种对儿童只讲责任不谈权利的教育方法一开头就弄颠倒了:“他们应该知道的事情,一样也没有告诉他们,而他们不应该知道的和同他们毫不相干的事情,却全都对他们讲了。”(P.103)但是,就一个情感和理智都具备的成年人而言,其行为选择却不能与道德责任分离。比如一个做父亲的人,他对人类有生育人的义务,他对社会有培养合群人的义务,他对国家有造就公民的义务。“凡是能偿付这三重债务而不偿付的人,就是有罪的。”“不能借口贫困、工作或人的尊严而卸除亲自教养孩子的责任。”(P.27)。总之,在孩子的辞典中要取消“责任”和“义务”这样的词汇,因为在达到懂事的年龄以前,他对精神的存在和社会的关系是没有任何概念的;相反,成人已经对社会存在有十分清晰的了解,必须意识到自己的行为将产生的各种社会后果。

二、社会道德

社会道德是个人对他人的道德,是社会的人际关系所要求的道德。在社会道德方面,卢梭探讨了良心、幸福及其与快乐的区别、劳动和职业观、爱情和婚姻观等问题。

卢梭推崇良心(conscience),把它看作是衡量善恶的尺度。他说:“良心是灵魂的声音……良心从来没有欺骗过我们,它是人类真正的向导……凭良心行动,就等于是服从自然,就用不着害怕迷失方向。”(P.41)良心是在人们灵魂深处生来就有的一种正义原则。尽管人们在行为时有自己的特殊准则,但在判断自己的和他人的行为之善恶时,都要以这个原则为依据。他由衷地赞美良心:“良心呀!良心!你是圣洁的本能,永不消逝的天国的声音。是你在妥妥当当地引导一个虽然蒙昧无知然而聪明和自由的人,是你在无差无错地判断善恶,使人形同上帝,是你使人的天性善良和行为合乎道德。”(P.417)在卢梭看来,由于人生来就有同情心,所以人生来就有道德感。由于人的善恶判断标准是其心中固有的,所以人生来就有良心。良心是人们在内心深处判断善恶的最高原则。我们的行为之所以合乎道德,在于我们本身具有判断能力。卢梭指出,不同时代不同民族的人们具有共同的道德信条,这正是良心存在的证明。

但卢梭也承认,并不是人人都有良心。例如,帝王、富人、贵族是没有良心的,他们心狠、冷漠,没有同情心和怜悯心。只有穷人才能体会和同情穷人的痛苦,才有怜悯心、仁慈心和正义感。人的社会地位和道德实践,决定着人的良心。不过,卢梭一方面把良心视为绝对的标准,认为判断善恶只须问良心;另一方面又强调仅有良心还不够,还必须遵从他人的意见和社会的舆论,特别要倾听理性的声音。也就是说,良心和理智各有其作用,二者结合才能正确地指导和决定人的行为。

在卢梭看来,幸福(bonheur)是人生最终的唯一的目的。他认为幸福是由健康、自由和生活的必要条件构成的。对幸福的理解是因人而异的。“除了体力、健康和良知以外,人生的幸福是随着各人的看法不同而不同的。”(P.75)不过,幸福也有其最低界限,即免于痛苦。谁遭受的痛苦最少,谁就是最幸福的。幸福和痛苦总是难以割舍。人人都有幸福和痛苦,只是内容和程度不同罢了。幸福只是一个目标,人们只能得到一种不完全的、可怜的、相对的幸福,很少能得到完全的、充分的、圆满的幸福,当我们以为伸手可及这个目标时,它却迅速地向前逃遁,使我们无法追赶。

卢梭发现,一般人太过于从表面现象去判断幸福了,以为肉体的满足、感官的享受就是幸福。“我们认为幸福的地方,恰恰是最不幸福的地方。”(P.317)他强调要区分幸福与快乐(joie)。幸福的人是快乐的人,但快乐的人往往是不幸的人,他在拼命地欺骗前人和愚弄自己。例如,在交际场所逢场作戏、笑逐颜开的人,回到家里差不多都是忧忧郁郁、满腹牢骚的人。嬉嬉闹闹地寻欢作乐是失望和烦恼的烟幕,忧郁和淫乐是相伴而行的。那么,有没有真正的快乐呢？卢梭认为自足就是这样的快乐。"最大的快乐就是对自己感到满足。"(P.402)这是一种合乎善良天性和高尚道德的快乐，是发自内心的喜悦。他指出：从表面看来，似乎一个人玩乐的次数和花样越多就越能增加他的快乐，而平淡单调的生活将使人感到厌倦，其实恰恰相反，因为真正甜蜜的快乐就是心灵的快乐，而心灵的甜蜜在于享乐适度，无聊的狂欢则给人们带来烦恼。在卢梭看来，世上所有人当中，野蛮人最少欲望，因而也最没有虚荣心，最难遇到烦恼，他们所乐的不是各种各样的外物而是他们自身，他们一生无所追求，因之也就不感到烦恼。当一个人不知道还有其他更美好的环境时，他不会觉得现在的环境是可厌的。卢梭的这种快乐观，决不是要人们重新回到原始的野蛮状态，也决不是号召人们弃情绝欲地实行禁欲主义，而只是要求人们享乐适度，节制欲望，把适度作为生活和行为的准则。

卢梭虽然倡导"知足常乐"，但他反对限制人的自然欲求，而主张满足人的正当欲求，使一个人的欲求与能力相适应。在此意义上，他强调人要对自己的一生负责，人要得到幸福，就必须进行斗争，用坚强的意志去实践德行，享受道德人的幸福。从整个社会来说，全体人民的最大幸福就是平等(égalité)和自由(liberté)。平等是实现自由的条件，因此，最高的、最终的幸福就是自由。

在卢梭看来，有意义的人生的根本内容是劳动(travail)，劳动是社会的人不可免除的责任。如果一个人依靠父亲的财产生活，自己不劳动，就是对社会欠了债。他指出，用一个人对社会的贡献来解除另一个人对社会的债务，是不公正的。因为每个人的债都是自己欠下的，只能由自己来偿还。卢梭把坐吃不是他本人挣来的东西的人看成是"盗贼"，把一事不做而靠政府的年金生活的人看成是"强盗"。他说："任何一个公民，无论是贫或是富，是强或是弱，只要他不干活，就是一个流氓。"(P.262)在培养爱弥尔的过程中，卢梭始终告诫其学生要树立劳动光荣的观念，并且身体力行，与爱弥尔种田,做手工活。

在卢梭那里,评价劳动和职业的尺度是:最受尊重的技术是那种用途最广的和必不可少的技术;一种技术获得评价的高低取决于它对其他技术的依赖程度。按照这个标准,他认为最值得尊敬的技术是农业,炼铁列第二,木工列第三。但是,从自由和独立性角度看,农民受缚于土地,而手工业者最自由。"在人类所有可以谋生的职业中,最能使人接近自然状态的职业是手工劳动,在所有有身份的人当中,最不受命运和他人影响的,是手工业者。"(P.262)他之所以特别称赞手工业者,是因为在他看来,掌握了一门手艺虽不能使人发财致富,但可以不依赖他人而生活,而其他职业(如作家、哲学家、艺术家)都需要他人的庇护或援助。卢梭不允许其学生选择不诚实的、不干净的职业,但不禁止其学生从事艰苦的甚至是危险的职业。所谓诚实的职业,不只是有用的职业,而且必须同时还是能够培养人的善良心灵的职业。他反对人们从事伤风败俗的职业(如卖淫),也蔑视暗探、警棍、刽子手。对于有用的正当职业,他主张要用坚忍不拔的毅力、积极的进取心和刻苦精神去从事以创造价值。

谈及爱情(amour),卢梭认为首先要区分"温柔的情意"和"火热的情欲"。前者是一个男子钟爱一个女子,而后者却是一个男子被一个女子的姿色所迷惑。他提出,真正的爱情应以对德性的倾慕为前提。他以爱弥尔和苏菲这对恋人为例:爱弥尔喜欢的是苏菲的善良、诚实,而苏菲则要求爱弥尔尊重真正的善,要求他为人俭朴、天真和慷慨无私,不要把一切浮华和财富看在眼里。卢梭诚恳地对热恋中的人们提出忠告:"幸福的情人啊,对你们来说,道德的美必然会增加你们的爱情的美;你们所期待的甜蜜的结合既是你们心地善良的报偿,也是你们忠实于爱情的报偿。"(P.680)

卢梭指出,爱情之转变成婚姻(mariage)需要一些前提,即两人要性情相投,要终生相敬,要具有不随美丽容颜消失而消失的爱恋之情。只有这样的结合才能保证婚姻的长久,使男女双方到了老年还能过着初婚那样的甜蜜时光。结婚后要求夫妇双方共同履行的义务和职责是忠实(fidélité),这是婚姻生活中最神圣的义务。卢梭强调,结婚以后两个人的心虽已联在一起,但他们的身体不能受到管束,人身是自由的。婚姻中,双方应采取的办法是彼此忠实而不是献殷勤、讨欢心。一切快乐都要从爱情中去取得,而不能够强要对方把使自己快乐作为一种义务。

三、自爱和同情

贯穿与个人道德和社会道德中的一个基本问题是自爱与同情或利己与利他的关系。

自爱是《爱弥尔》中的一个基本概念。卢梭认为第一个自然的概念就是自爱(soi - amour)。他把自爱当作是一种生理要求,有时也把它看作是一种情感。在他看来,自爱始终是自然的、原始的、内在的、先于其他欲望的欲望,是一切其他欲望的本原。自爱的最基本的表现是关心和保存自己的生命。人的第一个最重要的责任是而且应当是不断关心自己的生命。“为了保持我们的生存,我们必须要爱自己,我们爱自己要胜过爱其他一切东西。”(P.289)

卢梭相信,随着人际关系的形成和发展,人会把爱的情感扩大。这是通过爱情、友谊、同情(sympathie)来实现的。首先是爱自己亲近的人,然后再扩展到其他人。同情之爱不以回报为前提。形成同情之爱有三个原理:第一,人在心中设身处地想到的,不是那些比我们更幸福的人,而只是那些比我们更可同情的人;第二,在他人的痛苦中,我们所同情的只是我们认为我们也难免要遭遇的那些痛苦;第三,我们对他人痛苦的同情程度,不决定于痛苦的数量,而决定于我们为那个遭受痛苦的人所设想的感觉。

就个人道德来说,卢梭肯定自爱的合理性,认为它是个人行为的唯一动力;就社会道德而言,卢梭强调他人利益和公共利益的重要性。他主张把二者结合起来,这样才能得到良心的安宁和幸福,否则人与人之间将充满不义、虚伪和狂妄。从自爱向同情的发展,就是把个人利益与他人利益或公共利益结合起来的过程。但两种利益又不是均等的,个人利益应当服从公共利益。

总之,在卢梭看来,自爱、利己作为人的自然倾向是一个必然存在的事实,而同情、利他以及由此产生的一切道德品性则是根据社会要求而应该达到的,是一种当然的要求。他把道德原则分为两个层次:一个是最高的层次,即要求人们应当为他人利益和社会利益献身;一个是最低的层次,即要求人们不损害他人利益。卢梭认为,损人利己的人在内心里是痛苦的。如果一个人竟可怜到没有做过一件有利于他人和社会的事,一生只为自己而活着,他还能有什么快乐和幸福呢?这样的人即使活着也同死人一样。因此,他号召人们冲破“小我”或“狭隘自我”的束缚,热爱道德,坚持不懈地去实践道德。

必须指出,在卢梭那里,自爱有时就是自私。他说:“人类天生的独一无二的欲望是自爱,也就是从广义上说的自私。”(P.95)这种自私(égoisme)对一个人本身有益,而且由于它不一定涉及到他人,所以它对他人或社会也是无害的。但是,卢梭反复强调,这种自私要控制在理性的支配下,否则,就会变成有害的自私。宽厚温和的性情产生于自爱,而偏执妒嫉的性情来源于自私。正因为这样,卢梭一再强调自爱不是自私,自爱就其本质来说是自然的,而自私是社会性的。

四、其　他

卢梭在《爱弥尔》中还阐述了其他许多伦理思想,如善与正义的关系、自由、节制、仁慈等。

卢梭对善和正义的解释是:所谓善(bon),就是由于爱秩序而创造秩序的行为;所谓正义(justice),就是由于爱秩序而保存秩序的行为。他指出,万物具有毫不紊乱的秩序,人们对待这种秩序的态度与其活动有直接关系。善是一种无穷无尽的力量。凡是因为有极大的能力而成为至善的人,必然是极正义的人。哪里一切都是善的,哪里就没有不正义的事情。正义和善是不可分开的。

追求自由、崇尚自然是卢梭始终如一的目标。他认为,在一切财富中最为可贵的不是权威而是自由。真正自由的人是自己实现自己意志的人,他只想他能够得到的东西,只做他喜欢做的事情。卢梭称自由为人生的第一基本原理。他不仅把自由看成是人的健康成长的先决条件,而且还把自由视作人们追求的目标甚至是最终目标。他建议,为了尽早成为一个幸福的、坚强的和自由的人,一个人要庄重地沉思以磨炼自己。与自由相对的是各种障碍、束缚,它们既是妨碍人们成长的缘由,又是阻碍人们达到幸福、和谐的原因。因此,卢梭主张,从婴儿出生时起,自由就应伴随他一生的成长过程,而各种外在的强制的束缚应被排除。

卢梭反对纵情享乐,也反对禁欲主义,认为这二者都违反人性。他主张节制(tempérance)。他断言,节制和劳动才是人类的两个真正的愿望。人没有健康就没有生活的真正乐趣,而要保证健康就必须节制欲望。他指出,20岁以前,人的身体一直在成长,需要它自身的全部精力,在这个时期节制情欲,完全是自然的法则使然;20岁以后,克制情欲就是一种道德行为了,其目的是为了教导一个人怎样律己、怎样做自己欲望的主人。人的能力是有限的,而人的欲望和想象力是无限的,然而只有欲求与能力相适应才能获得快乐,因此人必须克制过分的追求。在此意义上,卢梭强调,克己自律就是德性。

卢梭认为,仁慈(bienveillance)是一种崇高的德性,它理解、体谅、同情他人的痛苦和不幸;它是一种伟大的情感,只在善良的人们身上才存在。卢梭有时甚至宣称,除了仁慈,就没有其他德性了。他认为仁慈胜过任何礼物,比任何礼物都对别人有更多的实际助益。你爱他人,他人就会爱你;你乐于助人,别人也愿意帮你:这就是仁慈的报偿。因此,卢梭建议,教育儿童时,首先要教他们与人为善,使他无论在什么年龄都对人和蔼,援助穷人。他认为,并不是人人天生就具有仁慈心、怜悯心,富人们麻木不仁、心肠狠毒,而穷人们身上则有一种自然的同情心、宽厚心。正因为此,卢梭一再呼吁要保护穷人、同情穷人,要尊重劳动者,要到工厂、农村去勤勤恳恳地劳动,而不要在达官贵人面前畏畏缩缩,不要对坏人服服帖帖,不卑躬屈膝地奉承人,也不低声下气地巴结门丁、买通宠妇。他强调,对痛苦的同情和对权贵的鄙视,是仁慈的不可或缺的两个方面。

(曾建平)

康　德

实践理性批判* (1788)

伊曼努尔·康德(Immanuel Kant,1724—1804)生于德国当时的哥尼斯堡(Koenigsberg,二次大战后该城市归属前苏联的加里宁格勒 Kaliningrad)。父亲是个皮匠,母亲受过些教育,笃信虔诚教,家境一般,自小深受母亲的懿德和虔诚意识的影响。他 8—16 岁在腓特烈(Frederik)公学上学,接着进入哥尼斯堡大学,直到 1746 年毕业离校。作为青年学子,他兴趣广泛,学习刻苦,善于独立思考,并已有不凡的著述。随后当了八九年的家庭教师以谋生计,同时继续读书、思考,并开始大量地写作。因此他能够于 1755 年以一篇拉丁文论文《论火》获得博士学位,同年又以第二篇拉丁文论文《对形上学知识的基本原理的新解释》获得哥尼斯堡大学的“编外

---

* 原书名为 KRITIK DER PRAKTISCHEN VERNUNFT。本文根据英译本 The Critique of Practical Reason(Great Books of the Western World, Vol.42, Kant, Encyclopaedia Britannica, Inc., 1952)和中译本(载于郑保华主编《康德文集》,北京,改革出版社,1997 年)撰写。

讲师"职位。此后,他以著名的《自然通史与天体理论》表现了超出牛顿的自然科学知识和眼光,讲授数学、人类学、逻辑学、形上学、道德哲学、教育学乃至要塞建筑术和烟火制造术等广泛杂多的课程,显示出了极为渊博的学问,以丰富、多样而深刻的论著,把自己引向一流学者、卓越思想家、哲学家的成功之路。1770 年康德在几经周折之后,终于当上了自己最满意的哥尼斯堡大学逻辑学和形上学教授,那篇就职论文《感觉世界和理智世界的形式和原理》标志着他的学术思想和哲学观点将出现重大的转折。康德在这个教授的岗位上终其一生(中途还担任过两年校长),既是位辛勤、严谨、知识渊博、循循善诱、多面手、受欢迎的名师,又是位孜孜追求真理、不断自我革新的独创型的思想巨子。在生活上他终生未婚,恪守着刻板的规律,以保证自己的思想与哲学大业的完成。1797 年 73 岁的康德离开了讲坛,但并未停止写作。可惜最后那部《从自然界的形上学到物理学的过渡》没能脱稿,这位 80 岁的老人便与世长辞了。

康德留给后人的,有卷帙浩繁、论题广泛、博大精深的著作,如著名的三大批判《纯粹理性批判》、《实践理性批判》和《判断力批判》等;有延续 100 多年的一代"德国古典哲学",即直至黑格尔和费尔巴哈的那场欧洲"哲学革命",由他开启着理性思辩的方向;有彪炳于世、至今为人们谈论不休的所谓"哥白尼式的革命"——"康德哲学是一把砍掉自然神论头颅的大刀"(海涅语),就在于它有力论证了人、人的理性精神的主体性地位。康德哲学、康德主义不仅一问世便不同凡响、名声远播,而且在 200 多年的西方乃至全世界哲学领域中一直独占鳌头。因为,他的言论和思想的确深深蕴含着无穷的宝藏,闪耀着人类理性的诱人光辉(当然也有其不可避免的局限性)。

康德的思想和哲学公认为分成"前批判"和"批判"两个时期,大致以 1770 年为界,并有着 1768—1780 年 12 年的过渡期。在"前批判时期”,他主要从事理论自然科学的研究,基本上是莱布尼茨—沃尔夫形上学的信徒,但也有所拒绝;他推崇牛顿力学和欧几里得几何学,肯定物质的自身运动、宇宙的自然形成、发展和普遍联系,又承认上帝的存在和上帝是无所不在的理性秩序,但也主张道德行为是由个人意志决定的。后来,休谟的怀疑论使他从形上学“独断主义的迷梦”中觉醒过来,使他开始了更艰苦更深入的探索,其中《感觉世界和理智世界的形式和原理》中提出的时空是纯粹的感觉形式的新观点(1770)成为他转向“批判时期”的关键。经过十多年的集中思考和创作,终于在1781、1788、1790三年相继推出了他的三大批判及相关著作,向世人展示了一个崭新广博的哲学体系,并不断赢得广泛深入的影响。

《实践理性批判》除“前言”、“导论”和“结论”外分为“纯粹实践理性的分析论”和“纯粹实践理性的方法论”两部,第二部很简短,也没有次级目录,第一部却包括两大篇:“纯粹实践理性的原理”和“纯粹实践理性的辩证法”,篇内有章,有两章中还进一步列出了多个具体的细目。

为了更好地理解康德的《实践理性批判》及其伦理学的基本思想,让我们透过其抽象晦涩的论述,揭示出以下的明确要点。

一、纯粹理性具有自由的实践功能

康德认为,纯粹理性作为认识主体,其最高形式或功能是先验理念。这些先验理念所指向的超验对象即本体是认识无法达到的。但这些理念在理性的道德实践使用中可以指望有较好的成就。康德说:在我们的理性构造中,其最终意向的确是指向道德的。在他看来,在人们的道德实践中,抽去决定人们行为的道德准则中的“实质的”内容,纯粹理性单纯依据实践法则的形式的运用就能够决定意志。又因为普遍必然的纯形式的道德实践法则是我们的理性所“摹想”、“呈现”的,所以这个理性自然也就是纯粹形式的理性。这样一来,纯粹理性不借外求,本身就有实践能力,因而是自由的,也就得到了证明。康德说:凭借这种能力,超验的自由也就被确立起来,而且纯粹理性便依据事实证明它自身和有关它的诸多概念的实在性。自由既被证实“确系存在”,附着于它、依据于它的灵魂不朽和上帝存在等理念也就同样由“可能”变成了确言,自由也就成了整个纯粹理性体系的,甚至是思辩理性体系的拱顶石。而这个自由作为绝对意义下的先验自由,正是当思辩理性试图在因果链条里思考无条件者之时,运用原因性概念时所需要的那种自由,即理性自行创造的一个自发性理念,这个自发性理念能由其自身创始行动,作为先在的原因以规定其行动。也就是所谓的“本体原因”。康德认为,这就解决了他的批判哲学的一个谜,即为何我们否认在思辩中诸范畴的超感觉的运用具有客观实在性,却承认纯粹实践理性的诸对象的这种实在性。

总之,在康德看来,纯粹理性本身就有实践能力,即能够决定意志的动机,但这种决定作用是不同于自然的因果性的本体原因,从而也就证明了自由等先验理念作为超验本体的客观实在性。因为自由等理念乃是纯粹理性的,所以这也就证明了纯粹理性自身原来是个超验的道德实践本体,它的最高原理或规定即自由。康德说过:“具有自由意志的存在者”这个概念就是“本体原因”概念;把自由的主体本身视作本体。更明确地说,自由作为本体原因,即纯粹理性本身就具有实践力量,这条原理本来无须劳神远求,也不必费心捏造,它早就存在于一切人的理性当中,跟他们的天性融为一体,而且是道德的原理。他还指出,我们的理性借着最高的不受制约的实践法则,自觉到这个法则的存在者就是我们自己的人格,即我们自己就是“无制约者和超感性者”。一句话,存在于每个人理性中的自由的纯粹理性是个超验的道德本体,它其实就是人的理性本质或无限的人格本体,也就是思辩理性中的那个“先验自我”。康德进一步指明,每个有理性的存在者都是先验自我与经验自我、本体与现象、自由与自然、纯粹理性与感性经验的结合。他要求人一方面把自己看作自由的本体,与此同时站在物质自然的观点上把他自己当成经验意识中的一种现象。又由于作为道德本体的纯粹理性即是思维无制约者的纯粹的思辩理性,而其实践的运用又是对一切有理性的存在者都有效的普遍立法,所以很明显,人的道德本体乃是整个人类理性的道德实践本性的抽象化、本体化。因此,人的本体和现象、自由和自然的两重性乃是类和个体的两重性。

这也就是人的实践与认识的两重性。康德强调,纯粹理性包括了认识和实践两大功能,实践理性和思辩理性乃是同一个纯粹理性。在《纯粹理性批判》中,他既谈到纯粹理性的体系包含有全部先验纯粹知识——包括实践的先验道德律令,理性理念使自然与实践、道德理念与思辩知识相结合,而且明确地说过:人类理性之立法(哲学)有两大目标,即自然与自由,因而不仅包含自然法则,亦包含道德法则,最初在两种不同的体系中发现此二者,终极则在唯一的哲学体系中表现之。他在《实践理性批判》中又明白地指出:他的先验批判,就是要发现人类心灵的认识官能和欲望官能的两个先验原理,并确定运用它们的条件、范围和界限。最后他确认,人类理性自行孕育着多种原理,决定了一切心理重任;理性的思辩运用的重任是:认识对象,直至推进到最高的先验原则。它的实践运用的重任是:要照最终的圆满的目标去决定意志。这就进一步充分证明,康德所要建立的关于纯粹理性的科学形上学,就是关于人的先验自我、先验理性本质的学问。这个先验的纯粹理性作为本体是不可知的——不是经验现象知识,却实实在在地具有一系列先验要素、原理以及为自然立法的认识功能和为自己立法(自由)的道德实践功能。

二、纯粹理性道德实践的基本特征

纯粹理性作为道德实践本体,虽然不可认识,无法运用知识范畴去规定,但其先验的客观实在性使康德能够探明它的三个最基本的特征。

首先,作为先验道德本体的纯粹理性,其实践功能高于认识功能。纯粹理性的本体地位既然是由其道德实践的特性确立的,这就无疑表明了实践高于认识或思辨。因为在康德看来,在道德实践中,自由的理念能够发挥本体原因的作用,理性能够自由地决定意志,而且即使这仅仅是一种意向,也永远具有客观实在性,实践的理念常有绝大的效果,即可以构成我们的现实行为和道德经验。所以,纯粹理性的实践功能便优于不能超越经验的思辨理性的最高范导作用,而具有真正积极的意义,充分显示了人的真正自由。正由于此,康德指出,人的本性并不是哲学家们历来强调的理性和知识,而在于他能不受自然的束缚去追求自己设定的目标,在于他独特的道德自由。康德认为,人之为人,人之高于动物,人的尊严等等,唯一充分体现于他的自由的道德实践。因此,道德哲学具有高于理性所有其他职位的优越性[①],我们不能要求纯粹实践理性隶属在思辨理性下面,因为一切大事终归是实践的,甚至思辨理性的重任也是受制约的,而且只有在理性的实践运用中,思辨理性才是圆满的。这是康德对卢梭的人道主义思想的继承和发挥,这也就是康德在人类理性反思史上所实现的重大转折。其意义就在于:实现了"哥白尼式的革命",真正确立了人在宇宙中的主宰地位;有力扫除了唯理论的神学道德论、经验论的机械决定论,以及形形色色的宿命论;首创性地提出并论证了实践(虽然还只是狭隘

① 康德:《纯粹理性批判》,第570页。以下引文出自本书,只注明页码。

的道德实践)高于理论的重要思想,为全面阐发人类主体的巨大能动性确立了一个坚实的根基。

其次,作为先验道德本体的纯粹理性即实践理性,包含着意志的一般规定的一系列命题以及一般规定之下的种种实践规则。具体地说,从超验的自由作为决定意志的本体原因这个最高原理出发,引申出“普遍立法”、“人是目的”和“意志自律”这三项纯粹形式的道德律令即命题,以及“灵魂不朽”和“上帝存在”等理念,再由它们规定一系列对一切理性存在者都有效的普遍必然的实践法则,从而决定人们的道德行为。这就是纯粹理性在其实践方面的整个先验原理体系。这一原理体系,正如康德在《实践理性批判》“分析篇”的原理部分所阐明的,具有如下性质:第一,它是先验的,而非经验的;第二,它是义务性的,而非功利性的;第三,它是形式的,而非实质的;第四,它是自律的,而非他律的。总之,它作为本体的东西,要摆脱一切经验现象的干扰,只能是纯粹先验的形式。很显然,这一先验原理体系与纯粹思辩理性的先验知识体系性质是完全一致的。不过对于后者,他强调它们必须受经验自然的制约:认识不能超越现象界;而对于前者,他更强调它们必须摆脱感性经验,即实践体现出主体的更大能动性及人的自由本性。

最后,作为先验道德本体的纯粹理性,具有发动和构成道德行为的实践主体功能。其具体表现可作如下简述:纯粹理性作为认识主体的功能,它不能脱离经验,它以感性的时空形式和知性的范畴去构成经验知识,并以理性的理念去规范指导经验,即作为现象界的自然立法。在其实践的运用方面,理性发挥自由的本体原因,必然也要作用于现象界,即作为经验现象的原因,发动和创造一系列感性的道德经验。否则,纯粹理性即无从发挥其实践主体的功能,不能成其为现象的原因,那么无论多么崇高的道德本体也会失去意义。就此而言,实践和认识都是纯粹理性主体性功能的施展,因而具有指向、支配和构成经验现象的共同性。这也就是,一者为自然立法，颁布普遍必然的自然规律；另一者为人类自己立法，颁布普遍必然的道德律令，使社会成为理性的、合理的、德行的社会。但康德更强调的是，实践的运用必须排除一切感性条件的决定，作为本体原因的自由是绝对的"自己立法自己遵守"，"普遍立法"、"人是目的"和"意志自律"的道德律令是摆脱了一切经验因素的绝对形式。因此他特别反对伊壁鸠鲁的幸福主义，而极力推崇柏拉图的"理念原型"说。在他看来，唯有如此，才能体现纯粹理性具有超脱一切现象的本体性，才能体现实践具有高于认识的绝对主体性，才能真正显示人的自由的崇高本性。在此，康德固然使实践与认识发生了脱离，强化了他的本体与现象的割裂，而且片面地强调"应当"，造成了动机与效果的严重脱节，陷入了唯动机论，最后不得不依靠"灵魂不朽"和"上帝存在"的主观假设来实现道德实践的最高目标——"至善"。尽管这样，康德毕竟空前深刻地以唯心主义的形式揭示了道德的一个本质，那就是：道德不能根源于感性的幸福和利益。他所谓必须服从纯粹理性的先验的绝对命令，就是要求感性存在的个体必须服从普遍的人类理性即总体的人类社会的规范和准则，这便是人之高于禽兽的自由的道德本性。而且，他由此设定"上帝存在"的"道德神学"也根本不同于旧的"神学道德"：不是由上帝来论证人的道德，而是由人的道德需要来设定上帝。而这，正是康德摧毁宗教神学的巨大功绩。

康德伦理学在对人的理性功能的深度挖掘、极度弘扬的基础上，突出地论证了人的自由本性、人以自己为目的、普遍立法和意志自律的原则。正如他自己在《实践理性批判》的结论中所说："有两种伟大的事物，我们越是经常、越是执著地思考它们，我们心中就越是充满永远新鲜、有增无已的赞叹和敬畏——我们头上的灿烂星空，我们心中的道德法则（der bestirnte himmel ueber mir, und das moralische gesetz in mir）！"

这段名言是对他自己的全部哲学使命的高度概括。而对心中的道德法则的敬畏又具有根本的意义:真正确立人的主体性,启动整个德国的哲学革命。后来的费希特、谢林、黑格尔等,无不以各自特有的方式进一步挖掘和论证人的理性的伟力、人的自由和道德实践的本质和规律,极大地推进着人类理性的启蒙和反思。仅就康德的《实践理性批判》(及其他相关著作)和伦理思想来说,自始就赢得了多方面的欢呼和赞赏,很快在当时德国的各个大学广为流传。大众和官方都欢迎它,是因为它既有力地摧毁了旧的宗教神学和经院哲学,又以新的道德神学满足了他们的心理需要。康德的“上帝存在”是理性的设定,并与其道德意识密不可分,这无异于还了上帝的“属人性”——符合人性,使人更易于接受,更易于深入人心。从这个意义上讲,康德哲学一方面是哲学的革命,另一方面也是神学的革新。因此它成了黑格尔的神学的理性化——理性的神学化的直接来源。他的意志自律(自由)的理论也理所当然地成了叔本华的意志哲学乃至尼采的“权力意志”论的直接滥觞。他的认识与实践的二分也直接引发了现代西方哲学关于事实判断与价值判断等等的激烈争论。可以毫不夸张地说,后康德的全部西方哲学无不或多或少打上了康德思想的印记。

无论后来的西方哲学如何“百家争鸣”,康德的崇高地位是众口一词的。理性主义集大成者黑格尔自然把他视为“新哲学的基础和出发点”,经验实证主义的杰出代表罗素赞之为“最伟大、最重要”,连非理性主义的典型人物叔本华也承认他自己的理论是“从伟大的康德的成就出发的”。20世纪上半叶西方哲学家的那个“回到康德去”的口号,至今余音未绝。

康德的道德哲学显然具有特别突出的重要性。他那树立人的理性的主体性的“哥白尼式的革命”,他所遵循的卢梭教诲的“尊重人”的信条,他所揭示的理性的自由本质,根本的确证就在人的道德实践。

康德的道德哲学既确立了人的理性的主体性及其自由本质,又包含尖锐的矛盾,提出了深刻的问题。他的伦理学著作影响深远广大,依然值得细细研读、深入开掘。

（黄振定）

边 沁

道德与立法原理导论* (1789)

杰瑞米·边沁（Jeremy Bentham，1748—1832），英国著名的法学家、伦理学家，功利主义的创始人和代表人物。生于伦敦一个富有的律师世家，曾在牛津大学学习法律，毕业后一度从事律师事务。但因对此职业不感兴趣，他转而潜心研究道德和立法理论，从事著述和社会改革活动。自1781年起，他一直在伦敦大学任教授。早在牛津学习时，他就从休谟那里发现了"功利"这一概念。1768年，他重访牛津，在一家咖啡馆附设的小图书馆里，读到了普里斯特利刚出版的小册子《政府论》，从中惊喜地发现了"最大多数人的最大幸福"这一术语，如获至宝。从此，他开始了对这一原则的普遍性、合理性和可行性的研究。边沁一生著述颇丰，主要有《政府片论》(1776)、《道德与立法原理导论》(1789)、《民事与刑事立法

* 原书名为 AN INTRODUCTION TO THE PRINCIPLES OF MORALS AND LEGISLATION。本文根据英文本（University of London，Athlone Press，1970）撰写。

论》(1802)、《关于刑赏的学说》(1811)、《义务论》(1834,由他人整理出版)等。

《道德与立法原理导论》既是一部伦理学著作又是一本法理学著作。全书包括一个绪言及17章。它在全面论证了功利主义思想的基础上,阐述了最大多数人的最大幸福是道德与立法的基本原则和最高原则。还由此出发详尽地分析了人类行为及社会惩罚原则,并对犯罪作了严格的分类。下面仅对该书中的伦理思想加以介绍。

一、功利原则

边沁的功利主义建立在快乐主义之上。在他看来,快乐是唯一被人们所欲求的东西。他认为,自然将人类置于快乐(pleasure)和痛苦(pain)这两个至上的主人的统治之下,只有快乐和痛苦能够指示人们应该做什么以及决定人们将要怎样做,它们遵循特定的因果规律,是人类行为的是非标准。在他看来,趋乐避苦是人的本性,追求快乐是人的一切行为的最终目的。

以这种快乐主义为基础,边沁提出了功利主义原理。他对功利的解释是:所谓功利(utility),意指一外物有利于当事者求福避祸的那种特性,由于这种特性,该外物就趋于产生福泽、利益、快乐、善或幸福,或者防止对利益攸关之当事者的祸患、痛苦、恶或不幸。这里,幸福与快乐、利益和善是同一个概念。因此,如果一种行为带来的快乐超过痛苦的余额,大于另一行为带来的快乐超过痛苦的余额,它就比另一个行为更善。而在一切可能的行为中,所包含的快乐超过痛苦的盈余最大的那种行为就是最大的善。这就是所谓的功利主义原则,用边沁自己的话来说:“功利原则(the principle of utility)是指:当我们对任何一种行为予以赞成或反对时,我们看取的是该行为增多还是减少当事者的幸福。”这里的行为既包括个人的行为,也包括政府的行为。

边沁认为,每个人都根据个人利益来赞成什么、选择什么。当行为涉及一个人时,他在各种可供选择的行为中就要选择能获得最大利益的行为,即“最大幸福原则”(the principle of greatest happiness),这是个人选择的绝对依据。如果当事者是指社会,那么功利原则就表现为增多社会幸福的趋向大于任何减少社会幸福的趋向。社会幸福又是什么呢?在边沁看来,社会是一种虚构的团体,只不过是其内部成员的组合,所以,社会幸福或社会利益就是组成社会的所有单个成员的利益之总和。所以功利原则在社会方面就是“最大多数人的最大幸福”原则。这里,边沁注意到了个人利益离不开他人利益,功利原则既要考虑个人利益又要考虑他人利益。他相信,功利原则可以普遍为人们所接受,这是由于人类的天性使然。人们在一生中的绝大多数场合里都会不假思索地采纳这一原则来调整自己的行为。

边沁认为追求功利不仅是理性的职责,而且也是法律强制的重要任务。他说:“功利原则承认人类受苦乐的统治,并且以这种统治为其体系的基础,这种体系的目标在于假借‘理性’和‘法律’之手以建树福利的体系。”立法者的职责,在边沁看来,不过是在个人利益与社会公益之间求得协调。个人在这种协调中对自己追求幸福的量进行预计和计算;社会在这种协调中利用政府和法律保证个人的生存、富裕、安全。在这一协调中每个人的利益在量上是相等的,在计算“最大幸福”时,每个人都是其中平等的一个,谁也不比谁重要,因而谁也不比谁多。这就是说,功利原则内含着平等原则。平等是自然法的体现,它要求每个人自己做自己的律师。在这一平等法之下,一切法律禁令和道德要求都毫无例外地按功利来权衡,并以之作为达到最大多数人的最大幸福之手段。虽然法律利用的是人们避免痛苦的惩罚之心理,道德利用的是人们追求快乐的赞赏之心理,但两者产生的共同结果都是以平等的手段获取功利。在平等地追求功利中,竞争就不可避免,因而对功利的竞争是功利原则的必然,也是道德的本质。

边沁发现有两种与功利原则不合的原则(即反功利原则)。第一种是始终与功利原则相反的“禁欲主义原则”(the principle of asceticism)。他认为禁欲主义原则最初是某些性急的玄想家的幻想。它从来不曾为人们所坚持奉行。实质上它同功利原则一样,也是根据任何一种行为看来趋向于增加或减少当事者的幸福为准,来决定对之予以褒贬的。不过其方式正相反:这种原则赞成行为的标准是它们趋向于减少当事者的幸福,而它反对行为的依据是它们趋向增加当事者的幸福。这主要是因为,它看到在一定环境下获得的某些快乐,久而久之都伴随有超过快乐的痛苦,所以它总在找机会同一切借快乐之名出现的东西作对。这一原则走得太远,甚至忘记了出发点,却仍继续向前推进。可见,归根到底它不过是对功利原则的误用。第二种是时而与功利原则相反时而与功利原则相合的“同情与反感原则”(the principle of sympathy and repugnance)。这一原则不以增进或违反当事者的幸福为是非标准,而是以主观的同情或反感为褒贬原则,它否认寻求任何外在根据的必要。边沁认为,对一行为持同情或反感的态度,必须有一个肯定的外在理由。如果仅以自身的同情或反感为根据,实际上就等于没有原则、没有标准。所以,他断定,这一原则只是一种名义上的原则,而非实质上的原则。事实上,这一原则与功利原则的要求在大多数情况下是吻合的。对任何人来讲,什么东西能置他于苦境,他就会憎恨它。所以同情与反感原则也是对功利原则的承认。

另外,边沁对“神学原则”(the theological principle)也作了分析。他指出,神学原则要求诉诸上帝的意志来寻求是非标准。而上帝的意志无非是神学家们根据自己的好恶和原则所作出的解释,因而神学原则不过是上述三种原则之一表现为另一种形式而已,同样也离不开功利原则。这样,边沁结论道:功利原则是唯一正确的原则,是政治学、法学和道德理论的普遍原则。

二、苦乐的计算

在道德实践中,究竟如何运用“最大多数人的最大幸福”这一功利原则?边沁认为,这就需要对幸福、不幸、快乐、痛苦的数量进行计算和比较。

要进行苦乐的计算就必须对苦乐的来源和种类加以研究。边沁发现,从来源来看,苦乐通常有四个来源,即四种制裁(sanction):自然制裁、政治制裁、道德制裁、宗教制裁。自然制裁(natural sanction)是指在今世依着自然的常轨而承受的自然界所造成的快乐和痛苦;政治制裁(political sanction)是指由政府的奖惩措施所导致的快乐和痛苦;道德制裁(moral sanction)是指周围的人由于对某人品行的称赞或厌恶而给予或拒绝帮助所带来的快乐和痛苦(这一制裁也可称之为公众制裁);宗教制裁(religious sanction)是指直接由某个超人的不可见的神灵所造成的快乐和痛苦。在这四种制裁中,自然制裁是最基本的,它贯穿于其他三种制裁之中,其他三种制裁都必须经过自然制裁才能起作用(上帝也不例外)。

考察了苦乐来源之后,边沁开始了其独具特色的功利主义苦乐计算。他认为,苦乐价值的大小由七个条件决定:强度、持久性、确定性、远近性、继生性、纯粹性及范围。强度是指行为所带来的快乐或痛苦的强烈程度;持久性是指快乐或痛苦持续时间的长短;确定性是指快乐或痛苦的感受是确定的还是不确定的;远近性是指快乐的获取或痛苦的产生是眼前的还是遥远的;继生性是指一种快乐或痛苦是否会派生出其他快乐或痛苦;纯粹性是指获得快乐或遭受痛苦之后会不会造成痛苦或产生快乐(是否会有乐后之苦或苦后之乐);范围是指享受快乐或遭受痛苦的人数的多少。

进而,边沁提出苦乐计算的步骤:1.计算看来是那行为所首先产生的每一种明显快乐的价值。2.计算看来是那行为所首先产生的每一种痛苦的价值。3.计算看来是那行为在初次快乐以后所产生的每一种快乐的价值。这构成初次快乐的继生和初次痛苦的不纯。4.计算看来是那行为在初次痛苦以后产生的每一种痛苦的价值。这构成初次痛苦的继生和初次快乐的不纯。5.对个人行为来讲,总计所有的快乐和痛苦的价值,加以衡量。如果快乐多于痛苦,这一行为对该个人的利益总体上就是好趋势,反之则为坏趋势。6.对集体行为或社会行为来讲,首先按以上方法分别计算各个成员的苦乐趋势,然后计算有好趋势与坏趋势的人数总和。如果有好趋势的人数大于有坏趋势的人数,该行为对集体或社会就有好的总趋势,反之则有坏的总趋势。通过这一比较计算,可以确定数量上最大的快乐作为行为的最佳选择。这便是"最大多数人的最大幸福"原则在具体道德实践中的运用。

说明了苦乐的计算方法之后,边沁又对快乐和痛苦作了详细的分类。他认为,快乐和痛苦都是可感知的,其中有简单与复杂之分。简单的知觉是最基本的单位,不能再作分解。复杂的知觉则由简单的知觉所组成。简单的快乐包括感觉的快乐(如嗅觉、触觉、听觉、视觉、味觉、兴奋、性关系、健康、好奇心等),财富的快乐,技艺的快乐,友善的快乐,美名的快乐,权利的快乐,虔诚的快乐,仁慈的快乐,恶意的快乐,记忆的快乐,想象的快乐,希望的快乐,联想的快乐及解脱痛苦的快乐14种。简单的痛苦包括感觉的痛苦、贫困的痛苦、笨拙的痛苦、憎恨的痛苦、恶名的痛苦、虔诚的痛苦、仁慈的痛苦、恶意的痛苦、记忆的痛苦、想象的痛苦、希望的痛苦及联想的痛苦12种。边沁虽然看到了快乐和痛苦有简单与复杂之分,但他仍将二者还原为简单的数量之差。在不考察苦乐的质的前提下单纯考察苦乐的量,显然是行不通的。如果只论快乐的量而不论其质,那么赌博和作诗就具有同样的价值。这一点连边沁本人也不隐讳。

三、功利主义效果论

动机与效果的关系是《道德与立法原理导论》的又一中心论题,边沁用占全书1/4的篇幅(五章)来讨论它,论证了其功利主义效果论。

边沁认为,一个行为是由六种因素构成的:行为本身、客观环境、意向、意识、动机和一般习性。这六种因素对行为的后果都产生影响。如果排除了其他因素对行为的影响,那么行为的后果(consequence)就是由动机(motive)产生的。但他指出,动机是人天生具有的企图达到快乐本能的欲望,尚未指向任何具体的目标,只是一种未确定的心理状态,因而是中性的。只有在它被意识到并指向某一确定的目标时,它才有善恶特征,即当动机产生出意向(disposition)时,它就有了善恶之别。

为说明动机的中立性,边沁对它作了详细分析。他列举了9种具体的动机:善意、爱名誉、求友、宗教心、自然欲望、金钱欲、权力欲、自保和不愉快。他将前四种动机称为社会性动机(social motives),将最后一种称为非社会性动机(non - social motives),将中间四种称为自顾性动机(self - regarding motives)。社会性动机看起来最容易产生符合功利的行为,其实并不尽然。例如,出于善意为某人或某一团体办事可能会危及他人或另一集团;爱名誉可能导致禁欲;对一切人都表现出友爱则可能造成虚伪;宗教心产生的结果也不确定,这是因为神的旨意并不总是降福于人类,并不总是与人的功利原则相吻合。自顾性动机更是这样,其结果的任意性更为明显。这有如两个小孩来到商店,看到柜台上的蛋糕,一个偷了一块,另一个买了一块,两种行为都由对蛋糕的嗜好这一动机引起,其结果则不同。性欲也一样,一个男子强奸一个处女,人们会毫不犹豫地谴责他的行为是色情、淫欲、罪恶;而一个男子与他的妻子过性生活，人们则不再使用这些卑贱的字眼。其实，两种场合的行为虽有道德与不道德之分，但动机却都是性欲。最后，非社会性动机是最低的一种，按人类的天性来讲，不愉快之类的动机或许并不比别的动机更不需要。由此可见，社会性动机不一定是好动机，自顾性动机不等于是坏对机，就其结果而言，二者都带有任意性和不确定性。边沁的结论是既不存在常好的动机也不存在常坏的动机，动机在一般意义上都是中性的，因而根据动机判定善恶是不可能的。况且，行为的动机是不可知的。即使根据行为后果推断出动机，也往往是不准确的。在边沁看来，道德不过是达到功利的手段，行为的功利只在后果中，因而只能根据客观的外在标准——功利来判断行为是否道德。

行为动机虽然不能成为道德判断的标准，但动机对行为后果仍有作用。动机产生意向，意向产生后果。在边沁看来，意向是行为本身或行为的预期目的，它沟通着动机与后果。若由动机产生的意向是好的，动机就是好的；若意向是坏的，动机就是坏的。而意向的好坏依事情结果的主流而定。可以看出，边沁并没有否认动机的意义，只是贯彻了其效果论原则：动机或意向的好坏取决于动机和意向所直接产生的后果，只有后果能够产生功利才是善，否则就是恶。

在行为六要素中，边沁认为意向只关系到行为本身的预期目的，行为的后果则要取决于行为所伴随的客观环境，而客观环境则是意识的对象。所以行为后果更广泛地涉及到对客观环境的认识。在此，道德情感(由意向产生)与道德认识(由意识形成)被区分开来。边沁强调行为的后果，所以很重视对行为后果的认识和预见，重视对行为环境的认识。在他看来，行为后果的好坏，归根到底是由客观环境决定的。认识行为环境，就是用理性判断力明智地计算行为的功利并依据可能获得的功利大小来决定行为取向和行为方式。罪恶只是对机遇的失算。道德行为过程其实就是计算和取得功利的过程。边沁的这一观念,显然是资本积累时期个人利益最大化这一现实情况在道德领域中的反映。

(任建东)

费希特

伦理学体系* (1798)

约翰·哥特利勃·费希特(Johann Gottlieb Fichte,1762—1814)生于德国奥伯劳济兹(Oberlausitz)的一个乡村。他出身贫寒,父亲是一个手工业者,在一男爵的资助下才得以上学。1774 年到波尔塔的贵族学校学习。1780 年入耶拿大学修习神学,翌年转学到莱比锡大学。1788 年,他弃学到苏黎世当家庭教师。1790 年,他重返莱比锡,再当家庭教师,同时开始研究康德哲学。1794 年,他被聘为耶拿大学教授。任教期间,他笔耕不辍,撰写了一系列哲学著作,创建了自己的哲学体系。1799 年,他由于激进的自由思想和支持学生进步运动,终于在无神论的罪名下被赶出了耶拿大学。此后他迁居柏林,在那里做了几年家庭教师。1805 年他就任爱尔

* 原书名为 DAS SYSTEM DER SITTENLEHRE NACH DEN PRINZIPIEN DER WISSEN - SCHAFTSLEHRE。本文根据中译本《伦理学体系》(梁志学、李理译,北京,中国社会科学出版社,1995 年)撰写。

兰根大学教授。1810年,他出任他参加筹建的柏林大学的第一任校长。1813年,德国爆发了反抗法国统治的“自由战争”,在格罗斯贝伦战役中,德军打败了法军。其时,柏林城内挤满了伤病战士,恶性时疫流行,费希特不幸受到感染,于1814年去世。

费希特是德国古典哲学界中一位重要代表人物,他在对康德哲学展开批判的基础上建立了以“自我”为中心的主观唯心主义哲学体系。他的主要哲学著作有:《全部知识学的基础》(1794)、《略论知识学特征》(1795)、《知识学原理下的自然法基础》(1796)和《知识学原理下的伦理学体系》(1798)。这些著作都是他在耶拿大学任教时撰写的。此前,他在苏黎世发表过《纠正公众对法国革命的评价》、《向欧洲君主们索回至今仍被压制的思想自由》等激进文章。除了这些文章以外,他还撰写了《论学者的使命》(1794)、《人的使命》(1800)、《闭关自守的商业国家》(1800)、《对德意志民族的讲演》(1807—1808)等。

《伦理学体系》)是他的《知识学原理下的伦理学体系》(或译《根据知识学原理的伦理学体系》)一书的简称,在费希特的整个思想体系中占有很重要的地位。该书以知识学原理为基础,从“自我”演绎出伦理原则及其实用性,详细地研究了伦理原则的应用,规定了人的道德职责。

费希特把其“伦理学体系”看作“实践哲学”,认为它有别于“理论哲学”。在他看来,理论哲学要清楚地说明一种“必然的思维的体系”,即我们的种种表象符合于存在,实践哲学也要清楚地阐明一种“必然的思维的体系”,即存在符合于和产生于我们的种种表象。这就是说,《伦理学原理》的主要课题,是要阐明道德世界符合于和产生于我们的伦理原则。这本著作采取了演绎法。其演绎的出发点是作为主观东西与客观东西之同一体的完整自我或绝对自我,演绎的方向同理论哲学相反,不是从客观到主观,而是从主观到客观。按照体系的这种要求,费希特把这部著作分为三编。第一编“伦理原则的演绎”从完整自我出发,推导出人的道德本性或人之内的伦理原则。第二编“伦理原则的实在性和实用性的演绎”力图说明:由理性存在物所组成的共同体是由伦理原则规定的,作为道德规律的伦理原则在这个共同体中是毫无例外地实用的。第三编“伦理原则的系统应用或狭义伦理学”论述伦理原则在社会生活各个方面的系统应用。

一、伦理原则的演绎

在这一编里,费希特主要是从绝对或完整自我出发演绎出伦理原则。

费希特首先提出一条定理:“我察觉我自己是我自己,是只有意志活动能力的。”① 他指出,“察觉我自己”与“察觉我自己有意志能力”是绝对相同的,这显然是把自我与意志相等同。而意志活动的本质是什么呢?他认为,虽然一般地说,意志活动(Wollen)本身只有在认为存在着一个与自我不同的东西的前提下才是可以思议的,但是,为了察觉我的真正本质,我必须在意志活动中撇开这种外在的东西,撇开这种外在的东西之后剩下的,就是我的纯粹存在。他说:“意志活动本身是一种首要的、绝对的和唯独在其自身之内有其根据的东西。”(P.26)它具有“达到绝对者的绝对趋势,或绝对不能由这个概念之外的某种东西确定的趋势,或不受任何外来的推动而绝对自己规定自己的趋势”(P.30)。结论是:自我的那种使它与一切在它之外的东西区别开的本质特点,就在于一种为了独立而达到独立的趋势。

费希特进一步指出,自我并不是某种既成的东西,它只有把自己设定为某种东西,它才是某种东西。它决不是它未曾把它自身

① 费希特:《伦理学体系》,中译本第20页。下引此书,只注页码。

设定的东西。而自我的设定又始终同意识分不开,它是通过意识才建立起来的。“没有自我的自我意识(selbstbewusstsein),就不可能有自我的任何存在,反过来说,没有自我意识到的东西的存在,就不可能有对于自我本身的任何意识。”(P.31)自我的本质确实是达到绝对者的这种趋势,而自我必定知道(意识到)这一点。正是通过直观和思维,通过理智的力量,自我才能不断地设定自身。通过一番推导,他得出如下结论:“我们不得不设想,我们应该单纯通过概念,用意识规定我们自己,也就是按照关于绝对自动性的概念规定我们自己。”(P.49)

费希特在这里提出的基本观点是:我们是理性存在物(vernunftwesen)。作为理性存在物,我们是绝对的、独立的和完全以自身为根据的,或者说,是自由的即自我规定的。“在原初,即在它不发挥作用的时候,它根本是子虚乌有;它必定是靠自己的行动,使自己成为自己应该成为的东西。”(P.50)我们可以把理性存在物设想为一种“理智力量”(intelligenz),认定这种理智力量有一种单纯用自己的概念创造存在的能力。理性存在物本身应该创造出它实际上将会成为的一切东西。费希特把自我、意志的独立和自由(通过概念进行自我规定),作为他的伦理学说的出发点。他说,“我是真正自由的”,是一个“首要的信条”。

从自我或意志的自由出发,他对伦理原则作出了规定。他说:“伦理原则(das prinzip der sittlichkeit)是一种关于理智力量的必然的思想,即理智力量应该毫无例外地按照独立性概念规定自己的自由。”(P.59)这种思想的内容是:“首先,自由存在物应当以某种方式进行活动,因为应当(sollen)正是自由的规定性的表达;其次,自由存在物应当使自己的自由服从一种规律;再次,这种规律只能是关于绝对独立性(即绝对不能由自由存在物之外的某种东西来规定)的概念;最后,这种规律是毫无例外地实用的,因为它包含着自由存在物的原始规定。”(P.59~60)这就是说,自由的(理性的)

存在物的行动中包含着一种“应当”,因而往往体现了一种自由的“选择”。他的行动,要服从“自由的规律”。这种规律不同于来自外部的规律,而是他自己独立自主地确立的(亦即“自律”),同时是真正普遍有效的。

费希特对伦理原则的这种规定,有几点特别值得我们注意:第一,他实际上认为伦理原则就是自由的原则,人的能够体现自由并因而具有伦理意义的行为,必定是通过理性(概念)而自我规定的行为,即“自律”的行为;第二,他认为在真正的伦理行为中,自由和必然(规律)是完全统一的,“当你设想你是自由的时候,你不得不在规律(gesetz)之下设想你的自由(freiheit),当你设想这种规律的时候,你不得不设想你是自由的,因为在规律中就假定了你的自由,并且规律宣示其自身为一种自由的规律”。费希特的这些思想,是对康德理性主义伦理思想的继承和发展。

二、伦理原则的实在性和实用性的演绎

在对伦理原则作了上述一般规定之后,费希特进而开始伦理原则的实在性和实用性的演绎。这种演绎,是要论证我们的道德世界是由伦理原则规定的,伦理原则在现实世界中有客观的实在性和实用性。这种论证是一个从抽象到具体、从伦理原则到各项定理的推演过程。

费希特在这里提出了五条定理。

第一条定理:“理性存在物不在它自身之外同时设想它所指向的某种东西,就不能认为自己具有任何能力。”(P.77)费希特对这条定理的解释是:无论是谁,他如果不同时想象靠自己的自由行动涉及的某种客观的东西,就绝不能思考自己的自由能力,换言之,“你如果不同时在同一种意识中察觉你的自由应当指向客体,就不能察觉你是自由的”(P.79)。同时察觉到外部客体,是我们拥有自

由能力、用伦理原则塑造现实世界的外部条件。在我们之外有我们进行活动的一种实在对象(非我),它为我们的活动提供“质料”。这个定理实际上包含两个方面。“一方面,一种应该存在于自由理智力量之外的客体是被思维的;另一方面,自由行动是与这种客体有联系的,具体的联系方式在于,不是行动应该由客体来规定,而是反过来,客体应该由行动来规定。”(P.80)

第二条定理:“理性存在物不在它自身之内察觉它的自由能力的一种现实发挥或一种现实的、自由的意志活动,就同样不能认为自己具有这种能力。”(P.83~84)这条定理揭示了我们拥有自由能力的一个内部条件。

第三条定理:“理性存在物不同时认为它自身有一种在它之外的现实因果性,就不能在它自身之内察觉它的自由的任何应用或意志活动。”(P.89)这是第二条定理的深化。第二条定理是说,如果我不察觉自己有意志活动,就不能认为我有任何自由能力,而第三条定理则说,要察觉自己有意志活动,我就必须在我之内还察觉有别的东西,即在自身之外的现实因果性。费希特强调,人们决不能误解这条定理,以为自我(ich)是由非我(nicht-ich)规定的。自我在进行活动的时候,才发现自己是受动的,受到抵抗的,但是,“并不是像人们通常认为的那样,是非我影响自我,而是自我影响非我;并不是非我冲进来,闯入自我,而是自我走出去,进入非我”(P.92)。

第四条定理:“理性存在物不通过固有的因果性概念,以某种方式规定因果性,就不能认为其自身有任何因果性。”(P.93)这是第三条定理的深化。第三条定理是说,我如果不认为我具有一种在我之外的现实因果性,就不能设定自己是自由的。第四条定理则要说明,究竟在什么条件下我可能认为我具有这种因果性。费希特在这里提出:第一,我的因果性是作为一个连续序列中的多样性东西被知觉到的(我的效用性必然属于时间);第二,这种多样性东西的结果是不依赖于我的影响而得到规定的，所以它本身是一种对我的效用性的限定。

第五条定理："理性存在物不给效用性假定客体的某种效用性，就不能认为其自身有任何效用性。"(P.100)这条定理是说，理性存在物的效用性不仅是纯粹的观念活动，而且是具有内容的实在活动，所以，理性存在物不仅是作为精神力量，而且是作为自然力量，发挥其按照伦理原则规定感性世界的作用的。费希特在这里指出，凡是不依赖于自由而得到确定和规定的东西，都叫做自然或天然的东西。人的冲动和感受等，就属于天然的东西。他说："尽管我的理性和我的自由有绝对性，我也是天然的东西，而我的这种天然的东西就是冲动(trieb)。"(P.108)他还通过分析得出结论："我发现我自己是一种组织起来的产物。"(P.121)我作为自然产物，首先具有自我保持的冲动。"在我之内有一种冲动，它产生于自然，涉及各个自然对象，以求把它们与我的本质统一起来。"(P.122)我的这种冲动也是我的反思的对象。通过对这种冲动的反思，我出现了渴望，即人们并不亲身了解的需求感。只有自我才有渴望，其他所有的自然物虽有冲动，但没有渴望。

冲动虽然是自然的产物，是给定的和完全不以我的意志为转移的，但是，它会达于我的意识，并且在意识的领域里受到我的控制。"在植物和动物中的冲动的满足，如果具备了得到满足的条件，就必然会完成。人则根本不受自然冲动的驱使。"(P.125)消化过程的进行、食物向营养汁液的转化和血液的循环等等，不受我们的控制，正是因为这些过程"没有直接达于意识"。反之，对于我们饥渴的满足则处于我们的控制之下，因为追求食物和饮料的冲动是达于意识的。

费希特还把一个由自己的对象规定的渴望，叫做欲求。他说："我的欲求以一些自然事物为对象，其目的在于，或者把它们直接与我统一起来(如食物和饮料)，或者使它们与我有某种关系(如新鲜的空气、开阔的景色和温暖的气候等等)。"(P.126)他进一步把欲求的满足叫做享受,认为追求享受是自然人的冲动。当然,我们是否完全屈服于这种追求享受的冲动,是受到我们的自由控制的。在这里,费希特反对那种以单纯享乐为目的的享乐主义。他写道:"只要人以单纯享乐为目的,他就依赖于一种给定的东西,即他的现成存在的冲动对象。所以,他不是自足的,他的目的的达到还依赖于天然的东西。但是,只要人进行反思,从而成为意识主体……他就会成为自我,并在他之内表现出一种理性趋势,即绝对依靠自己,把自己规定为意识主体,规定为最高意义上的理智力量。"(P.129)

在这里,我们可以看到费希特对低级欲求能力和高级欲求能力及其相互关系的论述。低级欲求能力被规定为取决于自然冲动的、追求物质对象的渴望,高级欲求能力被规定为取决于精神冲动的、追求绝对自由的渴望。他一方面反对享乐主义,认为精神冲动应该统辖自然冲动;另一方面又不同意康德那种未充分注重自然冲动的倾向。他说:"只着眼于高级欲求能力,就会单纯得到道德形上学(metaphyzik der sitten),它是形式的和空洞的。只有把高级欲求能力与低级欲求能力综合统一起来,才能得到一门伦理学(sittenlehre),它必定是实在的。"(P.131)另外,他认为这两种冲动实际上是同一的,两者是同一种构成自我本质的原始冲动,只不过这种冲动是从不同的方面观察到的。他主张以精神冲动为指导,以自然冲动为基础,把两者统一起来。

费希特接着澄清"自由学说"。他区分了两种自由:一是"形式的自由"(die formale freiheit),二是"实质的自由"(die materielle freiheit)。前者被规定为这样的活动,即以对自然冲动的意识为依据,按照对待自然事物的原则,决定行动的取舍;后者被规定为这样的活动,即以对形式的自由的意识为依据,按照为自由而自由的原则,干预自然冲动。他虽然肯定形式的自由是一切自由的根源,但是并不满足于它，而主张上升到实质的自由，认为这才是理性存在物在自己的客观活动中摆脱自然因果性的支配，真正以精神实体性的规律为指导的关键。形式的自由表现为自然的“偏好”，表明我是自然序列中的环节，而实质的自由则不仅“把我与自然分离开，而且也把我提高到了自然之上”。他写道：“所以，在与那种使我陷入自然因果性序列的偏好的关系中，高级冲动表现为这样一种冲动，这种冲动给我提供尊重感，要求我尊重自己，并且给我规定了一种高于一切自然事物的尊严；这种冲动决不以享受——无论是什么样的享受——为目的，而以贬低一切享受为目的；这种冲动藐视享受本身，仅仅以维护我的尊严为宗旨，而我的尊严就在于绝对的独立不倚和自力更生。”(P.141)

费希特在这里对“兴趣”概念也作了初步探讨。他认为兴趣(interesse)和冲动相关。我对某种东西有兴趣，就是说这种东西同兴趣有直接关系而且被我感觉到。兴趣有两种，即基于自然冲动的感性兴趣和基于精神冲动的理智兴趣。在感性兴趣中，人所渴望的东西符合于人的自然冲动，则产生愉悦，不符合于人的自然冲动，则出现不快；在理智兴趣中，精神冲动得到满足，则出现愉悦，得不到满足，则出现不快。但是，它们是两种不同的愉悦或不快。自然冲动得到满足而产生的愉悦，“是一种把我与我自己分离、使我对我自身异化的愉悦，我在其中忘却了我自己”(P.145)。它的相反的感觉是难受或痛苦。理智的愉悦不是外来的，而是取决于我的自由的东西。这种愉悦并未使我出乎我自身之外，而是使我返回我自身之内。它是满足感，发自内心，从来都不提供给追求感官快乐的人们。它的反面是懊恼、内疚，这类感觉能够受我们的影响和左右。

费希特最后谈到了伦理冲动(sittentrieb)，认为它是自然冲动(naturtrieb)和精神冲动(geistestrieb)的统一。它从自然冲动那里获得它的内容，又从精神(纯粹)冲动那里取得它的形式。它要求受到人们的尊重,对它的听从或不听从引起了赞同或不赞同、自我满足感或最令人痛苦的自卑感。它是积极的,涉及一种确定的行动;它是普遍的,涉及一切可能的自由行动;它是独立自主的,在任何时候都自己给自己指定目的;它颁布绝对命令,所要求的东西都是作为必然的东西被要求的。概言之,伦理冲动要求为自由而自由。

三、伦理原则的系统应用或狭义伦理学

这一编考察的是伦理原则在社会生活的各个方面的系统应用。它又分三章,第一章讲的是行为的道德性的形式条件,第二章讲的是行为的道德性的实质条件,第三章是按照这两种条件规定理性存在物的各类道德职责。

费希特首先研究了我们行为的道德性的形式条件。他认为,所谓行为的道德性(moralitaet)的形式条件,也就是从形式上看,我们的行为能够成为道德的、自由的行为是由什么东西规定的。他的回答是:伦理冲动赋予自然冲动以形式,要求人为自由而自由,这就意味着要求人单纯按照关于自己职责的概念去行动,只让自己由那种认为某事是职责的想法来规定。同时,人决不能违背自己的信念去行动。“这两个结论如果被概括为一个命题,则可以表述为:你要永远按照对于你的职责的最佳信念去行动,或者说,你要按照你的良心(gewissen)去行动。”(P.154)良心,在这里被规定为人自身之内固有的评判是非的能力,是对自己绝对自由的意识,是“对我们的特定职责的直接意识”(P.173)。费希特反对依靠权威去行动。他说:“谁靠权威去行动,谁的行动就必然违背良心。”(P.175)“人必须为了良心而亲自作出判断,凭他自己的感受坚持这种判断,否则,他的行动就是不道德的和违背职责的。所以,道德命令的约束力绝对没有任何外在的根据,绝对没有任何外在的标准。”“一切不是出自信仰、不是出自靠我们自己的良知作出的确认的行为,都绝对是罪恶。”(P.176~177)他由此分析了三种非

道德的思维方式。一种是感性思维方式。它对待自然冲动的准则是以个人享受为最终目的，因此使人变成了有理智的动物。第二种是英雄思维方式。它不以感性享受为目的，而是一种不受限制、无视规律而主宰一切外在事物的准则。第三种是折衷思维方式。它在道德职责与感性欲求之间寻求妥协，把合乎道德的准则与不合乎道德的准则混合起来，用种种借口满足私欲，拒不执行伦理原则。为了克服这三种非道德的思维方式，他挖掘了它们在人性中的起源，即惰性、怯懦和虚伪这三种恶根。他认为，人的天性在原初既不是善的也不是恶的，而是通过自由的实践活动才成为善的或恶的。

费希特接着研究了行为的道德性的实质条件。第一个条件是，人的躯体是人在感性世界中实现道德规律的工具，因此，我们的职责就是为了理性的目的，从各方面保护和培养我们的身体。费希特在此提出了三条实质性的道德命令："第一条道德命令是否定性的，说明我们的躯体决不可作为最终目的加以看待，换句话说，决不可成为一种为享受而享受的客体。第二条道德命令是肯定性的，说明躯体应该永远尽可能被培养得适用于自由活动的一切可能的目的。扼杀感觉和欲求，使体力变得愚钝，是根本违背职责的。第三条道德命令是限定性的，说明任何享受如果不依据最佳的信念，与那种把我们的躯体培养得实用的活动结合起来，就是不能允许的和违背规律的。"(P.217)第二个条件是，每个人都把自己设定为追求独立性的个体，因此，我们的职责就是把别人也看作是独立的。费希特在这里强调，人作为理性存在物不可能在离群索居的状态中成为有理性的，他必须在社会中、在肯定他人存在的前提下获得自己的自由。他写道："每个人都应该在他自身以外，在他意识到的一切人当中，创造绝对的自相一致，因为只有在这种自相一致的条件下，他本人才是自由独立的。由此可见，每个人首先应该过社会生活，始终待在社会中，因为他不这么做，就决不可能创造任何自相一致，而这对他来说毕竟是绝对命令。谁离群索居,谁就放弃了自己的目的,并且道德的传播对他也就是完全无谓的了。谁在道德上只想关心自己,谁就连自己也关心不了,因为他的终极目的应该是关心整个人类。他的德行决不是什么德行,而是一种甘为奴隶、贪图报酬的利己主义。"(P.236)第三个条件是,生活在社会共同体当中的每个人都要在信念方面积极地相互作用,并且追求他们的实践信念的一致。费希特认为,假如没有共同的信念和一致的看法,则一切行为都是不可能的,也是同道德规律相矛盾的。"所以,必须按照道德规律的绝对命令,完全创造出这样的一致意见。关于人们可以怎样相互影响的协议,即关于他们在感性世界中的共同权利的协议,叫做国家契约;按照这种协议建立起来的共同体,叫做国家。与其他人结为一个国家,是绝对的道德职责。"(P.239)推翻国家是违背良心的。费希特还把一切人为了把自己的信念告诉给所有其他人的目的而组成的联合体,叫做教会即道德共同体,把一切人都赞同的东西,叫做教会的象征。他最后还谈到了学术共同体,认为学术共同体的每个成员必定摆脱了教会象征的束缚,摆脱了国家批准的法律概念的束缚,它的突出特点是思维的绝对自由和独立自主,其建构的原则是:绝对不服从任何权威,对一切事情都要立足于自己的独立思考,断然否定一切没有被自己的独立思考确认的东西。它因此是一个绝对民主的共同体。他主张国家和教会必须对学者们、对学术事业宽容,宗教导师与国家官员必须致力于人类完善的事业,他们必须比普通人高瞻远瞩,也就是说,必须是学者,必须受过某种学术教育。

最后,费希特研究了人的各类道德职责。他提出的划分职责的标准是实现道德规律的方式:就人应该成为理性的工具而言,他承担的是有条件的职责;就人应该符合共同体的要求而言,他承担的是无条件的职责。另一个标准是实现道德规律的范围:大家必须亲自完成而不得转交给别人的事情,是普遍的职责;大家可以分工合作、转交给别人的事情,是特殊的职责。把这些职责综合起来,实际上有四种职责:普遍而有条件的;特殊而有条件的;普遍而无条件的;特殊而无条件的。

就人的普遍而有条件的职责而言,道德的命令是:你要做任何按照你的最佳信念来说,能够增进你的自我保存的事情;道德的禁令是:你不要做任何按照你的意识来说,可能给你的自我保存带来危险的事情。费希特既反对轻生自杀,认为任何人在任何情况下都要为完成理性托付给自己的使命而奋斗,又主张舍生取义,而反对任何人在道德规律要求牺牲自己的生命时放弃自己的职责。

就人的特殊而有条件的职责而言,道德规律的要求是每个人都要为了理性的目的选择职业,使一切活动在共同体里得以有计划地和顺利地进行。在这里,他批评了那些无所事事和妨碍别人的人,说他们不以特定的方式致力于理性事业,是同道德规律的要求相悖的。他还反对封建等级观念,而认为每个职业阶层都在促进理性事业。

就人的普遍而无条件的职责而言,道德规律要求每个人都要正确对待别人的自由行动。费希特主张每个人要像保护自己的身体那样保护别人的身体;不能对别人说谎,把别人引向谬误,从而妨碍别人的正确行动;不能妨碍别人使用他们自己的财产,而且当别人的财产受到自然力量的袭击或不法之徒的侵犯时,每个人都有责任像保护自己的财产那样保护别人的财产。

就人的特殊而无条件的职责而言,费希特又把它分为由人在家庭中的地位规定的职责和由人在社会中的职业规定的职责。在家庭道德方面,他论述了配偶之间的关系和父母与子女之间的关系。他认为在两性为蕃衍族类而组成的家庭中,男人是主动的,女人是被动的。他虽然肯定了两性的婚姻结合具有一种使理性存在物感到尊严的性质,但认为在这种结合中女人必须把自己的生命和意志奉献给她所爱的男人,而男人则只需把她作为道德存在物加以接受。这表明他具有男尊女卑的观念。关于父母与子女的关系,费希特提出,父母都应该用自己的道德言行教育孩子,给他的自由指示伦理方向,使他成为促进理性事业的良好工具,而孩子对父母的服从乃是对于他朦胧感觉到的道德优势的服从。在子女长大成家以后,他们与自己的父母仍有一种特殊的道德关系。父母保留着不断关心子女的职责,子女保留着真心敬重父母的职责。在职业道德方面,费希特把直接以共同体为对象的活动叫做高等阶层的职业,即培养理智的学者、培养意志的神职人员、培养审美感的文学艺术家和保障法治的国家官员的职业,把为了共同体而以自然为对象的活动称为低等的职业,即农民、匠人和商人的职业。他分别说明了这些阶层的职责:学者的职责在于进行研究、修正错误和从事发明;神职人员的职责在于接受整个共同体的委托,劝导人们做有道德的人,他们代表的不是上帝而是众人,他们是劝导者而不是立法者,他们的工作就是要用自己的好榜样,唤起和增强业已普遍存在的道德意识;文学艺术家的职责是给走向道德作准备,即培养完整的、统一的人,引导人返求诸己,感到那里才是自己的家,而独立自主地站立起来。他最后指出,所有低等职业的人有两项职责:一是要完善和提高向自然界作斗争的技能,二是要注意、检验和采纳有学问的高等阶层提出的改进建议。他把高等阶层比喻为“人类这个巨大整体的精神”,而把低等阶层说成是“这个整体的四肢”,认为前者是思考和谋划者,后者是执行者。

以上所述,就是费希特《伦理学体系》的主要内容。在结束该书时,费希特表明了他的伦理学把促进人类的完善作为根本的目标。他写道:“我们人类的改善是一切伦理学的最终目的,除了指明这种改善依据的要点,我几乎无法以某种更符合目的的东西结束本书。”(P.364)

(舒远招)

谢　林

论人类自由的本质* (1809)

弗里德利希·威廉·约瑟夫·封·谢林(Friedrich Wilhelm Joseph von Schelling,1775—1854)生于德国离斯图加特(Stuttgart)市不远的莱昂贝格(Leonberg),1854年在瑞士逝世。15岁受到特许,比法定上大学的年龄(18岁)早三年提前进入图宾根(Tübingen)神学院学习神学。大学毕业后做过家庭教师,同时积极学习自然科学知识,并积极参与实验,出版了多部自然哲学研究专著,受到哲学界的瞩目,尤其获得了歌德的赏识。在歌德的举荐之下,23岁的谢林便成为德国当时的最高学府——耶拿(Jena)大学的哲学教授。1798年加入耶拿浪漫派并成为其精神领袖,其哲学被誉为浪漫主义的

---

* 原书名为 PHILOSOPHISCHE UNTERSUCHUNGEN UEBER DAS WESEN DER MENSCHLICHEN FREIHEIT UND DIE DAMIT ZUSAMMENHAENGENDEN GEGENSTAENDE。本文根据德文本(Stuttgart, Philipp Reclam jun., 1964)撰写。该书中文版由邓安庆译,香港汉语基督教文化研究所出版。

最高理论表达。此后,他致力于把自己的自然哲学与先验哲学统一起来,发展成为"同一性哲学"体系。1802 年因在医学研究上的突出成就而获得医学博士学位。1803 年因同浪漫派领袖施莱格尔之妻卡洛琳娜恋爱而带着这位"浪漫女性的典范"离开了耶拿这个德国文化中心。同年底成为威尔茨堡(Würzberg)大学教授,讲授《艺术哲学》并主编出版《科学医学年鉴》。1804 年因出版《哲学与宗教》在思想上与其早期追求的绝对理性主义决裂,向非理性宗教神学过渡,在政治上受到了天主教神学及政府的压制。1806 年离开威尔茨堡大学,成为慕尼黑(München)科学院的院士。1808 年被任命为巴伐利亚造型艺术科学院的秘书长,直至 1823 年辞职。1826 年被聘为新建的慕尼黑大学教授。1827 年 5 月被任命为巴伐利亚皇家学术档案馆总监,同年 8 月被任命为巴伐利亚科学院院长。在学术上进一步形成了自己的神话哲学和启示哲学,开始对黑格尔理性主义的逻各斯中心论展开猛烈批判。1841 年受国王之命调往柏林大学,在黑格尔派的"老窠"中展开对黑格尔主义的批判,继续讲授《启示哲学》,听讲者中有恩格斯、克尔凯郭尔、巴枯宁等各种思潮和学派的领袖人物。1842 年辞去巴伐利亚方面的职务,正式被委任以普鲁士宫廷职务。在其 79 年的生涯中,谢林既有学术上的辉煌,也有政治上的成功,在德国古典哲学家当中,尚没有第二人能像他这样获得那样多的高官职位和外界认可。

谢林一生思想多变,涉猎广泛,留下了一个又一个未完成的哲学体系,主要有:自然哲学体系,先验唯心论体系,艺术哲学体系,同一性哲学体系,神话和启示哲学体系等。如此之多的体系必然造成其整个思想的"无体系性"。其著述相当丰富,《全集》有 12 卷。主要的代表作有《关于独断主义和批判主义的通信》(1795)、《论宇宙灵魂》(1798)、《自然哲学体系初步纲要》(1799)、《先验唯心论体系》(1800)、《哲学体系自述》(1802)、《学术研究方法讲义》

(1803)、《艺术哲学》(1802—1806)、《哲学与宗教》(1804)、《论造型艺术与自然的关系》(1807)、《论人类自由的本质》(1809)、《世界时代》(1811)、《神话哲学》(1821)、《启示哲学》(1831)、《积极的哲学体系》(1832)、《哲学导论》(1833)等。其早期的自然哲学和中期的"同一性哲学"被看作是通往"绝对理性主义"的桥梁,而后期的宗教神学对叔本华意志主义哲学的兴起有着重要作用,因而谢林也被看作是通往现代非理性主义哲学的先驱。

《论人类自由的本质》一书的全名是《对人类自由的本质及其相关对象的哲学研究》。它是一部论战性著作,论战的原因是由于有人指责他的哲学是斯宾诺莎泛神论的翻版,而在这样的泛神论中是不存在自由的。因此,谢林强调:(1)他的哲学并非斯宾诺莎意义上的泛神论;(2)哲学的灵魂就是自由,他的哲学必然也是追求自由的;(3)人类自由的本质在于整个人类世界和自然世界的根基——神,是自由的,人从上帝的这个本质根基里获得自由的能力,人的自由表现为人既可为善也可为恶。整部著作围绕世界的神性基础(以此说明整个世界的自由根基)与恶的关系(只在人类之中才出现恶,那么恶是否在上帝之内有其根源)这一核心论题展开。由于它所涉及的两个重要伦理学问题——自由意志和恶的起源及实现途径,都是在基督教神学视野中来处理的,因此它被视为基督教伦理学的经典之作,尤其是谢林把恶同上帝联系起来考察,继奥古斯丁的《论自由意志》之后将西方基督教伦理学研究推进到一个新的高度。从一定意义上说,谢林的这种研究也是对西方伦理学的一种重要补救,因为此前的西方伦理学总是着重研究善,而不注重研究恶,不注重挖掘人性深处的恶。下文将按照原书的顺序介绍其主要内容。

一、对两种错误观念的批判

有一个并未销声匿迹的古老说法，总以为自由与体系从根本上是不相容的，并且认为每一种追求统一性和整体性的哲学都走向了对自由的否定。谢林认为，对于这一信条是不能轻易反驳的，但它即使说的是事实，也很平常。因为它只是看到，体系概念一般地是同自由概念相冲突的，但却未能看到另一面，即个体自由无论如何都是与世界整体相联系的，况且，无论何种体系、整体，至少在神的理智中，自由必定是与神共存的，特别是在哲学家当中更是常有这种主张。

类似的错误观念在下面这句话中得到了更为确定的表达：理性的唯一可能的体系是泛神论（pantheismus），但这种泛神论不可避免地是宿命论（fata1ismus）。谢林说，泛神论"诚然同宿命论有含义上的联系，这是不可否认的，但它们并非因此就有本质上的联系"①。我们是否可以找到别的出路，既能证明人存在于神之内，其活动是从属于上帝之生命的，又能证明人并非因此就是宿命地完全依附于上帝而无独立的自由；相反，他是有自由的，并能以其自由在上帝之内获得拯救。这便是随后要阐明的主要思想。

还有一种对泛神论的解释，就是说，泛神论在于把神与万物看作是完全等同的，但对于万物与神的整体差异，这在斯宾诺莎学说中业已存在的东西，却几乎未被考虑。造成这一语义混淆的原因，在于对同一律或者判断中系词之意义的普遍误解。A 是 B 这个判断所表达的，不可能是主语（A）和谓语（B）的等同性，而只是它们的一致性，或者它们的直接联系，这是可以让小孩也明白的道理。斯宾诺莎的泛神论把神等同于"自因"即在自身之内存在并仅仅从

① 谢林：《论人类自由的本质》。中译本第 48 页。下引此书，只注页码。

自身而被理解的东西,而万物必然地是在他物中存在、只能从他物才能被理解的东西。因此,神与万物仍然是有本质性差异的。这种泛神论取消了万物的独立性(即确认了万物依附于神并存在于神之内)。但有依附性的东西,并不能就说它完全没有自由性。因为依附性取消的是独立性,而并不从根本上取消自由。"因此,斯宾诺莎必定是出于一个完全不同的理由并出于某种独立的原因才是宿命论者。他的体系的缺点决不在于他把万物置于神之内,而在于万物都是神……所以他完全是以决定论的方式而不是泛神论的方式,反对自由的。"(P.60)

在谢林看来,人们之所以误解斯宾诺莎,是因为那个在法国无神论中达到臭名昭著的顶峰的机械论思维方式,曾经占据着几乎所有人的头脑,在德国,甚至也有人把它看作是真正的和唯一的哲学。他认为,当时的哲学只有通过唯心主义才得以提高,也只有在唯心主义中才能真正从事哲学研究,因为只有唯心主义才主张一切现实的(自然、物的世界及人的世界)都以活动、生命和自由为基础。但是,为了证明人的自由仅仅靠唯心主义是不够的,认为只有通过唯心主义才能扬弃和否定泛神论或许也是个错误。

二、探究自由本质的困境和理论前提

机械唯物主义与自由无关,而单靠唯心主义却又无济于事,甚至从前的神学唯心主义也都未能对人类自由的本质作出令人满意的解答。因为一般唯心主义只提供了一个抽象而形式的自由概念,神学唯心主义虽然说明了神或上帝是绝对自由的,是一切自由的基础,但是,对于人类而言,最为实在和生动的自由概念,是一种既可为善、亦可为恶的能力,更正确地说,实质上就是一种为恶的能力。因为人仅能为善,从神学立场看,非但不能说明人是自由的,反而完全可以说人是受完善的上帝所决定的。只有为恶的能力,才真正表现出人的活生生的自由。但对于这一自由概念,神学唯心主义是不可证明的。因为如果承认了人的自由是一种为恶的能力,那么它就必定具有一种不依赖于上帝的根源,从上帝的绝对自由来说明人的自由本质这条路就无法走通。而若在上帝之外寻找自由的根源,其困难是同样的,因为一切都在上帝之中,有什么绝对自由的东西能在上帝之外呢?

要解决这一困境,必然要使神学唯心主义建立在把唯物主义与唯心主义真正统一起来了的"同一性"(identitaet)哲学基础之上。因为唯物主义如果不同充满精神的唯心主义结合,就会是粗俗的,而唯心主义如果不以一种充满活力的唯物主义作基础,将会永远是个空洞抽象的体系。"唯心主义是哲学的灵魂,唯物主义是哲学的肉体;只有两者结合起来,才能构成一个有生命活力的整体。"(P.68)这种新的"同一性"哲学即是把唯物主义的"现实"原则和唯心主义的"理想"原则结合起来的"现实—理想主义"(real - idealismus),这也就是人们通常所说的谢林的"客观性唯心主义"。当然,这种理论框架要真正说明自由的本质,即说明恶如何体现出人的实在的自由能力,必然要进一步融入到一种新的神学基础之上。既然人类自由的本质问题实质上是同恶的根源问题连在一起的,那么要探究人类自由的本质,就得发掘恶的根源。恶与上帝究竟有何关系呢?

既然在基督教神学视野中,没有什么东西能存在于上帝之前或之外,那么,"恶"也同样不能存在于上帝之前或之外,但如此一来怎样说明上帝与恶无关、恶只是人的自由能力呢?人的自由难道不是源于上帝吗?人既为上帝所造,是上帝的摹本,那么,或者上帝容忍人间有恶存在(恶是上帝所造之人的自由能力),那么上帝就不能因人的罪恶而惩罚人;或者上帝也无力制止恶在人间存在,那么他的万能就无从体现。所有这些均表明:人的自由问题、恶的根源问题是基督神学不可回避的重大理论问题。

要解决这个问题，谢林认为，必须采用一种新的神学二元论(dualismus)，把上帝本身和上帝实存的根基(grund)明确区分开来：上帝是最先的存在，一切存在均在上帝之内，因此，上帝只能在其自身之内拥有其实有的根基，这个根基，不是绝对地自在自为的上帝本身，仅就它是实存着的而言，是上帝之内的"自然"，一个虽然同上帝不可分离但确有区别的本质。有限事物(包括人)为了能够同上帝区别开来，只能在一个与上帝判然有别的根基中生成，但在上帝之外不可能存在任何东西。"那么这个矛盾只能通过这种办法来解决，事物的根基，在上帝自身之内但不是他自己的东西中，亦即在上帝实存的根基之中。"(P.71)这就是说，有限事物的生成基于上帝之内的根基，但并不基于上帝自身。谢林认为，这是唯一合理的二元论，只有通过这个二元论，才能合理地说明恶的起源，说明人的自由是如何实现的。

三、恶的可能性

通过上述二元论，谢林使世界在本质上与上帝区别开来，即"世界"不是源出于上帝本身，而是源出于上帝的根基，因而是展现出来的上帝的根基(上帝的"自然")。或者按照谢林后来的著作中的说法，"上帝的根基"只是上帝中的"低级面"，是上帝中的"黑暗面"。上帝本身不是这种"低级面"，而是"光明面"和"精神"。在此，谢林按照其"现实—理想主义"区分了上帝之内的两种不同的原则：一个是黑暗的原则，自然性是在上帝之内但又不是上帝本身的那个黑暗的、无理性的原则，是上帝中现实的方面；除此之外，在上帝中还存在着理想的、精神的高级面，它是作为上帝本身的光明、理性以及充满一切的爱的原则。

通过这两种原则的划分，谢林拒绝了泛神论，因为世界与上帝本质上是不同的。同时又为说明恶与上帝的关系找到了一条出路。一切都内在于上帝,连恶也不例外。但光明(理想)原则和黑暗(现实)原则并不直接等同于善与恶的对立。善不是纯粹的光明,恶也不是纯粹的黑暗,因此,上帝并不是包容善与恶的同一体。同样,世界与人虽然源出于与那个上帝本身本质上不同的他的根基(黑暗的自然),但人之作恶也并不是说人有自然性、有动物性(animalitaet),人能为善也不是说人有精神、有理智、有理想。实际上,在人类中,黑暗的力量和光明的力量都达到了高度的发展。在人之中既有着最深的深渊(abgrund),也有着最高的天空。恶在上帝的自然性中有其根源,但"自然"本身不是恶(上帝因此无须为人类中的恶承担责任),在上帝之内,理想原则与黑暗原则是无区别的、不可分的,而在人类之中,它们则区别开来,分离开来,甚至是相互冲突的,这便是善与恶的可能性。

谢林着重研究的是恶的可能性。通过从上帝的自然根基中提升出来的这两个原则,人与上帝区别开来了,人有了他的自性(selbstheit)。这种自性通过与理想原则的统一而成为精神,正是这种有自己特殊性的精神(同上帝有区别的精神)构成了人格(persoenlichkeit)。这种人格精神又是在完全的自由中洞见自己本身的意志,不再是在自然中进行创造的普遍意志之工具,它是高于或外于一切自然的。因为自然是精神,所以不受两种原则束缚,但又由于它不是永恒的爱的精神,因此在人的意志中也就存在着一种作为精神的自然同光明原则的离异,它作为源自根基的黑暗原则的高涨,成为统治的主宰,这便是恶。谢林说:"人的意志可被看作是各种生命力的联盟,只要它本身同普遍意志仍然是统一的,那么它的那些生命力也就都处在上帝的法度之内并同等重要。但是人们这个本己意志(eigenwille)在中心之外就错位了,诸生命力的联盟也因此而弱化了……但正因为如此,它就不会是真实的生命,除非它只能存在于本源的关系中。所以,虽然形成了一个本己的(生命),却只是一个虚假的和谎骗的生命,一个骚动的和堕落的赘瘤。

在此以病态作比喻是最贴切的,它作为因误用自由于自然而导致的无序,是恶或原罪的真实摹本。”(P.80)

在这里,谢林强调,恶之所以产生,是因为人的本己意志在脱离上帝的中心之后,黑暗原则与光明原则相分离,而且黑暗原则成为统治光明的原则,本己的特殊意志上升为统治普遍意志的意志。恶是一种病态的、虚假的生命。但同时,他又强调,这种恶既不是人的一种偶然的缺乏和过错,因为它在上帝的自然性中有根基;也不是人被动地受黑暗原则的支配,而是人主动地脱离上帝的中心,高扬自我的本己意志而形成的,因此是一种带有必然性的积极力量。之所以说它是一种积极力量,是因为在一切可见的生物中,只有人这种最完善的造物才有作恶的能力,它是人在上帝之外的一种选择能力,是人的自由意志的表现。

四、人神关系及人类救赎的希望

恶虽然在上帝之内有其“自然”根基,但只有在造物中才变成现实,而人处在造物的顶峰,在其内部拥有为善为恶的自动源泉。那么,上帝为什么容忍恶在造物中变成现实?在世界中,人与上帝处于何种关系中?

谢林对这些问题的解答仍然立足于上帝本身与上帝根基的二元区分。上帝本身作为精神(圣灵)是最纯粹的爱,在这种爱中决不可能有一项恶意志(ein wille zum boesen),但上帝的存在也需要有其根基,根基的意志和爱的意志是两种不同的意志,每一个都是自为的。爱的意志既不能抗拒也不能取消根基的意志,因为否则它必定是与自己本身(本性)对抗的。况且,任何对立面都是互为对立又互为条件的,没有根基意志的作用,爱的意志就失去了存在的可能;同样,正像光明只有通过黑暗而显现出来一样,爱也仍然只有通过根基才表现出上帝的万能。因此,上帝为了把自己(作为爱或圣灵)启示出来,必定要容忍根基的作用。所以"放任根基发挥作用,这是唯一能够想象的纵容(zulassung)概念"(P.91)。

由于根基的意志和爱的意志处于这种互相对立而又互为条件的关系中,世界和人的存在便有了可能:上帝要启示自己,必定是把自己启示在与自己不同的东西中(完全相同就不用启示),同时又要把自己启示在与自己相似的东西中(完全不同也无法启示)。随着第一次造化,根基的意志(自然)和爱的意志(精神)也一同来到世上。只不过,它们在上帝之内是不可分离的,而在世上,即便是在人身上也是可分离的。在自然中,两种意志的对立表现为黑暗与光明的对立,而在人之中则表现为自然(根基)与精神的对立。人因其精神而出于自然又高于自然,因为精神毕竟高于光。世界的沉沦性就表现在精神(圣灵)下降为光显现在自然中;无限的神下降为有限的人,而人也不是由其高级面——精神、理智所主宰,相反是由其低级面——根基的意志、自性所主宰。因此,随同上帝的第一次造化,"现实"与"理想"处于尖锐的斗争中,来自根基的"现实之力"异常强大,破坏了固有的平衡,所以,恶在第一次造化中就被激发出来了。人的原罪事实上就是人的根基意志(自然)第一次自由地表现其"自性"的开端。在谢林看来,原罪非但不是灾难,而且是真正促成历史及其运动得以可能的可能性。恶也因此而变成为一个必然的历史范畴。整个历史的存在,就是光明与黑暗斗争的不同级次(potenz)的展现。史前时期是以黄金时代开始的,现在,人类只还在传说中保留着对这个时代的微弱的记忆,这是一个极其幸运的浑然不分的时期,在那里既没有善也没有恶;随之而来的是诸神和英雄主宰的时代,或者是自然万能的时代,在这个时代里,自然根基自为地能够表现出它能做什么,从大地涌流出来的神谕(orakel)之力起着主导作用并构成一切的生命,直到在根基中起作用的原则终于作为征服世界的原则出现时,才为这个丰富的世界奠定了基础。但是,由于黑暗的自然根基从未能够为自己创造出完善的统一,各种现实的力量相互对立和冲突,根基的意志显露出恶魔般的狰狞本性,终于导致了足以摧毁古代世界基础的危机,正像创世之初的洪水淹没了洪荒时代的一切造物一样。因此,人类历史的世界需要第二次造化,这种造化即是使人从其低级次向高级次的提升,最终成为最高级次的人——神人(即基督)。整个人类的生存和造化就表现为这种向其最高级次的攀登。这便是人类救赎的希望。

在这里,谢林把黑暗—光明的形上学升华为他的基督学,自然王国的"现实的"和"理想的"东西在历史中变成了人格的力量:"现实的"就成了撒旦(Satan),而"理想的"上升为基督(Christ)的存在。他的基督观是独具特色的。他认为基督不是从天而降,而是从世界的根基里上升而来的。人的一切伟大之处均是"从上"而来,是被施舍于他的,亦即,都是上帝的恩宠。上帝之所以恩宠于人,因为人是他的摹本,是他的诸强力的展现,因此人始终是为上帝所爱怜的。基督之所以能把人类引向拯救之途,乃在于他既具有人性又具有神性,因而是人与上帝的中介。作为这种中介,基督是"高级的精神之光",是"存在中的逻各斯"。他不是恶的战胜者,而是作为"理想的东西"与根基的强大力量顽强地抗争从而把沉沦了的存在再次带进光明之中去的"人"。基督作为高级精神之光的诞生,目的在于对抗个人的和精神的恶,以便在最高的阶梯上重新建立与上帝在造化上的联系([法]rapport)。"因为只有人性的东西才能拯救人,上帝必须变成人(mensch),人因此才能再次走向上帝(zu gott komme)。随着根基与上帝的联系的建立,才又一次给予了救治(拯救)的可能性。"(P.96)

五、对自由的本质规定

自由的行为直接来自人的理智(intelligibeln),但理智的行为必然是被决定的行为,尽管不是受外在的东西决定(这同理智的本性相矛盾)而是由其本质、本性决定的。所以,理智的生灵,确实只能完全自由地和绝对地行动,确实只能按其自己的内在本性行动,或者说,这种行动只能出自它的内心,只是按照同一性的规律并以绝对必然性作出的,只有这种绝对必然性才是绝对的自由。而具体的行为,出于自由本质的内在必然性,因此其本身是必然地发生的,只是这种必然性不是如同经常出现的那样,而必定同立足于强迫的、经验的必然性混在一起。

根本说来,人的本质就是他自己的行动。必然与自由作为同一个本质相互内在,只是从不同的方面来看,这同一个本质才表现为这一个或另一个。自在的自由,就是形式的必然。每个人,只要他注视自己,就不得不承认,他不是偶然地或者任意地是善的或恶的。恶,决不是被迫发生的,而是人有意地、在不违背他的意志的情况下作出的。犹大(Judas)成为基督的告密者,既不是他自己也不是一个造物者所能改变的,并且他不是被迫地而是故意地带着充分的自由去告密的。善也处在同样的情况下,它不是偶然地或任意地是善,人也很少被迫为善。虽说人的行为必定是为永恒性所决定的,但若认为这种永恒性就是天意,并因为这种天意,一些人天生注定要被罚下地狱,而另一些人则天生注定要升入天堂,那么这就取消了自由的根基。谢林表示,他也坚持某种命定论,但是在完全不同意义上的命定论,即人是为永恒行动所造且造在创世的开端,其本性是永恒而自由的。

《论人类自由的本质》尽管晦涩难懂,其许多闪光的思想只有一些不明的暗示,但依然具有不可忽视的意义。它标志着谢林同其以往的绝对理性主义哲学的公开决裂,为非理性主义哲学(尤其是意志主义)的兴起奠定了一块基石。它在基督教神学和伦理学中恢复了人格的上帝,且带有浪漫情调地把上帝理解为充满生命活力的具有强大意志力的上帝。它发掘了人性的深度根基,使恶成为伦理学的主题。它对后世的某些哲学家(如叔本华、海德格尔等)产生过明显的影响。

(邓安庆)

黑格尔

法哲学原理* (1821)

格奥尔格·威廉·弗里德利希·黑格尔(Georg Wilhelm Friedrich Hegel,1770—1831)生于德国的斯图加特(埃贝哈德街53号)。1777年进文科学校就读。1788—1793年,在图宾根神学院学习。大学毕业后,在瑞士和德国一些地方做了多年家庭教师。1800年底,在其大学同窗谢林的推荐下,在耶拿大学谋得一个编外讲师之职。1807年,在班堡做过报纸编辑。1808年11月始,他担任纽伦堡文科中学校长。1816—1817年,任海德堡大学教授。1818年,被普鲁士国王聘为柏林大学教授,主持哲学讲座。1830年被任命为柏林大学的校长。1831年死于霍乱。

黑格尔是西方哲学史上一位非常重要的大哲学家。他的哲学,不仅是德国古典唯心主义哲学的顶峰,而且是整个西方古代和

* 原书名为GRUNDLINIEN DER PHILOSOPHIE DES RECHTS。本文根据中译本《法哲学原理》(范扬、张企泰译,北京,商务印书馆,1961年)撰写。

近代哲学发展的系统总结。就其对后世的影响而言,他的哲学(主要是辩证法的“合理内核”)不仅是马克思主义哲学的极其重要的思想来源之一,而且事实上构成了整个现代西方哲学发展的“源头”。在某种意义上可以说,现代西方不同的哲学派别,都是从“反叛黑格尔”开始的。

黑格尔构造了一个庞大的、包罗万象的哲学体系。按照他的观点,理念(又称理性、概念或者上帝)构成了整个世界的本质,是世界万物的主宰。因此,哲学也就是对于理念的认识,换言之,是理念对于自身(通过人)的自我认识。理念是发展的,在它还没有“外化”为自然以前,它是纯粹的逻辑的理念。这种纯粹的理念通过发展而“外化”为自然,成为“自身外在的理念”。这种自身外在的理念又经过一系列“精神”领域中的发展,最后回复到自身。相应于理念发展的这三大阶段,黑格尔的哲学也分成三大领域:(1)逻辑学,研究理念本身或研究理念的自在自为的科学,包括存在论、本质论和概念论三部分;(2)自然哲学,研究自身外在的理念或自然的科学,包括力学、物理学、有机物理学三部分;(3)精神哲学,研究理念由“他在”而回复到自身的科学。精神哲学又分为三大部门,一是主观精神,分灵魂、意识、心灵三个环节;二是客观精神,分抽象法、道德和伦理三个环节;三是绝对精神,分艺术、宗教和哲学三个环节。哲学是理念的最高的自我认识。在黑格尔哲学中,自然哲学和精神哲学实际上是逻辑学的“应用”,是“应用逻辑学”。

黑格尔的著作是同上述庞大的体系相对应的。一般认为,他于1807年完成的《精神现象学》标志着他的哲学体系的初步建立。马克思曾指出《精神现象学》是“黑格尔哲学的真正诞生地和秘密”。1812—1816年,他的《逻辑学》(通称“大逻辑”)分三册出版,该书全面地论述了辩证法的一般发展规律。1817年,他出版了关于他的客观唯心主义体系的最重要的著作《哲学全书纲要》。这部著作分为“逻辑学”(通称“小逻辑”)、“自然哲学”和“精神哲学”三部分,全面地、系统地论述了他的唯心主义哲学体系。事实上,他的所有其他著作,都可按其内容分别隶属于《哲学全书》的某一部分。黑格尔逝世后,他的门徒根据他遗留下来的提纲、讲义以及学生们的听课笔记,整理出版了《历史哲学讲演录》、《美学讲演录》、《宗教哲学讲演录》、《哲学史讲演录》等著作。

黑格尔的《法哲学原理》是在他担任柏林大学教授时于1821年正式出版的。这个时期,是黑格尔一生中在政治倾向上最保守的时期,他的哲学也正式成为当时的"官方哲学"或"国家哲学"。在《法哲学原理》中,他一方面把普鲁士国家神圣化、合理化,说君主权是"以神的权威为基础的","自由"在德国已"得到了实现"等等;另一方面反对人民群众的革命,说人民群众是一团"没有定型的东西",革命是"完全自发的、无理性的、野蛮的、恐怖的",由此认定对于如此"合理"的德国"现实",只可改良,不应革命。在该书序言中,黑格尔提出了著名的命题:"凡是合乎理性的东西都是现实的,凡是现实的东西都是合乎理性的。"① 这个命题集中表达了他的政治思想。黑格尔的这个命题虽然有保守的一面,特别是"凡是现实的都是合乎理性的"这个论断,可以说是为当时普鲁士国家的现实进行论证和辩护的,但是,这个命题的前半部分,也具有革命性的一面:它肯定合理的即合乎必然性的东西,是一定要成为现实的。正如恩格斯所说,按照黑格尔的思维方法的一切规则,"凡是现实的都是合理的"这个命题可以变成另一个命题:"凡是现存的,都一定要灭亡。"② 当然,黑格尔本人并没有像恩格斯那样直接得出这样革命的结论,他的结论是温和的:对普鲁士制度作微小的改良,实行等级制的君主立宪。

在黑格尔整个哲学体系中,《法哲学原理》基本上是他的《哲学

① 黑格尔:《法哲学原理》,第11页。下引此书,只注页码。
② 《马克思恩格斯全集》第4集,人民出版社1995年版,第216页。

全书》中第三部分“精神哲学”中第二环节“客观精神”论的发展、发挥和补充。这就是说,在黑格尔哲学中,“法哲学”就是关于“客观精神”的哲学。他所谓的客观精神,就是社会意识,包括群体意识、民族精神、时代精神等等,其范围是很广的。在《法哲学原理》中,黑格尔不仅仅讲法、权利,而且讲道德和伦理,特别还讲到家庭、市民社会和国家。最后还涉及到“世界历史”,作为发展到“历史哲学”的准备。具体来讲,《法哲学原理》一书分为三篇:第一篇“抽象法”,第二篇“道德”,第三篇“伦理”。其中“抽象法”又包括“所有权”、“契约”、“不法”三章;“道德”包括“故意和责任”、“意图和福利”、“善和良心”三章;“伦理”则包括“家庭”、“市民社会”、“国家”三章。

黑格尔是从人的意志自由出发来理解法的。在他看来,自由(freiheit)是意志(wille)的同义语,有意志必有自由。“自由是意志的根本规定,正如重量是物体的根本规定一样。”(P.11)既然人人都有意志,那么人人都有自由。法,就是“自由意志的定在”(dasein,中译为“定在”、“此在”等,在此可作“实现”解),或者说,是“作为理念的自由”(P.36)。抽象法、道德和伦理这三个环节,每一个都是特种的法或权利,都是在不同形式和阶段上自由的体现,较高的阶段比前一阶段更具体、更真实、更丰富。在抽象法的阶段,只有抽象的形式的自由;在道德阶段,有了主观的自由;伦理阶段是前两个环节的真理和统一,也就是说,在伦理阶段,自由得到了充分具体的实现。

《法哲学原理》的第一篇“抽象法”主要是论述通常意义上的法律问题,而没有涉及道德问题。按照黑格尔的看法,所谓抽象法,其实就是人人都一般地、自在地享有的权利(德文 recht 具有法、权利、正当等多种语义)。同样,《法哲学原理》的第三篇“伦理”也不是论述通常意义上的道德问题。黑格尔在这里确实用了“伦理”这个概念,但是我们必须注意到,他的“伦理”概念与人们通常使用的伦理概念有着完全不同的含义。“道德和伦理在习惯上几乎是当作同义词来用,在本书中则具有本质上不同的意义。”(P.42)黑格尔这里所说的“伦理”,是指“抽象法”同“道德”的统一,是指善在反思着的意志和外部世界中获得了实现,或者说,是指“作为实体的自由”不仅作为主观意志而且也作为现实性和必然性而实存。在“伦理”篇中,黑格尔论述了家庭(自然精神)、市民社会(自然精神的分裂)和国家(既是普遍的又是客观的自由)。因此,我们要了解《法哲学原理》一书对通常意义上的道德或伦理问题的阐述,只能着重把握其第二篇“道德”。

在“道德”篇的总论部分中,黑格尔指出,道德(sitte)是由扬弃抽象形式的法发展而来的成果,是法的真理。它其实也是一种法,一种具有特殊规定的内心的法(“主观意志的法”)。“按照这种法,意志承认某种东西,并且是某种东西,但仅以其某种东西是意志自己的东西,而且意志在其中作为主观的东西而对自身存在者为限。”(P.111)换言之,道德是自由之体现在人的主观内心里,道德的观点就是“自为地存在的自由”。道德的意志是“他人所不能过问的”。黑格尔还指出,意志作为主观的或道德的意志表现于外时,就是行为。始终贯彻在行为中的就叫做目的,目的要通过一系列的道德行为或阶段才能最后达到。目的是主观意志与自由观念的统一。当然,只有到了伦理阶段,目的才能真正完成。因此,在道德阶段,包含一种不断的要求,包含一种不断的应然,于是,在道德意志与外部世界之间就存在着不断的紧张状态和一定的距离。

黑格尔认为,道德由“故意和责任”、“意图和福利”、“善和良心”等环节构成。这三个环节也就是“道德”篇所包含的三章。

一、故意和责任

在这一章,黑格尔首先指出,人的行为往往包含着“故意”(absichtlichkeit)。由于行为是故意的,因此当它造成外部事物("目前定在")的变化时,这种变化了的事物便带有"我的东西"这一抽象谓语。而由于意志的行为是故意的,因此,"意志一般说来对其行动是有责任的"。"凡是出于我的故意的事情,都可归责于我,这一点对犯罪来说是特别重要的。"(P.118)

黑格尔进一步指出,我不仅要对自己故意作出的行动负责,而且要对我的"所有物"负责。如果我的所有物对他人造成了损害,那么,这即便不是我自己的作为,其损害也多少应当由我负责。"因为那些物根本是我的,而且按其独特的性质多少是受到我的支配和注意的。"(P.118)

道德意志只承认对出于它的意向或故意的行为负责。"我的意志仅以我知道自己所作的事为限,才对所为负责。"(P.119)黑格尔以希腊悲剧中俄狄普斯为例。俄狄普斯杀了他的父亲,但因他完全不知道他所杀的人是他的父亲,所以他在道德上就没有责任,不能指控他犯有弑父罪。

黑格尔看到,人的行为,往往会引起一连串的甚至意想不到的后果。他认为,按照意志的法,意志只对最初的后果负责,因为只有这最初的后果是包含在它的故意之中的。意志不应当对它事先没有预料到的其他后果负责。他一方面承认,后果与行为是不能分的,所以行为既不能否认也不能轻视其后果,另一方面又强调指出有些后果,可能是"从外面侵入的东西"或"偶然附加的东西",这些东西与行为本身的本性无关。他认为,如果一个人的行为造成了比较严重的恶果,他确实得对这些后果负责。但是,他同时认为,在考虑责任(verbindlichkeit)问题时,必须把事先能够预料到的后果同其他"从外面侵入"的后果区别开来。

黑格尔最后指出,像俄狄普斯这样的古代悲剧英雄,其自我意识还没有从它的天真中走出,达到反思,以区分无意识的行动与有意识的行为,区分外部事件与故意及认识,也没有达到对后果作出分析，“而竟接受了对行动的全部范围负责”。不过，正是从俄狄普斯式的英雄的这种自我意识中，黑格尔看到了由故意向意图过渡的可能性。黑格尔说，虽然我只能对“属于我的表象的东西”、对我所知道的事况负责，但我必须意识到，我的任何个别行为，都具有普遍的性质。这就是说，“即使我只造成个别的、直接的东西，但是有一些必然的后果是同每一种行为相结合的，这些后果就构成了包含于个别的直接的东西中的普遍物”(P.121)。

二、意图和福利

意图是从故意过渡而来的。一个思维着、意愿着的主体(人)决不能故意做一件事或设想一个目的，而不把他的故意和目的普遍化并因而加以提高。因为要设想一个目的就不能不考虑到手段和后果，也不能不考虑这行为对自己、对别人的福利，这样，故意就成为“意图”(absicht，又译“动机”)。黑格尔说：“出自一个能思维的人的故意，不仅包含有单一性，而且实质上含有上述行为的普遍方面，即意图。”(P.122)

同故意一样，意图或动机具有主观性。“意图的法在于，行为的普遍性质不仅是自在地存在，而且是为行为人所知道的，从而自始就包含在他的主观意志之中。”(P.123)由于这种主观性，因此人必须对出于自己意图的行为负责。当然，儿童、白痴、疯子等等，可以不对自己的行为负责或只负部分责任。而一切具有正常的思维能力和自由意志的人，则不能推卸自己的责任。

虽然行为具有普遍的性质，但是，主体(人)的任何行为，毕竟又是在主体特殊的目的(意图)支配下进行的，这种特殊的目的构成了行为的灵魂并给行为以规定。黑格尔举例说，杀人是普遍物，但是一个人之所以杀人，肯定还有其特殊的目的，他决不会为杀人而杀人。假如杀人是出于他好杀成性，那么，这种好杀成性就已经是他的“肯定内容”,他杀人的行为就是为了满足他的欲求。

人的一切行为都是有目的的,或者说,是受一定的意图或动机支配的。任何一个具体的目的总是有限的,它本身既是目的,但也可以成为下一个意图的手段,而下一个意图又可以成为再下一个意图的手段,“如此递进,以至无穷”。人为什么会愿意为某些事进行活动?是因为他对这些事物感兴趣或应感兴趣。他的行为的目的,说到底是同他的“兴趣”、“爱好”相关的。黑格尔认为,所谓福利(wohlfahrt)或幸福(gluecklichkeit),其实就是人的需要、欲望、倾向、热情、私见、幻想等等的满足。可见,他是从人是生物有机体、人天生就有许多需要和欲望这一生物学事实出发来理解人的福利或幸福的。他问:人们是否有权给自己设定未经自由选择而仅仅根据主体是生物这一事实的目的?他的回答非常明确:“人有权把他的需要作为他的目的。”(P.126)在他看来,满足需要的生活决不是什么可鄙的事,而需要的满足就是福利或幸福。

黑格尔在这里所讲的福利,主要指个人的福利。他认为个人的福利是特殊的,不同于普遍的福利或国家的福利。个人的特殊福利相对于这种普遍的、国家的福利,是“次要的环节”。因此,他只是在“伦理”篇中,才论述这种高于个人特殊福利的国家福利。当然,他也指出,个人的特殊福利也涉及到“普遍物”。当我们谈论“他人的福利”、“一切人的福利”的时候,我们就已经涉及到福利的普遍性了。

黑格尔在论述意图和福利的这一章里,特别强调了人的内在动机(意图、目的)与外在行为(结果)的统一。他说:“主体就等于他的一连串的行为。然后这些行为是一连串无价值的作品,那么他的意志的主观性也同样是无价值的。反之,如果他的一连串的行为是具有实体性质的,那么个人的内部意志也是具有实体性质的。”(P.126)从动机与行为(后果)的统一出发,他一方面批判了以单纯的动机纯洁来为罪恶行为辩护的看法,另一方面又批判了所谓“心理史观”。这种心理史观往往只从意图和动机即心理方面去揣摩英雄人物的行为,去鄙视和贬低一切“伟大事业和伟大人物”。例如说:马丁·路德之倡导宗教改革,其动机是为了想和修女结婚,或者说某一历史事件或一场大战之发生,是由于某些伟大人物之好荣誉或有野心等等。黑格尔认为,这种所谓的“心理史观”,是一种“仆佣的心理”,而对于仆佣来说,“根本没有英雄,其实不是真的没有英雄,而是因为他们只是一些仆佣罢了”(P.127~128)。黑格尔还对人们“立大志就够了”的观点提出了批评。他认为仅仅“立大志”还不够,还必须“成大事”,否则这种志向就等于零。“单纯志向的桂冠就等于从不发绿的枯叶。”(P.128)

在这一章的结束部分,黑格尔还论述了福利同法的关系。他强调指出,任何特殊的个人福利,都不能同法相矛盾。“不论是对我的还是对他人的福利的意图——人们特别称后者为道德的意图——都不能成为替不法行为作辩解的理由。”(P.128)他举例说:圣克利斯偷了皮鞋替穷人制鞋,其行为是道德的——它出于道德的、为别人福利着想的意图,但毕竟是不合法的,从而是“不能容忍的”。如前所述,黑格尔认为法是自由意志的“定在”。福利不能同法相矛盾,其实也就是不能同自由相矛盾。他说:“面对着自由这一更高领域,生命已非必要。”(P.129)当然,黑格尔并没有简单地认定法在任何情况下都比生命有更高的价值。当生命遇到极度危险而与他人的合法所有权发生冲突时,它有主张紧急避难的权利。生命,作为各种目的的总和,具有与抽象法相抗衡的权利。“好比说,偷窃一片面包就能保全生命,此时某个人的所有权固然因而受到损害,但是把这种行为看作寻常的偷盗,那是不公正的。一个人遭到生命威胁而不许其自谋所以保护之道,那就等于把他置于法之外,他的生命既然被剥夺,他的全部自由也就被否定了。”(P.130)

黑格尔认为,紧急避难昭示着法和福利都是有限的,因而是具有偶然性的。法是自由的抽象定在,而不是特殊人的实存;而福利是特殊意志的领域,缺乏法的普遍性。只有法和福利的统一,才构成了善。

三、善和良心

黑格尔认为,善(Gut)是福利和法的统一,是一种合法的福利,或者以福利为基础的法。福利没有法不是善,同样,法没有福利也不是善。在善的理念中,福利不是作为单个特殊意志的定在,而只是作为"普遍福利","本质上作为自在地普遍的即根据自由的东西,才具有独立的有效性"(P.132)。善,把抽象法、福利、认识的主观性和外部定在的偶然性,都作为独立自主的东西扬弃掉了。"所以善就是被实现了的自由,世界的绝对最终目的。"(P.132)

对于人的主观意志来说,善作为合法的福利是绝对本质的东西,而主观意志仅仅以在见解和意图上符合于善为限,才具有价值和尊严。主观意志与善的关系是:善对主观意志来说是实体性的东西,是主观意志的真理,主观意志应以善为目的并使之全部实现;从善的发展说,善也只有以主观意志为中介,才进入到现实,善缺乏主观意志本身就是没有实在性的抽象。黑格尔认为善的发展经历了三个阶段:"(1)善对我作为一个需求者说来,是特殊意志,而这是我应该知道的;(2)我应该自己说出什么是善的,并发展着善的特殊规定;(3)最后,规定善本身,即把作为无限的自为地存在的主观性的善,予以特殊化。这种内部的规定活动就是良心(gewissen)。"(P.133)

黑格尔强调指出,善绝对地只有在思维中并只有通过思维而存在。他坚决反对那种认为思维不能认识真理、思维有害于善良意志的观点,认为这类成见"从精神中取去了一切理智的伦理性的价值和尊严"。他对善依存于思维的强调使我们易于联想到苏格拉底德性即知识说。

从善同主观(特殊)意志的关系出发,黑格尔论述了义务。由于善对特殊主体的关系是成为他的意志的本质,从而主体的意志简单明了地在这种关系中负有义务。他说:“由于特殊性跟善是有区别的,而且是属于主观意志之列,所以善最初被规定为普遍抽象的本质性,即义务(pflicht);正因为这种普遍抽象的规定的缘故,所以就应当为义务而尽义务。”(P.136)在他看来,着重指出义务的这种意义,是康德的实践哲学的功绩。从抽象的意义上说,所谓义务,就是行法之所是,并关心福利——不仅关心自己的福利,而且关心普遍性质的福利即他人的福利。当然,这种抽象的义务要想实现,还必须得到特殊化的、具体的规定。

黑格尔在这里批评了康德义务论的形式主义倾向。他认为,康德的实践哲学着重指出了纯粹的不受制约的意志的自我规定,并把它作为义务的根源,这固然很重要,但是,“固执单纯的道德观点而不使之向伦理的概念过渡,就会把这种收获贬低为空虚的形式主义,把道德科学贬低为关于为义务而义务的修辞或演讲”(P.137)。在黑格尔看来,康德的义务论缺乏对义务的具体规定,他所提出的进一步的公式(即有可能把一种行为设想为普遍定理)固然导致对某种情况具有较具体的观念,但除了缺乏矛盾和形式的同一以外,其本身并不包含任何其他原则。说到底,康德的为义务而义务是纯形式的,它虽然不包含矛盾,但缺乏任何具体的内容。此外,康德认为善的实现为彼岸,为不可能,把善当作不断的“应然”,在黑格尔看来也是成问题的。

黑格尔把良心分为“形式的良心”(das formale gewissen)和“真实的良心”(das wirkliche gewissen)。前者只是主观的普遍性,是“内部的绝对自我确信,是特殊性的设定者、规定者和决定者”,而后者则是主观与客观的统一,特殊与普遍的统一。前者属于道德范围,后者属于较高的伦理范围。真实的良心已不复单纯是个人主观的良心,而是客观精神的体现。

抽象的、形式的良心一方面把主观、抽象的原则作为原则,另一方面又把自己的任性和特殊情欲当作是有普遍性的东西,这样,良心就会转化为恶(boese)。黑格尔说:"良心如果仅仅是形式的主观性,那简直就是处于转向作恶的待出发点上的东西,道德和恶两者都在独立存在以及独自知道和决定的自我确信中有其共同根源。"(P.143)他由此进一步论述了善与恶的辩证关系。在他看来,自由是与意志和知识不可分的东西。人有了自由意志,他能自由为善,也就能自由为恶。"唯有人是善的,只因为他也可能是恶的。善与恶是不可分割的。"(P.144)肯定善与恶相互依存、相互转化,是黑格尔道德辩证法的一种引人注目的体现。

总的看来,黑格尔的道德学说是建立在抽象的意志自由观念之基础上的,他未能对道德赖以产生的社会历史条件特别是经济根源作出分析。但是,通过以上转述,我们能够清楚地看到,黑格尔的道德学说中包含着非常丰富的辩证法因素。他对于动机与行为(结果)、善与恶、善的"应然"与"实然"等关系的辩证理解,对于唯动机论、康德式的形式主义的义务论以及抽象对峙的善恶观念的批评,都能够给我们以深刻的启示。特别值得一提的是,他把善界定为"合法的福利",把福利界定为"需要的满足",都是颇有见地的。黑格尔的充满了辩证意味的道德学说,从根本上有别于康德的形式主义义务论。

(舒远招)

叔本华

伦理学的两个基本问题* (1841)

阿图尔·叔本华(Authur Schopenhauer,1788—1860),德国著名哲学家,首次系统地创建了反理性主义的意志论哲学体系,并以其意志本体论为基础,创立了"同情论伦理学"。

叔本华出身于商人世家,他的祖父和父亲都是当地很有名望的富商和银行家。为了让叔本华长大后能够继承父业,他的父母把他从小就寄养在法国的朋友家,随后又带领他周游欧洲,目的是培养他作为大商人所应具备的良好素质:优秀的外语水平和世界性的眼光。只是到叔本华的父亲去世后,19 岁的他才终于放弃了他所厌恶的商业学习,进入哥达(Gotha)人文中学。1809 年进入哥廷根(Goettingen)大学医学系,第二期转入哲学系。两年后因慕费希特和马赫之名转入刚刚建立不久的柏林大学。1813 年撰写了

* 原书名为 DIE BEIDEN GRUNDPROBLEME DER ETHIK。本文根据德文本(汉堡,迈纳出版社,1978 年)和中译本(任立、孟庆时译,北京,商务印书馆,1996 年)撰写。

《论充足理由律的四重根》，获得耶拿（Jena）大学的博士学位。1821年被聘为柏林大学哲学系编外讲师，后因与黑格尔赛课失败和种种其他的不得志而退出了高等学府，靠着父亲留给他的遗产，终身孤独地从事他真心喜爱的哲学研究和著述。主要著作除上面提到的博士论文外还有《作为意志与表象的世界》（1818），《伦理学的两个基本问题》（1841），《论自然中的意志》（1835），论文集《附录和补遗》（1851）。

《伦理学的两个基本问题》，是由叔本华的两篇独立的论文合并而成的。其中第一篇论文《论意志自由》，是应挪威皇家科学院征文而写的，于1839年获奖；第二篇论文《论道德的基础》是应丹麦皇家科学院征文而写的，虽只有叔本华一人提交了论文，但征文单位并未给他授奖。所以，当这两篇论文合并出版时，叔本华趁机在"序言"中用了较长的篇幅反驳丹麦皇家科学院对其论文的不公正评价，为自己辩解。当然，谁是谁非，现在只能由读者来评判了。

一、论意志自由

叔本华说，自由一般来说是个否定的（negative）概念，由它所想到的只是一切障碍的消除。相应于一切障碍可能具有的性质，自由可区分为三种不同类型：物理的自由（physische freiheit），理智的自由（intellektuelle freiheit）和道德的自由（moralische freiheit）。

物理的自由就是各种物质障碍的不存在，由此我们就说自由的天空、自由的空气、自由的田野、自由的场所、河流不受山川与水闸的阻挡而自由流动等等。在我们的思想中，自由总是作为动物和人的宾词，即指动物和人的运动是出自它们的意志，是任意的，而且没有自然的、物质的障碍阻止它们的运动，使其运动不可能，这种情况才是"物理的自由"。

"理智的自由"中的理智，指的是认识能力（erkenntnissvermoegen),是动机作用于意志的媒介。只有这个媒介处于正常状态,它的功能得到正常的发挥,意志才能按它的本性,即人的个体性格,作出决定,这时人在理智上才是自由的。可以说,理智的自由就是指人的行动是他的意志对动机作出反应的结果,意志不受阻拦地、按照他自己的本质表现出来,因此,他对这些行动就负有道德上和法律上的责任。

道德的自由,在叔本华看来,实际上是指自由的意志决定。问题是,意志本身是自由的吗?“想要”自身可能是自由的吗?[在德语中,wille(意志)是情态动词 wollen(想要)的变格,从词源上,“意志”自身也即其原型“想要”本身。]只要人们把自由的概念一般地想作是所有必然性的不存在,也就能获得否定意义上的自由概念,亦即绝对偶然性的自由概念,但这是极成问题的概念。有没有一种肯定意义上的自由概念呢?我们首先要考察这种所谓的肯定意义上的自由,是否是意识中的事实。

意识一般地可分为自我意识(selbstbewusstsein)和他物意识(anderbewusstsein)两种。自我意识即自我固有的意识,自己意识到自己本身,把自我作为意识的对象。相反,他物意识是对自我之外的他物的意识,亦即把外物作为意识对象的认识能力。

自我如何直接感知他的固有的自我?有人说通过“内感官”(der innere sinn),但“内感官”更多地是一种比喻的说法,并不能由此获得对于自我的真正理解。要直接感知固有的自我,就必须明了,“我真正欲求(想要)的是什么”。笛卡尔把“我”理解为“思”,便有“我思故我在”之说,叔本华把“我”理解为“欲”,故有“我欲故我在”之意。自我意识实际上完全是在为意志忙碌着。在自我意识之前,能找到肯定意义上的意志自由的事实吗?

1.在自我意识前的意志

意志是固有的欲求,是根本的“想要”。而一个人如果“想要”,那他就是想要某物,它的意志动作总是针对着某一外在的对象。

因而,如果按照经验的、通俗的自由概念,即自由就是按照意志而行动,那么,自我意识将能无条件地陈述这种自由,但这并不是伦理学所要探究的自由。自我意识所陈述的行动的自由,是以“想要”为前提的,要研究“想要”本身对于动机的关系,但规定意志动作的“想要”的对象,显然是在自我意识之外,而在他物意识之中的。在自我意识之内的“想要”,只是酝酿意志动作的主观愿望。愿望成熟了,也只是下决心的问题,它决不包含决定成为“想要”的理由,因此不能陈述“想要”对于动机的关系。如果只是承认,当我没有受到天然的阻碍,我能做我所想要做的事,想要得到我所想要的东西,那这仍然只是“物理的自由”,不是真正的意志自由。所以叔本华只能得出这样的结论:在直接的自我意识中,根本不存在我们所要探究的意志自由的事实。

2.**在他物意识前的意志**

“自我意识前的意志”是同只向内感官显现的意志打交道,而“在他物意识前的意志”是同为意志所驱使的、外部感官的对象打交道。如果说前者的工具是作为内在感官的直接自我意识,那么后者的工具则是用全部外部感官及其所有力量装备起来的、以求客观把握的知性(verstand)。不仅因果律是知性的最普遍、最根本的形式,而且在客观实在的外部世界中所发生的一切变化,都服从因果律。与无机物、植物和动物的差别相适应,导引它们发生变化的因果性也表现为三种形式:狭义的原因、刺激和动机。叔本华说,动机即由于认识而引起的因果关系,认识有直观的认识与抽象的认识之分,动机也能相应地分为直观的认识和抽象的认识所表象的动机。由直观的认识所表象的动机,如同狭义的原因和刺激一样,作为动因的动机必须是一个实在的、当前的东西,即使是间接的,却也是有形地作用于感官的东西。由这些动机所引起的效果就像刺激的效果一样,是低级的机械因果律的表现;而由抽象的、理性思维所表象的动机与其效果之间就会越来越间接、隐蔽和复杂,以至于人们甚至可以将动机与其效果之间的差别用来衡量动物智力的高低。在人这里,这种差别变得不可量度,因果关系以一种高度的非机械决定的方式出现。

这说明在他物意识前,外部的一切都遵循着必然的因果律,即使在高级动物中,运动作用和机械因果性也无什么根本的不同。如果有人试图提出一种无限制的意志自由,那么知性对此是无能为力的,因为它没有思维这种东西的形式。但应承认的是,意志作为最内在的动机,在每个人身上的反应都不一样,这种各别的特性构成了我们所称的性格。不同的动机对一定的人的作用方式首先是由性格决定的。就像普遍的自然力是由狭义的原因引起的效果之基础、生命力是刺激的效果之基础一样,性格也是由动机引起的一切效果的基础。

由于人的性格是个体性的(在每个人身上都不一样)、由经验获知的、不变的和天赋的,所以德性和罪恶也是天赋的。因为一切发生的事情都是严格地必然发生的。在自由意志之假设下,行为方式差别的根源以及由之而来的德性或罪恶和责任的根源就成了虚无缥缈之物,找不到任何立足之地。意志自由意味着一种无本质的存在,是一个矛盾。

因此,在叔本华看来,意志自由问题实际上是一块试金石,人们可以借此来区分思想深刻的思想家与浅薄之士。

3.先驱思想家

从总体上说,古代哲学家还没有很清楚地意识到近代哲学中最深刻的意志自由问题。从亚里斯多德的《尼各马科伦理学》第三卷C篇第1—8节,人们可以看出古人对意志自由问题的自觉程度。从根本上说,亚里斯多德只涉及物理的自由和理智的自由,把任意等同于自由,那困难得多的道德的自由,他未探究。

对意志自由问题讲得比较明确的,是西塞罗的《论命运》第3篇第10节和第17节。但充分意识到叔本华式的问题的,应首推教父奥古斯丁，他在其《论意志自由》中为意志自由辩护，然而，我们能明显地看到他因这个问题而陷入了明显的困境、摇摆和矛盾之中。只有马丁·路德专门撰文《论不自由的意志》，与叔本华的思想最为接近。

在严格意义上的哲学家中，休谟第一个直截了当地论述了自由与必然的令人困惑的关系，他试图解决这个困惑，但最后承认这是无法解决的。康德想用区分自在之物与现象的办法来解决这个大疑问，但连他自己也承认他的办法不灵。谢林的那篇《论人类自由的本质》总的说来只有一部分是论自由的，他把自由规定为既可为善也可为恶的能力，该书的主要部分实际上是一份关于上帝的报告。从神学的立场看，叔本华的观点可以表述如下：人实际上只有在原罪之前曾拥有过完全自由的意志，但在原罪之后，就受到了它的束缚，只能从神恩的选择和拯救中期望解脱。

4.结　论

通过上述研究，叔本华对挪威皇家科学院提出的问题（人类意志的自由能从自我意识得到证明吗）作出了否定性的回答，其原因是：根本不存在的东西，在自我意识中也不会有可以得到证明的证据。

当我们完全放弃了人的行为的一切自由，并把人的行动看作是完全服从于严格的必然性的时候，我们就达到了能把握较高类别的真正的道德自由的支点了。

在道德的自由上，有一种意识的事实即责任感是极其清楚和肯定的，它坚定不移地确信，我们自己是我们行为的行为人。由于有了这种意识，任何一个人，包括深信我们的行为是在动机和性格的作用下必然出现的人，都不能用这种必然性为自己的过错开脱，把罪过推到动机身上。因为在这里，这一必然性是有一主观条件的，就是说，即使在客观上，在曾经决定了他的行动的动机的作用下，一种完全不一样的行为、一种跟他的行为恰恰相反的行为也是十分可能要发生的。因此,他意识到的责任,只是在刚开始时和从表面上来看是合乎行动的,但从根本上说,只是符合其性格的,他觉得他应该对这种性格负责。这就是说,什么地方有过失,什么地方就必须有责任。责任是唯一可以推断出道德自由的事实,因此,自由也就存在于人的道德中。

责任的意识和生命的道德倾向,就建立在我们从自己的所作所为中认识到我们是什么样的人这一基础上。一切都取决于一个人是个什么样的人,他做什么是由此而自动发生的,而不是建立在想象的意志的无限自由之上。

在这里,自由并没有被取消。叔本华只是证明,在个别行为的领域中是不可能有自由的。他把自由提升到了我们的认识不易达到的超验的领域。正是在超验的意义上,我们理解马勒伯朗士的名言:自由是神秘的。

二、论道德的基础

对道德的真正客观基础的探究,的确困难重重,每个时代和国家的哲学家,已经为它磨钝了他们的才智。然而,不研究这个问题,伦理学就不可能成立。沃尔夫曾说:"只有形上学之光照耀实践哲学时,才能驱散其中的阴暗。"康德在其《道德形上学的基础》中也说:"形上学必须先成立,而且如果没有它,就根本不会有道德哲学。"之所以如此,是因为对宇宙本质的最终而真实的结论,必然与涉及人类活动的伦理学意义的结论密切相关。不过,叔本华透露,他将要冒险证明,伦理学的基础是个很小的基础,正如地球的金属层中100磅石头内才藏有几盎司黄金一样。他觉得,在正面阐述这个基础之前,有必要对此前不久尝试给伦理学提供基础的康德伦理学进行批判考察。

康德对道德科学的伟大贡献是,他清除了这门科学中的一切幸福论(eudaemonismus)。但实际上,康德对幸福论的排除,是表面化的,因为他在德性与幸福之间仍然保留着一定的神秘联系。就伦理学本身而言,康德的第一个错误,就是认为道德学主要是"找出纵然从未发生但仍应当发生之事的法则",从而以"定言命令"的形式,规定一个"无条件的责任(义务)概念",告诫人们应该做什么。这是十分拙劣地从神学(主要是十诫)中借来的道德学观念,叔本华反问,你有什么理由从一开始就提出一个"从未发生但仍应该无条件遵守的法则",作为唯一可能的道德学体系,强加于我们?

康德道德学基础中的第二个错误,就是他把道德法则建立于全然抽象空洞的、纯粹先验的概念之上,既没有实在的内容,也没有任何经验的根据,这怎能产生激动人心的效果呢?

康德道德法则(命令)的第一(形式的)公式是:"只按照你能同时意愿也能成为一切有理性者的普遍法则的那项标准去行动。"叔本华认为,这是一个人们根本意料不到的利己主义的道德原则,因为我真正意愿什么和不意愿什么的标准,只能在我的利己主义中去发现。

康德道德原则(命令)的第二(质料的)公式是:"你要如此行动,即无论是谁,在任何时候都不应把自己和他人仅仅当作工具,而应该永远看作是目的本身。"叔本华评论道,尽管康德此言说得十分矫揉造作,有诸多的不合情理之处,但他以一种十分独特的特点区别了利己主义与其对立面。

康德道德法则(命令)的第三(整体上的)公式有关意志自律:每个有理性者的意志对有理性者是有立法权的,并通过立法而与可能的目的王国相一致。康德自律命令的实质,是规定一个有普遍立法权的意志,全然不依据兴趣,而仅依据义务感去行动。但叔本华问,没有兴趣,何来行为的动机呢?没有动机的行为居然产生的全是公正的和仁爱的行为,这岂不荒唐?在康德目的王国的道德乌托邦里居住的全是想象出来的有理性者,他们永远在意愿着,却没有对任何实际事物的意愿(即无兴趣)。

总之,叔本华的结论是:康德实践理性的定言命令,既不建立在经验基础上,也不是意识的事实,不过是神学道德的颠倒。叔本华调侃道,康德被他自己伪装的纯粹理智欺骗了,他像这样一个人:整晚与一个带面具的美人调情,希望赢得爱慕,直到最后才发现,脱下伪装的情人,原来正是他的妻子。康德的道德学,同以往的一样,没有任何确定的基础。

然而,是道德本来就没有基础,还是康德没有发现它呢?叔本华虽然并未完全否认道德的基础,但他否认有一种单纯基于事物的本质和人类本性的道德,否认有一种独立于人类制度和法律的天然的道德,并且认为,如果相信人类一切公正的和合法的行为都有一道德的根源,那就会犯一个非常幼稚的大错误。人们的行为之所以具有正当性,即能够不可动摇地信守规则,并非是良心使然,而主要取决于两个外在的必要性:第一,取决于法律规定;第二,取决于一个人对他的好名声、他的公民荣誉感到担忧的心理。许多人对他们的所作所为感到遗憾和不安,从根本上说,并非因为良心的作用,只是因对可能造成的后果的恐惧罢了。所以,道德的基础,不能从抽象的"应该"中、从先天的普遍立法中去寻找,而只能以经验的方法解释各式各样人的行为的道德方向,追溯它们的终极来源。

叔本华认为,人的行为的主要的和基本的动机与动物的一样,是利己主义的,但利己主义是道德动机必须与之争斗的第一个主要的力量。真正有道德价值的行为,是自发的公正和无我的仁爱之行为,真正诚实公正、乐于助人和施舍的人是存在的,如果不相信有这样的行为发生,道德学就会像占星术和炼丹术一样,没有任何实在的对象,再进一步讨论它的基础,就是浪费时间了。

叔本华发现,人类行为仅有三个基本源头,一切可能的动机都是从它们中产生的,它们是:第一,利己主义(egoismus),即意欲自己的幸福,而且是无限的;第二,邪恶(uebel),即意欲别人的灾祸,而且可能发展成极度残忍;第三,同情(sympathie),即意欲别人的福利,而且可能提高到高尚和宽宏大量的程度。

叔本华强调,一个行为的利己主义与其道德价值是绝对互相排斥的。如果一个行为的动机带有自私的目标,那么,一概不能给与它任何道德价值;任何自私自利的目标,无论直接的或间接的、近的或远的,都不可能是它的动机。邪恶更不可能是道德行为的动机。因此,道德行为的根源,必定是同情。叔本华分辨了同情的不同程度。当同情心抵制自私自利和怀有恶意的动机,使我们不给别人带来可能造成的痛苦,使我自己不给人增添也许会有的麻烦时,这是最低程度的同情;当同情心积极影响我,激发我主动给人以援助时,这是另一较高程度的同情。他用两种德性代替康德提出的两种义务:即以公正(gerechtigkeit)代替法律义务,以仁爱(wohlwollen)代替道德义务,并且称它们为元德(urtugend),因为一切其他德性实际上都出自它们。这两者的根源在于自然的同情。这种同情是不可否认的人类意识的事实,是人类意识的本质部分,并且不依假设、概念、宗教、训练和教育为转移,是原初的和直觉的,存在于人性自身中。

公正,作为一种真正的、自觉自愿的德性,其根源在于同情。从初级同情产生了这一规则:不要损害任何人。这是公正德性的基本原则。公正是否定性的,可以靠强制达到“不损害人”的要求,强制的机构是国家,强制的工具是法律。为防止各种可能的不义行为,国家建构完整的法律大厦,作为成文法权的保障。权力学说是伦理学的一个分支,它的功能是规定那些不得做出的行为。道德权力学说的意向是,任何人都不应该行非义。因此,公正是首要的、必不可少的元德。

仁爱这一德性的行为规则是:尽你力之所能帮助一切人。从这一阶段产生的行为与第一阶段的截然不同,它具有积极的特性,因为这时同情不只是使我不损害我邻居,而是激励我尽力帮助他。行为的动机不是自己的幸福,而是别人的幸福。《旧约全书》的整个伦理内容是公正,《新约全书》的伦理内容则是仁爱。基督教一直劝人仁爱,这是它的伟大特殊功绩。

对一切有生命物的无限同情,乃是纯粹道德行为最确实、最可靠的保证,这是伦理学的基础。这一基础是由坚如磐石的经验支持的,不需任何诡辩。但是,怎么会有人受同情影响而有人不受它影响?伦理学能够重塑一个硬心肠的人使之变得有同情心从而成为公正的仁慈的人吗?当然不能。性格差异是固有的,而且是根深蒂固的。恶人生来就有其邪恶,像蛇生来就有其毒牙与毒液一样。正如伦理学之父苏格拉底所说:"是善是恶,我们自己无能为力。"对动机的正确描述,可以促成合法性,但不能促成道德性。能够改正一个人的行为,但不能改正一个人想实行的意志。而真正的道德价值仅仅属于意志。

至此,虽然叔本华已经指明了道德的真正基础(心理基础),但他认为道德科学比其他科学更迫切需要一个形上学的基础,因为哲学的体系像宗教的体系一样,一致坚持人的行为不但有伦理的而且也有形上学的意义。可是,在人的理智必须尽力解决的所有问题中,形上学的问题最难解决,难到诸多思想家认为它是绝对无法解决的程度。尽管如此,叔本华觉得他还是必须为伦理学提出一种任何经验永远不能渗透的形上学基础之提示以结束全文。他认为,丹麦皇家科学院征文所提出的问题实际上现在已经解决了,他将要描述的只不过是在其他情况下能够提出的理由中很小的一部分。他难得谦逊地表示:他的这种描述只是个附录,予取予求,悉由尊便。本文就尊重他的意思,对此附录不予介绍。

叔本华的伦理思想异常丰富,要完整地理解他的《伦理学的两个基本问题》,必须同其在《作为意志和表象的世界》第四编中表述的伦理思想一同加以考察。他的整个哲学对后世的巨大影响可以说就是他的伦理学对后世的巨大影响,因为伦理学是其整个哲学的核心,或者说,他的整个哲学都是以伦理学(对人生处境、方式、价值等的探究)为定向的。这种以伦理学为定向的哲学,完成了西方哲学从认识论(近代西方哲学把“认识论”作为第一哲学,而不重视对人生问题的探讨)到生存论的转变,是从浪漫主义开始的西方文化价值转变的一个重要的里程碑。他把伦理学与形上学(意志本体论)紧紧连在一起,建立起了以“同情”为基础的道德体系,一针见血地指出了康德理性主义伦理学的形式主义、先验主义错误,肇始了后世波涛汹涌的反理性主义浪潮。他的伦理学不仅直接启示了尼采“重估一切价值”的大胆尝试,而且也通过对弗洛伊德深度心理学的影响启示了20世纪西方人对“新道德”的寻求。所以,不仅在现代伦理学中叔本华的伦理思想占有重要的地位,在所谓的“后现代”伦理学中也有着他的不可忽视的影响。

(邓安庆)

密　尔

功利主义*（1863）

约翰·斯图加特·密尔（John Stuart Mill，1806—1873），出生于伦敦一个学者家庭。父亲詹姆士·密尔是著名的经济学家、哲学家和心理学家，与边沁关系密切。小密尔深受父亲影响，博览群书，自学成才。1830年他游历法国，受到法国大革命后的自由主义思潮的影响，以后又追随孔德的实证主义哲学，遵循自休谟以后的经验主义传统。1822年随父亲去东印度公司任职。1858年以后，专门从事哲学、政治学研究和著述。1865年担任国会下院议员，倾向于辉格党。他的研究兴趣极为广泛，包括自然科学、人文科学和科学史等多方面。其主要著作有《逻辑学体系》（1843）、《政治经济学原理》（1848）、《论自由》（1859）、《代议制政府》（1861）、《功利主义》（1863）、《奥古斯都·孔德和实证主义》（1865）和《关于宗教的三篇论文》（1874）等。

---

* 原书名为UTILITARIANISM。本文根据中译本（载于周辅成主编《西方伦理学名著选辑》下卷，陆艺译，北京，商务印务馆，1987年）撰写。

功利主义是一种在西方影响巨大的伦理学说,其原则是“最大多数人的最大幸福”,这一原则认为个人利益是道德的基础,社会利益从个人利益开始。功利主义起源于古希腊的昔勒尼学派和伊壁鸠鲁学派的快乐主义,由边沁发展而为系统的伦理体系。密尔的《功利主义》继承了这种学说,并根据19世纪中叶英国社会的新形势进行了修正和发展。他的《功利主义》一书比边泌的《道德与立法原理导论》(1789)一书更系统、更严整地论述了功利主义,标志着该派伦理思想发展的最高点。

密尔的功利主义同边泌的一样,其利己主义本质并未改变。他认为公共利益才是由无数单独的个人利益构成的,因此个人利益才是公共利益的基础,唯有个人利益是唯一现实的利益。按照这种观念,绝大多数人日常考虑的只是个人私利,只有极少数人在特殊情况下才会为公共利益而行动,因此所谓“最大多数人的最大幸福”或“公共利益”就完全是空话。

但是,密尔毕竟既强调行为的功利原则,又强调高尚的道德情操,既强调法律的制裁,又强调道德的制裁,这显示了他的思想的多样性。也正因为如此,他的伦理思想在不同的历史时期和不同的人群中,可以从不同方面被利用。

一、功利主义的涵义

功利主义(utilitarianism)由于主张“功利”(utility)或“最大幸福原则”(the greatest happiness principle)为各种道德生活的根本,认为行为愈能增进幸福就愈正当,愈能产生不幸的效果就愈不正当,断言快乐(pleasure)和痛苦之免除乃是人生的目的,是唯一可欲求的东西,因此受到各种各样的攻击。这些攻击者们说,主张人生除了快乐以外没有其他目的和归宿的理论是卑鄙堕落的,是一种只配属于猪的理论。为了捍卫功利主义,密尔进行了反驳。他说,快乐不只是猪的快乐,人类有些官能比动物的欲望更高尚,而一旦人们意识到了这些官能,那么,凡不使这一方面满足的事物,他们都不会认为是幸福。把某些种类的快乐看成比其他种类快乐更有价值、更为可贵的见解是与功利主义的原则完全融合的。

那么,如何判断哪些快乐更为可贵呢?密尔认为,要依靠经验。假如有机会享受两种快乐的人全都选择其中的一种,那么这种快乐就是更可欲求的快乐。谁也不会放弃人类的快乐,而去寻找兽性的快乐。谁也不会甘愿愚蠢而不愿聪明,或甘愿自私卑鄙而不愿做有良心有情感的人。一个具有较高等官能的人,比起官能低下的人,需要更多的事物才能感到快乐,也可能更深切地感受痛苦,然而他从不会真正情愿沉沦到他自己觉得低等的生存状态中去。谁若以为牺牲幸福才能作出这种选择,那他就是混淆了幸福和满足这两个极不相同的观念。与其做一头满足的猪,不如做一个不满足的人;与其做一个满足的傻瓜,不如做一个不满足的苏格拉底。傻瓜或猪不这样想,那是因为他们没有体会到更好的一面。

也许有人会反驳:能够享受高等快乐的人,可能因诱惑而搁置高等快乐去选择低等快乐。但密尔指出,这并不是真正的选择,而只是性格中优柔寡断的弱点。虽然历代都有过很多人,欲兼享两类快乐而没有成功,但问题是那些经常能兼享两种快乐的人中,究竟是否有任何一个曾明白地、冷静地选择较低的一种。

密尔进而探讨了两类快乐或两种生活方式中哪一种更好的问题。他认为只有对两类快乐都清楚的人才有决定权,或者如果他们的意见有分歧,那么其中大多数人的判断就是最终判断,因为除此之外就没有其他的裁判者了。如果要决定一个人是否值得忍受某种痛苦来换取某种快乐,除了身受者的情感和判断以外没有什么东西能够决定。因此,如果身受者说从高级官能中得到的快乐在性质上比兽性所享受的快乐更可取时,便没有人能反对这种说法了。

密尔认为,根据最大幸福原则,人生的终极目的就是一种尽力免除痛苦、在质和量两方面尽可能多享受的生活。一切事物只有符合此目的并且为着此目的才是可欲求的。至于快乐性质的测定和衡量快乐的质量关系的标准,也只能由经历丰富和具有自觉自省的习惯的人用比较的方法来决定。按照功利主义的见解,这种生活既然是人类活动的目的,也必定就是道德的标准。因此,道德标准的定义是:在可能的范围内为人类及有情生物取得上述生活的人类行为法则。

然而有人对此说法提出反对意见,认为幸福是不可能的。密尔则指出,适度的幸福并非不可能。幸福的主要内容就是宁静与兴奋。宁静中有轻微的快乐就可以满足,而在高度的兴奋中则可以承受相当程度的痛苦。

在密尔看来,际遇幸运的人觉得生活没有乐趣,往往是因为他们只顾自己不顾别人或缺少心灵修养。对人抱有同情(sympathy)的人将永远在生活中保持一种活跃的兴趣。一个有修养的心灵在周围任何事物如自然、艺术、诗歌、历史以及人类的过去、现在和未来等等中都会发现无穷的兴奋。而且,快乐所必需的私人感情和对于公益的真挚的兴趣以及一定程度上的心灵修养,在每一个受过正当教养的人那里都是可能具有的,只是程度不同罢了。任何具有适当道德和理智的人,在一个文明的国家里,只要能避免贫困、疾病、所爱对象的无情和卑劣以及早死等,便能获得幸福。何况贫困和疾病等也是可以克服的。每一个有意志和知识的人都将在参与这种克服的过程中找到幸福,获取高尚的享受。

密尔认为,只有在世界的安排很不完善的情况下,自我牺牲才是为他人的幸福服务的。他承认这种自我牺牲是人间所能见到的最高德性(virtue)。功利主义的道德观念承认为他人利益而作出的自我牺牲是善的。因为功利主义判断行为的正当与否的标准,不是行为者自己的幸福而是一切相关的人们的幸福。行为者必须像一个无私而仁慈的旁观者(a disinterested and benevolent spectator)一样,在他自己的幸福与他人的幸福之间做到严格的公平。“待人要像你望人待你一样”,“爱你的邻人如自己”,这两条金规(the golden rule)构成功利主义道德观念的完全理想。为了实现这个理想,社会应采取两条措施:第一,法律和社会组织应该尽量处置好个人利益与社会全体利益的协调一致;第二,教育和舆论应该造成一种使个人幸福与社会全体幸福之间的不可解脱的联系(即如果个人没有幸福,社会全体也就不会有幸福,反之亦然)。

二、功利主义的最后裁决

功利原则的最后裁决是什么?遵循它的动机是什么?或者说,其义务性的根源是什么?它束缚人的力量由何而来?如果我自己的幸福在于其他事物,为什么我不可以喜欢那些事物呢?等等。密尔认为,功利原则具有或可能具有任何其他道德系统所有的外界的和内心的裁决(sanction)。

在外界裁决方面,它具有希望得到他人和宇宙主宰的恩惠而畏惧引起他们的不欢的心理。此外,还有对人们的同情和对宇宙主宰的爱慕。最后两种感情能促使我们执行宇宙主宰的意志。在内心裁决方面,它具有伴随着义务的破坏而产生的或轻或重的痛苦。一个得到正当道德培养的人,遇到这种痛苦,在情形较严重时,便会恐惧地退缩而不敢违犯义务。同时这种裁决还有爱、惧和由宗教所产生的联想从旁协助。由此可见,功利主义的最后制裁就是人类的良心(conscience)和社会感情。

假如这种社会情感由宗教、教育和范例加以发展,任何人都不必担心幸福和道德的最后制裁够不够充分。虽然这种社会情感在多数人中都比他们的自私感情低弱,并且往往全然缺乏,但是有这种社会情感的人,却具有自然情感的一切特征。就是这种社会情感,使人会顺应而非逆应那些外界制裁所产生的“关心他人”(care for others)的动机。

三、功利主义的证明

功利原则能得到一些什么样的证明呢?任何可欲求的东西的唯一证明是人们实际欲求它,而人们也确实在欲求幸福。但除了幸福以外人们也欲求别的东西(如德性)。因此反对功利主义的人就说,除了幸福,人类还有其他行为目的,所以幸福不是行为的标准。对此,密尔反驳道,人们原来并不欲求德性,只因德性有助于快乐,尤其是因为它能抵御痛苦,所以人们才欲求它。正因为德性与苦乐有这样的关系,所以它可以被觉得其本身就是一种善,而且被人如此追求,有如追求任何其他的善一样强烈。但是,追求德性与追求金钱、权力或声望又有所不同,因为对诸后者的爱好可能使个人危害社会上的其他成员,而培养对德性的无私爱好则使人更为幸福。因此,功利主义的标准虽然在一定范围内也允许并赞同其他欲望,但它想要把对德性的爱好培植到可能的最大强度,使人认识到公众幸福的重要性超乎一切事物以上。

密尔强调,实际上,除了幸福,别无可追求的东西。人们欲求某一对象,不是由于它能作为一种达到本身以外的目的的手段并最后达到幸福的欲求对象,就是由于他们把它作为幸福的一部分来看待。当它还没有成为幸福的一部分时,便不会有人追求它。人们之所以追求德性,或者是因为意识到它是一种快乐,或者是因为意识到没有它便是一种痛苦,也许可能两种原因都有。总而言之,幸福是人类行动的唯一目标,除了让人快乐的东西和让人能获致快乐或避免痛苦的手段外,对人类来说便没有东西是善的。

(彭柏林)

费尔巴哈

幸福论*(1869)

路德维希·费尔巴哈(Ludwig Feuerbach,1804—1872)生于德国巴伐利亚一个法学世家。1823年进入海德堡大学神学系,但由于对神学缺乏兴趣,第二年便转入柏林大学哲学系,师从黑格尔,成为青年黑格尔派成员。从1828年起,费尔巴哈就以爱尔兰根大学讲师的资格开始讲授哲学史、逻辑学和形上学课程。1830年,他匿名出版了第一部著作《论死与不死》。由于该著作的内容与正统基督教教义背道而驰,因此马上被没收,而且费尔马哈本人也因此结束了他在官方学院讲授哲学的生涯。但是他并没有中止他的哲学研究。1833年他发表了《近代哲学史——从培根到斯宾诺莎》,随后发表了重要的专著《论莱布尼兹》(1837)、《论比埃尔·培尔》(1838)。在这些著作中,费尔巴哈仔细考察了使哲学摆脱神学影

* 原书名为DER EUDAEMONISMUS。本文根据中译本《幸福论》(汪耀山从俄译本转译,载于《费尔巴哈哲学著作选集》上卷,北京,商务印书馆,1984年)撰写。

响而逐渐解放的途径。他认为科学与宗教的调和是近世哲学的污点，是一种伪善的态度，必须加以克服。自 1837 年始，费尔巴哈迁居绍伦吉亚的布鲁克堡村，在这个远离德国文化中心的地方生活了 25 年，几乎没有离开过。在此期间，他以自然作为研究对象，逐步摆脱了黑格尔哲学的束缚，形成了自己的人本学唯物主义。1841 年他出版了《基督教的本质》，该著作中的唯物主义和无神论思想在当时起了非常大的思想解放作用。以后他又陆续出版了一系列其他著作：《未来哲学原理》(1843)、《宗教的本质》(1845)、《论唯心主义和唯物主义》(1866)、《幸福论》(1869)等。他晚年阅读过一些社会主义文献，研究过马克思的《资本论》，参加了德国社会民主党，但并没有接受共产主义世界观。

《幸福论》是费尔巴哈唯一的伦理学专著。在这一长篇论文中，他坚持自己的唯物主义立场，反对宗教神学虚幻的幸福论，提出了“生命本身就是幸福”、“生活的东西都属于幸福”和“道德的原则是幸福”等基本论点。全文共 11 节，从内容上可划分为两部分。第 1 ~ 6 节为第一部分，主题是人本主义意义上的幸福观；第 7 ~ 11 节为第二部分，主题是伦理意义上的幸福观。

一、人本主义意义上的幸福观

费尔巴哈认为，一切有生命和爱的生物、一切生存着的和希望生存的生物之最基本的和最原始的活动就是对幸福(glueck-seligkeit)的追求。人也同其他一切有感觉的生物一样，他所进行的任何一种意志活动，他的任何一种追求也都是对幸福的追求。毫无疑问，这种观点和爱尔维修的幸福观是一致的，即认为快乐的愿望是人们一切思想和行为的准绳。作者一方面认可爱尔维修和更早的马勒伯朗士(认为不希望得到幸福不在意志的领域以内)以及18世纪追随爱尔维修的某些德国哲学家(例如费舍尔认为追求快乐、追求幸福和热爱自己,至少应该作为基本的天赋归入意志里去)的观点;另一方面,又批驳了德国思辩哲学家康德和黑格尔对这个问题的错误理解。康德认为意志是"与追求幸福不同的而且是独立的抽象的意志,某种只是想象的意志。"[①] 黑格尔则把意志看成为与绝对物本身、与不着边际的无限性、绝对抽象性或普遍性是同一的东西(P.539)。

为了更好地说明人的任何一种活动都是对幸福的追求,作者列举了生活中的种种现象:

首先,人生对物质生活的追求是为了幸福。费尔巴哈认为生命存在着并能感受幸福,人必须有一个健康、强健的肌体,只有强健的肌体才能更好地感受幸福。因此,必须注重必要的物质生活,注重美好的食物和饮料,以保证肌体的健康。"食物和饮料实质上是追求幸福的对象,实质上是与幸福和健康有关的。"(P.541)肌体的健康在幸福中有着十分重要的地位,作者还指出,肌体健康的最高标志是器官健全、正常,最低限度是不至于丧失头、失去能感受幸福最基本的条件——生命。生命分界的地方和生命分界的东西,也就是追求幸福分界的地方和追求幸福分界的东西,可见生命本身就是幸福。在这个范围内,可以"为了主要的东西牺牲次要的东西,为了类牺牲种,为了高级的福利而牺牲低级的福利,为了不可缺少的东西、为了必要的东西而牺牲可以缺少的东西"(P.544)。

其次,自杀也是为了追求幸福。自杀(selbstmord)也是人的行为能力项下和意志自由项下的活动,但是表面看来,这种行为是与追求幸福形成极显著的、最极端的和极强烈的矛盾的。经过分析,费尔巴哈认为,"人自愿地抛弃生命,拒绝一切——只是追求幸福

① 费尔巴哈:《幸福论》,中译本第538页。以下引文出自本书,只注明页码。

的愿望的最后表现"(P.540)。因为自杀者所以希望死,不是因为死是一种祸害,而是因为死是祸害和不幸的终结,他希望死并选择与追求幸福相矛盾的死,只是因为死在他看来是唯一的良药,可以治疗已经存在的、难以忍受的、与他的追求幸福不相符合的那些矛盾。可见,自杀只是为了追求幸福而采取的与追求幸福相矛盾的行为,其最终目的仍然是为了得到幸福。作者进而指出:"如果与追求幸福形成极端尖锐的和显明的矛盾的那种自杀行为可以用,或者可以由同样对于幸福的追求来说明或得出结论,那么,其他的更细微的和从属的矛盾又为何能不与对于幸福的追求相协调呢?"(P.543)也就是说,既然自杀都是与追求幸福一致的,那么其他的行为自不待言。

再次,信仰宗教也是为了追求幸福。费尔巴哈以佛教为例,指出"佛教最高的思想和最高的愿望,众所周知,不是幸福和最大的安乐,而只是虚幻、不存在、涅槃(nirvana)"。但是,这个在表面上看来很难用幸福主义或追求幸福来说明的矛盾,在精细考察后却是与幸福主义完全相调和的。因为幸福是思想中最高的、最美好的追求,如果思想中没有一种美好的愿望,那就没有"快乐或幸福的感觉",自然也就没有什么痛苦或不幸。"如果涅槃本身原来只是寂灭和消逝,如果它除了纯粹的消灭以外,不意味着其他任何东西,那么当我还没有进入涅槃、当我还活着因之也在受苦难的时候,关于我消灭的观念,也就是关于我的苦痛、苦恼和祸害消灭的观念,就是完成宿愿所渴求的幸福。"(P.547)可见佛教追求涅槃,就是要人们在思想中得到幸福。同时,费尔巴哈还指出,人们通过佛教去追求幸福,"不是健康的、自然而强有力的、直率的和合乎理性的追求幸福的启示,而是病态的、疯人的和幻想的追求幸福的启示"(P.548)。

最后,费尔巴哈还指出"性的追求也是对于幸福的追求"。他考察了生命为了得到这种幸福甚至可以牺牲自己的生命这种现象。“在自然界中,实际上有许多下等动物是紧随着性交时或性交后即死亡,它们的生命在种子或卵由身体排出时即耗尽或终结。受孕的行为对于它们是最后的生命享乐,因之对于它们说来也是最高的超越其他一切的享乐。”(P.554)人比之于低等动物,“个人越升得高,越变得发达和完善,那么他在很大程度上也就能够在许多有更大继续性的、经常反复的享乐中享受到最高的人生享乐,作为这种明显的证明,便是对于性交的追求与个人对于幸福的追求处于密切的一致。”(P.554)

可见,生命中的各种行为,物质追求也罢,宗教信仰也罢,自杀弃命也罢,性生活也罢,其唯一的目的就是追求幸福和享乐。在费尔巴哈看来,“一切属于生活的东西都属于幸福”,“生活中的一切追求也都是对幸福的追求”。

二、伦理意义上的幸福观

费尔巴哈通过批判以往道德学家们对道德与幸福关系的错误理解,得出了这样的结论——“由道德中抹消了一切幸福主义,即实际上抹消了道德的一切内容。”从这一基本观点出发,费尔巴哈分别阐述了道德的原则以及利己主义、义务、良心、德行等道德规范同幸福的关系。

费尔巴哈认为,“被思考为自身独立存在的个人的道德是毫无内容的虚构。在我之外没有任何你亦即没有其他人的地方,是谈不上什么道德的”(P.571)。这种看法确实是有其合理性的。但是,道德究竟源于何处?费尔巴哈接着指出:“也跟为了人的肉体的来源必须有两个人——男人和女人一样,为了精神上的来源、为了道德的发生至少也必须有两个人——男人和女人,加之,性关系可以直接地看作是基本的道德关系,看作是道德的基础。”(P.572)他还认为,道德的原则就是幸福,而且这种幸福不仅是使个人幸福,还要使他人幸福。因此,作者认为,“道德自然不知道没有他人幸福的自己的幸福,不知道也不希望有什么孤立的、特殊化的、与他人幸福无关的幸福或有意识地故意地立足在他人不幸上的幸福;道德只知道同志式的共同的幸福”(P.575)。

为了贯彻道德的原则是幸福,就要科学地评价利己主义。费尔巴哈首先批判了道德超自然主义者们的观点。在他看来,这些人都主张道德是与利己主义(egoismus)无关的,他们“由道德中排除了幸福,排除了一般的利己主义”(P.564)。费尔巴哈指出,道德不是别的,只是人性在正常情况下的体现,而利己主义是人的本性。他说:“不只存在有正当的和相对必要的利己主义,而且也存在有绝对必要的利己主义,完全不依赖于我的知识和意志的利己主义,这种利己主义像我的头一样是这样紧密地附着于我,以至于如果不杀害我,是不可能使它脱离我的。”(P.565)他强调利己主义是可以并有必要加以区分的。人的利己本性有两种不同的行为方式,一种是“恶的、残忍的和冷酷无情的利己主义”,另一种是“善的、富有同情心的、合乎人情的利己主义”(P.579)。第一种利己主义,只在对人的冷淡无情中或甚至在直接的恶意行为中寻求满足,只承认自己的利己主义,而否定其他人的利己主义,把自己的幸福建立在损害他人的基础上。可见,这是一种极端的唯我的利己主义。按照这种伦理观,凡是符合我自己利益的就是道德的,那么就必然导致承认有多少人就有多少种德性,这实际上也就否定了伦理学的存在。而费尔巴哈真正要做的是从人的利己本性中引申出道德来,建立起适合于一切人的伦理学。他认为,既然人的利己本性还有第二种发展倾向,因而就完全可以把利己与利他结合起来,建立起“宽厚的、自我克制的、只在对他人的爱中寻求满足的利己主义”的伦理学。这就是我们通常所说的“合理利己主义”。

费尔巴哈接着谈到义务与幸福的关系。他认为,人之所以能够尽义务(pfilicht),是因为义务是出自人们追求幸福的愿望,与人的自爱自保的根本目的是一致的。在他看来,义务有着双重的含义:其一是对他人幸福的追求、为他人的利己主义服务;其二是对自己的爱好、欲望的限制和抑制。但这两层含义集中起来,还是为个人幸福的根本目的服务的。他指出对“人怎样从利己主义的追求幸福出发来承认对于他人的义务”这个问题的回答,可以从人性本身得到解决,即“因为人性不只创造了单方的排他的对幸福的追求,而且也创造了双方的相互的对幸福的追求,这种对幸福的追求就其本身来说是不能得到满足的,如果不同时地甚至非本意地满足其他个人对幸福的追求”(P.573)。可见,正是由于这种双重性的对幸福的追求,利己的人的存在才与他人的存在发生密切的关联。这在家庭关系中就可以得到确证,比如,“某一个人如果不愿在家庭关系的基础上承认对于他人的义务,那么,他的弟兄们的拳头和他的姊妹们的断扭将教训他应该遵守怎样的风俗习惯,教训他别人对于幸福的追求也同他自己一样是有其充分权利的,加之他们还可以使他确信,他自己的幸福是与他的亲人们的幸福最密切地相互交错在一起的”(P.573)。

费尔巴哈顺便谈到法律与道德的关系。他认为法律也是道德,法律以非常明确的方式提出人们应尽的各种义务。不遵守这些规范,就会受到刑事上或民事上的惩罚。

费尔巴哈还从利己主义出发来解释“良心”。他认为,良心(gewissen)不是别的,就是自己的幸福与他人的幸福之间的中介物,良心与同情心(sympathie)有着最紧密的关系。在他看来,同情心实际上就是对自己可能遭受别人损害的关心和预防。由于每个人的利益可能受到损害,所以人们才会同情别人所遭受的损害,而别人实际受损的痛苦,引起他关心自己将来会受损的痛苦。“只是因为他人的苦难在他身上引起了痛苦,或至少妨碍了他的幸福,只是因为当他使人幸福时他自己也自然而然地不需任何考虑地使自己得到幸福,只是因为这样,他才给人以实际的帮助。”(P.579)可见,一个人之所以同情别人的苦难,完全是为了消除自己感情上的痛苦,为了排除或预防某种妨碍他自己幸福的东西,即完全是以他的利己主义为基础的。费尔巴哈断言,良心其实也就是同情心。良心并不是什么上帝的声音,也不是什么神秘的“善良意志”,而是一种“同谴责和责难相联系的意识”,一种对被谴责被责难的痛苦的预感。他说:“我的良心不是别的,而只是我的自我,即被放在受损害的你的地位上的自我;不是别的,而是他人幸福的代理者,即立足在自己追求幸福的基础上和根据自己追求幸福的命令的他人幸福的代理者。”(P.581)费尔巴哈将良心区分为行为前的良心、伴随行为的良心和行为后的良心。在他看来,行为前和行为当中的良心,并不是真正的良心,因为这时候“人只注意自己的利益,只注意满足自己的欲望和热望”,“良心要么就是默不作声,要么就是它的呼声如此地微弱和低沉,以致行为者毫不介意”。只有行为后的良心才是真正的良心,因为只有在行为之后人才有良心的觉醒和发现,才走向思考,走向认识,走向道德上的批判。

最后,费尔巴哈用德行与幸福的关系对全文作了总结。他强调“德行就是自己的幸福,这种幸福只是在与他人的幸福的联系中才感觉自己幸福”(P.588)。

费尔巴哈的《幸福论》,在人本学的意义上提出了“生命本身就是幸福”等观点,在伦理学的意义上提出了“道德的原则就是幸福”等观点,批判了康德、黑格尔等所主张的抽象的超自然的幸福观,也批判了基督教道德的虚伪性,在理论上作出了重要贡献。但是,由于他的立场等方面的局限,他终究没有给人类找出一条通往幸福的适当道路。

(龚长宇)

西季威克

伦理学方法*（1874）

享利·西季威克（Henry Sidgwick, 1838—1900），19世纪英国著名伦理学家。出生于约克郡斯基普顿镇一个教士家庭。1855年进入剑桥大学三一学院学习，主修古典文献。1859年以出色学业毕业，留任研究人员，不久转为古典文献讲师，1869年起改授道德哲学。19世纪70年代与其子埃莉诺共同创建纽汉姆女子学院。1883年起任三一学院奈特布里奇道德哲学讲座教授，直到1900年逝世。西季威克品德高尚，待人谦和，学术思想严谨，颇受当时英国学界敬重。

西季威克生前出版的主要著作除《伦理学方法》（1874）外，还有《政治经济学原理》（1853）、《伦理学史纲要》（1886）、《政治学原理》（1891）、《实践伦理学论文集》（1898）。他逝世后由他人编辑出

* 原书名为THE METHODS OF ETHICS。本文根据中译本《伦理学方法》（廖申白译，北京，中国社会科学出版社，1993年）撰写。

版的著作有《哲学的范围和联系》(1902)、《格林、斯宾塞和马蒂诺伦理学讲演集》(1902)、《欧洲政体的发展》(1903)、《杂稿和通信集》(1904)、《康德哲学与其他哲学讲演集》(1905)。此外,西季威克生前还是多种杂志的撰稿人。他的大量论文主要见于《剑桥大学学报》、《学术》、《雅典娜》、《现代评论》、《哲学杂志》、《心灵》等。

《伦理学方法》是西季威克最重要的著作。作者生前曾五次修订它。全书结构宏大,内容专深,为道德哲学研究者之必读书。除序言和附录之外,它共分四编:第一编总论一般伦理学问题(凡 9 章);第二编专论利己主义(凡 6 章);第三编专论直觉主义(凡 14 章);第四编专论功利主义(凡 6 章)。

一、总　论

在第一编中,西季威克从界定伦理学的范围和内容出发,思考了伦理学与政治学的关系,分析了“应当”这个术语在用于道德判断时的内涵,阐述了快乐和欲望各自所指及其关系,对“自由意志”作出了自己独到的理解,确立了伦理学的原则和方法,辨析了利己主义的多种意义,概括了直觉主义作为伦理学方法的多层含义,最后阐明了“善”的内容。

1.导　论

伦理学方法就是使我们能确定个人“应当”做什么或“应当”通过意愿行为力求实现什么的合理程序。伦理学是一种关于实践的理论或研究而不是一门科学。伦理学是以个人的意愿行为为基础的关于正当(right)或应当(ought)的研究。

人们自然地基于不同的原则和应用不同的方法来确定他们应当做什么。按照常识道德观点,行为的实践意义上的目的常常就是行为的正当性本身。考虑到常识道德观念的这一特点,伦理学不能被看作关于目的和达到它的手段的知识。但是,尽管我们常常不直接诉诸一个较远的目的而规定“应当”,我们常常还是隐含着这样的目的。有两种自明的合理目的:德性(或完善)与幸福。而且反思表明,只有这两种目的才是最合理的伦理学目的。人们所持目的中的每一区别都有方法上的区别与之相应:利己主义(egoism)、直觉主义(intuitionism)、功利主义(utilitarianism)。我们将分别考察这些方法,把它们从日常思考中——我们发现它们在其中相互混杂着——提炼出来,并尽可能准确和合逻辑地把它们表达出来。

2.伦理学与政治学的关系

伦理学确定个人应当做什么;而政治学则旨在确定一个国家或政府应当做什么以及它应当如何构成。在思考伦理学与政治学的关系时,我们必须区分实证的法律和理想的法律。政治理论是为理想法制定原则的,而伦理学的方式——为此地此时的个人的正当行为——基本上是实证的。

对一种理想社会中的道德的研究至多只是一种准备性的研究。在这种研究之后,随着推理的过程,还需要从对理想道德的研究转到对现实道德的研究。因此,伦理学的首要目标在任何意义上都不是确定一个理想社会应当做什么,因而它不必把这样一个社会的理论结构作为其开端。

3.伦理判断

我们用“合理的”——无论是道德意义上的合理还是审慎意义上的合理——行为意指那些被我们判断为我们“应当”去做的行为。这样一种判断不可能合理地被解释为一种事实判断,也不可能合理地被解释为仅仅与实现较远目的的手段有关的判断。我们通常狭义地称为道德判断或道德命题的那些判断或命题,实际上仅仅肯定表达它们的那个人心中的一种特殊情感的存在。

具体地说,“应当”这个术语在用于道德判断时,不仅仅意味着判断者感觉到了一种特殊情感,也不仅仅意味着有关行为是依靠惩罚——日常生活中伙伴的厌恶或舆论的压力,甚或基督教中神的惩罚——来制约的。“应当”所表达的概念,在其最严格的伦理学使用形式上,是非常基本的,以至于无法对它作形式的定义,它不能被分解为任何更简单的概念。“应当”这个概念被视为有客观效准的;而且,当使用它的那些判断与判断者的未来行为有关时,这些判断便伴有一种特殊的行为冲动。这种“理性的命令”表现在单纯的审慎判断和单纯的假言命令之中。

4.快乐和欲望

认为意志始终由现实的或可能的苦乐决定的观点是心理快乐主义(psychological hedonism)。认为欲望始终指向快乐的心理学说,可能与上述伦理判断所表达的观点相冲突,因而应当通过具体例证加以缜密的考察。如果“快乐”意指“合意的感觉”,这一学说就与经验相对立,因为在我们的从最高至最低的全部欲望之中,我们还是能区分出指向其他目的而不是指向我们的感觉的冲动。与在理智的或理性的刺激中一样,我们在感觉刺激中也发现了严格意义上的无利害冲突现象。

“有关自身的”冲动与“有关他物的”冲动之间的冲突进一步表明了上述观点。我们意识中的积极冲动远不是为我们自己获得快乐或免除痛苦,我们在意识中处处能发现有关外物的冲动,这些冲动指向某种既非快乐也非痛苦之免除的事物;我们的最重要的一部分快乐实际上是以这类冲动的存在为基础的,尽管在另一方面,它们在许多场合中与我们对自身快乐的欲望如此不相容,以至于这两种冲动极不易同时共存于意识之中;这两种冲动有时陷入不可调和的冲突中,并引发相反的行为过程。对此,心理快乐主义不会赞同。但是,对人类活动的“无意识的”或“原初的”目标的思考也不能给这一学说提供任何支持。

5.自由意志

康德对自由行为和合理行为的定义由于“自由”这一术语的歧

义性而陷入错误。

意愿行为是"有意识的",区别于人类机体的"无意识的"或"机械的"行为或运动。在有意识的行为中,行为者不因他的意愿行为的完全未预见到的效果而被看作应受道德谴责,除非是以一种间接的方式受此谴责。

解决关于自由意志(free will)的形上学问题对于一般伦理学体系说来无关紧要(神学除外)。在我们对此作出缜密的考察后,就会发现自由意志问题在实践上的不重要性就更清楚了。然而,确定意志(无论是否在形上学意义上是自由的)的实际作用的范围显然具有重要的实践意义,因为这将在严格的意义上廓清伦理判断所适用的范围。

6.伦理学的原则和方法

伦理学方法明确地要求有合理的原则作为基础。许多信教的人们认为行为的最高理由是神意(God's will);而对有些人来说,"自我实现"、"自我发展"是真正的终极目的;对另一些人来说,符合自然的生活才是真正的终极目的。这些观念不仅表达了"应当"本身,而且通过一种显然很简单的对于现实的关系表达了应当。我们不能从"自然的"这一概念中引出关于行为的正当性的明确的实践标准。要言之,各种方法可以简便地被归入三类:直觉主义和两种快乐主义,即利己的快乐主义和普遍的快乐主义。常识对后两者的混淆容易得到解释,但难于杜绝。常识道德似乎让人在某些明确的限制条件下自由地追求他自己的幸福,而功利主义则要求自我利益更多地、无止境地服从共同善。

7.利己主义与自爱

利己主义是指一种把行为规定为达到个人的幸福或快乐目的的手段之体系。这样一种体系中的主导动机通常被说成是"自爱"(self-love)。但是为了获得对利己主义的清晰观念,我们必须摒弃对于它的常识性解释,必须区别出这个词的数种可能的意义并将它们排除。同时,我们还必须把它的目的规定为行为者的快乐对痛苦的最大可能的余额——假定快乐的价值与它们的令人愉快性成正比。

8.直觉主义

直觉主义指这样一种伦理观点:它把符合于某些由义务无条件地规定的规则或命令视作道德行为的实践上的终极目的。直觉则指这样一种方法:在使用这种方法时,人们假定了某些行为的正当性是无需考虑它们的后果而被认识的。

应当指出,把"直觉的"或"先验的"道德与"归纳的"或"经验的"道德简单地对立起来,会引起某种思想混乱。常识所了解的直觉方法与归纳方法的对立容易被人误解,因为直觉方法不必从普遍推到个别。我们可以区别出多种直觉主义:首先是感性的直觉主义,按照这种学说,直接被了解的始终是某些具体行为的正当性,例如良心就是简单的直接的直觉;其次是教义的直觉主义,按照这种学说,我们不可能通过真正明确的和最终有效的直觉看清某些一般规则,这些一般规则是隐含在普通人的普遍推理中的,即被视作公理性的,他们在大多数实践中能充分地理解并说清这些规则;此外还有哲学的直觉主义,这种学说试图找到一两条更绝对、更不容反驳的可从中推导出流行准则的真实而明确的原则。

9.善

另一种重要的直觉主义是用更宽泛的"善"的概念取代"正当"概念的直觉主义。但是,善与正当之间是有区别的。在把行为视作"正当的"这一认识中包含着一种履行这一行为的权威规定,但当我们把行为判断为"善的"时,这种判断就没有清楚地表明我们应当去选择这种善而不是去选择其他善,就还需要发现估价不同"善"的相对价值的标准。

根据人们普遍认同的对"善"的解释,似乎可以说,任何把我们关于善性的直觉系统化的尝试,都必定合理地把我们径直引向快乐主义。然而,根据我们的反思,某物是"善的"这一常识判断并不等同于它是直接或间接地令人愉快的这一判断。"善的"等于"值得欲求的"或"合理地被欲求的"。在应用于行为时,这个记号不表达一个像"正当"那样明确的命令,而且"获得行为的善性不属于直接意志的范围"。

同时,如果我们缜密地考察通常被判断为善的那些稳定的结果,而不是考察人的品性,我们就会发现:离开了人的存在,或至少是离开了某种意识或感觉,任何东西都不具有这种善性。因此,我们对善、知识和其他观念上的善以及所有外在事物的追求,只是就它们有利于人的存在的幸福或完善而言才是合理的。

二、利己主义

在第二编中,西季威克首先概述了利己主义的目的(原则)和达到这一目的的基本方法,接着对经验的快乐主义、客观的快乐主义、幸福与义务、演绎的快乐主义等方法一一进行阐述,论说了它们作为伦理学方法的内涵和意义,并对有关的常识判断或反对意见进行了驳斥。

1.利己主义的原则和方法

利己的快乐主义(egoistic hedonism)的原则是:当他面临两个或更多的行动方案时,他尽可能确定每一行动方案可能导致的快乐和痛苦的量,并且选择他认为将给他带来快乐超出痛苦的最大余额的行为,概言之,对利己主义者来说,行为的合理目的是他的最大幸福或最大快乐。要达到这一目的,有数种方法,如基于实证宗教或自然宗教的推理方法,先验的、纯粹的伦理的推理方法,心理学或生理学的推理方法等,但通过经验——反思进行快乐比较的方法是达到这一目的的基本方法。

2. 经验的快乐主义

不仅包含在利己的快乐主义的经验方法中而且包含在作为目的的"最大幸福"的观念中的首要的、最基本的前提，是苦乐的可公度性和对所寻求的快乐与所回避的痛苦相互间有明确的量的关系之预设。快乐、痛苦能按照某种明确的级次排成一个等级表：痛苦——快乐的负值；完全中性的感觉——零快乐值，亦即度量快乐的正值的原点；快乐——正值。

西季威克驳斥了那种把快乐等同于"一种我们试图引入并保留在意识中的感觉"和把苦乐等同于"动机力量"的观点，认为这些看法不符合人们共有的经验判断。他并指出，快乐是终极善意味着：除了能感觉的个人在感觉到它时领悟为值得欲求的那种感觉之外，没有什么东西是最终值得欲求的。

为了更清楚地理解快乐的定义及快乐的计量，西季威克认为有必要来讨论那些旨在表明快乐主义本身不可能作为一种合理方法的反对意见。第一种是：快乐作为一种感觉不可被认识，快乐的总量没有内在意义。第二种是：易逝的快乐不可能令人满足，自爱的过于强烈的影响可能毁掉它自身的目的。第三种是：对快乐斤斤计较的习惯不利于快乐。第四种是：快乐和痛苦的量的比较是模糊的和不明确的，甚至当这种比较的对象是我们以往的经验时亦如此。第五种是：快乐和痛苦的量的比较因时而异，尤其因比较者的现状的变化而异。第六种是：快乐可以明确公度这一假设事实上是不可证实的。第七种是：在借鉴他人经验和从过去推断未来幸福时，也存在产生错误的可能性。

3. 客观的快乐主义与常识

关于幸福根源的常识判断似乎提供了一个躲避经验的快乐主义的不确定性的庇护所。当我们把这些常识观点作为推导系统的利己主义的前提来思考时，它们面临着一些严重的反对意见。因而，这些常识判断仍然有一些致命的缺陷，首先是它未能区分自然欲望的对象与所经历的快乐的根源,此外还包含着道德与纯粹快乐偏爱之间的混淆。而且一经缜密地考察,我们就会发现这些判断恼人地不一致。但是我们仍能从中引出一些实践性的指导。

4.幸福与义务

人们一直认为能够以经验根据来证明,一个人的义务行为总能给他带来最大的幸福。但是,从义务的外在制裁——法律的制裁和社会的制裁之中似乎产生不出这种完全的一致。我们愈是强调道德行为的法律制裁或社会制裁,我们证明义务与自我利益在例外场合中的一致之困难就愈大。同样,从义务的内在制裁中似乎也产生不出这种一致。虽然履行对他人的义务和实践社会的德性总体上是获得个人幸福的最好手段,并且很容易以修辞学的方法和常识的方法表明德性与幸福之间的一致,但是,当我们缜密地分析和估价德性给有德性的人带来的后果时,我们似乎就不能说这种一致是彻底的和普遍的,即使当我们不仅考虑孤立的义务行为而且考虑道德生活整体时,情况亦是如此。

5.演绎的快乐主义

快乐主义方法必然最终依赖于对事实的经验观察,但是它可以在很大程度上成为从关于苦乐原因的科学知识中进行演绎推理的方法。然而,关于苦乐原因的心理学思考目前还不能为实践的快乐主义的演绎方法提供基础。西季威克得出这一结论,是通过考察、批驳哈密尔顿把积极的状态区别于消极的状态的说法、斯托特的快乐与痛苦之间的对立与朝向一个目的的不受阻碍的进步与受阻碍的进步之间的对立同时发生的观点、斯宾塞的痛苦是器官的过度的或不充分的活动的伴生物而快乐则是适度的活动的伴生物的学说等作出的。接着,西季威克又分析了斯宾塞的一种理论,这种理论是生物学的而不是心理学的。总之,我们实际上不可能获得关于苦乐原因的心理学的或生理学的理论。

"提高生命"的原则,"追求自我发展"的原则,或"放任冲动"的原则，如果不求助于苦乐的经验比较，也不能给我们提供实现利己主义目的的实践指导。

三、直觉主义

1.直觉主义

关于直觉主义的第三编是全书中最重要的部分。在本编中，西季威克以直觉主义的基本内涵为基点，考察了德性和义务；智慧和自制；仁慈、公正、法律和允诺；义务分类、诚实、其他社会义务与德性、有关自身的德性、勇敢、谦卑等，评论了常识道德，论述了作为道德判断的主题的行为动机、哲学的直觉主义、终极善。

直觉主义的基本假设是我们有能力看清何种行为本身就是正当的和合理的。虽然有许多行为会因其动机(motive)而被常识判断为较好的或较坏的，但严格地说我们关于正当和错误的常识判断是同意图(intention)相联系的。

诚然，我们不相信此种行为会错是一个基本条件，而且它意味着我们也不相信它对于类似境况中的任何类似的个人会错；但是，这种含义尽管可以提供一种有价值的实践规则，却不能提供一个有关正当行为的完整标准。西季威克由此得出结论：直觉方法试图加以系统化的道德判断，基本上是对人的意志的各种具体的外在效果的正当性或不当性的直觉，这些外在效果是行为者所意求的，但不依赖于他自己对于他的意图的正当性或不当性的看法。

我们不会怀疑，存在着直觉地获得的关于正当行为的明确认识；而且，我们经常通过证明其“原初性”来证明它们的效准。

具体的和普遍的直觉共存于我们的普遍道德思考之中，但是直觉主义的道德学家们常常要求把普遍的直觉视为有终极效准的。我们必须通过对常识进行反思，来检验我们能在何种程度上清晰准确地陈述出这些道德公理。

2.德性和义务

要充分地履行义务(duty),道德动机常常是必要的。我们似乎能确定德性行为的界限。德性的行为既包括被视为超出严格的义务甚至超出某些行为者的能力的值得赞许的行为,也包括义务的行为。

如果我们问德性(virtue)表现于何种现象之中,最明确的答案就是它表现于产生具体的正当效果的意志之中,它实际上是主要属于行为者的心灵或品性的。但是德性若要完善,就不能全然抛开情感因素。在大多数情况下,被我们视作德性表现的是产生某些外在效果的意志,但是,离开了必要的理智条件,实现德性就不是任何人在任何时候都能做到的。

德性像美一样难于定义。但是如果我们打算建立伦理学,我们就必须有明确的道德公理。

3.智慧和自制

智慧(wisdom)是指对手段以及目的的正确判断。常识的智慧观念假定不同的伦理学方法所追求的目的是相互和谐的,认为智者追求着并且尽可能地实现着这些目的。

就实践智慧是一种德性而言,它包含着一种抑制欲望和恐惧——这种抑制通常被叫做自制(self - control)——的习惯。在一定程度上意志与作出明智的决定有关,但是意志更明显地是与执行这些决定有关的。有一些较细微的理智德性并不是严格意义上的德性。而我们将谨慎和果断这类品质当作德性,只是因为它们事实上是自制的具体形式,它们仅仅部分地出于意志。

4.仁　慈

在仁慈(benevolence)的一般准则中,“爱”的准确意义令人困惑。培养情感、施与幸福实际上是常识视为仁慈义务要求的主要内容。施福于人,尤其是处于一定的环境和关系中的人,在这种环境和关系中的情感激励我们去提供友善的服务。由于人们的各种要求可能相互抵牾，我们需要有分配友善的规则。但是，我们可以列举出应当对我们的伙伴履行哪些义务，却很难准确地确定它们的范围和有关的责任。我们不可能从常识中得出明确的分配友善的规则。当我们考察对亲属的义务和产生于邻里关系与公民身份以及普遍仁慈的更广泛的义务，培养敬重和忠诚的义务，以及那些产生于婚姻、友谊、感激的义务和因怜悯而生的义务时，便可以看出这一点。

5.公　正

公正(justice)是尤其难下定义的。但是，直觉方法却假定，公正一词是指一种最终值得人们在行为和社会关系中实现的品质，假定所有法官都将接受这一定义。公正不等同于合法，因为法律亦可不公正。而且，法律的公正不仅仅表现在制度或管理法律中不存在人为的不平等这一点上。

公正的一个方面似乎在于实现：(1)契约和明确的默契；(2)自然地产生于现有社会秩序的期望。但是满足这些期望的义务却不甚明确。而且，当从另一种理想的标准来检验时，这种社会秩序本身就可能被谴责为不公正的。那么，这种标准是什么？我们似乎看到了各种程度的各种形式的理想标准。

一种理想的法律的观点宣布自由是它的绝对目的，但是按照这一原则构造一种法律制度的努力，却使我们陷于不可克服的困难。而且，自由的实现也不符合我们关于理想的公正的常识观念。它的原则毋宁说是"劳绩应得到回报"。但是，这一原则在应用上十分令人困惑：无论是当我们试图确定善(或服务价值)的大小时，还是当我们为实现刑法的公正而试图确定恶的大小时。此外还存在着调和保守的公正与理想的公正之困难。

6.法律和允诺

虽然守法义务在很大程度上属于公正的范围，但是对它仍须进行单独的研究。然而，关于这种义务的准确定义，我们却找不到一致意见。因为,我们既未在何种政府是理想意义上的合法政府这一问题上达成一致意见,也没有在传统意义上的合法政府的标准及政府权威的恰当界限这些问题上达成一致意见。

在允诺(promise)为允诺者和受诺者双方理解的意义上,实现一个允诺的义务被我们视为极其严格和确定的。与此同时我们承认,守诺的责任是相对于受诺者的,并且可以由受诺人取消的;我们还承认,守诺的责任不能超越那些严格的优先的责任。但是,当允诺是靠强制或欺骗而获得的,或当自允诺作出以后情况已发生实质性改变时,尤其是当它是对一位死者或不在场者的允诺因而不可能由这位受诺者来解除时,或当履行这项允诺将极大地伤害受诺者或使允诺者蒙受一种不应有的牺牲时,常识似乎怀疑允诺的有效程度。另外一些怀疑产生于允诺受到误解以及使用一种特殊的规定语言来表达的场合。

7.义务分类及诚实

西季威克指出,他一直没有采取把义务分为社会的义务和有关自身的义务的做法,是因为这种分类对于直觉方法似乎不当。直觉方法的特征是,它把某些绝对的和独立的规则(例如讲真话的规则)作为基础。就我们目前的目的而言,指出规则的例外情况——真实的和表面的——是尤其重要的,因为它们更是直觉主义这种方法的特点。在这些例外情况中,最重要的是诚实(honest)。

常识似乎并未清楚地说明诚实究竟是一种绝对的、独立的义务,还是某种更高原则的具体运用。常识毕竟没有规定在一切场合都要讲真话,也没有明确规定我们有义务澄清的那些有关真实情况的信念是我们应当用言语直接引起的,还是应当能够直接地从这些言语中推出的。普遍地容许讲假话将是自杀性的,因为没有人会相信假话。但是这一论点尽管有力,却不是决定性的。因为,(1)这种结果在一定环境下也许是值得欲求的,或者(2)我们也许有理由相信不会发生这种结果。

8.**其他社会义务与德性**

舆论时常笼统地谴责恶毒的情感和意志，但是反思的常识似乎承认某些恶毒是合理的，并基于功利的根据来确定容许此种恶毒的界限。

明确而绝对地属于社会德性的其余德性没有独立的准则，分别地体现着这些德性的行为也仅仅是已讨论过的那些规则在特殊条件下的实现，对豪爽、慷慨及其他同类概念的考察可以说明这一点。

9.**有关自身的德性**

按照常识道德的观点，履行义务和培养德性都可以在一般意义上被视为“有关自身的义务”，以及始终有利于人自身的真正利益和福利，这种“对我们自身的利益或幸福的恰当关心”可以被称为审慎(prudence)。

当审慎被运用于对肉体欲望的控制时，它便被称为克制。但是我们时常认为对克制概念必须作出一种更为严格的限制，尽管我们对这种限制的原则似乎没有一致意见。

我们也不易对贞洁准则作出明确的定义，而且事实上常识似乎对这种定义有反感。而自杀是被常识判断为绝对错误的。

10.**勇敢、谦卑等**

勇敢(courage)义务从属于已经讨论过的那些义务。在给勇敢的德性和鲁莽的缺点划界时，我们也似乎不得不求助于功利的考虑。

与此相似，谦卑(humility)准则也似乎或明显地是从属性的，或不明显地是决定性的。

11.**对常识道德的评论**

我们在考察前述问题时，首先承认道德学家们力图证明的一个论点，即存在着显然独立的道德直觉，并以此作为出发点。现在我们必须考察上面规定的那些道德准则，以便确定它们是否具有直觉的特征。我们需要一种公理,它应当(1)以清晰而准确的语词来陈述,(2)真正自明,(3)不与任何其他真理相冲突,(4)充分得到"专家们的一致意见"的支持。常识的道德准则不具备这些特征。

智慧准则和自制准则只有作为同义反复命题才是自明的。我们也不可能陈述出任何规定着感情的义务之清晰的、绝对的和普遍承认的公理。至于那些从常识的接近观念中引出的原则,我们也不可能分别给它们作出令人满意的定义,更不用说调和它们了。甚至守信的义务,当我们考虑到常识多少带着怀疑接受对它的数不清的限定时,也更像一个从属性的规则,而不是像一个独立的首要原则。诚实的规则更是如此。其他德性也与此类似。甚至对自杀的禁令似乎也最终是基于功利根据的。当我们不得不去考察贞洁德性时,这一德性严格地说也产生不出明确的原则。常识的道德准则足以担当实践的向导,但不可能被提高为科学的公理。

12.作为道德判断的主题的行为动机

有些道德学家认为,"普遍良心"主要地不是裁决行为的正当性,而是裁决动机的等级。

然而,如果我们把道德情操或对于具体的有德性的行为本身的冲动(如坦率、诚实、坚强)列入我们的动机表,那么我们就陷入了两难处境之中:或者我们把这些冲动的对象视为被我们一直在考察的这几个概念观念的再现;或者我们把道德情操引发我们去实现的对象设想为是更简单的东西,并撇开对常识的全面反思迫使我们承认的那些限定,而这些动机中排除道德情操又是自相矛盾的。

但是,即使我们把道德情操和自爱放到一边,我们也仍然不能形成一个大致能为人们明确同意的、按优劣程度排列的动机表。而且,我们愈沉思先于意志活动的现实动机,就愈发现动机的复杂性是普遍的情况而不只是例外。同时,常识似乎并不认为,一个低于最高动机的"较高"动机总比一个"较低"动机更可取。

13.哲学的直觉主义

哲学家们的目的本身不是界定或陈述人类的常识的道德意见,而是试图透过常识的表层发现某些更深的原则。这就是直觉方法的第三阶段,即哲学的直觉主义。但是,我们对虚假的公理要加以小心。道德哲学史上的一个重要教训就是,在这一领域中,甚至极有能力的学者都有可能默认这类同义反复。

不过,哲学家们也提供了一些真正重要的、人们可凭直觉了悟的抽象道德原则,尽管这些原则本身不足以提供全面的实践指导。

14.终极善

正当行为的实践上的决定作用依赖于终极善(ultimate good)的决定作用。如果我们用德性指对构成常识道德的主要部分的命令与禁令的遵守,说"普遍善"仅仅存在于普遍德性之中就显然会令我们陷入逻辑的循环论证,因为我们已经看到这些命令与禁令的决定作用必然依赖于这种普遍善的定义。也就是说,通常理解的德性概念离开了一种逻辑上的循环论证便不能与终极善概念相统一,也不能与承认意志的主观上的正当性及构成终极性的其他完善因素的常识相统一。

如果生命的某种品质是最终值得欲求的品质,它也必定属于意识。正是值得欲求的意识才是我们必然视为终极善的东西。

四、功利主义

在这一编中,西季威克考察了功利主义的含义,功利主义同其他公认的准则的关系,功利主义与常识道德的关系及功利主义的方法,直觉主义、利己主义和功利主义三种方法的相互关系。他指出了功利主义与常识道德观之间的对立的表面性,以及基本的道德对立只存在于这两者与利己主义之间。

1.**功利主义的含义**

功利主义是指这样的伦理学说:在特定的环境下,客观的正当的行为是将能产生最大整体幸福的行为,即把其幸福将受到影响的所有存在者都考虑进来的行为。基于这种理论的方法称为"普遍快乐主义"。应当把功利主义与利己的快乐主义区别开来。同时,还要把它与关于道德情操的本质和起源的任何心理学理论区别开来。

"最大幸福"的应用范围与方式还需作进一步规定。我们应当把所有有感觉存在者包括进来吗?我们要最大限度地扩大的是整体的幸福还是平均的幸福?我们还需要一个用于分配幸福的补充原则,平等原则初看起来是合理的。

2.**功利主义的证明**

常识要求对功利主义的首要原则提供一个证明,这一证明要比对利己主义的首要原则和直觉主义的首要原则的证明更清晰。针对利己主义的快乐主义者作出这样一个证明实际上已在第三编第十三章中给出,这一证明把功利主义原则的本质表达为一种清晰而确定的直觉。但是考察功利主义同其他公认的准则的关系同样重要。

3.**功利主义与常识道德的关系**

休谟把德性展示为带来幸福的品性。以休谟的这种说明作为基础,我们就能找出功利主义和常识之间的一种复杂的一致性。把这种一致性说成是完满的和精确的既不必要也无助于论证。

首先,我们必须仔细区分对倾向上的善的认识与对行为中的善的认识。尽管产生于某些倾向的某些特殊行为不带来幸福,但这些倾向(作为通常带来幸福的倾向)都可以受到尊敬。其次,我们应当认识到,德性和义务概念的任何充分准确的定义都或显或隐地包含着确定了的"善"或"恶"的概念。

当我们考察常识的义务概念中那些较为明确的义务时,我们首先发现:按照亲情、友谊、感激和同情的正常刺激来分配友善的规则,具有一种坚实的功利主义基础;而且,为了解释在规定这些规则时产生的困难,我们经常要诉诸功利主义。我们其次发现:通过单独地或总体地考察我们从常识的公正概念以及其他德性中分析出来的不同因素,我们也得出了相似的结论。贞洁德性一直被视为一个例外,但是对调节着性关系的舆论的细致考察表明,在道德情操与社会功利之间有一种特别复杂和微妙的一致关系。

道德感是“无意识的功利主义者”这一假设,也解释了各种义务准则及德性评价之间的现实差别,无论这些准则和评价是同一时代和同一国家的,还是不同时代和不同国家的。我们也不能认为,对正当性的认识始终是有意识地产生于对功利的认识的,这种观点得不到历史事实的支持。按照功利主义的特点,伦理学与政治学的关系是依法律规则的内容而异的。

4.功利主义的方法

那么,一个功利主义者应当马上把常识道德作为一种功利主义学说而接受下来吗?不是的,因为即使接受道德感源于同情这样一种理论,我们也能看出一些使常识与完善的功利主义道德准则相互背离的原因。同时,不以实证的道德为基础而以某种其他方式来构造这样一种准则,也似乎是隔靴搔痒。

如果把普遍幸福当作一种道德体系的实际终极目的,那么把“社会机体的健康”或“效益”当作道德准则的实践上的终极“科学标准”就是不合理的。

所以,既从总体上支持又在细节上纠正常识的道德是功利主义者们的义务,而且,纯粹经验的快乐主义方法是他目前在推理中所能使用的唯一方法。他们的创新可能或是否定的和破坏性的,或是肯定的和补充性的。有一些反对前一类创新的一般理由,这些理由在某种特定场合中很容易压倒支持此种创新的特殊论据。

一般地说,一个功利主义者在推荐一种偏离公认规则的行为时,总是希望他的创新广泛地被仿效。但是在某些场合,他可能既不期待也不希望此种仿效,尽管这些场合极少而且不好确定。在修正区别于道德义务命令的道德德性理想时,也存在类似的困难。

5.三种方法的相互关系

必须完全抛弃通常理解的直觉主义者同功利主义者之间的对立。因为我们能够承认真正自明的那类抽象的道德原则不仅与功利主义相吻合,甚至还为功利主义提供了一个必要的理性基础。但是我们不能调和利己的快乐主义与普遍的快乐主义。

就功利主义道德与常识道德相吻合而言,我们已在第二编第五章中看到:尽管在一个宽松的社会状态下,履行对他人的义务和表现社会德性一般地是与获得个人的长远的最大可能幸福这一目的相一致的,但是至少这种一致的普遍性与完整性是不能得到经验证明的。对于同情的进一步思考也不会引导我们修改这一结论,尽管同情的快乐无疑是重要的。

如果我们能够说明宗教的制裁实际上是与功利主义规则相联系的,这种约束就当然是充分有理的,但是它的存在不可能单独地由伦理学论证来证明。不过,离开了这种或某些类似的假设,伦理学就会不可避免地陷入一种根本的矛盾。

西季威克的《伦理学方法》自问世后,在短短30余年内出到第七版,成为上世纪末本世纪初英语世界中影响巨大的道德哲学文献。但西季威克的思想也受到后世的一些思想家(如G.E.摩尔、C.L.史蒂文森、J.罗尔斯)的批评。

(曾建平)

居　友

无义务无制裁的道德概论* (1885)

让—马利·居友（Jean—Marie Guyau，1854—1888），19 世纪下半叶法国哲学家、伦理学家。出生于拉威。17 岁时便获文学学士学位，19 岁时以《功利主义伦理学研究——从伊壁鸠鲁到英国学派》一书荣获法兰西伦理与政治科学院的奖金。由于健康状况欠佳，居友没有像其他哲学家一样边从事教学或其他工作边著书立说，而是专事著书立说。因此，他虽只在世 34 年，但留给世人的著述既多且甚有分量。其主要哲学著作有：《伊壁鸠鲁的伦理学及其同当代学说的关系》(1878)、《当代英国伦理学》(1879)、《当代美学问题》(1884)、《无义务无制裁的道德概论》(1885)、《未来无宗教说》(1886)等。他逝世后不久，他的另两本著作《从社会学观点看

---

* 原书名为 ESQUISSE D'UNE MORALE SANS OBLIGATION NI SANCTION。本文根据中译本《无义务无制裁的道德概论》(余涌译，北京，中国社会科学出版社，1994 年)撰写。

艺术》(1889)和《时代观念的创造》(1890)也相继出版。《无义务无制裁的道德概论》是他的伦理学代表作。

该书可分为三个部分。在第一部分即导论中,居友清算了传统道德关于义务的理论。与之相对应,在第三部分即第三卷中,他清算了传统道德关于制裁的理论。在第二部分即第一、二卷中,他提出了自己关于道德动力的观点,也就是他的生命哲学的道德动力论,为解释道德生活中的义务现象,他提出了义务的五种等价物。本书不仅是居友的伦理学代表作,也是西方生命伦理学的代表作。

一、道德无义务论

居友对其以前的道德哲学进行了深刻的反思,认为此前的道德哲学都诉诸一种外在的强加的义务或求助于外在的制裁,这违背了道德的本性,因而都是空泛无力的。基于此种认识,他力图"发现一种没有任何绝对义务和任何绝对制裁的道德哲学"。[①] 为此,他首先对各种试图证明道德义务的教条主义道德的企图展开了批判。他把这些企图归纳为三种假设:乐观主义(optimisme)、悲观主义(pessimisme)和自然冷漠(indifférence naturelle),并逐一展开对它们的哲学清算。

首先清算乐观主义假设。居友把西方古典伦理学中的道德乐观主义斥之为对"所有道德感觉上的漠然和麻木"(P.27),是一种实际上的不道德。在他看来,乐观主义含有否定社会进步的意味,试想它一旦深入人心,作为相应的情感,就会使人满足于现状,在道德上就将万事无咎,在政治上就会唯权威马首是瞻。他指出,如

① 居友:《无义务无制裁的道德概论》,中译本第 201 页。以下凡引用此书,只注明页码。

果万物真如乐观主义者所认为的那样都是善的,世界就无需什么变化了。而且,如果万物都是善的,那么它们的合理性则不证自明,从而我们这个世界将再也没有什么不正义了。但这一理论在现实面前却显得如此的苍白无力。依居友之见,世界的进化不是向乐观主义者所意想的方向前进,相反,它是与道德背道而驰的,谁也无法否认恶的存在。

居友对乐观主义提出的“不朽”理论的批判尤为尖锐。他认为“对不朽的信仰使人们容忍了所有的牺牲,或至少把它们看作是微不足道的。……因此,整个现实生活在价值上不可思议地被贬损了”(P.33)。居友略带讽刺意味地说:“不朽对我们来说简直太长了。”(P.23)首先,从进化论的观点来看,所有的个体都是人类进化的一定阶段上的存在,它们的特征都是暂时的,都会在走向无限中消失。其次,如果思想、意志是不朽的,那么,它们就会具有一种胜过自然的力量,就能统治和征服自然。根据这一假说,人死后有灵魂之说就是成立的,且灵魂的力量是超常的,它会时刻保佑其子孙兄弟们。但当人们真正遭遇困难时,又有谁曾得到这样的帮助呢?最后,居友以人们自身所熟悉的生活体验告诫人们不要相信不朽。他说,死灰不能复燃,没有人能从彻底的枯竭中恢复过来。不朽,只不过是人们一种幻觉而已,人们总认为自身的力量是无限的,他们相信“我存在,因此我还将存在”(P.56)。但在居友看来,这种幻觉只是暂时的力量,它必将随个体生命的消失而灰飞烟灭。

其次清算悲观主义假设。居友指出:“坚实客观的道德观念既不可能建立在乐观主义的道德基础之上,也不可能建立在悲观主义的道德基础之上。”(P.40)因此,批判悲观主义也是道德无义务论所势在必行的一步。居友是从两个方面展开对悲观主义的批判的:自然生活和道德生活。

就自然生活而言,悲观主义是利用人们把不幸与幸福作比较时所犯的错误来作解释的,即人们在感觉上总好像幸福的日子过起来似乎很短,而不幸的日子过起来却似乎度日如年,因而人们大部分的记忆都是不幸。居友一针见血地指出,悲观主义其实是在用心理规律为自己辩护,它纯粹是依靠个人的判别,而不是以科学的推论为理论基础的。在居友看来,生活的意义在于行动,从这一点来说,受难并不是最大的不幸,因为人们在征服痛苦的过程中可以获得一种特殊的快乐;相反,消沉于悲观主义而无所事事才是最大的不幸。再者,幸与不幸"在很大程度上都是一种事后的思考","完全的幸福是由记忆和欲望构成的,而十足的不幸则是由记忆和恐惧构成的"(P.44)。也就是说,我们可以把幸与不幸看作是对生活总体的不同理解,这其中必然会发生一些错觉,因而悲观主义是不能成立的。

就道德生活而言,居友认为,悲观主义是一种意志的退却、软弱,它无异于意志的自杀。在居友眼中,道德生活的强者是那种集最脆弱的敏感性和最强烈的意志于一身的人。对这种人而言,"痛苦会激起他的意志的更强烈的反应,他受苦愈多,行动愈烈"(P.48),而不是如悲观主义者那样把痛苦当作消极避世的借口。另外,居友又主张要有区分地对待悲观主义。他称叔本华的"理智上的有自身系统的悲观主义"是一种行动和思考意义上的幸福。而纯粹感情上的悲观主义在他看来则是弱者无能的表征。居友确信,整体上,人类是充满活力的,是未来的希望之所在,我们有足够的理由去摒弃悲观主义。"人和其他物种之所以能生存下来,正是因为对它们来说,生活并不太坏。既然这个世界最终生存下来并会继续生存下去,那它就不会是所有可能的世界中最坏的一个。"(P.50)既然如此,我们还有什么可抱怨的呢?

再次清算自然冷漠假设。持这种主张的人认为,在自然面前,我们无需作为,也无法作为,因为人的意志对整个宇宙是软弱无力的,它用什么样的方式都改变不了自然的方向。依冷漠主义者之见,自然根本就没有什么道德倾向,也没有目的,它完全是非道德的,是一个中立的大机器。因此,我们要超越自然的苦乐情感,对一切都泰然处之。这就是所谓的自然冷漠。在居友看来,冷漠主义较之乐观主义和悲观主义更让人无法接受。后二者毕竟还对自己所面对的一切作出了积极的反应,或激动、或发怒、或欣喜,它们赋予自然以善或恶、美或丑的特征,而冷漠主义的必然结果就是导致人类在自然面前缺乏行动。居友形象地把冷漠主义者描绘成一个想做且等待做新娘的姑娘,她信心十足,却又不敢行动。她每日乔装打扮,等待梦中的新郎,虽日复一日地失望,却又总寄望于"明天会行的"这句人类说了好几个世纪的自欺之言。居友指出,信念不可能在等待中实现,我们应该行动起来。他引用勒南的话说:"在人通过持续不断的努力所建立起来的德性金字塔中,每一块石头都是有用的。"(P.52)在居友看来,冷漠主义最大的道德恶果还在于使利己主义合理化和普遍化,因为根据这一理论,任何个体在自然中都是一个中心,任何个体的目标都将是合理的,那么,人身上的不道德的意志也就成了正常的意志,这又导致了最深刻的道德怀疑论。可以说,自然冷漠在这里又演化成了对道德善恶的冷漠,演化成了对能动的生命创造力的恶毒的扼杀。

居友对以上三种假设的批判的结论就是,没有哪种理论能给我们提供一种可靠的行动法则。因此他们为义务所作的论证都是失败的,道德义务是不能成立的或曰不存在的。

与对历史上三种假设的清算相对应,居友把此前的道德归纳为三种类型:实践必然性的道德(moralité de la certitude pratique)、信仰的道德(moralité de la foi)和怀疑的道德(moralité du doute),并对之逐一进行批判。

对实践必然性道德的批判。实践必然性道德的基本观点是:"我们拥有一种确定的、绝对的、必然的和无条件的道德法则。"(P.56)对这一法则的认识有两种不同的观点,一种是直觉主义,另一种则是康德及其追随者们所鼓吹的普遍理性主义。直觉主义认为,道德法则本身含有一个本善的实体,我们通过直觉就能把握它,而且,通过直觉,我们还能洞察行为、官能、德行的价值和崇高。而普遍理性主义断言,道德法则只具有普遍性的特征,而不具有任何内容、善或确定的目的。

居友指出,不论是直觉主义的观点还普遍理性主义的观点,都是无法立足的。先看直觉主义。居友以达尔文的关于义务可变的论点为依据,认为每个人都有自己的社会任务的分工,因而"一部分人的义务显然会不同于另一部分人的义务"(P.57)。既然如此,善又怎会持永恒的单一的根据呢?再看普遍理性主义。居友反驳说,我们平日所说的责任感其实是感觉上的概念而不是道德上的概念,因此,责任感并不能对人类的道德情感作任何理性的或先验的解释,而普遍理性主义恰恰使道德情感成了先验的不证自明的东西。再者,居友认为,"作为普遍化的普遍性的东西只能带来一种逻辑上的满足","而这种逻辑本能是一种自然倾向,是一种较高形式的生命的表现"(P.60)。换言之,道德情感只是一种生命本能的自然倾向,根本就不是什么超生命经验的意识。

对信仰道德的批判。在居友看来,信仰的道德以义务为信仰的对象,其实是在伦理领域中树立一个"道德神",与宗教信仰没有什么本质的区别,二者相互包含;而且,与宗教信仰比较起来,道德信仰更原始、更普遍。居友进一步指出,把义务由康德主义的确信对象变成信仰对象,信仰的道德实际上是一种稍加改头换面的康德主义。它与康德主义一样不能解决道德中存在的问题。依居友之见,"信仰义务的义务"其实只是一种神谕式的假设,不具有任何说服力。而且,他指出,"信仰义务的义务"纯粹是一种同义反复或恶性循环,它等于说"信仰宗教的宗教"、"信仰道德的道德",至于到底何为义务、宗教、道德,它们根本就没有讲出个所以然来。居友根本就否定任何信仰,他认为"信仰是一种获得性习惯,一种智力本能,它抑制我们,成了我们沉重的负担,并在一定意义上导致了责任感的产生"(P.67)。信仰其实是思想的懒惰,即使是漠不关心的态度也要比教条主义的信仰强。信仰要求人们未知即信,而不图发挥个人的积极性,这无异于扼杀人的智力。居友则提出:"在思想领域,没有什么比真理更道德,在真正不能通过确证的知识加以巩固时,没有什么比怀疑更道德。怀疑是精神的尊严。"(P.71)所以,我们应摆脱对任何原则或信仰的崇拜。

对怀疑道德的批判。居友给予怀疑以极高的评价,那么怀疑的道德是否就是合理的道德呢? 诚然,怀疑比信仰和实践必然性包含更多的真理成分,但将怀疑极端化却也将导致种种弊端,因为极端的怀疑固然会放弃不正义,但它根本就放弃了一般的行为。而居友的观点则是:"凡行为皆是一种肯定,也是一种选择或挑选。……除了在行动中,就没有什么真正的道德。"(P.73~74)从这里可以看出,居友认为怀疑只能是起点,目的在于行动中的选择或挑选,而将怀疑绝对化的道德则是不可行的。

居友通过对历史上的三种假设和三种道德的反思和清算,得出了这样的结论:应当从事实本身出发而不是从先于事实或超于事实的先验的或绝对的法则出发来推演出道德法则,而这个基本事实就是:"我们是活生生的、富有情感并能进行思维的生命。"(P.201)换言之,"我们只能从生命中获取道德。"(P.77)这样,居友就把问题引入到他的"生命哲学"中来了。

二、生命哲学的道德动力论

在居友看来,生命存在是人类最根本的事实,生命现象是一切现象的基础,因而也是道德现象的基础。他强调:"生命,构成我们全部行为的动力。"(P.84)而传统的道德以善、义务或幸福作为行为的目的或动力则不能为他所认同。因为他认为这些动力只适用于有意识的和或多或少是自愿的行为,而"意识只掌握住生命和行为的很有限的一部分”(P.83)。居友寻根究底,指出行为的开端或最初的根源都在于一种本能和反射运动,换言之,行动的深层动力根源于一种无意识的本能或冲动。

至于人的自然生命何以成为道德的基础和动力,居友也作了深入的分析。他认为,人的自然生命有两个方面,一方面是营养和吸收,另一方面是产出和生殖。也就是说,一个生命首先要积聚剩余的力量以保证有必需的数量维持生命。同时,每一健康的生命所积聚起来的过剩的力量和自然所产生的这种过剩又要求它去消耗自己。他援引海克尔的说法,把这种消耗称为“生殖”,并认为这是一种利他的倾向。居友进而指出,无论在生理上还是在道德上,这种利他的生殖都是不可或缺的:从生理上说,消耗并非坏事,它是生命的一种状态,是吐故纳新;从道德上讲,生命就是生殖,生殖就是生命的充裕,这是真正的生存。最完善的生命是那种最具社会性的生命,能在某种限度内作出牺牲或与他人同甘共苦地趋向于慷慨大方地消耗的生命才是最充实的生命。对生命来说,这种利他的消耗能在扩散中维持自身,居友称之为“道德生殖”。

具体来说,道德生殖有三种表现形式。第一种形式是“智力生殖”(fécondité du intellect)。居友认为,“思想是非个人的和无私的”(P.92),人们往往倾向于把思想和智慧传播给他人,并通过这种传播来展现内心的自我。“把智力藏匿起来无异于用纸包火,是不可能的,它存在就是为了传播。”(P.202)第二种形式是“情感和感觉生殖”(fécondité de la émotion et de la sensibilité)。居友认为,同智力一样,情感和感觉也必须向生命体外发散,只有这样,才能丰富自己的情绪和感觉。实际上,当我们感受到某种艺术之乐或其他快乐时,我们往往不会独享其乐,独乐不是真正的快乐。而当感觉到他人的悲伤时,我们也会不自禁地“悲他人之所悲”。这其实就是利他的道德情感。但居友又警戒人们,要避免生命的过分扩张和利他主义的放纵,因为那样效果会适得其反。第三种形式是“意志生殖”(fécondité de la volonté)。即在利他的精神和情感的扩散中所产生的利他的欲望和行动。在居友的哲学中,行动有着很高的地位,他把行动看作是对大多数人来说已是必需品的东西,是最富经济意义且最富道德意义的现象,而懒惰、迟钝在他看来则是“最坏的恶事”。如前文所说,正是意志生殖造就了最完善和最充实的生命。

至此,居友阐明了人的自然生命才是道德的动力及它如何成为道德的动力。这就从根本上推翻了历史上各种外在的义务和制裁理论——道德是自然生命活动的表现,任何生命力以外的义务和制裁都毫无附着之处。

但他又认为,如果人类确实存在着某种义务情感,那也只是生命本身所存在的某种与义务相当的内在性因素,即所谓“义务等价物”(équivalent de la obligation)。为了说明人的自然生命力成为道德动力的内在机制问题,居友归纳出了五种“义务等价物”。

义务的第一种等价物是对生命内在力量的意识。居友指出,正是这种意识推动意志行动把过剩的生命力发挥和传送出来,并通过这种方式维持自身和增强自身的活力。相反,如果一个人缺乏这种意识,而只坚持自我即自己的目标,那么这恰恰是其目标不能实现的原因。

义务的第二个等价物,居友以富耶在《自由与决定论》中提出的“作为力量的观念”来充当,用居友自己的话就是“行为观念”。行为,在居友看来,“只不过是观念的延伸”(P.99)。只有在观念和行为达成协调一致时,我们才能实现生命的充分发展。而使生命中的意志和行动分成两个相互限制的对立面即是一种“内在的残废”,是不道德的。

义务的第三个等价物是“情感的不断融合和更高级快乐的更富有社会化的特征”。如前文所述,居友认为人的自然生命有一种情感和感觉生殖的自然倾向,因而个人情感只有不断地与他人的情感融合,个人快乐只有更富有社会性,才能获得真正的道德性,成为人们的更迫切的需要。在居友看来,高级的快乐(如智力的快乐)具有这样一个显著的特征:"它们是我们生命的最内在而又最爱传播,最个体化而又最富社会性的快乐。"(P.10)而且,其社会性还会随着我们进化程度的日益提高而逐渐增强。居友形象地把人的快乐比作一部协奏曲,他人的快乐已成了自我的快乐不可或缺的部分。当然,自我的出发点不可否认是自私——塑造自我和使自我生存下去。但这种自私已不再是原始的自私。在我们的时代中,原始的自私已日益萎缩、衰退,离我们越来越远了。实践告诉人们,原始的自私无异于自我残废。

"对冒险和斗争之爱"是义务的第四个等价物。居友指出,现实生活中人们往往鄙视平淡,而热衷于冒险和斗争。之所以如此,在于人们向往"胜利之乐"。人总是欲求征服,想感觉到自己的伟大,以便时常能充分意识到他意志的崇高。在这种情况下,人们会不惧任何风险来争取预想目的的实现——即为达到目的而冒险。冒险已成了现存社会的一大特征。居友认为,这种根源于生命力过剩的行动或许会导致自我牺牲,但这种自我牺牲却不是对自我和个人生命的完全否定,相反,它使生命本身崇高起来,伦理学中的崇高之处亦在于此。

最后一个义务的等价物是形上学的冒险,居友又称之为智慧的冒险。他认为,人们往往不会只满足于已取得的思想成就,在道德上也是如此。道德哲学的根基是自然主义的和实证的,但在顶点上则进入了自由的形上学领域。居友把形上学比作思想领域的奢侈品,并认为在某些情况下奢侈是一种必要。他还说,或许我们在智慧的冒险中会犯种种错误,但这并不重要,因为我们评判行为的价值标准是看它是否具有生殖力,即看它是否能变为真实的,而不是看它是否是真实的。依居友之见,一个富有创造力的错误比一个狭隘的和无聊至极的真理要更为真实。

通过以上两大部分的论述，居友彻底否定了传统道德的外在规范性和客观限制性的义务观。他从生命存在这一基本事实出发，在主体生命的内部挖掘出了道德的动力，道德在居友的哲学体系中成了一种自然的倾向，是一种纯主体性的现象。基于此，居友对传统道德制裁的观念也提出了质疑和批判。

三、道德无制裁论

居友对把制裁或对制裁的恐惧看作是与道德法则不可分离的部分的道德学现状深表不满。在他看来，“正义只是一种地地道道的属人的和相对的概念……任何东西都不能对之加以限定和约束”(P.155)。所谓制裁的现实其实是有意把制裁和法则组成一个“神秘联盟”，使法则神圣化，这是一种道德上的欺骗，应受谴责。居友主要批判了五种制裁理论。

第一，对“自然制裁”(sanction naturelle)的批判。所谓自然制裁就是在自然秩序中寻找仲裁的依据。许多道德学家断言，任何人只要违背了自然法则，都会受到某种程度的惩罚。居友认为“没有什么比这种观念更似是而非了”。因为，“人们不可能违背自然法则，要不然，自然法则也就不成其为自然法则了”(P.155)。自然法则是必然的，但它本身却又是非道德的，它很少具有道德那样的神圣性、庄严性，也很少具有名副其实的制裁。所以“自然惩罚不了任何人，而且，自然也无人可惩罚，因为对自然来说，没有什么人是真正有罪的”(P.155)。

第二，对“道德制裁”(sanction morale)的批判。有人认为，道德法则本身也具有制裁的功能，能对不道德的行为实施惩罚，从而使道德败坏的人遭受可以感觉到的痛苦，并可以使正直的人享受超常的快乐。这样，痛苦就成了社会约束和补偿的手段，这就是所谓“道德制裁”。居友一针见血地指出，这完全是功利主义的以经济学原则来处理道德问题的伎俩。诚然,经济上的按劳分配很好地概括了平等交换和社会契约的理想,但在道德领域可不存在什么"按德分配"之类的"价目表"。居友指出,主张道德制裁的人把道德问题与社会问题混淆了,忽视了二者的不同之处。我们的道德判断固然要支持德性,反对邪恶,但这种判断作为一种道德判断不能也不应超出道德世界的限制。道德的基础在于生命原则,因而道德判断的标准也只能源于生命原则。他举例说,撇开社会功利不论,杀人犯的谋杀与刽子手的行刑其实没什么不同,都是对生命的戕害。显然,居友在这里走向了一个极端,蓄意的谋杀与法律裁判的执行的道德意义能等同么?

第三,对"法律制裁"(sanction légale)的批判。在一般人看来,法律的准则含有制裁,并由此自然地期望德性得到报答,邪恶受到惩罚。居友虽也承认法律具有功利性和强制性这双重特征,但他指出,把法律制裁作为一种善恶有报的正义其实是人类根深蒂固的自然本能的一种形上学的标志。这种自然本能是生命自保本能的一部分,可以说是人类在自身进化中形成的一种本能上的自我要求和自我限制。居友认为,法律制裁是在行为已经完成时的一种允诺或威胁,是没有价值的。"制裁,只有在它作为某种行为发生之前或完全有可能导致这种行为时的一种允诺或威胁,才是有价值的。"(P.117)实际上,人类的道德行为只能靠它不断进化的生命本身来规范,随着人类自身进化程度的不断提高,人类对自身行为的意识和自我调节的程度也会越来越强,一切外在的制裁都是不必要且不可能的。

第四,对"内在制裁"(sanction interne)的批判。既然外在的制裁是不可能的,那康德所谓"良心"的"纯粹实践理性的法则"这样一个内在约束机制又是否成立呢?居友认为,道德评价应基于生命体的内在,康德在这一点上是对的,但是,康德的错误在于他诉诸一种先验的义务感,而道德上的满足并非先验地来自我们与道德法则的关系,而是来自我们与自然的和经验的法则的关系。居友把康德等人的脱离经验的内在制裁斥为一种“病理学”现象,说它是“本质上与行为的道德特性无关的东西”(P.188)。“良心”恰恰脱离了经验范围,因而它导致的制裁也是不能成立的。

第五,对“宗教的和形上学的制裁”(sanction religieuse et metaphysique)的批判。宗教历来把制裁看作自己的理论柱石,大肆宣扬那些违背神所预定的秩序的人会遭到最恐怖的制裁。居友反驳说,宗教制裁虽把神看成是最大的力量和权威的象征,但这种最高的理想简直不能伤害任何人。他这样论证上帝制裁的不可能性:“要么上帝万能,那我们就不可能真正去冒犯它,因而它也不会惩罚我们;要么,我们实际上能冒犯它,但这样一来,我们就能通过某种途径影响它,它就不是万能的、绝对的,也就不再是上帝了。”(P.190)因此,所谓宗教制裁纯属子虚乌有。最后是关于“形上学的制裁”。这种制裁包括爱的制裁和友爱的制裁两种情形。较之前面所有制裁,它的合理性在于它超出了惩罚和奖赏的局限,它的基本原则就是“爱人者一定被爱”,德性与意志的关系在这里变成了意志之间的关系、人与人之间的关系、感恩的关系,因而也就成了友爱的关系、道德爱的关系。居友批评说,这种观点把制裁的观念与道德上的合作观念混为一谈了。他认为这种爱或友爱对个体而言是无效的,因为爱或友爱最基本的特征是社会性,它是人与人之间的一种关系,对个体来说,它是外在的,非个人性的。因而,这种制裁也脱离了道德的基础,是不能成立的。

总而言之,居友认为传统的道德所诉诸的外在的或先验的道德义务和道德制裁不符合道德的本性。他因此另辟蹊径,从生命的自然存在这一基本的现象中去寻找道德的动力,彻底否认传统道德的义务和制裁学说,所以,他才自命其道德为“无义务无制裁的道德”。该学说有其合理的方面。首先,它强调道德的内在性,反对道德外化。可以说,他是近现代西方道德问题的警示者。实际上,近现代西方的道德危机在很大程度上可归因于道德及其评价标准的外化——当道德评价标准外化为物质层面的存在时,那无尽的欲望及为满足这些欲望所采取的任何手段都将披上一层道德的外衣。而这恰恰是西方的道德现实。居友着眼于生命的内在,将道德的基础置于生命的内在,并以此为基础解释种种道德规范,从而使道德的主体性和规范性达成了高度的统一。其次,居友从生命的进化中来寻求道德进步的依据,自觉不自觉地吸收了进化论的一些积极的成果。而且,在伦理学上,他还体现出了反宗教的倾向。再次,居友从生命的自然存在出发,把利他主义说成是生命的自然倾向,生命在利他——扩散中维持自身的存在,从而实现了利己与利他的有机结合,解决了伦理学界颇感棘手的一对矛盾。

当然,居友在31岁时写就的这本书也有着明显的不成熟之处。最突出的一点就是他以个体的自然生命现象来解释一切道德现象,这显然是使人低级化——生物化了。同时,他摒弃了人的社会性这一本质特性,这同样不符合道德的本性。因为,道德正是在人的社会性发展中人对自身提出的要求。脱离了人的社会性,是不可能合理地解释人的道德现象及其本质的。再者,他对传统的义务论和制裁论的批判也是不彻底的,特别是对义务论的批判。他一方面不承认所谓的义务和责任,另一方面又从生命本身来解释义务和责任,而且,其批判体现出一种强烈的非理性主义倾向,显示出匆忙构建体系时的穷拙和无奈。其道德学说的出发点令人拍案,行文之中也不时显露出深刻的洞见和灼识,但由于太过片面和武断乃至其说难圆。

(郑根成)

尼　采

论道德的谱系[*] (1887)

弗里德利希·威廉·尼采（Friedrich Wilhelm Nietzsche，1844—1900），19世纪著名德国哲学家，意志主义的主要代表人物。出生在普鲁士萨克森州的鲁岑。其祖父和父亲都是路德教派的牧师。尼采5岁时父亲便去世，他和妹妹由温柔慈祥的母亲抚养。这种成长环境对尼采少年时代的思想和情趣影响很大。14岁时，尼采进入瑙姆堡近郊的普佛尔塔高等学校读书，20岁时进入波恩大学修习神学和古典文献。半年后，他断然放弃神学，专修古典语言学。1869年，年仅25岁的尼采被荐来到瑞士巴塞尔大学任古典语言学教授，受到当时著名古典语言学学者李契尔的赏识，被后者誉为"莱比锡青年语言学界的偶像"。1871年，尼采因受叔本华和瓦格纳的影响，撰写了他的处女作《悲剧的诞生》，从而宣告了自己悲

* 原书名为ZUR GENEALOGIE DER MORAL。本文根据中译本《论道德的谱系》（周红译，北京，三联书店，1992年）撰写。

剧的开始。此后几年,他与好友绝交,遭受失恋痛苦,辞掉巴塞尔大学教授职位,从此过着动荡不宁的漂泊生活。与此同时,他的健康也受到了极大的损害。“他没有现实生计,没有职业,没有生活圈子。他不结婚,不招门徒和弟子,在人世间不营建自己的事务领域。他离乡背井,到处流浪,似乎在寻找他一直未曾找到的什么。”(见雅斯贝尔斯《尼采》)这种脱离常规的生活,恰恰成为尼采哲学活动的方式。他自己早就预言:“我一生的幸福及其独特的性格是命中注定的。”(见尼采《瞧,这个人》)他对一切价值进行重估也体现在他对生活的态度和信念上。尼采甚至认为自己获得哲学家的品质和意志应该“感谢我长期的疾病”,他把疾病作为生命的有力刺激品,作为生命力旺盛的刺激品,并因长期的疾病而仿佛重新发现了生命。这样贫乏、困苦的生活使得他坚强得足以使任何东西都变为对他有利的东西。

在思辩哲学的故乡,尼采反对思辩,提倡并实践酣畅淋漓的格言警句文风,他的哲学直探人性的底蕴,其作品享誉世界。其主要哲学著作有:《悲剧的诞生》(1872)、《人性的、太人性的》(1878),《曙光》(1881),《快乐的智慧》(1882),《查拉图士特拉如是说》(1883—1884,尼采自称这是“一部给一切人看也是无人能看的书”),《善意之彼岸》(1886),《论道德的谱系》(1887),《瓦格纳事件》(1888),《偶像的黄昏》(1889),《反基督》(1895),《瞧,这个人》(1898),《强力意志》(去世后由他人编辑出版)等。

《论道德的谱系》出版于1887年,这本书问世后,尼采的健康状况日趋恶化,1889年患精神分裂症,直到逝世,他都未恢复过理智。这部著作堪称尼采道德哲学的代表作,它比《查拉图士特拉如是说》在理论上更为明晰,比在此之前的《善恶的彼岸》更系统和成熟,甚至在此之后的《反基督》在系统性上也不能与此相提并论。对于这部重要著作,尼采本人相当重视,他称此书是理解他超人哲学的必由之路。在《瞧,这个人》这本自传中,尼采对此书作了这样高度的评价:"就表达、立意和精湛的技巧方面,构成这篇道德系谱的三篇论文,都可以说是曾经所写过的东西中最精彩的。"

这本尼采自己的得意之作,由三篇论文构成。第一篇讨论关于基督教的心理状态:基督教起源于怨恨心理,并不像一般人所想象的产生于圣灵。基督教本质上是一种反抗运动,反抗受高贵价值的支配。第二篇讨论良心的心理性质:所谓良心,并不像一般人所想象的是所谓"人心的上帝之声",它是一种残忍本能,当这种残忍本能不能再向外发泄时,便回过来对自己发泄。在这里,残忍第一次表现为文化基础中一种最古老最不可缺的因素。第三篇是考察苦行主义者的理想、教士的理想的动力来源。这种理想在本质上是有害的,它是一种绝灭和颓废意志。这种理想之所以有力,并不像一般人所想象的,是因为教士的背后有上帝在活动,而是因为没有其他更好的替代物——直到现在,它依然是唯一的理想,没有其他可与匹敌的东西,由于"人宁可追求虚无也不能无所追求"——最主要的是因为在查拉图士特拉之前缺乏一种相反的理想。尼采认为,以上是一个心理学家重新评价所有价值的三项关键性准备工作。

尼采立足于对人类心理的洞悉,探究了道德价值的起源,揭示了道德观念产生的自然、社会、生活甚至病理方面的条件,发掘了人们在不同的时期里和在不同的条件下创造不同的价值判断的共同的原始动力。《论道德的谱系》的总意图是探讨道德偏见的起源。道德偏见的起源不是一个孤立的问题。尼采作为一个力求挖掘事实真象的哲学家,就像相信果子必然生长在树上一样,相信我们的思想、价值、是非观念等都是从我们身上派生出来的,都是同源的。因此,对道德偏见的起源的考察是一个综合考察的过程。这样,所有与道德有关的东西就从善和恶的观念起源开始。

一、"善与恶","好与坏"

人们总是在世界背后寻找善恶的根源,形成善恶的价值判断,关注着它们对于人类的繁荣是起阻碍作用还是起推动作用。在对善恶进行辨别的过程中,人们总是在有意或无意地做着同一件事:就是把我们内心世界中的龌龊部分暴露出来,从中寻找积极的、先进的、于人类发展有决定作用的因素。这种把人类的发展向着进步方面推进的基本动机使道德学家们乐于从一开始就探究好的观念和判断的起源。最初,无私的行为受到这些行为的对象们即得益者们的赞许,并且被称之为好;后来这种赞许的起源被遗忘了,无私的行为由于总是习惯地被当作好的来称赞,因此也就干脆被当作好的来感受,似乎它们本身就是好的一样。这种关于"好"的观念起源的说法,掩盖了一个基本事实,即说"好"的判断不是来源于那些得益于"善行"的人!其实它就是起源于那些"好人"自己。在尼采看来,这些高贵的、有力的、上层的、高尚的人们判定他们自己和他们的行为是好的,意即他们感觉并且确定他们自己和他们的行为是上等的,用以对立于所有低下的、卑贱的、平庸的和粗俗的,也就是说上等的、统治着艺术的那种持久的、主导的整体感觉和基本感觉,与一种低下的艺术、一个"下人"的关系——这就是"好"与"坏"对立的起源。尼采认为这是道德谱系学家们的偏见。

但是,尼采道德哲学的出发点正是人际的不平等。他把道德分为"主人道德"(herrnmoral)与"奴隶道德"(sklavenmoral)。他坦率地承认自己偏爱"主人道德",偏爱上等人的"好坏"判断标准。那么对由来已久的这种好与坏对立的价值判断的批评,尼采的真实意图是什么呢?

尼采试图从词源学的角度寻找通往正确道德的方向。因为他认为某些哲学家所认为的"好"的概念就其本质来说与"有益"、"实用”相通,而这种解释是错误的。他从德语的训诂中发现“好”和“坏”、“善”和“恶”这些概念的含义不是一成不变的。譬如“恶”,在德语中因社会地位不同而有完全不同的解释。上流社会说的恶是平凡、庸碌、粗俗、低劣;下流社会说的恶是不熟悉、不规则、危险、伤害。其他三个概念的情形也相似。尼采根据这个事实认定,既然道德观念因人而异,现在的问题就是区别用何种道德观念对人真有好处而把它作为善让大家追求,哪些道德观念危害人应视为恶而摒弃它。事实上,尼采是在挑战当时貌似神圣不可侵犯的基督教道德,他摧毁了人们对于“好”与“坏”、“善”(gut)与“恶”(boese)这些道德基本概念的成见,而代之以全新的超人哲学;他打破了加在这两对基本概念上的等级意义,超越财产、地位、权势去挖掘蕴含于各类人中道德的意义。他看到了生物进化过程中优胜劣汰、弱肉强食的基本规律,他赞美强者的生存能力,从而建立了新的道德标准,即主人道德指向“好”、“善”,奴隶道德指向“坏”、“恶”。

尼采说:“关于‘好人’观念的另外一个起源,也就是仇恨者想象出来的那种好人,这个问题也需要有一个了解。羊羔怨恨猛兽毫不奇怪,只是不能因为猛兽捕食羊羔而责怪猛兽。”① 也就是说要求强者不表现出他们的征服欲、战胜欲、统治欲,就像要求弱者表现为强者一样荒唐。正因为如此,过去人们归属于“善”范畴的品质诸如爱和平、不争执、乐天知命,在尼采看来是不利于生命强大的奴隶道德的。他认为只有兴英雄之道灭奴隶之性才能使人得以健全。

坏作为好的对立,恶作为善的对立,这种对立的价值观的恶战在尼采眼里是类似于“罗马人对以色列人,以色列人对罗马人”的恶战,不管谁取得了最终胜利,总有一方要占上风,那就意味着好

---

① 尼采:《论道德的谱系》,中译本 P.28。以下凡引用此书,只注明页码。

坏的价值标准随着占上风一方的胜利将获得新的界定。在世界范围内罗马人与以色列人的恶战中,有着古典理想、高贵价值观的罗马战败了,因此尼采说:“不仅在罗马,在差不多整整半个地球上,哪儿的人们变得驯服了,或者将要变得驯服了,那儿的人们就向三个犹太男人和一个犹太女人(指耶稣,他的两个使徒渔夫彼得和地毯匠保罗,还有他的母亲玛丽亚)鞠躬。”(P.35)这样,基督教道德也取得了世界范围的胜利。尼采断言,这种道德使人类堕入深渊,因而要用新的道德取代它。

罗马人曾经是强壮的、高贵的,犹太民族却是杰出的、充满怨恨的教士民族,他们具有不可比拟的民族道德天才,是犹太人最终使得罗马俨然成了一座世界性的犹太教堂,被称为教会,并通过德国和英国的宗教改革运动又一次获胜。犹太教虽取得了对古典理想的具有决定意义的胜利,但尼采相信古典理想本身终将出场,因此他等待着。他敦促哲学家们承担新的使命:解决价值的难题,确定各种价值的档次。

二、“负罪”、“良心谴责”及其他

在道德的谱系中,“良心”(gewissen)这个概念也经历了漫长的历史和形式转换过程。最初人们把遵从社团及道德习俗的要求并为之尽责的本能,称为“良心”。良心不像人们想象的是“人心中的上帝之音”,而是残酷的本能。尼采以德意志民族用酷刑强化民族巩固理想的历史事实,揭示了所谓“良心”形成的血腥本质:即为了控制人们的本能和野蛮粗俗,古代德国人用石刑、车礫、钉木刺、四马分尸、油煎酒煮、剥皮、胸前割肉等酷刑让人许下诺言,记住五六个“我不要”,以便能够享受社团生活的好处,并使人们终于达到理性,严厉地控制自己的感情。

“负罪”这个主要的道德概念则来源于“欠债”这个非常物质化

的概念。在债权人与债务人之间的契约关系中,我们发现了冷酷、残忍和疼痛。为了让人相信他关于还债的诺言,为了显示他许诺的真诚,同时也为了牢记还债是自己的义务,债务人通过契约授权债权人在他还不清债务时享有他尚拥有的或尚能支配的其他东西。譬如他的身体、他的自由、他的妻子。于是在这义务与权利的领域里开始出现了一批道德观念,如“负罪”、“良心”、“义务”(pflicht)、“义务的神圣”等。尼采说:“它们的萌发就像地球上所有伟大事物的萌发一样,基本上是长期用血浇灌的。”这种残酷的本能不断被升华和被神化,贯穿了整个上等文化的历史,甚至在很大程度上创造了上等文化的历史。正是这种残酷本能在文明史上所造成的痛苦局面,逐渐引发了人们的耻辱感,从而在人际关系中,第一次产生了人反对人的现象,第一次出现了人与人较量的现象。假如人反对人是以债务人反对债权人的方式出现,可能会存在两种基本倾向:一种倾向是宽宥。当债权人变得越来越富有时,他也相应地人性化起来,“一切都可以抵偿,一切都必须抵偿”的正义感消失了。这种正义感的消失被尼采视为“自我扬弃”,取名为“宽宥”。还有一种倾向是“仇恨”。即仇恨者在良心里发明了“良心谴责”(gewissensverurteilung)。这种谴责把人们禁锢在压抑的狭窄天地和道德规范中,人自己迫害自己,啃咬自己,吓唬自己,虐待自己,由于良心谴责,人们变成了渴望又绝望的囚徒。仇恨渴望报复,可是这种不允许发泄的本能转而内向化后,就在人身上生长出了后来被称之为人的“灵魂”的那种东西,于是仇恨、残暴、迫害欲、突袭欲、猎奇欲、破坏欲,所有这一切都反过来对准这些本能的拥有者自身,这就是“良心谴责”的起源。这种谴责引发了人类至今尚不可摆脱的疾病:人为了人而受苦,为了自身而受苦。

人的生命中的残酷本质不断在某一行为“正确”或“错误”的判断中起作用,也就是生命基本功能中那些具有伤害性的、暴虐性的、剥削性的、毁灭性的东西在起作用。当然,在例外的情况下它也会屈从法治。这种生命基本功能使得生物世界中发生的一切都是征服和战胜。返回人类自身,尼采则鼓励在此基础上形成的强力意志(wille zur macht)最终导致为个别人种的繁荣而牺牲大批的人种。他甚至认为衡量“进步”幅度的标准都是根据为进步而付出的牺牲量来确定的。只有强力意志才能形成自发的、进攻型的、优胜的力量。这种用于维护种族秩序的重要手段恰恰被惩罚取代了。尼采从一小部分偶尔收集到的资料中抽象出了关于惩罚意义的 11 条理由以说明它在民众意识中的用途。同时他看到“对于惩罚的信念如今虽已濒临崩溃,但是信念却恰恰在惩罚中不断地找到它最强有力的支柱。惩罚据说是最有价值的,为的是要在犯人心中唤起一种负罪感。人们在惩罚中寻找那种能引起灵魂反馈的真实功能,他们把这种灵魂反馈称为‘良心谴责’、‘良心忏悔’”。在尼采看来,这是一种巨大的误解。他毫不犹豫地断定:恰恰是惩罚最有效地阻止了负罪感的发展。只有强力意志,才创造了良心谴责,建立了否定的理想。

在基督徒的演绎下,上帝成了世界上最大的债权人,关于负债和义务的概念转向债务人,“良心谴责”帮助他们形成了罪孽无法赎清的思想,最后是上帝用自己偿付了自己,债权人因为爱而自愿为他的债务人牺牲自己。这是基督徒忠实于上帝的巨大信念之源,而在尼采眼里则是一幅充满讽刺意味的画面。对于近代人继承了数千年的良心解剖和动物式自我折磨的传统,对于这种建立在对上帝盲从基础上的传统,尼采进行了全面否定,他认为会有一个强盛的时代取代这个腐巧的、自凝的现代,也会有一个“反基督主义者,反虚无主义者”把我们“从理想的衍生物中,从伟大的憎恶中,从虚无意志中,从虚无主义中拯救出来”。这个人就是英雄的查拉图士特拉。

三、禁欲主义理想意味着什么

在基督教范围内,禁欲主义(askese)理想成为教士们的基本教义,是表现他们强力的最好工具,同时也是他们追求强力的最高许可证。但对一个哲学家而言,禁欲主义理想意味着什么呢?为此,尼采考察了瓦格纳、叔本华和康德。

关于瓦格纳。他青年时代曾热情地追随哲学家费尔巴哈的脚步,当他以"青年德国人"自居时,费尔巴哈所说的"健康的情欲"听起来像是拯救世界的语言。而到了晚年,他竟崇奉起贞操来,并以在自己的作品中表现粗暴地反自然的禁欲主义理想而告别自己的过去。艺术家本人的这种自我否定和自我取消,尼采认为是一种典型的艺术家的单纯愿望,即当艺术家对他的失真的构思、虚假的表达感到厌倦后,他会尝试着做对于他最犯禁的事:向真实挺进。所以尼采告诫人们:在多数情况下,要想欣赏艺术作品,必须忘却艺术家本人。尼采告别了颂扬基督教道德的瓦格纳,并与之绝交。

关于叔本华。还是在学生时代,尼采因为阅读《作为意志和表象的世界》就在自己走向哲学研究之路上默默留下了叔本华的影响,他曾把叔本华的哲学和瓦格纳的音乐看作是自己孤独时最好的慰藉。叔本华用意志对世界上各种各样的事物和现象进行解释,这种意志是一种消极无为的"求生意志"。在意志面前,人多么被动,无所作为,只有否定生命才有可能否定意志,只有放弃生命才能放弃意志。叔本华举起了禁欲主义的旗帜,认为这是人们战胜意志的唯一依靠。他为了摆脱意志的悲惨压力,尊崇起禁欲主义来。

关于康德。尼采还批判了康德一类的哲学家,说他是以乡村牧师般的天真讲授触觉的特点,为禁欲主义提供了一个"无关实利"的前提。譬如他对美的定义是:"美就是无关实利的享受。"这种空洞且缺乏自我体验的结论不过给叔本华提供了一个不同的视角而已,使叔本华看到美具有镇定意志的作用。

尼采由此得出结论:哲学家们尊崇禁欲主义,原来是为了摆脱折磨(悲观主义者的折磨)。禁欲主义理想是使哲学家们笑对高尚果敢精神的最佳条件。哲学家们对禁欲主义不抱任何成见,“哲学甚至是拉着禁欲主义的袢带才开始在地上蹒跚学步”。哲学的这种态度却仅仅是禁欲主义的外壳和伪装。尼采真正意欲使人们认清的是僧侣的禁欲主义意味着什么。

基督教无所不在的威力使禁欲主义成为一种新工具,或者说维持生命的技术性手段,帮助人们抗拒着部分的生理障碍和心理枯竭。人类的病态由来已久,因为人比任何动物都更多病,更动摇,更易变化,更不确定。我们生活的空间充斥着病房的空气,这时禁欲主义僧侣像先天的救星、辩护师一样出现了,他有着不可战胜的强力意志,同时他本身的病态使他能与那些患病者、受难者联姻,他理解他们并为他们所理解。随着禁欲主义僧侣在各种社会地位中成长起来,一种懦夫的道德出现了。人类在天生有罪的原罪说产生的负罪感支配下乞求上帝的救助,他们看不见自己,忘却了自己,丧失了自己,日益渺小而萎缩。基督教道德鼓励人们仇恨生命,蔑视自己的肉体和欲望。它播撒来世幸福的希望之种,使人们厌恶此生,它使人成为精神的奴隶。

基督教这种压倒一切的威力来自何方?这样一种颓废意志、终极理想的动力是否来自无所不在、无所不能的上帝呢?对前一问题,尼采进行了全方位的考察,对后一问题,尼采的回答是否定的。他是这样表述的:“总的来说,禁欲主义理想及其最高道德礼仪,这一切回避感觉的工具中最富于精神的、最不可思议的、最隐藏祸患的系统化工程,它依靠其神圣目标的保护,以一种可怕的、难忘的方式蚀刻在整个人类的历史上。”它损害着人类的健康和种族的强盛,而人类屈从于它的真实动因是因为缺乏理想本身引起的不安促使他们向禁欲主义的麾下聚集。尼采试图找到禁欲主义理想的天然敌手,以对抗的姿态反对禁欲主义。他询问:“哪儿有相反的意志,表现其相反的理想?”他试图用科学作为反对禁欲主义的理想来拯救人类,但是他又看到,科学太依赖自身,无法回答他的问题,甚至近代科学还充当了禁欲主义的最佳同盟。禁欲主义理想根本没有敌手,它因此而更强大。这就是禁欲主义理想胜利的最终原因。

因而尼采期待一种超人(uebermensch)的出现。在他看来,只有超人是理想世界的建设者,是人类的希望,是人类最终要达到的目标。

《论道德的谱系》是尼采思想成熟时期的代表作之一,也是他引起广泛社会关注的一部著作。尼采作为唯意志论哲学的主要代表,克服了叔本华的悲观主义,建立了权力意志主义和超人哲学。正是基于这种超人理想,他对基督教所鼓吹的传统道德给予了无情的抨击。在该书中,他痛斥基督教在西方社会所造成的人性懦弱和卑劣,主张人应从传统道德的束缚下解放出来,发扬其生命力和创造力。他还批评了他的时代和那个时代的人的缺陷和弊端,尤其是基督教所造成的人的狭隘和渺小,指出基督教作为教条因其自己的道德而衰落,出于同样的原因,基督教作为道德也必然要衰亡。尼采是个反叛者,如他期待的英雄查拉图士特拉一样,他决心摧毁一切陈腐的僵化的东西。他为人们揭示了现时代的真相:上帝死了。他以摧枯拉朽的勇气捣毁了传统价值的基础。他用强弱原则替代了善恶原则,从而赋予他的哲学以强烈的反理性主义色彩。可以说,在《论道德的谱系》中,尼采以英雄主义气概为21世纪人类道德的重建准备了理论前提。

(成海鹰)

包 尔 生

伦理学体系*(1889)

弗里德利希·包尔生(Friedrich Paulsen,1846—1908),德国著名哲学家、教育学家。生于施勒斯维希兰根霍恩。曾就学于爱尔兰根、波恩和柏林等大学。他的一生主要是在柏林大学从事教学和著述活动。其主要著作有《哲学导论》、《哲学史》、《教育学》、《教育史》、《伦理学体系》等。他的哲学著作曾对西方世界产生过非常大的影响。比如《哲学导论》(1892)就曾风靡一时,在问世后的几十年间广泛被阅读,到 1929 年已出到第 42 版。《伦理学体系》(1889)是包尔生唯一的一部伦理学著作,其全名为《伦理学体系及政治学和社会学概念》。1908 年由蔡元培译出该书第二编(中文书名《伦理学原理》),曾对中国思想界产生过很大的影响。

《伦理学体系》共四编。第一编为人生观和道德哲学历史纲

* 原书名为 SYSTEM DER ETHIK。本文根据中译本(何怀宏、廖申白从英译本转译,北京,中国社会科学出版社,1988 年)撰写。

要;第二编论述伦理学的基本概念和原则;第三编研究德性和义务;第四编为国家和社会理论纲要(弗兰克·梯利1899年英译本书时略去了此编)。书前还有一个导论,介绍了伦理学的概念、对象、职能和方法等。

一、伦理学的性质和职能

在包尔生看来,所有的科学都可以划分为两类:理论的和实践的;理论和技术;严格意义的科学和技艺。前者的目的是知识,后者则寻求通过人的行动控制事物,它告诉我们怎样使世界有助于我们的目的。因此,他认为伦理学是一门实践的科学,并且居于各种实践科学之首。伦理学的职能就是"展示人生必须以何种方式度过,以实现它的目标或目的"[①]。他认为,"伦理学的职能是双重的:一是决定人生的目的或至善;一是指出实现这一目的的方式或手段"(P.10)。其中第一个职能即对最终目的或至善的确立是属于善论的事情;第二个职能即通过什么样的内在品质和行为类型,可以达到或实现至善或完善的生活是属于德论的事情。可以说,包尔生的整个伦理思想体系,都是从伦理学的这两种职能来构建的。

作者把至善视为一种完善的生活,也就是"一种导向在与其他紧密相连的人们的密切交流中,身体的和精神的力量都得到完全发展并使之充分地实行于人的存在的所有方面,充分地加入社会主要的历史和精神生活之中的生活"(P.10)。他还用"幸福"一词来表示至善的最终目标,即幸福意味着包含在其中的主观成分,指出这样一种生活会带来满足的事实。但是他认为快乐感并不是善,而是主体赖以知道善和欣赏善的形式(该书第二编对此做了详

① 包尔生:《伦理学体系》,中译本P.7。以下引文凡出自本书,只注明页码。

细阐述)。对伦理学的另一个职能,作者主要是通过德性论和义务论(该书第三编)加以阐述的。包尔生认为,义务论展示给我们的是如何塑造性格或意志的实现那个最终目标,它使我们懂得明智、勇敢、正直、诚实是使我们能正确解决人生问题的品质,而它的对立面:无思想、怯懦、贪求快乐、不顾别人的自私自利和卑鄙的谎言,则阻碍着完善的生活的实现。

在伦理学的研究方法上,包尔生认为伦理学的方法类似于自然科学而非类似于数学,它不从概念来演绎和论证命题,而是发现存在于事实之间的联系,这些联系是可以由经验确定的。他将伦理学论辩的一般形式描述为“如此这般的某种行为类型有着如此这般的某种效果”(P.12)。

由于包尔生强调“伦理学立足于对一般人性(尤其是精神和社会方面)的知识,目的在于解决生活中的所有问题,使生活达到最充分、最美好和最完善的发展”(P.8),因此他认为,道德生活中的一切既是手段又是目的的一部分,既为自身又为整体而存在。德性(tugend)在完善的个人那里有其绝对的价值,但就完善的生活是通过它们实现而言,它们又具有作为手段的价值。

二、人生观和道德哲学的历史纲要

包尔生在该书第一编概略地考察了西方人生观和道德哲学的发展,追溯了那些构成我们今天的道德文明总趋势的各重要支流的源头。他认为,我们的道德和人生理论的历史可以划分为三个主要时期:第一个时期包括古代世界的发展及其转换期,古代世界的人生观是自然主义的(naturalistisch),人性在文明生活中的完善是绝对的目标;第二个时期是基督教的发展,它又可分为两段——早期基督教和中世纪基督教,基督教的人生观是超自然主义的(uebernaturalistisch),它脱离文明,要求以自然人及其冲动的死亡来达到一个新的、精神的人的诞生;第三个时期是近代的发展。包尔生认为近代的人生理论不是首尾一贯和自给自足的,它受到以上两种对立倾向的影响,并且自然主义的倾向占据着优势。这一时代的开端就是以复活古代异教徒的人生观为标志的文艺复兴运动,但近代人生观还是包含着许多基督教人生观的基本成分,超自然主义的倾向在它内部形成一股潜流,或者说与它平行发展。

作者认为,相应于这三种不同的人生观,也有在形式和内容上都不相同的三种道德哲学体系:

古希腊伦理学从追求和行动的事实出发,提出什么是最终目标和怎样达到它的问题。最终目标也就是至善,因此难题在于决定至善的性质和指出达到它的途径。由于至善存在于一种人类生活形式之中,并且这种生活形式又被作为实现至善的手段,所以古希腊伦理学基本上采取了一种德性论(virtualismus)的形式,它描述在各方面都完善的人。

基督教的伦理学以道德判断的事实作为它的出发点。人的追求和行动则是判断的对象,善恶的陈述被应用于它们。按照基督教的观点,它们不仅仅由人来判断,而尤其是由最高的立法者和评判者上帝来判断。因此基督教伦理学探究:根据上帝的命令,什么是义务?什么是罪恶?它是一种义务论(deonotologie),从而并不指导我们推进个人的和社会的福利,而是建立起一种道德规则,对这一规则的应用需要解释和决疑。

至于近代伦理学,包尔生认为,它作为一个整体与古希腊伦理学联系更紧密。但基督教的影响也是随处可见的:如果从形式方面观察,那么近代伦理学大部分是一种义务论;如果从实质方面观察,那么例如对他人的义务通常在义务中就占据一个最重要的位置,在讨论至善时,首先想到的也不是个人的善,而是整体的善等。

三、关于善论和伦理学的基本概念

在研究什么是善时,我们首先遇到的是善恶的根据问题,即我们凭什么来确定善、恶并进而确定什么是至善。“有两个问题构成伦理思考的最初出发点,总是把思想家们重新带回到伦理学的也同样是这两个问题:第一个问题出自道德判断的职能:即从道德上区别善恶的根本基础是什么?第二个问题源自人的意志和活动的本性:即什么是意志和行动的根本目的?”(P.190)围绕这两个问题,包尔生阐述了自己的思想,建立了自己的善论(gueterlehre)。

关于第一个问题(区分善恶的根据问题),伦理学史上长期以来一直存在着目的论与形式论的对立。目的论根据行为和意志对行为者及其周围人的生活自然产生的效果来说明善恶的区别,有助于保存和推进人类福利的即为善,反之,倾向于扰乱和毁灭人的幸福的行为即为恶。形式论则坚持善恶的概念是意志自身的绝对性质而无需涉及行为的效果和目的。包尔生试图调和两者的对立,并力求避开它们的偏执。一方面,他表示拥护目的论,认为道德是完善人生的一种手段,效果应作为善恶的重要根据;另一方面,他又对目的论有所保留,他认为在道德判断中应当把对人的判断和对事的判断区别开来,前者关系到意向、动机,后者关系到行为的倾向和效果;前者的标准是良心和义务,后者的标准是目的和效果。包尔生的论述表明他依然坚持康德形式主义伦理学的那些基本前提。他认为,“一个人的行为在道德上是善的,是当它倾向于推进行为者和他周围人的幸福或完善的时候,是当它伴有义务意识的时候。而另一方面,当它缺少善性(gutheit)的这两个特征时,或只缺其中一个时,它在道德上就是应受谴责的”(P.212)。就像在哲学上表现出二元论倾向一样,在伦理学上,包尔生也表现出调和的倾向。就作者希望避免目的论和形式论这两派观点的片面性来说无疑是可取的,但是他并没有真正解决这两种见解在理论上的对立,而是动摇于它们之间,因而提出的也只是一种折衷的理论。

在第二个问题(至善问题)上,包尔生比较明显地表现出倾向于形式论的观点。对什么是所有意志的目的即至善问题存在着不同的回答,这些回答可以归纳为两种基本形式:快乐主义(hedonismus)和自我实现论(seblstverwirklichung)。快乐主义断定意志普遍不变地指向快乐(或避免痛苦),因此快乐是最高或绝对的善,是不为任何别的东西而被欲望的善;自我实现论的观点则认为:意志不是指向快乐,而是指向一种客观的生活内容,或者,由于生命只由行动组成,因此意志指向确定的具体行动。包尔生认为后者是正确的,并指出他的观点可以表示为目的论的自我实现论。"这样我们的原则就是:倾向于实现意志的最高目标——它可以被称之为幸福(福祉)——的行为类型和意志是善的。我在此所说的幸福是指我们存在的完善和生命的完美运动。"(P.191)在包尔生看来,意志并不指向快乐这样一种主观的感觉,意志具有最高的目标即实现完善的生活内容,这个目标也可称之为"幸福"(glueckseligkeit)。而幸福一方面展现至善是生活的一种客观内容,存在于所有人的精神力量的完善实行中,另一方面又表明这样一种生活伴随着快乐,因此快乐不是排除于完善生活之外,而是包含在它之内。幸福或福祉同样在于所有德性和能力的训练与实行,特别是那种最高德性和能力的训练与实行。因此他的"自我实现论"主要是指人的道德上的完善和生命的完美实现。

包尔生强调他的自我实现论与快乐主义是对立的。"我创造了自我实现论这一个词,以使我的观点与快乐主义形成鲜明的对照——亦即意志的目的不在感情,而在行动。"(P.191)即是说意志并不直接指向快乐,而是指向一种特定的生活内容,这种内容在人那里是一种属人的内容,是一种精神道德的内容。冲动和意识是第一位的,感情是第二位的。快乐伴随着客观目的的实现,痛苦则伴随着它遇到的阻碍或失败。他还从心理学、生物学方面对此做了详细的论证,指出快乐不能成为判断道德价值的标准,不仅如此,快乐本身是否具有道德价值还需要根据其他条件来确定。

此外,作者还考察并批判了在近代思想领域中有重要影响的悲观主义(pessimismus)。在他看来,无论是快乐方面的悲观主义,道德方面的悲观主义还是快乐方面的历史哲学的悲观主义、道德方面的历史哲学的悲观主义,其论点都是错误地认为历史生活的价值在于它实现一种最后的绝对幸福和绝对完美的状态。而事实上,这种最后状态是不可能的,生活、历史的生活,如果没有对立面是不可领悟的,不仅那种绝对幸福和绝对完善会使努力也使生命成为不可能,而且生命的价值并不是靠它最后达到的目的而是靠它整个的过程来决定的。

在第二编中,包尔生还阐述了义务和良心、利己主义和利他主义、德性和幸福以及意志自由等伦理学的基本概念和原则。他把良心(gewissen)定义为"对风俗的意识或风俗在个人意识中的存在"(P.310)。良心在行为之前,被经验为制止或推动行为的感情,在行为之后被经验为后悔或满足的感情。良心的内容随着风俗变化而变化。关于义务(pflicht),他认为"最狭义的义务是指实行或禁止那种关系到他人合法利益的行为","较广义的义务是指符合风俗或道德律要求的行为"(P.321)。

在利己主义与利他主义的关系问题上,包尔生批判了纯粹利己主义(尼采曾有过近似的主张)和纯粹利他主义(孔德、叔本华)。他认为,这两种道德原则根基于一个错误的人类学理论上,即它们都持一种旧的理性个体主义的见解,认为每一个体都是一个绝对独立的存在,只是不时地偶然地与其他存在发生接触。而在包尔生看来,"在我们的实际生活和实践中决没有这样一种个体的孤立,行为的动机和效果不断地在打破界限,在利己主义(egoismus)与利他主义(altruismus)之间交叉贯通”(P. 326)。因此,他的结论是:对他人的义务与对自己的义务并不相互排除,个人的幸福与每个人都是其组成部分的集体的幸福非常紧密地交织在一起,使任何一个关心他自己的真正幸福的人同时也推进着这些集体的幸福。反之亦然,所有真诚地履行集体加于他的义务的人,也是在为他自己的利益工作。

对德性与幸福的关系,包尔生从两个方面予以考虑:首先是德性对幸福有什么影响?其次是幸福对品性产生什么效果?关于第一个方面,他通过分析得出的结论是:“对于真正善良的人来说,对于意志完全由德性支配的人来说,有德性的行为始终是最大的幸福和喜悦”;然而“对于那种意志不是受德性支配、行善是出于畏惧或算计的人来说,他们可能会感到失望”(P. 347)。关于第二个方面,他认为,幸运可能发展了人性中一些令人厌恶的品性,而不幸却锻炼了意志,使人们联合、友好、公正和富有耐心,如果没有不幸和苦难,也不可能成就最高的道德完善。最后他指出,真正的幸福是所谓幸运与不幸的适当混合。如果一个人所有的欲望都总是能够得到充分的实现,那么这个人的命运并不是幸福的;但如果他在恰当的时候能够得到恰当的欢乐和悲哀、成功和失败、富有和匮乏、争斗和平安、工作和休息,那么他的命运就是幸福的。幸福总的来说是适合人性的真正需要的,它给每个人都带来好的和坏的日子。

包尔生认为,意志自由(willenfreiheit)是一个联系伦理学与形上学的概念。就这一概念本身而言,它有两种含义:一是心理学意义上的意志自由,意味着能够按照一个人自己的意志作出决定和采取行动,即选择的自由;另一是形上学意义上的意志自由,意味着意志或特殊的决定本身没有任何原因。他认为,伦理学所讲的意志自由不是上述两种中的任何一种。“伦理学不应当允许某些形上学家想入非非,他们试图把意志自由解释为个人意志或决定的无原因,试图诱使伦理学完全否定这个如此有效和必然的意志自由概念。根据所有人的通常用法,意志自由意味着那种依靠理性和良心,根据目标和法则,独立于感官冲动和爱好,而决定一个人的生活的能力;意志自由意味着人拥有这样一种能力,实际上正是这种能力构成了人的本质。"(P.401)

四、关于德论

包尔生认为德论要解决两个问题:一是何种内在品质和行为类型可以引导我们达到至善(即达到完善的生命表现)? 亦即人的意志应具有何种能力? 二是如何培养德性?

围绕着第一个问题,包尔生以康德的理性意志论为基础,博取各家之长,建立了一个比较完整的德论体系。他的基本看法是:尽管实现完善的生活是意志自身的一般趋向,但是意志本身并非固有指导人们达到这一目标的那些品质和能力,它是通过培养而获得那些品质和能力的,德性本质上是意志的旨在提高个人幸福和集体幸福的后天形成的习惯和行为方式。包尔生在吸取古希腊伦理学关于自制的学说和基督教伦理学关于仁慈的学说的基础上,把德性分为两组:个人德性和社会德性,并认为前者的基本形式是自制(selbstbeherrschung),后者的基本形式是仁慈(wohlwollen)。它们根源于生命冲动的两种基本形式:自我保存冲动和性冲动。像一些希腊思想家一样,包尔生也把心灵安宁视为真正幸福的永恒的特征。他认为自我控制是使我们保持心灵安宁的最可靠的保证。

在论及德性时,包尔生表现出调和形式论与目的论的二元论倾向。形式论认为德性就是幸福,德性自身就是价值,古希腊的苏格拉底、近代的康德都是此种意见的典型代表。目的论则认为效果才是确定德性是否具有价值的依据。一方面,包尔生接受德性自身就有其形式上的价值的观点。而且,由于他的政治上的改良主义立场,资产阶级社会的权利原则也在他的德论中以形式论表现出来。他认为权利是必然的前提和基本价值,是无需证明的,正义德性只是权利原则的体现和要求,所谓正义原则就是尊重并保护权利。另一方面,包尔生又表现出明显的目的论倾向。他认为只讲德性不讲效果是片面的,而且,德性的价值只在于它是达到完善的生命表现的可靠向导,只在于它能指导行为达到较好的行为效果。

在第二个问题即如何培养德性上,包尔生一方面强调个体的心理经验,另一方面强调环境的作用。他认为,“全部道德文化的主要目的是塑造和培养理性意志使之成为全部行动的调节原则”(P.412)。他把这种德性称为自我控制,认为它通过独立于短暂易逝的情感之外的理性意志,调节着我们的行为,它是全部道德德性的基本条件,是全部人类价值的基本前提,是人类本性的基本特征。离开了自我控制,就没有自由和个性。在他看来,德性的培养主要是意志的教育和情感的训练这两个方面,前者旨在使意志获得对本能冲动的控制能力,后者旨在达到合乎理性的情感状态。但是这个过程不是个人独立完成的。在童年、青年时期,人主要是接受长者和教育者的教育,以后他才在道德上独立并主要通过自我教育来培养德性。因此,包尔生十分强调青少年时期的社会教育对培养人的德性的重要性。他认为,教育是社会对个人的意志发展的最主要的帮助手段。作为一位卓越的社会教育家,包尔生在道德教育方面提出了不少有价值的主张。

包尔生的这部著作,的确建立了一个相当完整的伦理学体系,是西方传统伦理学体系化的一个可资借鉴的历史标本。包尔生声称,他撰写此书的方法一是对各种问题及其可能的解决方法进行分析,二是从哲学思想发展史的角度审查和论述这些问题,三是选择一种与全面的世界观有一致的解决办法作为结论。他的这种联系现实、追溯历史并分析和提出解决办法的写法,被认为是写作哲学教科书的典范方法。这部著作不仅当时在欧美诸国产生过重大影响,而且至今在伦理学史上仍不失为一部经典。

(龚长宇)

赫胥黎

进化论与伦理学* (1894)

托马斯·亨利·赫胥黎(Thomas Henry Huxley, 1825—1895),英国著名的进化论学者,达尔文自然选择学说的杰出宣传家,自称为“达尔文的斗犬”。他原本是一位博物学家,在动物学、比较解剖学、生理学方面都有较高的造诣。在《人类在自然界中的位置》(1863)一书中他首次科学地论证了(运用比较解剖学和胚胎学成果)“人猿同祖”的假说;确定了爬行类与鸟类的亲缘关系和由水生到陆栖的总鳍鱼目。

赫胥黎同时也是一位天才的演说家。1860 年,他在著名的“牛津辩论会”上因坚持达尔文学说的雄辩而扬名。“进化与伦理学”是赫胥黎另一次讲演——1893 年罗马尼斯讲演的题目(即《进化论与伦理学》的第二部分)。待这篇演说结集出版时,赫胥黎在

* 原书名为 EVOLUTION AND ETHICS。本文根据中译本(无名氏译,北京,科学出版社,1971 年)撰写。

前面加了一个长长的导论，简介进化论的有关知识和宇宙的内在演变过程。该书 1898 年由严复译为《天演论》，成为中国近代思想史上的一桩盛事。这部 4 万余字的小书并不是严谨的科学著作，而应该被看作充满哲学思想的科普著作。它具有浓郁的散文风格，文笔优雅。

该书由“导论”和“进化与伦理学”两个部分组成。当代译者将导论分为 15 个小节并注明标题，将第二部分分为 7 节(严译将第一部分分为 18 节，将第二部分分为 17 节)。

赫胥黎虽然是一个坚定的进化论者，但他并不主张用进化论来解释社会伦理过程，相反，他认为这两个过程是相互对抗的。所以，在第一部分中，他着重描述了宇宙过程同人为状态(园艺过程、社会伦理过程)的不协调。在进化中，生物之间的生存竞争是残酷的和无节制的，而园艺过程和社会伦理过程等人为状态却竭力消除竞争。他批评某些进化论伦理学家关于伦理进化与自然进化相一致的观点，也反对极端的个人主义强调“自行其是”的生物合理性，主张用伦理和法律中的正义原则维系社会，用自我约束对付生物倾向，用科学手段来对抗宇宙过程。

一、导　论

在这一部分，作者按照宇宙进化的进程依次描述了自然状态、人为状态、园艺过程、殖民过程、社会管理、伦理过程的主要事件及其特征。其描述是一环扣一环的，因此，连贯的逻辑性并不为优美的文笔所减损。一开篇，作者便以浓郁的历史感描述了英伦之南在凯撒抵达之前的“自然状态”。自然状态(natural state)是一个自在的演化过程，地貌和植被都发生着巨大的变化。用宇宙时间来衡量，它不过是地球表面演化中的一瞬，但相对于人类短暂的一生而言，这些变化却过于缓慢，以致似乎不曾发生过。

作者进而推测,同样的变化发生在生物界。生物界真正的本质是不稳定性,各种生命形式只是宇宙过程(cosmic process)的一瞬;其最大特点是生存斗争(struggle for life),结果则是选择——那些生存下来的生命类型是最适应某个时期所具有的环境条件的,是所谓的"最适者"。

作者由此得出一条定律——在任何时候,自然状态都是不断变化过程的暂时阶段——并批评了古代哲学家对这些阶段作机械循环论理解的错误。古生物学家提供了这一定律的证据:如果生物祖先系统上的每一个环节都被保存下来,那么越原始的类群就越具有趋同性,最终相遇在动植物界线不明的那些类群。

用于宇宙过程的"进化"(evolution)一词,一般是指前进的变化,表示由简单到复杂。进化排除了创世及其他超自然的干涉,也排除了偶然性,它是规律性原因的结果。进化不是对宇宙过程的解释,而是对它的描述;不仅生物,而且整个地球、整个宇宙都努力完成它们进化的预定过程。

生物进化有一系列的事件和环节,首先是变异,然后是选择,生存斗争因为繁殖的无限性和生存手段的有限性之间的矛盾而发生。变异是进化的源泉,选择则对源泉进行分流和过筛,生存斗争是选择的动力,使源成为流。

叙述完自然状态尤其是生物进化事件之后,作者转移到对人为状态的探讨。人为状态(artificial state)包括所有人类的创造物,它是一种技艺过程,它必须依靠人力来维持,一旦人为的照看停止,它就会逐渐退回自然状态,即使不是原来的那种自然状态。严格地讲,通过"园艺过程"(process of gardening)来创造并维持园地的人的能力和智力的活动也是宇宙过程的一部分,因为人类及其活动也是自然界的一部分,是宇宙过程的产物。

但这不能抹杀园艺过程与宇宙过程的对抗,人作为一种特殊的宇宙过程,已经产生了一种自觉对抗宇宙自发过程的能力。人与自然的对抗不仅表现在园艺过程中,而且表现在人为状态与自然状态对抗的所有方面。但作者同时也指出,生存斗争仍是宇宙过程,是生命领域内各种不同宇宙力量彼此对抗的过程。

园艺过程与宇宙过程的对立也表现在原则的深刻分歧上。后者表现出紧张不停的生存斗争,前者则努力排除引起斗争的条件从而消灭斗争。宇宙过程的繁殖是无限制的,成百的生物为生存区域或食物而争斗,制约的条件乃是干旱或冰冻,力量、灵活性和运气都是需要的。园艺过程总是按计划提供生存空间和食物,控制生存条件并通过限制繁殖而消灭斗争。进化的主要条件是变异和遗传。园艺过程不能消除变异并加强了选择,因此其中仍存在进化。

接着,作者进入对殖民过程的探讨,殖民过程(process of colonization)与园艺过程非常相似。殖民者改变了殖民地的自然状态,清除其植被,根据需要引进谷物、果蔬、牛羊马犬和人,于是出现了新的植物区系、动物区系和人群。牧场和农场的场主们像园丁一样,依靠自己、雇工或农奴对抗着自然制度。殖民者与殖民地组合成的新的复合单位与原有的自然状态展开了一场持久的生存斗争。他们必须充分地发挥自己的智慧和力量,勤勉一生,才能获得应有的成果,否则将消失殆尽。

殖民者不仅要面对自然,还要面对人,面对社会,这就需要社会管理(social administration)。殖民地长官必须做到两件事:首先,尽可能地把本地竞争者(动物或人)彻底消灭、排除(以制止外部竞争),按照殖民理想挑选成员(以服从自己的需要);其次,必须为这些成员提供生存所需,必须制订法律,保障成员间的和平与公正,即严格地压制人与人的生存斗争。由此,长官要大力发展公共事业,排除殖民地充分发挥才能的障碍。随着文明的发展,长官还必须不断按照其理想选择那些具有勇敢、勤劳、讲求集体智慧等品质的人。诚然,长官们必须代代不懈努力来维护它。

社会管理的最大难题是人口的增长。文明愈发展,人口增长的压力就愈大。当人口超过社会能够承受的限度后,新的自发的宇宙斗争将不可避免地爆发。面对这些难题,长官不得不像园丁一样采取系统的方式消灭过剩者,无可救药的病者、老年人、身体虚弱者或身心残疾者将被淘汰,只有身体强健、经过严格挑选的人才能结成配偶繁殖后代。作者恰当地指出了这种人为选择的困难性及其依据——人类有能力从自己的人力资源中产生出超自然智力和超自然残忍的理想长官或集团——的虚妄性。人类的团体并不具有统一的身体和心灵,这种行为将服务于把自己神权化的、蛊惑人心的传道师或专制的暴君。

社会组织在昆虫中也存在,蜜蜂是一个极端的例子。蜂群社会实现了“各尽所能,按需分配”的共产主义理想,蜂后、工蜂和雄蜂都有严格的分工,各自勤奋地工作,没有任何权利要求。但这种结构只是官能需要的产物,并不存在有伦理哲学思考的蜜蜂。

赫胥黎并不否认人类社会一开始时也可能是官能需要的产物。首先,家庭产生的条件与动物组织的形成条件完全相同;其次,家庭与蜂群都有利于防卫,限制了内部竞争,从而提高对外竞争的效率。但更重要的是,蜂群社会与人类社会存在着根本的差别。蜜蜂的工作生来就注定了,而人类却不然,农夫并不注定是农夫。人的天资差别很大且都有贪图享乐、逃避痛苦的天赋欲望。这种欲望是从其先祖人类、猿类或禽兽那里继承来的天性,是人类生存斗争取胜的条件,也是对享乐贪得无厌的原因。

人类拥有社会的伦理过程(ethical process),其自然天赋为互爱和同情所抑制。同情心、荣誉感比法律更能约束人的行为,它在天然人格之外,建立起了一种人为人格,即“内在人”。它把自然人的反社会倾向约束在社会福利所要求的限度内。这是情感进化的结果。

从有助于同自然或其他社会进行生存斗争来看,一个特定社会伦理过程的作用与宇宙过程的作用是一致的。但由于法律和道德对社会中人与人的生存斗争的约束,伦理过程就与宇宙过程的原则发生了对抗并常常抑制生存斗争中可能的胜者。当然,这种抑制不能过分。

在以上由自然状态而园艺过程而殖民过程而伦理过程的叙述中,应该指出的是,园艺家的直接选择并不能加速物种的进化,同样,种族或个体的选择也是无效的,进化论不能为种族主义或消灭弱者的行为提供理论依据。赫胥黎的伦理学是负责的,可是当它在本世纪初传入中国时却广泛地被误解了,竟被当作自强保种的思想武器。

社会进化是文明的前进性变化,与生物进化是一个完全不同的过程,人与人的生存斗争广泛地被制止了,它的选择作用极其有限。人的大部分行为是由环境塑造的,犯罪和贫困很少是或根本不是遗传的结果。

人类社会的“生存斗争”即使存在,也不是为了获得生存资料,而是为了夺得享受资料。胜者常常是富人或权贵,败者则沦为贫民和罪犯;然而这两类人都是极少数,如果机会均等,斗争的真正胜者将是中层的“适者”——大众,他们的数量和繁殖力都是得天独厚的。让财富和权力掌握在那些具有最大能力、勤勉、智慧和顽强意志并富于同情心的人手中,是理想的社会状况,如果争取财富有助于实现这个过程,那必然是有助于造福社会的过程。无疑,这个过程不同于自然选择,也不同于园艺过程。

现代社会中,人们对自身进行的“园艺过程”并不是去进行选择,而是在于创造比自然状态更为有利的条件,以促进公民天赋能力在与公益一致的情况下达到自由发展。伦理学家或政治家的任务应该是运用科学的方法去确定达到此项目的的方针——诚然,即便政治“绝对公正”,也不能制止人类与外部自然状态的生存斗争和由于自身过度增殖带来的内部斗争。绝对完美只是一种幻象,人类自我约束和断绝欲念是不幸福的,尽管它比幸福好;虽然人作为“政治动物”可以通过教育、指导和智慧改善生活条件,但是智力或道德上的错误不可避免。

最后,作者不无遗憾地指出,我们可以在社会进化中发展出一种有价值的文化,但它无法避免下降过程并最终为宇宙过程所取代。

二、进化与伦理学

前已指出,这部分是赫胥黎于 1893 年在罗马尼斯的一次讲演。一开始,作者借“杰克和豆秆”的童话引出循环自然观,并由此过渡到进化自然观。作者宣称他试图发现宇宙进化过程的伦理意义,看看是否存在对宇宙行径的道德制裁。

赫胥黎认为,宇宙过程就像机械结构那样完整,就像艺术品那样完美,然而随着进化的发展,痛苦和忧愁成了必然的伴生产物并在人类社会中达到其顶峰;人在未开化时期继承的粗暴和凶猛已成为文明的缺陷和罪恶之源。伦理学家们把这一切归咎于兽性并加以惩处。伦理学理性地告诉我们什么是正当行为和为什么是正当行为。兽类的生存斗争方案与伦理原则是不可调和的。

作者首先考察“正义”(justice)这一伦理体系中最古老的和最重要的概念,因为它维系着社会的存在。原始社会可能更多地类似于狼群社会,必须承诺在猎食时互不攻击才能结成,进而同意使用整体的力量来反对违诺者和保护践诺者。这样,正义就是对共同承诺的遵守和随之而来的根据公认的规定对赏罚的分配。早期伦理学只依据行为而赏罚,动机未加考虑。后来,正义也依据功罪(包含动机)来赏罚。正直意味着从正确的动机产生行为,与正义同义,是善的核心。进化与善的伦理原则不可调和,动物的快乐和痛苦分配与赏罚无关。

接着,作者简略地考察了古代的进化观和伦理观。他指出,以进化观点占主导地位的宇宙理论,在公元前6世纪就已存在。这些知识从恒河谷和爱琴海亚洲岸传到欧洲。印度和希腊的哲学家均发现世界的突出特征是永恒的变化,同时也有人发现痛苦是一切感觉的标记。希腊人在“斗争至上”中寻求强烈的欢乐,而印度人则将雅利安精神转化为寂静主义的教条:生命即痛苦,痛苦即生命。所以,在伦理的裁判席上,宇宙是判了罪的。印度人和希腊人都试图调和二说,希腊人创立了神正论,印度人则创立了宇宙正论——佛教的神灵是宇宙过程的产物。

在轮回说中,宇宙过程捉弄人的方式得到了辩护,痛苦和忧愁在一条无穷的因果链中传递。印度哲学家把这种从一生传到另一生并在轮回链中连结起来的东西叫做羯磨(karma,又译“业”)。羯磨因血统结合和个人行为而改变,修行能改善羯磨并逃避无穷轮回。印度哲学还假定变换不定的现象之下存在永恒的实在或实体,宇宙实体是“婆罗门”(brahman,又译“梵”),个人实体则是“阿德门”(atman,又译“我”)。两者的分离是由于个人幻象框架如感觉、思想、快乐与痛苦等造成的,无知者将个人的幻象框架当作实在,因而“阿德门”永远被囚禁着;有觉悟的人则识破了这种幻象。修行就是退出生存竞争,从而使阿德门消融于婆罗门之中。修行不仅可以自救,也可以救世,苦行给肉体造成痛楚是最好的修行;最终,修行也要消灭灵魂以及由此衍生的一切社会关系和情感,麻木不仁、清心寡欲的托钵僧境界是最佳的状态。

佛教创始人接受上述原理,并进而消解了所有可能的实体陷阱。乔达摩接受婆罗门教关于宇宙轮回的思想并进而认为这种轮回是一个流动的过程,下面没有任何支持体,任何个别的和现实的存在都是暂时的。羯磨最终走向了涅槃(nirvana,又译“寂灭”)——一种既无欲望又无作为也没有任何现象性再生之可能的状态。乔达摩废除了极端的苦行,要求培养起对立的心理习惯:博爱、以德报怨、谦恭、戒除邪念。佛教正是由于这些伦理品质而获得了惊人的成功,以极快的速度传播于东方世界中。

希腊的哲学也富于进化思想。米利都学派的哲学家们都是著名的进化论者。赫拉克利特则是希腊进化论的著名代表。雅典时期哲学重心转到了伦理问题上,苏格拉底认为物理学问题超出人类智慧,唯一值得研究的对象是伦理生活问题。他的努力得到了犬儒派、斯多亚派的响应。赫拉克利特的传统经德谟克利特到了斯多亚派,火热的能量不断创造和毁灭世界,演化为物质世界的灵魂,并以各种神的属性、无穷的威力、卓越的智慧和绝对的善装饰起来。

世界由一个无所不在的、全能的、仁慈的原因造就,真正的邪恶没有立锥之地。神正论的辩护形式出现了。它们证明:第一,没有恶;第二,如果有,必然与善有关。既然宇宙是绝对善的,人的全部责任就是“顺应自然而生活”。于是,伦理学成了应用自然史。

斯多亚派把自然(nature)理解为本性,并区分为宇宙本性和人的本性,它们具有等级结构。情感和欲望是低级本性,是一种病态,人的主要本性是高级的,它要求所有的人相亲相爱,以善报恶。斯多亚派伦理学是直觉主义的,强烈地崇敬绝对道德律令。这种乐观主义掩盖了实情:宇宙是伦理的大敌。当哲学家们最后领悟到这一点时,他们相信理想的贤人与事物的本性不相容,要追求理想就只能放弃世界、克制肉欲和一切人的感情。完美的境界是“无动于衷”(indiference),肉体死亡后回到无所不在的理性精神——“逻各斯”本源。

经过一番比较,赫胥黎发现,无动于衷和涅槃之间几乎没有差别,印度思想和希腊思想从共同的基础出发,逐渐产生分歧,最后又会聚到实际上相同的结果。后来,近代思想在印度哲学和希腊哲学的基础上重新开始。近代人更为世俗了,没有苦行者或犬儒主义者,大多数人既不信仰乐观主义,也不信仰悲观主义。不论人们的哲学观点和宗教观点如何分歧，大多数人同意人生中善恶的比例会非常明显地受到人的行为的影响。

那么，自然知识的新进展尤其是进化论的进展，会对伦理学产生什么样的影响呢？

赫胥黎批评道，进化论伦理学家提出各种证据论证伦理的进化，支持道德起源同其他自然现象进化的一致性，却不能说明不道德情感何以一同产生。他由此认为，宇宙进化只能告诉我们关于善恶的起源，不能证明善比恶更可取；进化论伦理学的错误在于认为伦理的人必须求助于生存斗争和因之而来的“适者生存”原则帮助自己完善（“适者”这个词确实太含糊，似乎含有“最好”之类的道德意味；可是，自然选择中最适者依赖各种条件，如果条件改变，它们就成了不适者）。社会中的人无疑也受宇宙过程的支配，繁殖加速会导致生存资料的竞争，最强者倾向于蹂躏弱者。但社会进步是伦理过程不断抑制宇宙过程的过程，伦理实践与宇宙生存斗争是对立的，伦理实践要求用“自我约束”代替无情的“自行其是”，要求每个人不仅尊重而且帮助他的伙伴；它不只是使适者生存，而是要使尽可能多的人生存。法律和道德是伦理过程的核心，它提供每个社会成员应有的责任以使自己和社会过上更美好的生活。

作者批评极端个人主义者企图把人类社会同自然界类比，个人对国家的义务被遗忘了，“自行其是”被看作神圣的权利，社会成员似乎不应该使用集体的力量强制个人为之作出贡献和防止个人破坏。

作者承认，伦理过程不依赖宇宙过程并不意味应该逃避宇宙过程，相反，他主张要与之斗争，并建议人类以征服自然来达到其最高目的。在他看来，文明史就是人类依其智慧成功营造人为世界的过程，使宇宙过程受到约束并随法律、风俗和技艺而变更的过程。他认为，这种干扰才真正开始，自然科学和社会科学对人类事务的影响尚不明朗，但没有理由怀疑它们在不久的将来会引起实践领域的革命。

最后,作者意味深长地指出,进化论并不预测千年盛世,地球走过亿万年的上升道路以后终将退化,宇宙过程将最终吞噬伦理过程——正因为如此,人类必须组织自己强有力的伦理过程以维持自己的存在;也正因为如此,人类不可能最终摆脱痛苦和忧伤,印度和希腊古圣逃避恶的企图均以从人与自然竞争的战场上逃跑而告终;我们必须放弃幼稚的自信和幼稚的气馁,珍惜我们的善,忍受并消除周围的恶,并由此走向成熟。

(颜青山)

克鲁泡特金

互助论* (1902)

彼得·阿列克谢耶维奇·克鲁泡特金(Peter Alekseevich Kropotkin 1842—1921),出身于俄国莫斯科一个贵族家庭,从小接受家庭教师的教育,1857—1862 年在圣彼得堡的侍从学校学习,毕业后到西伯利亚伊尔库茨克的总督府任职,并进行了自然地理的调查和研究,1867 年进入圣彼得堡大学数学系学习。1872 年春去瑞士旅行,开始与巴枯宁派接触,很快服膺无政府主义思想,几个月后以无政府主义者姿态回到俄国,投入了民粹派运动。1874 年被沙皇政府逮捕。1876 年越狱后逃亡国外 40 年。1882—1886 年被法国政府逮捕监禁 5 年,移居伦敦后主要潜心于无政府主义的宣传和研究工作。1917 年俄国二月革命后才返回俄国。他的著作除自然科学著作外,主要有《一个反抗者的话》(1884)、《面包与

---

* 原书名为 MUTUAL AID—A FACTOR OF EVOLUTION。本文根据中译本《互助论》(李平沤译,北京,商务印书馆,1963 年)撰写。

自由》(1888)、《田园、工厂和手工场》(1899)、《一个革命者的回忆》(1899)等,其伦理学著作主要有《互助论》(1902)、《无政府主义道德原则》(1904)、《伦理学的起源和发展》(1922)。

《互助论》是克鲁泡特金无政府主义伦理思想的代表作。它根据自然科学中的进化论,运用动物学和人类学的有关知识来论证无政府主义伦理思想,认为互助是人和其他动物共有的本能,互助法则是一切生物进化的永恒法则,也是建立人间和谐生活和社会发展的永恒法则,在此基础上提出了反对一切权威、国家、竞争乃至阶级斗争,取消私有财产,实行共产共享和各种社团的自由联合的无政府主义社会理想。《互助论》是一本重要的无政府主义伦理学著作,不仅对无政府主义思想的传播和发展起了重要作用,而且对国际工人运动产生了广泛影响,也影响了中国“五四”新文化运动时期的知识分子。

该书除引言、结论和附录外,共8章。第一、二章为“动物之间的互助”,第三章为“蒙昧人之间的互助”,第四章为“野蛮人之间的互助”,第五、六章为“中世纪城市中的互助”,第七、八章为“我们现代人之间的互助”。

一、互助伦理观的主要观点

克鲁泡特金认为,人及其他动物都有互助(mutual aid)和互争(mutual struggle)两种本能。不同动物物种都要面对生存竞争(struggle for survival)的两个不同方面:一是物种对不利的自然条件和敌对的物种的外部斗争,二是物种内部为争夺生活资料而进行的内部斗争。但大多数达尔文主义者夸大了后者及其在进化中的重要程度,低估了动物创造物种幸福的社会性(合群性)和社会本能(互助本能)的重要性,认为每一个动物与它的同种以及每一个人与所有其他的人为生活资料而进行的竞争,是一种自然法则,是一种规律。这种观点是错误的。虽然同种的个体之间为生活资料而进行的斗争在一定限度内随处可见,但是,在动物十分繁盛的地方,同种动物之间为争取生活资料而进行的残酷斗争却从未被发现,而那些必须为食物短缺而进行斗争的动物,在经过这场灾难后,全都是那样的体亏力衰,以致物种在如此激烈的竞争时期里是不可能得到任何逐步进化的。而且,个人反对整体的斗争并不是人的生存的正常状态和唯一法则,即使在据说是按照"人人为自己,国家为大众"原则建立起来的现代国家里,它从来不能而且将来也不能实现这个原则。这表明,互争本能并不是人和其他动物普遍具有的最重要的甚至唯一的本能,互争法则并不是人和其他动物生存的规律。

其实,在动物界中绝大多数的种是过群居生活的,它们的联合就是它们在生存竞争中的最好武器,它们不仅因此而能够获得生存的手段,而且能够抵抗一切不利于物种的力量。凡是把个体间的竞争缩减到最小限度而使互助的实践得到最大发展的动物的种,必定是最昌盛、最能不断进步的。反之,不合群的种是注定要衰退的。我们所观察到的动物生活的真实情况表明,互助互援是动物在生命的维护和每一个物种的保存并进一步进化中最重要的特征,互助法则比互争法则重要得多。

人类的生活是合群性的生活,互助原则是人的日常生活的必要基础。就人的互助感情或互助本能的最初根源来说,我们必须追溯到动物世界的最低级阶段。我们的道德起源于人类诞生以前的互助本能。我们不能把动物的互助本能或合群性降低为爱和同情,否则,就等于降低它的普遍性和重要性。爱、同情和自我牺牲,在我们的道德感的逐步进化中肯定起了巨大作用。但是,道德观念的真正基础,既不是爱,也不是同情,而是互助本能,是人类休戚与共的良知——即使只是处于本能阶段的良知。它无意识地承认一个人从互助的实践中获得了力量,承认每一个人的幸福都紧密依赖一切人的幸福,承认使个人把别人的权利看成等于自己的权利的正义感或公正感。更高的道德感就是在这个广泛而必要的基础上发展起来的。

互助、合群性(gregoriousness)是动物和人类逐步进化中的一个主要因素。它能使动物更好地防御敌人,时常使它们更易于获得食物和长寿,因而也更易于发展智力;它能使人类除了获得上述的利益以外,还使他们虽然在历史上历经沧桑,但仍能建立种种组织,使他们在对大自然的艰苦斗争中能够生存下去和取得进步。对于互助在人和动物的进化中的这种巨大作用,我们不能用统计方法来约略地估计互助与互争相比较的相对重要性。我们都知道,单单是一次战争在当时和以后所造成的罪恶,就可能超过互助这个原则几百年无休止的活动所造成的善举。但是,当我们发现在动物界中进步的发展与互助是齐头并进的,而物种内部的竞争则是与倒退的发展相伴随的。当我们注意到,就人类来说,甚至在竞争和战争中所取得的胜利也是与每一个进行冲突的国家、城市、党派和部落中的互助的发展成比例的,而且,在进化的过程中战争本身(只要它这样进行)也是为国家、城市或氏族内部的互助达到进步的目的服务的,这时我们便可看出,作为进步的一个因素的互助具有压倒一切的影响力量。我们也知道,互助的实践和它的连续发展,创造了人类能在其中发扬其艺术、知识和智慧的社会生活条件。以互助倾向为基础的制度获得最大发展的时期,也就是艺术、工业和科学获得最大进步的时期。

互助作为进化的一个主要因素,除了在社会制度成长及物质文明和精神文明进步方面表现出来以外,在道德方面表现得最充分。历史上每一次采取的突破社会制度限制的新的联合形式,都是为了恢复互助原则,而每进行一次恢复互助原则的努力,这一原则的基本思想便扩展一次。它从氏族扩展到种族、种族的联盟、民族,最后至少在思想上扩展到了整个人类。在扩展的同时,它也更加精深了。在历史上的历次道德运动中,人类愈来愈有力地完全抛弃了报应的观念,即“应得的报应”——以善报善、以恶报恶的观念。“切勿冤冤相报”和对邻人要厚施薄取这种更崇高的观念,被看作是真正的道德原则,是比单纯的公正、平等或正义这些观念更为优越的原则,更能导致幸福。人类被呼吁不仅要以爱而且要以他与每一个人都是一致的这种理解作为其行为的指南。因此,我们追溯出我们的伦理观念确实起源于互助的实践,并且我们可以断言,在人类道德的进步中,起主导作用的是互助而不是互争,甚至在现在,我们仍可以说,扩展互助的范围,就是我们人类更高尚的进化的最好保证。

二、互助伦理观的实证

1.动物之间的互助

克鲁泡特金指出,达尔文关于动物界的生存竞争是从狭义和广义两方面来使用的。其狭义是指各个动物个体之间为争取生活资料而进行的竞争,其广义是指动物间的合作、互助。狭义的生存竞争并不是普遍的,合作、互助才最有利于动物的生存和进化,即最适于生存的不是那些体力最强的、最狡猾的动物,而是那些学会为了群体的福利无论强者或弱者都联合起来互相援助的动物。由于达尔文出于特殊目的而主要按照狭义使用这个词,为了说明生存竞争的残酷后果而只收集相关的大量事例,以及他从未试图仔细研究生存竞争两方面的相对重要性,从未写出他原拟写作的论述过分繁殖的自然遏制的书,因此,他的信徒就把生存竞争狭隘化了,并把争夺个体利益的“无情”斗争提高为人类也必须服从的一项生物学原则。事实上,虽然各动物之间进行着极多的斗争和残杀,但在同种的至少在同一个群的动物之间也同时存在着同样多甚至更多的互相维护、互相帮助和共同防御。合群同互争一样,也是一项自然法则,是进化的更加重要的因素,因为它促进了这些保证种的维持和进一步发达以及用最少的精力保证个体生活的最大幸福和享受之习惯和特性的发展。动物间的互助,不仅为了繁育后代,而且还为了个体的安全和为了得到必需的食物。从最低级的动物到高级动物,都存在着互助、合群性,这不仅表现在生育后代、寻找食物、建筑巢穴等工作分工上,而且表现在食物共享、互相保卫甚至自我牺牲上。不过,这种互助并没有达到所有动物物种都高度团结的程度,有许多联合只是为了同猎共食的一般目的,有时不同种动物间会有攻击行为。

动物间的互助、合群性还有其他的表现。小鸟联合起来包围入侵的敌人并驱逐它。准备迁居的鸟类,决不为了每一个体在另一地区可以获得更好的食物或住所而单独地迁居,它们总要互相等候,结合成群,然后才随着季节的不同而移向北方或南方。哺乳动物中合群的种比少数不合群的食肉动物在数量上占绝对多数。联合和互助是哺乳动物中的普遍现象,即使在很大程度上是个体主义者的松鼠,虽有家庭生活的倾向,但还是保持着群居关系,彼此来往密切,成群地向别处迁移。

聚族群居是动物界进化的本源。随着进化阶段的愈来愈高,联合愈来愈成为有意识的了,它失去了纯粹的生理性,已经成为理智的联合而不再只是本能的联合了。联合有家庭的、群的、群间的多种级次。它也采取较高级的形式,在不丧失合群生活的利益的情况下,保证个体有更多的独立性(如大多数啮齿动物都有它自己的住所)。因此,动物的合群生活是由个体本身的生理构造所促成的,是由互助的利益或群居的快乐培养起来的。

动物的合群生活在任何环境下都最有利于生存竞争。那些自愿地或不自愿地放弃合群生活的物种,是注定要衰退的,而那些最懂得如何团结的动物,虽然除智力外在每一种能力上都低于其他动物,却仍能获得生存和进一步进化的可能和最好机会。人类就是这一论断的最好证明。至于智力,它是生存竞争中最有力的武器和向前进化的最有力因素,也是一种特殊的同合群有关的能力。语言模仿和经验积累是智力发展中的重要因素,而不合群的动物就得不到这些智力发展因素。所以,最适者是最合群的动物;而合群性既能直接保证物种的幸福,又可减少精力的浪费,间接促进智力的增长,于是成为进化的主要因素。

而且,合群生活养成了动物的合群感情及成为习惯的某种集体正义感(the collective sense of justice)。所有合群动物或多或少地都养成了正义感。合群性限制了体力的竞争,使更好的道德情感有发展的余地,同情就是合群生活的必然产物。而同情则意味着在一般的智力和感情方面有很大进步,它是向更高级道德情操发展的第一步,又转而成为进一步进化的一个有力因素。

竞争并不是动物进化的因素。达尔文虽使用了"竞争"一词,但并非指某一动物种内存在着为了争取生活资料的激烈竞争。事实上,在不需要为食物而竞争的地方,动物的数量所以从未达到接近于生殖过剩的数目,其原因在于气候而不在于竞争。由此可见,对生殖过剩的自然遏制比竞争的作用要巨大得多。不论是在动物界还是在人类中,竞争永远是有害于物种的,它不是规律,在动物中只限于个别时期才有。自然选择则不断地寻找能尽量避免竞争的道路,以互助和互援的办法来消除竞争,便能创造更好的环境。团结、互助是给个体和全体以最大的安全,给他们以生存、体力、智力、道德和进步的最有保证的最可靠办法。这是自然对我们的教导,也是人类为什么达到我们现在所处的地位的理由。

2.人与人之间的互助

互助和互援在人类的进化中也起了巨大作用。若说人类这样的当初毫无防御能力的生物,竟能不像其他动物那样以互助的办法,而是以不顾种的利益只顾个体利益的横暴竞争方式获得保护和进步,那是不真实和不合情理的。然而,霍布斯等人就抱有这种不合情理的看法。他们下结论说,人类只不过是组织散漫的生物,永远准备彼此战斗,只是由于某种权威力量的干预,才阻止了人类这样做。

事实不是霍布斯等人所认为的那样,他们所假定的个人反对整体的斗争,在原始人、蒙昧人那里根本不存在。从人类的原始组织形式来看,首先有部落,然后有氏族,接着才有家庭。很多事情都是由部落而非家庭来合力完成的,在原始人那里很难找到我们所规定的"家庭"的萌芽,在"群婚"阶段,整个部落的丈夫和妻子都是公有的而很少考虑血缘关系。有了对自由性交的限制后,氏族便出现了,分立的家庭则是后来出现的。氏族组织的长期存在表明,蒙昧人能够在此组织中生活,能自愿地服从同他个人愿望不断冲突的规则,他就不是一个没有伦理原则和不能控制自己情欲的野兽;也表明,认为原始人类是个人漫无秩序的聚合,只存在凭借个人的力量和狡诈来反对其他同种人的现象的看法是多么错误。毫无约束的个人主义是现代的产物,它决不是原始人类的特点。目前还存在的蒙昧人(如布西曼人、爱斯基摩人等)中,无情竞争并不是普遍的,虽然他们之间还有仇斗,但其原因不是"地区的人口过多"或"激烈的竞争",而主要是迷信。虽然他们有抛弃父母和杀害婴儿的行为,但这纯粹出于生活需要的压力。而体现蒙昧人的公正观念的血仇血报风俗,又说明原始人是把每个人的行为都看作是部落的事务,是根据部落的意愿做的,所以他们认为氏族应该对每一个人的行为负责。原始人养成了一种把自己的生活与部落的生活看作一致的品质,他们依据习惯法来约束自己的行为,为了氏族利益而自我牺牲。总之,在部落的统一还未受到分立家庭的破坏时,"人人为大家"在部落内是最高准则。由于部落内与部落间的道德准则与习惯法大不相同,因此,就存在着对道德的双重观念(如当发生战争时,最令人作呕的行为也许正是那些值得部落称赞的行为),且它存在于人类进化的整个过程中。即使如此,战争也不是人类生存的正常状态。蒙昧人始终保持着平等、互助和互援的观念，并通过氏族组织把个人的微弱力量联合起来，共同享受生活和向前进步。

当分立的家长制家庭在氏族内部发展起来，而野蛮人的频频迁移和随之而来的战争加速了家庭的独立之后，本族人与异族人的混合就出现了，这就需要某种以新的原则为基础的新组织形式，于是，村落公社就出现了。村落公社是那些认为有共同血统和共同占有某一块土地的家族之间的联合。在这一联合中，共同地域的观念取代了同一血统的观念，地区性的共同神取代了对共同祖先的崇拜，它在强调家庭和个人的独立和自由的同时维持着必要的行为和思想的一致。村落公社充分承认个人可以在家庭内积累财富和留给后代，但并未承认土地私有。土地公有保证了村落公社成员共同劳动，以各种可能形式进行互助。不过，共同劳动并不意味着共同消费。而且，野蛮人并不随意打仗和杀人，他们生活在一系列规则之下，只考虑什么东西对他的联盟可能有益或有害。对于中间人或仲裁人不能调解的野蛮人之间的争吵或伤害，村落公社有着自己的裁判程序，首先由村民议会予以判决，难以判决的便凭神明裁判法来解决。这表明所有村落的成员之间关系密切，也表明村民议会唯一地拥有判决的道义权威。所有判决都根据野蛮人的正义观念来进行。这种正义观念虽然仍然保留有蒙昧人那种同仇同报的观念，但却根除了以命抵命、以伤还伤的野蛮观念，而代之以赔偿制度。这种赔款与罚款完全不同，它决不鼓励侵犯行为，因而，它与有人想象中的野蛮人的"道德放纵"相去甚远。野蛮人这种新的互助形式和新的道德准则、道德观念，在迄今还生活在同野蛮祖先的社会组织相似的布里亚特人、卡巴尔人、高加索山地人和非洲种族的村落公社里也明显地存在着。

野蛮人的社会是由爱好和平的农业村落公社而不是由互相战争的各个群体组成的。野蛮人分成了耕种土地的广大群众和为保护人们所渴望的和平生活而专门从事战争的人两部分。群众想维持和平、树立他们所认为的正义的愿望,使武士团的首领获得了他们的那种权力,使自己变成了军事首领的从属、农奴。正是这一比军事的和经济的原因重要得多的、对损害进行适当报复的正义观念,变成了后来国王和封建主的权威的基础。由此可见,在野蛮人的社会中成长起来的、后来变成了压迫的根源的那种权力,并不是来自军事,而是由于群众的和平倾向而产生的。在这种权威或权力走向神权制度和专制国家制度的过程中,人民群众在他们的互助制度中表现出了建设天才。凡是有防御工事或是希望获得保护的人都组织了"同盟会"、"兄弟会"或"友谊会",在一种共同的看法下联合起来,大胆地追求互助和自由的新生活,都起来抗击世俗的和宗教的领主的城堡,起先蔑视它,然后攻打它,最后摧毁它。这些反抗之所以获得成功,只在于有互助和互援的潮流,这一潮流在中世纪有了新的形式——行会。

中世纪的行会是一批人为了共同的目的而结成的组织。在行会中人们彼此平等,互相帮助,相待如手足,和平地解决争执,不侵害别人。行会制度之所以在亚洲、非洲和欧洲有那么巨大的发展,存在了几千年之久,就在于它满足了人类天性中的深层需要。它是一个在各种环境和事件中都"以行动和忠言"互相帮助的团体,是一个区别于国家的、能主持正义的组织,所以它在任何情况下都导入了人情和友爱的因素而没有那种重形式的因素(国家干涉的那种特征)。它在中世纪城市的解放中起了极大的作用。

中世纪自由城市是村落公社和行会的联盟,它使所有这些团体联合成一个和谐的、同心同德的整体。这一整体既符合团结的需要又无损于个人的独创精神。它是一个国家,有着独立的裁判和行政,有着始终一致的原则和难以压抑的民主精神。它试图在比村落公社大得多的规模上组织一个在生产和消费以及一切社会生活方面进行互助互援的紧密组合,而又不把国家的枷锁强加于人,却使每一独立阶层的个人都能充分自由地发挥他的创造才能。

在中世纪的城市里,市场受到普遍保护,神圣不可侵犯;手工业者享有很高地位,并受到高度尊重。随着商业行会和手工业行会对其成员的监督而来的,是寡头政治的出现。在这样的环境中,自由是不能保持的。为了争取和维护自由,小的地方单位之间、行会中人与人之间、城市之间结成新的联盟。在这种新的联盟形式下,中世纪的城市对欧洲文明作出了巨大贡献,它防止了欧洲陷入古代的神权政治和专制政治,赋予欧洲以多样性、独立自主的信心、首创精神,取得了大众福利、工业、艺术、科学和商业方面的巨大成就。它们由此而成为力图满足人类天性中的深层需要而又富于生命力的文化中心。

但是,这样的文化中心为什么在16世纪衰落了呢?其原因,一是建立了在以虚构的公众意愿和武力为支柱的独裁主义理想基础上的中央集权国家;二是城市在扩展它的互助和互援的组合时造成了"市民"与"居民"(即农民和手工业者)的分裂、城市和乡村的分裂;三是大多数城市犯了一个最大和最致命的错误,即把工业和商业作为它们的财富基础而忽略了农业,结果导致了王权在每个城市中都曾从贫民那里得到坚决的赞助和支持;四是其作用更广大更深远的、维护中央集权国家的社会意识形态的影响。这一新的思想方向和对个人权力的新信仰,导致了联盟主义原则和群众创造性才能的消失。尽管如此,互助和互援的潮流在群众中间依然存在,并竭力想找到一个新的表现形式,这种形式,既不是国家,也不是蒙昧人的氏族、野蛮人的村落公社或中世纪的城市,而是在人道观念方面比这些旧有形式都优越的形式。

取得了决定性胜利的中央集权国家,系统地肃清了一切以前有互助表现倾向的那些制度,村落公社的村民议会、裁判所和独立行政被剥夺,其土地被没收,行会的财产和自由被掠夺,城市丧失了主权,独立联盟不被允许存在。国家吞没了一切社会职能,这就必须促使为所欲为的狭隘的个人主义得到发展。对国家所负义务愈多,公民间相互的义务显然将愈来愈少。结果是,主张人人可以而且必须在不顾他人的需要中获取自己的幸福的理论全面地占了上风,个人反对整体的竞争成了社会的主导原则,个人主义被视为进步的唯一可靠的基础。因此,要在现代社会中寻求和实行互助制度,似乎是不可能的。

然而,只要我们考察一下现代社会里欧洲农民的现实生活,我们便会惊奇地发现,互助和互援的原则依然起着巨大的作用,人们依然生活在互助制度之下,热诚地保持着这种制度,竭力地恢复它,或者努力地找到其他某种东西来代替它。在瑞士、法国、奥地利、英国、比利时、丹麦、意大利、德国、西班牙以及俄国等国家里,村落公社制度虽然经过国家(而非经济力量)的摧毁,但它依旧存在。土地公有,联合耕种,共享"居民的公益",共同管理,相互帮助,彼此照顾,等等,这些从村落公社生活中产生的习惯依然保存在现代的农村中,农民们为着各种各样经济目的而组成的自由组合形式最适合于现代生产的要求,它使人类结合成社会,使它向文明前进。

像在农村中一样,在城市中互助制度依然存在。中央集权国家虽然摧毁了一切使工匠、师傅和商人结合在行会和城市中的那些制度,但是,任何力量也不能摧毁互助的倾向。在友谊会、丧事协会或秘密兄弟会的掩护下,工人的工会成长起来,而且还成立了有力的联合组织。工会组织着维护工人权利的斗争,而其他行业或工厂的工会则进行着旨在援助被解雇的同志或维护工会权利的"同情罢工"。这就是工业人口中的互助互援。工人互助的形式,除了工会以外,还有为了伟大理想、遥远目标而奋斗的政治组织。具有互助特点的合作组织也是工业生活中的一个重要因素,它是中世纪的互助制度以非正式形式出现的,没有受到国家的干涉,所以一直完全地保留到现在,而且为满足现代工业和商业的需求采取了多种多样的方式。

在现代社会里还成立了为着各种目的的友谊团体、秘密互济社团、乡村和城镇的医疗互助会、制衣和殡葬互助会，在工厂女工中十分普遍的小型俱乐部以及其他为了文学、艺术、科学和教育事业而组成的各种团体。在所有这些团体和俱乐部中充满着友谊精神，共享生活的乐趣，甚至在必要时自我牺牲。如在英国的“救生船会”里，船员们都是志愿的，他们有着为了抢救素不相识的人而准备牺牲自己生命的精神。这些团体和俱乐部形式，表现了人类永恒的互助互援倾向，一旦冲破了国家或教会的阻挡，它们就会扩充到人类活动的各个部门，就会在一定程度上打破各个国家不同民族之间的隔阂，甚至具有国际性。国际团结的精神对于广大工人群众的国际联合、阻止欧洲战争无疑是有作用的。

此外，在现代社会里还有一个极其广阔的互助互援的世界，那就是由个人的仁慈情感、同情所产生的互助行为。个人之间实行着广泛的互助，他们教育和保护小孩，不要丝毫报酬地照护生病的邻居和正在上班的母亲的孩子，抚养孤儿，对于处境危难的人予以救助，互相借用各种家用器具。即使在富有阶级中，他们虽然很少把他们的感情用之于下层贫民，但是，在他们的家庭和朋友中也实行互助互援。而推动许多经济宽裕的人去为大众福利而自愿从事慈善事业和其他巨大工作的力量，仍然就是这种互助感。这一切事实表明，不顾他人需要而一味追求个人利益的行为不是现代生活的唯一特征。

总之，不论是中央集权国家的压倒力量，还是学者们所假定的人与人之间的互相憎恨和无情斗争，都不能消灭深深树立在人类的理智和良心中的人类团结的情感，因为它是由我们过去的整个进化过程所培养起来的。而且，人们的互助互援需要，还在继续推动着整个进化过程。

（彭定光）

摩尔

伦理学原理* (1903)

乔治·爱德华·摩尔(George Edward Moore,1873—1958)出生于伦敦一个商人家庭。从8岁开始,他接受了长达十年之久的古典教育,其兴趣集中于希腊文和拉丁文,没有接受多少自然科学教育。1892年进入剑桥大学三一学院,开始仍修古典语言文学,后来转学哲学。1896年毕业后,长期在剑桥工作。他还曾在美国的普林斯顿大学、哥伦比亚大学等校任客座教授。1918年起任英国科学院院士,1921—1947年任《精神》杂志编辑,1951年获英王颁发的功勋勋章。除《伦理学原理》(1903)外,他还出版了《伦理学》(1911,比较通俗地阐述了《伦理学原理》的中心思想)以及《哲学研究》(1922)和《哲学研究中的一些主要问题》(1953)等。

《伦理学原理》作为分析哲学运动的早期著作,反映了作者早

* 原书名为 PRINCIPIA ETHICA。本文根据中译本《伦理学原理》(长河译,北京,商务印书馆,1983年)撰写。

期的新实在论观点。更重要的是,摩尔在此书中倡导一种精确而细致的概念分析方法,为哲学分析树立了楷模。这部著作还开创了用分析方法研究伦理学即“分析的伦理学”或“元伦理学”这一现代流派。它已成为一部现代伦理学的经典著作。

在此书中,摩尔认为,伦理学应该关注两类基本的问题:第一类是指哪种事物应该为它们本身而实存,哪种事物就其本身而言是善的或者一事物是否具有内在价值的问题;第二类是指我们应该采取哪种行为或者说某一行为是否正当行为或义务的问题。在他看来,以往的伦理体系之所以失败,原因就在于它们对伦理问题的不精确表述,即几乎总是使这两类问题相互混淆或者跟其他伦理问题混淆。摩尔的意图就是解答这两类基本问题,从而发现和确立伦理学的基本原理。全书共六章,从内容上可以划分为四个部分:第一章讨论伦理学的研究对象,第二、三、四章分别考察自然主义伦理学、快乐主义伦理学和形上学伦理学,第五章研究关于行为的伦理学,第六章探究理想事物。

一、伦理学的研究对象

摩尔开宗明义地提出自己的见解:“伦理学这一领域可以定义为关于那个对于一切这种判断来说既具有普遍性又具有特殊性的东西之全部真理。”① 其中“一切这种判断”是指诸如德性、邪恶、义务、正当、应该、善或恶等一切伦理判断,“既具有普遍性又具有特殊性的东西”就是指“善”(good)这个概念,因此伦理学的首要问题(研究对象)就是确定“善”意指什么。

按照摩尔的分析,“什么是善”有三种可能的意义:在第一种含义中,“什么是善”可能需要一个特称的回答,即可以指对任何过

① 摩尔:《伦理学原理》,中译本第 7 页。以下凡引用此书,只注明页码。

去、现在和将来的人或物所作的一切赞扬或谴责。但是由于这类事物太多了，讨论它们的个别价值是任何科学所容纳不了的，因此摩尔认为伦理学决不处理这种性质的即独特的、个别的事实，科学的伦理学也不是在这个意义上提出问题的。在第二种含义中，“什么是善”要求一个一般的回答，其形式是某种事物是善的这样一个陈述，比如“快乐是善的”这类判断。伦理学要对这类判断的真理性加以讨论。但是作者指出，这类判断往往构成与伦理学不同的一门学科即决疑论学科的内容，而决疑论是伦理学研究的最终目标，即便要尝试着探讨它，也只能放在伦理学研究的最后。在第三种含义中，“什么是善”提出了一种定义要求，即探讨怎样给“善”下定义。作者指出，这是一种仅仅属于伦理学而不属于决疑论的探究；这是一种应该予以特别注意的探究；这是全部伦理学中最根本的问题，事实上是伦理学特有的唯一单纯的思考对象。

到底怎样给“善”下定义？摩尔对此有一个独特的回答：“如果我被问到‘什么是善’?，我的回答是善就是善；并就此了事。或者我被问到‘怎样给善下定义’?，我的回答是，不能给它下定义；并且这就是我必须说的一切。”(P.12)按照作者的理解，所谓定义就是描写一个词所表达的客体或概念的真实本性，而不是仅仅告诉人们该词是用来表示什么意义。而且，定义的最重要的意义在于，它陈述了那些必定构成某一整体的各部分。然而摩尔认为，“善”在这个意义上是没有定义的，因为它是一种单纯的、独特的和不能分析的特质，“我的论点是：‘善’是一个单纯的概念，正像‘黄’是一个单纯的概念一样，正像决不能向一个事先不知道它的人阐明什么是黄一样，你不能向他阐明什么是善。”(P.13)为了说明善是不可定义的，摩尔做了这样的分析：要么善是不可定义的，否则，或者它必定是一种复合物，或者这个语词必定毫无意义。而分析表明，后面两个选择都是不可能的，因此，我们也就必须接受第一个可能。

摩尔又认为，虽然善是不能分析和下定义的，但是它却直接呈现给人的心灵,心灵可以凭直觉把握它。他指出:"无论何人,在他问'快乐(或者任何东西)究竟是善的吗'这问题时,只要他自己注意思考一下实际上在他心思之前的东西,就能够确信:他不仅仅正在怀疑快乐是不是快意的,并且,如果连续就每个被提出的定义尝试这个实验,那么他就会老练地认识到:在每一种情况下,都有一个独一无二的对象在他的心思之前,而关于这一对象跟任何其他对象的联系,可以提出一个特殊的问题。"(P.23)

从其对善概念的解说来看,摩尔是一位直觉主义者。探讨了"什么是善"之后,摩尔得出了他所谓伦理学的第一个结论:"有一个单纯的、不能下定义的、不能分析的思想对象,而伦理学的研究对象必须参照它来下定义。"(P.27) 在第一章以至整个《伦理学原理》中,摩尔并没有明确指出伦理学的研究对象究竟是什么,但是,他却一再强调,理解"善"的含义,是伦理学的首要问题,也是伦理学所特有的唯一单纯的思考对象。

二、批判自然主义的和形上学的伦理学

摩尔利用三章的篇幅批判了以往的道德哲学家们由于忽视了"善是单纯的和不可定义的"这一点而犯下的种种错误。他指出,这些伦理学家采用的方法是"一种严格说来与任何伦理学的可能性毫不相容的方法。这种方法就是用一个自然客体的或者自然客体群的某一性质来代替'善';于是就用某种自然科学来代替伦理学"(P.46~47)。摩尔把那些犯这种错误的关于善之本性的理论分成两类:自然主义的和形上学的。"为了方便起见,可以把我打算讨论的各种理论分为两类。第一类自然主义谬误(naturalistic fallacy)往往暗指:当我们想到'这是善的'时,我们所想到的无非是:所讨论的事物跟某一别的事物有着一种确定的关系。可是,参照来给善下定义的特定事物可能是我称之为自然客体——其实存

被公认是一经验对象的某事物——的东西，也可能是一个仅仅被推想实存于一个超感觉的实在的世界中的客体。第二类理论可以确切地叫做‘形上学的’理论。”(P.45) 第三章和第四章就是分别批判这两种类型的理论的。

摩尔认为，第一种自然主义谬误其实就是严格意义上的自然主义。他首先列举的是斯宾塞的进化论伦理观，按照这种理论，“善”意指“更发达”；其次是J.S.密尔等人的快尔主义(hedonism)，并对此做了详细的分析和批判。“快乐主义者主张：除了快乐，其他一切事物，无论行为，或者德性，或者知识；无论生命，或者自然，或者美，都绝不是因其本身的缘故，也绝不是其本身作为目的，而只是作为获得快乐的手段，或者因为快乐的缘故才是善的。”(P.70)为了驳倒这种学说，首先，摩尔对J.S.密尔的功利主义做了批判。在摩尔看来，密尔把“值得想望的”和“所想望的”看作同一的，从而犯了自然主义错误。快乐并不是想望的唯一对象，通常支持快乐主义的各种论证似乎都建立在这两个错误之上。其次，摩尔又把快乐主义作为一种“直觉主义”(intuitionism)来加以考虑，并且指出：密尔默认某些快乐在质上劣于其他快乐，既意味着快乐是一种直觉主义，又意味着快乐主义是一种错误学说；西季威克没有把“快乐”同“快乐意识”区分清楚，并且把前者看作无论如何都是唯一善的东西，这是荒谬的；而把“快乐意识”看作唯一善的东西似乎同样是荒谬的，因为如果真是那样，那么一个不实存任何其他事物的世界将是绝对完满的。最后，摩尔对快乐主义的两个典型学说即利己主义与功利主义作了区分，指出利己主义(egoism)与功利主义(utilitarianism)不仅彼此不同，而且完全相互矛盾，因为利己主义断言“我一己的最大快乐是唯一善的东西”，而功利主义则断言“整体的最大快乐是唯一善的东西”。利己主义之所以貌似有理，部分地由于忽视了这种矛盾，部分地由于混淆了作为关于目的的学说的利己主义和作为关于手段的学说的利己主义。如果快乐主义是真实的,那么利己主义就不可能是真实的;如果快乐主义是虚妄的,那么利己主义就更不可能是真实的。另外,假如快乐主义是真实的,那么功利主义的目的实在不是可以想象的至善(the highest good),而是我们可能加以提倡的至善;然而人们可以通过驳斥快乐主义来驳倒功利主义。

在批判了斯宾塞和功利主义者怎样因试图给"善"下一个经验论的定义而犯了自然主义的谬误之后,摩尔接着分析,试图以迥然不同的方式即诉诸形上学来解释善之本性的那些哲学家如何也犯了同样的谬误。关于形上学伦理学,他指出:"这类伦理理论的共同点是:它们都以某种形上学的命题为基础来推导伦理学的基本命题。它们全都暗示,其中许多甚至公然认为:伦理学真理是从形上学真理按逻辑推导出来的——伦理学应该以形上学为基础。结果它们全都用形上学的术语来描写至善。"(P.119)"形上学伦理学(metaphysical ethics)的特色,就是好作这样的断言:某种确实实存但并非自然事物的东西,即具有某种超感觉实在的某个特征的东西,必定是完全至善的。"(P.122)

摩尔断言,以为形上学与伦理学之间有什么联系,那是错误的。因为正如他在第一章中所说的,伦理学的主要问题是善之本性,而对实在的一般特点的研究,根本无助于搞清这个问题。如果希望人们能从一般的实在来解释善,就必定要犯自然主义谬误,因为这必定意味着,善可以像任何别的东西那样加以分析。善之单纯本性,不能通过将宇宙作为一个整体来说明而加以解释。摩尔承认,就形上学也许能告诉我们什么是我们的行为之未来效果而言,它可能跟实践伦理学(关于"我们应当怎么办")有关系。但是这仅仅是一种表面上的让步。由于形上学的著作家们忽视了"一切实践命题同认为一个永恒实在是唯一善的东西这一断言之间的矛盾",他们往往将这样两个命题加以混淆:一个命题主张一个实存着的特殊事物是善的;而另一个命题主张无论这类事物会在何处发生,其实存都一定是善的。摩尔认为,这种混淆造成了形上学伦理学的谬误。人们之所以认为形上学跟伦理学相关,似乎就是由于假定“善”必定代表事物的某种实在的性质,而这种假定导源于两条错误原理:其一是逻辑原理,即认为一切命题都断言实存者之间的一种关系。把伦理命题当作或跟自然规律或跟命令相同的东西,就是犯了这种逻辑错误。其二是认识论原理,即把“善”等于以某种特定方式“被认识”或“被感知”的东西。这条原理的错误在于依据这类见解:“真实的”或“实在的”等于以特定方式被思维着的。

三、关于行为的伦理学

在这一部分中,作者主要处理关于行为的伦理判断问题。对此问题的探讨是建立在前面所分析的伦理学专门研究的属性(即善)之本性和哪种事物本身具有这个属性的基础上的。关于行为的伦理学就是要探究“什么作为手段是善的”?或者说“什么是达到善的手段——什么是就其本身而言是善的事物之原因或者必要条件”?摩尔认为这个问题只能采用一种“崭新的方法——经验考察的方法——加以解答”(P.155)。这种方法,不仅探究行为中哪个将产生某种好结果或者坏结果,而且探究在一切可能随时立志实行的行为中哪个会产生最好的结果。断言一行为是义务,就是断言这样一种行为,即“只能把我们的‘义务’(duty)规定为:比任何其他可能的选择都会在人类中产生更多的善之行为”。“当伦理学大胆断言某些行动方式是‘义务’时,它无非是大胆断言:按照那些方式来行动,总是会产生可能最大的总善。”(P.157)他还认为,伦理学曾经企求的一切,或者能够企求的一切,就是证明:凭立志可能实行的某些行为,通常会比任何其他或然会作的选择产生好一些或者坏一些的总结果。

摩尔也看到,在其他一些情况下,尽管一般规则被提出了,但个人在判定其特定情况下的或然结果时,却不如根据一个关于哪些事物本质上是善或恶的正确概念。

摩尔还分析了"将一事物称为德性"的含义。他对德性的解释是:"德性是实行作为义务的行为的习惯性气质,或是实行应作为义务的行为的习惯性气质,如果一种立志作用足以保证绝大多数人实行这种行为的话。"(P.180)关于"德性的内在价值",摩尔认为,"可以用这名称来称呼的,确实符合这定义的绝大多数气质,就其作为手段通常是有价值的气质而言,至少在我们的社会里并不具有任何内在价值,而且把少数中所包含的一个因素,甚至把所有不同的因素合起来当作唯一善的东西,没有不陷于荒唐无稽的"。也就是说,就德性本身而言,它通常并无价值;而且,在它具有价值的场合,它也远非唯一善的东西或者善中之最善者,因此,德性并不像一般所暗示的那样,是一个独一无二的伦理属性。

四、理想事物

按照摩尔的理解,"理想的"可以意指三种不同的情形:第一种就是"最理想的东西"一词所表达的意义。它意指可以想象的事物之最好状态,即最高善或绝对善。第二种是指这世上可能的最好的事物状态,它可以等同于哲学上的"人类善",或者我们的行为所追求的最后目的。第三种情形则是该事物就其本身而言是非常善的。在第六章中,摩尔主要讨论的是第三种情形,其目的在于得出对伦理学基本问题("哪些事物就其本身而言是善或者是恶的")的肯定答案。他指出,这类事物(本身善的事物)是千差万别的、异常繁多的。它们全都包含对一客体本身的往往极为复杂的一种意识,而且几乎全都还包含对这客体的一种情感态度;尽管这类事物因而具有某些共同特征,但是,使其彼此不同的异常繁多的质,对其价值来说,也是必不可少的;无论其全体的共同特征本身,无论其中任何一个独特特征本身既不是大善,也不是大恶,在一切情况下,其正价值或者其负价值都归因于这两种特征的存在。

摩尔对第三种情形的理想事物的论述分三个部分,它们分别处理"单纯善"、"恶"以及"混合善"。按照摩尔的理解,单纯善就是对美好事物的或者对好人的热爱。属于这一类的各种善的数量,跟美的客体的数量一样大。由于对不同的客体相应的有不同的情感,所以,善也是相互区别的。即使所热爱的物或人是虚构的,这些善无疑仍然是善的。但是,要强调的是:如果该物或人是真实的,那么,对它的物质质和精神质两方面的单纯热爱结合起来而构成的整体,会远比对单方面的单纯热爱好。如果该客体是一个好人,那么这个整体会具有一个根本不同于该客体的实存之价值的附加价值。单单对精神质的热爱似乎并不像同时对精神质和对物质质二者的热爱那样好,而且绝大多数最好的事物是包括对物质质的热爱。

关于恶,摩尔认为,它或者是指对恶事或丑事的爱好,或者是指对好事或美事的憎恨,或者是指一种苦痛的意识。关于混合善,他认为,它是包含坏因素或者丑因素的善,或者是指对丑事物的憎恨,或者是指对苦痛的同情。他还指出,如果混合善包含着一个现实实存的恶,那么其负价值似乎总是足以压倒其正价值的。

摩尔的《伦理学原理》在英美哲学界被视为一部高度技术性的伦理学巨著,他的研究方法也在英美伦理学界得到了充分发展。人们至今常说摩尔是使我们专门注意"善"这个语词意义的哲学家,是最充分地揭露伦理学中的自然主义谬误本质的哲学家。虽然我们不能一致地认可和接受该书中的诸多观点,但是它作为一部标志着伦理学探究的新方向、新方法的开山之作,还是值得认真研读的。

(龚长宇)

韦　伯

新教伦理与资本主义精神*

(1904—1905)

马克斯·韦伯(Max Weber, 1864—1920),著名社会学家、政治经济学家和伦理学家。1864年生于德国埃尔富特一个中产阶级家庭。1882年入海德堡大学学习。1884年在斯特拉斯堡服兵役,之后转入柏林大学学习,1889年获博士学位。曾先后在柏林、弗莱堡、海德堡和慕尼黑等大学担任教授,讲授法学、经济学和历史学等方面的课程。1898—1903年,因患精神病而中断工作和研究,此后又以惊人的毅力恢复了学术活动。1903年与松巴特合作创办并编辑《社会科学与社会政策》杂志。1910年和滕尼斯、席美尔等人共同创建德国社会学协会。1920年因急性肺炎猝然逝世。

---

* 原书名为 DIE PROTESTANTISCHE ETHIK UND DER GEIST DES KAPITALISMUS。本文根据中译本《新教伦理与资本主义精神》(于晓、陈维纲等从英译本转译,北京,三联书店,1987年)撰写。

韦伯一生著述颇丰，主要著作有《经济与社会》、《儒教与道教》、《诸普世宗教的经济伦理》、《新教伦理与资本主义精神》等。《新教伦理与资本主义精神》是韦伯宗教社会学和伦理学的最重要代表作，最初于1904年和1905年分两次发表在他自己主编的《社会科学与社会政策》杂志上，1920年汇成一册，正式作为《宗教社会学论集》第一部出版。该书分“导论”、“上篇”、“下篇”三部分。导论是韦伯为他整个宗教社会学系列研究而写的，简明扼要地说明了他的研究目的和基本着眼点。上篇为“问题”，共分三章，第一章宗教派别和社会分层，第二章资本主义精神，第三章路德的职业概念。下篇“禁欲主义新教诸分支的实践伦理观”，共二章，即第四章世俗禁欲主义的宗教基础和第五章禁欲主义与资本主义精神。阅读本书，首先要弄清韦伯命题和资本主义精神，然后才是宗教禁欲主义和天职观念。

一、韦伯所最为关心的两个问题

在韦伯的学术志向和学术视野中，有两个问题是使他魂牵梦萦、孜孜以求解答的。它们不仅构成他理论致思的兴奋中心而且也构成他激情迸发的动力源泉。其一是，为什么近代资本主义文明最初发生在西欧而未发生在世界其他地方？资本主义文明的合理性因素究竟何在？韦伯认为，对这个问题的回答不能只从欧洲的经济、政治和社会演变中去寻求答案，尽管这些演变也是欧洲资本主义文明兴起的不容忽视的因素。那么决定性的因素或构成资本主义精神的因素究竟是什么呢？韦伯将其归结为十六七世纪欧洲宗教改革所产生的新教伦理特别是加尔文教的入世禁欲主义。所谓韦伯命题或理论，狭义地说，即是指韦伯在《新教伦理与资本主义精神》一书中所提出的新教伦理促进西方资本主义经济发展和文明产生的命题。韦伯发现在一个新旧教混杂并存的地区，商业领袖、资本占有者、企业中的高级技术工人,尤其是受过高等技术培训和商业培训的管理人员,绝大多数都是新教徒。高等学校的毕业生当中,研修从事资本主义企业活动科目的,新教徒也占绝大多数。韦伯一方面从职业统计的事实出发来研究这种独特现象背后的伦理文化根源,另一方面又引证富兰克林时间就是金钱,信用就是金钱,金钱可生金钱等格言来阐释资本主义精神,并认为加尔文教的入世禁欲主义培养了一种资本主义的精神,推动了资本主义经济文化的发展。加尔文教的入世禁欲主义倡导勤劳节俭,反对奢侈怠惰,强调严格的生活和工作纪律,肯定现世的正当经济活动的价值,以一种前所未有的道德使命感,兢兢业业地从事世俗的经济活动,履行自己的天职,以世俗事务的成功和成就来确证自己对上帝的信仰,为上帝增添荣耀。韦伯认为,加尔文教的入世禁欲主义及其所造成的经济理性主义,正是西方近代文明产生的伦理动因和精神基础。

韦伯所关心的第二个问题是,为什么一个具有普遍历史意义的特殊的理性主义文化仅仅只在西方发生特别是在西欧发生?为什么世界其他地方不能产生西方式的理性主义伦理文化?如果说第一个问题属于狭义的韦伯命题,那么第二个问题则属于广义的韦伯命题。试图证明新教伦理与近代资本主义文明的因果关系,这只是韦伯因果分析的前一部分,即有 A 因才有 B 果。韦伯因果分析的后一部分则是要用比较历史的方法来证明无 A 因即无 B 果,这是他在研究新教伦理与资本主义精神之外,广泛深入地去研究诸普世宗教的经济伦理的内在动机。韦伯到世界五大宗教即中国的儒教、印度的印度教和佛教、中东地区的伊斯兰教和犹太教中去寻求反证,得出了这些宗教包括早期基督教和中世纪天主教由于缺乏类似新教的那种天职观和入世禁欲主义,落在神秘主义和出世禁欲主义的伦理层面上,故不可能或者说无法产生现代资本主义的经济行为,形成类似西欧资本主义那样的文明。广义的韦伯命题,集中体现在他对《中国的宗教:儒教与道教》的研究中。在《中国的宗教:儒教与道教》一书里,韦伯以《新教伦理与资本主义精神》所提供的资本主义的"理想类型"为依托,试图论证:中国之所以没能成功地发展出一种像西方那样的理性的资本主义,根本原因在于缺乏一种特殊的类似于新教那样的宗教伦理作为鼓舞人心、提供价值支撑和伦理精神的力量。为了深入地论证这一课题,韦伯专门比较了新教伦理与儒家伦理。在韦伯看来,儒家信仰的是一种非人格化的宇宙秩序即天,强调人与外在世界的和谐以及人与人之间的和谐,富有鲜明的和平主义色彩,在人与自然以及人与神之间的关系上缺乏应有的紧张和对立。儒家伦理中没有西方基督教的原罪意识,因此没有灵魂救赎的需要以及以世俗成功作为上帝赋予人的天职等观念。儒家所主张的自我控制,目的在于人格陶冶,而不是克服内在的罪恶。儒家要求人们对自己与永恒的宇宙和社会法则做理性的协调,要求人们将此世当作既有之物而加以接受。与儒家(konfuzianismus)维护现存秩序的维系型伦理相反,新教(protestantismus)则主张在神的旨令下拒斥现存的俗世,并想方设法去改变这个世界。如果说儒家的理性主义是理性地适应世界,那么新教的理性主义则是理性地支配或改造世界。

韦伯所关心的两个问题,性质一样,都是为了揭示西方文化的合理性或确证西方文明的历史进步性。在《新教伦理与资本主义精神》一书中,韦伯集中地探讨了理性的资本主义文明如何兴起的问题。

二、资本主义精神的界说

资本主义的发展源出或得益于资本主义精神。那么,究竟什么是资本主义的精神呢?韦伯时代就有许多人对此问题感兴趣。松巴特、特洛尔奇、还有舍勒等人都对此发表了自己独特的看法。

松巴特在《现代资本主义》一书中详细考察了资本主义的伦理和精神的样式及其形成的根源,认为资本主义精神主要是对契约的信实和勤俭,它是一种市民阶级的特殊的处世伦理,是一种为了赢利发财的实干精神。松巴特并将资本主义精神划分为积极的实干精神和消极的实干精神两大类。他所谓积极的实干精神是指市民阶级对众多意愿的组织、夺取、统治、强制力的贪婪,而且出于一种冒险的富于进取的意在规范大众的理性目的;他所谓消极的实干精神是指与“显贵的精神”形成鲜明对照的新的欲望和工作态度,是一种为了生存不得不干的精神气质。松巴特发现,市民精神发源于 14 世纪初意大利的佛罗伦萨,他依据阿尔贝蒂《论发家致富》一书来说明资本主义精神的起源。松巴特还认为,促进资本主义发展的最主要的固然是伦理——宗教力量,即阿奎那的道德学说和符合这一道德学说的忏悔实践及其学派,但伦理—宗教力量仅仅是资本主义精神形态的派生原因和具有反作用的原因。

韦伯的《新教伦理与资本主义精神》一书写于松巴特《现代资本主义》(1902 年)之后和舍勒《资本主义精神三论》之前,本质上是为批判松巴特的观点而写的。与松巴特引证阿尔贝蒂《论发家致富》一书中的观点来论述资本主义精神的起源相类似,韦伯对资本主义精神的阐释界说是从富兰克林《给一个年轻商人的忠告》和《给愿意发财致富的人们一些必要的提示》的引证分析入手的。

韦伯认为,富兰克林所说的时间就是金钱,信用就是金钱的格言表现的正是典型的资本主义精神。韦伯将富兰克林的格言与德国十五六世纪高利贷主和工商业主雅各布·福格“钱,只要能赚,他就想赚”的思想进行比较,指出福格的话表现出的精神与富兰克林格言中表现出的精神是十分不同的。福格的话表现的是“商人的大胆和在道德上不具褒贬色彩的个人嗜好”,而富林克林的话表现的是某种具有伦理色彩的生活态度或伦理价值观。韦伯认为,他所要探寻的资本主义精神(der geist des kapitalismus),即是富兰克林格言中所表现出来的那种资本主义精神。资本主义虽然在中国、印度、巴比伦,在古代的希腊和罗马,在欧洲的中世纪,都程度不同地存在过,但是那些时代和国家里的资本主义都缺乏富兰克林格言中所表现出来的那种独特的精神气质。

在韦伯看来,富兰克林的全部道德观念都带有鲜明的功利主义色彩。诚实之所以有用,是因为它可以保证信用,守时、勤劳和节俭也都如此,所以它们才成其为德性。按此逻辑进一步推论,人们或许可以得出这样的结论:在富兰克林看来,假如诚实的外表能达到同样的功效或目的,那么有个诚实的外表就够了,过多的德性只能是不必要的浪费。按照富兰克林的理论,诚实、信用、勤劳、节俭这些德性如同一切其他德性一样,只是因为对人们有实际的功利或好处,才得以成其为德性。

由对富兰克林的格言的分析论到资本主义精神的实质,韦伯认为,资本主义精神的实质不在于对金钱的追求,而在于将赚钱与一天职观念联系起来,由此合乎理性地使用资本和按照资本主义方式合乎理性地组织劳动。他指出,赚钱发财的欲望在哪一个国家和民族都存在,“中国的清朝官员、古代罗马贵族、现代农民,他们的贪欲一点也不亚于任何人。不管谁都会发现,一个那不勒斯的马车夫或船夫,以及他们亚洲国家的同行,还有南欧或亚洲国家的匠人,他们这些人对黄金的贪欲要比一个英国人在同样情况下来得强烈得多,也不讲道德得多”①。资本主义精神是一种合理的谋利和尊重伦理的生活态度,一种将赚钱视为天职但又不是为了个人享受的观念或精神气质。天职的观念“是资产阶级文化的社会伦理中最具代表性的东西,而且在某种意义上说,它是资产阶级文化的根本基础”(P.38)。同时,“资本主义精神的发展完全可以理解为理性主义整体发展的一部分,而且可以从理性主义对于生

① 韦伯:《新教伦理与资本主义精神》,中译本第40页。下引此书,只注页码。

活基本问题的根本立场中演绎出来”(P.56)。

资本主义精神是理性主义整体发展的一部分,它强调用合乎道德的手段去经商谋利,合乎理性地组织劳动和以勤劳节俭为天职,因而资本主义精神本质上是一种伦理精神或理性精神,它同那种嘲笑伦理和漠视伦理的投机者精神或贪欲有着本质的区别。资本主义精神的体现者不是那些胆大妄为、肆无忌惮的投机商,不是利物浦和汉堡的那些风度翩翩的绅士(其商业财产是世袭而来的),也不是那些为赚钱漂洋过海、上天入地的经济冒险家,更不是那些借贷转资、坐收渔利的大金融家,而是曼彻斯特和西法利亚的那些在非常普通的环境中靠个人奋斗而发财致富的暴发户。韦伯指出:“他们是些在冷酷无情的生活环境中成长起来的人,既精打细算又敢想敢为。最重要的是,所有这些人都节制有度,讲究信用,精明强干,全心全意投身于事业中,并且固守着严格的资产阶级观点和原则。”(P.50)这些人具有一种向传统挑战和摆脱传统束缚的勇气,他们把赚钱视为人生的目的和职业而不是人生享受的手段,把献身事业和取得成功视为为上帝增添荣耀的事情。他们“一向注意避免不必要的开销,从不自吹自擂,从不对自己的权力沾沾自喜。相反,他们常常为自己的社会声誉的那些外在标记而感到窘迫不安。换言之,他们的生活方式常常是以某种禁欲的倾向见称于世的,这一点在我们所引用的富兰克林训诫中便可一目了然。也即是说,他们具有一种比起富兰克林曾经敏锐地提出的自我克制来说更为诚实的谦逊。……他们的财富仅仅为他们带来了一种业已做好了本职工作的极不合理的感觉。除此以外,他们从自己的财富中则一无所获”(P.51~52)。赚钱而并非为个人享受,个人从不乱花一分钱,实行着严格的禁欲和冷酷无情的节俭,在发奋工作的同时讲求信誉和诚实,这就是韦伯对资本主义精神所作的具体界说。这种资本主义精神同新教伦理有一种直接的渊源关系,从某种意义上说,是新教伦理孕育和形成了资本主义的精神。

三、新教诸派伦理的历史考察

新教是16世纪欧洲宗教改革运动所产生的反传统天主教的诸教派的统称。新教,原义为“抗议者”,最初是指在1529年德意志帝国会议中对恢复天主教特权的决议案提出抗议的诸侯及城市代表,后成为对罗马公教(即天主教)抱抗议态度,不承认罗马主教的教皇地位的诸教派的共同称谓。故新教在西方一般又称之为“抗罗宗”或“抗议宗”。新教主要有路德宗、加尔文宗、虔信派、循道宗、浸礼宗等宗派。

1.路德宗

路德宗(Lutheranismus)是以马丁·路德(Martin Luther, 1483—1546)的宗教思想为依据的各教会团体之统称,因其教义核心为“因信称义”,故又称信义宗。路德宗认为,《圣经》是人们信仰的最高准绳,人们只要依据《圣经》,产生对基督的真正信仰,就能够成为义人,为上帝所承认的人,灵魂得救的人。因此,人只有具备了纯正的信仰,才能成为真正的基督徒,外在善功只是纯正信仰的必然结果。仅凭遵守教规、道德戒律和外在善功并不能达到正果。从“因信称义”的原则出发,路德宗还提出了“信徒皆为祭司”的主张,即每个基督徒在教会中均具有平等的地位和权利,都可以担任神职,主持圣礼。这一理论有力抨击了封建等级制度和教士特权论,实现了宗教上的人人平等。此外,路德宗还主张断绝与罗马教皇的关系,建立民族的廉俭的教会,宗教活动应从金钱和时间上厉行节约,简化和减少圣礼。

韦伯指出:路德宗最重要的革新即经济方面的革新是取消了福音的劝诫,这种劝诫超越俗世道德和社会秩序的标准,因而无助于社会经济的进步和社会秩序的维持和新建。由于路德宗废除了修道院的福音劝诫,自此以后,基督徒的德性只能在世俗社会秩序即在婚姻、国家和职业中寻求。这是一个伟大的历史性转变或精神转向,它大大加速了此后的宗教或社会世俗化过程,揭开了历史上崭新的一页。当然,路德宗较之以后的加尔文宗更具有传统主义的特征。“路德的职业(beruf)观念依旧是传统主义的。他所谓的职业是指人不得不接受、必须使自己适从的、神所注定的事。”“路德不可能在世俗活动和宗教原则之间建立起一种新的、在任何意义上是根本的联系。由于路德承认,教义的纯正性是教会的唯一正确的准绳,这本身就足以妨碍他发展任何新的伦理观点。”(P.63)韦伯认为,单纯从路德的职业观念无法找到资本主义精神的根源,如果没有加尔文主义,路德的工作就不可能有实际的成功。

2.加尔文宗

加尔文宗(Calvinismus)是新教诸教派中十分重要且影响深远的一脉,它是指以加尔文神学思想为依据的各教会团体的总称。由于加尔文改革了天主教的传统教义,故亦称归正宗。又由于该宗实行长老制,由信徒推选长老和牧师共同管理教会,所以亦称长老宗。该宗后来广泛流传于荷兰、英格兰和苏格兰及北美等地,为尼德兰革命、英国革命乃至美国革命提供理论上的依据和宗教上的支持,推动了资本主义的发展。

加尔文宗神学思想的核心是预定论,认为上帝以其不可更改的权威决定了人的灵魂得救与否,预定了信徒是称义而成为选民,还是成为弃民而受惩罚。尽管上帝以其绝对的意志在每个人出生前就对其命运作出了决定,个人的宗教活动和神职人员都无法改变上帝的预定,但人还是可以从上帝的召唤中感觉到一些信息,即可以根据自己在世俗生活的表现加以揣摩分析,自己是否为上帝的选民。信徒们必须努力做好尘世的工作,完善自身道德,才能展示上帝的大能和恩典。真正的基督徒应当把在尘世生活中努力工作视为天职,而且一个人事业上的成功也是他被上帝预定为选民的外在标志。加尔文宗强调荣耀上帝是人的生命基础和生活目的,人为了上帝而活着,人在现世中的一切活动都不过是为了彰扬和增加上帝的荣耀。基于此种认识,加尔文宗要求自己的信徒积极投身世俗生活,追求事业的成功和道德的完善。此外,加尔文主义还倡导严格的禁欲,反对"豪门的放纵挥霍"与"暴发户的奢华炫耀",并认为劳动是一种最好的禁欲手段,它可以使人抵御各种卑污肮脏的邪恶的诱惑,而节俭和克制则是保持人的崇高道德境界的最有效的手段。

加尔文宗比路德宗获得了更大更广泛的发展。加尔文教既不像路德教那样带有太多的诡异的神秘色彩,也不像路德教那样过分地迷恋于宗教神学方面的问题,它把宗教信仰与日常生活、教会事务与国家事务有机地融为一体,形成了一种政教合一的局面,不仅使新教成为一种宗教信仰,而且使新教成为一种普遍的生活态度。韦伯对新教伦理与资本主义精神的关系的分析即是以加尔文主义为基本依据的。

3.**虔信派**

虔信派(Pietismus),亦译虔敬派,是在路德宗和加尔文宗基础上发展起来的一派,可分德国虔信派和归正宗内部的虔信派。其主要代表人物有斯彭内尔(1635—1705)、佛兰克(1663—1727)、亲岑道夫(1700—1760)等。该派认为宗教的要点不在于对信条的理解,而在于日常生活中表现出内心的虔诚。在日常职业中的劳动是一种最好的禁欲活动,上帝自己就是通过他选民的劳动的成功而降福于他们的。虔信派把路德教的"因信称义"和加尔文教特有的善行教义(这些善行都是带着为上帝增添荣耀的意图而做的)结合起来,作为系统的宗教行为的教义基础。虔信派把宗教需求导向现时的情感满足,使人们在现世从情感上体验永恒的福祉。

韦伯指出:"与加尔文教相比,虔信派对生活的理性化必然是不太强烈的,因为要占有恩宠状态的压力被转向了现时的情况状态,这种恩宠状态是必须不断被证明的,同时又是与未来的永恒性相关的。选民力图获得的,并且在他的职业中以不停的和成功的工作而不断更新的自信,被一种谦卑和克制的态度取代了。这部分地是情感刺激完全导向精神体验的结果,部分地是路德宗忏悔制的结果。"(P.106)虔信派,从佛兰克、斯彭内尔到亲岑道夫,越来越强调宗教需求与情感的联系,强调个体忏悔对获得恩宠的意义,其后的发展同加尔文教已经有了越来越远的距离,它日趋变成有闲阶级的一种宗教业余爱好。

4.循道宗

循道宗(Methodismus)是基督教新教卫斯理宗的别称。该宗发轫初期,创始人卫斯理曾于英国牛津大学组织宗教小组,亦称"牛津圣社",主张认真研读圣经,严格宗教生活,提倡遵循种种道德规矩,小组成员乃得绰号为"循规蹈矩的人",后成为该宗的别称,汉译"循道宗"。

循道宗继承并发展了路德教"因信称义"的原则,重视内心的宗教体验,强调人之得救仅凭信仰,并获得上帝的恩典才能完成,个人可凭上帝统治的爱而战胜罪的诱惑,蒙恩典而实现成圣。并强调信仰对人的外在行为的指导及由此而产生的社会影响,要求信徒们在生活上艰苦朴素,发扬对他人的爱并为之服务,提倡节欲、禁酒,倡导赞助社会公益,积极推进社会福利,举办慈善事业。

韦伯认为,循道宗在伦理实践上与英国清教的伦理实践有着密切的关联,它梦寐以求的理想目标就是复兴清教。英国清教原指英国国教圣公会以加尔文的宗教思想为旗帜的改革派,后又包括一些脱离国教的新宗派如长老会、公理会等。由于他们主张清洗国教内保留的天主教旧制和繁琐仪文,并反对王公贵族的骄奢淫逸,提倡"勤俭清洁"的生活而得清教之名。由最初的清教徒中不久又发展出温和的长老派和激进的独立派,这两派后来在 17 世英国资产阶级革命中发挥了重要作用。为了躲避宗教迫害,一些清教徒移居荷兰和美国,成为荷兰资本主义发展的中坚力量和美国文化的最初开拓者。当然,循道宗复兴清教仅仅是为清教的德行教义提供一种补充,并未给职业观念的发展提供任何新东西。

5.浸礼宗诸派

浸礼宗(Baptismus),基督教新教主要宗派之一,17世纪前期产生于英国和在荷兰的英国流亡者中,产生时属清教独立派。该宗的教义以加尔文主义为基础,但跟后者存在着某些分歧,自建立之初即分为两大派:一为特救浸礼派,坚持正统加尔文主义的预定论,认为基督教救赎仅为了特选子民。创始人为约翰·斯皮斯伯里,建立于1638年。另一派为普救浸礼派,此派受阿明尼乌派和门诺派的影响,坚持基督救赎是为了全人类,而非仅为了选民,创始人为约翰·史密斯,建立于1609年。浸礼宗诸派均强调信徒与上帝的直接联系,无须神职人员和教会为中介,只承认基督和圣经在信仰和实践上的权威,不承认礼仪为圣礼,反对婴儿受洗,坚持成年人始能接受浸礼,认为浸礼象征着耶稣的埋葬与复活,也是对信徒罪的埋葬,获得新生的标志。浸礼宗诸派都希望建立纯洁的教派,认为发自内心的对尘世及其利益的抛弃,通过良知向上帝表白无条件的顺从,是唯一的毫无异议的重生标志,上帝的恩宠在于在日常生活中听从良心的指挥。

韦伯指出,浸礼宗诸派和预定论者一起,尤其是和严格的加尔文教徒一道,对作为得救途径的种种圣事进行了无情的抨击和彻底的诋毁,从而以最极端的形式完成了对尘世的宗教理性化。浸礼宗诸派反对无神论和肉欲主义,认为除了推行世俗禁欲主义之外再没有任何别的方式剔除世界上的魔力。“由于这些派别与政治权势及其所作所为毫无关系,其客观结果是他们将禁欲主义德性渗入职业生涯。”(P.116)就其作用而言,浸礼宗诸派实际上是踏上了“加尔文教伦理为之开辟的道路”并大大发展了加尔文教的禁欲主义。

新教的教派还有公理宗、安立甘宗以及普世派、教友派等等，但韦伯考察的主要是上述几派，并且以禁欲主义的新教形式为主，将路德宗排除在外。在研究中，他也发现，这些新教教派之间的界限并不十分清晰，甚至它们与那些宗教改革后的非禁欲主义教派之间的区别也并非绝对鲜明。韦伯指出，对诸教派的教义做些考察是必不可少的，因此必须有一种相应的尺度。韦伯感兴趣的是在迥然而异的各教派中所表现出的相同的伦理内容，认为“没有这种笼罩一切的力量，那一时期也不可能有足以严重影响现实生活的道德觉醒”(P.73)。

四、新教伦理的主要内容

考察新教诸教派的教义基础与伦理理论，并不是执著于它们的区别而分殊详究，而是为了更好地发现它们的联系，探寻其共同性。韦伯指出，大相径庭的教义基础也可以与相近的伦理准则相贯通。我们只能期望对新教诸教派首尾一贯的伦理观念的研究，来理解新教伦理的独特性和重要性。

新教伦理作为新教诸教派的共同伦理，包含着许多方面的内容，涉及到宗教生活的诸多领域，但取大而言之，主要有以下几个方面：

1.天职观念

天职(beruf)观念既是路德派重要的伦理观念，也是加尔文宗重要的伦理观念。在韦伯看来，在所有新教占统治地位的民族中，都存在着这样一个词汇，这个词汇虽然来自圣经，但在路德的圣经译文中是在完全现代意义上使用的。此后这个词汇迅速传播，在所有新教民族的日常语言中具有今天的意义。同这个词的含义一样，这种观念也是新的，它本质上是宗教改革的产物。天职观念把完成世俗事务的义务尊为一个人道德行为能力所能达到的最高形式,这无疑具有崭新的意义。正是这一点使日常的世俗行为具有了宗教意义,并引出了所有新教教派的核心教义,即上帝应许的唯一生活方式,不是要人们以苦修的禁欲主义超越世俗道德,而是要每个人完成自己在世俗生活中应尽的职责和义务,这就是他的天职。

路德思想经过了一个发展阶段,起初他认为,世俗活动是信徒生活中必不可少的物质条件,但是世俗活动本身如同吃饭喝水一样,在道德上是中性的。后来,随着"因信称义"([拉]sola fide,原义为"唯一信仰")概念后来的发展,随着对认为是魔鬼旨意的天主教僧侣的"福音劝告"([拉]consilia evanglica)的反对日益强烈,他对天职概念赋予了十分深刻的含义。"路德认为,修道士的生活不仅毫无价值,不能成为在上帝面前为自己辩护的理由,而且修道士生活放弃现世的义务是自私的,是逃避世俗责任。与此相反,履行职业的劳动在他看来是胞爱的外在表现。"(P.59)路德通过自己的天职观念对世俗活动的道德价值做了充分的肯定和辩护,这是路德对宗教改革所作出的巨大贡献。

但是,路德的天职观仍然具有自身不可避免的缺陷,他所谓的职业是指人不得不接受的必须使自己适从的神所注定的事,他没有在世俗活动与宗教原则之间建立起一种新的或稳定的联系,因而依旧是传统主义的。路德天职观念的局限被加尔文所排除,因此"没有加尔文主义,路德的工作也不可能会有持久和实际的成功"(P.64)。加尔文主义认为,整个尘世的存在只是为了上帝的荣耀而服务的,被选召的基督徒在尘世中唯一的任务就是尽最大可能地服从上帝的圣诫,从而增加上帝的荣耀。加尔文主义的天职观念把尘世活动或劳动视为一种神圣的使命和职责,把在世俗事务中取得成功视为增加上帝荣耀的手段,这就形成了资本主义特有的伦理精神,为资本主义经济的发展和进步提供了伦理上或精神上的动力支持。

2.预定论

预定论(predestinarianismus)是加尔文主义的核心教义。事实上,在传统基督教和路德教那里,都有预定论的成分,但加尔文依据自己对基督教教义的理解作出了新的解释。在加尔文看来,尽管每个人的命运在其出生之前早已由上帝以其绝对的意志加以决定,个人的宗教活动和神职人员(包括教皇)都无济于事,但人们还是可以从上帝的召唤中感觉到一些信息,即人们可以根据自己在现实世界诸方面的表现,加以揣摩分析,自己是否为上帝的选民。预定论认为,上帝不是为了人类而存在的,相反人类的存在完全是为了上帝。尘世中的每一个人只有一种生存意义,即服务于上帝的荣耀和最高权威。将世俗的公正准则用于衡量上帝至高无上的判决是毫无意义的,是对上帝尊严的亵渎。因为上帝而且只有上帝才是绝对自由的,即是说,上帝不服从任何法规。人们只有根据上帝自己的意愿,才能理解或仅仅知晓上帝的意旨。至于其他任何事情,包括人们自己命运的意义,都隐藏在他们既不能看透也不能贸然探究的冥冥神秘之中。

依照加尔文的预定论,对于永远沉沦的人来说,抱怨自己的命运如同动物抱怨它们不曾生而为人一样徒劳无益,因为任何血肉之躯与上帝之间都存在着一道无法逾越的鸿沟,只要上帝还没有为了他的崇高权威的荣耀而作出任何其他判决,那就只有赐给他们永恒的死亡。韦伯指出,加尔文的预定论因极端的非人性,必然给笃信其辉煌的一贯性的一代人的生活带来一个重要后果,那就是每一个人所感到的前所未有的孤独。对于宗教改革时期的人们来说,生活中至关重大的事情是他自己能否得到永恒的救赎,因此他被迫孤独地沿着自己的道路去面对那个永恒的早已为他决定的命运。谁也无法帮助他。"教士无法帮助他,因为上帝的选民只能用自己的心灵来理解上帝的旨意;圣事无法帮助他,因为尽管上帝规定用圣事增添自己的荣耀,因而人们必须严格地执行,但圣事并非获得恩宠的手段,而只是信仰的主观的外在支柱;教会也无法帮助他,因为尽管人们相信离群者乃不健康之人,亦即回避真正教会的人永不可能是上帝的选民,然而取得外在性的教会成员的资格也仍然要接受末日的审判。他们应该属于教会、遵守教规,但不能以此得救,因为这是不可能的,而只是为了上帝的荣耀,他们也被迫遵守上帝的戒规;最后,甚至上帝也无法帮助他,因为耶稣也只是为了上帝的选民而死的。为了选民的利益,上帝从冥冥永恒中安排了耶稣的殉教。"(P.79)总之,预定论排除了通过教士、教会、圣事而获救的可能性,由此大大强化了教徒们的主体自律自为意识,把魔力、巫术从世界中清除出去,使人们除了自己以外别无所靠,也因之大大淡化了宗教仪式和宗教活动。"真正的清教徒甚至在坟墓前也拒绝举行宗教仪式,埋葬至亲好友时也免去挽歌及其他仪式,以便杜绝迷信、杜绝靠魔法的力量或行圣事的力量来赢得拯救这种想法。"(P.79~80)预定论必然产生两类相互联系的宗教忠告,一类是把自己视为上帝的选民,把所有的疑虑统统视为魔鬼的诱惑,并与之进行斗争,这被认为是一种绝对的责任。因为缺乏自信是信仰不坚定的结果,因而也就是不完整的恩宠的结果。另一类忠告是把紧张的世俗活动视为获得人生自信的最合适的手段,认为只有世俗活动才能够驱散宗教的疑虑,给人带来恩宠的确定性。信守预定论的教徒积极投身世俗生活,这是加尔文教之所以能改变社会生活的内在原因。

3.禁欲主义

韦伯认为,禁欲主义有不同的类型,一种是为了救赎,个人完全从尘世中隐退,以苦身修行为宗旨,以隐居独处为特征,并且认为这种方式是达到救赎的唯一途径,此即为出世或拒世的禁欲主义(die ausserweltliche askese)。西方中世纪天主教隐修院的禁欲主义,古希腊犬儒学派及斯多葛学派的禁欲主义,大多属于这种出世的禁欲主义类型。另一种是宗教改革后新教的禁欲主义,这是一种入世的禁欲主义或世俗的禁欲主义(die innerweltliche askese),它使教徒怀有一种特殊的宗教神圣情绪,力求做到在世俗职业中亲证自己是上帝的拣选工具,从而把教徒引向参与世界的救赎之路。这种入世或世俗的禁欲主义不再是一种义务上的善行或不堪承受的负担([拉]opus supererogations),而是每个确信会获得拯救的人所要求并且可以做到的事情。与自然生活不同的圣徒们和宗教生活再也不是在离开尘世的修道院里度过,而是在尘世之内或在尘世的各种机构中度过,这是非常重要的一点。“这种在现世之中(但又是为了来世的缘故)将行为理性化,正是禁欲主义新教的职业观引起的结果。”(P.119)这种入世或世俗的禁欲主义是欧州宗教改革的产物,是加尔文主义的伟大贡献。

古代和中世纪的禁欲主义把现世视作充满各种罪恶和诱惑的领域,把远离世俗的禁欲苦行视为使自己灵魂得救的唯一可行的手段或方法。这种出世的禁欲主义集中表现在对财富以及同财富相关的营利活动的看法,亦即把财富视为获得救赎的极大危险,认为对财富的追求与灵魂的得救相比,不仅毫无意义,而且在道德上也是十分可鄙的。以加尔文主义为代表的新教虽然也继承了基督教通过禁欲而达到救赎的传统,但在禁欲方式和对财富的看法上与传统的基督教则有着本质的不同。韦伯指出:加尔文教的禁欲主义与中世纪基督教的禁欲主义有着明显的差异,这表现在前者那里,不仅传统的福音劝告已经消失或荡然无存,而且禁欲主义也变成了尘世生活内部的活动。传统的禁欲主义把僧侣或修道士视为过着宗教意义上的合理生活的杰出典型,因此一个人受到这种禁欲主义的影响越是强烈,这种影响就越会促使他远离日常生活,“因为他最神圣的职责就是超越世俗的伦理”(P.92)。然而,加尔文教的禁欲主义却不把僧侣视为宗教生活的完美典型,而把在世俗生活中通过禁欲活动建功立业视为宗教生活的完美典型。加尔文教强调,“必须在世俗活动中证明一个人的信仰。由此便给更为广大的具有宗教倾向的人带来一种明确的实行禁欲主义的诱引。通过将其伦理建立在预定论的基础上,加尔文宗得以用今生今世就已预定为上帝的圣徒的精神贵族来代替僧侣们那种出世、超世的精神贵族”(P.93)。在对待财富的态度上,加尔文教的禁欲主义不同于传统基督教禁欲主义的地方在于它不把财富视为万恶之源,而是将财富视为为上帝增添荣耀的手段,强调不随便乱花一厘钱,财产越多越感到有责任为上帝的荣耀不使财产减少。韦伯指出,加尔文教把限制个人消费或享乐同合理谋利的行为结合起来,产生的结果必然是“节省的禁欲导致了资本的积累”。

新教伦理,除以上所述之外,还有勤劳观念、善功观念、良心观念、平等观念等,它们一并构成新教伦理的完整体系,但就其重要性和首尾一贯而言,又以上述三个方面最为根本。实际上,这三个方面也有着密不可分的联系,天职观念、预定论同禁欲主义既相互贯通相互渗透又相互依存相互作用,共同支撑起新教伦理的精神大厦。

五、新教伦理与资本主义精神的关系

在对资本主义精神的界说及新教伦理的具体考察中,韦伯已多次涉及新教伦理与资本主义精神的关系。他的《新教伦理与资本主义精神》从非常肯定的意义上认同了二者之间的关系,亦即新教伦理促进着资本主义精神的形成。或者说,深刻论证新教伦理对资本主义精神产生所起的作用和影响,即是《新教伦理与资本主义精神》的特点,也是韦伯伦理思想的最重要内容。

韦伯把新教伦理与资本主义精神贯通起来所作的一体化思考,有着历史考察与理论论证两大路径,是历史分析与理论分析或历史与逻辑的有机统一。

1.新教与资本主义形成和发展的关系之历史考证

麦克雷在《韦伯传》里曾经谈到，把新教同资本主义联系起来在韦伯那个时代是非常普遍的事情。新教不仅是德意志帝国官方的意识形态，“而且整个美国、英国和德国都认为财富、权力和勇气是与宗教改革后的基督教联系在一起的”。“俾斯麦从1871—1887年在德国与天主教进行的斗争，既可以被理解为民族的进步，也可以被理解为经济上的进步，事实上人们就是这样理解的。这样，新教主义既是神圣的过去，同时又是未来的新潮。”①

不过，韦伯对新教主义与资本主义的关系的论述不同于当时其他思想家的，其论述不仅厚重翔实，而且别开生面。他对新教主义与资本主义的历史考察主要集中在以下几点：

第一，在任何一个宗教成分混杂的国家里，只要粗略地考察一下职业方面的人员分布情况，就可以发现在现代企业的工商领袖、资本所有者、高级技术工人以及受过高等技术培训的管理人员中，新教徒占了绝大多数。这不仅在那些宗教差别与民族差别相一致的地方存在，“而且在任何地方，只要资本主义在其迅猛发展的时期可以根据自己的需要，放手地改变人口中的社会分布并规定它的职业结构，那么，那里的宗教派别的统计数字也几乎总是如此”(P.23)。

第二，就不同教徒所受教育的状况来考察，信奉天主教的父母让其子女所受的高等教育的类型与清教徒让其子女所受的高等教育大不相同。天主教徒毕业于特别培训和工商业培训的学校的学生比例，远比新教徒的低。天主教徒的子弟乐于选择的是文科学校所提供的人文教育，而新教徒的子弟更乐于选择工商业管理和特种技术教育。在注解中，韦伯征引了1895年巴登地区各类学校的一些数据，其中提到在高级文科中学(以学习古希腊罗马的古典

① D.麦克雷：《韦伯》，中国社会科学出版社1989年版，第57页。

文化为主)中,天主教徒明显地高于新教徒,而在实科中学和理科中学(希腊文课程被取消,拉丁文课程被削减,现代语言、数学、自然科学和经济类课程得到大大加强)中,新教徒的比例远远高于天主教徒。不仅在巴登、在巴伐利亚、在匈牙利可以看到这种情况,而且在普鲁士、在符腾堡、在阿尔萨斯和洛林地区也会看到同样的情形。

第三,在近代工业的熟练工人中,新教徒所占的比例远远超过天主教徒。韦伯指出:众所周知,现代性质的资本主义工厂在很大程度上要从从事各种手工业的年轻人中吸收熟练工人,但愿意从手工业进入现代资本主义性质的工厂工作的大多为新教徒。换句话说,“在手工业者中,天主教徒更趋于一直呆在他们的行业中,即更多地成为本行业的师傅;而新教徒却更多地被吸引到工厂里以填充熟练技工和管理人员的位置”(P.25)。

第四,尽管加尔文教的统治可以说是一切可能存在的对个人的宗教控制中最绝对不堪忍受的形式,但在16世纪欧洲一些经济上最发达、自然资源最丰富、自然环境最优越的地区特别是大部分富庶城镇,都转而信奉新教。“这一转变的结果,直至今天,还使新教徒在求经济生存的斗争中处于有利地位。这样就出现了一个历史性的问题:为什么经济最发达的地区同时也都特别地赞成教会中的革命?”(P.24)为什么当时日内瓦、荷兰、英格兰那些最发达的国家或地区以及正在蒸蒸日上的资产阶级不仅没有阻挡那种史无前例的加尔文主义专制统治,相反还为保卫加尔文主义专制发展出一种英雄主义精神呢? 韦伯认为,这个问题的答案远非通常所想象的那样简单。

第五,天主教徒较少参与现代经济生活,因而不管是在荷兰还是在英格兰,不管是在他们受到迫害时还是仅仅被宽容时,他们从未像新教徒那样在经济上取得令人瞩目的进展。与此相反,“(新教徒)不管是作为统治阶级还是被统治阶级,不管是作为多数还是作为少数,都表现出一种特别善于发扬经济理性主义的倾向;而这种经济理性主义在天主教徒身上,不管他们的处境是上述的前一种还是后一种,都从未表现到这样的程度”(P.26)。

总的来说,新教主义同近代欧洲和美国的资本主义发展密切地联系在一起。“甚至连西班牙人都知道异端邪说(即荷兰的加尔文教)促进了贸易,而这种说法同威廉·佩第勋爵在探讨荷兰资本主义发展原因时所发表的见解正相吻合。歌赛因曾恰如其分地将加尔文教徒在各地聚居地称为资本主义经济的温床。”(P.29)韦伯用自己厚重实证的历史分析,确证着新教主义与欧美资本主义发展的联系,这种基于数据资料和人口构成的历史考辨,为从理论上解开新教伦理与资本主义精神的关系做了有益的铺垫。

2.新教伦理与资本主义精神的关系之理论分析

韦伯对新教伦理与资本主义精神的关系之理论分析,可能是他最重要的学术贡献。在他看来,西方近代资本主义文明本质上是一种特有的理性主义文明,而其中最为突出的表现就是经济理性主义(die oekonomische rationalismus)的发展和在整个社会生活中的主导性作用。这种经济理性主义的发展除了同技术和法律的发展相关外,更同人的能力和气质特别是关于责任伦理的观念密不可分。而新教特别是加尔文教的禁欲主义伦理,就其实质而言则是一种理性主义的责任伦理。这种伦理通过天职观——预定论——入世禁欲主义的内在逻辑所要论证的恰恰是一种合理地组织现实生活和合理地谋利的精神。新教伦理弃绝了包括圣礼、忏悔、教会等在内的一切宗教仪式和组织,否认经由隐修院苦修和教会活动获得救赎的可能,因此教徒们只能以世俗活动的成就来确定上帝对自己的恩宠并以此证明上帝的存在。由此引出的天职观则强调人们在世俗生活中的责任,这正是入世禁欲实践的心理基础,也是新教徒理性的企业经营行为的信仰基础。这样,原本属于宗教神学的信仰设定,最后却变成了改变世俗生活和在世俗生活中建功立业的力量源泉。

新教伦理在重视一个人的天职观念或职业责任感的同时，更强调一种肉体方面和物质方面的享乐都要受到严格而系统地控制的生活方式。新教徒们的内在精神取向不是物欲主义或享乐主义，而是一种苦行主义和禁欲主义。他们认为放纵肉欲就会分散精神生活的注意力，是对灵魂的侵扰和威胁。新教徒生活的典型画面就是从不寻找任何消遣娱乐，而是整天忘我地劳作。

韦伯在《新教伦理与资本主义精神》的最后得出一个总体性的结论：现代资本主义精神以及全部现代文化的一个根本要素，即以天职思想为基础的理性主义行为，正是从基督新教的禁欲主义中产生出来的。

韦伯的具体论证是以英国清教神学家巴克斯特（Rechard Baxter，1615～1691年）的观点为代表，进而分析新教伦理与资本主义精神的契合关系。韦伯指出："由于发端于加尔文教的英国清教徒为职业观提供了最融贯系统的宗教依据，我们将仿效前面的方法从中挑选出一位代表人物作为讨论的中心。R.巴克斯特使许多清教伦理学家相形见绌，这既是由于他极其注重实践的现实主义态度，同时也因为他的著述所享有的普遍声誉。"（P.121）巴克斯特所写的《基督教指南》（Christian Directory）是清教伦理学最完美的概述。在《基督教指南》及其他著作中，巴克斯特比较完整地揭示了清教的伦理观：(1)反对占有财富和享受财富。在清教徒看来，占有财富将导致懒惰和懈怠，享受财富将造成游手好闲和屈从于肉体享乐的诱惑，更为重要的是，它将会使人放弃对正义公道的追求。(2)唯有劳作方可增益上帝的荣耀。清教徒认为，圣徒的永恒安息是在彼岸世界，而在尘世生活里，人为了确保自己承蒙神恩的殊遇，必须努力完成上帝所指派于他的工作，直至白昼隐退。(3)虚掷时光是万恶之首。时光无价，因之虚掷一寸光阴便是丧失一寸为上帝之荣耀而效劳的宝贵时辰。清教伦理谴责种种浪费时间的行为,把无为的玄思默想视为毫无价值的现象,认为它是以牺牲人的日常劳作为代价换来的,必须予以严厉的谴责。(4)劳动是最有效的禁欲方式。对于清教徒归结到不洁生活名下的一切诱惑来说,劳动是一种特别有效的抵御手段,它的功效决非是无足轻重的。(5)倘若财富意味着人履行其职业责任,则它不仅在道德上是正当的,而且是应该的、必须的。

韦伯认为,巴克斯特所揭示的清教伦理同加尔文主义的伦理观是一脉相承的,同富兰克林《给一个年轻商人的忠告》等文中所表现出来的伦理观也颇多相似,它们共同铸造了资本主义精神,促进了资本主义经济和文化的发展。新教伦理与资本主义精神的这种契合关系似乎可以概括为:(1)新教伦理的预定论及恩宠说塑造了资产阶级的典型人格。“我因上帝的恩宠而尽善尽美,这种感恩戴德之情深深渗入清教中产阶级的人生态度中,它对资本主义英雄时代那种严肃刻板、坚忍耐劳、严于律己的典型人格之形成起了相当的作用。”(P.130)(2)新教伦理的天职观造就了资本主义务实求真、发奋图强的精神或生活态度。“在一项世俗的职业中要殚精竭力、持之不懈、有条不紊地劳动,这样一种宗教观念作为禁欲主义的最高手段,同时也作为重生与真诚信念的最可靠、最显著的证明,对于我们在此业已称为资本主义精神的那种生活态度的扩张肯定发挥过巨大无比的杠杆作用。”(P.135)“强调固定职业的禁欲意义为近代的专业化劳动分工提供了道德依据。同时,以神意来解释追逐利润也为实业家们的行为提供了正当理由。”(P.128)清教徒的道德不为贫穷做道德上的辩护,相反还认为贫穷只会败坏道德,贬损上帝的荣耀,因而主张为上帝辛劳致富,把财富视为上帝祝福的标志。这种伦理大大强化了资产阶级的合理谋利意识,形成了资本主义精神中的财富观。(3)新教伦理的入世禁欲主义推动了资本主义生活方式的发展。就其理论意义而言,它不是一场反对合理地获取财富的斗争,而是一场反对非理性地使用财产的斗争，它具有一种把发财致富从传统伦理的禁锢中解脱出来的心理效果，促进了资本主义世界特别是经济理性主义的形成和发展。就其实践意义而言，“禁欲主义的节俭必然要导致资本的积累。强加在财富消费上的种种限制使资本用于生产性投资成为可能，从而也就自然而然地增加了财富”(P.135)。“自从禁欲主义着手塑造尘世并树立起它在尘世的理想起，物质产品对人类的生存就开始获得了一种前所未有的控制力量，这力量不断增长，且不屈不挠。”(P.142)

总之，新教伦理孕育了“资产阶级的经济伦理”，“哺育了近代经济人”，使资本主义精神得以确立和发展，从而造就了欧洲近代的理性主义和资本主义文明，这是韦伯所要阐述的第一要义，亦即狭义的韦伯命题。韦伯命题问世后，引起了学术界的广泛兴趣，人们纷纷从多个方面探讨这一具有宏观总体性且又非常现实的课题，发表了不少文章和著作，使资本主义文明起源问题的探讨高潮迭起。这里只想指出，韦伯提出的新教伦理是资本主义文明形成的内在精神原因的学说体现了对马克思学说的某种修正，本质上是德国唯心主义哲学传统的继承和发展。而从文明的精神气质和伦理动因上关注资本主义文明兴起的内在奥秘，恰恰是韦伯那个时代许多最杰出的思想家比如舍勒、齐美尔、特洛尔奇也许还有松巴特的共同之处。韦伯的独特之处仅仅在于论证了新教伦理与资本主义精神的契合关系，为求解西方资本主义文明的成因作出了一种颇有代表性的解释。

（王泽应）

舍　勒

伦理学中的形式主义和实质的价值伦理学* (1913—1916)

马克斯·舍勒(Max Scheler,1874—1928)生于德国慕尼黑。曾在耶拿(Jena)大学攻读医学和哲学,师从著名的生命哲学家奥伊肯和奥托。1900 年在耶拿大学取得授课资格,1919 年成为科隆(Koeln)大学哲学教授。1928 年到法兰克福大学任教,同年 5 月 19 日逝世。

舍勒学术博杂多方,思想卓越超群。他不仅有深邃的哲学洞察力,而且具有对新题域的开拓力和驾驭力。他首先通过讲授胡

* 原书名为 DER FORMALISMUS IN DER ETHIK UND DIE MARERIALE WERTETHIK – NEUER VERSUCH DER GRUNDLEGUNG EINES ETHISCHEN PERSONALISMUS。本文根据德文本(Vierte durchgesehene Auflage, heraus – gegeben mit einem neuen Sachregister von Maria Scheler, Bern, Francke Verlag, 1954)撰写。

塞尔的现象学和对现象学的深化而成为现象学的第二泰斗。通过把胡塞尔的现象学哲学同韦伯、松巴特和特洛尔奇的历史社会学法则相结合，开创了现象学社会学（就其内容而言，也被称之为“知识社会学”，著名的“知识社会学”的奠基人曼海姆早年师承了舍勒的思想）。另外，舍勒还广泛涉猎了宗教学、政治学、教育学、社会心理学、逻辑学等领域，并在每一领域里都留下了独特的思想遗产。

舍勒著述颇丰，《舍勒全集》有 13 卷之多，其主要著作有：《先验的方法和心理的方法》（1900），《同情的形式和本质》（1913），《伦理学中的形式主义和实质的价值伦理学》（1913—1916），《价值的颠覆》（1923），《人在宇宙中的地位》（1928），《人与历史》（1929）等。

舍勒一生思想变化较大，一般将之分为三大阶段：第一阶段（1897—1913）受新康德主义者李普曼和生命哲学家奥伊肯的影响，逻辑与伦理的关系是其研究的主题；第二阶段（1913—1922）是其思想的成熟期，把现象学方法应用于伦理学、社会学和宗教学，形成了其价值伦理学、知识社会学和宗教现象学等；第三阶段（1922—1928）建立了以生命冲动和精神本质为基础的哲学人类学。而人格和人的价值问题是其一生全部哲学的中心问题。

《伦理学中的形式主义和实质的价值伦理学》是舍勒现象学伦理学的代表作。这是一部鸿篇巨著（原文有近 700 页，大约相当于 80 多万汉字），在运用现象学哲学的方法解决伦理学问题方面，堪称经典之作。现象学哲学的主要分析论域是意识的意向性结构，而现象学伦理学则运用现象学哲学的方法，分析西方占主导地位的伦理意识的结构，尤其是要凸现出以康德的形式主义伦理学为代表的德国现代性伦理意识的困境，展现出新的价值伦理学的可能形式和更为内在的基础。正如该书的副标题所示，它是“建立一种伦理人格主义基础的新尝试”。

该书共分两部分。第一部分主要论述了三大问题：（1）实质的价值伦理和善的或目的伦理;(2)形式主义和先验主义;(3)实质伦理学和后果伦理学。整个第一部分主要是通过对康德伦理学的形式主义、主观主义、唯理主义和绝对主义的批判,阐明与之针锋相对的以情感、实质为客观内容的价值伦理学的基本理念和方法,显示出一个完全不同的新的伦理品质的可能性。该书的第二部分也考察了三大问题:(1)价值伦理学和命令式的伦理学;(2)实质的价值伦理学和幸福主义;(3)形式主义和人格。其主要内容是展示和确立实质的价值伦理学的特质和内容,特别是以人格主义为内容的哲学人类学的基本构架。

一、对康德形式主义伦理学的批判

西方伦理学中的形式主义在康德那里获得了经典的表述。要批判形式主义伦理学,必须把矛头对准康德。

康德的形式主义伦理学的出发点是,所有经验主义从情感、财富、幸福、功利和目的出发的伦理学,都不可避免地陷入相对主义和主观主义,因为这种伦理学使他的伦理评价依据于那种可以被看作是目的和善的东西,而目的和善又依赖于因人而异、因民族而异的对于好恶、功利和兴趣的见解。这些东西,不仅不能使伦理学建立起普遍的、必然的、具有内在约束性和权威性的道德原理,而且会玷污道德的纯洁、摧毁道德的崇高、削弱道德的尊严。只有一种纯形式的、无内容的原则——用康德自己的话说即是:"不论做什么,总应该使你的意志所遵循的准则永远同时能够成为一条普遍的立法原理"——才能保证伦理的普遍有效性和绝对性。在现代西方伦理学中,新康德主义、新黑格尔主义、直觉主义、人格主义等各自从不同方面继承和发展了康德的这种形式主义方法论,试图从某种抽象的、先验的绝对价值原则出发,建构出一种先天的、超验的、最高的价值标准。

康德的形式主义,还可以从他关于道德评价的动机论得到说明。康德认为,行为的道德价值,既不在于它所期待达到的结果,也不在于其结果合乎义务(责任)的戒律,而在于它出于纯粹的善良意志,以善良意志为动机。善良意志“仅是由于意愿而善,它是自在的善”①。

舍勒认为,形式主义伦理学是极其抽象、空洞的,既不能有效地说明人们生活于其中的价值秩序,也不能合理地指导人类的道德生活。如果我们像康德所要求的那样,只听从形式的善良意志的呼唤,就根本不能实现和确立人格的尊严。“康德学说的一个基本错误,就是使‘先验的东西’(apriorischen)与‘形式的东西’(formalen)等同起来,伦理学‘形式主义’、甚至一般‘形式的唯心主义’——康德本人这样称呼他的学说——的错误,根源都在于此。”② 康德之所以要把“先验的东西”和“形式的东西”等同起来,是因为他认为只有先天的形式才能摆脱感性内容的相对性以及人们的主观任意性。实际上,康德的这种看法是错误的。错误的根源在于他把伦理学经验建立在以数学和物理学为榜样的科学经验基础之上,而未把它建立在现象学的经验(die phaenomenologische erfahrung)之上。现象学的经验区别于一般的科学经验之处在于,它不是通过认识论意义上的理智的观察与归纳而间接产生的,而是在直接的本质直观中所直觉到的事物本身的直接给予性。“这个先验的被给予者(das a priori gegebene),也就是一种直觉的内容(intuitiver gehalt)。”(P.72)这种直觉的内容,作为事物本身的直接给予性,不是“主观的”,而是“客观的事实”。因此,现象学的经验,能够揭示出一个既是先验的又不是纯形式的(而是有着其实质内

① 康德:《道德形上学原理》,上海人民出版社,1986 年版,第 43 页。

② 舍勒:《伦理学中的形式主义和实质的价值伦理学》,第 74 ~ 75 页。下引此书,只注明页码。

容的)客观价值领域。只有在此基础上建立的伦理学原理,才能既可克服康德形式主义的错误,又可避免被康德所批判的传统经验主义伦理学的弊端。

康德把先验的东西看作是主体性的产物,它在理论理性中产生自然法则,在实践理性中为自己产生道德法则。舍勒相反地指出,一切事物的质(qualitaet)和料(material)都是先验地存在的,它们作为这样的东西达到自己的直观的给予性,既不随事态而改变,也完全不依赖于思者的行为和状态。康德关于理论理性和实践理性具有调节整理作用的理论,是以错误的关于人的自然机械论为前提的。

康德的另一个严重的错误在于,把整个感情的领域都排除在伦理的认识之外。而舍勒认为,一切认识归根到底都是以感情为基础的,爱则最为深入地打开了世界。通常的价值认识,发生在更为精确的专门认识之前。比如说,我们觉得一幅画是美的,却不知道是它的哪些特点使它美。或者我们对一个人没有好感,却并不能说明这个人的哪些特性引起了我们对他的坏印象。对价值的认识比所有一切纯理论上的理解都更为在先,更为根本,说明对伦理学问题的探讨,不仅不能排除感情,而且必须以价值认识为基础。

康德把伦理东西的绝对性和它的普遍有效性看作是同一的,舍勒也坚决反对这一点。因为在舍勒看来,康德显然忽视了这种可能的情况:即我在一定条件下所应该做的事,只对于我自己是善的,而对在同样条件下的别人并不是善的。这里“对我来说本身是善的东西”指的是在价值的客观等级中就已经包含着对某个真实个人的关系。因此,价值的绝对性和单个人格的不可替代的独特意义是不能互相抵消的,绝对主义与相对主义是可以调和起来的。

二、实质的价值伦理学与传统伦理学的关系

同以善和目的论为目标的伦理学的区别，是舍勒首先考察的主题。传统伦理学大多以什么是至善，什么是一切意志追求的最终目的这些问题为出发点。康德虽然把伦理学的中心问题从“什么是善”转变为“我应该做什么”，但仍然把实现至善的理想，即先验形式的无条件的德性同有条件的经验的幸福相统一，作为其伦理学追求的最终目的。康德错误地把善与价值等同起来，价值被他看作是由诸善(gueter)抽象而来的，但他没有注意到，诸善按其本质而言都是价值物(wertdinge)，他没有区分价值与对价值物的意识。实际上，价值物是实在地受经验条件制约的，如共同福利、国家、教会、财富等等，而价值则是先验的。但这种先验的东西，决不像康德认为的那样，是空洞的、无内容的。在舍勒看来，所有的价值(包括‘善的’和‘恶的’价值)都是质料性的、实质性的。这种先天的价值质，既不是抽象的普遍，也不是具体的个别，而是一种在道德经验中被给与的直观内容。只有这样的价值，才是实质的价值伦理学的对象。

善和恶作为“价值”的一种特殊类型被包含在“价值”之中，善与价值质的关系，就如同物与其实质的关系一样，都是由其特质(eigenschaften)充满的。因此，实质的价值伦理学比目的论的和善的伦理学更为根本。当然，康德伦理学也并非一无是处，“康德伦理学的一个不容置疑的功绩在于，他拒绝那种把善和恶的价值看作是某种目的之规定的伦理学形式，或者说，他是把人、行动、意愿同某种目的或‘最终目的’的关系，看作是它们感性运用的建设性条件”(P.52)。

明白了实质的价值伦理学同以善的和目的论为目标的伦理学的原则区别，那也就不难理解它同后果伦理学的界限了。照康德

看来，每种实质的伦理学必然地也会是“后果伦理学”(erfolgsethik)，也就是说，它是那种使人格的价值、意志行为的价值甚至一切其他的一般行为的价值，都依赖于有关实际后果的经验的伦理学。在这方面，康德不仅把本能冲动(triebregung)而且把实质的本能调整(trieb - einstellung)都看作是环境影响的结果。这就一方面导致他最终错误地把一切本能都看作是一种唯一形式的基本本能即自保本能(selbsterhaltungstrieb)的单纯的专门化，另一方面也导致他错误地把一切实质的本能内容即一种本能所指向的价值质，不仅通过一般的经验(归纳的形式)，而且也通过环境经验(milieuerfahrung)来规定。而所有这些被涉及到的内容，实际上只能在意向性经验中才能被给与。纯粹的“意向(gesinnung)在其自身中拥有一种不依赖于一切经验和行为后果的关于价值的质，它规定了人格的价值世界”(P.177)。

价值伦理学与命令式的伦理学也有着本质的区别。舍勒反对康德把绝对命令当作道德意识的基础，而提出价值现象才是首要的基础。他提出了两种“应该”，一种是纯粹理想的“应该”(ideales sollen)，一种是规范的应该(normatives sollen)。前者同时会表达出追求自身实现的要求和命令，实际上是“应在”(seinsollen)；后者通常在谈论“义务”和“规范”的话语及经验中存在，实际上是“应做”(tun - sollen)。只有在一切义务已然就是一种意志行为的理想的应在之情况下，两种应该才是相互依赖、密不可分的。传统伦理学(如康德的伦理学)把道德上的应该作为伦理意识的最高形式是错误的，单纯道德上的“应该”缺乏真正伦理行为的自发性。而一切存在，包括“理想的应在”，完全出于潜在于后的价值。只有价值，才是形成道德应该的基础，才是道德行为的基础。理想的应该和价值的关系，“从根本上是由两个原理所调节的：一切正面的价值应该存在，而一切负面的价值不应存在”(P.218)。舍勒认为，一切存在都基于价值，与此相反，一切价值完全不基于理想的应该，它们的关系是单向的。舍勒还由此强调,每一种从把义务当作最基本的伦理现象的立场出发并由此而力求达到好坏、善恶观念的伦理学,自始至终都必须具有一种纯粹否定的、批判的和约束性的特征。

最后,舍勒详细考察了实质的价值伦理学与幸福主义伦理学的关系。幸福主义伦理学把快乐本身视为最高的价值(或至善),或者是以任何方式把善与恶的事实和理念回溯到快(lust)与不快(unlust)的情感。照康德看来,非形式的、从内容引出道德原则的实质的伦理学都必然是幸福主义的,因为,只有一种形式的伦理学,作为理性的类型,能避免生活的情绪化。舍勒认为,康德在此问题上的所有前提都是缺乏基础和批判性反思的,尤其是他对价值与快乐的关系缺乏研究。只要对此稍加研究,就会发现,对于伦理学来说,快乐决不是它的元现象(urphaenomen),而只有价值事实才是无需进一步补充说明的元现象。所以,像康德那样认为实质的伦理学必定是幸福主义的,从根本上就是错误的。一切类型的感情,既非就是价值,也非受制于价值,而只能是价值的最高载体(trager)。实质的伦理学致力于通过感情状态发现感情的等级和深度(tiefe),从而建立起与价值等级结构的联系,而不像幸福主义那样仅把"快乐"作为最高的价值本身。舍勒进一步发现了下述四个与我们整个人的生存结构相适应的感情等级:(1)感性情感(快与不快);(2)肉体情感(作为状态)与生命情感(作为功能);(3)纯粹心灵的情感(纯粹的自我感);(4)精神情感(人格感)。(P.344)正是通过这四种感情的价值载体,舍勒建立了他的价值等级理论。

三、价值的类型和等级次序

康德伦理学错误地认为只有形式法则才能摆脱道德原则的主观任意性,而舍勒立足于现象学的分析揭示出一个以自身为根据的绝对客观的价值领域。诸如“可爱的”、“诱人的”、“有用的”等等价值属性,既不是从脱离价值的认识中获得的,也不是从事物的其他固定特征中推导出来的,而是能够在诸事物中直接确认的。这就是说,我们不是首先把握纯粹的事物,而后把它同一种价值观念对应起来,事物的价值质是在我们的价值直观中直接给予我们的,它甚至不依赖于我们的意见,而属于具有自己的依存法则和等级次序法则的价值世界。

舍勒说:“因为一切价值本质上都存在于一个等级次序中,所以相互之间是处在较高的和较低的关系之中的,正因为如此,这种关系只是在偏爱(vorziehen)和后置(nachsetzen)中才能把握的。所以,价值‘感觉’本身本质上也以‘偏爱’和‘后置’为基础。”(P.109)

在任何一个需要人作出决定的情况下,重要的问题就是把握住有更高价值的东西。把较高价值和较低价值区别开来的标准是:(1)持久性。价值越高就越能持久,如物质财富就不如精神财富持久,因此精神财富的价值高于物质财富的价值;爱的价值本身就包含着持久性,说“我现在爱你”就没有意义。(2)不可分性。越多的人能共享,越少需要被分开,价值就越高。如艺术品的价值就是无需分开而大家能共享的,但食品就只有在被分开时,人们才能共享。在人与人之间,国家与国家之间,利害冲突的根源只存在于低级的价值领域之中,因为不存在为得到一份不可分割的高级价值而进行的斗争。(3)对其他价值的相对独立性。越少以别的价值为根据,价值就越高;高一级的价值独立于低一级的价值,而低一级的价值要以高一级的价值为基础。譬如,快乐价值以生命价值为基础,而不是颠倒过来,生命价值以快乐价值为基础。(4)令人满足的深度。价值体验越深刻而强烈、使人得到的满足越大,价值就越高。(5)与感受主体机能的相对独立性。越少与依赖特殊自然机体的感情类型发生关系,价值就越高。譬如,愉快的价值对感性知觉有特别高的依赖性,而精神的价值特别是宗教的价值较少依赖于主体的机能,因此高于对人有用的东西的价值(P.110~119)。

根据上述标准,舍勒详细制定了一个“价值形态等级表”,在现象学的基础上,提出了四类基本的“价值质”:(1)感性价值,即快乐和痛苦的价值感。尽管这些价值感在每一个人的感受里是不一样的,但作为价值质来说,是一样的。(2)生命价值,包括高贵的与卑贱的,强大的与弱小的生命等等,体现在从植物、动物到人的一切生命体中,体现在青春和健康中。(3)精神价值,包括美和丑的价值、正义和邪恶的价值、真知和谬见的价值。(4)宗教价值,包括各种神圣的和非神圣的价值,体现在圣者的等级之中。

这是一个由低级到高级的价值等级序列。人的行为都是为了实现以上这些价值的活动。在实现这些价值的活动中,才有所谓的道德行为与不道德行为的区别。因此,从根本上说,道德行为直接指向价值,而道德价值直接体现在试图实现这些价值的活动之中。

在这张价值表的实际使用过程之中,舍勒强调了一个区别于康德伦理学的重要原则:较高的价值不能单独地被追求,它们必须以对较低价值的追求为“背景”。譬如说,神圣价值是最高的,但若人们不以较低价值的实现为基础和阶梯,而想一步登天实现神圣价值、成为圣人,这是不可能的。若这样做,尤其还会损害较高的价值。在道德领域,如果单纯地追求至高至善的道德理想,而不顾较低的公共的一般道德准则,那么,所能达到的就不是道德善,而是法利赛人的教规(即“伪善”)。舍勒认为,康德对纯义务的全部颂词,正是法利赛人的教规。所有较高的价值追求必须以较低的、更基本的价值为前提,这一重要的道德原理,过去在空洞的义务或德性的形式理论和粗糙的物质享乐主义体系中,往往被忽略了。

四、人格主义

人格概念是舍勒伦理学的核心概念,他既反对中世纪的实体人格概念,也反对康德的先验形式主义人格概念。康德人格概念的合理之处在于:他认为人格既不意味着物,也不意味着实体。但他的错误仍在于提出了一种空洞的、形式上普遍有效的主观先验形式,并把人格等同于这个主观先验形式。康德的这种观念之所以错误,原因在于一个人远远不只是一个认识论上的主体,也不仅仅是思想行为由此出发的一个抽象的点。

对人格问题作出肯定解答的出发点,存在于行为理论中。人格是为种种不同的行为本质奠定统一基础的东西。"人格的存在'奠基'于一切本质上不同的行为。"(P.394)在这里,一方面,行为的本质是各不相同的,对于那种只从事同样行为的人来说,就不存在关于人格的问题;另一方面,各种不同的行为若不能连接为一个统一体,也不存在关于人格的问题。所以,人格是使行为发生具体化的前提。它决不是超越于行动之上或处于行为背后的某种东西,而是只存在于实行行为的过程中,又不消融在行动中,却能保持自我完整统一性的东西。人格问题也逃避心理学研究的干涉,绝不能把人格的存在看作是某种心理的东西,人格在心—物关系中是中性的。

由此看来,人格是绝对唯一的,并不被认为是普遍的本质存在,它排除任何重复的可能(譬如歌德的人格)。在绝对单一、不可重复的人格观念中,体现着舍勒一个重要的原理:一切存在者,越是个别的、不可重复的,越是个人的,就越有较高的价值,因此"人格价值本身对于我们而言是价值等级中最高的"(P.513)。

人格可分成个体人格(einzelperson)和总体人格(gesamtperson)。这种区分的根本原因在于人格的社会性。每个人,作为道德的主体，不仅是作为总体性（totalitaet）的“环节”而存在，而且在此总体中，对于这个道德关系的整体，他也是“同伙”、“同仁”和“共同责任者”（mitverantwortlicher）。总体人格在社会统一体（sozialeinheit）的意义上，作为不可封闭的、相互之间的共同体验（miteinander - erleben）之中心而存在，如教会、团体、民族、国家。它是个人特有的统一形式。“我们需说明的是，作为个体人格的个人，是在一个人及其一般世界之内，以单一化的自我行为的特殊本质等级建立自身的存在；而总体人格，则是在社会行为的特殊本质等级中建立自身的存在。”（P.525）

个体人格与社会人格是密不可分的，每一个体人格对所有别的人格都负有一种总体的共同责任，能体验到总体的团结和统一，从而意识到与个人人格相对的社会使命。但无论是个体人格还是总体人格，都属于有限的人格，因为每一总体人格本身又可以是相对的个体人格。人们在总体人格的统一和团结中，看到了超越有限人格的希望，这种希望即是要求有不再作为总体人格之一环节的绝对人格的存在。这种超越了有限人格的绝对人格，就是神。人格神处于人格等级结构的最高峰。“因而神性，按其理念而言，既非被看作个体人格，也非被看作最高的总体人格（泛神论），而只是作为这个（“唯一的”，不是数学上的“一”）绝对无限的人格。”（P.528）

舍勒企图通过描绘一个纯粹的价值人格类型的理想体系，来建立人格理论和价值理论之间的联系。这样他就得出了以下的人格价值等级次序：（1）圣者；（2）天才；（3）英雄；（4）精神领袖；（5）鉴赏的艺术家（P.586）。除此之外，神的爱也为每一个人格创作了一幅个别的价值图像，这幅图像作为精神展现在他们面前。个人只要看一下这幅图像，就能理解他的不可替代的本质价值，这种本质价值也包含他在一切生命本质活动中应尽的义务。个人作为精神领域中的有限人格，仅仅存在于他的活动的实行中，他在活动中超越自我,在爱中指向世界,感受到与精神世界和人类整体的团结一致,才实现了自我价值,成为具有充分道德价值的理想人格。从根本意义上说,伦理学的目的就是促成这种理论人格的价值实现。

美国现代哲学家芬德莱(J.N.Findly)认为,对于舍勒的这种带有神秘、保守色彩的伦理学,“自由的盎格鲁—撒克逊精神将不会感到愉快;然而盎格鲁—撒克逊精神是否能够对价值领域或任何广泛的、终级的问题获得全面的理解,却是成问题的。”① 舍勒的同胞、德国现代哲学家施太格缪勒也认为,舍勒哲学的优点和危险是紧密联系在一起的,他的伦理学包含有非常多的富有成果的思想,但缺乏充分的基础和根据。他认为至少在一点上康德要比舍勒正确,即康德认为适用于人的行为的原则必须是道德义务的要求,这种道德义务的要求具有普遍命令的性质,从普遍命令中能够推导出适用于具体情况的特殊命令。而对于舍勒来说,由于其伦理学的基础不是由道德义务原则构成的,而是由关于价值及其等级序列的客观陈述构成的,所以,要从本身不包含任何命令的一组前提中推导出命令性的结论是不可能的,而这是不适合于论证关于人的行为的道德义务原则的。②

如果我们要从舍勒的价值伦理学出发去探究伦理问题,就必须思考,非规范的、非命令式的道德是否可能?如何可能?

(邓安庆)

① J.N.芬德莱:《价值论伦理学》,中国人民大学出版社,1989年版,第73~74页。
② 参见施太格缪勒:《当代哲学主流》上卷,商务印书馆,1986年版,第162~167页。

海德格尔

存在与时间* (1927)

马丁·海德格尔(Martin Heidegger,1889—1976),是20世纪最重要的哲学家之一,通过对“存在”之谜的深思,创立了“基础存在论”(Fundamental Ontologie)。在他的“基础存在论”的影响下,雅斯贝尔斯建立了“存在主义”(Existenzismus,也被译作“生存主义”)哲学,法国哲学家萨特更把这种“存在主义”变得深入人心、影响广泛,对20世纪文化的几乎所有方面都产生了不可低估的冲击。目前,在我国学界海德格尔研究已明显地成了一门“显学”。

与海德格尔显赫的大名相比,人们对他的生平纪事却是知之甚少,因为他像康德一样,是个只有思想而几乎没有生平纪事的人。虽然在他的生活中有过一段短暂的与“纳粹”合作的不光彩的历史“悬案”〔1933年4月,海德格尔当选为弗莱堡(Freiburg)大学的校长,

---

* 原书名为SEIN UND ZEIT。本文根据中译本《存在与时间》(陈嘉映、王庆节译,北京,三联书店,1987年)撰写。

此时正是希特勒当政时期，他成为纳粹党(民族社会主义党)的党员。1934年2月，他果断辞去校长职务，并拒绝参与纳粹党人新校长就职典礼，与纳粹运动分手，从此受到纳粹的排挤、监视和迫害〕这是后人说不清楚而又津津乐道的有关他生平的唯一事件，但这是海德格尔及其学生们绝对免谈的话题。所以，他的生平就像在他上课时讲亚里斯多德的生平一样简单："他生出来，他工作，他死了。"不过，我们在此还是要略多地介绍几句。

海德格尔1889年生于德国一个乡村小镇的天主教家庭。14岁进入康斯坦滋中学，三年后转到弗莱堡人文中学。根据他自己所说，中学6年，学到了对他终生极有价值的一切。1909年中学毕业后，他到弗莱堡大主教管区的研究班攻读神学。1911年他决定放弃牧师的前程而专攻哲学，至1913年夏，他一直在弗莱堡大学学习哲学，完成了题为《心理主义的判断学说》的博士论文。1918年，从军队退伍回来后的海德格尔正式成为胡塞尔的助教，受到后者的器重。1922年，海德格尔被任命为马堡(Marburg)大学的特别教授，成为N.哈特曼的同事和布尔特曼的亲密朋友。1927年出版《存在与时间》，使之声望鹊起。1928年胡塞尔退休，海德格尔辞去马堡的教席，回到弗莱堡继承胡塞尔的哲学讲席，推进"现象学运动"。同时，他与胡塞尔的思想分歧日益加深。1933年他被说服接受了弗莱堡大学校长的职位，10个月后主动辞职。不久后他被禁止参加国际会议、不能出版任何东西。1934—1947年，他几乎没有出版著作。1945年，法军占领弗莱堡后，海德格尔被剥夺了大学教授的职位，直至1951年恢复职位，但不久就退休了。著述和演讲是他晚年生活的主要内容。1976年逝世，享年87岁。

海德格尔的著述颇丰，其主要著作除《存在与时间》外，还有《现象学的基本问题》(1923—1944)，《什么是形上学?》(1929)，《论真理的本质》(1930)，《尼采》(二卷)(1936—1946)，《艺术作品的本原》(1950)，《通向语言之途》(1950—1959)，《什么召唤思?》(1951—1952)，

《追问技术问题》(1953)、《哲学的终结与思的任务》(1966)等。

《存在与时间》是代表海德格尔早期思想的一部重要著作。这是一部未完成的著作。从该书的“目录”中读者就可以看到,它只有“导论”和“第一部”。后来,在《存在与时间》第七版(1953年)的序言中,海德格尔声明“第二部将不再续补了,除非我打算重写第一部”。但是,就一些名家而言,通常的情况总是“未完成的”“残篇”比其结构完整的著作更能产生大的影响,就像“断臂的维纳斯”是最美的艺术品一样。

一、“导论”的中心思想

导论的中心思想,是“概述存在的意义问题”,实际上,“存在的意义问题”也就是该书的中心问题。为什么要重提“存在的意义问题”呢?这要从海德格尔的“哲学观”说起。

海德格尔早年很注重“解释学”(hermeneutik),因为当时主宰德国哲学的是新康德主义的价值哲学和生命哲学,而在新康德主义者当中,狄尔泰的生命哲学是同其解释学紧密联在一起的。但狄尔泰首先创造了“世界观”这个概念,认为哲学就是“世界观”。海德格尔当时在哲学观上又受胡塞尔“作为严格科学的哲学”之观念的影响,认为“一种世界观的哲学是完全不可能的”,“真正的哲学与世界观毫无关系”①。从亚里斯多德开始,哲学就是研究“存在之为存在”的“形上学”(形上学即为metaphysik,也译作“形而上学”,但在中国现代哲学语境中,“形而上学”是与“辩证法”相对的,而不是探讨关于存在的本体论问题的。为了与这种“形而上学”区别开来,笔者把研究本体论问题的“形而上学”写作“形上学”),是探讨所谓的“本体论”问题。而“本体

① 参见约瑟夫·科克尔曼斯:《海德格尔的〈存在与时间〉》,商务印书馆,1996年版,第16页。

论”(ontologie)向来就是关于 on(存在)的 logos(逻各斯,即“言说”的意思),是言说存在之为存在的学问,是关于存在的基础的“基础存在论”。

但传统哲学如何“言说”“存在”(wein)呢?只是以经验科学的方式说“存在是什么”,说“存在”是“水”、是“火”、是“气”等等,从而把这些“水”、“火”、“气”等同于“存在”本身,作为一切存在的所谓“本体”。海德格尔认为,这种言说存在的方式完全错了。因为“存在”可以“是”(ist)“水”、是“火”、是“气”,但不能反过来说“水”、“火”、“气”就是“存在”本身。就像我们可以说“天是蓝的”,但不能反过来说,蓝的就是天本身一样。“水”、“火”、“气”、“蓝的”都是“存在的”,是存在着的“东西”、是“存在者”(seinde),是“存在”所是的“什么”,但不是“存在”本身。“存在”本身不是“是”后面的“什么”,而是“是”本身(德语中 ist 的原形为 sein)。因此,传统哲学的错误表现在,它自以为说的是“存在”,但实际上说的是“存在者”,所以遗忘了“存在”本身。海德格尔得出的结论是,到他为止,“存在问题不仅尚无答案,而且甚至这个问题本身还是晦暗和茫无头绪的”①。与维也纳学派和分析哲学不同的是,海德格尔并不认为探讨“存在论”是无意义的,相反,他认为追问存在问题是最激荡人心的一项事业。但“存在本身”既不是普遍的概念,也不可定义,要追问存在问题,首先要弄清存在问题的形式结构。

每一种发问,都是就存在者是这个事实和存在者是什么这两方面,来对一个存在者所进行的一种领会性的寻求。这种寻求的形式结构,就是要揭示这个问题是一个关于什么的问题并规定它。任何发问作为对某种东西的发问,都有它的问之所问(gefragtes),被问及的东西(befragtes)和问之何所问(erfragte)。在关于存在意义的问题中,问之所问,就是存在本身;问之何所问,就是存在的意义;被问及的东西,看起来就是存在者本身。可见,存在指的也就是存在者的存在。但我们必

---

① 海德格尔:《存在与时间》,中译本,第 6 页。下引此书,只注页码

须使存在者如其本身所是的那样来通达它。然而,我们所追问的所有东西,包括我们自己在内,都是一个"存在者",那么,我们应当从哪一种存在者来破解存在的意义呢?对于这一存在者来说,它在哪种意义上具有优先地位呢?

应该在我们自己向来所是的存在者——此在(dasein)身上来破解存在的意义。因为只有这个存在者,是从问之所问的存在本身来获得它自己的本质特征的,把追问存在的意义作为本己的存在样式的一种可能性视域。此在不同于其他存在者的地方在于,在其存在中,存在始终是个问题,如同哈姆莱特充满悲情所说的那样:是生存还是毁灭?(To be or not to be?)始终是个问题。这就是说,在此本身就有一种存在关系(seinverhaeltnis),使得它在其本身的存在样式中就能更明确地领会自身。

在此要注意的是,此在并不等同于人,尽管二者之间的关系非常密切。此在是在其内在的有限性中所采取的人的存在论的结构,或者说,此在是存在通过人展开的场所和情景。无论在存在者状态上,还是在存在论状态上,此在都具有优先地位。只要我们关注存在问题,就必须把此在分析作为揭示一般存在意义的境域。既然如此,如何获得进入此在之存在的恰当途径就成为更加迫切的任务。

我们必须选择下面这种进入方式和阐释方式:这个存在可以在自身中并从自身中显示自己。这意味着我们必须首先以最接近、最通常的方式显示它,即在其日常平均状态中显示它。应当注意的是,每当此在缄默地领会存在时,它总是从时间的观点出发的。因此,海德格尔又把时间揭示为一切存在领悟的境域。但他所理解的时间不是我们日常的时间概念,也不是传统哲学的时间概念,它是最原始的时间概念,即此在就是时间。这就是这部书取名为《存在与时间》的原因。自始至终,海德格尔运用的是解释学的现象学(hermeneutische phaenomenologie)方法。

二、准备性的此在基础分析

整个“第一部”的标题就是:“依时间性阐释此在,解说时间之为存在问题的超越境域”。第一部分成两篇,第一篇即“准备性的此在基础分析”(第12~44节),第二篇即“此在与时间性”(第45~83节)。我们先介绍第一篇。

1.此在及其存在样式

对于此在这样的存在者来说,其基本的问题就是它自己的存在,因为每个人的存在向来都是属于“我的”。因此,此在的存在样式就在于它去存在,就此而言,存在者的存在必须通过它自己的“生存”(eksistence,而不是existence)来理解。此在的本质就在于它的“生存”,在于它的超越性,亦即“超出”现状,向未来筹划,所以,此在向来也就是它的可能性。此在的这些特点,标示出人这样的存在者的特性:为了认识自己本身,必须“走出”自身,转向世界,人的存在的每一显现,就是把他自己与世界相联系起来的一种方式,所以他的存在样式,就是“在世存在”(in-der-welt-sein)。这是此在之存在的基本机制。

在世存在不是指一种空间关系,此在并不像火柴梗在火柴盒中这样存在。在世存在,指的是人的存在只能通过此在对于世界的本质关系来理解。在…之中,表示的是与某物熟悉,在习惯某物,在精通某物并且把这些东西放在心中。所以,海德格尔把此在的“在世存在”的样式,解释为“烦忙”(besorgen)。

在具体解释“烦忙”之前,海德格尔考察了“世界”之为“世界”的特性、世内存在者的空间性以及“在世存在”的其他两种构造性结构:“共在”(mitsein)和“共同此在”(mitdasein)。海德格尔特别提示,他的用语具有独特的含义:“共在”不是两个简单地给与的存在者的共同在场,像两个弹子在一个口袋中能够构成一个共同的在场一样,它与空间无关。那么什么是共在呢?如果两个人都在欣赏一幅画,都同样地为这幅画所打动,这个人就与另一个人一起共同享有了在他的世界中向他敞开出来的东西,从而就与另一个人一起共同享有世界本身。当此在揭示世界的时候,他也揭示了与他一起共同存在的他人,他人也以同样的方式向其他的存在者敞开,所以决没有完全孤立的此在。“共同此在”即他人对我和其他人“敞开”(此)的状态。

对“共在”作了这样的解析之后,海德格尔回答了“谁”是日常烦忙的此在这个问题。在日常生活中,我们的生存烦忙劳碌,似乎必然地是受外界支配的,谁决定了这一无自决权的状态呢？是一无人称的中性主体“常人”(das man)。在我们烦忙劳碌的每时每刻,“我”都完全淹没在“常人”中。“常人”固守着各种事物、各个人在每一可想象的场合下的平衡标准,每个人都只是另外的某个人,唯独不是他自己。因此,“常人”就是“无人”,他以“非本真的”方式在此,而未能和自己站在一起。

2.此在的展开状态

此在的生存论分析,是想通过现象学的方法弄清此在之“此”即“在世界之中”的敞开状态。海德格尔认为,它是由现身、领悟和言谈三种因素构成的。

现身(befindlichkeit)首先是此在对于他存在这一事实的意识。人不是要去存在,也不是自由地选择了去存在,而是一种“被抛入”到事物中的存在。其次,现身是一种不断地自己显示自己的方式,不仅向他展示他自己的作为“被抛”的存在,而且也向他展示他人和事物的存在。

此在的存在样式同样是由它的原初的领悟(verstehen)决定的。这种领悟不应被看作一种具体的认知模式,而是要看作是使一切具体的认知模式得以可能的东西。具体地说,领悟就是揭示此在能生存的基本可能性,具有一种不断向未来筹划的生存论结构。世内事物必然地是在世上进行筹划的,当世内事物和人所具有的存在模式被揭示出来、被领悟了的时候,我们就说他们具有意义,但严格地说,所领悟的东西不是意义,而是事物本身。只有在人与世内事物的对话中,才有意义问题。因为意义是人所特有的可能性的展开,人的原初的领悟总是关联着他的作为整体的在世。

此在展开的第三种因素是言谈(rede)。言谈不是无聊的闲谈,不是词不达意的夸夸其谈,甚至也不是言语行为,而是使言说的语言得以可能的此在存在论的组成部分。海德格尔在此要人们按照逻各斯的原始意义来理解言谈,即让人从事物本身来"看"事物,揭示出他所领悟到的东西。这种言谈实质上是一种"传达",即让事物如其自身所是的那样现身出来。因此,从生存论状态上看,此在敞开自身的三种方式原始地是一致的。

3.此在的沉沦

海德格尔揭示出,此在之在世具有非本真的和本真的两种存在模式。上述是在本真的状态中思考此在,下文要描述当此在已经沉沦到非本真的形式之中时,其敞开状态的三个生存论组成部分是如何自行展开的。

闲谈、好奇和两可就是此在日常藉以在"此"、藉以开展出在世的方式的特性。在这些特性中绽露出日常此在的一种基本存在方式,海德格尔称之为"沉沦"(verfallen)。它只包含下列两种意思:A.此在凭借世内的存在者来领会它自己的存在,并因此把自己想象成一个具有一定性质的实体;B.在这里在场的世界,是每个人的世界,是混迹在"公众意识"中的"杂然共在"的世界。闲谈和好奇通常都是通过两可的方式导致此在的"沉沦"。

4.此在的本真生存

要回答此在如何成为本真的这个问题,首先要弄清本真存在的确切含义是什么,而这有赖于对"烦"的细致研究。

"烦"([拉]cura)不是通常所讲的一种精神状态,而是此在之存在的基本结构。它是以下几点的必然结果:A.生存论状态,或者,此在总是向其能在超越自身;B.实际性,或者,被抛;C.沉沦,即总是不得不

“寓于”世内存在者之中。所以,此在之存在即“烦”,与世内存在者相处,即是“烦忙”,与同类存在者的关系,即是“烦神”(fürsorge)。此在“作为其所是者存在”才是本真存在的定义。难道只要此在存在着,它就永远活在非本真之中吗?本真生存又从哪里透露出消息?

这要通过“畏”来说明。“畏”(angst)不是“怕”(furcht),“怕”是怕有害之事来临,而“畏”之所“畏”却不是有害之事。“畏”是将此在置于其原始的“能在”面前,剥夺此在沉沦着从世上事物以及公众讲法方面来领悟自身的可能性,使此在个别化为其最本己的在世存在。因此,“畏”才能使“此在”从其寓于其中的沉沦状态退身而出,成为本真的存在。

在这里,本真、真理不是认识论中主观与客观相符合的关于判断的真理,而是事物“如其本身所是”那样的“无蔽的状态”。真理即是生存论的去其遮蔽,显现真身。

三、此在与时间

结束了对于此在之存在方式的准备性分析,现在必须从头开始,从作为我们对存在之领悟的超越视域的时间角度,来阐释迄今为止所揭示的现象。在第一篇中,海德格尔从此在在世的非本真状态深入到本真状态,而在第二篇中,他颠倒了次序,首先考察了本真状态的存在论向度。

必须在两个层次上思考本真状态问题:一是使本真状态成为可能的生存论结构,一是把本真状态描述为生存状态的潜在性。前者通过论述此在之本真的向死存在而实现,后者通过对良知、罪和决断的分析而展开。

1.死亡、良知和决断

死亡是人的存在的最固有的可能性,因为它是不可取代的;死亡是非关系性的,因为它消除了对世界的全部关系,并把此在抛回到它的孤独之中;死亡是不可超越的,因为它意味着活着的实存的最后可能性;此外,死亡是肯定无疑的,但它事实上的降临又是不确定的。由于人把死亡看作只是在将来才会发生的,与现在无关,所以就把死亡贬低为微不足道的了。这样就向自己掩盖了这样一个基本事实:即死亡在每一个瞬间都是可能的,同时也遮蔽了人的基本的存在样式:“向死存在(das sein zum tode)。”迄今为止分解为各种不同的特殊结构的此在的整体,现在通过引入死亡这一现象而实现了。因为只有面向死亡而在世,此在才达到它的最高的本真性,就是说,面向死亡的本然存在,只是基于这一点,即不躲避死亡,而是忍受死亡,甚至是在死亡的不确定的可能性中忍受死亡。只有在这种最高的本真性中,此在才从日常的沉沦中解放出来。

由于此在沉沦于“常人”之中,无所选择地被“无名氏”牵着鼻子走,从而陷入非本真的状态。那么,是什么原因使它作出了自由选择,回到它自身?此在现在要从自身的潜能中见证这种现象的基础,这便是“良知的呼唤”。此在的展开状态,是由现身、领悟、沉沦和 logos 组成,而良知的呼唤,必须中断倾听“常人”的言谈,使之成为 logos,即从事物自身所是的那样来表述它。只有这样的呼唤才使人们对其生存有所领悟。良知的呼唤实际上是此在向自己的呼唤,并且以沉默这种令人感到无名恐惧的方式向自己呼唤,被呼唤的并不是什么在内容方面被规定了的东西,而是呼吁、唤醒此在去成为最本己的自身(das eigenste selbst)。良知的呼唤所显示出来的,是此在的罪责(schuldigsein)。当然,这种罪责,不是实际生活犯下的罪行,而是此在本质上的虚无性(nichtigkeit)。

与良知的呼唤相对应的,是一种可能的听,这是一种对来自存在的 logos 的倾听,它必须中断对于“常人”言谈的倾听。这是基于对存在的 logos 的倾听,此在处于非本真存在与本真存在的紧张关系中,这就是“决断”状态。海德格尔说:“这种缄默的、时刻准备畏的、向着最本己的罪责存在的自身筹划,我们称之为决断

(entschlossenheit)。”(P.353)决断是此在展开状态的一种突出样式,这种生存论上的展开状态,就是生存的原始真理(真实)。生存状态上的此在本真整体能在就是先行的决断。决断等于说,让自己被唤向前去,唤向最本己的罪责存在。把本真的向死存在隐含在本身之中,作为其本己的本真性在生存状态上的可能样式。在有所领悟地向死这种最本己的可能存在之际,本己的能在就成为本真的和通体透明的。

2.时间性

本真性和非本真性现在证明是时间性的成熟样态(zeitigungsmode der zeitlichkeit)。在世内的非本真存在中,过去与将来之间的距离接近到最小限度。在这里起支配作用的那种难下决心却又匆忙投身于转瞬即逝之中的情形,海德格尔称之为“当下”(gegenwaertigen),而把与此同时占优势的、注视着尚需加以照料的东西,称为“期待”(gewaertigen)。由于在非本真的状态中,此在阻止自己接受被抛性(有罪性),它的既往就被忘却了,这样一来,非本真的此在的时间性统一,就是忘却了的当下期待(das vergessend - gegenwaertigende gewaertigen)。

与此相反,时间的“三维性”只是在本真的存在中才获得它充分的实现,因为在这里实现了面向未来(死)的坚决的转变,这种转变同时又是回到虚无(既往),并且使实存瞬间(现时,当下)以一种积聚的力量产生出来。此在世界的敞开(开放性),按照三维的时间发生,并且只是由于这种敞开,才能在此在身上相遇存在,才能把握将来的可能性本身,而过去也才能作为过去被理解。这种世界的敞开之所以可能,只是因为此在只是在时间上敞开着的存在。因此,海德格尔谈到时间性的三种绽出(ekstase)状态。重要的是,这种原始的时间是质的、有限的(由出生和死亡所限定),而不是量的、无限的。人们倒可以说,无限的(所谓“客观的”)时间起源于有限的时间。

3.时间性与历史性

历史性也是建立在时间性之上的。人的时间性并不是因为他处于时间之流中,而是因为时间性构成他最为内在的本质核心。同样,人是历史的,也不是因为他被编入世界历史的"客观"过程中,相反,像客观的世界历史这样一些事物之所以可能,只是因为此在本身是由历史性构成的。

在海德格尔那里,历史性问题是同本真存在着的人究竟从何处得到他准备加以利用的可能性这个问题连在一起的。尽管他通过亲眼看到死亡而获得了决心,却不能从死亡中得到可能性本身,而恰恰是死亡给予他以巨大的压力,把他抛回到当下的决断中,从此在自己继承下来的遗产中获得可能性的暗示。这就是说,当非本真的此在把握住由常人给予他的偶然流转的不确定的机会时,本真的此在则明确地追溯到自己所掌握的实存的既往的可能性。因此,在历史性中,将来也是此在成熟的根本样态。此在越是"将来的",他就越是对既往的存在可能性敞开着。人,正是本真存在着的人,恰恰就是一种重复着的本质。这种重复并不是空洞地把已成过去的东西带回来,也不是单纯地把现在束缚于已经过去的东西上,而是对当下既往的东西(dagewesene)的一种发自实存深处的回答。只有接受被抛性,而不是从它解脱出来,才能产生历史性。有限的实存是不能逾越这条界限的。人的所作所为之所以有历史性,是因为他的作为曲折地回到了既往的个体的唯一性上,并且在作出决断时,他的行为被推进到未来的未决的不明情况之中。只有真正的时间性,才能使真正的历史性这样的东西成为可能。

综上所述,海德格尔的这部著作,从总的方面为我们提供了人的这样一幅图景:人是一种未被问及就被抛到这个世界上来的、有限的、在生死之间的、被置于无法说明状态中的、在最深的根底里充满了烦和畏的微不足道的受造物。这个受造物与周围环境发生照料的关系，与他的同类发生照顾的关系，与他自己发生忧虑的关系，他通常在“常人”状态中孤独地生存，失去自我，他被良心召唤而在对自己的死亡的忍受中承担罪责，并通过反复地占有既往的东西而把握住自己的历史性。然而，人的最内在核心就是时间性。时间性是一种在其中能够对人的此在获得真正理解的媒介、视域。

本来，这部著作所探讨的不是人，而是一般存在的意义。人的有限的实存只应构成达到这一目标的范例。时间被证明是理解人的存在的视域，问题是，时间是不是理解一般存在的媒介？《存在与时间》的“第一部”就是以这个问题结束的。这个问题又使人联想到另一个问题，即我们通过有限性的此在是否能真正通达存在本身呢？由于这部著作未完成，这个问题只能由研究者来回答了。

《存在与时间》奠定海德格尔作为现代西方哲学大家的地位。他的后期思想虽然发生了“转折”，但对存在意义的追问，始终是他哲学探索的主题。尽管在该书中海德格尔一再声称对此在生存状态的描述，不是从伦理学的、宗教学的意义上作出的，但实际上他的这种探索本身对于当代的伦理学研究具有巨大的启发意义，为伦理学的研究提供了十分宽广的视野和深刻的方法论指导。不仅如此，它对于西方现代的文学艺术的影响也是空前的。甚至，对于目前席卷西方文化界的所谓“后现代主义”思潮，海德格尔的哲学也提供了一种可资开发的基本语境。对于他的思想的巨大意义，德国现代哲学家施太格缪勒的评价颇为中肯：“海德格尔的哲学是一种在哲学史上能够引起转变的事业……它会使人们把迄今为止的一切都看作是陈旧过时的”，“海德格尔的著作为哲学提供了真正是无限丰富的新起点。只有随着时间的推移才能认识这些新起点的充分意义”。①

（邓安庆）

---

① 施太格缪勒：《当代哲学主流》(上卷)，商务印书馆，1986年版，第209、225页。

弗洛伊德

文明及其缺憾* (1930)

西格蒙德·弗洛伊德(Sigmund Freud,1856—1939),奥地利著名精神病医生、精神分析学创始人、弗洛伊德主义的缔造者。1856年弗洛伊德出生于弗莱堡(现捷克斯洛伐克的摩拉维亚)的一个犹太商人家庭,4岁时随全家移居维也纳。1873年进维也纳大学医学院学习,1881年获医学博士学位。弗洛伊德一生从事神经症的治疗和研究,创立了精神分析学。他还将精神分析学的原则和观点用作解释个人、历史和文化现象的哲学方法,精神分析学从而发展成为一种哲学人类学体系,广泛渗透到其他社会科学领域,在西方形成了一股精神分析运动,并得到了弗洛伊德主义的名称,成为一种有世界影响的思潮。1930年弗洛伊德获歌德奖,1936年荣任英国皇家学会通讯院士。1938年因不堪纳粹迫害,带领全家逃亡

* 原书名为 ZIVILISATION UND SEINE UNZUFRIEDENHEIT。本文根据中译本《文明及其缺憾》(傅雅芳等据英译本转译,合肥,安徽文艺出版社,1987年)撰写。

英国。1939年因口腔癌病逝世于伦敦。

一般以1913年为界,把弗洛伊德的学术活动划分为两个阶段。前一阶段,弗洛伊德主要研究神经症的致病原因和治疗方法,提出了心理过程的一般理论,主要著作是《歇斯底里研究》(1895)、《释梦》(1900)、《性论三讲》(1905)、《精神分析的起源与发展》(1910)等。后一阶段,弗洛伊德把精神分析的一般原理推广运用于个人和人类发展以及文化、历史等各个方面的研究,主要著作为《图腾与禁忌》(1913)、《精神分析引论》(1917)、《超越快乐原则》(1920)、《一个幻觉的未来》(1927)、《文明及其缺憾》(1930)、《精神分析引论新编》(1933)、《摩西与一神教》(1939)等。

《文明及其缺憾》是弗洛伊德的晚期著作,集中阐述了他的文明观,讨论的中心主题是人类文明和人性本能的关系及其发展,得出的结论是:文明意味着对人性的压抑。但弗洛伊德并不否认文明是人类进步的标志和尺度,而仅仅指明它同人性本能亦即性本能和进攻本能之间实际的对抗关系,以期创造出更适合人性的文明。全书共八章,头两章简论人生的目的,可说是引言;中间四章详论文明对人性本能的压抑,关涉到道德的根本理论;后两章考察文明实施这种压抑的具体机制和文明过程与个人发展的关系,直接涉及许多具体的道德问题。

一、人生的目的是追求幸福,获取幸福的方式是多种多样的

第一章只是个引子。弗洛伊德说,有人给他写信,肯定许多人有一种"海洋般浩淼"的感觉,此时物我两忘,自我与外部世界联为一体,"与宇宙同一",还说这种感觉是宗教的起源。他对这种感觉作这样的解释:我们的自我(ego)与本我(id)并无明显界限,而本

我,或者说最初的自我,亦即婴儿的意识,正是没有"我"与外界的区分;当我们后来形成能明确作出这种区分的自我时,原先那个自我仍作为残留物存在。上述"海洋般浩淼"的感觉就是这个残存自我起作用的表现。他进而认定,由于人类发展中一部分态度或本能冲动保持不变,而另一部分却向前发展了,所以"在精神生活中,过去的保留是一条规律而不是例外"。他并不认为这种感觉是宗教的起源,只说"宗教态度的根源可以清楚地追溯到婴儿无能为力的感觉","与宇宙同一构成了宗教观念的内容"。

第二章转而讨论人生问题。"我们感到了生活的艰难,它带给我们不可战胜的痛苦、失望和不可能完成的任务。为了容忍这样的生活,我们不能不采用缓和这种艰难历程的方法。"① "大概有三种缓和的方法:极大地转移我们的注意力,使我们无视自己的痛苦;替代性的满足,它可以减少痛苦;致醉物,它可以麻痹我们对痛苦的感觉。"(P.14)由于感到了生活的艰难和希望减少痛苦,人类也就提出了生活的目的和价值问题。人类生活的目的是什么呢?弗洛伊德说,从人们本身的行为表现看,这个"答案无疑是追求幸福"——反面说是消除痛苦和不快,正面说是获得极其快乐的感觉,"从狭义上讲,'幸福'这个词是指后者"(P.15)。所以"决定生活目的的只是快乐原则的意图"(P.16)。"我们所说的幸福(相当突然地)产生于被深深压抑的那些需要的满足",而并非上帝创世时的计划安排。但是从本质上讲,人的幸福只能是一种暂时的现象,因为当快乐的状态被延长时,我们反而只有微弱的满足了,"我们的天性决定了我们的强烈享受感只能产生于对比,而不能产生于一种事物状态中"(P.16)。因此,相对来说,人更容易体验到痛苦。痛苦的威胁来自三个方面:一是我们的肉体——肉体如果失

① 弗洛伊德:《文明及其缺憾》,中译本第 14 页。以下引文出自此书,只标明页码。

去了疼痛、焦虑这些警告信号,它就不可能存在,它还注定要衰老死亡;二是外部世界——它以摧枯拉朽的破坏势力与我们抗争;三是人际关系,它造成的痛苦最大。由于有痛苦的压力,人们就改变对幸福的要求,只追求消极的幸福了,例如,可能认为摆脱了不幸或经受住了痛苦就是幸福。追求幸福的方式和途径自然也相应于不同的要求而多种多样,每一种都受到某种哲学的推荐。弗洛伊德接下来列举和分析了十几种追求幸福的方法,其中所体现的总观点是:"总之,所有的痛苦都不过是感觉,只有我们感觉到了,它才存在,而且只有当我们的有机体受到某些方式的调节后,我们才能感觉到。"(P.17)因此,他把离群索居、归隐以逃避人际关系所产生的痛苦,使用致醉药物来去烦求乐,也都看作追求快乐的途径。书中的这些论述没有多大理论价值。不过要注意,他并非把这些都当作正确途径向读者推荐,而只是说实际上存在这些追求幸福的方式,对某些方式他还明确地做了批评。有三种方式似乎是弗洛伊德比较欣赏的,论述得也比较多。一是借助于本能的升华转移力必多(libido),即让人们从内部的心理方面寻找满足,从而独立于外部世界。艺术家在潜心于创作时,科学家在专心致志于科研时,都会感到满足,此类情形就体现了这种方法。这种满足比其他方式带来的满足"更好和更高级",但属于阳春白雪,只适用于少数具有特殊性格和才能的人,而且同满足粗野的原始的本能冲动相比,得到的快乐是微弱的,更不能震撼我们的肉体和帮助免除肉体的痛苦(P.20~21)。二是利用力必多的可转移性,但不脱离外部世界,而是通过与外部世界对象的感情上的联系而获得幸福。"这种生活方式就是以爱为一切事物的中心,并在爱与被爱中寻找一切满足。"这种方式是人们很自然具有的,其缺点是"当我们爱时,我们在防备痛苦方面比在任何时候都束手无策",即失去了爱的对象会更感到痛苦和孤独(P.22~23)。三是对美的欣赏、享受。这一方式虽不能抵御痛苦的威胁,但能弥补很多东西,因为它给人以“微醉的感觉”(P.23)。

考察了人类追求幸福的具体方式之后,弗洛伊德作出了他的结论:人决达不到快乐原则所要求的幸福,但我们仍然应当也不可能不努力去追求幸福;“在较弱的意义上”,幸福就是个人力必多(libido)的有效利用,这种意义上的幸福是可以达到的;但通向幸福的道路多种多样,“适合于每个人的金钥匙是不存在的”,所以每个人都要寻找适合于自己的获得幸福的特定方式;这里起决定作用的是个人的心理特性,与外部环境没有关系,任何极端的选择都要受到惩罚,决不可以把所有的满足都寄托在一个抱负上。他于是又顺便回到宗教,批评宗教限制了人追求幸福的方式,千篇一律地把它认定的那种获得幸福和避免痛苦的方式强加给每一个人,因而贬低了生命的价值,用妄想的方式歪曲了现实世界(P.24~26)。

弗洛伊德以上思想的正确、欠缺和错误之处是显而易见的。

二、文明标志着人类的进步,但却是对人性的压抑

弗洛伊德说,在前述痛苦的三个根源中,头两个(自然的优势和我们肉体的软弱)很好理解,但第三个,即人际关系方面的制度规则等,乃是人自己创造的,为什么竟也成了我们痛苦的根源呢?“这里是否也深藏着一种不可征服的自然——这就是我们自己的心理特性?”(P.28)在做正面回答之前,他批评了那种认为我们如果放弃文明而退回到原始状态将会更加幸福的观点,说这个观点“令人惊讶”,竟完全不顾我们为消除痛苦而进行的一切活动都离不开文明的创造物这个基本事实。但他承认,许多人这样敌视文明也属事出有因,那就是:基督教劝人蔑视世俗生活,人们观察到

了原始人享受着文明人得不到的幸福,近来又发现神经症乃起因于文明强加给人的种种挫折,特别是科技和生产力的大发展并未给人带来预期的幸福而引起的失望。他还指出,仅靠肯定文明也给人带来了某些幸福,例如使你可以听到几百里之外的儿子的声音,并不足以消除对文明的敌视,因为敌视者可以说,如果没有铁路我儿子就不会外出几百里,我就根本没有和他通电话的需要,所以文明提供的幸福不过是那种"在寒冷的冬夜,把大腿裸露在被子外面然后抽回来而得到的享受"。在此,弗洛伊德讲出了一个精辟的思想:像上面这样敌视文明或为文明辩护,都是把自己的精神状况强加到被观察者身上,是最主观的方法;幸福是人的感受,在极端情况下人还会有"特殊的精神保护装置",因此我们要把自身,连同我们的需要和感情都置于被观察者的条件中,才能客观地发现他们的幸福或不幸的原因。据此,他认为没有必要去讨论早期人类是否比我们更幸福这类问题。弗洛伊德说,他并非文明的敌人,只是要探究迄今的文明同人类幸福的实在关系,以期建立有利于我们的幸福的文明模式(P.30~31)。

接着弗洛伊德给文明作了一个定义式的表述:"文明(zivilisation)这个词是指所有使我们的生活不同于我们的动物祖先的生活之成就和规则的总和。"他还列出了文明的四种具体形态:其一,"一切有助于人类改造地球使之效劳于人类生活的活动与资源"。这里他很正确地指明"文明的最初行动是使用工具、控制火和建造房屋",还说工具是改善人的运动器官和感觉器官,照相机等是人类记忆能力的物化。其二,美、清洁和秩序。这三者属于文明,是因为文明不仅有实用性,还有其他因素。"文明不仅仅包括有用的东西。"其三,较高级的精神活动。这是指宗教体系、哲学沉思和人的理想。"承认在人类生活中思想具有指导作用,是对文明的最好的概括。"其四,"调剂人际关系以及人的社会关系的方式",即社会制度和行为规范等(P.31~38)。《文明及其缺憾》对这四种文明形态都做了或详或略的论述,但重点是第四种。可以认为,这本书名中的"文明"是特指这种文明形态的。

文明同人的幸福或者说同人性究竟是什么关系呢?弗洛伊德认为,回答这个问题要从文明最初产生的根据即必然性着手。这里的外部必然性就是"劳动的强制性"(P.44)。人在自然面前是一种软弱的动物,靠个体的力量简直不能生存,要联合起来进行劳动以改造自然才能活下去。当原始人认识到这一点后,"其他人和他齐心协力还是与他作对,对他来说就再也不是一件无所谓的事了"(P.42)。但是,如果让体格强壮的人根据他个人的利益和本能冲动来决定人际关系,就不能达到公正,人们就联合不起来。所以人们的联合以克服个人擅自行动为前提,要求"团结一致对付一切个体",只有这样,共同的人类生活才有可能。所以一方面,"文明的第一个结果就是数目相当可观的一部分人能够生活在一个集体中"(P.44),"个体的力量被集体的力量所代替是文明发展中最具有决定意义的一步"(P.38),另一方面,文明的这个产生根据、原因就表明它是以牺牲个人自由为代价的,它首先的要求是公正,"以渴望自由为形式表现出来的东西是人类对现有不公正的反抗"(P.38)。这种反抗可能促进文明的进一步发展,即创造更新的文明形式,也可能指向文明本身。由于人总有自由的要求,所以调节这个要求与群体的文化要求之间的矛盾,亦即个人与集体的矛盾,构成了人类活动的中心任务。最终能否找到一种特定的文明形式,使得这个调节给人带来幸福,就关系到人类的命运。

文明产生亦即人们结成集体的内部根据是爱的力量。这爱最先只是性爱,它是使人联合的力量,因为它使男人不愿离开自己的性对象,女人不愿失去自己的孩子。所以人类早就有组织家庭的习惯,不过原始家庭中父亲可以随心所欲地行动,也就不具有文明的基本特征。有些人,由于素质特殊,在爱的活动中发生了广泛的精神变化,为了避免生殖的爱造成的不稳定和失望,其性本能转化成一种“目标受到控制的爱”，它延伸到家庭成员之外，就是“友谊”。这样，从前疏远的人们之间也建立起了联系，文明最后得以产生（P.44～46）。不过，文明的产生虽然有深刻的必然性，标志着人类的进步，但却是对人性的压抑，这可以从文明对待人的本能的态度上看出来。

先看文明对待性本能的态度。文明与爱之间的裂痕是不可避免的。这首先表现为家庭与个人所属的更大的集体之间的冲突，家庭成员间关系越是紧密，它就越不能容忍其成员进入一个更广泛的生活圈子。其次是妇女很快站在文明的对立面，因为创造文明的工作日益成为男人的事以后，妇女们发现自己的地位降低了，男人们也疏远了她们。第三，文明服从的是效益原则，要求人们尽量从性欲中节省心理能量，因而它形成的禁忌、法律和风俗必然意味着对性本能（sex instinct）的限制和压抑，使它作为快乐情感的来源在实现人生目的中的地位大为降低。可见文明虽植根于人的自然本能——爱，其发展却是以性满足的牺牲即对性本能的压抑为代价的（P.48～50）。

弗洛伊德认为，在文明同本能的对抗中，一定还有某种更深刻的因素在起作用，分析基督教的道德黄金律——“爱人犹爱己”——这个文明社会的理想要求，必定可以找到这个因素。我们为什么要爱邻人——一个陌生人呢？显然，我们简直找不出必须去爱他的理由，却有充足的理由怀疑他对我们的敌意，因此我们只可能讨厌他憎恨他。可见这条道德要求的含义实际上：“恰恰是由于你的邻居不值得爱，而且相反，他是你的敌人，因此你应当爱他像爱你自己一样。”（P.56）于是弗洛伊德推论说：我们对他人的想法和他人对我们的想法是一样的，所以我们对他人怀着敌意，证明着在人的本能天赋中固有一种进攻性，对同类的关心对人来说乃是一种异己的东西，“人对人是狼”。人固有的进攻本能（angriffsinstinkt）与文明的目的和要求——把人们联合为一个有效合作的集体,在方向上正相反,而"本能的情感要比理智的利益强得多",所以文明社会永远存在着崩溃的危险。就因为如此,"文明必须尽其最大的努力来对人类的进攻本能加以限制,并且运用心理的反作用结构来控制它们的显现"(P.57)。"爱邻如爱己"就是作为心理的反作用结构而产生的,"这一圣训的合理性实际上在于这样一个事实,即没有其他东西像它这样强烈地反对人类原始的进攻天性"(P.58)。由此可知,进攻本能"这一倾向构成了文明的最大障碍"(P.59)。但文明的努力不会有多大成效,因为人不能不满足进攻本能,"没有这一满足,他们就会感到不足"(P.59)。通过爱把人团结在一起,也要以存在着可以承受进攻的人为条件。就是基于这个原因,文明的团体总是用设置敌人的办法来调动和加强自己的内聚力。可见,文明的发展还要以对进攻本能的压抑为基础。

讲完文明与人性的上述关系之后,弗洛伊德专用一章(即第六章)来清理他的本能理论,最后把保存个体与族类的两种本能概括为生本能(lebensinstinkt),并假定一个死本能(tods - instinkt)与之对立,前述进攻本能就是死本能的主要表现。生本能是爱和建设的力量,死本能是恨和破坏的力量,所以他又将文明进化的含义概括为"显现着爱神和死神、生存本能和破坏本能的斗争","可以简单地描述成人类为了生存的斗争"(P.70)。

三、良心是超我的功能,人类将不堪内疚感的折磨

文明是如何具体实施对人性的压抑,使得人的行为朝向它的目的和要求的呢?《文明及其缺憾》的最后两章讨论这个问题,其回答可以概括为:文明让个人的进攻性转向内部,即在个人心中建立一个力量,它以良心的形式,"像一座被占领的城市中的驻军一

样”监视着个人的进攻愿望(P.72),个人只要做了坏事或仅仅萌生做坏事的欲念,它就通过内疚感来让人产生一种对惩罚的需要,并自己惩罚自己。弗洛伊德把那个转向人心内部来对人施行监督和压抑的力量看作是人格的一部分,称之为超我(ueber - ego)。良心(gewissen)是超我的一个功能,“这一功能包括监视自我的行为和意图以及对之加以评判,施行潜意识的压抑”;内疚感(shuldgefuehl)则是严厉的超我和受制于它的自我之间的紧张关系,即“自我对于这样被监控的感觉”。弗洛伊德的全部论述主要围绕内疚感展开,所以了解他关于内疚感的本质和根源的说法,是把握他的上述回答的关键。

弗洛伊德说,一个人做了坏事会感到内疚,这当然说明他认识到了不应该做那件事,但这个认识不是由于人天生具有辨别是非的能力。坏事对自我并不有害,相反,可能正是自我欲求和欣赏的东西。这里必是一个外部影响在决定事情的好坏,人也必有一个服从这个外部影响的动机。这个动机就是个人“对丧失爱的惧怕”,坏事就是“使个人受到失去爱的威胁的事物”。正是由于做坏事意味着这种威胁,所以人做了坏事就会产生对这种威胁的焦虑(angst),“一种人们因此而寻找其他动机的不满足感”。这就是内疚感。在孩子,怕失去的爱只是父母的爱;在成人,“父亲的或双亲的位置被一个更大的人类集体所替代”。最初,人怕的只是坏事被发现,只要确信不会被发现,仍习惯于允许自己去干能带来享乐的坏事;到后来,能给予爱又能施行惩罚的外部权威内化为超我了,做坏事和想做坏事就没有了区别,因为一切都瞒不过人自己——他的超我,此时就达到了良心的较高阶段:内部的超我代替外界权威来对本能施行压抑而成为内疚感的主要来源,由于人的本能欲望决不会完全消失而又决瞒不过超我,严厉的超我就必定总是“使邪恶的自我遭受同样的焦虑情感的折磨,并且寻找着通过外在世界来惩罚自我的机会”(P.74)。因此,这个阶段上的良心还呈现出新的特点,那就是"一个人越是正直,他对自己的行为就越是严厉和不信任,所以最终恰恰是这些最圣洁的人指责自己罪恶深重"(P.74)。据此,弗洛伊德挖苦地说:"这意味着美德丧失了一部分应得的奖赏;驯服和节制自我并没有获得它的忠实朋友的信任,它获得这种信任的努力看来是徒劳的。"(P.75)

弗洛伊德还从人的种系发展中寻找到了产生内疚感的先天原因——人的"天生的气质的因素",这就是他所谓的俄底普斯情结(oedipuskomplex)即恋母仇父情结,在原始人那里表现为对父亲的既爱又恨的矛盾心理。他是这样推论出来的:一个人因做错了事而产生的内疚感只同已经做过的行为有关,更应称为悔恨,并且以他先就有了的良心为前提。那么尚未形成良心的原始人弑父[①]之后的悔恨是从哪里产生的呢?只能解释为这是他们对于父亲的矛盾心理的结果,即"在他们通过进攻行为满足了他们的憎恨之后,他们的爱就会在对这种行为的悔恨中涌现出来"。这种爱还用模仿父亲的自居作用建立起超我,由于反对父亲的倾向在以后的世世代代中反复出现,内疚感也就一直存在了。所以"内疚感是矛盾心理的斗争的表现,是爱神厄罗斯和破坏或死亡本能间的永恒斗争的表现"(P.82)。考虑到人类集体最初采用的是家庭这一形式,这个冲突就必定也表现为恋母情结的方式。家庭扩大后,"起初只与父亲有关的事情就在与集体的关系中得以完成"。弗洛伊德于是作出结论:如果说文明是从家庭向整个人类社会发展的必要过程,那么,"文明将不可避免地与日益增长的内疚感紧紧地联系在一起,而且内疚感也许将加强到一个难以忍受的程度"(P.83)。

---

① 弗洛伊德认为最早的人类集体由一个原始父亲统治着,他独占快乐,压迫和剥削儿子们。后来儿子们起来反抗,杀死并吞噬了父亲,建立起新的兄弟宗族统治,社会进入文明阶段。

"像行星在围绕一个中心星球公转的同时,也围绕着自己的轴自传一样,人类的个体在参加人类的发展过程的同时,也在走着自己的生活道路。""在每个人身上,追求个人的幸福和努力与别人联合这两个需要一定在互相斗争"(P.92),人类文明过程同个体的发展过程明显有着重要的区别,但是,二者又是类似的,前者可说是后者较高等级的抽象。这表现为人类集体也形成了一个"文化超我","它是建立在伟大的领袖人物的人格所留下的影响基础上的",与个人的超我在起源上类似,同时它也有严厉的理想要求,人不服从它们也会产生"良心的恐惧";特别是它的戒律同个人超我的要求是一致的,就因为有这种一致,我们能在文化集体中较容易地发现个人超我的真正要求;这些要求主要保持在潜意识(unbewusstheit)中,自我只在受到超我的进攻(即指责)时才感到超我的存在。

文化超我的要求是"以伦理学为名"组成的,因此伦理学探讨的实际上是"在每一个文明中都可以很容易地认识到的人类最痛苦的苦境"(P.94),应作为一种治疗的尝试,像我们治疗神经病人的方法是反对他的超我以降低其要求一样,也要反对文化超我的伦理要求,因为它无视人类精神结构的实际,以为人的自我能够无限制地控制本我,向人提出了过多过高的要求,使得本我无法忍受起而反抗,或引起个人神经症,也可能使整个社会都患上神经病。"如果对进攻性的防备可能引起像进攻性本身所引起的那么多的不愉快,那么进攻性对文明来说是一个怎样有力的障碍啊!"(P.95)据此,弗洛伊德委婉地借他人之口说,文明对人类并无太大价值,"整个努力不值得这样劳民伤财"。他这样表白自己的意见:"对我来说,人类的决定性问题在于,他们的文化发展能否并在多大程度上控制住他们的进攻性和自我破坏本能对他们集体生活的干扰。从这方面看来,也许恰恰是现在这个时代应受到特别的注意。人类已经在很大程度上取得了对自然力量的控制,以致他们可以借助于自然的力量,毫不困难地进行自相残杀直到最后一个人。他们明白这一点,目前的不安、痛苦和焦虑的心情大部分就是由此产生的。现在我们期待着两个'天神'之一的爱神厄罗斯将会维护他的权利,与同样永恒的对手死神进行不懈的斗争。但是谁能预见何者成功,并且结果怎样呢?"全书就以这段话结束。

通观《文明及其缺憾》的内容,应该说弗洛伊德对人的心理的观察是十分细致的,许多思想深刻独到,为我们认识人类文明提供了新的视角。所以,此书不失为一本社会学、人类学和伦理学名著。关于本书的基本观点——文明的发展意味着对人性压抑的增强,我们想指出两点:第一,弗洛伊德得出这个结论,是因为他把人性归结为人的动物性本能,又把它抽象化和永恒化了,要是把人的社会性看作基本的人性,又承认它也是发展的,可能要反过来把这里确实存在的压抑视为人性对人身上非人性东西的压抑,故而崇高的道德正是增进人作为人的幸福的力量。第二,他似乎也把文明凝固化、抽象化了,即把因物资匮乏而确实需要人节省更多的心理能量用于生产劳动这个特定历史阶段上的文明同人性的关系,当作人类文明同人性关系的本质,以致对于人类能够创造一种非压抑性文明失去了信心。但我们当然应该有这个信心。因此,必须把本书放到弗洛伊德整个理论中去进行评价。事实上,像对整个弗洛伊德理论一样,学术界和读书界对《文明及其缺憾》也是褒贬不一的。

(张国珍)

石 里 克

伦理学问题* (1930)

莫里茨·石里克(Moritz Schlick,1882—1936)是知名的德国哲学家和科学家,逻辑实证主义维也纳学派的创始人和领导者。他出生于柏林一个贵族兼工厂主家庭,从小就对数学和自然科学有着强烈的兴趣。中学毕业后进入海德堡大学、洛桑大学和柏林大学攻读物理学,1904年在著名物理学家普朗克指导下完成博士论文并获得博士学位。从1910年起,石里克开始在罗斯托克和基尔等大学任教,1922年应邀到维也纳大学担任马赫生前主持过的归纳科学哲学和历史讲座教授,曾两度赴美作访问教授。1936年,他被一个法西斯主义的拥护者枪杀,时年55岁。石里克的主要哲学著作有《普通认识论》(1918)、《哲学的未来》(1932)、《自然哲学》(1948)和《石里克哲学论文集》(两卷)。石里克特别关心人生道德

* 原书名为PROBLEME DER ETHIK。本文根据中译本《伦理学问题》(张国珍、赵又春据英译本转译,北京,商务印书馆,1997年)撰写。

问题,在28岁的时候,他就写了探讨人生问题的小册子《生活的智慧——试论如何获得幸福》,1927年又发表了论文《论生活的意义》,1930年出版了《伦理学问题》,这是石里克的道德哲学专著,以视野广阔和立论新颖、富有创造性著称于世。

一、伦理学是一门科学

《伦理学问题》第一章第一节开宗明义地点明,本书立论的出发点是:伦理学是一门科学,即是一个由真命题组成的知识系统,其目的是追求真理。因此,它主张伦理学只是要发现道德规范并加以解释,而不是制定规范和将它们运用到生活中去,若是后者,伦理学就不是科学而是道德说教了;伦理学在研究道德问题时要坚持客观性原则,对研究对象只能有认识上的兴趣,不能有人情上的偏爱,只进行科学分析而不诉诸读者的情感和德行,否则,伦理学家就变为道德家和传道士了。

伦理学的对象领域极为广泛,但可以概括为关于"善"(gut)的问题。所以善是最高的伦理学范畴,以致可不可以定义和如何定义善概念,历来是伦理学中争论最多最大的基础性问题之一。由于伦理学是一门科学,因此它只应力求理解善,即获得关于善的知识,而不是产生善,即赋予善以实在的内容。

善概念虽然不能严格加以定义,就像不能严格定义"绿"一样,但是,仍可以通过两种方式确定善的特点,从而等于给出了它的定义。一是指出善的形式上的特点,那就是"善总显现为某种被要求或被命令的东西;恶则显现为某种被禁止的东西"。[①]要求总是由有要求的人提出来的,所以道德的创造者也是给定了的。就是因为被认定为道德创造者的人不同,才有了不同的伦理学——在神

① 石里克:《伦理学问题》,中译本,第18页。下引此书,只标页码

学伦理学,道德创造者是上帝;在功利主义,是社会;在幸福论,是积极的自我。在康德那里,道德没有创造者,所以他的道德要求叫绝对命令。二是指示善的实质的即内容上的特点。这又是什么呢?“如果我们知道了善是所要求的,我们一定还会问:那么它实际上要求什么呢?为了回答这个问题,我们必须转而研究提出要求的人,并去调查他的意愿和欲望,因为他的欲求的内容正是他所期望发生的事情。”(P.19)由此可知,善的实质在于那实际上所要求的东西,不同的要求之共同点就是善概念的真正的内容。据此进而可以得出以下结论:

1. 道德规范和道德原则是“善的”行为或“善的”意向的共性

善行是被要求的行为,一组善行的共同特性就构成一条形式规则:某个行为具有这种特性就叫做善行。这一规则也就是道德规范,它是对事实的描述,只是告诉我们,一种行为或意向实际上被叫作善,即被赋予道德价值,其条件是什么。把如此得到的不同规范加以比较,按不同级别也就是彼此的隶属关系加以排列,那居于最高层次的规范就会适合于人的一切行为,表达的就是善的最普遍的本质,因而被称为道德原则。

2. 把规范科学和事实科学对立起来是错误的

因为伦理学作为规范科学,它证明某种行为方式是道德的,也就是指明它符合某个规范(norm);较低规范本身的正确性则用较高规范来解释。因为这种证明和解释完全是相对的,所以作为道德原则的最高规范再不能这样来证明,它的正确性只好当作有关人类本性的事实承认下来。所以规范的正确性终究是以事实为根据的。因此伦理学还要研究规范的起源,研究实际的东西,必须同时是一门关于事实的科学。“在对伦理学的任务具有决定作用的各种主张中,这是最重要的主张。”(P.27)

3. 伦理学寻求因果解释

道德原则不能再归结为其他伦理规范了,也就是再不能从道德上加以证明了。如果还要进行证明,就要把道德上的善看作是一种更一般的善的特殊情况。这是可能的,因为实际上,"善"这个词也在非伦理意义上使用[①]。但这样进行下去最后还是会达到无论如何也不能再行证明的最高规范。所以必须说,需要和能够加以解释的其实不是规范、原则或价值,而是从中抽出这些东西来的实际事实,亦即人的意识中给出规则、进行评价的心理事件,从而所谓解释不过是寻找那个心理过程的原因。关于善的科学知识所涉及的就是这个原因,伦理学的任务就是用这个原因解释道德判断。总之,"规范理论是问:'是什么在实际上充当着善行为的标准?'解释性伦理学则是问:'为什么要用它作为行为的标准?'"(P.31)于是又必须说:伦理学的方法就是心理学的方法。这难免会遭到质问:这样一来,伦理学岂不是心理学的一个部分了? 对此,石里克的回答是:"为什么伦理学就不应该是心理学的一部分呢?"

二、人的行为动机是获得最大的快乐

一般说来,伦理学涉及的只是人的"决定"。就是说,人的大部分活动都不过是对于某种确定刺激的反应,经常不被人意识到,故而就其自身而言,是超出善恶之外的;只有起因于人心、体现了自觉意识之决定的活动,才涉及活动者的人格,从而成为道德评价的对象。这种活动就是所谓意志行为。显然,仅当许多刺激同时起作用,并且它们作为推动人活动的不同动因相互抵触时,才会产生意志行为。直接推动个体活动以达到一定的目的,表现为兴趣、爱好、意图、信念、理想等多种形式的内部动力,就是人的行为动机

① 西语中"善"为[英]good,[法]bon,[德]gut 等,其原意为"好",所以不仅可以指谓人和人的行为,也可以指谓物。

(motiv)。所以意志行为是动机冲突的结果,亦即最后获胜的那个动机的外部行为表现。在动机冲突中,一种动机获胜或者投降,是由什么决定的呢?这个问题的答案也就是对人类行为动机是什么的回答。

上述问题的答案其实是一目了然的:几个动机相互冲突时,人必是朝着获得最大快乐(der groesste gefallen)的方向行动。就是说,每个动机,也即意识的每一项内容,都具有一定的色调(ton)。色调极其多样,但可以区分为最广泛意义上的"快乐的"和"不快的"两大类。"意志的决定是在最大快乐的期望目标的指引下按下面的方式作出的:在作为动机起作用的各种观念中,最终具有最大快乐情调或具最小不快情调的观念会占上风,于是相应的行动就明确地决定下来了。"(P.42)石里克认为这是一条规律,并称之为动机形成律(motivierungsgesetz)。

最大快乐和最小不快这两个概念,当然是假定了对情感可以作量的比较,但这个前提可以成立吗?石里克说,虽然不能计算快乐和痛苦的和与差,但我们仍然可以从"快乐价值"或"动机强度"方面,对各种思想的情调进行比较。事实上,人们就常常说:"我宁愿做这件事而不做那件事。"可见当a和b两个目的在某人心中交替出现时,他尽管不能直接对二者的情调作出衡量,但总能肯定由a变到b是不快的,而由b变到a是快乐的。因此就可以说也必须说,相对于b而言,a是快乐较多或不快较少的观念,相对于a而言,b则恰好相反。所以在同时出现的许多动机中,是能够区分出吸引力最大或乏味最少的目的的,离开这个目的而转向其他任何目的时,总要同时抑制痛苦。这个目的就会居于意识的中心,"把行为吸引到自己这一方面来了"。

动机形成律如果真是人类行为的普遍规律,那该怎样解释人的牺牲精神呢?特别是,岂不要否认有真正的英雄行为?对于这种质问,石里克回答说:自我牺牲和殉道者的英雄行为,只是表面上看有违动机形成律,其实只是非常的条件改变了通常所谓的快乐和不快的情调,因此自我牺牲的决定仍是某种占优势的快乐所推动的,尽管常常同时带有痛苦,因为人决不可能渴望一种绝对不快乐的东西,而且渴求本身中就总是包含着快乐。例如,一个教养好的孩子的确想吃大蛋糕,却宁愿选了较小的一块,那一定是当时的情况使他心中发生了一些在通常情况下不会发生的联想(如父母的表扬或批评,小伙伴的高兴或失望等等),这些联想所具有的情绪色调使得有关动机原先的快乐价值完全改变了,以致选择较小蛋糕的观念具有了最大的快乐。"决不会有人相信,一个孩子仅仅因为他更加喜欢较大的蛋糕,所以才选择了较小的蛋糕。"同样可以这样分析英雄行为,"一个人,如果他为一项事业而斗争受到了极大的鼓舞,竟至愿意接受任何迫害和凌辱,那么他就会怀着极其高尚而纯洁的欢乐之情去实现他的理想,以致无论是会遭受苦难的思想,或者是这些苦难将会给他造成极大痛苦的思想,都一点也不能超出他的理想之上。因为痛苦而放弃自己的目标,这个思想对于他来说,是比痛苦本身更加难受的"(P.48~49)。应该说,这个说法不但符合实际,而且是深刻的和富有道德教育意义的。

石里克还指出,有人说殉道者敢于牺牲是因为他们希望或相信能在彼岸世界获得报偿,并这样来把他们的行为纳入动机形成律,这是不正确的。因为从来就有并不信教而只是关心此岸世界的殉道者,而且完全没有必要把占主导地位的快乐观念硬看作是关于个人自身状况的观念。经验告诉我们,一个正常情况下的痛苦经验,在特殊情况下可能变成快乐的,反之亦然。所以任何人可以抱任何一种目的,但这并不表示目的同快乐色调无关,而仅仅说明任何目的都可能成为快乐的。因此,要把关于一种状况的快乐观念和关于一种快乐状况的观念区别开来,动机形成律涉及的只是一个观念是不是快乐,而不是它是否为关于一个快乐的东西的观念。"快乐观念"和"快乐状况"这二者的"快乐"之"认定者",即快乐情感的主体是不相同的,如果二者同一,上述区别就纯粹是概念的、字面的,没有实际的意义了。

石里克还说:“每一种宗教,每一种教育制度,每一种公共机构除了努力使关于其所欲实现的目的的观念尽可能地快乐、关于非其所欲实现的目的的观念尽可能地不快之外,都再也找不到其他的方法来影响人的行动了。”(P.52)这被认为是对他发现的动机形成律之普遍有效性的最好的承认和证明。

动机形成律似乎不足以用来区别善与恶,或者说道德与非道德,特别是,肯定人的一切行为都出于求快乐的动机,岂不是宣扬利己主义了?《伦理学问题》设专章解释了这个问题,在其中石里克强调,行为如果是按动机形成律发生的,那么就完全不是具有道德责难意义的利己主义(egoismus)。事实上,决没有人会把那种行为,例如因为使别人满意而自己觉得高兴所引发的行为,也称作利己主义。可见满足冲动、追求快乐本身决不是利己主义,我们用具有道德贬义的利己主义责备某人,其实不是责备他具有某个追求快乐的冲动,而是责备他竟未能让他本来也可以有的另一种冲动去压抑那个冲动,以致正是那个冲动唤起了他的行为,而该行为是我们所不愿意发生的。那另一个冲动是什么呢?那就是“社会性冲动”,即由对于他人行为方式或状态的想象所直接引起的快乐或痛苦的情感,也可以叫利他主义(altruismus)冲动。可见缺少利他主义爱好,即不为他人着想,对他人漠不关心,才是利己主义的本质特点。因此不可以一般地把基于求快乐动机的行为都指责为利己主义。由此还应得出一个进一步的认识:从道德上谴责一个行为,总是表示希望那个行为不发生,从而也就意味着关于那个行为的观念是不快的。所以为什么要反对利己主义的问题,也就是利己主义行为的观念为什么使我们不快的问题。这里的答案显然是:别人的自私、利己主义会直接引起我的痛苦。因此,“对于行为方式和行为者的评价不是别的,只是人类社会对那些一般说来是由行为方式和行为者所造成的快乐的和痛苦的结果作出的一种情绪上的反应”(P.75)。

三、善是社会认定为有用的东西,快乐是价值的标准

石里克说,当今流行道德的特点在于要求抑制个人欲望,反对利己主义,为他人着想,是“以要求为特征的道德”。论证这种道德的伦理学是“自我克制的伦理学”(die ethik der selbstbeherrschung)。在古代经典时期(即古希腊罗马时期),道德的主题却不是“要求于我的是什么”,而是“我必须怎样生活才能更幸福”,那时的道德是“以欲望为特征的道德”,伦理学是“自我实现的伦理学”(die ethik der selbstverwirklichung)。但这两种道德体系并不彼此相悖,就是说,它们对同一行为作出的道德评价常常是一致的,二者的本质区别仅在于道德评价的出发点不同,即各自的善概念不一样:在古代,善广义地泛指一切所欲的亦即带来快乐的东西;在今天,善是狭义的,专指人类社会之所欲,对于个人可能是一种异己的欲望,即带来痛苦的东西。所以古代伦理学是快乐论(hedonismus),现在变成义务论(deonthologie)了。但从这方面看,二者之间仍然不是对立的,因为道德要求或责任,归根结底要追溯到个人的快乐或痛苦情感,舍己常常是达到目的的必要手段,自我实现的道德也必会提出舍己的要求。古典作家们确实没有探究道德善之区别于一般善的特殊本质,未能指出善这个词只在指称人的决定同时又表达了社会对这一决定的某种赞许时才具有道德意义。换言之,有道德的也就是表达或符合人类社会的欲望的。

按照以上关于道德的观点,石里克的伦理学似应归入功利主义一派,但石里克特地交代说,传统的功利主义认为,“善就是给社

会带来最大的可能的幸福的行为”,这不但是要求每个人把最大多数人的幸福作为自己行为的最终目标,而且是用行为结果去评判行为的道德价值,而他对于善的看法的关键之点,只在把社会向它的成员实际提出的要求作为一个事实表达出来,并且主张道德评价的对象仅涉及人的决定,因此,他同功利主义之间有着并非无关紧要的区别。他还分析说,每个行为的结果简直无数,极小差别的行为产生的结果可能有极大的差别,“最大多数人的最大幸福”更因无从作量的比较而显得是没有意义的语词的连缀,所以功利主义的公式是完全不中用的。

石里克还指出,要证明他对于善的理解,当然还要证明道德评价是随着人类社会结构的变化而变化的,而“实际情况正是如此”。在分析了许多实例后,他得出三点结论:(1)“善”这个词的意义是由社会舆论决定的,社会是制造道德要求的立法者。(2)社会决定善概念的内容的方式是:把凡是它认定为有助于它的幸福的行为方式,而且只把这些行为方式,归到善概念的名下。(3)“社会确立道德要求,仅仅是因为这些要求的实现在它看来是有益的。”就是说,“善之所以为善,仅仅是因为它被社会认为是有用的”(P.90)。

根据自己的善概念,石里克反驳了客观价值论和绝对价值论,认为一个对象的道德价值,乃在于它能使某个感觉主体产生快乐的或痛苦的情感,“价值(wert)无非是价值客体的能够引起快乐的那种潜在的可能性的名称”,“世上要是没有快乐和痛苦,也就不会有价值,一切都成了无价值差别的了”(P.109)。因此,价值就其基础、标准而言,是主观的,企图离开人的情感而从客观事实本身中去寻找价值的特征,这种客观价值论是错误的;价值就其作为同人的情感相联系的东西而言,是相对的,那种认为价值独立于人而存在的绝对价值观完全不切实际,康德的绝对的应当是个空洞的概念;价值命题其实告诉我们很重要的东西,并不是同义反复的命题。《伦理学问题》第五、六两章就是集中论述这些观点的,其中最值得注意和引人兴趣的是以下两点：

(1)价值的主观性和相对性仅局限于上述规定的意义，即仅指价值的存在依赖于人的情感，因而二者是同义的，都是指价值的主体性，而不是说主体可以随意宣布对象有无价值。只要特定对象同特定主体的特定关系确定了，主体评价时所经验到的快乐或痛苦就是某种绝对的东西，对象的价值也就是绝对的、客观的事实性存在。

(2)人们反对把快乐看作衡量价值的尺度，根据是并非每种快乐都有价值，痛苦也不是完全没有价值。这里论据是真实的，但不能成为否定快乐是价值之唯一尺度的充足理由。因为，第一，快乐有变成不快的倾向，这是广义的教育所造成的结果。就是说，人想做的事总是带来快乐的事，但一切教育都是要改造人，它为达到目的，为贯彻道德原则，就努力抹去某些观念所带有的快乐色调，使之显得卑劣，“名声不好”，以致有些快乐被认为没有价值了。同时，道德教人相信为最有价值、最为崇高伟大的生活，总不是同最大快乐联在一起，恰恰相反，常是同巨大牺牲、痛苦相伴，这就又从另一面强化了快乐无价值的观念。第二，仔细观察就可以发现，受苦所具有的那种价值是根据它在多大程度上作为达到快乐目的的手段而相应地增减着的，所以它的价值并非其本身所固有，而是把对于目的的评价引申到对手段的评价而产生的。

四、伦理学的基本问题是“人为什么会合乎道德地行动”

最后两章讨论自由意志和责任以及伦理学基本问题。石里克说，关于意志自由(willensfreiheit)的问题完全是一个虚假的问题，花很多心思讨论这个问题，“真可说是哲学上的一件最丢人的事”。

自由仅意味着同强制的对立,一个人的行为如果不是被迫的,他就是自由的,就要对自己的行为负责任。责任总与惩罚相联系,责任感意味着自愿接受行为不良后果带来的惩罚,因此以承认行为是我"独立的"、"根据自己主动精神"而作出的为基础,而这就是对自由的意识。可见自由仅在于不受强制,同缺少原因完全不是一回事。实践中决不会有人想到要怀疑因果性原则,我们总是知道如何从我们同伴的性格中找到他们行为的原因,也能根据对他们性格的了解预测他们未来的行动。"没有人能够证明决定论(determinismus),但是我们肯定能够假定决定论在我们全部实际生活中是有效的,特别是我们之所以能够把责任概念运用到人类行为上来,也仅仅是由于因果性原则适用于意志过程。"(P.141)

是什么导致人们把自由同决定论对立起来呢?是因为存在着两个混乱。在语言中,规律、法则有两个含义,一指国家规范公民行为的准则[①],二指自然科学中的公式。前者常同公民的自然欲求相抵触,带有强制性,后者只是对某物如何活动的一种实在的描述,一点谈不上对它的强制。但二者都常以公式来表示,于是人们一般地以为规律都意味着强制了。由此又引出另一混乱:尽管自然规律并没有预设一种相反的愿望,它只具有普遍有效性,但在拟人地把它设想为强制的命令之后,就又会给它以必然性的含义,而必然性概念来自实践,是在不可避免的强制的意义上使用的。这样就更强化了规律与强制相联系的观点。两个概念的混淆总是包含着同它们对立的概念的混淆,与规律对立的是非决定论,反因果关系,与强制对立的是自由,于是就发生了延续两千多年的谬误,以为自由就是摆脱因果原则,要讲道德责任就要承认人有自由,要反对决定论了。

在上述理解的基础上,石里克提出并试图解决他认定的伦理

---

① 在西语中,规律、法则、法律是同一个词,即[英]law,[法]loi,[德]gesetz 等。

学基本问题,那就是“人为什么会合乎道德地行动”?按照上述动机形成律和善的定义,显然只要说明为什么在社会看来是有用的东西的观念在行为者自己看来也是愉快的,这问题就解决了。对后面这个问题,传统的社会契约论的解释不切实际,因为不是每个人都有那样的推理能力,行为动机更不一定是深思熟虑的结果。把人的伦理上的快乐情感归结为天生的、无需解释的自然冲动也不能解决问题,因为这样归结就不能说明何以有人善有人恶,以及道德为什么会随环境的变化而变化。因此,对上述基本问题不宜做明确的回答,可改换为这样的问题:用什么方式影响人的道德修养?因此,第八章的标题不是对基本问题的表述,而是“通向价值的途径是什么”?为回答这个问题,石里克提出了许多很有意思的观点。

(1)要人道德地行动,根本的方法是使道德行为本身成为快乐的源泉。根据动机形成律,影响人的行为就是要影响人的感情、爱好。社会首先是通过暗示,即赞扬它认定为善的行为来引导人行善,因为“一件事情如果不断受到赞扬,即使不说出任何理由,也可能成为意欲的目标”(P.150)。其次是靠奖赏和惩罚,“这二者实际上就是要使快乐的感情成为遵循所希望的行为方式的结果,而使痛苦成为做了被禁行为的结果”(P.152~153)。但这两个方法只是引发动机的最原始的方法,更强大而持久的动机是由人的社会性冲动(der soziale trieb)提供的。“由于社会的冲动的存在,他人的行为就成了人的快乐和痛苦的直接源泉,这种社会的冲动正如最基本的肉体需要一样,也是一种自然的冲动,并且这种冲动不是以某种间接方式从肉体需要中派生出来的。”(P.146)社会冲动的强化则是通过“实现情感”对“动机情感”的同化来达到的。动机情感是指关于某个状态的观念在我们心中唤起的情感,实现情感则是那状态实现时属于它本身的情感。观察表明,由于不愉快的结果可以被人快乐地加以想象而成为被欲望的东西,所以这二者并不一定一致。但这种不一致不会持久，动机情感终于会变得与实现情感相一致。这就是上面所说的同化。由此可知，社会强化人的道德行为趋向的根本方法，是使德行真正导致行为者的幸福，亦即使德行本身具有快乐的价值。石里克的这个观点，对于指导我们进行道德建设，当是很有意义的。

(2)道德原则应该是“为幸福作好准备”。幸福(glueckseligkeit)常被当作快乐的同义语，但快乐有两种：一种在享受之后不发生变化；另一种在满足之后要再满足一次或再享受别的快乐就困难了，甚至不可能了(例如吸毒产生的快乐)。前一种快乐具有更大得多的“幸福价值”。因此我们可以谈论某种特殊的快乐对“幸福总体”的影响，也就是对于人以后产生快乐情感的能力的作用。石里克把这个能力称为“幸福接受能力”。“在我看来，接受幸福的能力这个观念无论在哪里都一定会成为伦理学的中心问题。”(P.172)社会性冲动不但属于前面所说的第一种快乐，而且最能提高人的幸福接受能力，也就具有最大的幸福价值。“最大幸福情感总是由一种社会性冲动亦即由爱引起的”，“那使别人快乐的趋向，也最可能给自己带来幸福”。因此，美德与幸福之间的关系是：“好人总是比利己主义者更有希望过最快乐的生活，他比后者有更大的获得幸福的能力。”(P.169)由于决不存在能导致所有其他冲动都得到满足的冲动，幸福似乎还同人追求它的热情成反比，所以如果需要一条道德原则，就只能建立在幸福接受能力这个概念的基础上，它可以这样表述：为幸福做好准备。

(3)慈善伦理学优于义务伦理学。近代伦理学中有两种对立观点：一种主张道德价值与快乐、痛苦无关；另一种正相反。前者是义务伦理学，它起因于把道德原则建立在绝对可靠的基础之上的愿望，或者想通过假定道德本身绝对可靠，从而使得道德的基础成为多余的。但不可能有绝对确实可靠的道德基础，义务伦理学最终仅仅满足于声明。后者为慈善伦理学，它使道德更接近人性。

“按照我们的观点,出于义务而做好事的人的道德水平,要低于那些出于倾向而做好事的人。”(P.179)因此慈善伦理学更值得赞扬。

《伦理学问题》出版后,引起西方学术界普遍的关注,被认为是在分析哲学家们所写的众多的道德哲学著作中是鹤立鸡群的。美国出版的《世界哲学宝库》将它作为影响世界最大的 255 部名著之一而加以介绍。当然,书中的具体观点并未都得到公认。

(张国珍)

尼 布 尔

道德的人与不道德的社会* (1932)

莱茵霍尔德·尼布尔(Reinhlod Niebuhr,1892—1971)是当代著名的基督教哲学家、社会活动家,现代新正统基督教伦理学的杰出代表。生于美国密苏里州,其父是路德教会牧师。浓郁的基督教文化氛围,使他从青年时代起就决定献身于宗教事业。他曾先后就读于伊利诺斯州埃尔姆斯特福音会学院和密苏里州圣路易市的伊登神学院,1913 年毕业后,转入耶鲁神学院,1914 年获神学学士学位,次年又获该校文学硕士学位。硕士毕业后在北美福音会出任底特律市伯特利福音会牧师。1928 年起任纽约联合神学院教授。尼布尔一生致力于社会活动和基督教的应用研究,成就斐然。他曾被美国《时代》杂志称为“美国耶稣教中首屈一指的神学家”,

---

* 原书名为 MORAL MAN AND IMMORAL SOCIETY。本文根据中译本《道德的人与不道德的社会》(蒋庆、王守昌等译,贵阳,贵州人民出版社,1998 年)撰写。

被《全美名人百科全书》称为“基督教的革命家”。

尼布尔主要的伦理学著作有:《道德的人与不道德的社会》(1932)、《基督教伦理解释》(1935)、《人的本性与命运》(1941)等。

《道德的人与不道德的社会》是其最重要的政治伦理学著作。全书包括一个简短的导论和十章。在导论中,尼布尔点出了全书的主题,即严格区别个人的社会道德行为与社会群体的社会道德行为,并根据这一区别说明那些总是让纯粹个人道德观念感到困惑难堪的政治策略的必要性和存在的理由。第1~10章的主要论题依次是:个体与社会的关系、理性和宗教在个人道德中的作用和局限、民族利己主义、特权阶级和无产阶级各自的伦理态度、两种实现社会公正的方式(暴力革命和议会斗争)、强制的道德限度、个人道德与社会道德的冲突等。

一、人与社会:共同生活的艺术

在尼布尔看来,人的本性使人生来就具有一种使人与其同伴相处的天然联系,甚至在人与他人相冲突时,人的自然的本能冲动也会促使人去考虑他人的需要。人类历史形成的天然的社会群体创造了一个使人赖以存在的基础,这是人不能脱离的存在。这就使人必须学会在群体中共同生活的艺术。但是社会群体作为个人追求充实生活的“报应”却对个人提出了必然的限制,其核心问题是“人类社会永远不能回避在物质产品与文化产品上存在着的公平分配问题”。

从历史发展来看,由畜牧经济演变为农业经济使社会日趋复杂,这种复杂的社会破坏了狩猎和游牧社会组织中的平均主义和共产主义,从而使以权力的占有为中心的不公正永恒化。在农业文明中,权力占有以军事力量为主,而在今天的工商文明中,权力占有则以经济力量为主。在民主化过程中,政治见解不同同样根植于各种各样的经济利益,冲突的社会力量大抵是通过论坛而不是通过战场去仲裁。但利益的冲突是绝对不可能完全排除的。“一旦意外的情况发生,多数人会通过自己的军事力量来增强这种权力。如果少数人认为自己的经济力量或军事力量强大到足以向多数人的权力挑战,少数人就会从多数人手中夺取国家机器的控制权。”① 因而在尼布尔看来,和平是暂时性的,因为和平是不公正的。社会一直都处于永恒的战争状态。他指出,人类存在了千百年,至今仍未学会怎样在没有邪恶和血污的情况下共同生活。

自18世纪以来,教育家和浪漫主义者认为通过普及和完善教育事业,培养人类的理性精神可以建立起公正的千年王国(millennium)。事实上,仁慈的情感和社会的良知是软弱的。人类精神的悲剧在于人类没有能力使自己的群体生活符合个人的理想。作为个人,人相信他们应该爱,应该相互关心,应该彼此之间建立起公正的秩序;而作为他们自认为的种族的、经济的和国家的群体(community),他们则想尽一切办法占有所能攫取的一切权力。每一个群体,就像每一个个人一样,都具有一种根植于生存本能而又超出生存本能的向外扩张的愿望。只有社会强制才能使个人、阶级、国家达到暂时的统一。因此,强制是人类生活的必需品,不过在不同历史阶段表现不同罢了。随着社会生活的规模增大,强制性增多,社会生活的秩序性和共同感越强,强制方式越文明.但强制也非常危险,它常意味着暴君的出现,从而使社会更加不公正。据此,尼布尔认为,“社会未来的和平与公正不能只依靠一种策略,而是要依靠多种社会策略”(P.17)。这样才能在人与社会的共同生活中实现公正与和平。

① 尼布尔:《道德的人与不道德的社会》,中译本,第4页。以下引用此书,只注明页码。

二、个体在社会生活中的理性资源

尼布尔认为,“由于社会冲突和不公正的根源建立在人的无知和自私上”(P.19),而宗教的理想主义总强调社会非正义的根源是自私而不是无知,因而希望通过纯正的宗教能增加仁慈,减少人类心灵的自私成分。相反,自18世纪和启蒙运动以来的理性主义则认为人的自私是人由于太过于愚昧无知而不能理解他人的需要,或者认为人的自私是由于那些受到自私者侵害的人太过于愚昧无知而不能维护自己的利益以反抗对他们的巧取豪夺,因而他们相信只要增强人类的理性就能够克服不公正。尼布尔认为,这种对人类潜能所作的乐观主义的估价及建立在此基础上的政治理论和实践,只会加重个人道德资源上所犯的错误,无法消除社会的冲突和不公正。

在尼布尔看来,要解决社会问题就必须对人类的本性作出正确的估价。他认为,“人类的本性被赋予了自私和非自私两种冲动”(P.21)。自私的冲动(selfish impulse)根源于人类自然而然地具有的生命能量。这种生命能量总是力图永久地保存自己,并力图按照自己独特的方式来实现自己。它既顽强又难以改变,只能以强制方式加以控制。非自私的冲动(unselfish impulse)根源于人作为唯一拥有自我意识的存在物所具有的理性能力或“自我超越能力”。它促使个人在同环境和其他生命的关系中来了解自己,使自己的生命能量与其他人的生命能量达成和谐,从而产生出“同情”、“责任”和“良心”等道德感。但是“理性不是人身上道德能力的唯一基础”(P.21),它同样存在着缺陷和不足。一方面,人的社会冲动比人的理性生活具有更深的根源。特别是当个体将自己的利己冲动与社会群体的冲动混在一起,或力图证明自己的利己冲动是社会和谐的不可缺少的部分时,理性往往显得软弱,有时甚至为利己冲动提供道德的合法性支持。这样,理性实际上赋予利己冲动以在非理性自然中所缺乏的理性力量,成为利己冲动的面纱或工具,虚伪成了理性不可避免的副产品。另一方面,理性伦理的本质是在自己的利益与他人的利益和社会利益之间寻求平衡与和谐,但是在解决个人与他人和社会的冲突时,理性很难使人真正超越自己的利己冲动,反而总是将个人利益置于社会利益之上。所以理性也是有限的。

理性虽然具有有限性,但它仍是解决社会问题的主要资源。不论它如何有限,理性在本质上既有助于社会秩序,又有助于内在秩序。尼布尔认为理性的首要任务是调和各种自我的冲动,并把各种冲动造成的混乱纳入秩序之中。与此同时,当理性的目光注视整个生活领域时,理性能够分析各种相互关联的力量,以求按社会整体的福利平衡各种力量,以实现社会的公正和有序。社会公正的发展在某种程度上依赖于理性的扩展。理性的发展程度越高,人就越能够正确地评价其他生命的需要,就越能够意识到自己的动机和冲动的真正性质,就越能够协调产生于我们自己生命的冲动与产生于社会的冲动之间的相互冲突,就越能够选择有效的方法去实现我们所赞许的目的。日益增长的理性是日益增长的道德的保障,理性的发展的确能增进人的道德能力。他无疑是人类解决社会问题的不可或缺的主要资源。

三、个体在社会生活中的宗教资源

与理性的理想主义(rational idealism)一样,宗教的理想主义(religious idealism)相信宗教的复兴能够提供一种使人摆脱其社会混乱的资源。这使我们有必要去彻底检讨宗教与道德生活的关系。

尼布尔认为宗教中充满着反省和忏悔精神,这使宗教在人的社会化方面具有压倒一切的影响。反省使人感到在全知全能的上帝注视下,自己以自我为中心的生活是不恰当的。忏悔的感情发展成了一种导致谦卑的持久的动机。这无疑会削弱自私的力量和减轻自私的反社会后果。而从本质上来看,宗教是一种关于绝对的观念,它按照人自己的最高伦理愿望来设想绝对,认为所有的道德成就与此绝对相比都是不完善的。这种超越有限追求绝对理想的虔诚,能激发人的想象力、爱、仁慈、同情,并使之注入到意志之中,形成以仁爱之情为中心的道德生活规范和理想。同时,神的人格和圣洁会增强信仰宗教的人的道德意志,能够约束人的生存意志和权力意志,使人不断地超越自我、追求更高的道德境界。

但是,宗教信仰也有其局限性。首先,宗教的绝对化倾向因过分的理想主义而带来了悲观主义的结果。宗教执着于对天国、理想和神的追求,从而可能导致对尘世、现实和人的否定。这种二元论虽然有助于人类的向善趋向和道德进步,但却可能丧失对人类道德生活的干预能力。尼布尔指出:“绝对的宗教感走得太远,破坏了它所创造的伦理的可能性而陷入穷途末路。”(P.48)一方面,这种趋向表现为禁欲主义。禁欲主义能敏感地意识到存在于自我意志中的恶,但彻底否定了人的生存意志,它不是维护人的本性,而是反对人的本性,因而它在成为宗教中的大善的同时也是宗教中的大恶。另一方面,这种趋向又表现为道德上、社会上和政治上的冷淡态度。个人,特别是社会,被看作完全陷入到人世的罪中,以致在任何道德的意义上都不能获得拯救。对个人来讲,或许能通过上帝的恩典得救,而与上帝之城对立的世俗世界则被交给了魔鬼,因而社会问题被宣布为按照任何伦理原则都不能解决的问题。这种得救于宗教的心灵对社会感到失望,使宗教堕落到自私地追求绝对的地步。

其次,在处理社会问题时,宗教表现出了其又一局限性。宗教通过道德原则的绝对化和超越生活价值的方式激发出爱和仁慈,这一方式容易激励个人,而不容易促进社会的和政治的政策。在日益复杂的社会关系中,需要对社会状况作出精确的计算和复杂的理智分析,这种分析必然挫败仁慈冲动的力量,使爱失去目标。因而尼布尔说:“从个人之间的一般关系到社会群体的生活,其范围越大,关系越复杂,爱的精神在解决这种大范围的更为复杂的问题时表现出来的无能为力就变得日益明显。”(P.60)这是宗教缺乏理性道德的必然。

据此,尼布尔认为,宗教信仰所具有的全部力量绝不可能都用来建设公正的社会。宗教的生命力越强,就越能够支持道德或者危害道德,并且能够通过同样的生命力创造出道德的敏感性同时又败坏道德的效力。这种只企图依靠个人的皈依解决社会问题的信仰,其根源在于启蒙的进步没有消除神学的蒙昧主义。

四、国家道德

17世纪以来的历史表明,国家(state)是所有的人类联合体中的至高无上者。它通常由好几个民族(nation)合并而成,国家内聚力的根本动因是政府的权威。民族是地域的社团,其内聚力来自民族感情和国家权威。国家与民族一方面相互依赖,国家可以超越民族性;另一方面,又相区别,国家常受民族性的局限性。一般来讲,若没有基于共同语言和共同传统的民族感情,政府的权威通常是不能维系国家统一的。

在尼布尔看来,民族的自私是公认的。只有在符合其利益时,民族才是可以信赖的。民族自私的基础和原因,一方面是民族在社会问题上的无知。在各国共同组成的国际社会中,民族间并没有直接的接触,因而缺乏对需要和相互冲突的利益的理解,这样就难以产生同情和公正,所以在建立伦理关系上,人类共同体遇到的困难比个人遇到的困难要大。尽管现代的通讯手段和教育进步所增进的理性增进了国际道德,但缘于自身利益的竞争仍然只能处于相互对立状态。另一方面是民族的伦理态度缺乏理性精神。尼布尔认为,民族是一种肉体性的统一,与其说是由理智维系起来的,倒不如说是由势力和情绪维系起来的。这种靠情绪维系的态度,必然缺乏自我批评的理性精神。"既然没有自我批评就没有合乎伦理的行动,没有超越自我的理性能力便没有自我批评,那么很自然,民族的态度几乎不可能合乎伦理。"(P.71)

民族的情绪化和歇斯底里情结(hysterical complex),形成了爱国主义的道德情感。在尼布尔看来,爱国主义只是激情的产物而不是内在精神的表现。虽然它是个人利他主义的一种高级形式,但它却是民族自私的另一种表现。这就是爱国主义的伦理悖论,即"爱国主义将个人的无私转化成民族的利己主义(national egoism)"(P.73)。爱国主义将个人无法独自满足自己对权力、利益、精神、情感和荣誉的需要,投射到民族共同体中,从而借民族共同体满足其自我扩张自我实现的欲望。"因此民族不仅抑制了个人自私的表达,而且也为它提供了最终的发泄手段。"(P.74)而个人身上的无私和替代性的自私相结合,又极大地加强了民族的自私性。这种自私性,是宗教理想主义和理性理想主义不能完全遏止的。这种情况只有到对阶级的忠诚与其进行有效竞争时,才会有所改变。

五、特权阶级的伦理态度

每个社会都发展了社会权利的不平等,这些不平等是阶级分化和阶级团结的基础。权利的不平等主要是因为权力分配的不成比例,这使不同的人拥有的社会权力和经济特权各有不同。这样在社会中主要根据经济条件形成了"特权阶级"(privileged class)、"无产阶级"(proletarian class)以及介于两者之间的一个由专业人员、职员、小零售商和政府官员组成的“中产阶级”(middle class)。“中产阶级”的地位难以稳定,在阶级所属关系上和社会观点上都是模糊的。

尼布尔认为,“特定阶级成员的社会观点和伦理观点总是为每个阶级共有的独特经济态势所影响,如果不是为其所决定的话”(P.92)。在社会生活中,占支配地位的特权阶级的伦理态度“是以普遍的自欺和伪善为特点的”(P.93)。他们总是将他们的特殊利益等同于超越他们的普遍利益、普遍价值观念,并以平等公正为借口来维护其特权,以证明他们是在为全体利益作贡献。这样使他们比非特权阶级更虚伪。

特权阶级的这种伪善通常采取三种形式:第一,“假定他们的特权是社会对他们有益而荣耀的作用所给与的奖励”(P.93)。他们利用特权所获得的教育优势和行使权力的机会,发展了被轻易归因于天赋的种种才能。同时又剥夺被压迫阶级发展其内在潜力的每个机会,然后反咬一口,伪善地声称被统治的人们具有内在的、先天的缺陷,只有他们才有特殊的智能,适合掌握和行使权力、享受特权。第二,“声称自己在道德上更优越,因此享有特权是正当合理的”(P.98)。他们将工人的贫困归结为懒惰和不注意节俭,将源于特权阶级的行为美化为德性,完全忽视了经济上不平等的现实。第三,“特权集团还总是用其他方法从普遍利益的角度来证明自己的特殊利益是合理的”(P.102)。譬如,他们假设自己拥有特殊的智能和优秀的道德,假设这些东西增进了普遍利益。更受他们青睐的一种方法是,把他们从中受益的特定社会群体与普遍的社会安宁和秩序等同起来,并自封为法律和秩序的维护者和倡导者。他们依靠无形的经济权力和有形的国家警察权力对付那些反对他们的人。

通过对特权阶级道德伪善的分析,尼布尔指出民族自私性有时还包含个人的无私的忠诚,而特权阶级的集团自私性在更大程度上是个人自私性的总和。这种源于社会权力和经济特权的伦理态度,是不能仅靠道德劝诫完成的,社会的不公正仍是一个迫切需要解决的问题。

六、无产阶级的伦理态度

有关无产阶级的伦理态度,在其他章节中尼布尔都有所论述,在本章中他主要分析其哲学基础。

尼布尔认为无产阶级的伦理态度是工业时代的产物,他们在社会政治问题上的态度"最鲜明的特点大概就是道德上的犬儒主义(moral cynisism)与他们不自觉流露的绝对平均主义(absolute equalitarianism)的社会理想主义的结合"(P.115)。这一特点是以马克思的唯物史观和历史决定论为哲学基础的。他认为马克思主义决定论的独特之处在于从中可推出彻底的道德犬儒主义。这一理论将文化的、道德的、宗教的力量归为"意识形态",而"意识形态"不能改变阶级的经济行为。生产资料所有制被认为本身就具有权力,并造成社会的非正义,除了暴力之外没有任何手段能剥夺、限制和摧毁它。他们不重视政治领域中所有的伦理要求和成就,认为现代社会没有任何值得保存的善,并对民主国家、民族主义和爱国主义发出了讥讽式的评价。这是由工人遭受的社会不公正待遇决定的。这种对阶级的赞扬包含了自我中心主义和复仇心的非道德因素,但却向一切貌似合理实则不平等的现象提供了有益而必要的解毒剂。

平均主义的社会理想也一样,它是基于工人的生活状态而对正义社会的一种渴望,它设计出了作为合理的社会理想的社会目标,这无疑是正确的。但它却束缚了个人感情、需求和幸福快乐,忽视自我的存在和利益。它依靠信仰上的许诺,把一切寄托于社会的共同事业和福利。这就不能满足复杂社会和人性弱点的需要。

可以看出,尼布尔受制于阶级性、历史性的局限,并没有了解和认识到无产阶级道德的本质,并对马克思主义作了歪曲。

七、通过革命实现公正

理性的道德家和中产阶级总是假定暴力是不道德的,尼布尔认为这种假定建立在两个错误之上:其一,“相信暴力是恶的意志的自然和必然的表现,非暴力则是善的意志的自然和必然的表现”(P.136);其二,“认为暴力本质上是不道德的”(P.137)。他辩称,既然我们承认强迫因素是符合伦理的,而在暴力强迫与非暴力强迫之间无法划出绝对界线,我们就无法判定暴力是不道德的。非暴力行为同样可能造成巨大的不幸,而暴力用于公正的目的,同样是有道理的。他认为如果一项政策被证明是达到良好道德目标的有效手段,那么它就不可能在本质上是邪恶的。认为暴力本质上是不道德的这一错误主要是因将传统的工具价值与内在的道德价值不加区别地视为同一而造成的。其实并不存在绝对的道德价值,暴力也一样。如果“暴力能建立一套正义的社会制度,并且有可能保存这个制度,那么就完全没有伦理上的理由能够排除暴力(violence)和革命(revolution)”(P.141~142)。问题在于通过暴力确立正义的政治可能性是否存在。

对此尼布尔作了详细的分析。他认为现代社会中农场主和农民的政治态度暧昧,更倾向于保守。中产阶级在其失去文化和经济遗产之前,决不会在政治上降低到无产阶级的地位,出于心理上的考虑,总是力求避免成为无产阶级。无产阶级在现代技术条件下产生了分裂,形成了技术工人、半技术工人和非技术工人,其社会地位各不相同,对政治的态度也有了不同。据此,尼布尔预言,西方文明将在几十年内不会有无产阶级革命成熟的条件。但他又指出，如果爆发大规模的战争，造成社会混乱，那么通过革命建立共产主义的可能性就很大。特别是在像俄国一样的东方农业文明国家内，由于普遍的贫困，这种可能性更大。但通过革命动乱产生的直接后果，未能产生持久公正的结局，则是一个大悲剧。

八、凭借政治力量实现公正

与上章所述的革命的社会主义不同，以考茨基、伯恩斯坦为代表的进化的社会主义者，主张用议会主义(parliamentarism)的进化方法来代替革命，以此达到目标。对此尼布尔同样作了详细的分析。他认为，工人的分化使一些人有了一定的安全感，而并不认为自己完全被剥夺。与统治阶级的策略一样，他们主张将政治力量与经济力量结合起来反抗不公正的社会。但在现代社会随着自动化的发展，工人所拥有的经济力量(主要是罢工武器)不足以维护其自身利益而且越来越软弱无力。因此必须尽可能地发展其政治力量。尼布尔发现，社会主义政党在英、德、法、比及斯堪的纳维亚各国的历史已局部地证明通过议会行动逐步达到社会主义的想法是有道理的。在以政治力量实现公正的过程中，尼布尔认为不能完全依赖理性和良心，必须使用政治压力。特权阶级自然不愿接受对旧的公正标准的改变，但通过政治压力和政治权力的威胁，他们会勉强接受新的公正标准，并最终确立这一标准。

但是，现代社会并未像议会社会主义者所预言的那样，随着资本的集中，工人阶级的数量必然增加。相反，工人阶级不可能单独地成为多数党，为赢得多数，他们必须得到城市中产阶级和农民以及农场主的支持。而这些阶级都片面地从他们自身的经济利益或自己所受的局限性中得出他们的观点。要使他们成为工人阶级的政治同盟是不可靠的，因而进化论社会主义(evolutionary socialism)赢得议会多数的可能性相当小，甚至没有可能。但尼布尔又认为，如果现代社会注定要用渐进的方式对权力与权力、利益与利益进行调整和再调整，以逐渐接近合理的社会理想，那么，政治强迫的非暴力形式比暴力形式更胜一筹。另外，尼布尔还指出，“幻想是必要的，没有它，人们就难以理解某些真理”(P.173)。因为社会的惰性很顽固，如果人们不相信有可能在将来建立一个更清廉更公平的社会，就没有人愿意去经受急骤的社会变革中的危险和痛苦。共产主义正是一种为社会提供了理想目标的批判主义哲学。

通过分析，尼布尔认为在革命的和进化的社会主义之间无法作出完全合理的合乎道德的选择，究竟应采取何种形式，只能取决于人们在传统社会中遭受苦难的程度和社会本身存在的危机程度。

九、维护政治中的道德价值

在政治现实主义者看来，贪婪、权力意志和自私决不可能完全由理性控制，这样强制(coercion)和冲突就被看作拯救社会的必要手段，这也就难以避免不断的冲突和持续的暴政。而道德家们认识不到和平所隐藏的不公正，总认为冲突产生仇恨，仇恨又妨碍利益的相互调整。强制虽可容易地消除不公正，但同样可容易地使不公正永恒化。因此道德家们主张用发展理性和良心来寻找和平。尼布尔认为适当的政治道德必须公正对待双方的见解，应认识到：即使社会合作范围再扩大，社会冲突仍是不可避免的，但要使社会免于陷入冲突的无限循环之中，就要减少强制的限度，使用为道德和理性最相容的强制形式。在强制的使用中，首先要明确“平等公正乃是社会最合理的终极目标”(P.183)。强制被用于这一社会目的时就是合理的，若仅仅服务于暂时的情绪，则应当受到谴责。强制只能是实现道德理想的工具。其次，要发展社会理性，使道德理性学会如何使强制成为其盟友，使强制采取与社会的理性和道德力量最相容的和最少危险的方式。第三,强制应受公正法庭监督的合理控制。虽然此法很难判定强制是用于个人或群体谋取私利还是其他,但它仍然是一种有用的方法。

强制可分为暴力强制与非暴力强制。尼布尔认为,两者的区别不是造成破坏程度的大小,而是暴力有攻击特征而非暴力只有消极特征。两者都对社会生活和财产造成破坏。尼布尔通过非暴力运动的倡导者甘地的活动对非暴力强制作了详细分析,认为非暴力运动有其优点。其一,它可以防止行动者产生愤怒情绪 ,从而在评价纷争中保持合理的客观性。其二,可使对手失去道德的自负。亦即使受攻击的统治集团失去道德上的优越性。总之,非暴力将社会冲突的危险减少到了最低限度,在冲突领域内保持了一种道德的、理性的和合作的态度,并强化了道德力量,为确立社会生活中道德与理性的协调关系提供了最多的机会。这一方法特别适合于处于敌强我弱情况下的群体的需要,但并不能否认暴力的特殊作用。

十、个人道德与社会道德之间的冲突

上述分析揭示了个人道德与社会道德的冲突,这就是社会需要与良心命令的冲突,就是政治与伦理的冲突。这一冲突产生的原因是由于道德生活有两个集中点:一个存在于个人的内在生活中,另一个存在于维持人类社会生活的必要性中。从个人角度看,最高的道德理想是无私(selflessness);从社会角度看,最高的道德理想是公正(justice)。两种道德视野的矛盾虽不是绝对的,但又不是可以轻易调和的。对此矛盾,尼布尔作了分析。

他认为,从个人道德的内在角度看,自私固然是人的本性的必要因素,但在行动中,无私总是被视为最高的道德目标,同情、良心和爱也深植于内在情感之中。宗教道德和义务论者过分强调这一内在超越的因素,而指责强制、冲突和暴力。这一做法只能维护社会的不公正状态。从社会道德的外在角度来看,群体道德上的愚钝使纯粹无私的道德成为不可能,它也没有足够的想象力去接受纯粹的爱和完美的善。现代技术文明的发展,使社会的不稳定状态更为增强,因而使生活的和艺术的完美化受到了限制,这种文明对公正的追求并不能消除利益的冲突和对抗,最多只是寻求机会的均等。

在尼布尔看来,个人道德比社会道德更为纯粹,要求层次更高,而社会道德比个人道德更具强迫性和约束性,两者都有其存在的必要性和可能性。这说明人类既不能以社会不公正为代价来换得个人生活的最高满足,也不能将个人之梯架到天国,只能从不公正的暴政和腐败统治下拯救整个人类事业。他认为,要拯救整个人类,最有效的力量还在人本身,即要用新幻想代替被抛弃的旧幻想。新幻想的特征是要相信人类的集体生活能达到完美的正义。由于幻想是危险的,怂恿着可怕的狂信,因而必须将其置于理性的控制之下。可以看出,尼布尔最终的结论无非是依靠宗教信仰,当然他也推崇强制和理性的作用。

（任建东）

皮 亚 杰

儿童的道德判断* (1932)

让·皮亚杰(Jean Piaget,1896—1980),瑞士杰出的心理学家、生物学家和哲学家,发生认识论创始人。1896 年生于瑞士的纳沙特尔。10 岁时发表第一篇科学论文。1918 年获纳沙特尔大学博士学位,1921 年任日内瓦大学卢梭学院实验室主任,1924—1971 年任日内瓦大学心理学教授和卢梭学院院长,1952—1963 年兼任巴黎大学发展心理学教授。他曾 3 届连任瑞士心理学会主席,曾任法语国家心理科学联合会主席,1954 年任第 14 届国际心理科学联合会主席。此外,他还长期担任联合国教科文组织领导下的国际教育局局长和联合国教科文组织助理总干事之职。为了致力于研究发生认识论,他于 1955 年在日内瓦创建"国际发生认识论中心"并任主任,集各国哲学家、心理学家、教育家、逻辑学家、数学家、语

* 原书名为 JUGEMENT MORAL DES ENFANTS。本文根据中译本《儿童的道德判断》(傅统先、陆有铨据英译本转译,济南,山东教育出版社,1984 年)撰写。

言学家和控制论学者研究发生认识论,对儿童各类概念以及知识形成的过程和发展进行多学科的深入研究。1971 年退休,但仍留任国际发生认识论中心主任之职。1980 他病逝于日内瓦,终年 84 岁。

皮亚杰一生著述甚多,其主要著作有:《儿童的语言和思想》、《儿童的判断和推理》、《儿童关于世界的概念》、《儿童的物理因果概念》、《儿童的道德判断》、《儿童智慧的起源》、《儿童现实概念的构成》、《儿童符号的形成》、《智慧心理学》、《逻辑学与心理学》、《从儿童到青年逻辑思想的发展》、《儿童逻辑的早期形成》和《发生认识论导论》。

因其学识渊博和贡献卓越,皮亚杰一生曾获多项殊荣。他于 1968 年获美国心理学会颁发的心理学卓越贡献奖,1977 年又获该会桑代克奖;1972 年在荷兰获得荣誉地位相当于诺贝尔奖的"爱拉斯姆斯"奖。皮亚杰还是多国著名大学和科学院的名誉博士、名誉教授或名誉院士。1996 年在瑞士举办了一系列纪念皮亚杰诞辰 100 周年的活动,人们以多种形式缅怀这位心理学巨匠对现代心理科学的贡献。

《儿童的道德判断》是皮亚杰写的关于儿童道德心理的唯一的一本书。全书共分四章:第一章,游戏的规则;第二章,成人的约束和道德实在论;第三章,协作和公正概念的发展;第四章,儿童的两种道德以及社会关系的类型。该书对儿童道德教育很有参考价值,在全世界产生了一定的影响。

一、游戏的规则

在第一章中,皮亚杰用打弹子游戏的规则说明道德判断的法则,从儿童的游戏实践和儿童的思想意识两方面说明儿童道德判断的起源和发展。皮亚杰认为,儿童的游戏构成了一种最好的社会制度。例如,孩子们玩的打弹子游戏就包括一个非常复杂的规则系统,即有它本身的一套法则、一种裁判规程。心理学家有责任去熟悉这个普遍法则的事例,并去发现这个事例背后所蕴含的道德意义。一切道德都是一个包括许多规则的系统,而一切道德的实质就在于个人学会去遵守这些规则。皮亚杰对儿童道德判断的研究就从探索儿童如何尊重规则开始。

他首先选择儿童玩弹子游戏的规则作为他研究儿童规则观的起始。他一方面仔细观察并参加儿童的游戏,另一方面询问儿童有关游戏方面的问题,以了解儿童实践游戏规则的表现和对于规则的意识。然后,他通过分析规则实践和规则意识的关系,来确定道德的心理性质。

1.规则的实践

皮亚杰发现,规则的实践或应用可以分成四个连续的阶段:

第一阶段是具有纯粹运动性质和个人性质的阶段。在这个阶段,儿童是按照他的欲念和运动习惯玩弹子球的,其行为表现出三个特点:一是在行为的顺序中,没有连续性和方向性;二是在游戏的细节中,有一定的一致性,因为在儿童行为中的某些特殊动作很快就图式化,乃至仪式化了;三是儿童的运动图式不久就变成一些符号了,游戏的规则或者来源于仪式似的惯例,或者来源于一种已经为集体所有的符号体系,但这只是一种运动规则,而不是真正集体的规则。

第二阶段是自我中心阶段。当儿童从外面接受规则范例的时候,这个阶段便开始了,时间大约在2—5岁之间。“自我中心”(égocentrisme)乃是在纯粹的个人行为与社会化行为之间的一种中间行为形式。儿童在这个时期学习别人的规则,不过只是按照他自己的想法去实行这些规则。在这个阶段,儿童行为具有一种双重特性,一方面模仿别人,另一方面又单独运用所接受的规则范例。这个阶段的儿童即使在同别的儿童一起游戏时,也是“个人玩个人的"而不顾及任何规则范例。

第三阶段是刚出现的协作阶段,时间在7—8岁之间。在这个阶段,每个游戏者都试图取胜,所以大家都开始考虑互相控制和统一规则的问题,虽然在游戏的过程中也许可以达到某种一致的意见,但对于一般的看法则仍然是模糊地感觉到自己是一个神秘共同体的一员,而不是真正想要和他的游伴或任何其他人互相协作。集体生活表现为自我中心和尊重长者两相混合的特征。

第四个阶段是规则编集成典的阶段,时间是在11—12岁之间。这时不仅确定了游戏程序的每一个细节,而且整个社会都知道了应该遵守规则的实际准则。这时儿童不仅寻求合作(coopération)或协作(coordination)而不是单独一个人玩,同时也似乎特别高兴事先尝试一切可能的情况,并为这些情况制订规则。在整个第四阶段,主要的兴趣是对规则本身的兴趣。

2.规则的意识

皮亚杰认为,儿童在服从命令的时候,也在不知不觉中就全部吸收了这些对规则的感情和思想。这就是规则意识(connaissance des règles)。规则意识不能与儿童的整个道德生活脱离。大体看来,规则意识的进展经过了三个阶段:

第一阶段相应于"规则实践"过程中的那个纯粹个人主义的阶段。在这个阶段,规则还不是强制性的,或因这些规则纯粹是运动性质的,或(在自我中心阶段的开始)因儿童好像是无意接受这些规则的,或因儿童觉得这些规则很有趣味而接受它们,所以它们就不是要求负责任的规则。这时儿童由于重复某种动作而感到快活,这使得重复的动作变成了一种行动"图式"(schéma),但这并不意味着它是一种具有义务性的规则。

第二阶段相应于"规则实践"过程中的自我中心阶段的最高点到协作阶段的前半段。这个阶段一旦开始,即当儿童开始模仿别人的规则时,不管他的游戏在实践中是多么的自我中心,他就立刻认为这些游戏规则是神圣而不可侵犯的;他不仅不肯改变这些规则,而且还宣称,对于规则的任何更改都是错误的。规则被认为是神圣而不可触犯的,是从成人中产生的,是永远存在的。不过,皮亚杰发现,在此阶段,虽然儿童是几乎完全有意地服从那种为他所制订的道德规则,但是这些规则始终是处于其主体良知之外的,而没有真正转变成为他的行为。

第三阶段相应与"规则实践"过程中的协作阶段的后半段和规则已经典范化的整个阶段。在此阶段,规则被视为由于互相同意而制定的法律,而且如果你要做一个诚实的人,就必须尊重它们,但是如果你能使共同舆论都赞同你的意见,你也可以改变这些规则。规则已经经历了一个完全的变化过程,自律随着他律而来。在这时的儿童看来,游戏规则已不再是外在的法则,是不可改变的东西;规则是自由决定的结果,而它已获得彼此的同意,因此是值得尊重的。规则的这种变化表现出三个特征:第一,只要某种变化获得了全体的同意,儿童就允许改变这种规则。只要人们尊重新的决定,任何事情都是可能办的。第二,儿童已不再根据现存事实把规则视为永恒的和一代一代原封不动地相传下来的。第三,儿童关于规则和游戏的来源的观念与成人的想法没有什么不同。随着自我中心与外来制约之间的结合而来的是那种在彼此协作与独立自主之间的结合。自从这种自主的规则代替了强制的规则之时起,协作便成为一种有效的道德法则。而当人们一旦有了协作时,关于公正和不公正这种合理的概念对于习俗就发生了调节作用。

3.结 论

按照皮亚杰的看法,要试图在已经考察过的各个阶段中发现一定的进化过程,就得面对两个引言式的问题:

第一个问题有关结构的差别和程度的差别。皮亚杰尽力表明儿童思想和成人思想的差别不仅是程度上的不同而且是性质本身的不同。他认为,各种规则之间既有其连续性,同时也有其性质差异:在功能方面是连续一气的,而在结构方面又各有不同。在主体进化的某一时刻并没有多个包括主体整个心理生活的阶段,我们应该把阶段视为一个有规律的过程的多个连续的段落,就像在行为与意识重叠的水平上重新出现的节奏一样。

第二个引言式的问题有关社会与个人的关系。皮亚杰认为,婴儿(在运动智慧阶段)是非社会性的,这种以自我为中心的儿童是从属于外在约束的,他们没有什么协作能力,而有文化的成人已经分化成了不同的人格,认为彼此是平等的,他们具有了协作的本质特性。这样,一共就有三类行为:运动方面的行为、自我中心的行为(带有外在的约束)和协作的行为。与这三类行为相对应的有三类规则:运动方面的规则、单方面尊重的规则和相互尊重的规则。运动方面的规则来自前语言的运动智慧,而且是相对独立于任何社会接触的;强制性的规则来自单方面的尊重;理性规则来自相互尊重。

运动方面的规则在它开始的时候是与习惯相结合的,是从运动性适应图式的仪式化所产生的重复感的结果。这种早年图式的同化作用与对当前情形的适应这两者的混合便是运动性的智慧。这是规则得以存在的地方。但是当顺应与同化间一旦取得平衡时,所选择的行为历程就结合起来而仪式化了。在三四岁的儿童行为中充满成人的规则,他的宇宙是受着这样一种想法所支配的:事物应怎样,他就怎样;每个人的行为都是服从法则的,而这种法则既是物理性质的,也是道德性质的。总之,有一个宇宙秩序。它说明,儿童一开始就感到,如此模仿来的规则是某种具有强制性和神圣性的东西。但是皮亚杰同时也强调,社会因素不仅仅是一件事情。在伴随着早期运动性的活动和成人的干预而来的单方面的尊重与后来逐渐形成的相互尊重之间,还有很多中间的过渡阶段。

单方面的尊重和强制性的规则表现为:一方面,儿童知道有规则,有“真正的规则”,这些规则是必须遵守的,因为它们是强制的和神圣的;另一方面,虽然儿童模模糊糊地注意到这些规则的一般格式,但是他多少还是像上一阶段那样地独自玩球,而不顾及他的同伴,他只对自己的动作感到有趣而不遵守规则本身,这样他便把自己的愿望与普遍的要求混淆起来了。皮亚杰认为,来自对年长儿童或成人约束的尊重与3—7岁儿童的那种自我中心行为之间具有密切关系。早期阶段的儿童一方面表现出最大限度地尊重规则,另一方面又深信这些规则具有先验的来源,这两个特点是借助于一种内在的逻辑——单方面尊重的逻辑而同时并存的。

第三类规则是相互尊重的和理性的规则。在协作与约束之间,或者说,在单方面的尊重与相互尊重之间的巨大差别是,前者把已经规定的和需要全盘接受的信仰或规则强加于人,而后者只是建议一种方法,一种在理智领域内证实和相互控制的而在道德领域内则是加以证实和相互讨论的方法。"尊重"意味着因为一个人本身服从规则而受到人们的钦佩,相互尊重只有在各个人本身认为是道德的范围内才是可能的。一旦协作(在道德领域和理智领域内)成立,一个人就必须在方法与其结果之间加以区别。道德规则,一般地讲,可以分为被组成的规则和组成的规则或功能的规则。正是道德规则使得协作和互惠成为可能。

二、成人的约束和道德约束

在这一章中,皮亚杰采用观察和询问的方法,通过对儿童关于责任以及一般道德价值的观念更为直接的研究,来探讨单方面的尊重或道德约束所造成的结果。他把这一论题限定于规则的意识方面,甚至仅限于这种规则意识的最为明确和最为确定的部分——与实际经验中所出现的判断相对的理论上的道德判断。结果,他发现年幼儿童的道德判断有一种明显的"道德实在论"特征,儿童往往根据一个人的行为后果而不是他的意图来判断责任的大小。

1.客观的责任

皮亚杰猜测,在游戏规则方面,儿童似乎经历了这样一个阶段——规则构成了一种强制的和不可触动的实在的阶段。他认为有必要考察一下这种道德实在论究竟达到什么程度,特别要注意成人的约束是否引起客观责任的现象,责任是从哪里产生的,以及这种责任发展的原因是什么。所谓客观责任(responsalibité objective),就是指儿童对行为作出判断时主要是依据行为的实质后果,即行为符合或违犯规则的程度,而不考虑行为者的主观动机。通过分析儿童对于说谎这种行为所作的评价,他发现年幼儿童衡量谎言的严重性往往不是根据支配说谎的动机,而是根据谎言陈述的错误。为了证实客观责任这种倾向的存在和它的普遍性,皮亚杰根据儿童日常生活中经常发生的一些情况设计了三套问题,每套问题都有两种类型,让儿童根据问题的内容作出判断。

第一套问题是三个涉及笨手笨脚行为之后果的问题。一种类型是,儿童的这类行为完全是偶然的甚至出于好意,但造成了很大的物质破坏;另一种类型是,儿童的这类行为出于恶意,其动机不端正,但所造成的破坏的后果却微不足道。皮亚杰列举了三组各2个故事。

第二套问题是两个有关偷窃的问题。为了研究儿童在作出判断时更加注意的是动机还是实质后果,皮亚杰将问题局限于比较偷窃行为的自私自利的动机与意图良好的动机。他设计了两组各2个故事,对每个故事都问了两个问题:其一,这些孩子的过失是否相同?其二,这两个孩子中哪一个更坏?为什么?他得到的结论是:在直到10岁的儿童中,存在着两种类型的回答。一种类型是根据实质后果来进行评价,而不考虑动机;另一种类型是只考虑动机。甚至有这样的情况,同一个儿童在进行判断时,有时属于第一类型,有时则属于另一种类型。广义而言,随着儿童年龄的增大,客观责任也相应地减少。儿童的回答表明,持客观责任观者的平均年龄是7岁,而持主观责任观者的平均年龄为9岁。

第三套问题是为了分析儿童判断和评价说谎的方法。皮亚杰认为:说谎的倾向是一种自然的倾向,这种倾向是自发的和普遍的,以致我们能把它看成是儿童自我中心思想的一个本质的部分。因此,儿童中的说谎问题是自我中心态度对成人道德强制的抵触。他对说谎的询问主要集中于三点:谎言的定义;责任随着谎言的变化;责任随谎言实质后果的变化。

第一个问题(谎言的定义)同客观责任和道德实在论的问题相联系。这个阶段的儿童最有特色的定义是纯粹的实在论的定义:谎言即"顽皮的话"。年幼儿童除了把真正的谎言看成是坏话外,还常常把谎言等同于咒语,或禁止人们使用的不当话语。第二个问题和第三个问题,即根据谎话的内容和谎话的后果对故事所作的评价,涉及责任。皮亚杰设计了三对故事,每对故事各包含二个谎言:一个谎言(或仅仅是一种错误)没有任何坏的意图,但明显地背离事实;另一个谎话的内容很可能是真的,但在说谎时带有明显的欺骗意图。他的研究结果表明,儿童对谎言内容所做的判断和评价,同前面所讲的客观责任演变情况是一致的,也就是说,随着儿童年龄的增长,客观责任观逐渐被主观责任观所取代,而平均7岁代表了持客观责任观者的年龄,这个阶段儿童对谎言内容的评价不是根据说谎者的意图,而是根据谎言可能性的大小,谎言内容离真实性越远,说谎也就越严重。

关于客观责任与谎话的实质后果之间的关系,皮亚杰也设计了一些故事让儿童进行判断。其中的一组故事是:儿童说谎带有一定的欺骗意图,但没有造成明显的不良后果;另一组故事是:儿童说谎只是由于错误,但造成了有害的后果。他的研究结果表明,这个阶段的儿童只是根据实质后果来评价谎言。儿童始终或多或少地认为,如果一种谎话伴随着造成不幸(实质的)后果的行为,那么它就更严重些。

2.说谎和两种类型的尊敬

皮亚杰认为,从游戏规则的发展和客观责任的演变来看,在儿童道德判断的演变中,存在着两个不同的过程。一方面,有成人或年长儿童的约束,这种约束远不能消除自我中心的思想或行为,而是很容易地与后者结合起来,并导致纯粹外在的和实在论的规则观念,然而这种观念对规则的实践并不发生有效的影响。另一方面,存在着协作,在我们看来,这种协作既能消除自我中心的实践,又能消除对强制的神秘态度,而且导致对规则成功的运用和对规则含义比较广泛的和比较内在的理解。儿童对谎言的定义以及对谎言的内容和后果的评价等方面的研究说明:首先,道德实在论(réalisme morale)是自我中心与约束相结合的结果;其次,如果协作的习惯使儿童认识到不说谎的必要性,那么,规则便是可以理解的和内在的了,而且将只会造成主观责任的判断。

那么,儿童怎样才能达到对谎话的真正理解,并能作出主观责任的判断呢?皮亚杰认为,由单方面尊重向相互尊重的过渡便使儿童从道德实在论中解放了出来,主观责任的判断跟随着客观责任的判断出现就成了自然的事。在相互尊敬和协作之中,人们将找到儿童逐渐理解"诚实"这个法令的真正因素。儿童随年龄而变化的对说谎的意识表示了在互惠方向上明确的进步,单方面尊重(绝对命令的根源)让位于相互尊敬(道德理解的根源)。这个进步的过程可以区分出三个阶段:在第一阶段中,儿童认为谎话是错误的,因为它是惩罚的对象,如果没有惩罚,它就是被允许的,这是客观责任观的最纯粹的形式,是他律的最朴素的形式;在第二个阶段中,儿童认为说谎本身就是一种错误,而且即使不受惩罚也是如此,这时规则成了必须遵守的东西,而不管惩罚与否(皮亚杰认为,这个理性的扩大过程或许已经是由于协作的缘故,不过规则可能还是处于一种外在于儿童自己意识的强制的形式);在第三个阶段中,儿童认为,谎话是错误的,因为这样做是与互惠和相互尊敬相悖逆的。

皮亚杰认为,如果年幼儿童都表现出几乎是系统的道德实在论的特征,并在一定情况下导致客观责任观居于支配主观责任观的地位,那么这是因为成人的约束与儿童的自我中心论之间的特殊关系。儿童对成人的单方面尊重迫使他接受成人的命令,即使这些命令并不能立即付诸实施,因此就有了规则的外在性和由它们所引起的从字面上进行道德判断的特征。相反,如果儿童的发展内化了这些命令并形成了自己的主观责任观,那么这便是由于协作的缘故,而且,相互尊敬使他不断加强对心理的和道德的现实的清晰理解。这样,"诚实"便逐渐地不再作为由外力所强加的一种责任,并成为由自由的个人意识所设想的一种"善"的目标。

3.结论:道德实在论

皮亚杰认为,在道德思维中有两种不同的活动水平。首先有一种有效的道德思维,即当主体与现实发生了联系并遭到打击和反对时,在活动中逐渐建立起来的"道德经验";其次还有一种理论的或言语的道德思维。他认为,儿童的道德思维既可以隶属于从单方面尊重中产生的那些规则(他律的道德和客观责任),也可以隶属于基于相互尊重的那些原则(内在的道德和主观责任)。

皮亚杰发现,儿童道德的约束同智慧的约束有着密切的关系,儿童只是严格地从字面上理解他从外部接受的规则这一特征同他们对成人强加于他的语言和智慧现实所采取的态度是极其相似的。我们可以用"道德实在论"来标示与理论推理水平方面的"名词实在论"以及望文生义或概念实在论相符合的价值判断方面的水平。此外,就像一般实在论来自主观或客观的混淆以及成人智慧的约束一样,道德实在论也导源于这两种原因的交互作用。所谓道德实在论是指这样一种倾向,即儿童不得不把责任和依从于责任的价值看成是自在的、不受内心支配的,而且,不管个人处于什么样的地位,他都不得不如此看待它们。皮亚杰认为,任何规则,无论是年长者强加于年幼者的,还是在成人强加于儿童的,在它真正被内化之前都是外在于人的思想的,在规则完全外在这个阶段内,最严格意义上的道德实在论同对规则最不严格和最为自我中心的实践是紧密相联的。道德实在论的产生似乎是由于两组相关联的原因:一组是儿童自发的思想(幼稚的实在论),另一组是属于成人所施加的约束。趋向于解释道德实在论的第一组因素的基础是儿童思想最自发的特征之一(一般实在论),因为儿童是一个实在论者。实在论的意思是指几乎在所有的领域,他都倾向于把他的思想的内容看成是外在的,并加以"具体化"。儿童对待道德原则也同样如此。道德实在论的第二组因素在于成人是儿童世界的一部分,这样成人的行为和命令便构成了作为儿童实在论根源的这种"世界秩序"的最重要的成分。

三、协作和公正概念的发展

在本章中,皮亚杰通过对儿童"公正"观念发展的研究,发现儿童随着年龄的增长逐渐从他律过渡到自律的过程。他首先探讨了惩罚的问题,然后是集体的责任和所谓"内在的"公正(即将惩罚想象为发自事物本身)的问题,之后过渡到检查平等的公正与惩罚的公正之间的冲突,继而分析平等的公正与权威之间的以及儿童的团结与权威之间的关系,接着便研究儿童之间的公正,最后讨论了公正与协作的关系。

1.惩罚和惩罚的公正

皮亚杰认为,存在着两种性质截然不同的公正概念。公正概念的第一个意义是同奖励和惩罚的概念不可分离的,而且被定义为行为与对行为的惩罚之间的联系,公正概念的第二个意义只含有平等的意思。为了确定这两种概念是以同样的步速向前发展的还是第二种概念并不居于对第一种概念的支配地位,皮亚杰设计了几种不同类型的惩罚向儿童进行询问:哪一种惩罚最公平。第一种惩罚是"抵罪的惩罚"(peine expiatroire),它们同约束和权威的规则密不可分,具有一种任意的性质,在罪行的内容与对罪行施加的惩罚的性质之间没有联系。第二种是"回报的惩罚"(peine réciproque),它同协作和平等的规则有着密切的关系,不端的行为与惩罚之间无论在内容还是性质方面都是有联系的,不端行为的严重性与惩罚的严厉程度之间保持一定的比例。在回报的惩罚中,根据严厉程度的逐渐减轻大体上又可区分为如下二类:一类惩罚是受到社会团体本身暂时或永久的排斥,这是儿童中经常采用的一种惩罚;另一类惩罚是仅仅利用行为的直接的和实质的后果,这类惩罚使违犯规则者认识到,尽管不端行为的后果是自然的,对它的惩罚总是得到社会团体的赞成。第三种惩罚是剥夺违犯规则者滥用的东西。第四种惩罚可以归结在简单报复的名义之下——以其人之道还治其人之身。第五种是纯粹"偿还的惩罚"(peine restitutoire)——赔钱、赔偿被打坏或被偷去的东西等。第六种惩罚仅仅是非难,不加以惩罚,不强加权威,而只是使违犯规则者认识到他如何破坏了团结的契约。

询问结果表明,随着年龄的增长,儿童关于惩罚所做的判断有着一定的变化。一方面,虽然所有儿童的回答都反映了他周围人的思想,而不是他个人对论题的感情,但是年幼儿童和年长儿童对惩罚的正当理由的态度却有差别,年幼儿童认为抵罪的思想必定是同防止重犯错误的思想联系在一起的,年长儿童则首先并几乎完全集中于预防的效用,而抵罪的概念减少了。另一方面,虽然在各种年龄的儿童中都能发现抵罪概念和回报概念的典型表现,但结果似乎表明,在儿童道德发展的过程中存在着一种演变规律,即第二种类型的反应似乎具有逐渐支配第一种类型的倾向。皮亚杰认为,这两种类型的态度符合事实,它们同探索儿童的行为和判断的两种道德是相关的:抵罪的概念是同他律的道德和纯粹而完全的责任相一致的;回报的惩罚与协作和自律的道德是相一致的。

那么,儿童是否认为,在不知究竟谁是违犯规则者的情况下,惩罚那人所从属的整个团体是公正的?或者儿童是否认为,责任是集体的和可以交流的?为了解决这个问题,皮亚杰设计了三组在通常情况下引起集体责任问题的情境故事:(1)成人不分析个人的罪状,而因集体中一、两个成员的冒犯而惩罚该集体。(2)成人想要找出违犯规则者,但违犯规则者不承认,而集体也不揭发他。(3)成人想要找违犯规则者,但违犯规则者不承认,而集体不知道那人是谁。对这三种情况中的每一个事例,询问儿童惩罚整个集体是否公正以及为什么。结果表明,儿童在惩罚的领域内比在平等的公正的领域内更快地发现了成人的错误:在他们看来,错误地运用惩罚比不平等的对待更不公正;广义地说,只有这些集体的惩罚能够作为预防的措施,它们才被认为是公正的。

与惩罚有关的另一个问题是所谓内在的公正问题。皮亚杰认为,儿童的年龄越小,他们对抵罪惩罚的可靠性和普遍性信念就越坚定,而且只要协作性道德达到支配约束性道德的程度,那么,这种信念将在其他价值之前消退。所以,在儿童生命的早年,他坚信存在着发自事物本身的自动的惩罚,而到了较晚的时候,在影响他道德发展的环境的作用下,他可能放弃这一信念。

2.惩罚的公正和平等的公正

随着协作在一定的程度上取代了成人的约束,儿童的公正感得到发展。皮亚杰首先分析了在分配的或平等的公正(justice de la égalité)和惩罚的公正(justice de la peine)之间可能发生的冲突。他认为,平等的观念可以从协作那里获得力量,这就构成了一种公正的形式,虽然这种形式的公正同那种惩罚的公正形式并不矛盾(回报的惩罚正是由于这种观念的缘故才发展起来的),但它同那些早期的惩罚形式是对立的,而且,无论在什么时候,只要平等同惩罚发生冲突,它总偏向于平等。

不同年龄的儿童们对惩罚的公正和平等的公正的看法是:年幼儿童认为惩罚比平等更重要,而年长儿童则与之相反,认为平等的公正比惩罚的公正更重要。在惩罚的公正与平等的公正发生冲突的情况下,年幼儿童总是赞成惩罚,而年长儿童则赞成平等对待。为什么惩罚的公正将随着年龄的增长而失去其重要性,逐渐地让位于平等的公正呢? 皮亚杰认为,儿童平等观的发展是与他们之间协作的发展同步的。

平等观念的发展不仅影响儿童之间的关系,而且也影响了儿童与成人之间的关系。为了研究公正和成人权威冲突的表现形式以及它们与受试者年龄之间的关系,皮亚杰设计了一些关于以平等欲求反对权威的行为的故事向儿童们询问。他将儿童所有的回答分为四种类型:(1)认为成人的命令是“公正的”,不区分公正与服从;(2)认为成人的命令不公正,但服从的规则高于公正,所以应该二话不说地执行命令(这个类型的儿童能区分公正与服从,但他们认为服从明显地胜过公正);(3)认为成人的命令不公正,并把公正放在高于服从的位置上;(4)认为成人的命令不公正,而且认为盲目地服从并不一定就是义不容辞的责任,但认为热心助人和服从比争辩的反抗好。在统计处理时,皮亚杰将前两种态度归为一类(公正还没有从与权威的一致中分化出来);将后两种态度归为一类(主动的公正感)。他发现,在与成人的约束有关的平等公正的发展方面,似乎可以区分为三个广义的阶段:在第一阶段,公正还没有从规则的权威中区分开来,公正乃是由成人所掌握的那种东西,惩罚的公正感比平等的公正感强,其特征是缺乏平等公正的概念。在第二阶段,平等主义逐渐增强,并达到认为平等比任何其他的考虑都重要的地步,所以,在发生冲突的情况下平等的公正总是对抗服从、对抗惩罚,甚至对抗那些在第三阶段仍然存在着的比较微妙的理由。在第三阶段,纯粹的平等主义让位于被称为“公道”的比较微妙的公正概念,而公道概念的定义决没有考虑到每一个人所处的地位。在权威与平等之间,平等感基本上是随着年龄的增长和儿童之间团结的增强而发展的,而成人禁止的重要性也有着同等程度的减少。

关于儿童之间的公正,皮亚杰讨论了儿童之间的惩罚和平等主义。他认为,在儿童之间的社会生活中,存在着一些惩罚公正的因素,如拒绝与骗子共事,挑衅者受到同样的回敬等。儿童之间的惩罚几乎不可能建立在权威的基础之上,因而也不可能引起抵罪的概念,几乎都是属于“回报的”惩罚,而且由于这些惩罚增进了儿童之间对团结和平等的欲求,所以它们都被认为是“公正的”。在儿童之间的惩罚中,可以区分出两类:第一类基本上属于游戏的,当一个游戏者违反了一条习惯的规则时,就要运用这类惩罚;另一类的出现则要看偶然的情况,无论在哪里,只要某些人的恶劣行为引起了别人的报复,那么这种报复就要遵守某些使这个报复的行为合法化的规则。关于同伴之间的平等以及年龄差别的问题,儿童们都一致赞成平等。但是年幼儿童赞成平等或者出于对年长儿童年龄的尊重,认为应该优先照顾年长儿童;而年长儿童则或者是赞成平等,或者是出于公道,认为应该优先照顾年幼儿童。关于儿童之间的平等主义,皮亚杰发现,公正概念和团结概念的发展是互相关联的,而且是随着儿童的心理年龄而变化的。首先,回报只有到了一定的年龄才能够出现。其次,对平等的欲求随着年龄的增长而越来越强烈。最后,诸如不要欺骗,不要在儿童之间说谎等某些团结特征的发展与上述那些倾向是同时发展的。

3.结论:公正的概念

皮亚杰在本章最后得出结论说:如果说我们能够谈论道德生活中一些阶段,那么,在儿童公正感的发展方面,存在着三个大的时期。第一个时期一直持续到七八岁,在此时期,公正服从于成人的权威;第二个时期大致在8—10岁,这是平等主义逐渐发展的一个时期;最后,从 11 或 12 岁开始,进入第三个时期,纯粹平等主义的公正由于考虑到公道而有所减轻。

皮亚杰详细地论述了三个时期的不同特征。他认为,第一个时期的特征是:公正和不公正的概念还没有从责任和服务的概念中分化出来;任何与成人权威的命令一致者都是公正。在惩罚公正的领域内,所有的惩罚都是作为完全合理的、完全必要的甚至作为构成道德本质的东西而加以接受;在对惩罚的选择方面,抵罪的惩罚处于对回报的惩罚的优先地位,儿童还不能精确地理解回报惩罚的要义;在内在公正的领域内,大多数儿童相信发自物理的性质和无生命物体的自动的公正,认为权威居于对平等的优先地位;在儿童之间公正的领域内,已经感到平等需要,然而这种平等需要只在与权威不可能发生冲突的情况下才能产生,另外,在儿童之间的关系方面,年长儿童的权威也将高于平等。总之,这个时期始终都是单方面尊重的情感强于相互尊重的情感。

第二个时期直到大约七八岁时才在反省和道德判断的水平上出现,皮亚杰也把这个时期定为自律逐渐发展的平等优先于权威的时期。在惩罚公正的领域内,抵罪惩罚的概念不再像以前那样驯服地加以接受,只有回报的惩罚才作为真正合理的惩罚加以接受;对于内在公正的信仰明显减少了,追求道德行为的动力是道德行为本身不受奖励和惩罚的影响;在平等的公正方面,平等的规则居于至高无上的地位;在儿童之间的关系方面,随着儿童年龄的增长,平等主义也逐渐得到了发展。

从 11 或 12 岁开始,儿童出现一种新的态度,即公道感。儿童开始放弃绝对的平等,除非在某一特殊的情况下,他们也不再考虑个人同等的权利。在惩罚公正的领域内,他们认为,不要对所有人都处以同样的惩罚,而要考虎到某些微妙的情况,在平等公正的领域里,公正不再意味着所有人都完全服从于同一个规则,而要考虑到每个人的情况。

皮亚杰认为，在公正的领域里，有两种道德(权威的道德与相互尊敬的道德)的对立。权威的道德是一种责任的服从的道德，它把公正混同于已经建立起来的规则的内容和接受抵罪的惩罚。相互尊敬的道德是一种(与责任相对立的)善的道德和自律的道德，它导致平等感的发展，而平等感是平等的公正和回报的最基本的概念。

四、儿童的两种道德观以及社会关系的类型

在本章中，皮亚杰将自己在道德心理学方面的研究成果应用于道德社会学问题的讨论中，通过评述涂尔干及傅康纳的责任论、涂尔干的作为儿童道德生活源泉的权威论、博维的情操发生论以及关于儿童良心自主的教育理论、鲍尔温的有关道德理论，从道德社会学的角度来说明儿童的两种道德观。

皮亚杰认为，对于儿童的道德判断(权威的道德和互敬的道德)的分析必然导致关于社会生活与理性意识的关系这个大问题的讨论，因为社会为每个人规定的道德是不同的。社会是社会关系的总和，在这些关系中我们能区别两种极端的类型：一种是约束的关系，它的特色是自外给个人以系统的规则和强制性的内容；另一种是协作的关系，它的特色是在人们内心里创造对一切规则背后的理想模式的意识。所以，因权威和单方面的尊重而造成的约束关系就标志大多数现存社会的特点，特别是儿童对其周围成人的关系。相反，用平等和互敬界说的协作关系则构成了一个平衡的限制，而不是一个静止的系统。所以，约束、义务和他人管理的根源不能归结为善良和自动理性，它们是互惠的结果，虽然约束关系的实际进化趋向是使约束关系向协作关系靠拢。

皮亚杰的儿童判断发展学说发表后，在全世界产生了一定的

影响。美国哈佛大学道德心理学教授柯尔伯格根据自己的研究进一步发展了这种学说,他把儿童道德的发展分为三级水平六个阶段,认为这个规律在全世界的儿童中都适应。我国的心理学研究者通过重复皮亚杰曾进行过的试验发现,他关于儿童道德判断的发生和发展的学说具有普遍的意义。

(戴木才)

艾耶尔

语言、真理与逻辑* (1936)

艾耶尔(Alfred Jules Ayer,1910—1989)生于英国伦敦。早在大学时代,艾耶尔就受到著名分析哲学家赖尔的青睐,并在他的帮助下研究了维特根斯坦的《逻辑哲学论》。据艾耶尔本人回忆,大学时代他还广泛阅读了皮尔士、W.詹姆士、F.C.S.席勒 、兰姆塞等人的著作,但对他影响最大的是维特根斯坦的《逻辑哲学论》。1932年大学毕业后,艾耶尔在赖尔的引荐下,趁旅行结婚之机前往维也纳学习过一段时间。在此期间,他结识了许多"维也纳学派"的成员。次年他返回牛津大学攻读文学硕士学位,并于1936年获得学位。第二次世界大战爆发后,艾耶尔在英国军队服役,1945年复员。1946年他担任伦敦大学的哲学教授。1949年在牛津大学哲学系任教授,不久被选为英国研究院研究员。1962年布

---

* 原书名为 LANGUAGE, TRUTH AND LOGIC。本文根据英文本(New York, Dover Publications, INC., 1952)撰写。

鲁塞尔大学授予他名誉博士头衔。1970年被授予爵士称号。

艾耶尔是逻辑经验主义的重要代表人物，也是情感主义伦理学的主要代表之一。在伦理学方面，艾耶尔的贡献主要体现在他对情感主义的阐述和发展上。

艾耶尔著述甚丰，其中包含着丰富伦理思想的主要有《语言、真理与逻辑》(1936)、《哲学论文集》(1954)、《个人的概念》(1963)等。

《语言、真理与逻辑》是艾耶尔的成名作和代表作，该书虽不是专门的伦理学著作，但其中关于伦理学的论述非常具有代表性。以下摘其主要的伦理学内容加以介绍。

一、艾耶尔伦理思想的哲学基础

没有对艾耶尔哲学的基本了解，就很难理解他的伦理思想。艾耶尔的哲学属于逻辑经验主义学派，带有浓厚的科学主义色彩。其基本特色在于认定科学之外无知识，即凡可算得上知识的信念，必定是科学的，没有什么非科学的知识。用艾耶尔自己的话说，即"没有什么经验领域在原则上不可归于某种形式的科学规律(scientific law)之下，也没有什么关于世界的思辩知识(speculative knowledge)在原则上超出科学所能给予的力量范围"。①

在其科学主义思想的支配之下，艾耶尔对传统思辩哲学持强烈的拒斥态度。他称传统的思辩哲学为形上学，并给出了一套拒斥形上学的标准。艾耶尔认为只有两类语句是有意义的，即表达逻辑或数学真理的语句和可得到感觉经验证实的语句。前一类语句所表达的命题叫作分析命题，后一类语句所表达的命题叫作综合命题。分析命题是重言式，它们不告诉我们关于世界的事实信

① Language，Truth and Logic，P.48。下引此书，只注页码

息,所以不可能用经验事实加以证实。综合命题是关于经验事实的断言,所以我们要在实践中检验其真假。例如,“明天下雨或明天不下雨”,在艾耶尔看来就是个重言式,它总是真的,其真来源于“或者”这个逻辑常项的定义。而“明天上午10点钟将会有暴风雨”则是个综合命题,它之真假依赖于经验事实。

这样,艾耶尔就给出了他判定一个语句是否有意义的一般标准,这便是逻辑经验主义的著名的意义标准。艾耶尔主张:“我们用以检验明显的事实陈述之真伪的标准就是可证实性标准(the criterion of verifiability)。我们说一个语句对任何人是事实上有意义的,而且仅当他知道如何去证实那个语句所表达的命题——也就是他知道在特定条件下何种观察会指引他把该命题接受为真或拒斥为假。另外,如果那个命题具有这样的特征,即其真或假的设定与关于他未来经验性质的任何假定都相容,那么对他来说,这个命题如果不是重言式,就只是伪命题(pseudo - proposition)。表达该命题的那个语句对他可能有情感上的意义,但没有字面上的意义。”(P.35)

根据这一意义标准,艾耶尔便把大部分传统哲学当作全无意义的形上学拒斥了。例如,布拉德雷所说的“绝对进入进化与进步之中,但它本身并不能进化和进步”就是根本不可证实的“伪命题”。值得注意的是,说形上学命题是“伪命题”与说它是假的不一样。当我们能说一个命题是假的时,即已经预设表达该命题的语句是有意义的,当我们说一个命题是“伪命题”时,即指该命题根本无法证实,无所谓真假,从而是无意义的。可见,说一个命题是无意义的“伪命题”,比说它是假的否定得更彻底。表达无意义的“伪命题”的语句只是胡说八道。

逻辑经验主义者用他们的意义标准拒斥了传统的思辨哲学,并认为引起哲学家们长期争论不休的问题原来大多是“伪问题”。对传统哲学中许多命题,根本用不着煞费苦心地去证明其真伪,把它们统统当作“伪命题”加以拒斥,便解决了让哲学家们不胜困惑的问题。

经过了他们的革命之哲学,便成了“科学的哲学”。拒斥了形上学之后,哲学便不再是试图提供关于超验实在的真理的理论体系,而只是一种进行语言分析和逻辑分析的活动。如艾耶尔所说,如果哲学家想对人类知识的积累作出特别贡献,就必须放弃表述思辩真理(speculative truth)的努力,就必须放弃寻找第一原理的努力,就必须放弃为经验信念之有效性提供先验判断的努力。“他必须满足于做语言澄清和逻辑分析的工作。”(P.51)所以,哲学应该服务于实证科学。艾耶尔十分赞赏洛克的谦逊,认为哲学家应当甘于“受雇为一名小工去略微清扫一下地基,清除知识之路上所堆积的一些垃圾”(P.52)。在艾耶尔看来,知识已被科学所完全垄断,所以哲学家应心甘情愿地为科学打下手。

二、伦理学命题的分类

把握了艾耶尔哲学的科学主义实质,便较容易理解他的伦理思想。

艾耶尔写作《语言、真理与逻辑》的主要目的就是拒斥形上学,即把一切思辩哲学当作无意义的胡说扫除掉。反对艾耶尔的极端经验主义(radical empiricism)的哲学家会说“价值陈述”(statement of value)是真正的综合命题,但又不是用以预测我们感觉过程的假说,于是作为思辩知识之分支的伦理学和美学的存在便是对极端经验主义的反驳。为应对这种反驳,艾耶尔就必须对伦理学和美学进行一番清理,以指出其中哪些命题属于科学的,哪些属于非科学的。在他看来,如果价值陈述是有意义的,那么它们就是“科学的”陈述;如果它们不是科学的,那么它们就是没有字面意义的,而只是既非真亦非假的情绪表达(expression of emotion)。

艾耶尔着重对伦理学中的价值陈述进行了分析,其分析又由对伦理学命题的分类入手。

在艾耶尔看来,伦理哲学家们所精心构建的伦理学体系往往是很庞杂的,其中总包含着形上学成分,伦理学内容本身也很复杂。可把伦理学命题分为四类:(一)表达伦理学术语之定义的命题和关于特定定义之合法性或可能性的判断的命题;(二)描述道德经验现象及其原因的命题;(三)提倡道德品性(moral virtue)的表达;(四)实际的伦理判断(ethical judgement)。艾耶尔说,这四类命题的区别是很明显的,可伦理哲学家们通常都忽略了这种区别,正因为如此,我们在读他们的著作时,"往往很难懂得他们到底试图发现和证明什么"(P.103)。

艾耶尔认为,只有第一类命题才构成伦理哲学(ethical philosophy)。这是分析哲学家所特有的见解,即元伦理学才是哲学的一部分,而元伦理学也就是一种分析活动,即分析伦理学术语的定义及其使用的合理性。艾耶尔认为,第二类命题,即描述道德经验及其原因的命题,应该归属于心理学科学或社会学。而第三类,即提倡道德品性的表达,则根本不是命题,而只是旨在激起读者某类行动的断喝(ejaculation)或命令。所以,它们既不属于任何哲学分支,也不属于任何科学分支。说它们不属于哲学,是因为给出此类表达显然不是语言分析,说他们不属于科学,是因为它们根本就不是命题(注意,综合命题是可以在实践中判定其真假的)。艾耶尔不能明确判定第四类伦理判断的性质,但指出,就它们既不是定义也不是对定义的评估而言,便可明确地断言它们不属于伦理哲学。固守着分析哲学的元伦理学立场,艾耶尔认为,"关于伦理学的严格的哲学论述不应该作任何伦理声明,而只应该通过对伦理学术语的分析而表明所有的伦理学声明属于哪个范畴"(P.103~104)。

三、对传统伦理学的批判

伦理学术语可否还原为非伦理学术语,伦理价值陈述可否翻译为经验事实陈述,这是艾耶尔十分重视的问题。主观主义伦理学家和功利主义者对这个问题都给以肯定的回答。功利主义者用行动或目的所导致的快乐、幸福或满足定义行动的对(rightness)和目的的善(goodness),而主观主义者用人或群体对行动和目的的赞成情感定义行动的对与目的的善。这两派的定义都使道德判断成了心理学和社会学判断的子类(sub - class)。其中任何一派是对的,都表明价值陈述与事实陈述之间并无根本区别,若如此,则艾耶尔对科学陈述的断言皆适用于价值陈述,这当然是好事。可事情没这么简单。

在艾耶尔看来,主观主义和功利主义都有其哲学上的错误。主观主义以人或群体的赞同为行动之正确和目的之善的判准,但人们都赞同的行动完全可以是错的,人们都向往的目标也完全可以是恶的。这样的反驳亦可适用于功利主义。即导致"最大多数人的最大幸福"的行动也完全可以是错的,说某些令人快乐的事是不好的,而有些坏事是令人向往的,并非自相矛盾。"X 是好的(善的)"并不等于"X 是令人快乐的",或"X 是令人向往的"。可见,主观主义和功利主义谋略把道德术语还原为心理学的和社会学的术语是不成功的。在艾耶尔看来,"规范伦理学符号(normative ethical symbol)的语句不可能等值于表达心理学命题或任何种类的经验命题的语句"(P.105)。

艾耶尔特别提请读者注意的是:他只强调规范伦理学符号而非描述伦理学符号(descriptive ethical symbol),不可用事实术语(factual term)加以定义。他认为这两类符号很容易被混淆,因为它们通常有相同的形式。例如"X 是错的",这种形式的复合符号可以构成一个表达关于特定行动类型之道德判断的语句,亦可构成一个描述一类特定行为与特定社会道德感(the moral sense)相冲突的状况的语句。在后一种情况中,“错”这一符号是个描述伦理学符号,而它出现于其中的语句则表达一个普遍社会学命题,而在前一种情况中,“错”则是一个规范伦理学符号,它出现于其中的语句则根本不表达任何经验命题。

承认规范伦理学术语不可能还原为经验概念,似乎会导致伦理学中的“绝对主义”观点。绝对主义伦理学认为,价值陈述不能被观察所确认,而只能由神秘的“理智直觉”(intellectual intuition)所确认。按照这种观点,就必须承认价值陈述是不可证实的,因为一个人在直觉上确定的东西对另外的人可能是十分可疑的,甚至是假的。所以艾耶尔说,除非能给出在相互冲突的直觉之间作出裁决的准则,否则仅诉诸直觉去检验命题的有效性是无济于事的。但就道德判断而言,根本没有这样的准则。有些道德学家声称可以通过说他们“知道”他们自己的道德判断正确来解决问题。但这种断言只具有心理学上的重要性,而丝毫无助于证明道德判断的有效性。因为持不同意见的道德学家可能同样“知道”他们的伦理观是正确的。但无论各自的主观确定性多么高,我们仍无从在他们之间作出裁决。但若出现了与日常经验相关的分歧,我们便可诉诸相关的经验检验而在不同意见之间作出裁决。然而对“绝对主义者”或“直觉主义者”来说,不存在对伦理陈述的经验检验。这说明,“尽管伦理陈述被直觉主义者认为是真正的综合命题,但它们仍是不可证实的”(P.106)。这便导致了理论上的困境。按照艾耶尔的意义标准,一个综合命题是有意义的,而且仅当它是可以得到经验证实的。直觉主义把伦理判断(或陈述)归入综合命题,但按其本身的逻辑又势必认为此类命题是不可证实的,这就是一个矛盾了。艾耶尔认为,他的伦理观能消解这个矛盾。

四、规范伦理学判断的实质

艾耶尔赞成直觉主义者的基本观点:基本伦理概念是不可分析的。但他进一步指出,伦理概念之所以不可分析,是因为它们只是伪概念(pseudo - concept)。在艾耶尔看来,一个命题中伦理学符号的出现未增加该命题的任何事实内容(factual content)。例如,我对某人说,"你偷钱是做了一件错事",就等于说,"你偷了钱"。就事实内容而言,前一种表达方式一点也不比后一种表达方式多。说偷钱这个行动是错的,我并没有作任何关于该行动的进一步断言。我只是表明我在道德上不赞成这种事情而已。这只相当于用极端厌恶的语调说,"你偷了钱",或相当于写下了这个句子又加上特别的惊叹号。但"语调和惊叹号不会给这个句子的字面意义(literal meaning) 增加任何东西。它们只有助于表明这种表达方式带有说话者的特定感情"(P.107)。

如果把"你偷钱是做了一件错事"概括为"偷钱是错的",那便是造了一个根本没有事实意义(factual meaning)的句子,即该句子根本不表达任何命题,亦即它所表达的东西既无所谓真也无所谓假。它只相当于写下"偷钱!!"。这种表达形式及其惊叹号个数通过一种合适的约定而表示了某种特别的道德谴责(moral disapproval)的感情。在艾耶尔看来,这种表达式未说出任何或真或假的东西。另一个人可以就偷窃的错误性问题不同意说话者的说法,但仅就他可能对偷窃具有不同感情而言才可以这样。两个人可能就道德情感(moral sentiment)问题争吵。但严格地说,两人之间不可能在逻辑上彼此矛盾。因为当我说某一类行动是对的或错的时,我并未说出任何事实陈述,甚至也未说出关于我自己心态(state of mind)的陈述。我只是表达了某种道德情感而已,而且似乎与我相冲突的人也只是表达了他的道德情感而已。故问我与他谁是对的显然是无意义的,因为“他和我谁也未断定一个真正的命题”(P.107~108)。

艾耶尔认为他关于“对与错”的分析同样适用于一切规范伦理符号。当然,规范伦理符号除了表达对事实的伦理感情(ethical feeling)之外,有时也出现于记录普通经验事实的语句中,有时则出现在只表达对特定行动类型或情境的伦理感情而不陈述任何事实的语句中。但无论在何种情况下,在通常所谓的伦理判断中,有关伦理语词的功能是纯“情感的”。“它们只用于表达关于特定对象的感情,而不作关于任何对象的断言(assertion)”(P.108)。

艾耶尔也指出,伦理术语并非仅用于表达情感,它们还可以激发情感并刺激行动。事实上它们常用于具有命令作用的语句中。例如,“讲真话是你的责任”这句话就既可当作关于诚实的伦理感情的表达,又可当作“讲真话”这样的命令表达。语句“你应该讲真话”也是命令“讲真话”的一种表达方式,但语气就没那么强。而语句“说真话是好的”,则已是一种建议。所以“好的”一词的“意义”在伦理学用法上略微不同于“责任”或“应该”(ought)的意义。依艾耶尔之见,事实上人们“既按照各种伦理词通常所表达的不同感情,也按照它们所预期激起的不同反应去定义它们的意义”(P.108)。

艾耶尔认为,按照他的分析,就很容易理解为什么不可能找到决定伦理判断之有效性的标准。这并非因为伦理判断具有神秘的独立于日常感觉经验的“绝对”有效性,而是因为它们根本不具有任何客观有效性。如果一个语句未陈述任何东西,那么追问其真假就显然是荒唐的。只表达道德判断的语句什么事情也没有述说,它们只是纯粹的感情表达,故无法归入真或假范畴。它们之不可证实恰如疼痛的哭喊之不可证实,原因是它们“根本不表达真正的命题”(P.108~109)。

艾耶尔承认他的伦理学理论可以被公正地称之为极端主观主

义的,但他认为他的理论在一个很重要方面不同于正统主观主义理论。因为正统主观主义者并不像他那样否认道德说教的语句表达真正的命题。他们所否认的是伦理学语句表达关于独特的非经验性质的命题,而认为伦理学语句表达关于说话者感情的命题。如果是这样,那么伦理判断便显然有真假可言。如果说话者确有相应的感情则某伦理判断为真,如果说话者没有相应的感情则该判断为假。这样,伦理判断便变成原则上可证实的了。那便意味着根本不同的伦理判断真的会在逻辑上互相矛盾。例如,如果我说,"宽容是一种德性",另一个人指出,"可你并不赞成宽容",那么根据通常的主观主义理论,他便对我进行了有很强逻辑性的反驳。然而,若按照艾耶尔的理论,则他对我并不构成真正的反驳。因为我说宽容是一种德性时,我并没做关于我自己的感情或任何其他东西的陈述。我只显示了我的感情,而这"与说我有什么什么感情完全不是一回事"(P.109)。

艾耶尔认为,在表达感情与判断感情之间作出区分是很重要的。一个人具有某种感情常常伴随着相应的感情表达。我在说我感到烦闷的同时也便表达了我的烦闷为真的情境之一。但我实际上不说我感到烦闷也可以表达我的烦闷情绪。我可以通过语调或手势来陈述与我的烦闷情绪无关的事情来表达我的烦闷,或者通过某种发泄,或者干脆一言不发,以表达我的烦闷情绪。所以,即使关于某人有某种感情的断言总是牵涉到那种感情的表达,但一种感情的表达却肯定并不总牵涉到关于某人有该种感情的断言。艾耶尔认为,抓住这一点,对于把握他的伦理理论与正统主观主义理论之间的区别是十分重要的。正统主观主义者认为伦理陈述实际上断言特定感情的存在,而艾耶尔的理论认为伦理陈述是感情的表达和激发者(excitant),它们并非必然是什么断言。

传统主观主义伦理学常受到的反驳是:伦理判断的有效性并不是由判断者情感的性质决定的。艾耶尔认为,他的理论可以免受这样的责难。因为他的理论不蕴涵感情的存在是伦理判断之有效性的充分必要条件。他的理论宣称:“伦理判断没有什么有效性。”(P.110)

五、价值问题

然而,还有一种对主观主义的反驳是艾耶尔所不能回避的。这种反驳由摩尔提出。摩尔指出,如果伦理陈述仅仅是说话者的感情表达,那便无从就价值问题进行争论。举个典型的例子:如果一个人说偷窃是一种德性,而另一个人说偷窃是一种罪恶,那么根据主观主义理论(包括艾耶尔的理论),二人之间就无从进行争论。有人会说,这不过是一个人赞成偷窃,另一个人不赞成而已,没有理由可表明为什么两个陈述都不真。但在摩尔看来,我们事实上是在就价值问题发生争执,于是他得出结论:主观主义是错的。

显而易见,根据艾耶尔的伦理学理论,也不存在什么关于价值问题的争论。因为在他看来,像“偷窃是一种德性”或“偷窃是一种罪恶”一类的语句根本就不表达任何命题,它们当然也就不可能表达什么彼此不相容的命题。这样一来,如果承认摩尔的反驳对传统主观主义构成威胁,则也应该承认对艾耶尔的“极端主观主义”亦构成威胁。但艾耶尔认为,实际上摩尔的反驳对传统主观主义都不构成威胁。因为在艾耶尔看来,人们“从来就未就价值问题进行过争论”(P.110)。

艾耶尔论辩道:这似乎是相当悖谬的论断。因为我们好像常常深陷被称之为价值争论的争论之中。但在所有的所谓价值争论情境中,如果我们深思之,便可发现争论实际上并非关于价值问题的而是关于事实问题的。当某人就某行动或某类行动的道德价值跟我们意见相左时,我们得承认必须诉诸论辩才能使我们的思维方式战胜他的思维方式。但我们并不试图通过论辩表明,他虽然正确地理解某情境(situation)的性质,但对该情境的伦理感情是“错的”。我们试图要表明的是他犯了关于特定情况中的事实的认知错误。我们会争辩,他误解了行动者的动机,或者他错误地判断了行动的效果,或按对行动的知识错误地估计了行动者之行动的可能效果,或者他未能考虑行动者所处的特殊处境,或者更一般地就特定类型的行动可能导致的效果以及在行动中通常所表现出的性质进行论辩。我们这么做,是因为我们明白,只有使对方就经验事实的本质与我们取得一致意见,才能使他对事实采取与我们一样的道德态度(moral attitude)。艾耶尔说,对于那些受过和我们一样的道德教育并生活在同样社会秩序中的论辩对手来说,我们与他们总可以通过关于事实的论辩而取得道德态度的一致。但如果我们的对手经历的道德教育与我们的不同,以至于即使承认了一切事实,也仍然就争论的行动之道德价值不赞成我们的态度,我们便只好放弃通过论辩说服他的努力。我们会说,因为他的道德感是不健全的,因此无法与他论辩,而这只表明他运用一套与我们的价值不同的价值。我们感到我们自己的价值体系优越于他的,于是用贬损的语言谈论他的价值体系。但我们无法提供任何论证以表明我们的价值体系之优越性,这种以优越自居的判断本身就是个价值判断,从而无法得到任何论证的支持。正因为当我们试图解决纯价值问题时论证失去效用,我们才最终滥用价值,这是价值问题根本不同于事实问题的特点。

所以,艾耶尔认为,仅当预设了某种价值体系时,关于道德问题的争论才是可能的。如果我们的争论对手在道德上不赞成某一类行动 t,那么我们若希望他谴责某个行动 A,论证所能及的事便是表明行动 A 属于类型 t 显然是个事实问题。假如一个人信守某种道德原则,那么我们可以指出,他为了表里如一,就该在道德上以特定方式对特定事情作出判断。我们所不能做的是就这些道德原则的有效性进行论辩。我们只能根据我们的感情去赞许或谴责这些原则。

既然如此,摩尔对主观主义的反驳便只能归于无效了。

六、伦理学的学科性质

艾耶尔认为摩尔对主观主义的反驳是对他的伦理理论的唯一威胁,现在连这一威胁也被排除了,那便表明他的伦理观点是唯一正确的观点。他认为他的理论正确地揭示了伦理学研究的实质。在他看来,伦理哲学只能说伦理学概念是伪概念,从而是不可分析的。而描述各种伦理学术语所表达或激发的感情的任务则应交由心理学去完成。如果伦理科学意指“真理性的”道德体系的精制化,那便不可能有什么伦理科学(ethical science)。因为他已表明,伦理判断只是感情的表达,从而不存在确定任何伦理体系之有效性的办法,从而追问伦理体系是否真是没有意义的。在这方面可以合法地探究的是:某人或某群体道德习惯(moral habit)是什么?是什么使他们刚好具有这些习惯和感情?而对这些问题的研究完全在现有的社会科学的范围之内。

这样一来,作为一个知识分支的伦理学不过就是心理学和社会学的一部分而已。如果有人说这种关于伦理学的观点忽视了诡辩术(casuistry)的存在,艾耶尔会说,“论辩术不是科学,而只是对给定的道德体系的分析性研究”(P.112)。换言之,它只是形式逻辑的应用。在艾耶尔看来,当我们着手从事构成伦理科学的心理学研究时,便很容易理解康德的道德学说和享乐主义的道德学说,也就是说,唯有用科学方法去研究可纳入科学范围之内的道德现象,才会有真正的成果。在这里,艾耶尔的科学主义立场表现得很鲜明。伦理学的大部分内容应交由心理学家和社会学家去研究,哲学家所能做的工作便是分析伦理学术语的定义,为心理学和社会学家的研究工作排除语言运用和逻辑推理的障碍。

艾耶尔的伦理思想在根本上仍然是维特根斯坦和维也纳学派的道德情感理论的继续。他坚持了非认知主义的情感论伦理学路线。《语言、真理与逻辑》是他的伦理思想的纲要性表述。在后来的伦理学论著中,其情感论观点又得到系统的发挥。如果说罗素和维特根斯坦提出了道德情感主义的基本原则,石里克、卡尔纳普和其他逻辑经验主义者(如赖欣巴赫、克拉夫特等)从不同侧面论证了罗素和维特根斯坦的道德理论的话,那么艾耶尔的主要贡献则在于他对情感主义伦理学理论的具体展开。

很多思想家都会随着年岁的增长而修正自己的思想,艾耶尔也是这样。《语言、真理与逻辑》是他的早期著作,该书语言犀利,战斗性强,但所体现出来的思想倾向不无过激之处。艾耶尔在晚年也部分修正了自己早期著作的思想。

艾耶尔在本书中承认自己的伦理思想可算是"极端主观主义的",这种极端主观主义的情感主义学说自20世纪70年代以来已受到了尖锐的批判。麦金太尔在其《德性之后》中特别对情感主义进行了批判,其批判既具有历史感又富有现实感。这种批判特别适用于艾耶尔的伦理思想。

艾耶尔的伦理思想实际上深受事实与价值之二分的影响,尽管他否认存在不同于事实世界的价值世界。而事实与价值的二分在70年代以后也受到了广泛的批判。

艾耶尔在《语言、真理与逻辑》中表达了鲜明的科学主义倾向,即认为只有科学才提供知识,非科学的东西不是迷信的产物便是形上学的胡说。正是这种科学主义的思维定势,使他把规范伦理学研究完全归结为心理学和社会学,这曾是摩尔所坚决反对的倾向。事实也证明,把规范伦理学归结为心理学和社会学是行不通的。人类知识需要哲学式的整合,人类的道德知识也需要哲学式的整合。在科学主义的指引之下,人类只会越来越急功近利。所以，在阅读《语言、真理与逻辑》一书时，我们应摒弃其中的科学主义思想。

（卢　风）

萨　特

存在与虚无* (1943)

让-保罗·萨特(Jean-Paul Sartre,1905—1980),当代著名的哲学家、文学家和社会活动家,存在主义的集大成者。生于法国巴黎,不足2岁时丧父,3岁时因病右眼失明,12岁时母亲改嫁。幼年失怙使他有了更多的自由,而随堂过继使他在与继父的敌对情绪中形成了叛逆性格。1924年萨特以优异成绩考入巴黎高等师范学校哲学系。1929年以第一名的成绩通过哲学教师资格会考,并结识终身情侣波伏娃。1933年赴德国柏林法兰西学院深造,后入弗莱堡大学哲学系从事研究,得到现象学大师胡塞尔指导。第二次世界大战爆发后,他积极参加反法西斯斗争。1939年应征入伍,第二年被俘,在纳粹集中营度过了近10个月。1941年获释回国后,他又积极投身抵抗运动。1944年,他辞去教职,专事哲学研

---

* 原书名为L'ETRE ET LA NEANT。本文根据中译本《存在与虚无》(陈宜良等译,北京,三联书店,1987年)撰写。

究和文学创作。20世纪50—60年代里，他热心参与社会活动，在国际上产生过重大影响。1964年萨特被授予诺贝尔文学奖，但骨子里信守无政府主义的他因此奖来自官方而拒领。1980年，萨特因肺病逝世，巴黎数以万计的民众自发为他送葬。

萨特一生著述甚丰，其伦理学著作或包含丰富伦理思想的著作主要有《存在与虚无》(1943)、《存在主义是一种人道主义》(1946)、《笛卡尔的自由》(1947)、《决定论与自由》(1966)、《辩证理性批判》(1960)。

《存在与虚无》系统和集中地反映了萨特的本体论和伦理学思想。全书共分五个部分：导言“对存在的探索”；第一卷“虚无问题”；第二卷“自为存在”；第三卷“为他”；第四卷“拥有、作为和存在”。该书语言晦涩难懂，其伦理思想主要集中于第四卷之中。本文在简要地介绍其本体论思想后，主要叙述其伦理思想。

一、现象学本体论

萨特认为近代思想总是将存在物还原为一系列显露存在物的显现(apparition)，从而使本体论与认识论相联系，企图揭示显现背后的本质和原因。这一方法必然导致二元论。为此，萨特提出要以现象学的一元论(monisme phénoménologique)来取代麻烦的二元论。在他看来，显现背后什么也没有，它只表现它自身，显现的本质就是一种不再与任何存在对立的“显现”。这就形成了显现的存在问题，这正是萨特研究存在与虚无的出发点。

1.自在和自为

存在呈现为自在存在(etre - en - soi)和自为存在(etre - pour - soi)。所谓自在存在是指标志外部世界、物质的范畴。其三个特点为“存在存在，存在是自在的，存在是其所是”。即它纯粹地、无条件地存在，它自己没有意义，没有本质，没有价值，是绝对偶然的、荒谬的。它是既成的、僵硬的;它与自身绝对等同,不包含否定,它完全被自身所充满,是完全的肯定性;它是不透明的、厚实的、无空隙的、不能渗透的,不与自身之外的任何东西相联系;它超于生成变化之外,不从属于时间,没有过去、现在和将来。它只表现了自身的存在。

与自在存在不同,自为存在是标志人的意识或人的现实的范畴。所以萨特又称其为“人的实在”。其基本特点为:自为是虚无;是面对自我在场;“不是其所是和是其所不是”。自为不像自在那样被自身充满,而是一种虚无,它在自己的愿望、理想和失望中否定它现在所是的自己,并通过它现在所不是的方式不断地规定自己,在它面前总有一个未来。因此,自为是虚无,是非存在,是纯粹的否定性。它总是要超越自身、指向未来,从而使现在获得意义。

自在与自为虽是相对的,但又是统一的。萨特认为自为存在不是独立自主的实体,不能离开自在存在而独立存在。自为事实上不过是自在的虚无化(néantisation)。这就如同我认识某一对象,就是将这一对象(如一张桌子)与我自己与其他的东西分隔开来、疏远开来,即将其现象虚无化,从而使这一对象从它的背景中凸现出来。另外,若没有自为的出现,自在就只是一种毫无意义、毫无价值的东西。随着自为存在的出现,自为与自在便由一种综合的联系重新结合起来。

2.自为的直接结构

自为存在的核心是意识。意识在意向活动中,一方面把自身无意义的某物组织为世界,把意义给予存在;另一方面借存在而使自己成为存在。萨特将这一过程称为“面对自我在场”(présence à soi)和“自为的散朴性”(facticité pour soi)。

(1)“面对自我在场”(意识的内在结构)。萨特认为笛卡尔的“我思故我在”是将我思看作意识的起点。事实上“我思”是处在世界的外部,世界不会从单纯的主观中产生,这样笛卡尔必然会陷入二元论和唯心主义。萨特将意识的概念加以扩大。他认为反思的意识,并非全部意识,在它之前还存在大量的、普遍的前反思意识(conscience préreflexive),这才是基本的、原初的意识,这种前反思意识使反思成为可能。在前反思意识中,自我并没有位置,并不把自我作为意识的对象。只有在反思意识中,自我才是反思的对象,意识中才有这样两个自我的关系,即"面对自我在场"的关系。例如沉浸在美妙的日落景色中,这是前反思的意识;对关于日落的意识进行反思则是反思的意识。在前反思的和反思的意识中有一种意向性(intentionnalité)。这种意向性说明自我有一种自身合一的倾向,但这种倾向又是注定达不到的。若两者合一,自为将成为自在,不再有意义。若有意识,二者不得合一。这说明一自我在追求另一自我时终于抓住了这个自我,这被抓住的自我由于仍然是意识,即是意向性,因此,它前面又出现一个自我。即使抓住最终的自我,也会发现这作为对某物的意识的意识在外面存在,主体与对象对立的关系又在一新的层面上展开。

(2)自为的散朴性(意识的外在结构)。自为自身不存在,但自为毕竟存在着。它的存在是"面对世界在场",这就是它的散朴性。作为散朴性的存在,自为有两个基本环节:一是身体(corps),二是处境(situation)。前者说明自为的存在不能没有身体,但有着怎样的身体(如男、女、残、疾)却是偶然的,只是他处世的工具。人无法摆脱身体,但并不听任它摆布,人可以给身体以意义。后者说明,自为存在总是在处境中的,生于某时某地、有这样的经历或历史、拥有某种才能或财产、面对这样一些邻人、总有一天会死去,等等。这一切对人来讲都是偶然的,如果摆脱了这个特殊处境,你将不再是你。正是在特定的处境中你进行着选择,给予处境以意义,因而,你创造了你自己,你是自由的。

3. 自为的存在方式

(1)时间性(temporalité)。萨特认为"自在"处于任何变化、生成和解体之外,无所谓时间。它既没有过去,也没有现在和将来,时间不能成为“自在”的属性。“自为”则处在永恒的变化、运动和发展之中,它不断地追问自己的存在,不断地否定自己。时间在自为存在中是完全一体性的,只有在整个时间中,过去、现在和将来才有意义。

过去不会对自在发生作用,只对人才存在着。对人来讲,过去是相对于现在来讲的过去,只有相对于我现在的存在才有意义。因为过去就是它所是的那个东西,实际上是“自在”,这个“自在”只是“自为”的一个结构或前奏。在过去中,人不是作为“自为”,而是作为“自在”存在着,只有通过“自为”才能走向世界。与过去不同,现在是“自为”,它不是它过去所是的东西,也不是它将来所是的东西。它是一种虚无,一种否定性(négatité)。现在之意义不能从过去中寻找,而只能从将来中寻找。将来是现在所不是的东西,是现在还没有的东西。将来规定了现在的“自为”的意义。

根据这一观念,萨特认为“自为”是一种永恒的飞逝,它永远筹划自己的未来,面对自己的未来。它不是由过去所确定,而是由未来所设计。过去是为现在所产生,现在是为将来所产生。所以他认为时间是从将来开端的。时间不是一种由过去向将来的自在的流逝,而是一种从将来出发的永恒的否定。

(2)超越性(transcendance)。对于处于动态中的自为存在来讲,意识对自我、自我对世界都有距离,意识又总是向外的,其意向性超出自身而在外面存在,把外物组织为世界。但同时,他又总是要企图超越这个世界,超越自身,在时间的流逝中实现着超越。

超越性之所以成为自为的存在方式,还在于人就是一种存在的缺乏,这种缺乏在人表现为具体的欲望(如饮食、异性、交友等)。他之所以欲望就在于他缺乏,因而他就必须超越这一状态。萨特认为,人应向无上的价值和完满的自我的可能去超越,但他同时认为上帝是不存在的。没有绝对永恒的完满,人永远只处在超越过程中,总有被超越的一面。超越性是人的存在的存在方式。

二、自由主体伦理学

萨特的现象学本体论证明只是从形而上的层面为他的以自由为基础的道德学说做了理论准备。下文将重点介绍他的伦理思想。

1.自由

(1)本体的自由。与其他伦理学家不同,萨特认为,自由(liberté)是意志自由,是价值存在的基础。他将自由提高到本体论的高度。可见自由学说在萨特思想中占有极其重要的地位。

萨特认为,在传统思想中存在着三种决定论观点:上帝的假设;人性论的神话;固执于既定的价值观念、伦理原则。这些观点严重束缚了人的自由,使人不能自由地创造自己的价值、选择自己将成为怎样的人。他认为决定论是没有的、人性是没有的,有的只是自由。人的自由先于人的本质并且使人的本质成为可能,人的存在的本质悬置在人的自由之中,因而萨特在宣布存在先于本质是存在主义的第一原理的同时,也赋予了存在以自由的属性。但这并不是说自由是人的本质,而是说人根本没有本质,人的本质是由人自己自由创造的。自由是人的存在,人无法不自由,当人被偶然抛到世界上来,就命定是自由的。自由是不能逃脱、不可避免、不可预见的。不是人选择自由,而是自由选择人,自由只有在选择的行动中才能获得意义。我命定是自由的,那我就命定要选择,我必须作出选择,不选择实际上也是一种选择。我自由地选择着,意味着我不断地否定着自身,超越着现在。不断地作出价值选择,这表明自由是绝对的、自主的、否定的和超越性的。

(2)处境的自由。作为绝对的自由,萨特认为存在(etre)、活动(action)和占有(possession)是其三个基本要素。自由只有在具体境况中才能发生,要使自由变为有意义的、成为真正的自由,就必须介入到某种处境中去,把选择的自由变为选择的行动。在处境中,对自由来讲,目的和动机是次要的,成功与否也无关紧要,重要的是去进行选择和谋划未来。人越是介入到处境中去,超越行动,就越自由。据此,萨特将处境分为五种:第一,位置。指我在世界中所处的位置,如我所居住的国家,我的住处等等。萨特认为位置并不限制人的自由,人的自由决定着人的位置的意义。例如,我生在一个闭塞的小山村,这并不能决定我成不了大政治家。恰恰相反,正因为我选择了要成为大政治家,才使我认为出生在小山村是不好的。如果我选择当农民,那么出生在小山村就没有什么不好了。第二,过去。指我的出生时间、所受教育及身体状况等。萨特认为过去也不能决定我的选择,正是我的自由选择才给过去以评价,给过去以意义。第三,周围。指为达到目的而使用的一切手段、遇到的一切障碍等。周围环境可能阻碍自由,但自由与成功无关,只因自由选择,周围环境才能有意义。第四,邻人。与我一样,他人也是主体,都将对方视为客体,都要超越他人的自由。因而超越与被超越、主体与客体的矛盾成为人的自由所面临的一对永恒矛盾。但是他人对我的自由的限制并不能说明人的自由是有限的,因为除了人的自由外,没有其他东西能限制人的自由,这恰恰说明了人的自由的无限性。第五,死亡。萨特认为,死亡是一种事实性存在,但并非人的存在的终点,死亡像出生一样是无根据的、荒谬的,是在人的存在之外的东西。当死亡尚未到来时,人在自由地谋划着将来,而当死亡到来时,人就不再存在。因此,死亡像一切"物"一样并不能限制人的自由。

通过对处境中的自由的论述,萨特得出这样的结论:自由是绝对的,没有什么能限制人的选择自由。人在自由选择中首先将处境虚无化,没有自由选择,处境就没有任何意义。

2.责任

人作为自为的存在,在自由地选择、行动的时候,就赋予世界和自己的行动以价值,因而人也是价值的创造者。人的自由是价值的唯一基础。正因为选择、行动,价值才是由人自己自由地造成的,因此,每个人必须对自己的行为负全部责任。由此萨特推出了其责任学说。

(1)责任(responsabilité)。萨特所说的责任,从本质上讲是一种感情,是对其行为的一种意识。他认为人对于事件和行为来讲是"作者",因而他必须对他所做的一切承担责任,决无任何可以推卸责任的借口。他说:不论我做什么,我一刻也不能把自身从这种责任中撕开。因为,我对我逃避责任的欲望本身也负有责任。正因为人有绝对的责任,才显示出人的尊严和意义。同时萨特还认为人的自由选择是介入处境的,因此对个人行动而言,不仅要对自己负责,而且要对外部事件负责。例如在战争中,每个人都在其中进行自由选择,这种自由选择是持续不断的过程,因而,每个人都必须承担战争的结果。对战争而言,不存在无辜的牺牲者。只要我介入这场战争,就如同我宣告了这场战争一样,我应对战争负责。因为每个人可以通过选择"死"而避开战争。由此可见,萨特将人的责任推到极端,虽然高扬了主体意识,强调了责任感,但他离开社会历史条件,孤立地夸大人的责任范围无疑是不切实际的。

(2)焦虑(angoisse)。一旦人意识到他不仅在为自己而且也在为全人类作出选择时所具有的责任感,焦虑也就随之产生。在萨特看来,焦虑是人对他必须承担的责任的反应。他借用了基尔凯戈尔所举的"亚伯拉罕的焦虑"一例。有位天使告知亚伯拉罕,上帝要他献出自己的儿子。如果真是天使,他当然应该服从。但任何人都会设想:他真是天使吗?我真是亚伯拉罕吗?有什么证据表明我必须这样做?此例说明,价值选择是多样的,但在具体处境中却无法给出确定的选择。在相互冲突、抵触的可能性选择中,无论怎样选择,人都不能最后证明他的选择是合理的,不能肯定它所决定的价值。同时,每一选择的后果也是难以预见的,给他人造成的是祸还是福、是善还是恶,给自己带来的是凶还是吉、是誉还是辱,人都无法把握。但人必须对其选择承担全部责任。当人意识到这一切时,身感无所适从,只能陷入深深的焦虑之中。

(3)自欺(mauvaise foi)。自为存在前无托辞、后无辩护,完全处于孤立无援的绝境,而绝对的责任他又必须全部承担,这使他始终处于焦虑之中,引起无限的痛苦。为了推卸责任、摆脱焦虑,人们预设出决定论思想,以为自己不能自由选择自己的行为,而只能按某种方式行为。这种以丢失人的存在的本性、牺牲人格和自由为代价而求摆脱焦虑的行为,萨特称之为自欺。他认为自欺实质上是把人降为物,降为自在的存在。自欺的表现很多,萨特将其分为三类:第一,该做选择时不做选择,把自己混同于无意识的物。如一女子同人外出,明知别人的企图却以为别人的行为只有它直接显示的意思,结果当然以既不接受也不拒绝的方式实际接受了别人的调情,把自己委身于对方。第二,否定自身的自由,似乎只能按既定的要求行动。如咖啡馆的"侍者",尽职尽责,以为他非得像侍者那样,这样就可摆脱一切责任。萨特认为这是消极地、被动地放弃自由,同样失去了人的主体性。第三,信奉一种决定论,完全委身于那种决定论所树立的目标。

3.**他人**

在萨特看来,人既有身体又有意识,是一种"自在自为之物"。从我思出发,不仅能证明"我的存在",也证明了"他人的存在"。依他人的存在为基点,萨特阐述了他的人我关系论。

(1)他人的存在。他人的存在在萨特那里也具有本体论意义。在他看来,他人(autrui)就是另一个不是我的我,是我所不是的人。我与他人的关系是存在之间的关系,而不是认识之间的关系,因为他人像我一样也是作为自为的存在。这就使"意识的多样性"成为可能,这也构成了他人与我的冲突关系的根源。在我的与他人的存在中,一方面,他人将我视为对象和客体,在他人的目光中,我的自由消失了,甚至我不得不或多或少地按照他人的看法来判定自己。这就如同我透过钥匙孔往某房间窥视,当被别人看到时,我立即感到羞耻,意识到他人的存在和自己之被变为客体。在他人眼中我是个下流的人,虽然我可能是个有名望的人,窥视不过是出于好奇心。但我已不能不为自己遗憾,承认做了一件不光彩的事。也就是说我对他人有一种与生俱来的尊重乃至恐惧。这种意识到他人存在的羞耻总存在于我的意识之中。另一方面,是我使他人成为他人的自由的对象,因而面对他人我又十分傲慢。我不会甘心于客体的地位,而要恢复我的主体性。每个人都力图保持自己的主体性,把他人当作客体、当作物、当作奴隶。在萨特看来,人与人之间不可能是互为主体的,因而只能是"主奴关系"。

(2)与他人的具体关系。萨特认为对待他人的态度有两种:第一种态度:爱、语言、受虐色情狂(masochisme)。从狭义来讲,爱情不是纯粹肉体占有的情欲,而是想把他人化归己有,占有他人的自由。爱也就是对他人自由的一种剥夺和占有。语言原本就是为他人的存在,是主观性作为其对象而被体验到的一个事实。受虐色情狂是希望在使主观性被别人重新同化的过程中消除主观性或主体的一种永恒努力。第二种态度:冷漠、情欲、憎恨、性虐待狂(sadisme)。冷漠就是我能把自己选择成为注视别人的注视的人,并且能把我的主观性建立在别人的主观性的崩溃之上。情欲并不只意味着性行动,它是通过他人为我的对象性而自己去把他的自由主观化的原始企图,是一个超越着的对象的纯粹欲望和使他人的身体肉身化的企图。憎恨是自为在它的自我历史化过程中经验到那些不同的灾变,由于它完全认识到了它以往努力的虚浮,而能决定自己置别人于死地的一种自由决定。性虐待狂是用暴力使他人肉身化(归为己有)的努力,并且这"强迫的"肉身化应该已经是把别人化归己有和对别人的使用。在萨特看来,对他人的这两种态度,是作为原始处境的为他的存在的基本反应,这些态度都归于失败,其根源在于他人对我来讲是永久不可理解的。这就必然导致与他人的冲突。所以我与他人的关系只能是对抗的、否定性的主客体,非平衡关系。

(3)“共在”(etre - avec)和“我们”。萨特认为在人与人之间只存在冲突,但凭借经验,现实生活中确实存在着与他人联合的“我们”。萨特将“我们”分为作为对象的“我们”和作为主体的“我们”。前者指人们在生活中常常感到自己与其他人一起成为某个“第三者”的对象。这就如同在工厂中,工人阶级就是“第三者”资本家的“我们”。后者则既表现在前反思意识的层次,又表现在反思意识的层次,它是被历史的、沉浸在加工过的宇宙和特定经济类型的社会中的人所实现的心理经验。这就如同观看演出,我与别人的共同介入,才可能产生共同的节奏。萨特认为,“我们”虽然是实在的经验,但是只是单个人的意识的集合,因而仍无法摆脱或超越别人或被别人所超越的处境。意识间关系的本质不是“共在”而是冲突。

萨特的伦理思想无疑是本世纪最有影响的哲学理论之一。它的全部内容都集中于人的自由问题。作为道德主体的个人是绝对自由的,这既是其伦理学的直接前提,又是其最终归宿。在对自由的阐述中,萨特高扬了人的主体性,强调人的自由选择、自由设计。然而它的自由仅仅限于意识领域,脱离实践,因而不可能付诸实施。与自由观相应,萨特反对一切既定的道德规范和价值标准,提出一种对处境中的人的存在负起责任的伦理观,强调人要对自己、对人类负责,没有任何可以推卸责任的理由。这些使萨特伦理思想具有了积极的内容。但是在其学说中,一方面强调自由选择的绝对性,另一方面强调人要对行为负绝对责任,那么选择不负责任又当如何？一方面反对一切道德规范，另一方面又让人自由选择，那么人如何自由选择呢？在萨特看来，具体处境下的实际伦理选择是模棱两可的，它的意义永不固定，必须不断赢得，这样就使其伦理学实际上并没有告诉人们任何东西。最后我们以萨特在其《存在主义是一种人道主义》中所着重解说过的一个例证来结束本文：纳粹德国占领法国期间，一位法国青年请教萨特他究竟该留下侍奉母亲还是参军卫国。萨特告诉他的只是“你是自由的，所以你选择吧——这就是说，去发明吧，没有任何普遍的道德原则能指点你应当怎样做”。

（任建东）

斯蒂文森

伦理学与语言* (1944)

查尔斯·L. 斯蒂文森(Charles L. Stevensen, 1908—1979)出生于美国俄亥俄州的辛辛那提。1926年入美国著名学府耶鲁大学，主攻英国文学，1930年毕业并获得文学学士学位。同年赴英国剑桥大学继续深造，同时表现出对哲学的浓厚兴趣，并拜在当时著名的英国伦理学家摩尔和著名分析哲学家维特根斯坦门下，专攻伦理学。1933年在英国获哲学学士学位后，回美国入哈佛大学继续攻读哲学，于1935年获哲学博士学位，并留校任教。在这期间，斯蒂文森陆续在《心灵》杂志上发表了3篇引起强烈反响的伦理学论文《伦理术语的情感意义》(1937)，《伦理判断与可避免性》(1938)和《劝导性定义》(1938)。1939年，斯蒂文森离开哈佛，受聘于耶

---

* 原书名为 ETHICS AND LANGUAGE。本文根据英文本(New Haven, Yale University Press, 1944)撰写，同时参阅了中译本《伦理学与语言》(姚中新、秦志华等译，北京，中国社会科学出版社，1991年)。

鲁，自此开始整理从剑桥以来所形成的伦理学观点，并于 1944 年在耶鲁大学出版社出版了《伦理学与语言》。该书的出版为斯蒂文森赢得了声誉，使他成了与英国的艾耶尔在大西洋彼岸遥相呼应的著名情感主义伦理学家。有人认为《伦理学与语言》是继“摩尔的《伦理学原理》之后，元伦理学中最富于创造性的著作”(亚瑟·伯克斯语)，“是对伦理学的情感理论的最彻底、最精确的系统阐述和研究”(路德·宾克莱语)，它甚至“在一些年里，成了情感理论的圣经”(玛丽·沃劳克语)。但同时也受到批评、误解和指责，在经验主义哲学占主导地位的学府中，他的观点甚至是不能容忍的。1946 年斯蒂文森主要由于其理论观点而被耶鲁大学解聘。是年，密歇根大学哲学系聘请他任副教授。在较长一段时间里，他的《伦理学与语言》一直是伦理学界乃至整个哲学界争论和关注的焦点之一。该书多次重印，并被译为意大利文、西班牙文、中文、日文等。斯蒂文森因其教学和研究的成就而获得过古根海姆基金会基金资助，成为行为科学高级研究中心的研究员，并曾被选为美国哲学学会西部分会会长。他于 1977 年退休，1979 年逝世，享年 71 岁。

《伦理学与语言》是一部元伦理学著作。像所有的元伦理学家一样，斯蒂文森始终强调伦理学的任务是确定或论证规范，是分析伦理学语言的意义和功能，分析诸如“善”、“正当”、“应该”等道德概念的字面意思和隐含意思，分析人们是以什么方式运用这些概念以达到自己目的的，而不是要求人们接受某种理想。他不赞成“拒斥规范伦理学”的提法，认为元伦理学与规范伦理学不是对立的，而是相辅相成的。元伦理学与规范伦理学的关系有点像分析哲学与各门具体科学的关系。人们既然不能指望分析哲学能完成具体科学的任务，也便不能指望从他的著作中找到评价行为是否正当的标准。价值中立原则贯穿于《伦理学与语言》一书的始终，也是斯蒂文森元伦理学的一般特点。比如在该书第四章谈到“凡我赞成的都是善的”这一陈述的含义时，斯蒂文森认为这一陈述具有明显的利己主义特征,但他强调其理论不是要否定利己主义,而只是要分析该陈述的涵义。对道德陈述的分析不能超出这一限度。分析并不能减少人们的自私自利,分析只具有清理混乱的思维这种谦恭的功能(the humble function)①。斯蒂文森强调他的工作是语言分析,而不涉及实质性的道德问题,如他在《伦理学与语言》的最后一页写道:“最重要的道德问题开始的地方恰是我们的研究必须终止的地方。”但是,我们不能由此断定斯蒂文森的研究与现实毫无关系,或认为斯蒂文森不想以他的研究影响现实。他清楚地知道,利他主义的种种理想并不是由神秘的力量强加于人性之上的,它们本身就是人性的一部分。若想把它们变成人性中更加不可分割的部分,就必须为之战斗。必须用“正当”和“错误”这样的词为之战斗,否则这些模铸态度的武器会落入对手的手中。必须用思路清晰的理由去支持这些理想,否则“这些理想所维护的事业会受到蒙昧主义的蔑视”(P.110)。斯蒂文森承认他的以清理语言为其谦卑使命的研究并不能直接参与这种战斗,但清理的任务完成后,就“决不限定人们采取被动的或犬儒式的中立立场”(P.110)。

《伦理学与语言》所阐述的元伦理学理论有两个基本原则:一是重视从情感意义上分析道德术语,认为道德判断之所以与科学判断不同,就在于它具有科学判断所不具有的情感意义;二是强调伦理学分析必须深入到人们的现实道德情境中,研究道德争论的性质、意义和功能,间接地帮助人们达到道德观点的一致。这两个原则也可称为情感主义伦理学的两大理论支点,支撑着全书的理论结构和论述重心。

《伦理学与语言》一书除“序言”外,共有 15 章。全书的结构大

---

① 参见 Ethics and Language, Yale University Press, 1944, P.104。下引此书,只注页码。

致可以这样划分:第1~3章是全书的第一部分,这部分主要阐述"情感主义伦理学"的一些最基本的理论问题,并确立起研究的重点;第4~10章是全书的第二部分,这部分解释和论证分析的两个模式,着重说明伦理学的定义、性质和方法等;第11~15章可算是第三部分,这部分的内容是应用前两部分所构建的理论框架去解决伦理学的其他理论问题。全书所探讨的主要问题有三个:一是道德分歧的性质;二是道德语言的意义和功能;三是规范判断的论证方法。

一、道德分歧的性质

斯蒂文森所要解决的首要问题是确证道德问题不同于科学问题,并探究二者之间之所以不同的原因。为研究这一问题,就必须从分析现实的论争和分歧入手,弄清道德分歧究竟是一种什么分歧,怎样才能得到论证和解决。斯蒂文森认为,现实中有两种分歧:第一种可以称为"信念的分歧"(disagreement in belief),如两个朋友在回首往事时,对他们第一次相识地点看法上的分歧。其特征是一方相信P,另一方相信非P或某种与P不相容的东西,双方各执己见、互不相让,并尽力提出一些证据证明自己的观点,或者由于较新的发现而修正自己的观点;第二种是"态度的分歧"(disagreement in attitude),包括"意图、愿望、需要、欲望等的对立",如两个人在处理一笔捐款时,一个希望将钱用于建医院,另一个希望将钱用于办学校,双方之间分歧的特征是对某事、某物、某行为一方赞成另一方不赞成,且双方互不相让、争论不休。依斯蒂文森之见,这是两种性质完全不同的分歧:信念上的对立涉及怎样描述和解释事物的问题,对立双方不可能同真;态度的对立涉及赞成或不赞成以及怎样通过人的努力形成或阻止某事的问题,对立的双方不可能都满意。信念是思考、假定、预测的结果,既包括对事件、行为的信念,也包括对态度的信念(如"我认为你有某种态度"等)。信念问题是科学争论的中心,从信念分歧到信念一致也是科学争论的主要目标。而态度则是指"任何心理上赞成或反对的倾向",在含义上与培里所理解的"兴趣"(interest)是等同的,包括意图、愿望、渴求、爱好等多种复杂的感情。强调态度分歧根本不同于信念分歧,并不意味着态度分歧在日常生活中不重要。

斯蒂文森认为,伦理学的争论主要来源于态度的分歧,传统伦理学理论很少注意这一点。但伦理学争论并不仅仅来源于态度的分歧。"信念是态度的指导。"(P.18)"如果我们必须理解伦理问题的基本性质(basic nature),并尽可能少费力气地解决问题,就必须敏锐地注意伦理分歧的二元本质(the dual nature)。态度和信念各有自己的作用,我们必须在它们的密切关系中加以研究。"(P.19)伦理学的中心问题就是详细地研究信念与态度如何发生关系。信念与态度不仅相互联系,而且相互影响。当我们改变了对事物性质的信念之后,我们就可能改变对它的态度和赞成方式。抓住这一点,对于理解斯蒂文森至关重要,这是他的情感主义理论的基本原理之一——"劝导性定义"(persuasive definition)得以成立的基础。但是,当斯蒂文森从具体问题上升到一般形式时又说,就逻辑可能性而言,既可以出现没有态度分歧的信念分歧,也完全可以出现没有信念分歧的态度分歧,两者并没有逻辑上的必然联系,即"无论分歧何时出现,两种分歧的联系总是事实上的而从不是逻辑上的"(P.6)。

斯蒂文森探讨"分歧"的目的是弄清伦理分歧的性质。什么是善的问题往往是伦理争论的根本问题。那么关于什么是善的分歧是态度分歧还是信念分歧?以往的伦理学总认为伦理分歧是信念分歧,如自然主义者就把伦理判断等同于某种类型的科学陈述,从而将规范伦理学归入科学的某个分支,如心理学、生物学、社会学等等。即使像休谟和培里那样的强调情感、兴趣对伦理学的重要性的理论家,实质上强调的也仅仅是关于态度的信念(belief about attitude),因此也未能揭示出道德分歧的实质。“每当伦理问题引起争论,它们所涉及的分歧总具有二元性”(P.11),即这种分歧既涉及信念,又涉及态度。伦理分析要全面地把握伦理学就必须仔细地分析这两个方面,既不能仅强调前者以排斥后者,也不能只强调后者以排斥前者。传统伦理学的错误不在于强调了信念分歧,而在于忽视了态度分歧。因为,正是态度分歧才形成伦理争论的显著特征,才确立伦理问题区别于科学问题的根本标志。把道德问题与纯科学问题区别开来的主要是态度分歧。斯蒂文森为了更明确地说明这一观点,举了一个例子:某公司的工会代表提出,为公正起见,应该提高工人的工资,而资方则认为工人要求提高工资是不应该的。这一具有伦理色彩的分歧显然包含态度分歧。尽管在争论中双方对近期生活费用的上涨程度、公司的利润收益等等问题具有不同的认识,但态度分歧在这一争论中自始至终居于支配地位:首先,态度分歧决定着哪些信念与该争论有关。由于信念与态度处于因果关系中,信念的改变常常引起态度的改变,所以只有那些有可能导致某一方态度转变、从而可以调和态度对立的信念才能被恰当地引入争论之中。拿 50 年前的工资水准跟现在的相比,对双方的态度都没有什么影响,因而与争论无关。而对生活费用上涨、公司财政状况等事实的看法,由于有可能使工人与资方达到对提高工资的一致态度,所以能成为争论的一个组成部分。其次,态度一致是伦理分歧得以消解的标志。假如公司欣然同意工人的要求,那么尽管在其他方面仍存在信念的分歧,工会仍赞成结束这场争论。反过来,即使对道德争论中所涉及的事实问题双方意见都一致,但双方的态度仍然可以互相对立。这时,要使争论得以平息,双方必须或援引其他事实或求助于热情的言词来打动对方的感情以寻求态度一致,或者服从于某一权威(如法院)的裁决,否则争论会无休无止。因此,态度上的一致和分歧是伦理学的本质特征,如斯蒂文森所说:“态度的一致与分歧是这样一种伦理学的特征,以致即使(伦理)判断相对孤立且并不导致任何明显的争论,(我们)也能感觉到它们的存在。”(P.17)

现代英美伦理学有认识主义与非认识主义之分。非认识主义的基本观点是道德言说不是知识,如罗素认为,科学力辨真伪,不管善恶,但人们对价值问题的不同看法则像对食物有不同的口味一样。斯蒂文森继承了这一观点,并为之进行较系统的论证,从而为情感主义伦理学奠定了基础,完成了伦理学从以理性为依据以信念为中心的传统研究到以感情为依据以态度为中心的研究的转变。在他看来,这一转变具有非同一般的方法论意义,只要把握住态度这个中心环节,以往一切争论不休的问题都可以得到解决。斯蒂文森通过对道德分歧的分析得出了两个结论:其一,规范伦理学不是任何科学的分支,这是非认识主义的基本观点,即伦理学不是科学,规范伦理学有其独特的领域——态度和情感。其二,伦理学论述的性质正是科学所努力加以避免的,前者研究主观态度,后者探讨客观联系,道德家的目的是更改人们的态度,是一种行动而不是一种知识,科学家要揭示事物的因果联系,是知识而不是行动。作出这种区分是具有十分重要的意义的,但不可在二者之间掘出一道不可逾越的鸿沟。斯蒂文森正确地看到了信念对态度的影响,倘能再深入探究人类生活态度的改变对人类所处环境的影响,必能更深刻地帮助我们理解现代人类的生存境遇。

二、道德语言的意义和功能

分析哲学家们特别重视语言分析,他们认为语言分析的方法才是解决哲学问题的有效方法。英美的元伦理学也叫分析伦理学,实际上就是分析哲学的一个分支。斯蒂文森的伦理学研究也是从语言分析入手的。他认为语言在日常使用中有两种不同的用法:一种是描述的用法(descriptive usage),使用词句是为了记录、澄清或交流信息,其目的是让听者相信或接受语言所陈述的信息。科学就是这样使用语言的。另一种用法可称为能动的用法(active usage),其目的在于发泄感情(如在感叹句中)、激起情绪(如在诗中),或促使人们行动或采取某种态度(如在煽动性演讲中)。伦理语言的使用就属于这一类。所以伦理命题与祈使句大致相似,主要是用来鼓励、改变或纠正人们的目标和行为,而不是用来描述事实,就此而言,它们不同于科学命题。当然,这种区分是一种理论上的抽象,在实际生活中,这两种使用常常交织在一起,甚至在同一命题中,也常常同时包含着感情表达和信念表述这两种目的。

斯蒂文森认为,如果把言语的意义仅仅规定为它所指称的对象,就不得不承认语词仅在描述的用法中才有意义。但这个结论是不符合常识的,因为人们在能动地使用语词时,也能够达到预期目的,起到沟通情感的作用。言语的意义不能在语词的外在关系上去找,而应该到语词对人心理的刺激或人对语词的反应中去找。这样,我们就会发现,一个符号既有与描述用法相应的描述意义,也有与能动用法相一致的情感意义。前者在于该符号影响认识的倾向,后者则在于符号唤起或直接表达(不是描述或指称)态度的功能。伦理术语的典型用法是能动的,因而具有情感意义。

"语言中情感倾向和描述倾向的增长并不表现为两个分离的过程。(二者之间)有连续的相互作用。"(P.71)但这并不意味着语言的两种意义总是一起出现、同步变化。实际上,二者的变化常有背离,这种背离可表现为描述意义不变,情感意义发生变化,但更经常的是沿着相反方向进行,因为情感意义比描述意义有较大的惰性。依据两种意义的关系,可以区分出三种情感意义:(1)"独立的"情感意义。这种"情感意义无论在什么范围内都不是描述意义的函项(function)"(P.72),即不随描述意义的变化而变化。(2)"依赖的"情感意义。这种"情感意义无论在什么范围内都是描述意义的函项”(P.73),即它总是随描述意义的变化而变化。(3)“半依赖”的情感意义。这种意义是伦理术语的基本特征。它不依语词的确切含义而依其认知上的联想而定。如:“蠢猪!”其情感意义就取决于用它来比喻一个人时使人联想到的东西。大部分在道德语境中使用的概念、命题都具有这种情感意义。也正因为道德概念的描述意义和情感意义既有联系,又能彼此分离,才使得它们特别适合于表达人们的感情和影响听者的态度。

在斯蒂文森看来,道德语言的功能与它的意义是密切相关的。既然道德概念的主要意义是情感上的,那么当我们用这些术语、概念构成道德判断时,就绝非仅用它们描述、记录或揭示现象及其相互联系,而是通过它们表达我们的态度和感情。所以,道德判断的主要用途不是指出事实,而是创造影响。道德判断就是向人们推崇某种东西,要人们对该东西持赞成或不赞成的态度。

道德判断何以会有情感功能呢?这可从两个方面来看。一是道德语言的使用习惯。组成道德判断的语词(如“善”、“应该”)在情感场合中长期反复地使用,使它们日益具有或褒或贬、或扬或抑的感情色彩。这样的用法一开始可能是偶然的,时间久了就会为大多数人所实际承认,直至习惯成自然,并为语言规则所巩固。二是使用语言的人由于所受的语言训练而形成的心理习惯,也使“善”、“恶”、“正当”、“错误”这一类基本伦理概念特别适合于表达和激发感情。斯蒂文森运用行为主义心理学解释道德判断的情感功能,认为一个生活在一定社会环境中的人总会受到该社会舆论的影响,从而在“善”与其个人的心理赞成之间,或在“恶”与其个人的心理厌恶之间确立一种较稳定的联系。一个人从孩提时代起,“好孩子”、“好事”就常常伴随着微笑、赞赏、奖励而出现,置身社会后,舆论也总是把“善”,“有责任感”等语词加在那些人人称道的人、行为或品质上,久而久之,就在心理上使这些词与赞成的感情联系起来了。因此斯蒂文森说:“情感意义即这样一种意义,其中

反应(从听者的观点看)或刺激(从说者的观点看)都是一种情感系列。”(P.59)

道德判断不仅具有表达判断者感情的功能,而且具有引起、改变接受判断者的情感、态度的功能。对后一功能的特别研究,是斯蒂文森不同于其他情感主义者的一个特点。斯蒂文森之所以重视这种研究,与他深受杜威伦理思想的影响不无关联。斯蒂文森认为,道德判断的表达功能与“激发”功能原本密不可分。它们都是通过道德语言的描述意义与情感意义的结合和分离而得以发挥的。在他看来,规范伦理学所作的道德判断大体上可以分为两类,而由他所提出的两个分析模式可以很好地理解这两类道德判断。

第一个分析模式是斯蒂文森为了研究方便而提出的“工作模型”(working model)的展开。例如:“这是错的”,意思是“我不赞成它,你也别赞成吧!”“他应该这样做”,意思是“我不赞成他不这样做,你也别赞成吧!”“这是善的”,意思是“我赞成它,你也赞成吧!”其中每一个都由两部分构成,第一部分是陈述:“我赞成……”,或“我不赞成……”,描述说者的态度。第二部分是命令:“你也……吧!”用来改变或加强听者的态度。这个模式只描述了几个常见道德命题的意义,而不是在给道德术语下定义。因为道德术语正像摩尔所说的那样是不可定义的,但道德术语之不可定义并不在于它们代表着简单的、不可分析的非自然性质,而是因为不可能找到与它们的情感意义完全相同的定义词。无论我们用什么语词或语句代替“你也赞成吧!”都必然会“歪曲”善的情感意义,就像把“乌拉”解释为“多么令人激动”必然会减弱其情感意义一样。这个模式作为近似的描述使用起来很方便,也能解释相当一部分道德命题的含义和祈使作用的方式,但我们必须注意到它是简单的、近似的,它把“伦理术语的描述意义仅限制在说者自己的态度上”,把情感意义简单地等同于命令句。实际上,“……是善的”之描述意义是很复杂的,既可指某种动机,也可指它产生的原因,或指它所遵照的标准等等。在情感上，人们常常是“引导”而不是命令他人改变态度或产生相应情感。因此，第一种分析模式无法解释道德领域的各种判断，更说明不了道德判断的丰富内涵。第二个分析模式克服了这种简单性的毛病。

第二种分析模式是这样的：“这是善的”，除具有赞扬性的情感意义外(这使它得以表达说者的赞同并倾向于引导听者的赞同)，意指“这具有 X、Y、Z 等等的性质或关系”(P.207)。在理解这一分析模式时，应注意如下几点：(1)对情感意义必须分别研究以确定其典型特征，并区别于以定义词(defining term)加以保存。(2)在第一模式中很重要的说者的态度被情感意义的存在搁置一边了。(3)这一分析模式与其说是关于“善”的定义不如说是一组定义的形式化图式，因为除非 X、Y、Z 等变项为普通词所取代，否则就不存在什么定义。用这一模式来分析以往伦理学中的定义，就会发现它们都是借助于情感意义和描述意义的不断重新组合而达到它们的目的的。它们把“善”的情感意义加在不同的定义项上，使人们对它也像对善一样持赞成的态度，即它们都具有劝导的性质。

斯蒂文森认为，道德术语的情感意义是每个人都想赋予他自己选择的性质的赠品，用各种方式定义伦理学术语时，就会得到一个“劝导性定义”。劝导性定义在伦理学中的使用是伦理学区别于科学的重要标志，也是规范伦理学没有客观和统一标准的根本原因。每一个人、每一个学派都在利用道德术语的描述意义和情感意义的二元性质，或者改变描述意义(如把“善是整体利益”变为“善是个人利益”)，把“善”的情感意义加在个人利益上，使其他人对个人利益“持赞成态度”；或者改变情感意义(如“不要受‘义务’的束缚，因为‘义务’是弱者的‘保护伞’”)，把改变了的情感意义(由褒而贬)加在原来的描述意义上。无论以哪种方式，定义都是结合情感意义和描述意义而完成的。在情感上，它给被定义词以赞扬、推荐或贬抑，而在描述上，它指出了赞扬或谴责的对象。前者发挥劝导的力量,后者指出劝导的方向。对道德术语下定义,不过是以其情感意义为手段,达到某种"欺骗"目的的过程。

三、规范判断的论证方式

在《伦理学与语言》一书中,斯蒂文森开宗明义地指出:"本书的第一个目的是澄清伦理学术语如'善'、'公正'、'应该'等等的意义,第二个目的是展现能证明或论证伦理判断的一般方法。"(P.1)他的研究得出三个重要结论:(1)伦理分歧的性质是态度分歧;(2)信念和态度的关系是因果关系;(3)合理的方法只能通过改变信念来影响态度。依他之见,仅用理性方法或科学方法研究伦理学是不够的。

从静态角度看,道德争论既包含信念分歧,又包含态度分歧,而且态度分歧居于支配地位。正因为如此,道德才不同于科学。在伦理学中,科学方法(主要是经验方法和逻辑方法)仍有一定的有效性,但其有效性取决于这样一个心理事实,即信念的改变可以引起态度的改变。科学方法只有在通过经验观察、理论分析等手段有效地改变了人们对某问题的信念,而且这种改变进而影响态度由分歧达到了一致时,才能说它对伦理学是有效的。这是科学的限度。因为事实上或至少逻辑上存在这样一种可能性:当两个人在信念上取得完全一致后,在态度上依然存在分歧。气质、性格上的不同,幼年培养上的差别,社会地位的高低,都有可能使他们在承认所有科学事实的情况下继续保持不同的道德态度并争得面红耳赤。这便表明,道德分歧并非皆出于信念上的分歧,态度分歧也不完全取决于对事实的认识,科学方法只有在根源于信念分歧的态度分歧的范围内才能成为解决道德问题的工具。既然并非一切道德分歧皆出于信念分歧,那么仅有科学方法对于伦理学就是不够的。

从动态角度看,有些人总是希望理性方法对于伦理学也像对于科学那样无所不能,希望在将来的某一天一切人都知道自己行为的结果,从而会有共同的渴望、态度,进而在道德上完全和谐地生活。这实在是对科学方法的奢望。科学方法在伦理学中只能帮助解决问题的某个环节,只能清除达到道德一致的个别具体障碍,而无法达到道德的终极和谐。以往的伦理学理论总是一次又一次地宣称它们找到了道德的最终根基,发现了适用于解决一切伦理问题的理性方法,这统统只是错觉而已。因为伦理学中没有任何东西是永恒的,所谓"至善"不过是一定时期人们情感态度的理想化而已。既然人们的态度、情感变动不定,一个人的态度可以与其他人的态度产生矛盾,一个人自己的前后态度也会发生矛盾,科学方法又怎么能成为解决一切问题、消除一切分歧的不变模式呢?

由科学方法的实质亦可看出它在解决伦理问题方面的局限性。科学方法即以经验事实为依据、以逻辑为推理规则的方法,它并不能直接决定态度。因此,即使两个人都没有犯任何逻辑推理的错误,也没有忽略任何重要的经验证据,其态度仍可以完全不同。某甲断言"X 是善的",并可用科学的方法为自己的断言辩护;而某乙持相反的看法即认为"X 不是善的",他亦可用科学方法为自己的看法辩护。如果我们把伦理学方法归结为科学的方法,就只好承认甲、乙双方都是正确的,但这是有悖常理的,因为双方之间确实存在着对立。

依斯蒂文森之见,科学与伦理学在方法论上的区别关键在于这样一个事实:道德判断既有描述意义也有情感意义,而科学判断只有描述意义。因此,伦理学的方法不仅要求证实或证伪其判断的描述成分,而且要"论证"其情感成分。斯蒂文森用他的工作模型进行方法论的分析。"这是善的"这句话的意义由两部分组成:(1)"我赞成这个(东西)"和(2)"你也赞成吧!"因此,只要能分别证明这两部分,也就能证明作为它们组合结果的"这是善的"这一判断。(1)是一个对说话者心境的断言，像任何心理学陈述一样，可以由内省或行为的经验证实或证伪。但(2)就不同了，(2)是一个要求，根本无法证明。这样一来，伦理判断似乎只能得到一个不完全的证明。就“这是善的”第一层意思而言，是可以用科学方法论证的，但其第二层意思是无法用科学方法加以论证的。但斯蒂文森说，人们之所以会得出这个结论，就因为他们认为科学方法就是伦理学方法，即伦理学证明一定要与科学论证完全相同。一旦我们能意识到伦理学可能会有完全不同的论证方法，我们就可以推翻这个结论。

斯蒂文森强调，伦理学有其独特的方法。在《伦理学与语言》中，他从不同方面考察了伦理学的独特方法。

第一，伦理判断可以有自己的“支持理由”。如前所述，伦理判断由于内含祈使成分而无法得到完全的科学“证明”，但从另一个角度看，可以为它提供支持的理由。对任何祈使句都可以提出“为什么”的问题。“为什么”问题的提出就是要求一个理由。如某人要求另一个人把门关上，后者就可以问“为什么”，回答则可以是“风太大”或“太吵”等等。这些理由与祈使句之间虽然没有归纳、演绎或任何其他逻辑联系，但却“有效地”证明了或类似证明了祈使句。道德争论与此大致相同，它同样需要提出能导致对方态度改变的理由。例如：甲：“你应该诚实！”乙：“为什么？”甲：“因为如果你不诚实别人就不相信你了。”甲所提出的理由如果与乙原有的价值观念相吻合，就会引发乙赞同“诚实”的情感，从而接受甲的判断。

第二，这种理由与判断之间的关系是心理上的，而不是逻辑上的。如斯蒂文森所说，“任何说者认为可能改变态度的关于任何事情的任何陈述都可引以为支持或反对某伦理判断的理由。这种理由是否事实上支持或反对特定判断依赖于听者是否相信以及如果相信了是否实际上导致了他态度的改变”(P.114～115)。理由可以任意提出,但为使对方接受还必须“投其所好”,符合对方的心理倾向才行,否则再多的理由也难以达到影响对方态度的目的。比如当我们心理上倾向于社会整体利益时,我们就会用它定义“善”,同时使其他人接受这个定义。假如某人心理上倾向于赞成个人利益,我们提出的就应该是社会整体利益最终有利于个人利益之类的理由,否则就无法让他放弃自己的定义(“善是有利于个人利益的”),亦即无法改变他的态度。

第三,正是这种心理关系决定了伦理学没有绝对的和终极的方法。由于长期接受形上学的思维方式,人们往往希望在伦理学中找到一种万能的方法,就像一个受致命疾病折磨的人相信医学研究将在他死之前找到一种治愈的方法一样。元伦理学家尽管明知有违众人心愿,仍不得不认为伦理学方法不具有绝对性。规范伦理学未能认识到这一点,而把“寻求某种绝对的方法”、论证某一最高原则或推翻另一原则作为理论的最高要求,殊不知这是在“要求一种荒唐的东西”。斯蒂文森的情感理论明确表示不再为伦理争论提供最后的证明,不再作出伦理学中某种具有先验必然性的最终断言,这是与传统伦理学根本不同的。传统理论给过一些鼓舞人心的诺言,却从未实现过,并陷入形上学问题之中而不能自拔,造成了方法论上的混乱。斯蒂文森认为,如果清除了所有这些关于伦理学方法论上的混乱——它们在理论上常常比在实践中更严重——并进而纠正由这些混乱所养成的心理习惯,人们就不会要求理论上和方法上“更客观的东西”了。

第四,解决伦理分歧可以而且必须使用非理性的方法。规范伦理学使用的理性方法在理论上不具有终极有效性,在实践中也无效用。我们若不想陷入永无休止的道德分歧,就必须寻找一种能支持伦理观点的其他方法,与理性方法相对的似乎就是“非理性的”方法了。既然解决伦理分歧需要达到态度一致,那么凡能解决态度分歧的任何方法都适用于伦理学。在斯蒂文森看来,除了用改变信念来达到改变态度的目的外,还可以用许多其他方法来达到目的。比如物质奖励和惩罚方法,公开示威、抗议或要挟的方法,以一种动人的方式倾诉自己的激情的方法,以及劝说鼓动的方法等。这些方法在道德争论中都发挥了巨大作用,但最重要的还是劝导方法。这种方法完全并直接依赖于言辞的情感影响——如情感意义,修辞语调,恰当的比喻,高声的、刺激性的、恳求的音调,戏剧性的姿势,谨慎地建立与听者或观众的和睦关系等。当然,在争论中纯粹使用劝导方法的例子也很难找到,劝导方法总是和理性方法混合使用,原因仍在于道德术语的双重意义:在劝导的同时也提供知识信息,通过改变对方的信念从而改变态度。

综上所述,斯蒂文森探究了两种研究伦理学的主要方法:逻辑的方法和心理的方法。逻辑的方法是人们在伦理争论中常常使用的方法。假如某甲说:“X是善的。”某乙问:“X为什么是善的?”甲答:“因为X是P。”随后,虽有种种证据表明Y也是P,但甲仍不承认Y是善的。这时乙即可指责甲犯了前后不一致的逻辑错误。斯蒂文森认为,大量的(虽然并非全部)道德论证就是以指出这种不一致为主要内容的。但这种逻辑方法并不能从根本上解决问题。尽管我承认犯了前后不一致的错误,仍可以坚持自己的态度。因此,还必须用心理的方法。他所说的心理方法包括两种:理性的心理方法和非理性的心理方法。理性的心理方法虽然可以探索伦理判断的全面性和真实性,但最后仍要诉诸态度。假如我说:“X是善的,因为它是P。”别人可能会问:“X仅仅是P吗?X真的是P吗?”一旦回答是否定的,我还会认为X是善的吗?斯蒂文森认为,这要取决于我对P是赞成还是不赞成。只有当相关的态度存在时,X是不是P才和X是不是善的问题相联系。非理性的心理方法,主要借助于道德语言的情感力量去感染和影响对方的态度。斯蒂文森在伦理学方法论研究中的结论是:既然情感意义是伦理学术语的主要特征,那么,伦理学方法的目标就应是达到情感与态度的一致;既然人们一般都希望在伦理问题上达成一致而不是陷入僵局,那么,只要有助于解决态度分歧,任何方法都是正当的;既然伦理学方法要解决道德分歧,而人们的态度(不是信念)是问题的关键,那么非理性就是伦理学方法的根本特色。

斯蒂文森的伦理思想属于情感主义流派。他承认自己在很大程度上继承了英国著名逻辑经验主义者艾耶尔的伦理学情感主义。虽然情感主义伦理学在20世纪二三十年代就已出现并受到重视,但系统全面的理论体系是在斯蒂文森的《伦理学与语言》一书中完成的。

情感主义伦理学亦称元伦理学,是英美分析哲学的一个分支。斯蒂文森的《伦理学与语言》是逻辑分析和语言分析方法在伦理学研究中的典型运用。在分析哲学盛行的四五十年代,《伦理学与语言》为伦理学研究树立了榜样。正如美国伦理学家宾克莱所说,自《伦理学与语言》出版以来,"几乎所有关于道德哲学的著作无不极大地受到它的影响。斯蒂文森最大的贡献,也许莫过于他说明了规范伦理学判断包含着描述性和情感性两个方面,尽管后者标志着道德判断的主要区别"①。

探讨人的信念与态度之间的复杂联系,确实是一个十分重要的伦理学课题。在斯蒂文森研究成果的基础上,深入研究这一课题,对于理解当代人类的生存境遇必有极大的帮助。这么说并不意味着《伦理学与语言》的观点全是对的。我们必须通过仔细的研究,才能分辨出这部分析伦理学专著的积极成果和消极因素。

(卢　风)

---

① 路德·宾克莱:《二十世纪伦理学》,孙彤、孙南桦译,河北人民出版社1988年版,第110页。

弗罗姆

为自己的人* (1947)

弗罗姆(Erich Fromm,1900—1980)是当代著名的心理学家、社会学家、伦理学家。他生于德国法兰克福,具有正统的犹太血统,父亲是商人。由于当时犹太人在德国受到歧视,再加上天生的哲人气质,弗罗姆从小就感到孤独,勤于思考,关注人性、人的解放和人类命运问题。他的学业是在德国完成的:1922 年毕业于海德堡大学,获该校哲学博士学位,次年入慕尼黑大学研究精神分析,并在著名的柏林精神分析学院接受正规训练。1929—1934 年,他在法兰克福精神分析研究所和社会研究所工作。1933 年应邀赴美讲学,1934 年正式移居美国。1940—1950 年间,他先后任教于哥伦比亚大学、美国精神分析中心以及耶鲁大学,1951 年转任墨西

* 原书名为 MAN FOR HIMSELF—AN INQUIRY INTO THE PSYCHOLOGY OF ETHICS。本文根据中译本《为自己的人》(孙依依译,北京,三联书店,1988 年)撰写。此译本未将书名副标题("伦理心理学探究")译出。

哥国立大学教授,1957 年回美国任密歇根州立大学教授,1962 年任纽约大学教授。1980 年,他病逝于瑞士提契诺州。弗罗姆的学术研究范围很广,遍及心理学、社会学、伦理学、宗教学等领域,并且都有广泛的影响。他的主要著作有:《逃避自由》(1941)、《为自己的人》(1947)、《精神分析与伦理学》(1954)、《健全的社会》(1955)、《爱的艺术》(1956)、《在幻想锁链的彼岸》(1963)、《人心》(1964)、《社会主义的人道主义》(1965)、《占有或存在》(1976)、《弗洛伊德思想的贡献与局限》(1980)等。

弗罗姆在《为自己的人》第一章中明确地说:“我撰写本书的目的在于重申人道主义伦理学的正确性,……我试图说明,成熟的性格结构(character structure)和完整的人格(personality)——生产性性格——乃是善的源泉和基础,并在最后的分析中说明,‘恶’与人的自我和自残无关。人道主义伦理学的最高价值不是舍己,不是自私,而是自爱;不是否定个体,而是肯定真正的人自身。”[①] 全书共五章,第一章为引言,最后一章为结语,中间三章为主体部分。下面依次介绍它的内容。

一、什么是人道主义伦理学的概念

弗罗姆的人道主义伦理学,首先是同他所谓的“权威主义伦理学”相对立的。“区分权威主义伦理学(authoritarian ethics)和人道主义伦理学(humanistic ethics)有两个标准,一个是形式上的,另一个是内容上的。就形式而言,权威主义伦理学否定人有认识善恶的能力;价值规范的制定者总是一个凌驾于人之上的权威。这种理论并不以理性和知识为基础,而是以对权威的畏惧、被权威所统治者的软弱及依赖感为基础的;被统治者把一切权力交给统治者,

① 弗罗姆:《为自己的人》,中译本第 27~28 页。下引此书,只标页码。

使后者拥有了神秘的力量;这种权威是不能也不必怀疑的。就内容而言,权威主义伦理学对何为善恶之问题的回答,主要是根据权威的利益来定,而不是根据人的利益来定的;这是一种剥削,尽管被统治者可以从中获得一定的精神或物质上的利益。”(P.31)人道主义伦理学正好相反,“形式上,它以这条原则为基础,即只有人自己(而不是凌驾于人之上的权威)才能规定善恶的标准。内容上,它则基于这条原则,即对人有好处的谓之‘善’,对人有害处的谓之‘恶’;伦理价值的唯一标准是人的幸福”(P.33)。因此,这两种伦理学对“德性”的理解完全对立:在前者,不可宽恕的罪行是反抗权威,服从是最大的善,不服从是最大的恶,人“有道德”乃意味着否定自我和压抑个性;在后者,“没有任何事物比人的存在更高,没有任何事情比人的存在更具尊严”,人的德性就是人的特性或特征的发挥。

这里要注意的是,“权威主义伦理学”所谓的权威是指非理性的、只要求人敬畏和服从而决不允许批评的权威,专横的家长、抽象化了的国家利益和上帝等,就是这种权威。

人道主义伦理学也是针对所谓“社会内在伦理学”提出来的。弗罗姆说:“我用‘社会内在的’伦理学是指任何文化中的这样一些规范,这些规范所包含的禁律和要求只是某特定社会为发挥作用和维持生存所必需。社会成员服从这些准则是该社会生存所必需的,因为这些准则是该社会特定的生产方式和生活方式所必不可少的。社会组织必须以这样的方式致力于塑造其成员的性格结构,亦即使他们自愿去做那些在现存环境下他们应当做的事。”(P.217~218)所以社会内在伦理学仅把道德看作是社会维持其现存秩序的手段,关注的是如何使个人与“社会”一致和协调,因而“道德的”就是符合“社会”要求的,反之就是不道德的。这种伦理学把抽象的社会利益当作了人们必须敬畏的权威,所以本质上是权威主义伦理学。

弗罗姆用“普遍的伦理学”和“社会内在的伦理学”相对立。“我用‘普遍的伦理学’来指以人的成长和发展为目标的行为规范。”(P.217)这里“普遍”一词是强调伦理规范根源于不变的共同的人性,因而不会由于具体社会的生产方式和生活方式不同而造成差别:“所有伟大文化的伦理体系,对于什么是人的发展所必需的东西,什么样的规范是来自人性并且对于人的成长是必不可少的条件方面,都表现出令人惊异的相似性。”(P.217)。所以人道主义伦理学是普遍的伦理学。弗罗姆说,尽管随着人类的进化,社会内在伦理和普遍伦理的冲突有所减少,“但是,只要人类还没有成功地建立起这样一个社会——在这个社会中,‘社会’的利益就等同于全体成员的利益——那么这两类伦理学之间的冲突就始终存在着。……人之科学研究的责任不是寻求‘和谐’的解答,以掩饰这种矛盾,而是尖锐地认识这一矛盾。伦理思想家的使命是维护和增强人的良心之声,去认识对人来说何为善和何为恶,而不管它对特定进化阶段的‘社会’是善还是恶”(P.220)。

人道主义伦理学还是与主观伦理学相对的客观伦理学。弗罗姆说,有一种观点认为,“自由胜于奴役”仅在感觉的不同,并不具有客观的正当性,这样,价值被定义为“任何所期望的善”,欲望成了价值的检验标准,而非价值是欲望的试金石,以致价值判断不过是个体的武断、偏爱或憎恶了。他称这种观点下的伦理学为主观伦理学。他的人道主义伦理学与此不同,主张伦理规范是普遍的,适合于一切人,因而具有客观的正当性,是客观主义的伦理学。不过他声明说,“客观上的正当”不等于“绝对”,对伦理判断之客观正当性的论证很难达到充分,还可能要加以修正,在这个意义上,它也是相对的。

二、人道主义伦理学的理论基础——人性和性格学说

弗罗姆说:“我们必须把一门‘人的科学’当作一门应用性的伦理科学的理论基础来处理。”(P.39)而“一门人的科学之概念依赖于这样一个前提:它的对象即人是存在着的,因而具有一种人类所特有的人的本性(human nature)”(P.39)。“人的科学的主题是人性。”(P.42)《为自己的人》最重要的部分是阐述这个主题。由于弗罗姆认为伦理学的基础是心理学,所以他的论述主要以心理学资料为依据,包括两个方面:

1.对于“人的情境”即人的本性中的矛盾的分析

人是在动物进化过程中本能的适应力达到最低时出现的,但由此产生了新的特性:有了意识。因此人既是自然的一部分,又超越于自然的其他部分;他的自我意识是对动物固有的“和谐”特性(指动物与环境的和谐、统一性)的破坏,同时他又意识到自己的无能,明白自己的存在是有限的。弗罗姆认为这种人性的矛盾、分裂乃植根于人的真实存在中,是人无法去除的,故他称之为人的“存在的二律背反”。他举出了两个基本的存在的二律背反。其一,生与死的二律背反:人一定会死,人也意识到了这个事实,但死与人对生的体验不相容,它不是人的生命中有意义的部分。这就又导致另一个二律背反:每个人都具有人类的全部潜能,但生命的短暂却不允许人全面实现他的潜能。其二,人是孤独的,是与任何人都不一样的独一无二的实体,这一点人也意识到了,但每个人又必须与他人联系,他不能忍受孤独,他的幸福有赖于自己感到同他人团结一致、休戚相关。

在个人与社会的生活中还有许多矛盾,例如奴隶制下的矛盾,当代的矛盾——人类拥有了满足物质需要的技术与手段,却无力

将它们全部用于和平与人类的福利。这些矛盾不是人的存在中不可避免的,而是人为制造的并且可以克服的,弗罗姆称之为"历史的二律背反"。区分"历史的二律背反"和"存在的二律背反"十分重要,把前者说成为后者,那是企图让人接受悲剧性的命运,放弃解决历史矛盾的努力,虽然绝对做不到这一点。对于存在的二律背反,人则不能取消而只能以不同方式作出反应。例如缓解与调和意识形态以抚慰自己的精神,凭借享乐或事业上的不断活动以逃避内心的不安宁等等。但人不会就此满足,只有一种办法可以解决人的问题,那就是"面对真理",就是说,相信人在根本上是孤独和寂寞的,认清并不存在任何超越于人并能解决人的问题的力量。因此,人必须承认他对自己负有责任,懂得只有运用自己的力量才能使生命富有意义。

人的行为之最明显的特征是有着强烈的情感和追求,这不能解释为人的本能的潜意识驱力之间接而复杂的表现,因为即使一切与生俱来的本能需求都满足了,人还是不满足,恰好相反,这时人最迫切的问题不是解决了,而是刚刚开始。因为构成并表现人的生命之独特性的,是"人追求权力、追求爱或追求毁灭,他把生命的赌注压在宗教、政治、人道主义理想上"(P.61),是这些需要推动人去恢复自身和其他自然事物之间的统一与平衡。人是既有思想又有肉体的实体,所以这个统一与平衡不能仅在思想上实现,人还要在生活过程、情感和行动中对他的存在的二律背反作出反应,追求他的存在之所有方面的、统一的、整体的体验,以求达到新的平衡。"人致力于一个目标、一种观念或一种超越于人的力量(如上帝),是人在生活过程中追求完整之需要的一种表现。"(P.61)不过,人们满足这些需要之特定内容并不相同,这个不同就是价值上的区别,人们所做的不同选择则是性格的差异。

2.规定性格的涵义和划分性格的类型

在人格理论方面,弗罗姆首先区分了性格(character)和气质

(temperament)两个概念。他指出,首先,“气质就反应的方式而言,它是体质上的、不可改变的;性格本质上是由人的体验尤其是早期生活的体验所构成,是可以改变的。因此,人的气质的不同并不具有伦理意义,性格上的差别则在伦理学上有根本的重要性,伦理学只讨论性格概念”(P.65),“这一概念既是伦理判断的主题,又是人类伦理发展的目标”(P.67)。

其次他指出,把性格看作行为特性是不恰当的,因为行为特性只涉及他人可观察的行动,看不出行为者的动机,以致常常掩盖了不同的性格。弗洛伊德提出动力性格概念,把性格看作人的内驱力系统,是非常深刻的。性格是行为的基础,行为必须从性格推断而来;性格的力量虽然强大,但人对自己的性格可能毫无意识;性格的基本实体不是单一的性格特性,而是整个性格结构,即一种性格取向的综合物。弗洛伊德说性格的根基在人的各类力比多中,这就不对了,这根基乃在人与世界的关系中。人与世界发生两种关系:一是通过接受外在来源或自己的生产来获得事物,这为同化过程(the process of assimilation);二是与他人发生联系,这为社会化过程(the process of socialization)。所以,“个人借以使自己与世界发生联系的取向,构成了他性格的核心。性格可以被定义为:把人之能量引向同化和社会化过程的(相对固定的)形式”(P.71)。性格体系可以视为人对动物本能器官的替代物,具有选择人的观念和价值的功能,使人的行为前后一致,也是人适应社会的基础。

这里还有一个要点,那就是弗罗姆进一步做了“社会性格”和“个人性格”的划分,前者指一个社会阶层或一种文化中大多数人共同具有的性格因素,后者标志同一文化中个体之间的性格差异,这种差异可部分地归因于父母人格的不同以及成长中社会环境的不同,从遗传角度说,则取决于人的气质和体质对他的生活体验的影响。

性格学说的主要篇幅是讲个人的性格类型。这部分不是直接论述伦理道德问题,此处只概括它的要点。弗罗姆把个人性格划分为非生产性取向(non - productive orientation)和生产性取向(productive orientation)两大类型,前者又细分为接受取向(receptive orientation)、剥削取向(exploitative orientation)、囤积取向(hoarding orientation)和市场取向(marketing orientation)四种。书中并未说明这个分类的标准,也未给出每个类别的定义,只说"生产性是人运用他之力量的能力,是实现内在于他之潜力的能力","人格的'生产性取向'是一种基本态度,是人类在一切领域中的体验之关系的模式"(P.91)。可见他是把非生产型性格看作不利于人的发展,同恶相联系的,只有生产型性格才是人类发展的目标和人道主义伦理学的理想。不过他更强调的是:上述划分所得到的六个概念都是"理想类型",任何既定个人的性格通常是所有这些取向或一些取向的混合型,不过其中有一个类型占支配地位;在各种取向的混合中,必须区分各种非生产性取向的混合,以及非生产性取向同生产性取向的混合;"根据生产性在整个性格结构中所占的程度,任何非生产性取向都具有积极和消极两个方面"(P.117),例如性格为剥削(获取)取向的人具有积极、主动、能提出要求、自豪、有冲动、自信、有魅力等积极方面的品质,同时又会有剥削、好生事端、自私自利、自负、草率从事、自大、勾引等消极的品质,并且每一个人的实际表现都决定于居主导地位的生产性取向的发展程度。

三、人道主义伦理学的规范

《为自己的人》第四章的标题为"人道主义伦理学的问题",实为阐述它的几个最重要的伦理范畴的涵义。这种阐述之所以叫问题,是因为它同时是对人道主义伦理学原则可能遇到的质问的回答。

1.自爱

自爱(self - love)就是作为道德主体的个人肯定自身的存在,是人道主义伦理学的最高价值、第一原则。这是因为不但“所有生命的本质都是维护和肯定它自身的存在”,而且“人并不‘一般地’存在着。……人活着的责任就是成为人自己,就是发展他的潜能,使自己成为独立的人”(P.39)。但“以人为本”不是“以个人为本”,自爱不等于自私(selfishness)。把自爱当作自私来反对,是错误地把爱人和爱己看作对立的了。“如果把我的邻居当作人来爱是一种美德,那么爱己就也是一种美德,而决不是一种罪恶,因为我也是一个人。没有一种人的概念是不包括我自己在内的。”(P.128)心理学也已经证明,我们自己也是我们情感和态度的“对象”,爱人与爱己并非只能二者择一。其实,自私者并不十分爱己,事实上他憎恨自己。这是他缺乏生产性的表现。传统道德宣传“不要自私”,其实是教人为了某个权威的利益而放弃自己的愿望。这是意识形态对人格自由发展的压抑;但在实践上它又承认“对人来说最有力最合法的内驱力是自私”,利用人的私心来调动人们的行动热情。这个矛盾说明它混淆了自爱和自私,恰恰证明了爱人与爱己是统一的。

与自爱相关的“自身利益”(self - interest),在当代已被理解为自私,并且等同于获得物质利益、权力和成功,其原因是人们的“自我”概念竟变为“我是我所有”,在市场影响下甚至是“我是你所需”,以致将人异化成物了。因此,现代文化的失败并不在于它的个人主义原则,不在于它的道德观念同追求自身利益一致,不在于人们太自爱,而在于人们并没有充分地关心他们真正的自身利益,在于人们太不爱自己了。其实“人只有一种真正的利益,那就是充分发挥他的潜能,充分发展作为人类一员的他自己”(P.286)。

2.良心

人道主义伦理学可能受到的一种责难,是说它忽视了人类固有的、只能靠对权威的敬畏才能加以控制的弱点,就是说,它贬低了良心的力量。但良心是个含混的概念,有各种不同的良心。权威主义良心是外在权威内在化了的声音,因为人无法躲开它,所以能够比外在权威更有效地调节人的行为;它的规定不是体现人的自由,而是证明人的受制约。因此,这种良心同渴望奖励和惧怕惩罚没有实质的区别,只有当内在化了的规范碰巧为善时,它教导的行为才会实际上是善行。但外在规范可能被内化为良心,并不是因为它是善的,而仅仅是由于它是由权威给出的(P.141)。唯其如此,权威主义良心不足以真正保证人抑恶行善。应该说,弗罗姆的这个说法是中肯的,对我们很有启发。

人道主义伦理学也讲良心,只是它讲的良心不是权威之声的内在化,因而不受外界制裁和惩罚的影响,而就是人自己的声音,是人对自己整个人格是否完全发挥了功能的一种反应:“那些有助于我们整个人格充分发挥和发生作用的行为、思想及情感,都产生于一种内心赞成、‘正直’的情感,这就是人道主义‘善良’之心的特征;另外,有害于我们整个人格的行为、思想及情感,产生一种忧虑和不安,这就是人道主义‘罪恶’之心的特征。”所以“人道主义良心能合理地称为自爱、自我关心的声音”(P.152)。人道主义良心和权威主义良心的对立并不表现为它们在个人身上会相互排斥,实际情况是:权威主义良心常使人产生有罪感,产生的根据和动力却恰恰是在人道主义的良心中,这时它似乎是人道主义良心的合理化。两种良心也可能遵循相同的规范,只是动机有所不同。因此,“每个人实际上都有两种‘良心’,问题是要区分它们各自的力量和相互关系”(P.157)。

3.快乐与幸福

人道主义伦理学主张人自己是道德的唯一制定者,这不是要求拿快乐作为道德善恶的标准。快乐及其原因是多种多样的,“一种为人与动物、好人与坏人、正常人与病态人所共同具有的动机怎么能指导我们的生活呢”(P.163)?所以对于快乐的伦理意义必须进行具体分析。弗罗姆颇详尽地考察了历史上多种快乐论,得出的结论是它们都“缺乏以观察为基础的材料和精确的技术研究”,于是他认定,只有运用精神分析的方法,把人的快乐区分为意识到了的和无意识的两种情况,才能真正确定快乐的伦理意义,这个确定才具有客观正当性。还有,幸福与不幸并不单纯是人的一种心灵状态,更是人的整个人格状态的表现,所以人对自己幸或不幸的意识常不符合实际,可能只是幻想。这时人享有的快乐或幸福其实是虚假的,就是说,那不过是关于感情的思想,而不是真正的情感体验。

快乐本身也有差别。有一类快乐源于生物体的化学作用,其本质在于解除痛苦的紧张所带来的感受。弗罗姆称这种快乐为满足。还有一种快乐,它虽然也是紧张的消除,但那紧张是心理机能障碍的结果,它植根于不完美的性格结构,满足的是不合理的心理欲望——这类欲望的本质是不能“满足”的,即不会因满足而消失。贪婪者和虐待狂的快乐就属这类快乐。这是“不合理的快乐”。以上两类快乐都基于消除了缺乏所引起的紧张,可通称“缺乏的快乐”。人除“缺乏的领域”外还有“充足的领域”,人有过剩的精力,不仅为生存而工作,还要发挥自己的潜能。充足的领域更能带来专属于人的、不同于“缺乏的快乐”的情感体验。例如饥饿是缺乏现象,食欲是充足现象,满足饥饿的快乐与满足食欲的快乐就在性质上有所不同。当后者只涉及单个行为时,可称为“欢乐”,当许多欢乐的连续构成人的完整体验,表现着人的整个存在状态时,那就是幸福了。因此,幸福不能归结为获得了所缺少的东西的喜悦,那只证明着自己的缺乏。由此又可以知道,人的幸福不排除痛苦,因为人在充实的领域发挥自己的潜能时不能没有痛苦。“肉体和精神的痛苦乃是人类存在的一部分,人对痛苦的体验是必不可免的。……幸福的对立面不是痛苦和悲伤,而是意志消沉,这种意志消沉正是内在贫乏和非生产性的结果。”(P.177)

基于以上分析,弗罗姆认为,对于快乐和幸福的伦理意义就应这样回答:为解除生理紧张而获得的满足既非善也非恶,即它的伦理性质是中性的;不合理的快乐象征着贪婪,应视为恶。“就生活的艺术而言,幸福是完善的标准;就人道主义伦理学而言,幸福是美德的标准。”(P.177)

第四章还讨论了信念和人性是善还是恶的问题。弗罗姆认为信念有非理性的和理性的之分,前者植根于对一个非理性权威的屈从,所以只是一种狂热的固执的迷信;后者建立在生产性的基础上,才是对真理和人类潜能的坚定信念。关于道德意义上的人性,他批评了人性恶的观点,说人不是必然为恶,只是在缺乏发展的适宜条件时才为恶,这是基于死亡本能的驱动;他也批评了那种认为人性中没有善的潜能,人为善要靠外在力量刺激的观点。他的主张是:在一个人身上,善恶两种潜能都存在,为善还是为恶决定于所处的条件,人的伦理选择不是抑制还是放纵邪恶的问题,这两者不过是奴役的两个方面,而是在以压抑——放纵为一方与生产性为另一方这样两个方面之间的选择,换言之,“美德与人所实现的生产性程度成正比例”。这部分的论述给人总的印象是,弗罗姆主张人性本善。

在最后一章中,弗罗姆说,每一种文化都有其特殊的道德问题,当今社会的道德问题是“人对压力和权力的态度问题”,而对这个问题人们却力图逃避并在幻想中认为已经解决了。所以他又说:“我们的道德问题是人对自己的不关心。”他的意思是,在当今西方社会中,得利成了生活的唯一原则,人们把自己当作商品来体验和对待了,以致人的权力和人自己相异化,人成为物了,其结果是人感到自己软弱无力,不相信自己的权力和能力,也不相信他人,完全没有了人道主义的良心,根本不去考虑如何对待外界权力给人的压力,而“屈从于市场、成功、舆论、‘常识’——不如说是常有的废话——的权力,屈从于使我们成为其奴隶的机器的权力”

(P.223)。

但弗罗姆相信:“我们的时代是一个终结,也是一个开端,它孕育着各种可能性。”因此,他用这段话结束全书:“善恶之后果,既非自动,也非命定。它完全是由人所决定的。它依赖于人认真地关心自己,关心自己的生活和幸福;依赖于人愿意面对自己和社会的道德问题;它依赖于人有成为自己并为他自己而存在的勇气。”(P.225)

《为自己的人》确实可以说“以其内容的新颖和精辟而成为20世纪西方人本主义思潮在伦理学方面的扛鼎之作”,所以此书刚一问世就引起学术界的广泛注意,连续多年每年重印一次。我们这里不想对此书的具体观点进行评论,只指出一点请读者注意,那就是弗罗姆的伦理学是作为法兰克福学派的“社会批判理论”而提出来的,并且是将伦理学和心理学糅合在一起的产物,因此,只有对“社会批判理论”的真理性水平和伦理学同心理学的关系问题有了比较明确的认识以后,才能对此书作出中肯而公允的评价。

(张国珍)

图尔敏

推理在伦理学中的地位* (1950)

斯蒂芬·艾德尔斯顿·图尔敏(Stephen Edelston Toulmin,1922—)出生于英国伦敦。曾就读于剑桥大学,获文学学士学位,1946年获硕士学位,1948年获哲学博士学位。自1942年起担任牛津大学科学哲学讲师;1947—1951年任皇家学院的研究员;1949—1955年任英国利兹大学的哲学教授。1960—1964年,他先后出任布兰德斯、爱尔坦及马萨诸塞大学的思想史和哲学教授;1965—1969年又任密歇根州立大学东兰辛大学的哲学教授;1969—1972年任克劳恩大学的哲学教授。之后,他转到加利福尼亚大学、芝加哥大学和纽约州立大学等校任教授或访问教授。

图尔敏是享誉世界的哲学家和伦理学家。他著述甚丰,涉猎

---

* 原书名为 AN EXAMINATION OF THE PLACE OF REASON IN ETHICS。本文根据英文本(Cambridge at the University Press, 1950)撰写。

广泛，主要哲学著作有《科学哲学导论》、《关于形上学信念的三篇论文及其他》、《人类理解》、《精神生活的内在性》、《返归宇宙论》等。他的主要伦理学代表作是他的第一部学术专著《推理在伦理学中的地位》。该书是分析学派的伦理学经典之一。

图尔敏《推理在伦理学中的地位》一书所要着力探讨的问题是：什么是作出伦理决策的“好理由”？他声称自己无意于用循环论证的方式将“好理由”定义为支持“好行动”的理由，而强调自己的任务是澄清伦理推理的性质并揭示这种推理的逻辑性质。图尔敏所得出的一般结论是：伦理推理是一种归纳推理（这一结论十分重要）。这种推理程序大体上是这样的：先考察多种行动方式的结果是什么，并确定这些行动方式在多大程度上减少了各种利益之间的冲突，在多大程度上以及在哪些方面使人感到满足充实，在多大程度上减少或消除了痛苦和沮丧，然后得出结论：这种经验考察的结果就是采取某些原则（或遵循已确定的原则）和某些生活方式的好理由。

全书分为四大部分：传统的研究方法；逻辑和生活；伦理学的本质；理性的边界。

一、传统的研究方法

图尔敏的探究从对传统伦理学研究方法的清理开始，因为传统方法有很大的影响，某些传统理论对于研究伦理推理确实有所助益。

图尔敏认为，关于伦理学中好理由问题的研究有三种主要方法：一是“客观探究法”（objective approach）。这种方法将“善”和“对”这些词看成是表示某种属性的词，认为人们行为的道德根据在于其中所包含的“善”、“对”等客观价值属性。二是“主观探究法”（subjective approach）。依此方法，伦理学中的好理由就是人们自身情感或他们所属的社会集团的情感的“报告”。三是“命令探究法”(imperative approach)。这种方法把伦理学概念看作仅能用于说服的“伪概念”(pseudo - concept),认为伦理学命题只表达规劝、说服、命令等祈使动词性语气①。

图尔敏对“客观探究法”的批判是以对属性的分类开始的。他以“简单性质”这个词来指称诸如红、蓝、软、硬这样一些属性,这些属性是能被感官感知的,是我们通过看、闻、听、触、尝来感知的属性。“复杂性质”,如有259个面的多面体,则只能通过复杂的感觉观察过程并使用一定的识别标准,才能认识到。最后,“科学性质”是不能通过感官的运用直接感知的,为认知“科学性质”,除了使用感官观察之外,还必须用科学理论。由于哲学家一般认为善(如果它是一种性质的话)不是简单性质就是复杂性质,因此图尔敏就只注意这两种可能性。

图尔敏认为,用来说明简单性质的词是用实指的方法讲授的:人们在使用这类词时可举例说明其含义,或指着这类词所代表的东西。但人们不能用这种方法来说明“善”这个词的用法,因此,善不可能是简单性质。当两个人对他们明确表述的简单性质的描述不一致时,他们的分歧是语言上的分歧:他们说的是同一个简单性质,但用的是不同的词。而那些使用价值词的人,往往很明显地谈论同一个东西,但他们并不认为在使用价值词上的差异仅仅是语言上的差异。从这一角度看,善也不可能是简单性质。

但图尔敏也不认为善是复杂性质。伦理方面的分歧不能通过观察程序和在翻译规则上取得一致意见的办法去解决。因此,善根本不是一种能直接感知的性质。图尔敏还认为,说善是一种“非自然”性质也于事无补,因为这种说法即使不是毫无意义的,也是

① An Examination of the Place of Reason in Ethics, Cambridge at the University Press, 1960, P.4。下引此书,仅注页码。

有矛盾的。

客观方法之所以无用,就因为它提不出判定价值为何种性质的一致方法。图尔敏断定,许多思想家赞成客观方法,就因为他们认为“这是善的”与“这是红的”属同一类陈述,它们都把特定性质(或属性)归属于某事物“这”,人们在评价上的意见分歧就是关于特定性质的意见分歧。但在他看来,关于价值的意见分歧就是关于行动的理由的意见分歧。因此,他认为客观方法不仅于事无补,而且对想要理解伦理推理的人们是“一个真正的障碍”,因为它把本应指向“伦理推理问题的注意力转移到关于纯想象的属性的争论上了”(P.28)。

在图尔敏看来,“主观探究法”也不能令人满意。主观论认为在有关事实的意见一致的情况下,伦理上的意见分歧主要是由于感觉或态度的差异引起的。这样,主观论认为除了诉诸态度外,伦理推理不可能有有效性标准(criteria of validity)。但图尔敏坚持认为,在考察伦理判断或伦理决策时,仅知道一个人对各事物的态度是不够的,我们还必须知道应该采取特定态度的理由,在提出或反对伦理判断的各种理由中,我们必须知道哪些理由是好理由(不仅是哪个理由当时正好符合某个人的心意)。

图尔敏的结论是,像“善”和“对”这样的词既不指客观性质,也不指主观关系;在他看来,问“价值是客观的还是主观的”并认为答案只能是这两种选择中的一种就是一个错误。只有认识到伦理推理是什么,才能正确理解价值判断的实质。

传统探究方法的最后也是最近的一种便是“命令探究法”。这种方法认为,伦理判断基本上是命令或意见,使用伦理判断就是号召或引导感情和态度上的一致而不是陈述理由。这种理论不会给“理由”以任何伦理学地位,因此,当人们在伦理上发生意见分歧时,也不可能通过对话去达成一致意见。图尔敏认为,命令探究法像客观探究法、主观探究法一样都犯了错误,因为它们都认为:如果伦理判断是真的,它们就必须是“关于主体或客体的某些特点的”,因此命令探究法的信持者宣称,既然伦理所关注的客体或主体没有可资识别的特点,所以任何伦理判断都不可能是真的。在图尔敏看来,这是一种不正确的悲观主义观点。

图尔敏并没有完全否认传统伦理学方法的优点。他认为上述三种方法各自强调的东西都是重要的:客观论强调伦理论证需要好理由;主观论强调赞赏态度和责任感;命令论则要求注意伦理判断的修辞力量和劝说功能。只是须对它们予以批判性的整合才能得到一种较为正确的伦理学。

二、道德判断和推理

在题为“逻辑与生活”的第二部分中,图尔敏考察了推理的使用、经历和解释以及推理与实在的关系。在详尽讨论之始,他指出说话的逻辑与说话时的行为是分不开的。他认为,“推理”的行为不只一种,除了语言的描述用法之外,还有许多种使用语言的方法。维特根斯坦曾把语言比喻为一组工具,如果我们仔细注意各种使用语言的方法,就可以发现在有目的的行为过程中推理方法可表现为各种不同的语言表达方式。图尔敏建议,我们必须重新审视伦理推理,以便发现伦理推理过程中究竟发生了什么,而不能认为道德判断或者仅仅描述对象或者仅仅表达感情。

图尔敏试图通过对道德推理与科学推理的比较来把握道德推理的实质。他认为科学中的“好理由”即“那些可以预言是可靠的、前后一贯的并且是方便的”理由,是与科学的目的紧密联系在一起的。因此,理由是相对的,理由对行为目的的价值也是相对的。在《推理与实在》中,他根据同样的理由指出,追问“什么是真正的真”是毫无意义的;科学所面对的“实在”与艺术所面对的“实在”是不相容的;这两种实在指的是不同的目的行为,而相应的行为才引起关于真的话语。

在英美元伦理学讨论中,伦理学到底算不算科学,是一个引起过激烈争论的问题。依图尔敏之见,解决这一问题的最好办法就是注意科学判断与伦理判断在功能上的区别。科学判断旨在改变经验的期望,其作用在于作出预言:感觉某些对象的行为会导致某种反应。伦理判断则不然,它的作用是要改变感情和行为。但认定只有科学才使用理由,而伦理学(或伦理判断)只使用修辞技术和文饰的方法是不对的。实际上,这两种行为(科学的与伦理的)都要运用理由,当然它们也可能都涉及修辞学和文饰。重要的是发现两类理由之间的差别。通过比较科学判断与道德判断的功能,我们便能发现伦理学与科学、伦理判断与科学判断之间的重大区别。当人们说早晨的太阳是红的时,他们所报告的是他们对此情此景的经验,这种判断表达的是人们对经验现象的一种"预期"和知识。当我说"温柔是一种德性"时,并不涉及什么预期,而是想鼓励我的听者去感受经验,去以某种方式行动。由此可见,"科学判断与道德判断在功能上的区别是:前者着意于改变各种预期,而后者则是去改变感情和行为"(P.129)。进而言之,伦理学的功能是使人们的情感与行为相关联,从而使他们尽可能"在相容的情景中实现其目的和欲望"(P.137)。理解了这一点,才能理解为什么许多经验主义哲学家和心理分析学家把科学与推理、伦理学与辩护相等同的失误。事实上,科学中既有理性的因素,也有辩护、修辞的因素,类似地,伦理学中的理性和辩护与科学中的相应因素是平行的、类似的。

三、道德判断的理由

揭示了道德判断与科学判断的区别,明确了道德判断的功能之后,还必须探讨道德判断的理由,而这正是图尔敏要探究的主要问题。为解决这一问题,他考察了伦理学的发展。

图尔敏认为,人类最初的伦理学是一种义务伦理学,伦理学的实在对象是严格的义务、禁忌、风俗和戒律。在这种情况下,伦理学成了道德法典(moral code)体系,人们未能区分道德规范与自然规律,故道德规范像自然规律一样决定着人们的行为。这时,个人的道德判断和道德决定很难有独立存在的意义。但随着伦理学的发展,人们的道德判断在实际生活中的冲突越来越激烈,人们的目的、欲望和利益之间的冲突导致了统一道德原则的破裂,伦理学也因此成为一种目的论伦理学。目的论伦理学为人们提供了不同的道德准则,允许不同的甚至相互冲突的行为准则共存,并对原始的朴素义务论展开了批判性重建。人类道德发展史表明,人类行为准则及其判准是不断变化的。正因为如此,如何解释道德判断的正当理由和充分根据才成为伦理学研究中一个十分尖锐的关键性理论问题。

道德行为的理由,就是道德行为的正当性和合理性,亦即评价道德行为的依据。一种行为的道德价值在于它所拥有的正当合理性和善的性质。那么如何证明某个行为是正当合理的呢?由于行为发生的具体情境不同,评价也就不同。如"信守诺言"的行为,既有一般的道德意义,也有特殊的道德意义,因而对这种行为的评价也有一般与特殊之分。一般说来,信守诺言无疑是正当的、有道德价值的,但在某种特殊情况下也未必如此。"特定行动的正当性(rightness)问题是一回事,而作为'一般'实践的实践正义(justice)问题则是另一回事。"(P.149)如果社会境况改变了,人们对行为的道德评价及其标准也会随之改变。

图尔敏认为,有两种道德判断的理由,或者说有两种道德推理(moral reasoning):一种是涉及个人行为的道德理由;另一种是涉及社会实践的道德理由。个人行为的道德理由和社会实践的道德理由所涉及的情况不同,所使用的标准也不同,且各有"自己的逻辑标准”。仍以“信守诺言”为例,对社会来说,信守诺言无疑是正当的,废除了这一规则,大家便都处于虚伪的交往之中,从而会导致社会的实际灾难。然而这并不意味着这一规则对一个具体个人的特殊行为也是合理的,或许在某种情况下,它对于某个人恰恰是不正当的,是与他自己的当下愿望背道而驰的。而且对社会实践来说,正当理由也不是一成不变的,一个理由在此时此地是合理的,在彼时彼地则成了不合理的。对个人行为来说也是如此。

图尔敏认为这两种道德理由的不同源于二者的基础不同。虽然两种道德理由都与行为的决定相关,但是,“一种是‘在道德基础上的推理’,它的目的是社会的和谐;另一种推理,……则关注着每个个人自身的善的追求”(P.158)。也就是说,第一种推理的基础是社会整体的和谐;第二种推理是关于个体行为选择的,它的基础是个人的幸福。

由此可进一步推及道德理由与个人自爱,以及伦理学与社会两个方面的问题。依图尔敏之见,道德理由与个人自爱是密切相关的。“伦理学中的合理信念”(reasonable belief in ethics)与“科学中的理性信念”(rational belief in science)既相互平行,又有区别。值得注意的是,人们的伦理学中的合理信念与其实际行为之间存在一定的距离。一般说来,一个具有合理道德信念的人一定能做出合乎道德的行为。反之,如果他否认道德判断的理由,其自爱情感就会淹没一切道德理由而成为支配其行为的根据,他的行为也就没有什么道德合理性可言了。要使人们的道德判断趋于一致,必须要求他们都能理性地进行合理的道德推理和论证。因此,伦理学的正当理由证明就不只是一个文字答案问题,它更是一个实践问题。

就伦理学与社会的关系而言,必须重视伦理学的社会特点。图尔敏批评了休谟的道德情感论,认为道德判断及其理由问题并不只是个人的情感表达问题,而是一种具有社会性的问题。每个人都可以作出自己的道德判断,但它所涉及的远不只是判断者自身一人。随着道德判断的普遍化,它不仅涉及"我"和"此时此地",而且也涉及到"他们"和"彼时彼地"。个人作出道德判断的"正当理由"往往包含着社会伦理的"道德原则"意义。当我说"我应当立即把这本书归还给琼斯"时,这是一种许诺,也是我自以为是的行为的正当理由,但它也牵涉到"信守诺言"这一普遍的道德原则。因此,图尔敏主张,个人的道德判断应当以社会的普遍伦理原则为基础,甚至还要考虑到社会的现行制度、习俗、法律制度等客观因素。因为现存的社会法律制度等更能保证社会和谐这一基本的社会道德要求,在一定意义上,它们甚至是个人行为的既定指南。以此作为"评价推理"的根据,便可以"使我们的情感与行为一致,使每个人的目的和愿望得到满足而尽可能不发生矛盾"(P.137),这恰是图尔敏所说的伦理学的功能。

通过对伦理概念和道德判断的本质、基础、目的等问题的研究,图尔敏得出如下结论:"伦理学研究的是愿望与利益的和谐满足。在绝大多数情况下,它是根据既定行为准则选择一种行为或赞同一种行为的好理由(good reason),因为现存的道德法典中时行的制度和法律,为将带来幸福的各种决定提供了最可靠的指南……"(P.223)但这并不意味着盲目地、无批判地服从现存的道德法典和法律制度,我们可以在批判中使它们得以深化、展开和完善。就此而言,道德理想主义者在社会中仍有其地位,他们可以批判现行的道德和社会制度,以使生活更贴近于理想。

值得注意的是,图尔敏对道德判断的"好理由"的论述并无绝对主义倾向。他认为,并不需要对"什么使得一个理由成为好理由,或者什么使得一个伦理论证成为一个有效的论证"这样的问题作出一劳永逸的回答。知道什么是在特殊情况下的好理由就足够了。在作出伦理决定时,"有理"就是根据好理由作出决定;好理由就是根据来自社会实践的原则提出的理由。

自休谟以来,事实与价值、“是”(to be)与“应该”(ought to be)之间一直存在着难以跨越的鸿沟。图尔敏关于道德判断之理由的探究,正是跨越这两者之间的鸿沟的努力。他认为,自然科学专家的任务是发现减少人间苦难的手段和方法,并为人们追求自己愿望的满足提供新渠道。但科学只解决了什么能够(could)做的问题,而解决不了什么应该(ought to)做的问题。道德家才要考察我们应该做哪些能够做的事情,即努力在事实与价值之间架起桥梁,这种桥梁也确实可以架起来。

四、理性与信仰

图尔敏在本书的第四部分考察了理性的极限,也考察了信仰对人类生活的作用。

对理由的追求往往体现为对“为什么……”的回答。好奇的孩子可能会向父亲没完没了地提问题,但父亲的回答总会有“山穷水尽”的时候。哲学是对理由的穷根究底的探究,但哲学也经不起没完没了的“拷问”。即总有一些问题是难以回答的。图尔敏称这类问题为“终极问题”(limiting question)。例如,若有人问:“房子建在什么上?”我们可以回答:“建在大地上。”提问者若继续问:“大地在什么上面呢?”我们便很难回答了,但又不能把这样的问题简单地当作愚蠢的问题拒斥,总有人忍不住要问这样的问题,这类问题便是“终极问题”。研究这类问题对于探讨推理类型和理性的极限具有特别重要的意义,对于考察道德推理的作用和极限同样具有特别重要的意义。在伦理学中,你若问:“人为什么应该做(道德上)正确的事情?”那便触及了“终极问题”。

逻辑实证主义者倾向于把此类问题当作因误用逻辑和语言而产生的无意义的伪问题加以拒斥,但图尔敏认为,这类问题有其正面价值。从心理学的角度看,对“终极问题”的思考有助于我们“接受世界”，正如科学说明有利于我们“理解世界”(P.209)。从历史的角度看，对“终极问题”的追问，会促进人类知识和文明的进步。“终极问题”是超越了理性限度的问题，但如果我们从不问及这样的问题，那便永远也不会理性地回答它。典型的理性论证方法就是从典型的非理性方法发展而来的，例如科学就是从巫术和原始宗教中产生的。正因为如此，“我们不仅应该不断地问这样的问题，而且真的需要回答它们”(P.212)。

对“终极问题”的回答也有优劣之分。“终极问题”往往产生于我们对无限世界的恐惧和对人生痛苦的不解，那些确能使我们获得对无限世界和人生痛苦的较好理解从而减轻了我们的恐惧和痛苦的答案才是较好的答案。

宗教和神学总是试图给出关于某些“终极问题”的答案(当然并非所有的“终极问题”都是宗教问题)。但在逻辑实证主义者看来，“一切关于上帝之本质的言说都只是胡说”，而弗洛伊德认为宗教只是一种幻觉。图尔敏认为这是用科学逻辑去衡量宗教和神学所得出的错误结论。依他之见，“神学”论证和“宗教”问题及其答案在逻辑上不同于科学和伦理学的论证、问题和答案。如果我们认为宗教论证试图与科学竞争而提供关于将来的精确知识，那便会用评价科学说明的逻辑标准去要求它，这样当然就会得出逻辑实证主义者和弗洛伊德所得出的结论。如果我们能够认识到宗教的职能不是与科学和伦理学相竞争的职能，而是完全不同的另一种职能，那么就能发现以科学逻辑为标准去排斥一切宗教论证是犯了“一个严重的逻辑错误”(P.212)。图尔敏引用帕思卡的观点指出有两类这样的错误，“一是把什么话语都当作字面上真的；二是把所有的话语都当作精神性的”。这些错误归根结底是未能在理性的事情(matter of reason)和信仰的事情(matter of faith)之间作出区分。科学与伦理问题属于理性的事情，而诸如上帝存在一类的事情属于信仰的事情。

在图尔敏看来,信仰的事情并不是相信不相信单个命题的事情,而是接受不接受整个观念(complete notion)的事情。“属于理性的事情的信念是关于某一类命题的信念,属于信仰的事情的信念则是某一类观念中的信念。”(P.213)理性通过科学而告诉我们可以期待什么,而信仰则涉及我们的精神性希望。我们无法用证据去论证上帝的存在,关于上帝我们所能问的最后问题(亦即“终极问题”),即他是否存在。如陀思妥耶夫斯基的《卡拉玛佐夫兄弟》中的伊凡所说,“我只能接受上帝……而不敢奢望理解上帝。我谦卑地承认我没有回答这样的问题的能力”。亦即对于“上帝存在”这样的语句,我们或者接受,或者不接受,已无法再追问“为什么上帝存在”。但图尔敏强调,对于“上帝存在”这样的语句,只能按比喻的方式加以理解,不能按字面的意义加以理解。

图尔敏引用帕思卡的观点,指出理性和信仰各有其用,也各有其方法。理性从属于心智(mind),而信仰从属于心灵(heart)。心智的方法表现为原则和证明,而心灵的方法则不然。

图尔敏认为,在这种分别的基础之上,我们即可理解伦理学和宗教各有其用。在道德思考中,我们难免会触及“终极问题”,伦理推理在面对“终极问题”提问者的“拷问”时,往往无法使提问者满意。一个人可能会在理智上明白自己“应该”做某事,但他的心灵可能不情愿做。在伦理学无法提供理由之处,便是宗教能起作用之处。我们可以用这样三个例子来说明这一点:

(i)“我为什么应该还这本书?”

“因为你做过允诺。”

“可为什么真的应该还呢?”

“因为不还是有罪的。”

“那么如果我犯了这样的罪会怎么样呢?”

“那你将被上帝所遗弃”等等。

(ii)“我应该选择 A 还是 B?”

"从道德上讲没有什么好选择的,你可任意选择,但如果我是你,我会选择 B。"

"那我到底应该选择什么?"

"你应该选择 B,因为那能使上帝满意,并给你带来最真实的幸福"等等。

(iii)"人为什么应该做正确的事情?"

"这是不能追问的问题,因为这是对'正确'和'应该'定义本身的质疑。"

"可人为什么应该这样呢?"

"因为这是上帝的旨意。"

"那么人为什么应该按上帝的旨意行事呢?"

"因为按造物主的旨意行事是被造物的本性"等等。

就第一个对话而言,当询问者问"为什么应该还书"时,我们可告诉他,"因为你做过允诺"。这是给出了伦理的理由。但我们不一定做已允诺过的事。提问者若仍追问:"为什么真的应该还呢?"我们还可说:"不还是错的。"这仍可以说是伦理的理由。但当他仍不满意,而问:"我犯了这样的错误会怎么样呢?"我们似乎很难再给出伦理的理由了。如果我们必须回答问题,那便要诉诸宗教了。

在第三个对话中,提问者一开始就提出了一个"终极问题",从而使被问者无法提供伦理的答案,但宗教能给出答案。

所以,图尔敏认为,科学、伦理与宗教可以并行不悖。在存在关于行为选择的好的道德理由的领域,道德并不与宗教矛盾。"伦理学为选择'正确的'行动提供理由;而宗教帮助我们将心灵投入行动之中。宗教用不着立足于自己的立场而与伦理学竞争,恰如它用不着与科学竞争;三者可各自充分地各司其职而互不干涉。"(P. 219)

美国伦理学家宾克莱认为图尔敏的这部著作"是一部具有开

拓性的杰作"[1],并认为,"图尔敏的著作不仅明白易懂,而且十分有助于我们理解如何实际地作出道德判断,如何把这一选择过程从某些道德哲学家所提出的某些相当片面的模式中区分出来"[2]。当然,图尔敏的著作也引起了诸多批评。图尔敏在本书中着力探讨伦理推理的"好理由",并试图揭示支持伦理判断的逻辑关系。而美国密歇根州立大学的克纳在其《伦理理论的革命》一书中曾指出:图尔敏对好理由的说法并不十分明确。图尔敏自己认为真理和有效性都不是建立在能被描述的事实上的,而是建立在好理由的基础上的;但他没有说清楚好理由是怎样确定真理和有效性的。

总的来说,《推理在伦理学中的地位》一书代表一种专门化的元伦理学。图尔敏在该书中,把逻辑分析和语言分析的方法集中用于对道德判断的理由论证上,是后期维特根斯坦的哲学方法在元伦理学领域中的具体运用。在非认知主义元伦理学十分盛行的英美,着力沟通"是"与"应该",事实与价值,并努力探究由此达彼的逻辑路径,无疑具有十分重要的理论意义。在工具合理性排挤了价值合理性的现代,强调科学、伦理与宗教可以并行不悖,理性与信仰各有其文化作用,也有其积极意义。

(卢　风)

---

①② 宾克莱:《二十世纪伦理学》,孙彤、孙南桦译,河北人民出版社 1988 年版,第 121、131 页。

罗　素

伦理学和政治学中的人类社会*

(1954)

伯特兰·罗素（Betrand Russell,1872—1970)是 20 世纪西方声誉最著、影响最大的思想家之一。他的学术步履遍及了哲学、数学、政治、历史、文学、教育等许多领域。他不仅是逻辑原子主义的缔造者,而且也是分析哲学的重要代表人物。他终生勤奋研究,成果卓著。一生著书 80 余种,发表论文数千篇。同时,他充满现实的人道主义激情,一生致力于各种社会政治活动。他是一位身兼哲学家、科学家、文学家和社会活动家的杰出人物。

罗素出生于英国威尔士曼摩兹郡特雷莱克镇的一个贵族世家。他的祖父约翰·罗素伯爵是 19 世纪英国史上的重要人物,曾两度出任辉格党(自由党前身)首相。他的父母也是英国激进的改

---

* 原书名为 HUAMN SOCIETY IN ETHICS AND POLITICS。本文根据中译本《伦理学和政治学中的人类社会》(肖巍译,北京,中国社会科学出版社,1992 年)撰写。

革派。罗素出生后不久，他的母亲和父亲相继去世，他与其兄由祖父母领养。不久，其祖父去世，罗素便由其祖母照管和教育。祖母先后为他请来外籍保姆和教师，使他掌握了德、法、意等外语，为他后来的成长打下了良好的基础。

罗素从小偏爱数学，1890年进入剑桥三一学院专修数学。大学四年级时，他又专攻哲学，结交了许多著名人物，如怀特海、麦克达加、摩尔等。其中怀特海成了罗素的良师和合作者；麦克达加使罗素受到当时新黑格尔主义的影响，曾一度成为布拉德雷的崇拜者。1894年，罗素以优异的成绩从道德科学系毕业。1895年他以“论几何学的基础”一文被选为该校研究人员，从此开始他的独立研究生涯。从1895年开始，他对社会主义学说发生兴趣，不仅认真研究马克思的《资本论》等著作，还同德国工人领袖倍倍尔、李卜克内西等人多有接触。但不久，他的兴趣又转向数学，研读了集合论的创始人康托尔和弗莱格等人的数学著作。1900年，他参加了在巴黎召开的国际数学家大会，结识了意大利数学家皮亚诺，此后把研究方向转向了符号逻辑。1901年他发现了著名的“罗素悖论”。1906年，他与怀特海合作，共同发展了“类型论”，再通过五年合作撰写了三大卷的《数学原理》。1910年，罗素回到剑桥大学三一学院当讲师，讲授数学和逻辑。1912年他与奥地利青年维特根斯坦相识。这次相识引起了20世纪20年代欧洲哲学界的革命性变革，其结果就是逻辑原子论的创立。1914年，第一次世界大战爆发后，他积极投入反战运动，不久被赶出三一学院。1918年，他因所写文章有侮盟国而被监禁6个月。1920年他被邀访苏，受到了列宁的接见，却对列宁的革命言词感到惶恐不已，从此对社会主义理论和实践的兴趣大减。1920年秋至1921年秋，罗素偕夫人访问中国，在北京大学等处讲学。他不仅介绍了自己的哲学思想，还介绍了爱因斯坦的相对论和当时的行为主义哲学社会观。此后他著书立说，以文养家。1938年，罗素赴美讲学，受到美国教会和保守派的攻击和诽谤。1945 年他返回英国,继续在三一学院教学,并积极投入各种和平运动。1950 年罗素获诺贝尔文学奖,为了表彰他所写的“捍卫人道主义理想和思想自由的多种多样意义的重大作品”。此后他开始撰写小说和散文,在英国文学史上占有一定地位。1967—1969 年他出版了《自传》。在《自传》中,他写道:“简单而又无比强烈的三种激情主宰了我的一生:爱的渴望、知识的追求以及反对人类苦难的极度同情。”1970 年罗素以 98 岁高龄去世。

罗素一生的著作甚多,在现代西方思想史上很难有人能望其项背。他的伦理思想主要包含在《伦理学的要素》(1910)、《社会改造原理》(1923)、《我的信仰》(1929)、《宗教与科学》(1935)、《权力论》(1938)、《西方哲学史》(1944)、《伦理学和政治学中的人类社会》(1954)等中。

罗素的哲学和伦理学是变动不定的。他易接受别人的观点,也易改变自己的观点。今天的罗素批判昨天的罗素。他的哲学发展多有转折,前后经历了绝对唯心主义、实在论和逻辑原子主义等几个大的阶段。他的政治信仰、伦理思想也几经变迁,前后矛盾。民主自由主义和人道主义基本代表了他的社会政治思想立场。在伦理学上,他前受摩尔《伦理学原理》的影响,后接受自然主义伦理学派的批判,从非自然主义的认识主义伦理学转向了非认识主义的情感主义伦理学。

《伦理学和政治学中的人类社会》是罗素集一生对伦理问题的思考在晚年完成的一部伦理学专著,是他伦理学著作中最具代表性的一部。作者把伦理探索开掘到行为动力学,从最深层的心理动机出发思考伦理问题,建构伦理理论,并将这一理论应用到现实的政治问题中。全书分为上下两篇。上篇题为《伦理学》,下篇题为《激情的冲突》。除前言外,全书按内容分为四部分。第一部分:伦理学的人性基础;第二部分:伦理学的基本原则,第三部分:愿望的和谐;第四部分,伦理与政治。

一、伦理学的人性基础

罗素认为,人类有一种深切的内在本性,存在于整个人类历史长河之中。它可以使人幸福,亦可使人坠入地狱。他的伦理学的目的就是要挖掘这种本性,剖析这种本性固有的冲突,并尽可能地协调这种冲突。

在罗素看来,人类的一切活动都起因于冲动(impulse)和愿望(wish)。冲动和愿望是创造幸福的基本要素。冲动是人类本性中偏重本能的部分,如人们的吃喝、性爱等。行为不是目的,而是冲动。正是冲动,才使世界存在、发展而且充满生气。冲动亦是疯狂而盲目的,可能给他人和自己带来痛苦和灾难。但人类要生存下去,且不丧失其特色,就必须保持这种冲动。冲动可分为二种:占有性冲动(possessive impulse)和创造性冲动(creative impulse)。占有性冲动表现为追求私产,攫取权力,进行武力掠夺和侵略等。创造性冲动表现为诸如追求知识、艺术、爱和创作一类的东西,它能促进人自身的完善,推动社会的进程。罗素认为,最好的生活是创造性冲动占多数而占有性冲动极少的生活,最好的制度是能够产生最大可能的创造性和最小的适合于保全自己的占有的制度。

除冲动之外,人的行为还要受制于愿望。愿望是有意识的,与人的理智相联系,表现为对一定目的的追求。愿望来源于冲动,如果一种冲动未能在发生时得到满足,就会产生愿望。但愿望一经产生也可独立于冲动,而且可以高于冲动。因为愿望中包含意志,而比冲动更明显、更高明、更自觉。由于人类内在本性中固有冲突,伦理便产生出来以调解这种冲突。“伦理学和道德准则之所以必要就在于理智与冲动之间的冲突。假如人只有理智,或只有冲动,都不会有伦理学的地位。"①

人的愿望可从三方面奠定伦理学的基础。首先,依据所愿望的目的而行为的力量,使伦理学和道德准则行之有效。其次,伦理学的道德准则的目的是为了调解人们愿望的冲突。再次,伦理学也要通过愿望发生作用,通过影响愿望来调整人们的行为。

冲动与愿望发生冲突的原因是什么呢?罗素认为,这就是人类内在本性中的矛盾:社会性(sociality)与个体性(individuality)的矛盾。人性是介于个体性与社会性之间的。"正因为人性不完全是社会性的,才需要伦理学来提出目的,需要道德准则来教诲行为。"(P.30)人的冲动和愿望有些是社会性的,有些是个体性的。有时两者会发生激烈的冲突,在这对人性矛盾中,任何一方的伦理价值都是相等的。社会性和个体性对于一个善的世界是同样必需的。一种完整的伦理学应该说明这两方面。只说明任何一方面的伦理学都是不完整的,也是不能令人满意的。

罗素指出,人的冲动和愿望是人的一切活动的心理基础。它包括生存动机、对知识和财产的渴望、竞争和虚荣心的满足以及爱的力量。人性的纷争、各种思想的分歧、政治的冲突都起因于此。

罗素从人类行为的最终动因出发,紧密联系人本主义心理学,建立了情感主义伦理学。但他对人性的分析割裂了人的自然性与社会性的联系。

二、伦理学的基本原则

罗素奠基伦理学的人性基础后,便开始确立道德原则,即善的原则。他认为善是伦理学中最基本的概念。他从善的定义着手建

① 罗素:《伦理学和政治学中的人类社会》,中译本第29页。下引此书,仅注页码。

立道德原则。因为在他看来,只要善的定义被确定了,伦理学的其他部分也就随之被确定了。

罗素从道德的历史中发现,不同时代和地域中的道德准则是不同的,几乎达到了令人难以置信的程度。每个民族都有自己的道德准则,不同行业的道德亦不相同。即使在同一社会中,也同时存在着相悖的伦理准则(如中世纪教会倡导的基督教道德与骑士的荣誉准则并存等),甚至遵循或触犯同一社会的同一道德准则,都同样值得赞扬。

既然道德如此地相对,那又如何判定行为的正当性呢?罗素断定,在伦理学中存在着某种高于道德准则的东西,而且人们可以用它作手段判断道德准则,这种东西就是行为的目的。实现目的就是善的,否则就是恶的。

罗素指出,在道德的发展过程中,虽然人们尚未明确地承认,但已朦胧地提出这种目的了。道德的一个主要来源便是禁忌(taboo),禁忌不能违犯是因为它有不愉快的后果。道德原则的另一个来源是平等(equality)和交换(exchange),而平等和交换是对一种平静生活的愿望,而这种愿望也是一种对目的的期望。善的目的在于幸福和快乐等。甚至基督教的道德原则也以功利主义为立论基础。如托马斯·阿奎那认为:婚姻是永久性的,因为父亲比母亲有理性,并有体力惩罚孩子。如果不这样,父亲就会在教育中失去作用,而这是不应当的。所以婚姻是永久性的。

善是一种目的,德性是善的手段。凡是促进善的行为就是正当的,反之,就是不当的。既然善是目的,它就必然与愿望相关,如果没有愿望,也就没有善恶的对立。当一件事物满足了愿望,它就是善的,反之就是恶的。如果某个事物比其他事物更能满足愿望或满足更强烈的愿望,那么它就是更善的。我们都希望摆脱痛苦,延续快乐。当我们缺少饮食和爱时,便会渴望。如果我们对世界漠不关心,也就不会有善恶、正当与不当以及值得赞扬和应受谴责的区别。在无生命的世界里,没有人,没有人性,就无所谓善恶。伦理上的善恶与人的生命相关。如果太阳与星球相撞,地球变成气体,我们就会说这场灾难是恶的。如果这场灾难发生在无生命的地方,就只是一种有趣的事而已。

善是一种愿望的满足,具有主观的性质。价值是人创造的,心灵的状态创造了价值。价值所蕴涵的是个人主观的情感或精神状态。价值判断也不是科学命题,而是个人情感的表达。善是一种内在价值,它并不是外在对象本身,而是外在对象的一种心理结果。罗素认为,善与情感相关,愿望和情感是同一个东西。在此,他步入了情感主义伦理学。

在罗素看来,既然伦理学的基本原则是情感,那么伦理学就不是科学。科学的基本材料是事实,它只能借助于概念来说明。科学陈述真理,可由事实来论证或反驳。而伦理学的基本材料是情感和激情,它表达情感和价值,但它不能获得客观的真理性,因为情感的基础是个人的主观愿望,而不是客观的事实。既然伦理学是情感性的,那么在人的欲望之外,就不存在普遍绝对的价值判断标准,道德的标准是相对的。罗素的道德情感主义立场使他滑向了道德相对主义。

三、愿望的和谐

罗素认为,既然善是愿望的满足,那么善的冲突自然就是愿望的冲突了。他认为,愿望的冲突是人类生活中一个基本的不可避免的事实,而道德和法律就是要缓和这种冲突。

一些愿望是能够和谐的,这样的愿望就是可共存的。而另一些愿望是不可能和谐的,它们不可能共存,而是相互冲突。正当愿望是那些最可能与许多其他愿望和谐的愿望,不当愿望是那些能阻挠其他愿望得到满足的愿望。部分愿望的满足就是部分善,愿望的总体满足就是普遍善。为了追求普遍善,追求愿望的总体满足,必然要协调愿望的冲突,使这些愿望成为和谐的愿望。

在罗素看来,协调愿望冲突、获得愿望和谐的第一步就在于愿望的自我扩张。尽管愿望是个人的愿望,但它的内容却是普遍的。愿望决定人的行为。但快乐并非愿望的原因,愿望倒是快乐的源泉。我的愿望并非总是以自我为中心的。除了自我感觉到的愿望之外,我的愿望并不必然与自我有任何联系。也就是说,愿望并不总是利己的。很少有人把愿望完全集中在自己身上,一般人的愿望总是超越自身的。世界文明进程的第一步就是要扩张自我,把愿望扩张到全人类,才能使世界永久和平。

协调愿望冲突、取得愿望和谐的第二步在于愿望的自我抑制。他要求人们抑制彼此间相冲突的愿望和冲动,发展可和谐的愿望和冲动,用创造性的冲动和愿望来代替占有性的冲动和愿望,将占有性的冲动和愿望降到尽可能低的程度。他认为,冲动和愿望既可以创造善,也可以创造恶。人类应该利用一切条件为它们找到善的出路,为人类造福。他指出,在一定社会中,愿望和谐取决于三种因素:(a)社会制度;(b)个人愿望的本质;(c)赞成和谴责的规范。良好的社会制度,一种社会愿望的伦理,以及对个人性格的科学理解和修炼,都将可能使个人愿望与社会愿望之间的冲突变得愈来愈小。在这三者中,社会制度最重要。

罗素认为,创造完美世界也需要通过愿望的自我扩张和自我抑制,通过知识和教育逐步地改良。他特别强调通过教育去改变人性,培养大度、豁达的愿望,使人自发地具有社会和谐的愿望。他不主张用革命来推翻旧世界,也反对狭隘的民族主义教育。他主张对青年人进行国际主义教育,并且主张教导对整个人类的忠诚,培养起把同情心扩张到人类的愿望,在此基础上建立一个幸福的世界政府。

罗素这种以教育拯救人类、以教育的逐步改良来建立民主的主张，在战争纷扰的年代里，根本无济于事。

四、伦理与政治

罗素以政治学来完成他对伦理学的思考。他从来不是为了建立伦理体系而研究伦理问题，他将自己的伦理视野扩展到群体与群体（民族与民族、国家与国家）之间的关系。他着重探讨与伦理密切相关的、具有紧迫现实意义的政治问题。他首先回顾了自人类文明开始以来有组织的激情冲突，讨论了这种冲突造成的人类幸福的损失，并力图找到冲突的原因，为苦难中的人类指明出路。

罗素指出，迄今为止人类用自己的知识创造出这样一个世界：只有少数人才能享受，而大多数人的生活比野兽还更为不幸；人类心灵的构成目前仅仅适应以狩猎为生的阶段；人类的智力和想象力并没有增进人类的幸福，甚至无法使这种幸福保持在人猿相揖别的程度；人类用远见缔造了政府和军队，而政府和军队的建立却旨在保护掌权者的财产，使他们能够豪华奢侈地生活，而大多数人的劳动比在原始状态下更为艰苦，所得到的报酬却比原始状态下更少。天灾人祸不断，战争加剧现代人类的不幸超过了以往历史上全部苦难的总和。

在罗素看来，人类苦难的最根本的原因就是激情的冲突。人的一切活动都是源于冲动或愿望。人在政治上的愿望除了对生活必需品的需求之外，主要还有四种：占有欲、好胜心、虚荣心和权力欲。占有欲即希望尽可能多地占有财富或对财富的权利。它是无穷无尽、永远无法满足的动机之一。好胜心是更为有力的动机，人们为了让竞争对手破产而宁愿忍受贫困。虚荣心是一种具有巨大潜力的动机，它伴随着人的一生，随着受到滋养而膨胀。但权力欲是压倒一切的，它永远无法满足，而且随着对权力的体验而迅速地增长。这些愿望永远不会得到满足，即使人类到了天堂，也不会因此而安宁。

但人类不应因此而对自身悲观失望。人类的激情不是不可改变的,它能够为环境、教育和机遇所影响。政治上的各种愿望只要引向有益的行为,为各种激情找到无害的出路,人类就会平安地生存。人类不仅要把大自然看作自己的敌人,把人生看成一场制服大自然的斗争,而且要以体现自我特质的精神超越现实世界,构造新的幸福的世界。人类的出路就在于改变激情,改造自身,超出狭隘的权力斗争。

罗素将伦理学的研究范围扩充到现实社会的政治问题,为苦难的人类寻求幸福的道路,显示出他非凡的理论家兼社会活动家的品格,也显示了他超越于一般伦理学家的理论境界。

(彭立静)

马 斯 洛

动机与人格* (1954)

亚伯拉罕·H.马斯洛(Abraham H. Maslow, 1908—1970),美籍犹太人,出生于纽约市布鲁克林区。自幼喜欢读书,青少年时代读了不少柏拉图、怀特海、柏格森、杰斐逊、林肯等人的著作。20岁结婚后去华盛顿学习。刚进大学时,由于父母的强求而修法律,但仅仅两个星期,他就断定自己的兴趣并非在法律上。为了广泛涉猎知识,他离开家庭,先进康奈尔大学,两年后进威斯康星大学。当他了解行为主义心理学家华生的思想之后,对行为主义着了迷。1930年获学士学位,1932年获硕士学位,1934年获博士学位。1934—1951年先后在哥伦比亚大学、布鲁克林学院工作,1951年应聘到布兰代斯大学任心理学教授兼系主任,工作到1969年。1967年当选为美国心理学会主席。1970年,因心脏病猝发与世长

---

* 原书名为 MOTIVATION AND PERSONALITY。本文根据中译本《动机与人格》(许金声等译,北京,华夏出版社,1987年)撰写。

辞。有“人本主义心理学之父”之称。

马斯洛的主要著作有:《变态心理学原理》(1941)、《调动人的积极性的理论》(1943)、《动机与人格》(1954)、《人类价值新论》(1959)、《科学心理学》(1966)、《存在心理学探索》(1968)和《人性能达的境界》(1971)等。其中《动机与人格》、《存在心理学探索》和《人性能达的境界》,是其伦理思想的主要代表作。

马斯洛是一位充满人类自豪感和完美人性理想的心理学家和伦理学家。他终身致力于人性和人道主义的“积极心理学”探索,坚信人性的健康、善良和美丽,对人类发展前景充满希望,努力寻求一种适应于健康人性之潜能充分发展的心理图式和伦理学理论,甚至于孜孜不倦地为人类的未来设计一种“优美心灵管理”(Eupsychian Management)的社会理想模式。他为我们提供了一种虽不尽完善但却洋溢着理想精神的乐观主义人性化伦理学。晚年,他曾自豪地这样评价自己的人本主义心理观和伦理观:“我应该承认,我终于不得不把心理学中的人本主义倾向看成革命,这是在‘革命’这个词最纯粹、最古老的意义上说的,即在伽利略、达尔文、爱因斯坦、弗洛伊德、马克思那里已经作出的革命的意义上说的,它是理解和思考的新路线、人和社会的新形象、伦理和道德的新概念以及运动的新方向。”① 他坚信这些研究将会改变我们的科学哲学、伦理学和价值论、宗教学、工作观念、管理学和人际关系方面的观念以及社会学说和其他各种观念。

马斯洛初版于1954年的《动机与人格》一书,被认为是他的开山之作,标志着人本主义新心理、新伦理理论体系的形成。该书全面讨论了人本主义心理学和人本主义伦理学的研究目的和研究方法,集中系统地阐述了他关于人性、人的需要、人格发展的动力和规律、社会改革和促进健康人格发展的方法和途径等的观点和理

① 马斯洛:《存在心理学探索》中译本,云南人民出版社1987年版,第5页。

论,是研究人本主义新心理和新伦理的重要依据和资料。全书包括前言、鸣谢、16章和3个附录。

一、整体论的科学观

在本书的头两章和附录乙、丙中,马斯洛阐述了人本主义和整体论的科学观。在他看来,弗洛伊德主义和行为主义的共同缺陷是没有给人和人性以充分积极的评价,或走向人性病理化的悲观主义,或走向环境决定论的机械形态。弗洛伊德只看到人性“黑暗的一半”,而华生、斯金纳等则只看到人与动物的相似性一半,两者都没有或不愿意承认人性的完美和高尚,因而只能是停留在“消极伦理学”的水平上。

“科学产生于人类的动机,它的目标是人类的目标。科学是由人类创造、更新以及发展的。它的规律、结构以及表达,不仅取决于它所发现的现实的性质,而且还取决于完成这些发现的人类本性的性质。”① 像其他人类事务一样,科学也必须以人性为基础和目标,科学的中心是发现问题解决问题,而不是脱离人类的、纯粹的方法论探讨。马斯洛把对待科学的态度区分为“问题中心论”与“方法中心论”两种,认为传统科学的许多缺陷的根源在于以方法中心或者技术中心的态度来解释科学。在思考的最高层次上,方法中心体现为将科学与科学方法混为一谈。方法中心的缺陷体现在这样几个方面:(1)过分强调技术。一味强调雅致、完善,强调技术和设备,往往造成这样的后果:减弱一个问题和一般创造性的意义、生命力以及重要性;往往将技师、“设备操纵者”而不是“提问者”和解决问题的人推至科学的统帅地位,方法中心的强烈倾向是不分青红皂白地过分看重数量关系,并且将它视作目的本身;持方

① 马斯洛:《动机与人格》,中译本,第1页。下引此书,仅注页码。

法中心论的科学家往往不由自主地使自己的问题适合于自己的技术而不是相反;将科学等级化;往往过于刻板地划分科学的各个部门,在它们之间筑起高墙,使它们分属彼此分离的疆域;科学的方法中心论在科学家与其他寻找真理的人之间,在他们理解问题与寻求真理各种不同方法之间制造了巨大的分裂。(2)方法中心通常不可避免地产生一种科学上的正统,后者相继制造一种异端。(3)科学正统观念的一个主要危险是:它倾向于阻止新技术的发展。方法中心论所滋养的正统观念还具有一种也许更为严重的危险性;它对于科学的范围加以越来越多的限制;以方法中心为根本的正统观念鼓励科学家保持"安全、明智、稳妥",而不是"大胆勇敢",过分强调方法和技术促使科学家认为他们比自己的实际状况更客观、更少主观,不关心价值;由于想象中的对于价值的独立,价值的标准变得越来越模糊了。

在马斯洛看来,唯一正确的方式只能是研究人的"整体动机"和"整体人格",又以人的健康成长或自我实现为最高目标的积极研究。科学是建立在人类价值观基础上的,并且它本身也是一种价值系统。马斯洛认为,原子论的思维方式是某种形式的轻微的心理变态,或者至少也是认识不成熟症候群的一种症状。整体论显然是正确的——无论如何,宇宙总是一个整体,有着内在的联系;每一个社会总是一个整体,有着内在的联系;每一个人总是一个整体,有着内在的联系。

二、需要—动机理论

在本书第 3 ~ 7 章中,马斯洛阐述了其动机理论。马斯洛力图为人的心理活动提供一个"积极的动机理论",这就是"需要层次论"。该理论试图揭示人类行为的内在动力结构,以及人类需要发展上升的规律问题。

马斯洛首先介绍了动机的16个命题,认为任何一个合理的动机理论都应该把它们包括进去。它们是:(1)作为一个一体化整体的个人;(2)作为典型的饥饿;(3)手段和目的;(4)欲望与文化;(5)复杂多样的动机;(6)促动状态;(7)动机之间的联系;(8)内驱力一览表;(9)动机生活的分类;(10)动机和动物资料(动机理论必须以人为中心,而不是以动物为中心);(11)环境("要防备过分注重外部、文化、环境或情景。我们的中心研究对象毕竟是有机体或性格结构");(12)整合作用;(13)无动机的行为;(14)达到目的的可能性;(15)现实的影响;(16)了解健康动机("任何值得关注的动机除讨论有缺陷人的防御手段外,还必须讨论健康强健的人的最高能力")。

在上述16个命题基础上,马斯洛系统地阐述了积极的动机理论。他称之为整体动力理论。在其中,人类的需要被分为五个层次:

(一)基本需要——生理需要(the physiological needs),或称基础需要,也就是作为有机生命的个体对生存的需要。它是人的所有需要中最基本和最强烈的一种,在所有需要中占绝对优势。假如一个人在生活中所有需要都没有得到满足,那么生理需要而不是其他需要最有可能成为他的主要动机。一个同时缺乏食物、安全、爱和尊重的人,对于食物的需要可能最为强烈。

(二)安全需要(the safety needs)。在生理需要相对充分地得到满足后就会出现安全需要(安全、稳定、依赖,免受恐吓、焦躁和混乱的折磨,对体制、秩序、法律、界限的需要,对于保护者实力的要求等)。

(三)归属和爱的需要(the love needs)。在前两种需要得到满足后,爱、感情和归属的需要就会产生。个人一般渴望同他人有一种充满深情的关系,渴望在他的团体和家庭中有一个位置。人需要爱情、社交和友谊,需要理解和被理解,需要找到一种情感的归属和依托。他特别强调指出:“爱和性并不是同义的。性可作为纯粹的生理需要来研究。爱的需要既包括给予别人的爱,也包括接受别人的爱。”

(四)尊重需要(the esteem needs)。马斯洛认为,除少数病态人之外,社会上所有的人都有一种对他们的稳定的、牢固不变的、通常较高的评价的需要或敬重的欲望,有一种对自尊、尊重和来自他人尊重的需要或欲望。这种需要可分为两类:第一,对实力、成就、适当、优势、胜任、面对世界的自信、独立的自由等的欲望;第二,对名誉或威信(来自他人对自己的尊敬或敬重)的欲望,对地位、声望、荣誉、支配、公认、注意、重要性、高贵或赞赏等的欲望。尊重需要的满足导致一种自信的感情,使人觉得自己在这个世界上有价值、有能力、有位置、有用处和必不可少。然而这些需要一旦受挫,就会产生自卑、弱小以及无能的感觉,这些感觉又会使人丧失基本的信心,使人要求补偿或者产生神经病倾向。

(五)自我实现需要(the needs for self - actualization)。马斯洛认为,一个人能够成为什么,他就必须成为什么,他必须忠实于他自己的本性。这一需要他称之为“自我实现的需要”。“自我实现”这一术语可以归入人对于自我发挥和自我完成(self - fulfillment)的欲望,也就是一种使他的潜力得以实现的倾向。这种倾向可以说成是一个越来越成为独特的那个人,成为他所能够成为的一切。他还认为,满足这一需要所采取的方式在人与人之间是大不相同的。同时,自我实现需要的明显出现,通常要依赖于前面所说的生理、安全、爱和尊重需要的满足。

五层次需要理论是马斯洛动机理论的基础,围绕这一需要系统,马斯洛做了一系列的辅助性说明。

第一,马斯洛指出,基本需要的满足具有先决条件或“直接前提”,它们包括言论自由和在无损于他人的前提下的自由行动,表达自由,调查研究和寻求信息的自由,防卫的自由,以及集体中的正义、公平、诚实、秩序等等。

第二,他指出,除上述五种基本需要之外,还有认知和理解的需要、审美需要等也构成了人类行为动机系统的重要因素。秩序的需要、对称性的需要、完整(closure)的需要、行动完美的需要、规律性的需要以及结构的需要,可以统归因于认知的需要;意动的需要或者审美的需要,甚至可归于神经过敏的需要。在许多情况下,这两种需要也是促动人类心理活动和行为的内在原因,只不过不及上述五种需要那么普遍而已。

第三,阐明了五种基本需要之间满足系统的联系或作用的规律和原理。他指出,人类动机生活组织的主要原理是根本需要按优势或力量的强弱排成等级。给这个组织以生命的主要动力原则是:健康人的优势需要一经满足,相对弱势的需要便会出现,生理需要在尚未得到满足时会主宰机体,同时迫使所有能力为其服务,并组织它们以使其达到最高效率;相对地满足平息了这些需要,使下一个层次的需要得以出现;后者继而主宰和组织这个人;如此等等。

第四,客观地分析了超出上述原理的特殊的需要满足现象。其一,人的需要满足一般是按照由低向高的层次递升运行的,但在特殊情况下,也有倒置或不规律的现象。一个饥饿的人未必就没有爱的需要,也未必不能获得爱的满足。其二,在某些情况下,人的需要满足并不一定是顺序状态,而是相互交织甚至是错杂重叠状态的。其三,在特殊情况下,高级需要偶或不是在低级基本需要满足后出现的,而是在强迫、有意剥夺、放弃或压抑低级基本需要及其满足后出现的(如禁欲主义、理想化、排斥、约束、迫害、孤立等强化作用)。

第五,辨析了基本需要与本能的关系,认为人的基本需要是似本能的(instinctive quality)。马斯洛指出,本能论者和他们的反对派的严重错误都在于用非此即彼的两分法而不是按程度的差别来考虑问题。一整套复杂的反应,怎么能够说要么完全是由遗传决定的,要么完全不是由遗传决定的呢?我们的主要假说是:人的欲望或基本需要至少在某种可以察觉的程度上是先天给定的。那些与此有关的行为或能力、认识或感情不一定是先天的,而可能是经过学习或引导而获得的,或者是表现性的。马斯洛认为,人的"似本能的基本需要"具有如下特点:

(1)似本能的基本需要是人性的集中表现。当我们探索人究竟想从生活中得到什么之时,我们就接触到了人的本质。

(2)人的似本能的需要有着可以察觉的遗传基础,是由人的遗传因素先天规定好了的。但这是一种非常微弱的本能,文化和教育可以轻而易举地将其挫败,因此可以认为文化教育的力量要强大得多。

(3)这种似本能的需要在另一种意义上说又是强大的,它们顽强地坚持要求获得满足,一旦受挫,就会产生严重的病态后果,使人背离自己的本性。

(4)似本能的需要与理性是合作的而非敌对的。在健康人那里,二者是指向同一方向的。

(5)似本能的需要是一个完整的系统。

(6)似本能的需要规定着人性发展的方向,是人性发展的内在依据。而社会文化环境则是人性发展的外在条件。

马斯洛强调指出,"似本能"概念的提出不仅在心理学领域中具有重要的理论意义和实践意义,更重要的是它具有哲学意义,即有助于解决和超越哲学中许多古老的矛盾(如生物性与文化、天生与习得、主观与客观、独特性与普遍性之间的矛盾)。

第六,具体论述了高级需要和低级需要的特征及其关系。马斯洛首先论述了那些被称为"高级的"与"低级的"需要之间存在的真正心理上以及作用上的差异。其差异表现在:

(1)高级需要是一种在种系上或进化上发展较迟的产物。

(2)高级需要是较迟的个体发展发育的产物。

(3)越是高级的需要,对于维持纯粹的生存也就越不迫切,其满足也就越能更长久地推迟;并且,这种需要也就越容易永远消失。

(4)生活在高级需要的水平上,意味着更大的生物效能,更长的寿命,更少的疾病,更好的睡眠和胃口等等。

(5)从主观上讲,高级需要不像其他需要一样迫切。

(6)高级需要的满足能引起更合意的主观效果,即更深刻的幸福感、宁静感以及内心生活的丰富感。

(7)追求和满足高级需要代表了一种普遍的健康趋势,一种脱离心理病态的趋势。

(8)高级需要的满足有更多的前提条件。

(9)高级需要的实现要求有更好的外部条件。

(10)那些两种需要都满足过的人们通常认为高级需要比低级需要具有更大的价值。

(11)需要层次越高,爱的趋同范围就越广,也就是受爱的趋同作用影响的人数就越多,爱的趋同的平均程度也就越高。

(12)高级需要的追求和满足具有有益于公众和社会的效果。

(13)高级需要的满足比低级需要的满足更接近自我实现。

(14)高级需要的追求和满足导致更伟大、更坚强以及更真实的个性。

(15)需要层次愈高,心理治疗就愈容易、愈有效。

(16)低级需要比高级需要更部位化、更可触知,也更有限度。

总之,高级需要与低级需要具有不同的性质;高级需要像低级需要一样必须归入基本的和给定的人性储备中(而不是不同或相反)。马斯洛相信,他关于高级需要和低级需要的理论一定会在心理学和伦理学中引起许多革命后果。

三、自我实现论

马斯洛用了大量的篇幅来论述“自我实现”理论。他对自我实现的理解是:“自我实现也许可以大致描述为充分利用和开发天资、能力、潜能等等”,“(自我实现)意味着基本满足再加上起码的天才、能力或者(人性的)丰富”,“他们(指自我实现者)是一些已经走到或者正在走向自己力所能及高度的人”。(P.176)在他看来,人性发展的理想阶段或最高阶段就是达到自我实现。促使人们达到自我实现,正是人本主义心理学的目的。

在进行自我实现问题的研究时,马斯洛所选择的对象都是历史上或当代最有成就、最有名望、影响广泛和备受赞扬的一些人,其中包括斯宾诺莎、华盛顿、爱因斯坦这样一些杰出人物在内。他认为只有在这些人身上所体现出来的人性特征才能代表人性所能达到的最高限度,才能展现出人性的美好本性和丰富色彩。马斯洛描述了自我实现的人最重要和最有用的总体印象:

(1)对现实的更有效的洞察力和更加适意的关系。

(2)对自我、他人和自然的接受。

(3)自发性、坦率、自然。

(4)以问题为中心。

(5)超然独立的特性、离群独处的需要。

(6)自主性、对于文化和环境的独立性、意志、积极的行动者。

(7)欣赏的时时常新。

(8)神秘体验,海洋感情。

(9)社会感情。

(10)具有更深刻和更深厚的人际关系,比一般人具有更多的融合、更崇高的爱、更完美的认同以及更多的摆脱自我限制的能力。

(11)民主的性格结构。

(12)区分手段与目的、善与恶。

(13)富于哲理的、善意的幽默感。

(14)创造力。

(15)对文化适应的抵抗。

然而,金无足赤,人无完人。自我实现者也不是完美无瑕的,他们也有其固有的品格缺陷。这表现在:(1)偶尔会表现出异常的、出乎意料的无情,在需要的时候,他们能超越常人的能力表现出一种外科医生式的冷静;(2)不为大众舆论所左右;(3)过于仁慈;(4)也有罪恶感、焦虑、自责、内心的矛盾和冲突。因此,马斯洛指出,为了不对人性失望,我们必须放弃对人性的幻想。自我实现者以哲人的态度接受他的自我、接受人性、接受众多的社会生活、接受自然和客观现实,这自然而然地为他的价值系统提供了坚实基础。自我实现者的内在动力不仅自然地无一例外地为他们提供了这种基础,而且也提供了其他决定因素。

四、性善论

马斯洛以带有十分强烈的感情色彩的语言尖锐地驳斥了西方心理学界和伦理学界主张"人性恶"这一传统观点。他写道:"知识界的许多成员提出了一种以极度的绝望和玩世不恭为特征的观点,这种极度的绝望和玩世不恭有时甚至堕落为腐蚀性极强的恶毒和残酷。事实上,他们拒不承认有可能改善人的本性以及社会,也不承认有可能发现人的内在价值或者对生活产生一种普遍的热爱。""他们不相信有什么诚实,仁慈,慷慨,柔情等等","这种绝望的支流文化,这种'比您更损'的态度,这种相信弱肉强食和悲观失望而不相信善意的反道德,受到了人本主义心理学的迎头反击"。("前言"P.2~3)

马斯洛认为,“性恶论”在心理学和社会科学研究中所带来的后果是极其有害的:

(1)性恶论把某些动物身上表现出来的攻击看作是人类也必然具有的本性,把研究动物的结论硬套在人身上,甚至以对动物的研究取代对人的研究,这是无视人的尊严、把人降低到动物水平的令人无法容忍的“伪科学”。

(2)既然恶是人的本性,那么人世间的一切罪恶如贪婪、攻击、战争等等就成为无法避免的了。难怪人们发现在许多问题上弗洛伊德与希特勒同属一个阵营。

(3)性恶论实际上否定了通过哲学、神学、心理治疗等方式改善人性、培养健康人格的可能性,这与事实不符。

(4)性恶论“把人类的心理境界定得太低”,结果导致基于性恶论之上的“心理科学在表现人类消极方面的成功一直比它表现人类积极方面大得多”(P.334)。心理科学的这种状况,显然不可能在对人的研究中得出积极、有益的结论来。

马斯洛断言,人的本性是善,至少是中性的,这是因为:

第一,人的攻击行为不是基本的品质,而是反应性的。当一个品质恶劣的人在心理治疗中逐渐变成健康时,他的恶意也逐渐减少。

第二,爱是一种“泛人类的潜能”,因此恶人心中也有爱。只要恶人性格深处的这种爱有了表现出来的条件时,恶人就变成健康的人。

第三,人的似本能的需要本质上是美好,因为人们所期望的是健康的东西而不是邪恶的东西。自我实现的需要更突出地表明了这一点。

总之,在马斯洛看来,“人性善”应该成为心理学和其他社会科学的理论前提。只有坚持这一点,才能建立起一种健康的、积极的心理学,才有助于促进人格的健康发展、促进人们达到自我实现。

他提议,要努力构建一种价值心理学,这种价值心理学最终可能作为普通人的实践指导,作为哲学教育和其他专家的理论参照系;要做正规的宗教曾竭力要做而未能做到的事情,也就是给人们提供一种对于人性的理解,这种人性涉及他们本身、他人、社会、世界,即为他们提供能够据以理解何时应感到有罪和何时应感到无罪的参照系。他认为,构建这样一种心理学相当于建立一门科学伦理学。

五、人性发展论

马斯洛认为,人与其他生物的重要区别在于:人的需要、偏好和本能的残余弱而不强,含糊而不明确;有怀疑、犹豫、冲突的余地;它们极容易被文化、学习以及他人的爱好所窒息,进而消失得无影无踪。我们的确有一种性质,一种结构,一种似本能的倾向和能力的朦胧的骨架结构,然而,从我们身上认清它,却是伟大的、难以获得的成就。做到自然、自发,了解自己的本质,了解自己真正的需要,这是一个罕有的高境界,它虽然极少出现,但却伴随着巨大的财富,并且需要巨大的勇气和长期的艰苦奋斗。

马斯洛提出了一个包括了人的“解剖构造”、“最基本的需要、欲望以及心理能力”等各方面在内的哲学人性概念,即人的“固有趋势”(design)或者说“人的内在本质”。其主要思想包括以下一些内容:

(1)哲学人性概念或“人的内在本质”至少应包括以下一些方面:由遗传因素决定的人的“解剖构造”和机能;由遗传因素决定并在社会文化环境中发展起来的全部似本能的基本需要;包括欲望以及心理能力在内的全部精神生活。在马斯洛看来,人性或人的本质应该是人的全部属性的总括,其中人的似本能的需要占有最重要的地位,是人性或人的本质的集中表现。

(2)在人类及其个体中存在着一种与生俱来的或先验的人性。这是人类作为“特殊族类在生物上、气质上和素质上所有的”人性；是“不受个人影响的越超个人的(甚至超越人类)的”、“种族所有的人性特征”。它决定个人成长、发展的内在依据和动力,是一种“似本能”性质的属性。人本主义心理学的“中心任务”就是帮助人们认识这种“个人自己内在的生命性、动物性和种族性”(P.111),达到认识真正的自我,成为“自我实现者”。

(3)先验的人性是人发展的内在依据和动力,社会文化环境是人发展的外部条件,二者的关系犹如种子和土壤。社会文化环境对人的发展只起促进或延缓的作用,而不能改变人的内在的发展趋势,至多使这种发展变态、倒退或夭折。人性的延续与动物本能和动物性的完全依靠遗传因素的传递方式不同,人性虽然也是通过遗传因素以“胚胎”的形式延续和保存下来,但是它的具体表现和发展却是后天获得的,有赖于社会文化环境提供条件,因此,人性具有“似本能”的性质。

(4)人性的各方面,“生物性和文化”、“天生和习得”、非理性的冲动和欲望与理性都是协调的、统一的。

(5)人性是善的,至少是中性的,但绝不是恶的。这是人本主义心理学的理论前提,是由尊重人、维护人的至高无上地位的人本主义立场所决定的,从而与传统心理学理论形成鲜明对照。

马斯洛的人性理论不仅是他完成对传统心理学变革的依据,而且是他试图进一步影响其他社会科学和社会实践的人本主义思想的武器。他从这一理论出发提出了一系列医治社会弊端、改造社会职能机构、促进健康人格形成和发展的途径与方法。

由于良好的社会环境对人的健康成长具有十分重要的意义,因此马斯洛十分重视探讨改良社会的问题。什么是良好的社会呢？他指出,这样的社会是一种能够“通过满足人的所有基本需要来允许人的最高级意图出现”的社会,这一社会是把成为健全的、自我实现的人的最大可能性提供给他的成员。从这一点出发,他提出了一个心理学家和一切社会工作者为之奋斗的良好社会的蓝图——“心理学上的乌托邦”。它将是这样一种社会前景:这是一个高度无政府主义的群体,一种自由放任但是充满爱的感情的文化。在这个文化中,人们(包括青年人)的自由选择的机会将大大超出我们已经习惯的范围,人们的愿望将受到比在我们社会中更大的尊重。人们将不像我们现在这样过多地互相干扰,这样易于将观点、宗教信仰、人生观、或者在衣、食、艺术或者异性方面的趣味强加给自己的邻人。在这样的条件下,人性的最深层能够毫不费力地暴露出来。总之,这是一种最符合人性要求的社会。但是,马斯洛也提到,他对其中某些事情很没把握,尤其是经济情况。

为了实现这样的社会,马斯洛认为首先必须在观念上纠正人们传统的在社会机构及其职能与人性的关系方面的“颠倒黑白”的看法,以往的观点是把“教育、文明、理性、宗教、法律、政府”等等社会职能机构和文化都理解为“本质上约束本能的压制力量”,但实际上,由于人的似本能是脆弱的,更易受文明的影响和抑制,因此,应该从“相反的角度看待这个问题”,即把上述社会职能和文化看作是“至少应起保护、促进、鼓励、安全、爱、尊重、自我实现等似本能需要的表达和满足”(P.110)作用的社会因素。因此,应该对社会机构和整个人类文明进行反省、改造或重建,改革其以往的与人性相对立的状况,使其适应人性的要求。其次,要通过启发人性深层的良好品格和良知来唤起人们对良好人际关系的渴望,从而使这种关系能够实际地建立起来。这要由“心理学家、宗教家们”通过语言唤起人们的深层的良好品格和良知,并“弘扬到普遍性的程度”来完成。总之,改善文化的意义就在于给予人们内在生物倾向以一个更好的实现自身的机会。

对于个人来说,虽然从环境与人格的关系来看,“完善的健康需要一个完美的世界,后者使前者成为可能”。但是个人如果能面对“远非完美”的社会,却具有一种“超脱周围环境的能力”,他靠内在的法则而不是外界的压力生活”,就仍然可以成为一个“比他所生长和生活于其中的文化更健康,甚至健康得多”的人。人是能做到这一点的,只要充分发展人本性中的“内在的自由”和“自我肯定”,做到“心理上是自主的,即相对独立于文化”。马斯洛认为,从这个意义上看,对所谓良好环境的理解,更应强调精神和心理的力量,而不是物质和经济的力量。他认为美国的“文化民主性”,就能“给个人以非常广泛的自由来按照自己的意愿保持个性”,可以说是一种良好的社会文化环境。

(戴木才)

马尔库塞

爱欲与文明* (1955)

海尔伯特·马尔库塞(Herbert Marcuse,1899—1979)是当代美籍德国著名哲学家、政治思想家。他出生于柏林一个富有的犹太人家庭。曾就读于柏林大学和弗莱堡大学,获哲学博士学位。一度参加过社会民主党。1933 年起进法兰克福社会研究所。希特勒执政后亡命瑞士,后又移居美国,1940 年加入美国国籍。1979 年在应邀赴西德访问和讲学途中逝世于施培贝恩克。马尔库塞对资本主义社会做了严厉而尖锐的批判,被公认为法兰克福学派的左翼代表人物和美国“新左派”的最有影响的思想家。他的理论被看作“青年造反哲学”,其人则被尊为“青年运动的先知”、“青年造反

---

* 原书名为 EROS AND CIVILIZATION – A PHILOSOPHICAL INQUIRY INTO FREUD。本文根据中译本《爱欲与文明——对弗洛伊德思想的哲学探讨》(黄勇、薛民译,上海译文出版社,1987 年)撰写。

者的精神之父”。马尔库塞的主要著作有《历史唯物主义现象概要》(1928)、《论具体的哲学》(1929)、《历史唯物主义基础的新材料》(1932)、《理性与革命》(1941)、《爱欲与文明》(1955)、《苏联的马克思主义》(1958)、《单面人》(1964)、《论解放》(1968)、《反革命与造反》(1972)、《审美向度》(1978)等。

马尔库塞的理论旨趣和研究重心虽也发生过多次转折,但他毕生都是致力于把某种非马克思主义的哲学与马克思的学说相结合,使二者相互发明、补充和完善。他最早提出“有两个马克思”的观点,并要求回到“人道主义者青年马克思”去。20世纪50年代起,他开始致力于把弗洛伊德的理论与马克思主义统一起来,用以批判发达资本主义社会并预测人类文明的未来发展。1955年出版的《爱欲与文明》一书就是这一企图的结果。所以此书的副标题是“对弗洛伊德思想的哲学探讨”。

马尔库塞自述,他写作《爱欲与文明》一书,“旨在对精神分析哲学而不是对精神分析本身有所贡献”,“关心的不是要纠正或改进对弗洛伊德的概念的解释,而是要恢复这些概念的哲学和社会学意义”①。全书除正文两编共11章外,另有三篇序言和一篇导言,还收入了“对新弗洛伊德修正主义的批判”一文作为附录,都是围绕上述写作目的展开论述的。

一、压抑性文明只是人类发展的一个历史阶段

马尔库塞说,根据弗洛伊德的理论,人若任凭本能(instinct)的驱使而行动,本能就是一种破坏力量,因此文明(civilization)必须让人偏离本能的自然目标,不顾本能的要求去规范人的行为乃是文

① 马尔库塞:《爱欲与文明》“导言”,中译本第21页。下引此书,只标页码。

明的出发点。如果说人的历史就是文明发展史,那么也就是人被压抑的历史,而这个压抑(repression)恰恰是文明产生和进步的前提。可见弗洛伊德理论中人的概念既是对文明的最无可辩驳的控告,同时又是对它的最坚定不移的捍卫。

动物之进化为人不仅使本能的目的发生偏离,而且改变了实现本能目的的途径。马尔库塞把这看作"价值标准"的变化,并用下表揭示其具体内容:

从:	到:
直接的满足	延迟的满足
快乐	限制快乐
欢乐(消遣)	苦役(工作)
接受	生产
没有压抑	安全感

这个变化也就是弗洛伊德所说的从快乐原则到现实原则的转变,但不是完全地"废弃"快乐原则,而只是"修正"它,即仅仅是要求用一种延迟的、尽可能少造成不良后果的方式去追求快乐。所以现实原则的确立意味着人变成了一个有机的自我,发展了理性功能,成为能够自觉处理自己同环境关系的思想主体了。弗洛伊德还指出,现实原则对快乐原则的征服决不是完全的和稳固的,它必须不断重建,所以文明并未一劳永逸地取消"自然状态",它所欲控制和压抑的东西仍然存在,人的潜意识中还保存着受挫的快乐原则的追求目标。马尔库塞认为,正是被压抑物的这种回归构

成了人类文明的禁忌史和隐蔽史,研究这个历史可以揭示出个体发展和文明进步的秘密。

弗洛伊德已经看到,是“缺乏”这个事实使人懂得了不可能完全按快乐原则生活,就是说,促使人的本能结构发生变化而终于接受了现实原则的动机乃是“经济动机”,“如果社会成员不去工作,社会就无法为他们提供足够的生活资料。因此社会必须努力限制其成员的数目,并把他们的能量从性活动转移到工作上去”。马尔库塞指出,弗洛伊德的“这个看法与文明本身一样古老。正是它一直有效地证明着压抑的合理性”(P.7)。但是,弗洛伊德把“原始的生存斗争”看成是“永恒的”,认为快乐原则与现实原则的对立也是永恒的,以致断言不可能存在非压抑性文明(non - repressive civilization),这却是不正确的,也同他自己的理论的深层意蕴相悖。马尔库塞把弗洛伊德理论中与这个错误观点相悖的深层意蕴看作精神分析中的“暗流”。鉴于弗洛伊德在个体发生和种属发生两个层次上分析了压抑性文明和人的心理机制的发展,马尔库塞就也从这两个方面讨论这股暗流。他得出的结论是:压抑性文明具有历史性、暂时性,人类完全有可能建立一种新型的即非压抑性的文明。

马尔库塞是借助于他的两个新概念——“操作原则”(the principle of operation)和“额外压抑”(extra repression)而得出上述结论的。他认为,在文明的最初阶段上,即在一个很贫穷的、人们的基本生活需要都难以得到满足的世界中,快乐原则和现实原则必然会发生冲突,这冲突的结果一定是快乐原则向现实原则让步,即人会为了满足根本的、长远的需要而压抑当前的、并非不能延迟满足的本能冲动。所以现实原则取代快乐原则的根据、原因乃是物质生活资料的缺乏和因此产生的人与人之间的生存斗争。人类是为了生存下去才对本能做必要的“变更”的。马尔库塞把这种“变更”叫作“基本压抑”。他说,基本压抑的这个根据和必然性弗洛伊德不仅已经看到了,而且是他的元心理学中举足轻重的观点,但这个根据和必然性同时也表明,文明对本能的压抑将会随着缺乏的缓解而逐渐弱化,一旦完全解决,人们的生存斗争也就停止,基于这二者而产生的对本能的压抑也就不必要了,换言之,压抑性文明只是以缺乏为基础的文明,因而只同人类发展的一定历史阶段相联系。这个结论本来蕴涵于弗洛伊德的理论之中,可惜弗洛伊德本人竟不但未予明确指出,还做了相反的论断。

弗洛伊德的另一错误更为严重,那就是他未能把由于缺乏而形成的基本压抑同特定时期的统治者为维持自己的特权地位所坚持的生存态度亦即提倡和施行的压抑区别开来,而是把二者混为一谈。体现现实原则、代表社会来压抑个人本能的,是人们建立的各种社会关系和为维护这些社会关系而设立的社会组织机构。但是这些关系、组织、机构也同时对现实原则本身的内容进行修改,修改的根据、目的就是统治者的利益。这是一个明显的文明史上的事实。马尔库塞把这样经过修改而实际起作用的现实原则叫作"操作原则",并且指出"操作原则是一个不断发展的、进取的对抗性社会的原则,它的前提是,在长期的发展中,统治将变得越来越合理,因为对社会劳动的控制现在正以更大的规模、更好的条件再生出社会来"(P.28),它通过异化劳动将成员的爱欲(eros)或力必多(libido)转为对社会有用的操作;社会对力必多越来越普遍、全面的约束不仅作为外在的客观规律,而且作为一种内在化的力量,对个体施加影响,将个体的爱欲操作纳入社会操作的同一轨道。很明显,操作原则是现实原则的具体的历史的形式,它对生命本能(爱欲)和死亡本能施行的是全面的压抑,在内容上和程度上,亦即在广度上和深度上都会超过基本压抑,因为它的根据已直接地是统治者的利益,缺乏只是作为深层的原因和统治者实施操作原则的借口而起作用了。马尔库塞把为实现人类联合所必不可少的控制、压抑之外仅仅是为了统治者的利益而引进的控制和压抑,称为

“额外压抑”。他说，弗洛伊德就是由于忽视了现实原则与操作原则的重要区别，未看到额外压抑的存在，又抽象地谈论人类的联合要以对本能的压抑为前提，所以得出了文明的发展意味着对人性的压抑和不可能有非压抑性文明这种一般的结论，而不能揭示他理论中本来蕴涵着的观点——一旦消灭“缺乏”，实施操作原则的借口或根据就不能成立，额外压抑也就归于消灭，人类就将进入非压抑性文明的时代。

应该说，仅从对弗洛伊德理论的研究看，马尔库塞的批判是中肯的和深刻的，他继承了弗洛伊德，又超越了弗洛伊德。但既然他的观点只是对本来蕴涵于弗洛伊德理论之中的东西的揭示和推论，所以作为有关人类文明的本质和发展前景的探讨，他的说法是否正确就取决于弗洛伊德思想中究竟包含多少真理，因此有待于做进一步的分析。

二、人类进入非压抑性文明是完全必要和可能的

马尔库塞把非压抑性文明理解为成熟的人类文明，那时人们获得了真正的自由，建立起了本能与理性的新联系，出现了非压抑性现实原则，性欲升华为爱欲而成为文化建设的力量，劳动不再是异化劳动，人们的工作关系成了力必多关系，连死亡也同其他必然性一样变得合理，即不被人视为痛苦了。所以这是与操作原则下的压抑性文明完全不同的文明，是压抑性文明的否定、扬弃。论证这种非压抑性文明的必要性与可能性，也就是论证历史的发展将使操作原则的机构过时和失灵以及本能将从操作原则的压制下解放出来的必然性。马尔库塞说，“这样一种研究乃是借快乐原则之名对现存的现实原则（即操作原则）作批判”（P.94～95），是要对现

实原则与操作原则之间的对抗关系重新加以估价。“爱欲与文明”从理论和实践两个方面进行了这个论证。理论上的论证是指明根据弗洛伊德的理论本应认定并非不可能存在非压抑性文明。这除了如上节所述，指出压抑性文明只是人类特定发展阶段的文明外，马尔库塞还着重从肯定方面阐述了以下几点。

1. 对“记忆”的重视

弗洛伊德在其元心理学中认为，人类有一种要求造成自由与必然统一状况的被禁忌的愿望，这是人类心理中最古老、最深层的潜意识，是一种达到完全满足的内驱力，其中保存着过去本能欲望得到完全满足的记忆，在这种记忆里没有缺乏和压抑，自由与必然直接同一。就是因为有这个记忆，人产生了以既有文明成就为基础重建天堂的愿望，它推动人们进行争取达到这个统一的斗争。马尔库塞认为，这个统一的状况也就是非压抑性文明中人的生存状态，精神分析把记忆当作治疗方法，更当作理论的核心，它对记忆的重视实际上是指明了人类从压抑中解放出来建立非压抑性文明的手段。

2.“文明势将导致自我毁灭”的结论

根据弗洛伊德的理论，文明的发展要求对人的一味追求快乐的力必多欲求不断施行压抑和使之升华，因而削弱了爱欲这个建设者，而爱欲的削弱所导致的非性欲化又解放了破坏冲动(死亡本能)，所以文明的发展将导致日益增长的破坏力量的释放。在弗洛伊德后期的本能理论中，又主张人有爱欲(生命本能)和死亡本能两个基本本能，而且强调它们都遵循“强迫性重复原则”，都有一种根本的倒退或保守的倾向，都有想“恢复先前事态的强制性”，以致“涅槃原则”成了心理生活的主导倾向：无论生命本能(爱欲)还是死亡本能，都是为了削弱和解除内部张力而回到自己的先前状态的努力，向死亡退却跟要求完全的满足一样，也是在潜意识地逃离痛苦与缺乏，也表现了反痛苦、反压抑的永恒斗争。弗洛伊德这个关于生命本能和死亡本能对立统一的论点昭示了文明发展的辩证法:“文明势将导致自我毁灭。”(P.59)这个必将自我毁灭的文明当然是压抑性文明,其毁灭正意味着它的对立面——非压抑性文明的诞生。

3. 对于“幻想”的重视

马尔库塞说,幻想是一种在发达的意识领域中仍能在很大程度上摆脱现实原则束缚的心理活动,它把潜意识的最深层次与意识的最高产物(艺术)联系起来,把梦想与现实联系起来,使个体与整体、欲望与现实、幸福与理性的矛盾得到调和,尽管操作原则总是企图使这种和谐成为乌托邦,但幻想却坚持这种和谐必须而且可以成为现实。因此幻想是人的心理原动力中促使快乐原则与现实原则和解、使生命本能得到完整满足的力量,它证明着建立非压抑性文明的要求一直在人的心理中存在,是人的最深层的理想追求。既然如此,人类不灭,这个文明就必将成为现实。弗洛伊德理论强调幻想在人的心理活动中的地位,说明他在一定程度上看到了并且承认这个必然性。

4. 关于爱欲的矛盾观点和非压抑性升华的理论

马尔库塞指出,弗洛伊德一方面认为快乐原则与现实原则、爱欲与文明之间存在着不可避免的生物冲突,另一方面又认为爱欲具有统一力量和满足力量,是“使有机体进入更大的统一体,从而延长生命并使之进入更高的发展阶段”(P.155)的一种努力。爱欲的这个定义由于提倡非压抑性升华(non - repressive sublimation)的观点而获得了更丰富的含义,使得弗洛伊德把生物内驱力看作文化内驱力,承认力必多关系本身就是工作关系。显然,如果坚持这个观点,就要取消他关于“生存斗争本身是反力必多的”之基本假定,他的“缺乏是文明对本能压制的充足原因,不可能有一种非压抑性力必多文化”的结论也不能成立了。因为在“力必多关系就是工作关系”的主张中,缺乏本身已经成了力必多发展的主要领地，缺乏与本能自由发展之间的矛盾已经不复存在了，而且构成文明基础的工作关系以及文明本身都将得到没有失去性欲的本能能量的支持。最后，弗洛伊德的整个升华概念也遇到了危机。所有这些都充分表明非压抑性的文明是完全可能的。

可能产生非压抑性文明的实践证明，也就是指出人类文明发展的实际历史已经表明，迄今文明的发展确实意味着压抑的增强，但正是文明的进步使它越来越失去其合理性，为其本身的灭亡，亦即被改造、升华为非压抑性文明创造了条件：现存的自由与满足由于同统治者的要求密切相联，以致本身成了压抑的工具；用来为文明的机构化压抑作辩护的借口——缺乏，随着这个文明自身的发展已经越来越不管用了，因为当今世界许多地区已谈不上缺乏，在依然贫困的地区，其贫困的原因也主要不是人力与自然资源的不足，而是分配和利用这些资源的方法不当；劳动的合理化和机械化势必减少消耗在异化劳动中的本能能量，将更多的能量解放出来去实现个体技能的自由消遣；技术的发展使人可以用节省下来的时间去发展那些不属于必然王国和必要消费的需要。凡此种种一起昭示人们：压抑性文明必将成为人类的史前史，非压抑性文明才是人类历史的真正开始。

不过，马尔库塞同时指出，把个体从压制下解放出来的可能性越大，想维持这种压制并使之合理化、以免现存秩序被瓦解的要求也就越强烈，所以文明不得不抵御自由世界的幽灵，迫使人们进入一种内部和外部的持久的戒备状态。特别是统治的合理性发展到了有可能动摇其根基的地步时，它会比以往任何时候更加强调其合理性，于是社会又会出现一系列抵抗这种威胁的新现象，运用“超我的自动化”来加强对人们意识的控制就是一个突出的表现。因为在以前，超我的功能只是对潜意识本能进行控制。对于当今发达社会提倡“无思想的闲暇活动”，推行反理智的意识形态，放松对性欲的禁忌，使性自由与有益的顺从相一致等等，就应从这个视角去观察。这些做法虽然使得快乐原则与现实原则的界限变得模糊不清了,但性道德的松弛对于加固垄断控制却是非常有利的。

马尔库塞对非压抑性文明抱有很大的信心,这是值得称道的,把它看作现代文明发展的结果,更是十分正确。当然,问题的关键在于如何理解“压抑”。如果相信人身上的动物性与社会性、感性与理性的矛盾永远存在,又把社会性对动物性和理性对感性的适当调控也视为对人性的压抑,那么非压抑性文明就简直是逻辑上自相矛盾的概念,其必要性与可能性就更值得怀疑了。

三、实现非压抑性文明的途径是消灭异化劳动

从对压抑性文明存在的根据和非压抑性文明产生的可能性的分析中可以得知,压抑性文明就是异化劳动(alien labor)条件下的人类文明,非压抑性文明的可能性和必然性就在于异化劳动并非人类劳动的本质,仅和人类发展的一定阶段相联系。因此,马尔库塞认定,人的解放、爱欲的解放和劳动的解放,这三者是一回事,换言之,人的解放的实际途径是消灭异化劳动。这个“消灭”虽然主要着眼于客观过程的结果,而非人们发动的斗争,但同人的自觉意识决不是没有关系。所以马尔库塞指出,从人类自觉争取解放的角度说,为实现非压抑性文明,人们必定要再犯一次“原罪”,即“必须再一次从知识之树汲取营养”(P.145),用我们的话说,就是首先要走出思想误区,提高认识。《爱欲与文明》中主要谈论了以下两点。

1. 要对人们的生活水平有新的认识

否定了操作原则和异化劳动,人们的劳动时间无疑会缩短,劳动效率也可能降低,这不会减少社会物质财富、降低人的生活水平

吗？针对这个担心和质疑，马尔库塞指出，完全用物质生活来衡量人的发展和解放程度，这是压抑性文明条件下产生的并用以证明永久压抑的合理性的观点，所以将随其产生根据的被否定而被否定。在非压抑性文明中，人会在新原则的支配下，主要不以物质生活水平而以其他的标准来衡量自己的生活质量和价值。因此上述担心没有必要，上述质疑不能成立。马尔库塞的这个思想是深刻的。他还认为，人类劳动生产率的提高是通过分工实现的，而压抑性文明时期的分工是让个体屈从于设施而不是着眼于个人发展的利益，以致社会需要与个人需要日益偏离，追求生产率同贯彻快乐原则互相冲突，终于使得生产率这个词带有了压抑和对压抑的庸俗赞美的含义。因此，让生产率发生方向性的转变，使之同个体的自由发展相一致，乃是人类进步的要求。所以，像不能完全用物质生活水平衡量人的解放程度一样，也不能单纯以生产率的高低去看人类劳动的发展水平。

2. 不可把爱欲的解放看作是性欲的放纵

在非压抑性文明中废除了操作原则和额外压抑，肉体不再是劳动的工具而是享乐的工具，岂不会导致一个“性狂热者社会”，甚至社会乱成一团，不成其为社会了？对于这种担心和质疑，马尔库塞强调地指出，它完全是一种误解。因为本能的解放不仅是力必多的释放，还是对它的改造，即把它从限于生殖器至高无上的性欲，改造成整个人格的爱欲，因此它是力必多的扩展而不是爆炸。力必多向私人关系和社会关系的这种扩展，将沟通由压抑性现实原则在这两者之间造成的鸿沟，使改造过的力必多在改造过的社会机构中得到自由的发展，性欲趋向于自我升华，工作关系成为力必多关系，从而创造出高度文明的人类关系。非异化劳动本身就能给人带来快乐，可见劳动的解放就是爱欲的解放，因此，把非压抑性文明条件下爱欲的解放当作人们不顾一切地放纵性欲，完全是一种误解，它同当代西方社会中的性解放和扩大了的性自由所造成的性放纵现象在性质上是完全相反的,后者实际上是对爱欲的压抑,因为它使性关系依附于社会关系,性活动越来越被利用为使人更加顺从社会的手段,而不纯粹是使人快乐的活动了。

实现非压抑性文明的具体途径是什么呢?对这个问题,《爱欲与文明》表达了以下几个基本观点。

(1) 使人的身体成为享乐的工具而不再是劳动的工具。发达工业社会的成就已经使人能够打破生产与破坏、自由与压抑的联合,学会接受自己的本能,用社会财富来塑造自己的环境,只是统治者不仅运用经济手段还利用心理手段来进行控制,使得被压抑者因为享有表面的自由而不自觉被压抑,即以"无知、无能和内投于心的他律"("导言"P.2)为代价换取了自由。所以要从压抑性的富裕中解放出来,不能再用老一套做法去发展时下流行的各种需要和机能,而要创生一些新的需要和机能。让爱欲进入劳动领域,使身体成为享乐的而非劳动的工具,使人的各种器官和机能得到自由的消遣,就是进入非压抑性文明的首要任务和基本标志。

(2) 进行革命和反叛。现代社会已具备产生新的现实原则的物质前提,但要使解放由可能成为现实还要进行革命和反叛,不过这种革命和反叛跟传统意义的革命和反叛不同,是"生活方式"引起的,属身心问题,针对的是对人的身心发展有害的政治机器、社会机器和文化教育机器;它不是旨在造成生产力的更大发展,而是要消除"能推动生产力发展"(P.6)这个压抑的合理性根据。因此,这个革命就是放弃和拒绝——放弃富裕的生产,放弃奢侈品和有害物的再生产,拒绝使用富裕社会的死气沉沉的语言、整洁的服装、精巧的物品,拒绝接受为富裕社会服务的教育等等,这同时也就是"保卫生命"—— 消除了上述一切,才能解放人的生命本能,以致使攻击性也服从生命本能。

(3) 把知识分子和反抗的青年当作革命的主要力量。马尔库塞说,在发达社会,由于工人在物质生产过程中的作用削弱了,工会也成了现状的保护者，理智的技巧和能力就具有了社会政治的意义，所以将压抑性文明推向非压抑性文明的这场革命，其主力军是知识分子和进行反抗的青年，他们进行的“理智的拒绝”和“本能的拒绝”胜过大规模的罢工，因为正是他们最强烈地感到压抑的存在，最迫切地要求消除压抑、解放爱欲。不论是本能的解放还是理智的解放，都是一个政治问题。在今天，为生命而战，为爱欲而战，也就是为政治而战。

很明显，马尔库塞是用他所谓的“爱欲解放论”代替了“人类解放论”，这就是他对精神分析理论的哲学社会学探讨和他综合马克思与弗洛伊德所得出的结论。

（张国珍）

斯 马 特

一种功利主义伦理学体系概述*（1961）

斯马特（J. J. C. Smart, 1920—　　），澳大利亚著名道德哲学家。1920年出生于英国剑桥，先后在英国莱斯学院、剑桥大学、格拉斯哥大学、英国女王学院及牛津大学求学。1948—1950年任科普斯·克里斯蒂学院和牛津大学的助理研究员。1950年起移居澳大利亚，先后执教于该国阿德莱德大学和国立大学。斯马特一生游历广泛，曾在美国普林斯顿、哈佛和耶鲁等大学进行访问研究或讲学。其主要著作有《功利主义伦理学体系概述》（1961）、《哲学与科学实证论》（1963）、《时间问题》（1964，主编）、《伦理学、劝说和真理》（1984）、《形上学和道德论文集》（1987）等。《一种功利主义伦

---

* 原书名为 AN OUTLINE OF A SYSTEM OF UTILITARIAN ETHICS。本文根据中译本《一种功利主义伦理学体系概述》（牟斌译，北京，中国社会科学出版社，1992年）撰写。

理学体系概述》是其伦理学代表作。该书早先于1961年由澳大利亚墨尔本大学出版社出版,后与他人的一篇反驳功利主义的论文合编为《功利主义:赞成与反对》(Utilitarianism : For and Against)(1973)由美国哥伦比亚大学出版社再行出版。

一、行动功利主义与准则功利主义

斯马特首先声明他所要阐述的伦理学体系是一个与传统神学没有什么联系的功利主义伦理学体系,这一体系被布兰特称为“行动功利主义”(act - utilitarianism)。斯马特把这种所谓的行动功利主义界定为:“粗略地说,行动功利主义是这样的观点,它仅根据行动所产生的好或坏的整体效果,根据该行动对全人类(或一切有知觉的存在者)的福利产生的效果,来判断其正确或错误”。①

在具体阐述他的行动功利主义时,斯马特首先把行动功利主义跟另一种类型的功利主义——准则功利主义(rule - utilitarianism)作了一番比较,指出二者是对立的。这种对立主要表现在判断行动正确或错误的标准上:行动功利主义依据行动自身所产生的好或坏的效果来判断行动的正确或错误;而准则功利主义则根据在相同的境遇里,每个人的行动所应遵守准则的好或坏的效果,来判断行动的正确或错误。斯马特指出,他要捍卫的是行动功利主义而非准则功利主义,因为准则功利主义存在着一些难以解决的矛盾。

其一,由于不同的学说对准则的理解不同,在准则功利主义旗帜下就会派生出两种亚类:一是把准则理解为“现实准则”(actual rule)的准则功利主义,如图尔闵的功利主义;另一种则是把准则理解为“可能准则”(possible rule)的准则功利主义,如康德的功利主义。这其间显然存在着矛盾。

① 斯马特:《一种功利主义伦理学体系概述》,中译本第4页。下引此书,仅注页码。

其二,准则功利主义其实可以归结为一种“准则崇拜”(rule worship)。准则功利主义把道德准则等同于幸福原则不能解释日常生活中的许多道德现象。因为,按照它的推理,只能得出两种结论:一切人都按某一准则行动或无一人按某一准则行动。但对于下列情况,准则功利主义却无法给出合理的理解:在某些情况下,遵守普遍有益的准则并不最有益,而此时不遵守该准则却能带来更大的善功或幸福。这一准则功利主义无法承诺的情况却可以在行动功利主义那里找到答案——行动功利主义本身就是关注行动将产生怎样的效果而不是行动要遵守哪种准则。而且,准则功利主义的命令“在某些场合下不断地导致苦难”(P.60),而根据行动功利主义原则却能防止这些苦难。斯马特举了一个例子即“荒岛上的承诺”来说明这一点。假如一个人在一个荒岛上对即将死去的另一个人承诺把他贮藏的黄金交给南澳大利亚职业赛车俱乐部,可当他独自被解救出来以后却发现阿德莱德皇家医院比赛车俱乐部更需要这笔黄金,那么,根据准则功利主义伦理学命令,他显然不能解除医院里那些急需救治的病人的痛苦,而行动功利主义者却能做到这一点。

其三,合理的准则功利主义最终要消融于行动功利主义之中。不论是在理论上还是在实践中,合理的准则功利主义所遵循的准则其实可以归结为一个唯一的功利准则,那就是实现“最大可能的利益”。而任何能形成公理的准则必须能解释无穷的、未知的或然事件。“任何准则,如果缺乏行动功利主义的基本原理,那么,除非它本身就是那个原则,它就不能被认为等价于功利主义的原则。……这样,康德式的准则功利主义就会以一种更强的方式消融于行动功利主义中。也就是说,具有一个准则的准则功利主义和行动功利主义是完全一样的。”(P.11)斯马特在此是指作为一种目的论功利主义的准则功利主义与行动功利主义其实是一致的。

然而,斯马特也注意到,在日常生活中,人们常常是习惯性地按照那些已经习惯了的准则而行动。如何解释这一现象呢？准则在日常的道德行动中又起着什么样的作用呢？斯马特的解释是：第一，人们在按习惯行动时，往往是在没有时间考虑行动的可能的效果时采取的行动。此时，人们仅仅把这些习惯的准则看作是常识性的原则；况且，由于行动前没有时间考虑可能的效果，这种行动本身也就不能算是道德思考的产物。第二，“行动功利主义的目的是在那些确实需要选择做什么的境遇里，提供某种决定做什么的方式”(P.43)。即是说，行动功利主义的标准是在运用于思考和选择的境遇里。而根据行动功利主义的标准，一切境遇中的正确行动是那些比任何其他可选行动都能产生更好效果的行动。斯马特于是得出结论说，在日常生活中，行动功利主义者按照习惯和依据固定准则作出的任何行动都不与行动功利主义本身相矛盾，这种现象并不能证明准则功利主义的合理性。

二、行动功利主义与普遍化仁爱

斯马特在建构自己的行动功利主义伦理学体系时，接受了一种非认识主义的主张，认为“一个人的基本的伦理原则取决于他的态度或感情”(P.4)。他稍加修缮，把行动功利主义者所诉诸的这种态度或感情名之为“普遍化仁爱”(generalized benevolence)。关于普遍化仁爱，斯马特阐述了以下几个观点：

第一，普遍化仁爱是一种追求全人类或一切有知觉的存在者的幸福之倾向，但普遍化仁爱又不等于利他主义。因为普遍化仁爱要求人们在追求全人类的幸福过程中，既不要把自己看得比别人重要，也不要把自己看得比别人渺小。换言之，普遍化仁爱既包含了一种对他人幸福的广泛欲望，也包括了对自己幸福的欲望。而在这种欲望中，他不给自己的幸福以任何形式的优惠。这种感情，斯马特认为是任何群体都具有的。而利他主义，在他看来是忽视了对行动者本人的幸福的欲望,因而不能构成道德的基础,相反它还可能导致不同的人在相同的境况下作出不同甚至相互冲突的行动。但斯马特此说却难以解释现实生活中人们常常是更多地称赞和奖赏利他主义而不是普遍化仁爱的情形。关于这一点,他的看法是,这主要是因为现实生活中的大多数人已陷入了利己主义的迷途,往往自爱有余而利他不足,利他主义则由此因祸得福。

第二,普遍化仁爱的原则要求行动功利主义者在行动中要比较各种行动产生的"总体境遇"(total situation),并根据比较结果来确定自己所应该选择的行动。总体境遇的比较要求人们在行动时充分考虑到行为及其结果的现在的和将来的可能性。斯马特说:"我们对理性行动所要求的是,行动的某些效果比其他效果具有更大的可能的好效果(likely success)。"(P.45)这种可能的好效果应该被理解为"最大限度地增进可能的利益",而不能被理解为"可能最大限度地增进利益"。因而,在斯马特看来,正确的行动就是可以最大限度地增进可能利益的行动。正因为这样,"行动功利主义者不得不使用双重评价。首先他必须评价效果,然后,根据对效果的评价再去评价产生效果的行动"(P.14)。但在实际中,人们往往不太关注第二种评价。在讲到行动功利主义者的双重评价时,斯马特指出,对行动后果的赞许和批评与对行动本身的赞许和批评是有区别的。后者其实是对行动动机的评价,他建议用"好"和"坏"这一对词来进行这种评价:"一个好的行动者就是一个比一般人更接近于以普遍最佳的方式行动的人,一个坏的行动者就是一个不如一般人那样以最佳方式行动的人。一个好的动机是一个通常能导致仁爱行动的动机,一个坏的动机是一个通常不会导致仁爱行动的动机。"(P.46)而对行动后果的评价,斯马特是以"理性的"和"非理性的"这一对词来进行的。"理性的"在他看来就是追求可能的好效果的仁爱感情,反之则为非理性的。斯马特还认为,评价行动及其效果的功利性与评价活动本身的功利性也是有区别的:评价活动本身具有一种功利性,它具有榜样的社会作用,被评价的人可能会受到这一活动的影响。因此,评价活动的功利性可以看作是在他人身上引起的后果,它不同于评价行动及其效果的功利性。

第三,由于行动功利主义者在选择行动方式时需要考虑各种行动的总体境遇,即各种行动方式带来的可能的好效果,因而需要一种计算这种可能性的概率方法。斯马特称他的计算方法为游戏规则中的“混合策略”(mixed strategy)。他是这样计算的:先设定几个数值,如某共同体的成员人数为 m,以 $f_{(m)}$ 这一函数为共同体成员选择某一行动而造成的对共同体的损害,以 a 代表选择该行动带来的个人利益,再设选择该行动的可能性为 P,于是就可以计算出选择该行动给共同体带来的整体的可能利益 V: $V = P_1(a_1 - f_{(1)}) + P_2(\alpha_2 - f_{(2)}) + P_3(a_3 - f_{(3)}) \cdots\cdots + P_m(a_m - f_{(m)})$。当 P 值等于 0 时,行动功利主义者就会如前文中所说的那样按准则行事,而无须大伤脑筋做此计算。

三、行动功利主义与其各种反对派

斯马特在其论文中用了一半的篇章来陈述他对行动功利主义的反对派的意见。其中行动功利主义与准则功利主义的对立已在前文做了介绍,这里再简要介绍一下行动功利主义与其他几个伦理学派的对立。

第一,行动功利主义与极端功利主义。斯马特将其前辈们的功利主义称为极端功利主义。具体地讲,极端功利主义包括边沁快乐论的功利主义、摩尔理想的功利主义、穆勒准理想的功利主义。他认为这些极端的功利主义由于纯粹以行动的实际效果为行动的评价标准,因而很容易导致实践中的分歧。斯马特把自己的功利主义称作是一种规范的温和的功利主义,这主要体现在他的普遍化仁爱的原则上。他认为这一原则的应用能够弥补以往的各种功利主义在实践中的分歧。

第二,行动功利主义与否定性功利主义。波普提出:“与其说我们应当更多地关注最大限度地增进幸福,倒不如说我们应当更多地关注最大限度地减少苦痛。”(P.28)斯马特则认为,这一观点虽在理论上似乎成立,但显然是一种误导,因为根据这一原则,人们很容易得出应当赞同一个暴政的世界而不是赞同一个仁爱的世界之结论,因为暴君似乎可以防止无数未来的苦难。因此,斯马特认为,否定性功利主义是不能成立的。

第三,行动功利主义与正义原则。由于罗尔斯的正义论在本世纪60年代中期以后在西方产生了轰动性的影响,因而有关正义问题的解释就成了当代功利主义者们必须解答的一个重要的课题。从总体上说,斯马特对罗尔斯的正义论是持否定态度的。在他看来,行动功利主义者应当关注的是最大限度地增进人类的总体幸福或总体善而不是幸福的平均分配问题。虽然,在大多数情况下,最有效地增进总体幸福的手段也会增进幸福的平均分配,反之亦然。但在斯马特的行动功利主义伦理学体系中,正义却始终只是一个从属的概念,不具备作为基本道德概念的地位。他自称只对作为功利目的的手段之正义感兴趣。

本世纪六七十年代的西方伦理学界曾一度掀起一股热潮,即反对元伦理学特别是情感主义元伦理学的玄虚化倾向而重构规范伦理学的热潮。斯马特的《一种功利主义伦理学体系概述》无疑是西方伦理学走出元伦理学的象牙塔,向规范伦理学复归的先声。与其先辈们的古典功利主义相比,斯马特的功利主义体系中的新意主要体现在两个方面:一是提出了“普遍化仁爱”的原则,对此前的功利主义进行有限的修缮;二是通过具体地比较行动与准则的差异,突出了行动及其效果在功利主义伦理学中的地位,对准则功利主义的教条化倾向做了认真的评析,从而捍卫了传统功利主义伦理学的那种道德经验主义和实利主义的原则立场。但是,行动功利主义并没有摆脱古典功利主义狭隘目的论的影响,而是与古典功利主义一样都是以纯粹的物质功效作为评价事物或行为的道德价值的标准。可以说,它基本上是古典功利主义的现代版。

(郑根成)

弗 莱 彻

境遇伦理学* (1966)

约瑟夫·弗莱彻（Joseph Fletcher, 1905—　　），美国当代著名基督教神学家、伦理学家。出生于纽约近郊，9 岁时因父母分居随母转到西弗吉尼亚，两年后其父病逝。童年的遭遇培养了他“很强的独立精神”。1921 年他就读于西弗吉尼亚大学，获文科学士学位。1924 年就读于伯克利神学院，先后获神学学士、神学硕士学位。20 世纪 20 年代末赴伦敦大学深造，并于 1932 年、1939 年两次被授予神学博士学位。30 年代回国后，弗莱彻曾长期担任哈佛大学主教神学院社会伦理学教授。60 年代初他当选过“美国基督教伦理学学会”第二任会长。1970 年他从哈佛大学退休，又被弗吉尼亚大学医学院聘为医学伦理学教授，直到 1983 年辞职。

弗莱彻早年阅读过马克思的《共产党宣言》，深受社会主义思

---

* 原书名为 SITUATION ETHICS：THE NEW MORALITY。本文根据中译本《境遇伦理学》（程立显译，北京，中国社会科学出版社，1989 年）撰写。

想的影响。与许多激进分子一样,他痛恶资本主义社会,长期致力于社会活动,自认为信奉马克思"理论联系实际"的原则,始终"紧握社会主义的枪",敢于直言和批判权势者,具有开明的政治倾向。在其学术生涯中,他致力于社会伦理学和生命伦理学研究,主要学术著述有《基督教及其特性》(1947)、《道德与医学》(1954)、《境遇伦理学——新道德论》(1966)、《遗传控制伦理学》(1974)、《人性:生物医学伦理学论集》(1979)。《境遇伦理学》是其最富代表性的著作。该书系统地论述了基督教境遇伦理学,在现代基督教神学界产生了重大影响,引起了世界性的轰动,至今已被翻成十余种文字,行销世界各国。全书包括九章和一个附录。

一、三种方法

弗莱彻认为,人们在道德决断时,实际上只有三种路线或方法,即律法主义(legalism)方法、反律法主义(anti - legalism)方法和境遇(situation)方法。

律法主义方法是指以先定的一套准则和规章作为指导人们道德决定的方法。在他看来,西方三大宗教传统——犹太教、天主教和新教都是律法主义的,他们根据典籍编织出复杂的律法体系。这种律法主义方法缺乏灵活性,会导致惩罚性地、虐待狂般地运用规则去伤害人,而不是帮助人。基督教传统中的律法主义有两种形式:一种是天主教的理性律法主义,另一种是新教道德的神启律法主义。前者以自然或自然法为基础,后者则依《圣经》为基础。

反律法主义方法是指人们在独特的境遇中,可以不凭借任何原则或准则,而依据当时当地的境遇本身,提出解决道德问题的方法。弗莱彻认为"反律法主义"这一概念在《哥林多前书》第 6 章第 12 ~ 20 节中,使徒保罗已经使用。这一方法在早期基督教中表现为两种形式:一种是自由放荡。由于对神的皈依,灵魂将得到拯救,幸福命运就有了保障,因而做什么都无关紧要,律法就成了多余。另一种是诺斯替教关于特殊知识的主张。这一主张认为人有一种超良心,可以指导人知道什么是正当,因而原则或规则就不再必要。在当代世界,存在主义伦理学是反律法主义的代表。弗莱彻认为存在主义者对一切道德规范和准则,以及被律法主义者绝对化的普通原则的一切律法或戒律的拒绝都是正确的,但缺乏以爱为规范,缺乏对上帝的虔诚信仰。

境遇方法介于律法主义与反律法主义之间,这一方法尊重社会的和传统的道德准则,视之为解决难题的探照灯,但在某一境遇下,如能较好地实现爱,可以随时放弃任何道德准则。这一方式承认理性是道德决断的工具,承认并坚持上帝之爱(the love of God)是基督教伦理的最高准则。它主张任何准则都不能脱离具体的、历史的境遇,总是要联系实际境遇,注重具体的事实,关注基督教规则的实际运用。这种方法也可称为境遇论、语境主义、偶因论、环境论或现实论。其核心是“境遇决定实情”。弗莱彻认为境遇因素十分重要,可以改变规则和原则,只要行为符合爱(爱上帝、爱世人),那么一切律法、准则就都是有条件的,人们可以根据境遇的不同,随时准备遵照道德律法而行动或不顾道德律法而行动。

在考察完三种道德决断方法之后,弗莱彻强调境遇伦理学是乐于充分利用并尊重原则的,它把原则视为箴言而不是律法或戒律。其战略形式是从(1)唯一的律法——上帝之爱出发,到(2)包含许多多少具有可靠性的“一般规则”的宗教的和文化的教训,再到(3)决断的时刻,依此完成其道德决断。律法主义制造了教训的偶像,反律法主义者则矢口否认之,而境遇论者则利用之。境遇论者认为任何原则都不能缺少爱,同时对任何原则只能作暂时性考虑。因而境遇论只是一种方法,而不是一种实体道德。弗莱彻自认为这种非体系的道德决断方法是最为适当的。

二、若干理论前提

为了阐明境遇伦理学的基本命题，弗莱彻认为必须搞清四个理论前提，即四条实用原则。

第一，实用主义(pragmatism)。弗莱彻认为一切伦理学的首要问题是：我想要什么？只有解决这个问题，才能弄清何因、何如、何人、何时、何地和何事！伦理学的基本争论关涉“价值”问题，即我们对至善的选择。他认为传统的形上学无法跨越怀疑与信仰的鸿沟，因而是无效的，只有实用主义将真理视为思想方法的便利、将正当视为行为方法的便利，拒绝先验理性和抽象观念，使善、美和知识三者完全结合在一个大保护伞——价值之下，把伦理问题提到了首要位置。弗莱彻认为实用主义表达了美国文化和科技时代的思潮、精神气质和生活方式。他坦率地承认自己受实用主义的启示，并强调境遇论者不论是否基督徒，都遵循着实用主义的战略。

第二，相对主义(relativism)。弗莱彻认为科学时代和当代人类的最反常的文化特点就是相对主义。相对主义已被用来观察和理解一切事物。他认为相对只能是相对于某物。类似于反律法主义的“绝对的相对”是无意义的、超道德的。境遇论坚持规范相对主义(normative relativism)，“倘若要有什么真正的相对性，就一定要有某种绝对和标准”①。这一绝对标准就是“上帝之爱”。境遇论把绝对的东西作了相对主义的说明，但没有把相对的东西绝对化。基于对当代文化特征的理解，弗莱彻呼吁“面对关于真理和正义的一切自命不凡的主张，要讲相对主义”(P.34)。与实用主义的战略相应，境遇论在战术上则是相对主义的。

第三，实证论(positivism)。就神学实证论而言，在关于宗教知

① 弗莱彻：《境遇伦理学》，中译本第33页。下引此书，仅注页码。

识即信仰的方法上,有两种神学认识论。一是理性根据人类经验和自然现象而提出或推断出信仰判断的神学自然主义,二是信仰判断是唯意志论而不是唯理论地“论断”或“证实”的神学实证论。不论何种实证,对于道德判断都是一种决定,而不是结论。这种选择,不是借助逻辑力量能达到的。不论是审美判断还是道德判断,同信仰判断一样,都建立在选择和决定的基础之上。只有进行“信仰的飞跃”,从经验、事实和行动出发,才符合上帝之爱的要求。

第四,人格至上论(personalism)。弗莱彻认为,伦理学处理人的关系,境遇论关注的中心是人而不是物,其基本准则不是让人爱原则、爱律法、爱物体和其他任何东西,而是让人去爱人。律法主义者问的是什么(律法说什么),而境遇论者问的是谁(谁要得到帮助),后者将人置于中心,是个人人格至上论者。这种个人人格至上论首先将价值指向人,认为价值只有对人才有意义。任何事物,不论是物质的还是非物质的,都没有内在价值,只是因为对某人有好处,它才是“善”的。价值相对于人,而人则相对于社会,相对于世人。我是相对于你的我;你是相对于我的你。个人只有在这种关系中才能成为“负责的自我”这样的自由人,才能保持关系,从而进入义务领域。

总之,实用主义、相对主义、实证论和人格至上论是弗莱彻境遇论的基本理论前提。这些实用原理糅合在一起,构成不同于其他伦理学的境遇伦理学的特色。这种伦理学是决定的道德,根据实际而行动的道德,它注重实际(行动),而不是教义(某种原则)。它所关心的是按照一定的信仰去行动,更重视动词性思考。它不是问“什么是善”,而是问“如何行善、为谁行善”;不是问“什么是爱”,而是问“在特定境遇下如何可能表示最大爱心的事”(P.40)。在弗莱彻看来,基于这一原则的境遇论更合乎《圣经》的要求。

在论述完境遇论的理论前提后,弗莱彻探讨了“良心”问题。他认为,关于良心,迄今有四种理论:视良心为先天内在功能的直觉论;视良心为圣灵指导下的外在灵感论;将良心视为文化和社会的内在化价值体系的“内化投射”论;以及托马斯主义信奉的良心是作出道德判断或价值选择的理性。对境遇论而言,没有任何关于良心的本体论或存在理论。良心就是道德觉悟,是一种道德作用。传统的错误在于把良心视为“名词”而不是“动词”。在弗莱彻看来,不存在什么良心,“良心”一词不过是指我们创造性地、建设性地、恰当地做决定的意图。良心是指导人面向未来作出道德决断的指导者,这比传统方法从观念出发把良心当作回顾反省的检查官之观点,更适用于指导人们的道德决断。

三、爱是唯一的永恒善

在本章中,弗莱彻以价值性质为切入口,阐述了其境遇论的第一个基本命题:“只有一样‘东西’是内在善,这就是爱,此外无他。”(P.44)关于这一命题,他分“唯名论的善”、“爱是论断”和“仅为外在的东西”三节论说。

第一,唯名论的善。围绕着价值问题曾产生过不同的伦理学,弗莱彻认为中世纪唯实论与唯名论之争实际上是一场价值之争。唯实论认为上帝之所以赞成某物,是因为它是善。只要符合上帝的要求和目的的事物,上帝便认为有价值。唯名论(nominalism)认为“善”是名义上的,仅仅是因为上帝名之为善。弗莱彻指出,境遇伦理学是唯名论的。它认为任何东西自身都不会自行具有什么价值。事物获得价值的唯一原因,是它恰巧帮助了人(因而为善)或伤害了人(因而为恶),人——上帝、自我、世人——既是价值的主体又是客体,他们确定事物是否有价值。

第二,爱是论断。境遇论把基督教爱世人的命令作为最高规范,它断言:评价、价值、道德品质、善恶、是非——这一切不过是论断,而不是属性或实体。只有爱是不论情境如何都具有的内在的善。爱是唯一的普遍原则,但决不能视为我们占有的某种东西,而是我们实行的东西。爱是一种态度,一种意向和倾向,一种偏好和目的。只有在上帝那里,爱才是独立存在的实体。在人那里,爱是形式原则,是论断。人必须像上帝那样,执行爱的命令,仿效上帝,就是要爱世人。

第三,仅为外在的东西。价值内在论即律法主义者,把正当和善看作终究是本体论的实物,因而造成了道德决断中"是"与"善"相分离,甚至根本对立。它在提出基于伦理学的绝对性和普遍性的律法的同时,又强制律法定出越来越多的违反规则的规则,从而从一开始就完全错了。对境遇论者来讲,没有任何律法、原则或价值本身即为善。生命、真理、贞洁、属性、婚姻或除爱之外的任何东西,其本身都不是善。只有一样东西是内在的善,那就是爱,此外无他。

四、爱是唯一的规范

在本章中,弗莱彻将一切价值浓缩为爱,提出了其境遇论的第二个基本命题:"基督教决定的主导规范是爱,此外无他。"(P.54)关于这一命题,他分"爱取代律法"、"摩西的石版"、"既非自然亦非圣经"、"决无匹敌者的爱"和"反对意见"五节,展开论述。

第一,爱取代律法。弗莱彻认为耶稣和保罗以活的原则即上帝之爱取代了《圣经·旧约全书》开头五篇的诫律。他们把律法从扼杀其生命的字面意义中解救出来,恢复其赖以存在的精神实质。为此,律法和普遍规则就要重新加以提炼,摆脱律法主义规定和犹太教教士的"挑剔",而恢复其中心原则爱。如果律法的精神实质和精华——爱已被提炼、释放、抽取或过滤出来,原有的无用的法定外壳或废料,则可作为糟粕而排除。也就是说,可以用爱取代各种传统的宗教道德律法。

第二,摩西的石版。针对《圣经》中的摩西十诫,弗莱彻逐一作出了境遇论的解答。第一条:“我是基督,你的上帝;除我而外,不可信仰他神。”弗莱彻认为,一方面,这一诫律仅陈述了一个事实,一个“信仰事实”,而不是真正的诫律。因为一个人若不信神,即不崇拜异教崇拜的他神,那他就与此诫无关。所以这一诫律只是陈述,不是命令。另一方面,为了爱,倘若必要,一个人肯定可以假装不信上帝或任何神的结合体。如果这一诫律意味着禁止无神论的或非耶和华的主张,那么为了被赡养者或非法的地下教会的生存,同样可以被违反。第二条:“你不可为了自己而制造任何东西的偶像。”弗莱彻断言,该律法意味着不可有任何形象化艺术(雕塑、绘画、摄影),那么可以合乎理智地、充满爱心地说,这实在是一条坏律法。第三条:“你不可不敬地假借上帝之名。”弗莱彻认为如果这一律法意味着不可正式宣誓,那么在法庭上或当牧师接受圣职时都可以正当地违反这条诫律。如果只是禁止假借神的名义以达到不可告人的目的,就应该服从它,除非违反它可取得某些真善。第四条:“谨守安息日。……这一天不可工作。”在当今的社会中,已很少有人遵守这条诫律,因为“行为越好,日子越妙”。十诫的最后六条:孝敬父母,勿杀人,勿通奸,勿偷窃,勿作伪证和勿贪婪。弗莱彻认为这些都是义务,但在某些境遇中可以违反其中任何一条甚至全部。以“勿杀人”为例,在自卫战争和死刑中,杀人就是合乎道德的。所以他主张抛弃律法主义者的律法的爱,而仅仅接受爱的律法,这样境况会更好。

第三,既非自然,亦非圣经。弗莱彻认为无论是天主教自然法的律法主义或新教《圣经》律法的律法主义,都缺乏根据。人类学、心理学都为道德相对主义提供了证据。不存在任何人在任何时间、任何地点都坚持的普遍律法,不存在一切人的一致意见。境遇论坚持的原则既非自然的,也非圣经的,而是处于具体的境遇中。

第四,决无匹敌者的爱。弗莱彻自信境遇伦理学是基督教伦理学的精髓所系。它将一切规则、原则和德行看作爱的仆从和下属,如果它们忘记自己的地位而有僭越之举,那就立即把它们踢出家门。这种上帝之爱是决无匹敌的。这种爱不是欲望,不同于友爱和性爱,这种基督爱的有力原则是意志、意向,它是态度,而不是情感。它比一切其他的爱更具价值。

第五,反对意见。反对境遇论者提出了几项质疑。其一,境遇论忽视了人的罪孽或自我中心的现实,不懂得人的理性的局限性。因为它需要有比大多数人更强的批判性理解力、更多的事实资料和对正义的更为主动的义务。弗莱彻指出,境遇论在任何道德决断中可能犯错误,但与律法不同,对义务没有任何仔细计算的限制,爱在每个境遇中都寻求善的最大化,将义务增加到最大限度,使之尽可能完善。与法律不同,它加强了人的自由决定的深度、权利和责任。其二,境遇论所假定的认识、评估事实的能力,大多数人不能具备。弗莱彻承认人的认识能力是有限的,但他同时强调,在关系较为直接的境遇中,普通人必须也应该作出自己的决定。如果人们的意见确实不比事实可靠,那么就在行动时了解事实真相,请教专家和同行。其三,境遇论太容易为自私和难以捉摸的动机提供自觉的或不自觉的合理化论证。弗莱彻反驳,这一指责没有根据,因为自欺欺人和寻找借口也会利用律法为其目的服务。

五、爱同公正是一回事

在本章中,弗莱彻论述了其境遇论的第三个命题:“爱同公正是一回事,因为公正就是被分配了的爱,仅此而已。”(P.70)他对这一命题的解说分五节进行,即“爱要谨慎从事”、“错误的分离”、“使两者重新结合”、“开动脑筋的爱”和“余论”。

第一,爱要谨慎从事。弗莱彻说,我们永远处于负有复杂责任的社会中,爱之所及是多方面的、多目标的、多元的、多边的。如何在众多的受益者中分配爱呢?这要求爱必须具有计算、小心、慎重和分配等属性。慎重和仔细地计算赋予爱以其需要的谨慎。有了适度的谨慎,爱的内容就比单纯考虑公正更为丰富了,爱也就成为公正了。

第二,错误的分离。虔诚主义把爱个体化,使多边关系变为一对一的关系,这使爱情感化,缺乏公正性。弗莱彻认为,在把握爱之运作的实践中,必须把“邻人”一词改为复数,把握住六个要素,即“什么”、“为何”、“何时”、“何如”、“何处”和“何人”。

第三,使两者重新结合。针对将爱与公正对立和分离的各种说教,弗莱彻认为,这些说教都必须彻底摒弃。要爱就得公正,要公正就得爱。爱与公正结为一体,爱等于公正,公正等于爱。

第四,开动脑筋的爱。人们常常会陷入良心上的二难、三难和多难困境。公正就是开动脑筋,计算责任、义务、机会和财源。为了应付那些需要进行分配的境遇的爱,弗莱彻认为爱就是同功利主义结为一体,接受“最大多数人的最大利益”这一战略。但他又认为在坚持这一战略中要以“上帝之爱”取代“快乐原则”,把功利主义的“幸福”理解为“按上帝的旨意行事”。

第五,余论。弗莱彻区分了“道德公正”(moral justice)与“法律公正”(legal justice),他认为,公正的词根 jus 有多种涵义:法律、权利、标准或理想。道德公正与法律公正两者有区别,但不是对立的。使法律公正尽可能地贴近道德公正,这是法学和伦理学的任务。为了秩序,我们都有遵守民法的道德义务;为了爱,我们又都有服从境遇要求(哪怕违反法律)的道德义务。法律和法定的自由可以是义务,但爱是基本原则。

六、爱不是喜欢

在本章中,弗莱彻使爱摆脱了情感化,提出了境遇论的第四个命题:“爱追求世人的利益,不管我们喜不喜欢他。”(P.84)本章分四节:“决不要把爱情感化”、“邻人就是任何人”、“为世人而自爱”和“计算不是残忍”。

第一,决不要把爱情感化。弗莱彻认为,基督教的爱与性爱不同,它是态度,而不是感情。它先于一切欲望,完全不同于情感的规范或动机,而是意志的。它对值得爱和不值得爱的人均予以一视同仁的爱,这种爱和喜欢不是一回事。

第二,邻人就是任何人。上帝之爱面向一切人,不但要爱陌生人、熟人,甚至要爱仇人。它完全不是互惠的而是利他主义的道德,它要求“我要奉献,不要任何回报”。这与利己主义道德(性爱)所信奉的“我所考虑的一切就是我自己”的基于欲望的剥削态度不同,也与互助论道德(友爱)所奉行的“只要我有所取,我就要奉献”的对等交换态度不同。它将爱无条件地指向一切人。

第三,为世人而自爱。弗莱彻认为,如果我们为自己而爱自己,那是不正当的爱;如果我们为上帝和世人而爱自己,则是正当的爱。因为爱上帝和爱世人就是恰当地爱自我;爱世人就是恰当地回报上帝之爱;恰当地爱自我就是爱上帝和世人。当自爱与爱世人相冲突时,爱的逻辑是,每当自我服务可为世人带来更大的利益时,自我关心就应当取代为世人利益。如果面对两个邻人间的利益冲突,则宁可优待其需要更为迫切的邻人,宁可为更多的而不是更少的邻人服务。弗莱彻举例说,美国总统在遭炸弹袭击时,为了总统的安全,在掩蔽时就应当“无情”地消灭任何呼喊。

第四,计算不是残忍。上帝之爱,是既小心又充满关心的爱。它是智力问题,而不是情感问题。它需要从具体的境遇出发,进行深思熟虑的计算。弗莱彻认为境遇论的特征就表现为努力把品质定量化。在特定的境遇中,为了更多、更远的幸福,上帝之爱会很接近于“漠不关心”的爱,甚至于残忍。弗莱彻承认这种爱不一定令人愉快,它不是满足,而是中性的,十分接近于相互冷淡,但它最终是为上帝而关心世人。

七、爱证明手段的正当性

在本章中，弗莱彻阐述了手段与目的的关系，提出了境遇论的第五个基本命题：“唯有目的才可证明手段的正当性，此外无他。”(P.99)本章分四节：“证明手段的正当性的是什么”、“作茧自缚的律法”、“四种因素”和“手段的神圣性”。

第一，证明手段的正当性的是什么？弗莱彻认为只有目的才能证明手段的正当性。目的与手段是相对的，不能分离的。没有目的的手段是无用的，没有手段的目的是盲目的，两者相互关联、共存，使得行为进入道德领域。同时，手段是目的的组成部分，正像面粉、牛奶和葡萄干是面包的一部分一样。但是手段必须是适应的、可靠的。当然，在弗莱彻看来，目的只能是上帝之爱，根据这一目的，善恶不是固有的属性，而是人的论断。此时为善者，彼时为恶；此时为不正当者，彼时如能服务于良好目的，则可能为正当——一切取决于境遇。

第二，作茧自缚的律法。律法主义坚持“手段具有内在的善或恶”，它制造了许多清规诫律，但这无异于作茧自缚。在境遇论者看来，任何事物的正当与否，均依具体境遇而定。弗莱彻将这一方法称之为“道德领域的革命”。

第三，四种因素。在作出道德决断时，有四种至关重要的因素。第一种也是最重要的因素是目的；第二种是追求目的所采取的方法；第三种是行为背后的动力或“需要”的动因；第四种是可预见的结果。弗莱彻认为，道德决断时，就是这些因素在爱的天平上得到平衡。他强调目的同手段一样也是相对的，一切目的都依次成为某种更高目的的手段。只有爱永远是目的本身。

第四，手段的神圣性。决心达成目的就是决心采取某种手段，目的与手段不可分，手段因目的也成为神圣的。对他们来讲，行为之善与恶、正当与不正当，不在于行为本身，而在于行为的境遇。爱的方法是根据特殊性作出判断，而不规定什么律法和普遍规则。它不鼓吹漂亮的命题，而是提出具体问题、境遇问题。由此产生的手段都是正当的。

八、爱当时当地作决定

在本章中，弗莱彻根据决定的背景情况，验证每一项决定，提出了境遇论的第六个命题："爱的决定是根据境遇作出的，而不是根据命令作出的。"(P.112)对这一命题，他分五节予以阐释："需要体系"、"灰色区域"、"思想体系的终结"、"狂热的德性"、"权利何时正当"。

第一，需要体系？弗莱彻认为，许多人内心都渴望有预先构想的、预先特制的道德体系，想依赖僵硬不变的规则，喜欢沉溺于或畏缩于律法的安全感之中，从而成为"悲剧性动物"。境遇论者摆脱了律法的影响，只确认：作为一个善良人，他将像自由人一样生活，同时记住一切赞同自由的意义灵活的话。他的道德生活具有冒险性，他可能会犯错误，但他将"勇敢地犯罪"。

第二，灰色区域。对境遇论者而言，他不热烈地关注过去，也不逃避现实地关注未来，只处理此时此地之事。弗莱彻形象地将其喻为光明与黑暗之间的"半明半暗"即灰色区域。律法主义总是抓住律法认可的、固定不变的恒量，结果造成了道德的失误。另外，弗莱彻还指出，技术文明时代的生活和文化日益复杂化，或是十分专门化，或是范围广泛的学科交叉，这更增加了道德决断的难度。只有清除至善论，面向复杂的实际生活才是正确的选择。

第三，思想体系的终结。弗莱彻断言，伦理学中的思想体系已经走进死胡同，其教条主义的理论和实践太有限、太狭隘，使人不能在个别境遇中勇敢地面对个别问题，只是求助于思想的自动售货机,使人失去道德决断的自由。而境遇论则赋予自由决定的责任以极高的价值,敢于反对一切可敬的传统道德,信奉“人们可以想干啥就干啥”。

第四,狂热的德性。源于律法主义的对德性的狂热之爱给人类和社会造成的巨大伤害,为一切恶的总和所不及。信仰并不能解决一切道德决断,只回答了七个经常性问题中的三个。即“什么”(爱)、“为何”(为了上帝)和“何人”(邻人、世人)。只有在境遇中并通过境遇才能回答其余四个问题:“何时?”“何处?”“何事?”“何如?”弗莱彻认为,生态学研究的是生物体同环境之间的关系,在此意义上,也可以说境遇伦理学是一种生态伦理学。

第五,权利何时正当?在境遇论中,任何道德问题的解决都是极为相对的。何为正当在事实中得到揭示。但义务是绝对的。行为是否正当,取决于后果。判断行为之恶时,只能看谁受到了伤害、受到多大伤害。在法律命令同道德命令相抵触时,道德命令总是居于首位,而爱在道德命令中又居支配地位。如果法律认清自己的职责并甘居次要地位,爱甚至能爱法律。法律权利是次要的,法律禁令也是次要的。爱与法律的根本区别在于:爱的决定是根据境遇作出的,而不是根据命令作出的。

九、终篇:为什么

本章分五节:“新决疑法”、“不再有石版律法”、“憎恶律法”、“基督教理性的‘为什么’”和“探究的方法”。其主题是境遇伦理学的特点和方法。

第一,新决疑法。弗莱彻同意穆尔在《伦理学原理》中提出的“决疑法(casuistry)是伦理学研究的目的”。他认为在基督教伦理学史中,守旧的决疑者和犹太教法典尊奉者为了打破旧规则而不断地制定出新规则。他们力图跳出自己的诫律和原则编织而成的罗网,极力做到既遵守律法又为爱而尽责。由此必然酿成的唯一结果是律法主义的无止境的困境。境遇论的新决疑法反对提前作出实际生活决定的企图,坚信“爱的绝对性和行为的相对性”,认为道德决定的全部背景永远是“爱的律法指导下的境遇”即根据具体的境遇选择可产生较大善的行为路线。弗莱彻宣称:“境遇论是我们时代的实用主义和相对主义在基督教伦理学中的结晶。”(P.124)

第二,不再有石版律法。律法主义拒绝把公平用于他们的“自然”的或“神授”的律法,认为上帝是自然律法的创造者,是刻有经过核准的神授教令的石版的创造者,认为上帝的先知已预见了一切境遇。而境遇论者的战术公式则是陈述语气加命令语气等于规范,即:关心世人的命令语气的爱在检查了陈述语气的相对的境遇事实后,决定什么是爱所应当做的,这就是规范。

第三,憎恶律法。弗莱彻承传了存在主义的观点,认为存在不仅需要决定,而是就是决定。人不能逃避自由,因而也不能逃避决定。境遇论者总是将良心的回顾性功能与前瞻性功能结合起来。在良心作出决定时他们真正选择的是要为爱而决定,不是为律法而决定,他们拒绝甚至憎恶一切律法。

第四,基督教理性的“为什么”。目的、手段、动机和结果是道德决定的四个因素。在基督教境遇论者看来,除了动机外,他们的选择并无独特之处。他们的动机是爱、爱人世,不是爱理想的人世,而是爱现实的人世。基督教徒的理性就是关于爱的动机及其对动机来源的理解。基督教徒的爱有别于异教徒的或无神论者的,他的爱是敏感的爱,是感恩的爱。基督的降生,本不是要“使我们为善”,而是要我们对上帝之善充满信仰。它不是规范性的而是动机激发性的。另外,基督教境遇论道德有别于其他道德的原因还在于它不是正义的标准而只是为了正义的理性。弗莱彻很赞同“如果我们尊奉基督(爱)的诫律,基督就在我们身上成形”的论点。

第五,探究的方法。最后,弗莱彻总结了境遇论的方法:“基督教伦理或道德神学不是遵照法典生活的规则体系,而是通过尊奉爱的决疑法把爱同相对性的世界联系起来的不懈努力,其经常性任务是为了基督而制定爱的战略战术。"它摒弃独裁主义原则,求助于归纳法和实验法。这是基督教伦理学史上的新转折——分析的、以事实为中心的、境遇的"凝结物"的发展趋势。

十、附录:另两种谬误及四个实例

本章包括对虔诚主义和道德主义两种谬误的批评及"基督教的伪装与匕首"、"牺牲性的通奸"、"他也许自己寻死"、"第13号特殊轰炸任务"四个实例,展示了爱国与卖淫、通奸与家庭团圆、个人自杀与家人生活所需以及广岛核轰炸的二难决断。这些独特的例证意在证明境遇决定一切的结论。这里着重介绍前二节。

第一,虔诚主义。弗莱彻指责虔诚主义把虔诚个体化、主观化,使宗教成为同经济和政治无关的、个人内心的、心灵的或神秘的东西,使宗教变成了宗教狂热。其实这是对宗教虔诚的歪曲。这种保守的虔诚主义只能方便了文化和社会的世俗化。

第二,道德主义。弗莱彻批评道德主义把道德烦琐化,只注重道德生活的细枝末节的惩罚,而不认真关心爱和公正的大问题。虽然其道德易行但却微不足道,不能用来处理道德决断。他说"世界上任何抽象的、'原则性'的说教,都说明不了我们的真实情况","只有具体事实才值得考虑"(P.137),要作出有意义的论断只有带有连字符的原则——"爱与某某"(即爱与各种具体境遇)。

(任建东)

斯 金 纳

超越自由与尊严* (1971)

斯金纳(Burrhus Frederick Skinner,1904—1990),美国哈佛大学教授、当代行为心理学派最有影响的代表、新行为主义的首领。生于宾夕法尼亚州,曾就读于纽约的汉密尔顿学院和哈佛大学等校。1936—1942 年任教于明尼苏达大学、印第安纳大学,1947 年以后担任哈佛大学心理学教授。斯金纳的兴趣和研究范围很广,著作甚多,主要有《有机体的行为》(1938)、《沃尔登第二》(1948)、《科学与人类行为》(1953)、《言语行为》(1957)、《五十年的行为主义》(1963)、《超越自由与尊严》(1971)、《行为主义辨歧》(1974)等,几乎都被视为心理学的经典。

《超越自由与尊严》是斯金纳用自己的学说对传统人文研究的基本方法和基本观点进行批判的一部力作,涉及到究竟该怎样认

---

* 原书名为 BEYOND FREEDOM AND DIGNITY。本文根据中译本《超越自由与尊严》(王映桥、栗爱平译,贵阳,贵州人民出版社,1988 年)撰写。

识人类道德现象和道德行为的诸多根本问题，所以也是一部重要的伦理学名著。

一、人的行为决定于人同环境的相倚联系，所以人没有绝对的自由和尊严

斯金纳说，现代科学技术的卓越成就和生产力的飞速发展，是以人类自身环境的破坏为代价的，这说明“我们需要大刀阔斧地改变人类行为”。为此就需要一门“行为技术学”。但直到今天，人对自身的了解仍停留在古希腊学者们的水平上。古人的物理学和生物学尽管幼稚，但毕竟导致了现代科学，而从他们关于人类行为的理论却引不出现代成果。这并不表明古人对人的认识拥有某种永恒真谛，恰好说明它本来就不具备能结出更好果实的种子，说明它以及与它一脉相承的传统人文研究，在根本方法上是错误的、非科学的，“科学方法几乎从来未被应用到对人类行为的研究中”①。斯金纳这里说的科学方法，是指不把人的外显行为归因于一个看不到的、其自身不能得到解释的人格——“内在人”(inner man)，而是通过考察人同环境的关系去解释人究竟如何行为和为什么如此行为，就像物理学是从下落物体与地球的关系去说明它下落的原因和规律，而不是设想下落使它喜悦一样。传统的人文研究正是把人的行为看作人的心理活动的结果，即认为表现出实际行为的只是“外在人”(outer man)，他受着潜在于意识中的无形的内在人的操纵，后者才是人的本质。因此，它是非科学的。

人对原因的最初经验来源于自身的行为，就是说，人最初是把自己或他人的行为设定为事物变化的原因，对于看不见其原因的

① 斯金纳：《超越自由与尊严》，中译本第5页。下引此书，只标页码。

变化，就想象它是由一个看不见的人推动的。这就是神的观念的由来。对于自然现象的变化，人们后来不再把原因归于神，但对人的行为，却仍然认为是由进入人体内的神支配的。再往后，神的观念逐渐演化为所谓人格、个性等等，于是，用内在人解释外在人即人的外显行为，成了人文研究的根本方法。由于内在人自身不能得到解释，传统研究方法对行为的解释也就终止于内在人，以致内在人不是被看作人的过去历史与现实行为的中介，而是被认定为行为的发源地和产生者，因而同时也是自主人(autonomous man)了。

传统方法为什么长期未被科学方法所代替呢？这是因为外在人和被设想的内在人可能十分相似，使得后者对前者的行为具有解释功能。但还有两个重要原因。一是内在人似乎也可以受到直接的观察，即人能够感觉到与自己一些行为有联系的特定心理状态，而外界环境对行为的影响却远不是明确的。二是内在人亦即自主人的假定，与人是自由的，因此人有尊严，要对自己行为负责任，与应受到奖励或惩罚这些传统观念相一致，甚至正是这些传统观念的基础。如果放弃这个假定，承认人的行为是环境、外在原因引起的，就会在人的行为领域也走向决定论，人的自由、尊严、责任等都无从谈起了。就因为如此，在政治、法律等领域中，“几乎每一种理论都不加批判便接受了个体自主性的观念”(P.18)。

巴甫洛夫的学说已经证明，一切行为都是对环境的激化作用亦即刺激的反应。但人的多数行为不是对一个特定刺激的应答性反映(应答行为)，而是对环境的选择，就是说，是由环境中许多复杂刺激引发的，很难准确指出是哪一种刺激的结果。斯金纳将这类行为称为操作行为。另外，人的行为不仅由环境的刺激所引起，更受行为自身所带来的结果(这当然可归于环境的一部分)的影响——行为科学称这个关系为强化作用，因为结果是使行为者倾向于重复先前的行为。如果结果是促使行为者停止或避免先前的行为方式，则为强化的反面，通常叫惩罚。刺激——反应和强化作用表明，有机体的行为与环境状况之间有着依存关系。斯金纳把这种依存关系称为相倚联系（inter - dependant association），认为相倚联系才是人类行为的实在机制。人的行为取向乃决定于环境，因此我们完全可以也只能从行为与其结果的相倚联系去解释人的行为，也完全可以并且只能通过改变环境和运用强化手段来改造和控制人的行为，而不必求助于自在人或自主人。

《超越自由与尊严》于是引出四个结论：

(1) 人类为自由而奋斗不是由于人有自由意志，而是因为人这种有机体的行为固有一种躲避或逃脱环境中不利因素的倾向。一个刺激物，如果使有机体在相同条件下重复产生趋向于它的行为，叫正强化物（positive intensifier），引发的是避开它的行为，则为负强化物（negative intensifier），也可称为反感性刺激物。逃避反感性刺激物是一切有机体活动的本能趋向，人争取自由也属于这个倾向，不必用臆造的自由意志来解释。

(2) 人没有绝对的自由。反感性刺激物可能是他人为了达到某个预期目的而有意安排的。摆脱这种刺激物之最简便因而人们最常采用的方法，是作出安排者所希望的行为。这当然意味着安排者有效地对人施行了一种消极的控制，被控制者的这种逃离方式又会强化他的这种控制。确实，也有其他逃离方法，例如远离施控者力量可及的范围，甚或向他进攻使之无力或不敢再设置反感性刺激物。但在所有情况下，都必是针对蓄意的控制者，都是要求获得自由。可见人的自由就在于摆脱他人蓄意安排的控制。人类具有进攻本能，这可说是对争取自由的抗争的遗传支持；迄今所有关于自由的宣传都是劝导人们挣脱各种各样蓄意安排的控制，宣布的典型罪人总是暴君、神父、资本家和专横的家长等，则说明人们从来就是把自由看作“不存在令人反感的控制”，或“人在非反感控制下行为的境况”。但是，另外，迄今“大多数社会调节模式都不过是这种或那种蓄意的消极控制形式”,这又证明着人类实际上并没有享有多少自由。

(3) 自由不是人的心理状态。传统人文研究虽然成功地减少了用于蓄意控制的不利刺激,但由于受内在人——自主人观念的束缚,习惯于用心理状态或感情来规定自由的涵义,认为自由是为所欲为,这不仅在认识上是错误的,更不能有效地帮助人摆脱不利刺激。问题在于,也可以通过设置正强化物,即采用不使人厌恶的手段,来对人施行控制,而这时并非没有对于被控制者的消极后果,只是那后果被推迟了,因而受控者一时难于识别,往往不会要求摆脱它罢了。计件工资制就是如此,它提高了工人的劳动热情,但长久地看却是使工人受老板更大的剥削。所以,将自由界定为人遂愿时的心理感受,就把人因受到强化而自愿做的一切行为都看作是自由的了,这非但不能使人认识到这些情况中也存在蓄意的控制,更不能教人去努力获得摆脱这种控制的自由。

(4) 不可把一切控制都看作自由的反面而加以反对。也有在任何情况下都不会产生消极后果的控制,“许多对人类利益至关重要的社会实践都涉及到人对人的控制”,这些控制就并不是自由的对立面,是既不必要也不可能摆脱的。因此,“问题的症结是,要使人挣脱的不是控制,而是某些种类的控制”(P.41)。只有明确这一点,才能正确引导人们去分析和改变他们置身于其间的种种控制。

在世人对于人类自由尚未达到共识的今天,斯金纳的以上观点显然不失为一家之言,其论证的角度和方法还颇为新颖,给探讨自由问题提供了很好的思路。但他要求完全抛开人的心理、意志而纯粹从行为趋向上讲人的自由,恐怕难以得到公允。

“任何论据,只要证明某人的行为是由外界环境所引起,似乎就会对该人的尊严与价值构成威胁。一个人的成就如果是由他不能操纵的力量促成,我们就不会褒奖他。”(P.43)可见谈论人的尊严和给人以褒奖,其前提是把一个人取得的成就归因于他的自由意志。由此又可以知道,尊严、褒奖的数量,是与行为原因的明显性程度成反比的:原因显而易见的行为不会得到夸奖,不管其结果有无价值(例如我们决不会赞扬一个人的本能反应,不表彰因受明显的厌恶性控制而产生的行为,“凡强令实施的,其功劳归于发号施令者而非遵命践行者”);没有明显原因的好行为最能得到嘉许(例如不求报答的爱情,不迎合时尚的作品);受赞扬更多的是不需要他人监督而自会行为良好的人;对于简直指不出原因因而无法找到适当的方式来强化它的行为,我们就称之为奇迹,只好对行为者表示“钦慕”了。所有这些的逻辑结论是:一旦把人的一切行为的原因都弄清楚了,都指明了是某个相倚联系的结果,那么人的任何行为都不能得到褒奖,人的尊严也就荡然无存。

因此,科学和行为技术的进步是人的价值和尊严的最大威胁,因为正是这二者在不断摧毁着传统人文研究关于自主人的观念,把人类行为的真实原因日益清楚明白地揭示出来。所以为尊严而斗争和为自由而斗争是有矛盾的,后者努力减少生活中的各种不利因素,使行为少点艰辛、危险和痛苦,而这些却正是显示和突出人的尊严的条件。这个矛盾冲突的结果必定是自由战胜尊严,因为从事艰巨危险的工作和承受巨大的痛苦虽然能得到赞赏和钦慕,但几乎人人都愿放弃做这些事的机会。所以“科学的概念使人显得卑贱”,致力于维护人类尊严的任务会反对科学和技术的进步,成为人类发展的障碍。斯金纳的这个观点乍听起来荒谬,但似乎不无道理,可以说是在催逼我们给出关于人类尊严的更好的定义和找到它的更真实的根据。

人除受肉体生理条件的限制外,真正威胁自由(freedom)和尊严(dignity)的是惩罚(punishment)。惩罚是由他人蓄意安排的那样一种相倚联系,它被用来引导人们不去以某种方式行事。人可以采取多种方式逃避惩罚,如隐瞒罪行,把做坏事说成是出自一片好心或是受骗上当的结果等等。事前预防受罚的措施就更多了。逃避惩罚的方式也能由他人来完成,良好的社会就是能够为每个人都设置出一种环境,在其中人不会实际作出应受惩罚的行为。但传统的人文研究却反对用这种方式来解决惩罚问题,认为这样虽然没有人受罚了,但造就的却是机械的、无意志的德性,应予奖励的就不是人本身而是环境了。这是因为他们硬要将人的行为原因归于自主人。所以他们主张只有惩罚才能使个人通过自由选择而行为良好。

这里又涉及到控制的可见性问题。逃避惩罚之最简单因而人们最常用的方法是逃避惩罚者,这反过来又使施行惩罚的人也采用隐蔽手段加以对付。当人感到惩罚简直无时无处不在时,人们就会在完全见不到任何惩罚者时也规规矩矩行事了。人的这种感觉常被解释为控制已内化为人的本质,其实质则是环境实施的控制被移到了自主人身上。基督教的良心和弗洛伊德的超我就体现着内在化控制,实际上则是人们从惩罚性相倚联系中总结出的行为准则,不过人们已完全忘记了得到它们的过程.所以德性与自由相联系,同控制的明显程度成反比关系;因完全没有客观条件而无法干坏事,同坏事成了令人厌恶者而不愿去做,这二者的差别乃在于控制技术不同,而跟传统理解的德性和自由毫无关系。

造成了人在其中不会受到惩罚也即机械从善的环境,人也就没有责任了,因为"我们要一个人对自己的行为负责,即是指他会受到公平或公正的惩罚"(P.71)。对责任的裁定在一定程度上与行为事实即行为的实际后果有关,当涉及行为动机、目的等方面的问题时,则似乎只同内在人相关。现在人们倾向于用可控制性(controllability)代替责任(responsibility),但可控制性是指外部控制条件,并非自主人的属性。仅凭加强责任感是无法解决犯罪问题的,问题的关键在于控制技术的有效性。将行为归于外部条件的作用,从而剥夺人获得褒奖的机会,这会受到普遍指责,但据此使人得以避免责难时,人们却极少表示异议。这是传统人文研究的自相矛盾。“开脱责任事实上是责任的反面”,要对人类行为做些事的人,不管动机如何都是环境的一部分,也就都负有责任。传统观念总想把责任推给谁,是假定存在责任的因果链,其起点就是最终要负责任者,这实际上是为控制者开脱责任。

二、价值是正强化,价值判断本质上是事实判断

关于价值,《超越自由与尊严》论述了以下三个基本观点。

(1) 价值其实就是正强化。价值判断诚然不是对事实的陈述,而是就人对事实的感受提出疑问,事实与感受也确实不一样。但问题在于人的感觉本身也是事实。因此,区分事实与价值仅在于区别事实与它的强化效果,称某物好或坏时所作的价值判断,其实只是根据事物的强化效果对事物进行划分。早在人们说某物好或坏之前,该物就已经具有了强化性。是由于事物对人有强化作用人才觉得它不错,而不是因为人觉得它不错它才具有强化作用;事物之所以对人有强化作用,乃是人类进化过程中的生存性相倚联系决定的。所以价值问题中的麻烦,主要根源是人们爱用感觉解释一切,但重要的其实不是感觉,而是所感觉到的事物。“使人感觉到好的是正强化物本身,而非好的感觉。”(P.106)“愉快并不是至善,痛苦也不是极恶。唯一好的事物是正强化物,唯一坏的事物是负强化物。……至善或极恶,是指事物而言,而非指感受而言。”(P.107)

(2) 价值判断实质上也是事实判断,并非不可能从事实中推导出规范或决定。具有强化物功效的好事物,有些是他人蓄意安排的,这时受其强化的人就可以说是“为他人利益”而行为,但他的感受仍取决于作用于他的是何种强化物。感受只是相倚联系的副

产品。所以一个人“为他人的利益”而行为,是因为别人为他安排了有效的社会性相倚联系,不能说成是出于他的道德情感。但这时可以问他这样行为的结果是否公平或公正,即他和安排这个相倚联系来诱使他如此行为者双方所得是否恰当。“应当”、“应该”就是指要使强化物得到公正的、公平的亦即经济的、明智的运用。通过检查与行为密切相关的相倚联系,既能理解和预言人们所采取的行为,也可判明行为结果对双方的得失。因此,如果不事先假定遵循哪种行为规范,完全是出于自主人的自由选择,怎能得出“绝不可能从陈述事物的语句中推导出陈述规范或决定的语句”的结论呢?实际上,在“你不应该偷盗”成为道德要求之前,偷东西的人已经受到过失窃者的惩戒。可见这条规范不过是指一种社会性相倚联系,其含义是“如果你偷盗,你就会受到惩罚”,同“如果你喝咖啡,你就会睡不着”这类陈述非常相似。因此,“‘规范’只不过是对相倚联系的概括陈述而已”(P.115)。概言之,价值判断本质上仍然是事实判断,并且正是从事实判断推导出来的。

(3) 人生价值在于拥有能引导人去“为他人利益效力”的预设的相依联系。“为他人利益效力”的控制是由教会、政府等组织化机构实施时,会十分有效,可以改变人的感受。一个人本不是因为感到忠诚而支持政府,而是由于政府安排了特殊的相倚联系他才对之效忠,但人们还是会说他有忠心,并且教会他如何表白自己的忠心和陈述“感到忠诚”的特殊体验,从而更强化了他对政府的忠心。但一旦这种强化被滥用了,受控制者又会觉得不公平,以致采用前面所说的那些逃避反感性刺激物的方法进行抗争。可是,当摆脱了控制,剩下的只有个人强化物时,个人则可能转向通过泄欲或吸毒等方式以追求直接的满足,因而不会产生多少行为了。这种状况就是人们说的生活缺乏价值,其实指的是缺乏有效的强化物。所以人的“能寄托信仰并为之献身的东西”,乃存在于那些预设的能引导他去为他人利益效力的相倚联系之中。对于社会来说,则只有通过强化那些能够产生“为他人利益”的行为的相倚联系,才能回答人们上面提到的抗争。为此就要使控制者和被控制者双方的所得达到公平和公正,任何仅仅是企图使控制更为有效的行为,以及任何仅仅是企图完全摆脱控制的行为,都会产生方向性错误。

应该说,斯金纳这样认识价值和解决所谓价值判断与事实判断的关系问题,是能给人以启发的,但未必有说服力。他据以得出的关于人生价值的观点,则具有积极的意义。

三、文化是社会的风习,人是环境的产物

《超越自由与尊严》还用两章阐述人类文化的演进和文化设计问题。斯金纳认为,包括道德在内的文化,实际所指乃是一个民族、社会的风习,因而是社会性相倚联系。“这些社会性相倚联系,或它们产生的行为,就是文化的‘观念’;而呈现在相倚联系中的强化物便是文化的‘价值’。”(P.128)一种新习俗可能削弱也可能加强文化,这不必同其起源相联系,因为它的起源常可追溯到偶然事件。每当新产生的习俗行为增进了践行者的生存,便大有传播之势,文化便向前发展一步。但“文化难得产生一种对其生存的纯粹关心”,就是说,人们支持它的理由其实是它用来促使其成员为其生存而努力的手段。一种文化也只要能够诱使其成员为其生存而努力,不论用的是什么理由,其生存的可能性都会加大。因此生存是据以评断文化的唯一价值。文化的发展是无止境的,但并非朝向成熟,因为成熟意味着不再发展。能使人们为其生存而努力的文化,允诺的是遥远的收益,即是把个人置于遥远结果的支配之下。文化设计者的任务是加速发展那些能使遥远的后果尽快产生强化作用的习俗行为。

所谓文化设计(culture design),就是安排出适当的相倚联系,

使人产生某些行为和修正某些行为,从而形成预期的社会风习。利用相倚联系来改变人的行为,这门技术从道德上讲是中立的,可以被恶棍利用,也可被圣人采用。故而在文化的整体设计中有三个层次的价值:"如果设计者是一个个人主义者,他会设计出这样一个世界:在其间他受着最小限度的不利控制,他个人的利益被当作终极价值。如果他过去曾生存于适当的社会环境,那么他会为他人利益设计,并可能以失掉个人利益为代价。要是他主要关心的是文化生存这一价值,则他会着重考虑文化的兴旺发达,并据此来设计文化。"(P.151)进行文化设计时务必考虑这三种价值,力求三者兼顾。

把行为科学应用到文化设计上,难免遭到人们的反对,《超越自由与尊严》在逐一反驳反对者的各种理由后,用很大篇幅分析了可能是最重要的理由,那就是:人不愿接受他可以被控制这一事实。斯金纳认为,通常的控制都是消极的,所以难免遭到反对,传统人文研究宣扬反对一切控制更强化了人们反控制的要求,清晰的文化设计也确实暗含着控制。但如前所说,人类永远处在相互控制之中,也并非所有的控制都对被控制者不利,而且控制与被控制之间的关系是相互决定的,所以问题其实仅在于控制依据的是怎样的相倚联系和能否避免控制权的滥用。因此,结论应该是:"要把注意力集中在那些将会支配未来控制者进行控制的相倚联系上","我们所必须加以关注的不是控制者本人,而是他实施控制时所依据的相倚联系"(P.168)。就是说,要安排有效的反控制,让控制者也处在他所控制的人群的控制之下。论述这些观点时,斯金纳在多处直接涉及道德问题。例如:"人并不是作为伦理或道德动物而开始其进化过程的,相反应该说,他是在进化过程中达到了能创造伦理或道德文化的程度"(P.175),"伦理与道德关注的主要是如何使行为的遥远效果在今天发挥作用"(P.173)等等。

《超越自由与尊严》最后一章对全书做了总结。该章的标题为

“人是什么”,其回答可归结为一句话:“人是环境的产物。”就是说,人的心理、知觉、认识、思维以至哲学见解,都是由环境的相倚联系决定的,人的行为归根结底取决于他的环境条件,“人并非是因为他具有某种特殊品质或德行才成了道德动物;恰好相反,他是道德动物,因为他创造了一种促使他道德地行为的社会环境”(P.199)。

这样把传统人文研究赋予内在人——自主人的一切功能都转移给环境,自然会发生一连串的问题:那么人本身究竟怎样?如果没有某种可称作自我的东西存在,又怎么能谈论自我认识和自我控制?“认识你自己”这一命令究竟是向谁发布的?总之,人岂不是被取消了?对此,斯金纳回答说,所谓自我,乃是一个行为序列,赋予自我以同一性的是促成这一行为序列的相倚联系,因此不同的相倚联系集合会造成不同的自我,一个人发现自己同时处在两种不同相倚联系集合中时,他就会出现自我认同的危机,感到有两个自我的斗争。通常讲的自我认识和自我控制,就暗示着两个不同的自我,施控的自我一般代表他人利益,被控的自我则代表个人利益,但二者都是环境的产物。所以,“人并非隐匿在躯体中,相反,躯体本身就是人,因为正是它表现出了复杂的行为序列”。(P.201)人并未被取消,取消的只是虚构出来作为解释我们无法用别的方式加以解释的东西之手段的自主人。摆脱了这种自主人,我们对于人就“从臆断转向观察,从超自然转向自然,从不可接近的转向可及的”(P.203)。

取消了自主人,人并非就成了纯粹受环境控制的被动的受害者,因为“人受环境的控制,但环境本身却几乎完全是由他自己创造的”。不是个人作用于世界,而是世界作用于个人,而人的世界正是由众多个人在文化演进中创造的。这个科学观点有损人们的虚荣心,会挫伤人们改造世界的勇气,破灭人们的怀旧感,远不如关于人的传统观念那样逢迎恭维人,因此不易为人们接受。“但是,没有任何理论能改变它所研究的对象,人依然故我。一种新理论所能改变的只是我们对它的研究对象所能做的事。”(P.218)传统观念把个人塑造成一种反控制的工具,是以限制人类进步为代价的,科学的观念则极大地强化那些受文化引导并为其生存而努力的人。

以上就是《超越自由与尊严》的基本内容。任何一个认真读了本书的读者都会承认,斯金纳为研究人类行为,特别是为认识人的道德行为,开辟了一条新路。所以此书一问世就成为畅销书,受到学术界和读者的普遍重视,人们在肯定它研究人类行为的角度、方法大有创新的同时,也多认为它带有机械论的倾向,过分抹杀了意识或者说“自主人”在人的行为中的作用,它把价值判断归结为事实判断和这样来解决事实与价值问题上的争论,也并没有太大的说服力。这些,我们在前面也提示过了,这里只还说一句:即使斯金纳的一般结论有失准确,《超越自由与尊严》作为一本提供人类心理——行为资料的书,也是极有价值的。

(张国珍)

罗 尔 斯

正 义 论* (1971)

约翰·罗尔斯（John Rawls，1921— ），当代著名哲学家、伦理学家，生于美国马里兰州巴尔的摩市，1943年毕业于普林斯顿大学，参加过第二次世界大战，1947年重入该大学读研究生，1950年在该校获博士学位，先后在普林斯顿大学、康奈尔大学、麻省理工学院任教，1962年起一直任哈佛大学哲学系教授。其主要著作有《正义论》(1971)和《政治自由主义》(1993)。他自20世纪50年代起就专注于社会正义问题的研究，1958年发表的"作为公平的正义"一文标志着他已从分析伦理学立场转到规范伦理学立场上来，《正义论》就是他对50—60年代的研究成果加以系统化，三易其稿，于1969—1970年在斯坦福的高级研究中心最终完成的。该书涉及社会学、经济学、政治学、法学、伦理学等诸多学科领域，反

* 原书名为 A THEORY OF JUSTICE。本文根据中译本《正义论》(何怀宏、何包钢、廖申白译，北京，中国社会科学出版社，1988年)撰写。

映了他对社会实际生活的高度关注。就其伦理思想的学术特点而言,他企图扭转不关心现实道德问题的元伦理学家的学风,将伦理学引向实质性(规范)伦理学的轨道,但又与功利主义和至善主义有着根本区别。为此,他继承和提升了以洛克、卢梭、康德为代表的社会契约论,提出并论证了社会基本结构在分配基本的权利和义务方面的作为公平的正义理论,其中所蕴涵的自由主义和平等主义内容,又表征了他试图综合各种规范伦理学的特点。此书出版后立即在西方多学科领域和不同学术流派中产生了广泛影响,很快就被誉为"第二次世界大战后伦理学、政治哲学领域中最重要的理论著作"。

《正义论》分"理论"、"制度"、"目的"三编,每编各三章。理论编是其重心,提出并论证了"作为公平的正义"的理论;制度编通过描述一个满足正义原则的社会基本结构和考察正义原则所产生的义务和职责来说明两个正义原则的内容;目的编则联系人的思想情感和目标志向,来解决作为公平的正义的相对稳定性和正义与善的一致性问题,说明社会价值和正义的善。

一、理　论

1.作为公平的正义

正义是社会制度的首要价值,它对保障平等的公民自由和权利、解决个人利益之间的冲突、推进所有参加者的利益的合作体系、构成组织良好的社会等发挥作用。

正义问题可以在不同事物中被运用。由于本书的题目是社会的正义问题,因而,正义的主题就是社会基本结构(basic structure of society),即社会主要制度(指政治结构和主要的经济和社会安排)分配公民的基本权利和义务,决定由社会合作产生的利益和负担的适当划分的方式。社会基本结构之所以是正义的主要问题,是因为它对人们的不同生活前景(life prospect)有着十分深刻的影响。而人们的不同生活前景则受到政治体制、经济、社会条件、个人的社会地位和天生禀赋等不平等的制约。人们既不可避免和无法选择这些不平等,又不会为之辩护。这些不平等就是社会正义原则的最初应用对象,或者说,正义原则要调节的正是这些不平等。

社会基本结构的正义就在于排除这些不平等对人们生活前景的影响,这需要一种正义的观念来解释。因此,罗尔斯的目的是提出一种进一步概括以洛克、卢梭、康德为代表的社会契约理论、使之上升到更高抽象水平的"作为公平的正义"(justice as fairness)理论。与以往的契约论不同的是,原初契约的目标"并不是要由此进入一个特定的社会,或采取一种特定的政治形式,而只是要接受某些道德原则"①。这些道德原则是那些想促进自己利益的自由和有理性的人们将在一种平等的原初状态(original position)中接受的、以此来确定他们联合的基本条件,并将调节所有进一步的契约,指定各种可行的社会合作和政府形式。这种看待正义原则的方式就是"作为公平的正义"。在作为公平的正义中,平等的原初状态并非实际的历史状态,而只是用来达到某种确定的正义观即引出"作为公平的正义"的纯粹假设状态。它的一个基本特征是:任何人不知道他在社会中的地位,不知道他在先天资质、能力、智力、体力等方面的运气,甚至不知道他们特定的善的观念或他们的特殊心理倾向。它的另一个特征是:处在原初状态中的各方都是有理性的、对他人利益相互冷淡的、没有仁爱等道德因素的个人。作为公平的正义原则是人们在无知之幕(veil of ignorance)后所自愿选择的,它可以保证任何人在原则的选择中都不会因自然和社会的偶然因素而得益或受害,并且是自由平等的人们在公平的原

① 罗尔斯:《正义论》,中译本第14页。下引此书,仅注明页码。

初状态中一致同意和被广泛接受的。由此可见,人们在无知之幕后所一致同意选择的原则决不会是与平等互利的社会合作相冲突的、只为了使某些人享受较大的利益而损害另一些人的生活前景的功利原则,而是有着词典式序列(lexical order)的两个正义原则。它们为社会合作提供了基础。这是正义论的主要的直觉性观念。

2.正义的原则

正义论可以划分为两个主要部分:(1)一种最初状态的解释和一种可用于其间的选择之各种原则的概述;(2)一种对实际上要采用哪个原则的论证。

人们在原初状态中所一致同意选择的原则只是两个正义原则。这两个原则是一种更一般的正义观的一个专门方面。这个更一般的正义观是:所有社会价值或基本的社会善(primary goods)——自由和机会、收入和财富、自尊的基础——都要平等地分配,除非对其中的一种价值或所有价值的一种不平等分配合乎每一个人的利益。而适用于社会基本结构的两个正义原则恰好体现了这种更一般的正义观。第一个原则(平等自由原则)是:"每个人对与所有人所拥有的最广泛平等的基本自由体系相容的类似自由体系都应有一种平等的权利"。第二个原则(差别原则和机会公平平等原则)是:"社会和经济的不平等应这样安排,使它们:①在与正义的储存原则一致的情况下,适合于最少受惠者的最大利益;并且,②依系于在机会公平平等的条件下职务和地位向所有人开放"(P.292)。第一个原则适用于社会基本结构的确定和保障公民的平等自由方面,第二个原则适用于社会基本结构的指定和建立社会及经济不平等方面。按照第一个原则,公民的基本自由都要求是一律平等的。按照第二个原则,虽然财富和收入的分配无法做到平等,但它必须合乎每个人的利益,以便使每个人在这种不平等中都获利,且权力地位及领导性职务也必须是所有人都能进入的。

就第一个原则而言,它所涉及的权利和自由,是由社会基本结构的公开规范确立的权利和自由。一个人是否自由,是由社会主要制度确定的权利和义务决定的。自由是社会形式的某种样式。公民的基本自由有政治上的自由(选举和被选举担任公职的权利)及言论和集会自由,良心的自由和思想的自由,个人的自由和保障个人财产的权利,依法不受任意逮捕和剥夺财产的自由。自由具有相对于社会经济利益的绝对重要性,决不受制于政治的交易和社会利益的权衡,自由只能为了自由本身的缘故而被限制,确定自由的权利和减少人们自由的唯一理由,只能是由制度所规定的这些平等权利会相互妨碍。

就第二个原则的差别原则而言,它要求社会基本结构对所有人的生活前景都有利,使每个人的地位相对于平等的最初安排来说都可得到改善。在此,差别原则(difference principle)与效率原则(efficiency principle)相容,正义与效率一致。由于正义优先于效率,因而,差别原则的目的不是以社会结构来确立和保障那些状况较好者的较好前景,而是通过制度安排来改善那些状况较差者的生活前景。这就要求挑选出一种特殊地位,即挑选出处于较差状况的代表人——最少受惠者(least advantaged class,又译"最少得益阶层"),由此而保证有利于最少得益者。

要有利于、适合于最少受惠者的最大利益,关键在于,(1)鉴定最少受惠者的地位。每个人主要占据两种相关地位:平等公民的地位和在收入和财富分配中的地位。前者确定了一个普遍的视点,通过它,每个人的利益都被考虑到了,同时也排除了人的自然特征、等级制度、种族差别、文明差别等偶然因素的影响。这实际上是为了适合于较不利者的利益。而最少受惠者在收入和财富分配中的地位则可以通过选择一种特定的社会地位(如不熟练工人的地位),或按照达不到中等收入和财富的一半的标准来确定。(2)估价人们的合法期望水平。期望是一个代表人所能期望的基本的社会善的指标,而基本的社会善是权利和自由、机会和权利、收入和财富及自尊的基础。这些基本善是一个理性的人无论他想要别的什么都需要的东西。没有必要去确定较有利地位的代表人的合理期望指标,与作为公平的与正义有关的指标问题只是最少受惠者的指标。

就第二个原则的机会公平原则而言,在作为为了相互利益的合作冒险的社会中,要这样设计社会系统,以便基本权利和义务的分配无论是什么结果都是正义的。这就是纯粹的程序正义(procedural justice)。它既与存在一个独立于、先于分配程序的对什么是公平分配的判别标准的“完善的程序正义”不同,又与有一种判断正确结果的独立标准却没有可以保证达到它的程序的“不完善的程序正义”有别,不存在对正当结果的独立标准,而是存在一种必须被实际地遵守和执行的并决定正当结果的公平程序。在此,社会的基本权利和义务的分配是按照公开的规范体系进行的,不需去追溯无数的特殊环境和个人在不断改变着的相对地位。机会公平平等原则的作用就是为了保证社会合作体系作为一种纯粹的程序正义。

从以上对用于制度的两个正义原则的解释可知,作为公平的正义论有着平等的倾向,包含平等主义的意义。

用于制度的正义原则不是功利主义者或至善主义者所主张的单一原则,而是两个原则。这两个正义原则的选择虽然并不能完全排除对直觉的依赖,但又不能像直觉主义者那样停留在直觉上。这两个正义原则有着一种词典式的序列,即:第一个原则优先于第二个原则,第二个原则中的机会公平平等原则优先于差别原则,这样就有了两个优先规则:

“第一个优先规则(自由的优先性)。两个正义原则应以词典式次序排列,因此,自由只能为了自由的缘故而被限制。这有两种情况:①一种不够广泛的自由必须加强由所有人分享的完整自由体系;②一种不够平等的自由必须可以为那些拥有较少自由的公民所接受。第二个优先规则(正义对效率和福利的优先)。第二个正义原则以一种词典式次序优先于效率原则和最大限度追求利益总额的原则,公平的机会优先于差别原则。这有两种情况:①一种机会的不平等必须扩展那些机会较少者的机会;②一种过高的储存率必须最终减轻承受这一重负的人们的负担。”(P.292)

3.原初状态

正义观的上述主要结论,是通过原初状态来证明的,或者说是通过原初状态来论证用于制度的两个正义原则为什么的确要被接受并且作为一致同意的选择。

原初状态指的是一种其间所达到的任何契约都是公平的状态,是一种各方在其中都是作为道德人的平等代表,选择的结果不受偶然因素或社会力量的相对平衡所决定的状态。不过,对原初状态可以有许多种解释,因而有许多不同的契约论,作为公平的正义只是其中之一。

对达到一致同意选择两个正义原则的原初状态的描述或解释的内容是:

(1)选择对象的提出。对两个正义原则的一致同意选择是在所有可能的正义观中予以比较选择的。这就需要给出可供原初状态中的人选择的所有对象,但这是很难做到的。为了对付这一难题,我们仅仅考虑一个给定的包括一些传统正义观的简要表格,表格中可供选择的对象有:①处在一种序列中的两个正义原则;②混合的观念(受一定限制的平均功利原则);③古典目的论的观点(即古典功利原则、平均功利原则、至善原则);④直觉主义的观念;⑤利己主义的观念。这些观念中每一个大概都有它的优劣,其中任何一个都可找到支持和反对选择它的理由。然而,处在原初状态中的人们的决定是根据一种对许多不同的考虑的平衡,它使一种正义观比起别的来显然更可取(即各方所选择的那些在任何环境里都绝对有效的原则是更可取的)。

(2)正义的环境。它可以被描述为这样一种正常条件:在那里,人类的合作是可能和必需的。由于合作中的人们的利益既有一致之处,又有冲突的地方,就需要有指导人们决定利益划分的原则。这正好表明了正义的作用。正义的环境就是产生这些必要性的背景条件。这些条件分两类:①客观环境,即众多个人同时在一个确定的地域内生存,其身体和精神能力大致相似,没有任何一个人能压倒其他所有人,且在许多领域都存在着一种中等程度的匮乏,不可能完全满足人们提出的要求;②主观条件,即一方面各方都有大致相近的需求和利益,以使相互有利的合作在他们中间成为可能,另一方面他们又都有自己的生活计划,这又使他们造成利用自然资源和社会资源方面的冲突要求。扼要地说,只要互相冷淡(mutual disinterestedness)的人们对中等匮乏条件下社会利益的划分提出了互相冲突的要求,正义的环境就算达到了。

(3)正当(right)观念的形式限制。对所要选择的正义原则(或正当观念)的限制,源自正义在分配基本的权利义务和划分社会合作的利益方面的作用和任务,这些限制条件有五种:一般性、普遍性、公开性、有序性和终极性。这些对正当观念的限制合在一起就是:正义原则在形式上是一般性质的;在应用上是普遍适用的;它们要公开地作为排列道德人的冲突要求之次序的最后结论来加以接受。这些限制条件并不排除任何传统的正义观,但却排除列在选择对象表格上的各种利己主义原则。利己主义原则之所以要被排除,是因为它与我们直觉的道德观不相容,是对任何正当观念的挑战,而且是各方采取的不能达成契约的立场。

(4)无知之幕。原初状况的观念旨在建立一种公平的程序,以使任何一致同意的原则都将是正义的。为此,我们必须以某种方法排除使人们陷入争论的各种偶然因素的影响。为达到此目的,罗尔斯假定各方是处在一种无知之幕的背后,他们不知道自己的社会地位、阶级出身、天生资质和自然能力的程度、理智和力量、善的观念、心理特征、社会的经济政治状态和文明水平，甚至也没有任何有关他们属于什么世代的信息，只知道他们的社会受着正义环境的制约，有着人类社会的一般事实、政治事务和经济理论原则、社会组织基础和人的心理学法则。在此条件下，我们可以从随意选择的一个人的立场来观察原初状态中的选择，其结果是同样的原则总是被选择，这种选择就是每个人都不能不为所有人而选择。无知之幕是满足这一要求的一个关键条件，它使对某一正义观的全体一致的选择成为可能。

(5)各方的推理的合理性。处于原初状态中的人们是有理性的，他们有合理的生活计划，即使各方因不知道他们的善的观念而不知道这一计划的细节和要推进的特殊目标，但他们有足够的知识(即他们有尽可能好地推进自己的利益的统一期望和对或然性的客观解释)来衡量可选择对象的高下，以作出合理决定，而且他们对其可选择的对象有前后一贯的倾向，使他们遵循那个将满足其较多的欲望并具有较大成功机会的计划。这种理性是相互冷淡的理性，人们有着有限的利他主义(limited altruism)，即各方既不想利人又不想损人，既不妒嫉又不虚荣，不为爱或宿怨所驱动，只出于为自己赢得最高指标的基本社会善的考虑而选择原则。不仅如此，他们所具有的能建立正义感的能力保证被选择的原则将得到尊重，他们将严格地服从和遵循被最终选择的原则。

(6)引向两个正义原则的推理。两个正义原则是人们觉得合理的正义观，关键在于对它们进行系统论证。《正义论》第二编“制度”中引出它们在制度方面的推论，指出它们对基本社会政策的意义，并通过与我们所考虑的正义判断的对比来衡量它们，就是这样的论证。从原初状态角度论证它们的决定性论据，就是用于不确定条件下选择的最大最小值规则(maximin rule)。这一规则是指：我们要按选择对象可能产生的最坏结果来排列选择对象的次序，然后我们将采用这样一个选择对象,它的最坏结果优于其他对象的最坏结果。这与两个正义原则所公开申明的保障所有人的平等自由和机会公平及不平等的利益分配要适合于最少受惠者的最大利益之间有相似之处。可见,各方肯定会选择两个正义原则。因为各方都知道,如果选择了两个正义原则,那么,即使自己处于最少受惠者地位,也不致陷入功利原则可能容许的对自由的侵犯、使某些人成为最大限度地增加功利总额(或平均额)的牺牲品的危险境地。并且,选择两个正义原则的公开性和终极性的形式限制条件,也给出了某些支持两个正义原则的主要论据。对两个正义原则的公开承认表示人们是自尊和互尊的,从而保证了一种自我价值感,保证了人人互不把对方作为手段而只作为目的,也保证了人人都能获利,因此增加了社会合作的有效性;两个正义原则的终极性则有助于形成稳固的正义感,使人始终一贯地坚持两个正义原则。而功利原则则相反,它不把人看作目的本身,损害人的自尊和互尊,削弱自我价值感,要求有些人作出牺牲,且不易稳固,这样,功利主义不得不同时强调并不牢靠的仁爱和同情。很明显,各方在对这些效果的"反思的平衡"(reflective equilibrium)中,会选择两个正义原则而排除功利原则。而且,由于混合的观念、至善原则、直觉主义的观念和利己主义的观念都无法满足上述所有条件,它们都被处于原初状态的各方所排除。

二、制　度

1.平等的自由

满足正义原则的社会基本结构之主要制度是立宪民主制(constitutional democracy)。这是实现政治正义的根本。在此制度中,正义原则的运用有四个阶段的序列:①各方在原初状态中选择正义原则;②立宪阶段;③立法阶段;④运用法规。这是一个逐步排除无知之幕、在知识方面所受的限制越来越少的过程。

就第一个正义原则即平等自由原则在制度中的运用来说，罗尔斯认为，自由的定义问题充其量只具有辅助的作用，重要的是自由的实质问题。实质的自由是制度的某种结构，是规定种种权利和义务的某种公开的规范体系。自由被置于这种背景中，就具有了三方面的形式：这个或那个人（或一些人）自由地（或不自由地）免除这种或那种限制（或一组限制）而这样做（或不这样做）。作为平等自由的自由，虽然可能受到限制，但它作为一个整体，对所有人来说都是一样的，是平等公民权的自由。这种自由与两个正义原则运用于制度的四个阶段序列相适应，分别表现为原初状态中的良心的平等自由、立宪阶段的政治（宪法）正义和平等的政治权利（在此，平等自由原则即为平等参与原则）、立法阶段的受法治原则保护的个人自由。而对这些自由的解释和限制，都显示了自由的优先性，即第一个正义原则对第二个正义原则的优先、平等自由对社会经济利益的优先。自由的优先性意味着自由只有为了自由本身才能被限制。

2.分配的份额

罗尔斯在此讨论第二个正义原则，说明一种在现代国家背景下满足它的要求的制度安排，目的在于弄清两个正义原则是怎样被当作评价经济安排、政策及其背景制度的标准的。一方面一种经济体系塑造、决定公民们的需要、欲求、愿望及合作方式；另一方面对经济制度的选择又涉及到人类善以及有关个人的公正理想。作为公平的正义由于不受现存的、特殊的需要和利益的支配、限制，而只受来自正义对效率优先性、自由对社会利益和经济利益的优先性的限制，这就为对社会经济体系的评判建立了一个阿基米德支点（Archimedean point）。由于这一论题是属于正义论的而非经济学的，因而，一个经济体系的所有事情都应该按照满足两个正义原则的方式来处理。就市场体系来说，它既与私有制相容，又与社会主义制度相容,即两个正义原则是与相当不同的制度相容的。为了保证作为结果的分配都是正义的,就需要建立这样一个背景制度:有可保证平等公民自由和机会公平均等的、由一种正义宪法调节的社会基本结构,以及政府确保一种社会最低受惠值。与此相联系,政府按其功能可分为配给、稳定、转让和分配四个部门,而政府的第五个部门即交换部门,由于其基础是利益原则,则与正义原则无关。分配份额的正义依赖于要被制定的社会最低受惠值的水平,这又涉及到储存和代际正义(justice between generations)问题。在此,社会最低受惠值水平不依财富平均值或习惯的期望而定,而由差别原则确定。代际之间应该是正义的,其正义标准是原初状态中被选择的原则,前代对后代应该承担责任。这涉及到正义的储存原则,它要求合理的储存率使每一代都可获得好处,并不要求前代仅仅为了使后代生活得更富裕而储存,因此要避免(反对)功利主义出于对总的功利的最大限度的追求而可能导致一种过度(过高)的积累率。差别原则不适用于储存问题,因为后代没有办法改善第一代的最不幸境遇,但代际间的正义标准仍是那些在原初状态中被选择的原则。同时,原初状态的人没有纯粹的时间偏爱(应反对时间偏爱),纯粹时间偏爱是不正义的,既不能用现在来贬低将来,又不能用将来来贬低现在。契约论要求某一代为后代的福利储存量提出一个上限。为此强调正义对效率和福利的优先性,强调不能以后代的更大福利为借口而损害现在这一代的公平份额。对分配份额的这种解释是符合常识性的正义准则的,而常识性的正义准则在作为公平的正义中则处于从属地位,因此,它们没有理由被提高到第一原则的水平。更进一步,罗尔斯认为要区分道德应得(moral desert)与合法期望(legitimate expectation),作为公平的正义,尊重的是合法期望的满足,却反对一切利益都应按照道德上的应得来分配的观点。由此可见,对分配份额的这种解释是不同于直觉主义和至善论的。

3.义务和职责

罗尔斯认为,义务和职责是适用于个人的道德原则,它们是原初状态中的人在选择了两个正义原则之后进一步选择的,是从正义原则中产生的,是正当观念的主要部分。至此,作为公平的正义观才是完全的。

职责和义务是有区别的。职责专指来自公平原则的道德要求,自然义务(natural duty)则指其他道德要求。职责的履行有两个前提:一是背景制度是正义的,二是履行者自愿地接受了该制度的好处或利用了它所提供的机会来促进自己的利益。于是,得到该制度的好处或机会的人都要承担由该制度的规范所规定的一份工作,即职责。根据公平原则,那些担任有利公职并占据有利地位的人,或者那些利用了某些机会以推进他们利益的人,尤其有责任尽他们的职责。

自然义务则不是源自公平原则的道德要求,它包括相互尊重、相互帮助等义务。从正义论角度看,最重要的自然义务是支持和发展正义制度的义务。然而,在近于正义的社会基本结构中,维持正义制度的自然义务又约束人们服从不正义的法律和通过多数裁决规则(majority rule)所作出的特定选择。这就要求我们对不服从或者要求改变政府现行法律、政策或选择的非暴力反抗和良心拒绝作出解释,于是就有了正义论中的非理想的部分服从理论。这一理论通过对非暴力反抗和良心拒绝的性质、对象、形式等的合理性(而非合法性)论证,来揭示它们在诉诸人们的正义感、稳定宪法制度及维持和加强正义制度中的作用。不过,罗尔斯又指出,非暴力反抗和良心拒绝有导致无政府状态的危险,但是,如果它们是正当的,即使它们看上去威胁了公民的和谐生活,那么,责任不在抗议者那里,而在那些滥用权威和权力的人身上,那些滥用恰恰证明了这种反抗的合法性、正当性。

三、目　的

1.作为合理性的善

罗尔斯论证正义论的目的在于考察作为公平的正义是否可行,即要说明作为公平的正义的稳定性和正义与善的一致性。他认为,这首先需要一种综合性的善理论。他将善理论区分为两种:一种是善的弱理论(thin theory of good),它用来解释原初状态中人们对于基本善的合理偏爱和选择正义原则的合理性(rationality),以此说明正当优先于善;另一种是善的强理论(full theory of good),它从已经确立的正义原则出发来规定和解释道德价值概念和道德善,在此,善的东西乃是由正义原则约束着的人生价值的合理生活计划。生活计划的善的定义,一是要求它是一项与合理选择原则(包括有效手段原则、蕴涵原则、较大可能性原则)一致的生活计划,二是它是根据审慎的合理性,即在充分意识到有关事实并仔细考虑了种种后果之后乐于选择的合理计划。这样的善的定义是纯粹形式的,它尚未涉及目的或人类善。而亚里斯多德主义原则(即人们从实现他们的能力的活动中得到享受,并变得乐于选择他能从事的需要他运用他新获得的能力的较复杂的活动,由此得到更大的满足)作为动机原则,说明了人们为什么应将被视为人类善的那些事物看作在合理计划中占据着主要地位的目的和活动并予以选择的原因。罗尔斯指出,善的强理论可以应用于个人的善的定义和对个人道德价值的考察,并肯定自尊的善是最重要的基本善,因为自尊是对自己的价值和能力的自信。为了说明作为合理性的善,罗尔斯比较了正当与善的区别,认为这些区别归根结底就表现在正当和正义是否具有优先性上;因而,它们正好体现了契约论与功利主义的区别。

2.正义感

罗尔斯认为,一个组织良好的社会是一个被设计来发展它的成员们的善并由一个公开的正义观念有效地调节着的社会,它要求具有普遍接受的稳定的正义原则和人们形成相应的正义感(sense of justice),其中正义感或道德情感对于保证社会基本结构的正义方面的稳定有着根本的作用。在道德情感的形成问题上,经验主义传统和理性主义传统各有其合理的东西。在一个组织良好的社会中,其成员们形成对正义原则的理解和情感的主要步骤或发展过程是:权威的道德(它最初是儿童的道德,它由命令和准则构成,要求人们必须接受和遵守)——社团的道德(它适合于个人在不同社团中的角色的那些道德标准,其内容特征是合作德性)——原则的道德(在此,人们形成了对最高原则的理解和情感)。罗尔斯指出,人的道德态度或道德情感与人的自然态度、自然依恋关系有不可分割的联系。基于这种联系,与道德情感发展的三阶段相适应,存在三条道德心理学法则,它们具有互惠性质,包含着一定的正义观念,形成一定的正义感。而同作为公平的正义相应的正义感与同其他正义观相应的正义感相比,在公正系统的稳定性方面更强烈、更有力、更可行。由于人具有这样的自然特性,能获得善的观念和正义感,有对于道德人格的潜在能力,人们应当受到合乎正义原则的对待,这就是平等的自然基础。

3.正义的善

罗尔斯在此讨论稳定性问题的第二个方面,即作为公平的正义和作为合理性的善是否一致的问题。他认为,在一个组织良好的社会中,一个人的合理生活计划支持和肯定着他的正义感。首先,一个人行为的自律源于对自己同意的原则的理解和接受,这说明自律与正当和正义判断的客观性具有一致性,一个组织良好的社会则肯定、支持、强化着它们。正当与善的一致性又取决于一个组织良好的社会是否能获得共同体的善,而一个组织良好的社会作为诸种社会联合的社会,它所实行的公正制度是所有成员共有的最终目的并被人们看作善。这一社会的正义也调节着嫉妒和怨恨的倾向,支持着人们的平等要求,而且,在组织良好的社会中,作为合理性的善和道德心理法则为自由的优先性发挥作用奠定了基础。罗尔斯进一步认为,幸福是合理生活计划的成功实现。在此,合理生活计划并不是也不存在单一的支配性目的。作为一种选择方法的快乐主义之所以错误,就是因为它把一种恰当的有限目的规定为最高目的,一开始就把正当与善联系起来,否定正当的优先性。虽然没有支配性目的,但是,在组织良好的社会中,由于人们都能根据正当观念来表达、选择和遵循合理生活计划,因而,不仅人的自我(善观念和正义感)达到了统一,而且人们也形成了关于社会联合的共同理想观念。由此可见,正义与善不是对立的,人们按照正义观点去选择、行动的调节性欲望本身就从属于他们的善,这里不应依赖纯粹良心行为的学说来解释。正义与善的一致正是决定着稳定性、控制不稳定倾向的关键因素。

(彭定光)

诺 克 齐

无政府、国家与乌托邦* (1974)

罗伯特·诺克齐（Robert Nozick，1938— ），当代美国著名哲学家、伦理学家。1959 年毕业于哥伦比亚大学，1963 年在普林斯顿大学获博士学位，并留校任教，1965 年转入哈佛大学任教，1967 年起任该校哲学系教授。其主要著作有《无政府、国家与乌托邦》(1974)、《哲学的解释》(1982)。

《无政府、国家与乌托邦》是诺齐克的社会政治伦理学的代表作，是在罗尔斯《正义论》出版三年后问世的，不久即引起较大反响。与罗尔斯新自由主义的平等主义倾向不同，诺齐克坚持极端个体主义和彻底自由主义立场，既反对无政府主义观点，认为"最弱意义的国家"不仅是必要的而且是有道德合理性的，又反对罗尔斯的平等主义和福利国家理论，认为功能扩展的国家势必侵犯个

* 原书名为 ANARCHY, STATE AND UTOPIA。本文根据中译本《无政府、国家与乌托邦》(何怀宏等译，北京，中国社会科学出版社，1991 年)撰写。

人权利,在道德上是不合理的。此书围绕个人权利与国家的关系展开,其中心论题是“个人权利为国家留下了多大活动余地,国家的性质,它的合法功能及其证明”。其主要结论是“可以得到证明的是一种最弱意义上的国家(minimal state),即一种仅限于防止暴力、偷窃、欺骗和强制履行契约等较有限功能的国家;而任何功能扩展的国家(extensive state)都将因其侵犯到个人不能被强迫做某些事的权利而得不到证明;最弱意义上的国家是正确的,同样也是有吸引力和鼓舞人的”。由此他引出了两个值得注意的推论:国家不可用它的强制手段来迫使一些公民帮助另一些公民;也不能用强制手段来禁止人们从事推进他们自己利益或自我保护的活动。此书分三编,共10章。

一、无政府或自然状态

诺齐克在此要解决的一个中心问题是:从对最弱意义国家的起源及必要性的讨论中,来证明国家是否应当存在即国家的道德合理性问题。

为此,诺齐克认为,他的探讨必须从自然状态(natural state)、无政府状态开始,更确切地说,是从个人开始,以便通过非政治方式从根本上解释政治。问题在于,前人对自然状态的描述有霍布斯式的悲观描述和洛克式的乐观描述两种。由于在霍布斯式的自然状态与最悲观地被描述的国家的比较中,最坏的自然状态会比最坏的国家更可取,因而,适合于探讨的最好自然状态应是在其中人们一般都满足了道德约束的自然状态。如果能够展示国家优于并改善了最好自然状态,就将证明国家是正当的。

在诺齐克看来,在最好的自然状态中,人们的判断不当和对个人权利的私自强行,导致了种种不便,导致世仇、宿怨、无休止的报复和索赔。为解决这些不便,一些亲友、曾经得到过帮助的人和希望今后得到帮助的人联合起来,形成相互保护性的社团(protective association),其中一些人专门承担保护性工作,后来又形成了独立履行保护性职能的专门机构。由于同一地区内有多个保护性的社团在提供服务,它们之间就会在争取委托人方面展开竞争。正是在这种竞争中,支配性的保护性社团得以产生,其产生的方式有三种可能性:一是在实力较量中取胜的机构赢得了委托人;二是各机构形成自己的势力范围;三是两个势均力敌的保护性社团在反复冲突之后同意建立一个更高的裁判机关或上诉法庭。它的产生与人们设计的意向目标无关,完全是“看不见的手”作用的结果,即它乍看起来是某个人有意设计的产物,实际上不是由任何人的意向带来的。

诺齐克指出,这种支配性的私人保护性社团还不是“最弱意义的国家”,因为它①允许某些人强行他们自己的权利,还没有拥有使用强力的独占权;②并不保护处在它范围内的所有人,只保护那些付了钱的人。而国家存在的关键条件是:①拥有在一个地区内使用强力的独占权。这一国家有着决定谁能使用强力以及在什么条件下使用的独占权,不允许任何团体或个人坚持由自己来判断他们的权利是否被侵犯、坚持由自己通过惩罚侵犯者或向他们索赔来强行他们自己的权利,并声称有权惩罚所有违反这一独占权的人们;②它为一个地区内的所有人提供保护。

诺齐克认为,最弱意义的国家或古典自由主义理论的“守夜人式的国家”(night - watchman state),其功能仅限于保护它所有的公民免遭暴力、偷窃、欺骗之害,并强制实行契约等,勿侵犯和保护个人权利是它唯一合法的功能,而所有别的功能都是不合法、不正当的,因为这将侵犯个人权利。在私人的保护性社团与最弱意义国家之间还有一种社会安排,这就是“超弱意义的国家”(ultraminimal state)。它已经拥有对所有强力使用的独占权,但它并不为一个地区内的所有人提供保护,只对那些出钱购买了它的保护和强行保险的人们提供保护和强制实行契约的服务。而最弱意义的国家则是在此基础上通过税收或再分配为所有人提供保护的支配性保护机构。

由于国家是适应保护个人权利不被侵犯而产生出来的,并以保护国家内所有个人权利不被侵犯为唯一合法、正当的功能,因此,人们不应该把权利仅仅作为目的来看待,因为如果这样,就会得出“权利功利主义”理论,即只要能最大限度地减少这一社会对权利侵犯的总量,就会要求我们侵犯某人的权利;而应该把权利作为对要采取的行动的边际约束,即在任何行动中都勿侵犯他人权利来看待。这一道德边际约束(moral side constraint),表明了他人的神圣不可侵犯,从根本上体现了康德式原则(个人是目的而不仅仅是手段;他们若非自愿,不能够被牺牲或被使用来达到其他目的),也反映了我们的个别存在的事实,说明了没有任何合乎道德的拉平行为可以在我们中间发生。由此可以引出不侵犯他人的自由主义边际约束。这种道德边际约束的根据或基础,就在于个人具有理智、自由意志、道德主体以及按照某种选择的全面观念调节和指导其生活的能力的有价值的特征。

由此可见,国家并不像个人主义的无政府主义者所论证的那样是内在的不道德的,相反,最弱意义的国家在道德上是合法的。为了说明这一点,诺齐克认为,必须论证,从私人的保护性社团到超弱意义国家的转换和从超弱意义国家到最弱意义国家的转换,在道德上都是可允许的、合法的。

诺齐克首先展开了对私人的保护性机构到超弱意义国家的转换的道德合法性论证。假设在一存在着一个支配性保护机构的地区,还存在一些不愿加入这一机构、自愿强行自己权利的独立者。这一机构不能强迫他们加入,因为这会侵犯他们的权利。但是,当独立者与这一保护机构的委托人发生冲突时,这一机构是否应该禁止独立者对其委托人实行惩罚以及独立者是否有权免受这一机构的惩罚呢？这一问题使我们必须研究程序权利(procedural right)的道德地位。诺齐克认为,并不是独立者强行正义的所有行为都要一律禁止,对一个独立者要对另一个独立者采用他自己的裁决程序,支配性保护机构大概是无权干涉的,对那些使用公认可靠的程序实行惩罚的独立者的行为,支配性保护机构也是可以允许的。一个独立者之所以可能被禁止由个人强行正义,或者是因为人们知道他的行动程序太冒险和有危险(即这一程序比别的程序更具有惩罚无罪者或者对有罪者惩罚过分的危险),或者是因为人们不知道他的行动程序是不是不危险的。独立者的强行正义是否应被禁止,被惩罚者可否自卫,关键在于实施行动的程序是不是可靠、公平的。每个人都拥有对于程序的权利,都有得到证明行动程序是可靠、公平的信息的权利,都有保护自己免受不可靠和不公平的程序的支配的权利。虽然每个人都可以抵制陌生的和不可靠的程序,都可以惩罚那些对他使用或试图使用这种程序的人,但是,只有支配性保护社团才有力量和权力为其委托人强行这些它自己承认为每个人所拥有的权利,并认为它自己的程序是可靠的、公平的,而不容忍或惩罚任何抵制这些程序的人,于是,它占据了一种独一无二的地位,它按自己的判断去禁止对其委托人通过使用不可靠、不公平的程序所强行的正义,即它获得了强行禁止的事实上的独占权。这种独占权的存在表明,已经从私人保护性机构转换到了超弱意义的国家。由于这种独占权并非对权利的独占权,而是对每个人所拥有的权利予以保护的唯一强行权,它并没有增加新的权利,有权利的只是个人,支配性保护社团的合法权利只是其成员移交给这一社团的个人权利的总和,并没有侵犯任何人的权利,因而,从自然状态到超弱意义国家的过渡,在道德上是合法的。

诺齐克接着展开了对从超弱意义国家到最弱意义国家的转换的道德合法性论证。支配性保护社团或超弱意义国家,出于独立者的自助强行对其委托人有可能带来危险的原因,对独立者的以不充分可靠或不公平的程序强行自己权利的行为予以禁止。由于这一禁止使独立者不可能确实可靠地对侵犯他们权利的委托人形成惩罚的威慑,不能保护自己免受伤害和严重损失,因此,支配性保护社团必须给被禁止者以赔偿。并不是给所有被禁止者都要予以赔偿,赔偿的原则(principle of compensation)是:当一个在人们生活中起着重要作用的普遍行为,由于它可能损害别人和当某人做它时特别危险而被禁止时,那些为使自己得到较大保障的禁止者,必须因他们给被禁止者造成的不利而付给他赔偿。这一原则适用于赔偿被禁止开车的癫痫病患者,也适用于赔偿由支配性保护机构保护的委托人所禁止的个人强行正义而遭受损失的独立者。赔偿独立者的最省钱方式就是对他们也提供保护性服务。这就是说,支配性保护社团所提供的服务,不再局限于其委托人,而是扩大到了所有人。而支配性保护社团为其委托人以外的其他人所提供的服务,是由委托人出钱购买的。这并没有侵犯委托人的权利,因为委托人为此而付款,可增强对自身的保护,使自己免遭独立者以不可靠、不公平的程序强行正义给自己带来的危险,可见,这并不是不道德的,而是赔偿原则的道德要求。既然如此,这会不会导致人们选择拒绝交纳保护费用、离开支配性保护机构以便免费得到其服务,即选择当“逃票乘客”(free rider)呢?诺齐克认为不会,因为支配性保护机构并不对独立者之间的争端提供保护,只为其委托人提供保护,而且其赔偿只付给那些若自己购买保护将遭受损失的人们。这两个因素推动着几乎所有人都加入保护性社团,于是,出现独占因素的超弱意义国家过渡到了出现再分配因素的最弱意义国家。这一过渡在道德上也是合法的,因为它不但没有侵犯任何人(包括被禁的独立者)的权利,反而有助于保护所有个人的权利,同时,最弱意义国家是在个人保护自己权利的过程中自然而然地出现的,即仍然是“看不见的手”作用的结果。

以上是诺齐克对最弱意义国家的起源在道德上的合理性的全

部论证。

二、国　家

诺齐克在此要证明的是最弱意义国家的功能的道德合理性问题。他认为,最弱意义国家是能够证明的功能最多的国家,这些功能仅限于防止暴力、偷窃、欺骗和强制履行契约等有限功能。任何比最弱意义国家更有权力、管事更多、功能更多的国家,都会侵犯人们的权利,在道德上都不是合法的或可证明的。诺齐克在提出并论证自己的持有正义(justice in holdings)理论之后,对主张国家可以超越最弱意义国家功能的主要理由予以批驳和否定。

在诺齐克看来,“分配正义”(distributive justice)并非一个中性的词,因为大多数人一听到“分配”这个词,就会想到由某个体系或机制使用某个原则或标准来提供某些东西。事实上,没有任何集中的分配,没有任何人或团体有权控制和集中分配所有资源。于是,他主张用中性词“持有”来代替“分配”一词,并进一步论述了他的“持有正义”理论,这一理论的核心则是资格理论(entitlement theory)。

他指出,持有正义的主题由三个主要论点组成:第一点是持有的最初获得,或对无主物的获取。这涉及到无主物如何可能变成被持有的、通过哪些过程可以变成被持有的、是在什么范围内由一个特殊过程变成被持有的等问题。而判断一个人最初持有的东西是否合乎道德的标准叫做获取的正义原则。第二点涉及到从一个人到另一个人的持有的转让。在此论题下引出了关于自愿交换、馈赠、另一方面的欺诈和既定社会中固定化的特殊惯例的一般描述。判断持有的转让的道德标准叫做转让的正义原则。然而,并非所有的实际持有状态都符合两个持有的正义原则,即符合获取的正义原则和转让的正义原则。有些人偷窃别人的东西或欺骗他们、奴役他们、强夺他们的产品,不准他们按自己的意愿生活,或者强行禁止他们参加交换的竞争等,所有这些都不是从一种状态到另一种状态的可允许的转让形式。这些人所获得的持有已经侵犯了前两个持有正义原则,这就引出了持有正义的第三个主要论点:对持有中的不正义的矫正。关于采取什么措施来矫正对前两个原则的侵犯的理论探讨得出了矫正原则(principle of rectification)。在此基础上,诺齐克概括了持有正义理论的一般纲要,即:如果一个人按获取和转让的正义原则(这种不正义是由前两个原则确认的)对其持有是有权利的,那么,他的持有就是正义的。如果每个人的持有都是正义的,那么一个社会的持有的总体(分配)就是正义的。

诺齐克认为,持有正义是历史的,分配正义的资格理论是历史的,分配是否正义依赖于它是如何演变过来的,它作为历史原则,坚持认为人们过去的环境或行为能创造对事物的不同权利或应得资格。它既与功利主义者、平等主义者或对幸福与平等关系持调和观点的人所主张的分配的正义决定于事物现在是如何分配的非历史原则即结果原则或目的原则根本不同,又与主张对每个人进行分配的模式化的历史原则,如按道德价值、对社会的有用性、需求、智商、努力程度或上述因素的总的平衡分配的原则不同,权利原则是非模式化的历史原则。按权利原则进行分配的非模式化,指的是分配没有固定的模式化标准,任何人都按自己意愿的方式来转让或交换,而这些方式都是人们无目的地随机选择的。这种非模式化的分配并不意味着它是不可理解的,它的简化公式是:“按其所择给出,按其所选给予。”

在诺齐克看来,由目的原则或模式化的分配正义原则赞成的任何模式都将转变为它所不赞成的模式。诺齐克以球星威尔特·张伯伦的著名例子来论证他的观点。假设一个自由社会已经实现了某种非权利论的正义观赞成的模式化分配(D1),每个人都得到了平等的一份,并对自己的那一份都能自愿地选择、转让或交换。

在这样的社会中,假设有一篮球明星张伯伦能吸引很多门票,他与一个球队自愿地签订了一份契约:在国内的每场比赛中,从每张门票里抽出25美分给他。一个赛季中,他得到了25万美元,这是一个比平均收入大得多的数字,于是就有了新的不平等的分配(D2)。张伯伦没有权利拥有这笔收入吗?别人能据正义的理由抱怨他吗?分配D2是不公正的吗?诺齐克指出,这一切都是自愿进行的,每个人都有支配其在D1中拥有的资源的权利,观众是自愿购买门票的,球队也是自愿签约的,其他人对观众把自己在分配D1中的所得转让给张伯伦亦没有提出异议。可见,个人自由搅乱了原来的平等分配模式,并由此转向了不平等分配。这说明,如果不去不断干涉人们的生活,任何目的原则或模式化分配正义原则就都不能持久地实现。为了维持这一模式,社会必须不断禁止这种自愿转让,所有人都必须自愿地禁止自己去做搅乱这一模式的行为。然而,这是不现实的,因为它所假定的所有人都很想维持这一模式、都能得到发现搅乱这一模式的足够信息以及都能协调行动以绝对适应这一模式等前提是不现实的。

模式化分配原则,除了上述的转向其反面的情况外,还导致了四个严重问题:一是它侵犯个人的自由;二是它变成了彻底的个人主义,因为它只考虑了接受,完全忽略了给予,只注意了接受者的权利,完全忽略了给予者和转让者的权利,也就等于忽略了生产者的权利,只考虑更好地分配,却不允许自愿的转让或给予;三是它确定了对人们及其行为和劳动产物的部分所有权,因为它不管你是否进入了生产社会产品的领域,不管人们是否愿意通过仁慈或交换来转让自己的所得,只是通过所得税等税收制度取走企业利润,或者使人不清楚东西的来路和去处这口社会大锅,来擅自利用人们及其行动,这等于拥有了对他人的部分所有权,给了每个人可以强行对全部社会产品的权利要求,即它从一种古典自由主义的自我所有权概念转向了一种对他人的部分所有权概念;四是它违反了道德边际约束,因为它的某些目标是不可能通过任何道德上可允许的手段达到的,如国家强制性地要求人们援助最贫困者必定会侵犯个人权利。

在批评、否定模式化原则的基础上,诺齐克集中讨论了持有正义理论与罗尔斯正义论的主要分歧。这些主要分歧是:①关于社会合作与正义的关系,诺齐克批评了罗尔斯认为分配正义问题由社会合作引起的观点,指出,即使没有社会合作也存在正义问题,且只有权利原则才能真正适用于这两种状态(即合作状态和非合作状态),而无须像罗尔斯正义论那样去鉴别和确定加入合作社会的各人的贡献大小和状况最差群体的地位。他同时指出,罗尔斯也没有把分配的是社会利益总额还是由合作增加的那部分利益明确区分开来,但关心的似是社会利益总额的分配,而这肯定不是那些相互进入合作的人们将同意的划分合作利益的方式。②关于差别原则对社会合作的意义,诺齐克批评罗尔斯将差别原则视为社会合作的公平条件的观点,认为,社会合作有普遍的合作与有限的合作两种,虽然普遍合作能给每个人带来比独自生存更大的利益,但是,实际情况是,从普遍合作中,才智较低者将得到比才智较高者更大的利益。即使如此,罗尔斯还以差别原则来使那些已经从普遍合作中得益最多的人更加得益。由此可见,差别原则并不是普遍合作的公平条件,而是才智较低者愿意合作的条件,才智较高者则有理由抱怨这种合作。这就说明,罗尔斯并没有为作为合作的公平基础的差别原则本身提出令人信服的理由。③关于分配原则的产生,诺齐克批评了罗尔斯的“原初状态”理论,认为,据罗尔斯的理论,无知之幕后的理性自利的个人在选择适用于制度的原则时,为防止某些人把分配原则剪裁得适于他自己的利益,仅仅根据对结果的分配来考虑,因此,他们能一致达成协议的原则,一定是目的—结果原则。这表明,罗尔斯的原初状态排斥了对权利的考虑。诺齐克认为,所达成的正义的分配原则应该既适用于社会基本结构,又适用于日常小事,而日常小事已经包含了权利,罗尔斯正好排斥了日常小事和特殊状况,也就排斥了本应有的权利原则。而且,任何结果都要因其起源和历史而被接受,因此,任何分配原则都是涉及过程的理论,都必须从某种本身并不是作为过程的结果而得到证明的东西开始,罗尔斯正义论也涉及到过程,但从此过程通过契约产生的原则却不是过程原则或权利原则,而是规定其应有结果的差别原则,并且,他不把过程原则作为判断一个社会制度的分配正义的基本原则,这些都是毫无道理的,同时说明他的原初状态理论是有缺陷的。④关于自然资质对分配的影响,诺齐克批判了罗尔斯的多个观点。罗尔斯认为自然资质或天赋是不应得的,从道德观点看是任意的,不允许分配受天赋的影响,应当把天赋看作是一种集体资产或共同资源。诺齐克指出,罗尔斯不能用道德应得为论据证明取消由天赋引起的分配差别的论点,因为罗尔斯本人否定德性影响分配的观点,也没有提出反驳不应取消按自然资质差别进行分配的观点的有力论据;他的由天赋引起的事实从道德观点看是任意的说法是暧昧不清的,而且,他的将天赋看作集体资产的观点,将会导致禁止人们利用它们来为自己或别人谋利、消除除为他人和社会服务的自然资质以外的额外的资质和才能的现象。诺齐克认为,不管自然资质从道德观点看是否任意的,人们对其自然资质是有权利的,对来自其自然资质的东西也是有权利的。

在集中批评罗尔斯的主要观点之后,诺齐克转向对其他观点的批评。他指出,将平等视为国家的合法功能的论据是令人惊奇地缺乏的,主张平等分配的人,不管分配的东西是怎么来的,只看分配的外观或结果,不管贫富悬殊是怎样形成的,只强调国家必须做些什么以改变这种状况。要达到作为平等主义的最低目标的机会平等的方式有两种:一种是直接削弱那些机会较好者的状况,另一种是改善那些机会较差者的状况。后者需要使用资源,所以涉及到削弱某些人的地位,侵犯他们的权利。在缺少魔杖的情况下,还剩下的达到机会平等的唯一手段就是说服人们自愿地贡献他们的一些持有。由于人们只关心实际上要得到的东西,以及争取机会的过程是竞争性的,自愿贡献是不可能的。机会较差者不要抱怨机会不平等是不公平的,因为这不是不公平的,只是一种不幸,不应禁止。因此,认为每个人对机会平等都有权利,并可强行这种权利的观点是错误的,其错误就在于:这些"权利"要求事物、材料和行为作为其基础,而其他人可能对这些东西已经拥有权利。

诺齐克认为,把平等与自尊联系起来是有道理的,嫉妒也隐藏在平等要求背后。由于平等是缺乏论证的,因此将消除嫉妒和保证自尊作为国家的合法功能也是没有得到证明的。实际上,自尊和嫉妒是建立在差别上的。与此相联系,一个社会保证自尊、消除嫉妒的最有希望的途径,就是对社会的许多不同方面没有统一的权衡。社会的统一权衡和评价没有被打破而企图通过国家外部干预以扯平在自尊所依附的、人们共同努力的某一重要方面的差距来平衡自尊和减少嫉妒的做法,是不可行的。保证自尊的一个方面被认为是使人们从事有意义的和令人满意的工作,但这种工作分工比起较少意义的工作分工来效率要低,也给公司的生产组织、工作者本人的收入、消费者的支付带来不利影响,因而,它同样不合理。对公司进行组织管理的工人自治方式,同样是低效率的,这种平等主义目的模式会损害人的利益。将反对剥削看作国家的功能也是没有道理的,因为剥削理论认为只要工人掌握了生产资料就不会存在剥削,然而,在我们的社会里,工人为什么没有把私人现金储备用来建立工人自治的工厂、自己来掌握生产资料,却反而选择在私有企业中工作呢?证明将非自愿的交换、强制个人捐助、保障人们对严重影响到自己生活的决定有一发言权、为获取个人经济利益而进行的对国家权力的不合法运用等看作国家功能的论据(以及它们的结合),没有一个能够成立,最弱意义国家仍是能够证明的功能最多的国家。

诺齐克进一步指出,比最弱意义国家功能扩展的国家,由于建立在人们并不把所有权看作占有一个事物,而是看作在实现某事物的一组可允许的特殊方案中选择其中一个的权利的基础上,实际上偏离或侵犯体现在道德边际约束中的个人权利,因而这种国家是相当无吸引力的,甚至会被停止其继续活动。

三、乌托邦

诺齐克在证明最弱意义国家在起源和功能方面具有道德合法性后,在此讨论了它的可欲性和吸引力问题。

诺齐克认为,乌托邦理论家们加给他们所梦想的乌托邦社会的所有条件,若放在一起显然有矛盾,不可能同时、也不可能连续地实现所有社会的和政治的善,这正是人类状况中的一个令人遗憾的事实。而他所讨论的主题,不是满足了所有人愿望的最完善的乌托邦,而是最弱意义国家,是所有可能世界中最好的世界。但是,对你而言是最好的世界,对他人来说却不是最好的世界,他人就会离开你的世界,于是,你就放弃这个世界,又想象出一个最好世界。这一过程持续下去,就会产生一个这样的稳定世界,其所有居住者都无法想象另一个他们宁愿生活在其中的更好世界。这个世界不可能是你当君主的世界,而是满足了每个人在其中都得到了他对这个世界的边际贡献之一般条件的世界。它可能给一个人在他看来要比在那些给予者看来更有价值的东西,他的主要利益可能来自这一社会中与他人的共存,而这又可能并不涉及到别人的任何牺牲。在这一世界中,虽然别人给得较少,但他得到的却较多。而且,它也不会由一些在同样方向竞争最优地位的自恋者组成,相反,其中的各个具有不同优点和才能的人,生活在一起互益互补,每个人都愿意生活在与自己处在同一水平的不同才能和优点的人们中间，而不愿在相对平庸的人们中独自大放光芒。

上述可能世界只是想象世界，这一世界模式与其对现实的投影（即乌托邦结构）存在巨大差别。乌托邦结构（framework for utopia）偏离可能世界模式的方面有：①可能没有愿意生活在其中的足够多的人；②在现实世界的共同体之间存在着冲突；③需要信息和迁居费用；④有人可能限制迁徙自由。在这一社会中，存在着一些自愿组合的共同体，可以进行各种乌托邦试验，容有不同的生活方式，各种善的观念可个别地或共同地被追求。虽然它没有满足实现想象世界的所有条件，不如可能世界模式那样可欲求，但比起只存在一种共同体、只有某一价值体系能被满足的世界来，它是更可欲、更可行的，有较多的人能按照他们所意愿的方式生活。

这一乌托邦结构可欲可行的理由有哪些？诺齐克认为对此问题的回答主要有三条思路。

第一条思路从人是有差别的事实开始。人们在气质、兴趣、理智能力、渴望、自然倾向、精神追求、愿意采用的生活方式方面各不相同，他们的价值及对价值的评估也互不相同。于是，毫无理由认定只有一个共同体可作为所有人的理想。客观上对每个人最好的生活不止一种，而且，对一个人来说是客观上最好的生活，但客观上都不比其他生活更好。在乌托邦中，并不存在一个所有人都能在其中生活得最好的社会，也没有唯一理想的生活方式，人们自由地联合起来，各自追求和实行自己认为好的生活观念，任何人都不可能把自己的乌托邦观念强加于他人。因此，乌托邦社会是具有乌托邦精神的元乌托邦（metautopia），是一种人们在其中可进行各种乌托邦试验、可自由地做自己的事情的环境，是要稳定地实现较多特殊的乌托邦就必须首先实现的环境。

第二条思路是，既然所有的善并不能同时实现，就必须使它们机会相等，就必须允许各种共同体作为选择对象出现，让每个人都能选择那最符合自己价值观的共同体。这是自助餐厅式的乌托邦观念。

第三条思路建立在人们是复杂的这一事实基础上。假设有一个对所有人来说都最好的社会,我们可用设计手段(design device)和过滤手段(filter device)两种方法来描述它。由于人及其关系是复杂的,因而,通过设计手段很难达到一个先验的范式。对于那些知识有限、不能准确知道可欲目标的性质的设计者来说,过滤手段是特别恰当的。过滤过程是可变的,能产生其性质更完善、优点更突出的新候选对象。由于各种观念事实上都必须试一试,就一定有许多试验不同观念的共同体。任何人或群体都可以设计一种共同体类型并说服他人加入这种类型的试验,以实施自己的设想,创立一个吸引人的范例。过滤过程的目的,是要找到人们想居于其中、自愿选择在其中生活的那些共同体。这一乌托邦结构的运行,作为一种优越的过滤过程,不可能达到一个所有人都能在其中生活得最好的社会,而只是发现最好社会的性质的最好手段。于是,这一结构能与所有特殊乌托邦理想都相容,并成为每个人实现其特殊梦想的共同基础。

在这种乌托邦结构的运行中,人们虽然有很大的自由来选择共同体,但在许多特殊共同体内部却可能有共同体不允许其成员逃避的许多限制。共同体与国家不同。国家不可以强制进行再分配,应该提供人们有权逃避国家的要求的机会,而共同体却正好相反,且这样做是合法的。其差别不只在于在一定地域内可供选择的共同体有许多、可供选择的国家却只有一个,而且在于国家的成员并不直接联系,因而对国家的不服从并不就是个人权利遭到侵犯,共同体成员却在直接接触中相互影响,因而一个人不可避免地要面对他觉得是冒犯自己权利的事情;共同体有权决定要服从哪些规定,国家却不能。共同体是通过自愿行为这一手段建立的,任何人都无权把他们的统一理想加给其他人,可以选择加入这一共同体,也可以选择离开它,无人可以代为别人选择。总之,在这一乌托邦结构内有各种特殊共同体,正是在这些共同体中,一个人的非帝王式的理想或好社会的观念要被提出和实现。正是各种特殊共同体实现了许多人的不同理想,这一乌托邦结构(即最弱意义国家)才有生气、活力和可欲性。说到底,不侵犯个人权利的即道德上合法且可取的国家,是能最好地实现许多人的特殊理想的可欲求的国家。

(彭定光)

道金斯

自私的基因* (1976)

理查德·道金斯(Richard Dawkins,1941—),当代著名的进化生物学家和行为生态学家。出生于肯尼亚一位英国农学家的家庭,从小接受过较好的教育,尤其是生物学方面的训练。成年后回英国牛津大学就读,曾师从1973年诺贝尔生理学医学奖获得者、生态学家廷伯根(N. Tingbergen),获得动物学博士学位。后去美国加州大学伯克利分校任教。1970年回牛津大学担任动物行为学(动物生态学)讲师,1989年任高级讲师,后转为教授,作为廷伯根的学术继承人。

《自私的基因》初版于1976年(其准备期始于1972年),立即成为畅销书,1989年再版。再版在初版基础上有较大增补,增加了大量注释以适应新的发展和答复批评,初版的不妥之处也得到

* 原书名为THE SELFISH GENE。本文根据中译本《自私的基因》(卢允中等译,长春,吉林人民出版社,1998年)撰写。

纠正。道金斯的著述一向思想新颖、文笔优美、通俗易懂,其风格乃是以科普形式阐发自己的研究成果和学术思想。他的书几乎都成了畅销书,影响很大的还有《盲钟表匠》(1985),《流出伊甸园的河》(1995)。道金斯的影响甚至对专业科学家也是深刻的,DNA 双螺旋结构的确立者、诺贝尔奖获得者克里克(F. Crick)就极力推崇其自私基因理论。"自私基因"的概念也进入了教科书并引起发育遗传学家们的兴趣。道金斯因其畅销的科普著作而荣获过英国皇家学会写作奖和《洛杉矶时报》科技图书奖。

《自私的基因》的基本观点是,自然选择的基本单位是基因而不是个体或群体,个体和群体的行为都可以还原到基因行为的自私性上。为了避免误解,道金斯在再版时尽量说明动物行为与人类行为的差别,并强调"自私"的隐喻性。尽管如此,该书的伦理意味仍很显明。对某些假定和计算模式加以拓展和改进是可以探讨人类行为的某些方面的,用博弈论或相关数学模型探讨具有伦理意味的问题的尝试已引起将其运用于人类行为模式及其伦理后果之研究的兴趣。道金斯的具有伦理意味的思想在学科门类上应属于进化伦理学或较为宽泛的生命伦理学。

《自私的基因》虽然有明确的主题,却没有严谨的逻辑结构,这是由其科普性质决定的。全书共 13 章,大致可分为七个部分。第一部分是开篇词,表明作者的基本观点(第 1 章);第二部分考察生命起源和分子水平的自私性(第 2 ~ 3 章);第三部分谈论生物个体与基因自私性的关系(第 4 章);第四部分则论述各种群体条件下的基因自私性(第 5 ~ 10 章);第五部分探讨人类文化行为(第 11 章);第六部分是再版新增的带总结性的部分(第 12 ~ 13 章);第七部分是注释部分,详细解释正文部分引用的资料和事例(本提要未加顾及)。

一、关于自私基因的理论

道金斯一开篇就明确该书的主题是探讨利己或利他行为的生物学本质。“我们及所有的动物,都是基因(gene)制造的一部机器”①,是基因自私性的工具,“基因的自私性(genic selfishness)常常导致个体的自私性”(P.3),但“有些基因为了更有效地达到其自私的目的,在某些特殊情况下,也会滋生出一种有限的利他主义(limited altruism)”(P.3)。

道金斯决不满足于用自然界的事例来佐证基因的自私性,而是试图将它扩展为一种生物进化的基础性理论。自达尔文以来,生物进化论者普遍在探讨自然选择的单位,相当多的进化生物学家都自然而然地接受这样一种直觉性理论,即自然选择的基本单元是生物个体,因为只有个体才能成其为真正的独立自主的生命体。另一种自然选择单位理论是“群体选择论”,它首先由爱德华兹(W.Edwards)提出来,后来得到了很多生物学家尤其是有生态学背景的进化生物学家的赞同。道金斯则试图表明,基因本身就是自然选择的基本单元,个体和群体都是基因行为的工具。其学说可以称为“基因选择论”。

然而,必须注意,道金斯“并不据此提倡以进化论为基础的道德观”(P.3),人类毕竟是有意识和目的的。“对人类行为的探索过于复杂,它不仅涉及到人类行为本身,也涉及到探讨者的观点和立场。基因可以驱使我们的行为自私,但是我们也可以不做它的终生奴隶。”(P.4)基因选择论只是探讨进化的模式或者说基因进化的动力。

---

① 道金斯:《自私的基因》,中译本第2页。以下引文出自本书,只注明页码。

二、基因自私性的起源

1.原始的复制者

为了探讨基因自私性的起源,道金斯拟定了一个包括"适者生存"在内的宇宙论:稳定者存在(survival of the stable)。这一法则适合于宇宙中的一切事物,从宇宙起源到生命进化。正因为如此,生命起源的关键步骤是在"原始营养汤"中产生出稳定的复制者(replicator,中译本译为"复制基因",不妥,因此处并不涉及基因或DNA)。复制者的产生或许纯属偶然,但一经产生就会因为稳定的自我复制而得以扩增繁殖。

复制者是宇宙进化的一个新阶层,是一种全新的"稳定性";从一开始,这种稳定性就显露出自私性。首先,由于它的复制和繁殖,构成它的低阶层元件日渐减少;其次,由于它的势力强盛而使得其他复制者难以形成,因为它掠夺了"原始营养汤"中的低阶层元件。从本质上讲,复制者具有掠夺性和自私性,它从来就不愿意进化,但由于它面临环境中其他复制者的挑战和破坏,因而以极小的几率出现差错(突变),并由此得以进化。复制者生存竞争中表现出来的自私性的结果是,那些复制速度较大或出错率较高的复制者将成为赢家。

随着竞争激烈程度的增加,成功的复制必定要捕获更为复杂的结构并与之协调一致,自然选择同样适应于前生命进化。原始复制者终于从无机盐演替为 DNA。40 亿年过去了,"它们成为了掌握生存艺术的行家老手"(P.22),它们成功地将宇宙的精神即人类个体作为其"生存机器"。

2.不朽的 DNA 双螺旋

一旦 DNA 成为复制者,其"双螺旋结构"就成了永恒不朽的自私性结构,因于其稳定和保守。从细菌到大象,尽管它们的生存方式迥异(或强大、或弱小、或灵活、或笨拙),却都无一例外地沦为DNA开发和利用的生存机器。由于沃森和克里克1953年的伟大发现,DNA成为了妇孺皆知的“分子明星”,并且一直光芒耀眼。DNA就寄居在我们的体内并浓缩了我们的外形和生理功能的全部信息,我们就是根据这些信息的指令长成现在的模样。DNA的自私本性在我们的生命中暴露无遗:其一,它永不停息地自我复制,确保其生存权;其二,它不停地扩张其势力范围,通过RNA指导蛋白质(它的殖民工具)的合成,从而建造我们的身体。基因只是DNA上的一个小片段,一个DNA分子上集结了许多基因。

基因虽然自私,却并不拒绝协作,相反,为了共同的冒险事业(制造生物体),基因可能通力协作,且每个基因所作的贡献几乎难分伯仲。基因是高度群居性的,这种群居体就是染色体。

基因的群居性(gregariousness)只是基因个体的工具,基因为了达到自身的目的会不停地变换群体。这种变换通过性来实现。性细胞形成时会在减数分裂的过程中交换部分基因。基因交换发生在同源染色体间。两条同源染色体上相同位置的基因互称等位基因。等位基因也是极端自私的,其中一个得以表达,而另一个的发展权则被剥夺。前者叫“显性基因”,后者叫“隐性基因”。争取显性优势的结果导致了复等位现象(如人的肤色基因就可以看作是复等位基因)。染色体之间还会发生广泛的侵略性移位,产生染色体畸变,如倒位、易位、断裂、重复等,这种战争的受害者不是基因而是个体,它导致各种遗传病。

由于基因的交换,基因的结构性定义变得艰难。有人曾把对应于一个蛋白质分子或多肽分子的DNA片叫做基因,结果却导致结构困难:一个基因可能被分成不同片段而位于不同染色体上。威廉姆斯(G.C.Williams)对基因作出了进化论式的定义:“染色体物质的任何一部分,它能够作为一个自然选择的单位连续若干代发挥其作用。”(P.33)自私基因理论采用了这个定义。

基因交换(重组)会产生一些特别适应环境的个体,并在种群中扩散,如拟态或保护色就可能是重组的结果,它使个体模拟环境的形态或颜色而逃避敌害。染色体交换时,片段愈长则愈易被拆散,这就是说,愈短的DNA片段,其自私性愈强。

基因的唯一特性是稳定性(stability),唯其如此才被选择为遗传单位,不论个体的寿命如何长久,不论群体如何强大,它们终究要死亡、消散,而基因却是永恒的,只要生命存在,基因就存在。基因通过自我复制而永恒。生物的多样性也正是基因自私性的产物:等位基因的竞争导致等位基因数量的增加,造成群体中的个体差异;非等位基因间的竞争导致染色体的差异,从而导致种群的分化。

优秀的基因是生存手段上先进的基因,早期有害的基因会因为生育前的个体死亡被淘汰,晚期有害的基因则不会。基因也利他,但却是为了自己的利益:免于被淘汰,延长个体的寿命。

三、个体:基因发动机

生物个体最初作为基因的贮存器而存在,作为一个保护屏障,使基因能够抵御其竞争对手所发动的化学战及意外的分子轰炸。

在进化过程中,动物是“活跃而有进取心的基因运载工具”(P.59)。动物进化的关键是出现神经系统和肌肉,它们能够协调工作。神经系统愈来愈复杂,首先分化出各种感觉器官,然后是脑这样的高级中枢。终于,一个完善敏捷的“负反馈”机器被制造出来了。这是一种有目的的机器。

动物的行为对基因具有一定的自主性(autonomy),犹如计算机对制造软件的人具有自主性。动物的软件是神经系统,但它归根结底由基因决定。基因对未来的发展具有预见性,它把应付环境的各种策略都贮存在自己的软件中,指导胚胎与成体的发育。

基因对动物行为的预决具有风险性,它通过控制动物的单个行为来适应环境。如果环境变迁,这种预决就可能带来麻烦,如人类原始条件下的嗜糖、油脂食物成为今天肥胖综合症的原因。模拟是避免风险的最好策略,是根据预先的假定作出的逻辑推演——理智行为,人类是唯一以模拟方式避免风险的物种。

基因的自私性并不意味着个体间缺乏利他性合作;恰恰相反,基因为了实现自身的自私性,大大地发展了利他性。利他性常常建立在个体间的沟通上,求爱、避害信息、求助等都是沟通方式。有沟通必有反沟通,即撒谎或欺骗,这也是动物行为中普遍存在的——当然,这一切都是无意的本能行为。

四、各种生态行为中的基因自私性

1.种群内的攻击行为与种群稳定性

当食物或配偶短缺时,同类个体会互相残杀。但这种行为并不经常发生并且常常是有克制的和具绅士风度的。这可以用博弈论的结果来加以解释:首先,攻击的胜算只有一半;其次,对手会有许多并各自为敌,观望其他对手的搏斗是明智的。史密斯把这种方案称为“生物进化的稳定性策略”(ESS,Evolutionarily Stable Strategy),它一旦被自然选择确定,就会稳定下来,成为各个种群的行为模式,偏离者将被淘汰。运用逻辑设定的事件过程可以证明,不同的物种可能采取不同的ESS策略。ESS不是群体选择模式,得分高的种群并不代表进化的方向。任何种群的ESS都可以通过清除内部的叛徒稳定下来。ESS并不是利益最大化策略;物种稳定性与利益最大化是两个不同的层次,是稳定与发展的关系。

ESS是行为模式形态,其内部结构复杂多样,如攻击型、攻击—逃跑型(先攻击,遇抵抗则逃跑)、试探还击型、还击型等。计算机模拟结果显示,还击型最佳,试探还击型次之,攻击型复次之,看似聪明的攻击—逃跑型最差。也存在一种“消耗战”策略,它通常是有坚韧甲壳(如节肢动物)的攻击方式:双方互相对峙直到一方有认输迹象(如触角抖动)。这种对峙是漫长的,因为说实话和说谎话都是不利的。

ESS 是达尔文进化论创立以来最重要的发展之一,它同样适应于基因水平,同一染色体或不同染色体的基因群体的行为也符合不同的 ESS。ESS 需要环境背景,对每一个基因而言,基因库就是这样的环境。“优秀的”基因是从库中盲目选择下来的,它们具有能够建造高效能生存机器的能力,它们构成了一个稳定的基因库,不断抵抗着破坏这一稳定性的新基因(突变)——除非这种破坏不太大,并且可以达到一种新的稳定水平。在这样的过程中,基因推动了物种的渐进进化,而不是古尔德式的突现进化(间断平衡)。

2.基因家族:近亲选择

在利他行为中,动物对近亲和无亲缘关系的同类会有所区分,对近亲的利他性远远大于对非亲个体的利他性。这种利他性正是基因自私性的表现,近亲间基因的相似性(同源性)大大高于非亲个体间的。基因实现这种自私的利他性的基本过程是:(1)赋予同源基因个体以形态标志(如白毛或绿须);(2)对有相同形态标志的个体实施利他行为。

汉密尔顿于 1964 年运用复杂的数理公式证明:动物个体为挽救临危的近亲而献身,乃是因为这样的行为可以抢救更多的自己体内的基因拷贝。这种行为被进化生物学家称为近亲选择(kin selection),它是一种相似性选择,不同于个体选择和群体选择中的差别性选择(后两者的结果趋向多样化)。

基因驱使个体作近亲选择乃是一种风险投资,其收益情况可用公式表示:净收益 = 对自己的利益 - 对自己的风险 + 1/2 对一个兄弟姐妹的收益 - 对一个兄弟(或姐妹)的风险 + 1/8 对一个堂

兄弟姐妹的利益 - 1/8 对一个堂兄弟姐妹的风险 + … - … + 1/2 对子女的利益 - 1/2 对子女的风险。在这里,拯救一个子女的利益与子女间相互拯救的利益是相同的。

动物个体对近亲的选择是生态性的,只有在统计意义上才有效,研究单个行为是没有意义的。也许由于近亲辨认的困难,动物常常将这种利他行为以较小的概率扩展到同类中(在人类中,这种概率则大得多)。正因为近亲选择只在统计意义上才有效,所以反例随处可见,母猴会偷养其他猴子的幼仔,布谷鸟会将蛋产在其他鸟的窝中。

3.计划生育:生育和抚养

遗传上,父母与子女的利他关系同子女间的利他关系是相同的,而实际上却差异很大。这类行为与其他"近亲选择"是十分不同的,可称之为"家庭行为"。在家庭行为中,个体生存机器一开始就必须作出两类不同的决策:生育决定和抚养决定。生育和抚养之间存在着竞争。从生态稳定性的角度看,抚养与生育的混合策略在进化上是能够稳定的,单纯抚养的个体会被精于生育的个体所取代。

瓦恩—爱德华兹的"人口调节"(population regulation)理论就是一种计划生育(family planning)理论。他认为,动物个体为了群体的整体利益会"有意"降低出生率。瓦恩一爱德华兹进一步解释说,能够约束个体出生率的群体,其灭绝的可能性要小;出生率限制的两个重要因素是占据区和种群内统治阶层的分化,占据区较小的个体和处于低层的个体会丧失交配权甚至捕食权。

拉克则不自觉地用自私基因理论解释了动物的计划生育。动物产卵数量是有限的,不同个体的差异由不同等位基因控制;抚养的代价比生育更昂贵。占据区要通过残酷的搏斗才能获得,失败者只能沦为一无所有的流浪者。同样,出让交配权和食物权的低层个体并非出于整体利他性,而是在等待最佳时机,如偷袭或高层个体死亡等。

4.代际之战

父母对儿女的偏爱乃是亲代投资不均等。抚育儿女是一种投资。崔弗斯于1972年提出“亲代投资”(parents investment，费希尔曾在1930年提出类似的“亲代支出”):亲代对子代个体进行任何形式的投资,从而增加了该生物个体生存的机会,因此它们得以成功地繁殖,这是以牺牲亲代对其他子代个体进行投资的能力为代价的。

亲代投资的策略是什么?是否应该有所偏爱?由于遗传系数均为1/2,父母不应偏爱某一子女,其理想结果是尽可能多和尽可能平均地抚养成活子女,直到它们生育。在实际行为中,亲代却常常忽略弱小的个体,这种策略可以保证健康的个体生存并延续其基因;而在同样健康的个体中,舍弃长子还是次子则要权衡一番:取长子而舍次子或许可以减轻抚养的负担,但如果长子已可以自己捕食,则取次子可使基因利益最大化。

从遗传上看,亲代对自己的关注是对子女关注的2倍,子代对自己的关注亦为对兄弟及父母关注的2倍,所以它们的相互关系中常常是混存着利他与利己的成分。喂食、哺乳都表现出了这种矛盾性。小鸟为获得食物常常使用说谎甚至讹诈的伎俩。

在代际之争的胜利者问题上,亚历山大认为,一般而言,亲代总是占上风。亚历山大的理论建立在遗传不对称假说的基础上,而实际上并不存在遗传上的不对称,它们的系数均为50%。也有人认为,子代可能因为年轻而取胜。其实,亲代优胜论和子代优胜论均失于偏颇,都把问题设想得过于简单。亲子代在遗传上是对称的,但在生理上却不对称,亲代掌握食物分配权,且有丰富的生存经验,而子代却可以撒谎,表达情绪;因而亲代和子代的胜数并没有确定不移的唯一结果。自然选择有利于亲代的权威和子代的欺骗,决不是对人类道德的嘲讽,利他主义毕竟不是先天的。

5.性别之战

没有血缘关系的配偶之间比有50%血缘关系的亲子或子代之间更有可能存在冲突。配偶的共同基础是对子代各有50%的遗传投资。配偶之争的核心是建立什么样的亲代投资策略:是尽可能少地在特定子代上投资以便有更多的机会投资于跟别的配偶产生后代,还是相互合作共同投资?

不少物种的雄性采取尽可能多地与异性交配并让雌性抚养后代的策略。崔弗斯由此提出,配偶是一种互不信任、互相利用的关系。性别之战的根源在于性别行为的不对称性,从染色体(雄性为XY,雌性为XX)到细胞(卵子大于但少于精子)到生殖(雌性怀孕、生育);于是雌雄采取不同的投资策略,前者"诚实",后者"自私"。

存在着两种借自然选择而进化的性别竞争策略:"恋家策略"和"大男子策略"。第一个策略表现为雌性对雄性忠于家庭的程度作预先考察,雌性在交配前保持适度的矜持和忸怩,向雄性提出食物、筑巢等要求——这样,雄性在雌性产仔后就会考虑离弃的代价——但其稳定性极易被放荡的雌性个体所损毁;或许最好的结果是雄性有5/8的忠诚,3/8的花心,雌性有5/6的矜持,1/6的放荡。在第二种策略中,雌性拒绝大多数雄性,只挑选优秀的雄性,并不计较它是否抚养后代,这样,少数雄性妻妾成群,大多数则终身难娶。一夫一妻、群交或一夫多妻都是这两种策略或其变种形式造成的。

人类的许多性行为颇似动物,但那却是十分不同的机制造成的。

6.群居行为

动物的群居行为是一种"人人为我,我为人人"的相互利他行为,这种行为肯定来自其遗传结构,即基因从群居生活的交往中得到的好处多一些,而付出的代价少一些。群居性可以由一个自私基因模型来说明。任何个体在受到攻击时都希望找到一个同类来分担危险,而且,它们不断向中心运动以避免处于危险的边缘,这样就自然聚集成群了(在群居动物中,任何一个逃逸者都可能首先遭到毁灭)。蜜蜂是群居动物的极端例子。其中,工蜂最富牺牲精神,它们提供食物和贮仓,以自杀性策略抵御侵略,其深刻的原因乃是工蜂不能生育,不能繁殖自己或种群的基因。

物种之间也存在群居性,共生即是这种情形。物种群居存在三种可能的策略:傻瓜策略(总是利他),骗子策略(总是利己),小气鬼策略(回报大于服务时才利他)。计算机模拟显示:三种策略独自运行,骗子策略是不稳定的;而三种策略并存时,则首先是骗子以消灭傻瓜而繁荣,小气鬼步履维艰,然后是骗子内耗而使自己锐减,最后只剩下小气鬼。

五、人类文化:自私的拟子

对动物群居性的讨论,为对人类行为的讨论提供了一个过渡性基础。在讨论人类文化行为时,“拟子”(meme)一词 被杜撰出来。它来自希腊词根 mimeme,意为“模仿”,意义接近于“复制”。人类文化的传承乃是因于学习、记忆和模仿。

拟子在人类文化中是普遍存在的。如同基因重组,拟子库中的拟子通过模仿而繁衍,从一个头脑传播到另一个头脑。汉弗莱认为拟子是有生命的,我们的头脑就是传播、繁育拟子的工具。有些拟子流行一时(如时装或发型),而有些拟子则经久不衰。这种差异固然与其传播方式有关,但起决定作用的是其生存能力和繁殖能力,如科学论文被引用的次数,神的观念对维系现实生存、缓解不平衡心态的作用。

拟子的重组是颗粒式的还是融合性的,这涉及到拟子的定义。像基因概念一样,拟子的恰当定义很难找到,一种文化现象只能看作是众多相互关联的拟子的复合体。基因性状定义、染色体定义、

DNA 定义等的困窘情形也可以在拟子进化中找到。

如同基因,拟子也是自私的,它只关心自己的繁殖和传播,但拟子不像基因那样存在等位竞争,它较类似于早期的“复制者”,自由地流转于思想或文化拟子库中。拟子竞争的关键因素是时间和容量。持续的时间较长,占有的容量空间较大,就可以在竞争性中获胜。形成拟子复合体也是生存竞争的手段,神的观念与宗教仪式、宗教组织或艺术等就复合成了一个牢固的传统。拟子复合体的生存繁育能力是明显的。苏格拉底的一两个拟子存留人世并不会繁荣,但它们与达芬奇、哥白尼和马可尼的拟子结成的复合体却至今依然茂盛发达。

虽然拟子与基因有着多方面的可比性,但对人类文化的进化作生物进化的辩护却是没有充足理由的。生物进化与文化进化毕竟是两种不同的进化,拟子只是说明了文化的进化模式,而不是文化的内容;更为重要的是,人类具有独特的预期意识和目的,而基因却没有。

六、理论总结

1.基因的博弈:善有善报

“囚徒二难”是一个饶有趣味的问题,经济学家、政策顾问乃至伦理学家都对之青睐有加。“囚徒二难”有不同版本的说法,其基本含义是:两个同案嫌疑犯在被捕后不能串供的条件下应采取什么样的策略才有利于自己?它存在四种可能情形:(1)己方背叛,对方合作:(2)互相合作;(3)互相背叛;(4)己方合作,对方背叛。在这四种情形中,得分依次为(1)大于(2)大于(3)大于(4)。对囚徒的一方而言,他采取背叛策略可能得到最大利益(第一种情形),但风险并非最大(第三种情形);而他采取合作策略得到的利益并不最大(第二种情形),风险却是最大的(第四种情形)。

以上只是经典的模式,是囚徒一次运算可能的结果。博弈论专家在假定某些操作规则后对经典模式进行反复使用,并用计算机模拟得出结果。这些规则有:“针锋相对”策略,一报还一报,一方完全模仿对方;“天真的试探者”策略,一方偶尔(以一定的概率)背叛;“自责的试探者”策略,一方偶尔背叛之后会因自责而放弃后续的几次报复;“两怨还一报”策略,对方背叛两次后才报复一次;“宽恕”策略,一方对另一方的背叛记忆短暂,报复不会持久。上述策略在现实的生态行为中都可能存在,它们又可以两两组合形成新的策略对抗。这些策略对抗又可以采取不同的“赛制”,如循环赛制或淘汰赛制等。1981年,曾有人模拟ESS进行了博弈大赛,其结果发表在著名的《科学》期刊上。在比赛初期,大约有一半“善良型”策略,另一半为“针锋相对”型和诡诈型策略。在演化过程中,诡诈型一开始就占了上峰并达到鼎盛,然后急剧下降直到灭亡,最终,善良型从毁灭的边缘重新繁荣起来。这就是“善有善报”。

进化生物学向来以数学理论作为其方法论基础,如综合进化论对基因频率变化的统计分析,中性学说对核苷酸和氨基酸替换速率的计算等。博弈论可以看作是自私基因理论的数学基础。

2.基因与躯体的博弈:基因苦旅

博弈论只是自私基因的数学基础而非概念基础,其概念基础乃是把躯体(个体)当作基因的工具,当作其延伸的表现型。

自然选择并不直接作用于基因,而是作用于其延伸的表现型,这正是理解自私基因理论的重大障碍,因为人们常常把个体当作自然选择的主体。个体选择论无法解释一个基因损害其他基因的事实。例如,控制减数分裂的基因可能发生突变而成为分裂扭曲子,当它们纯粹结合时会导致胚胎死亡(隐性致死),杂合子则正常生长;在检验杂合子老鼠的精子时,生物学家们惊讶地发现其中含扭曲子的精子占95%,而正常精子只有5%,这显然违背50%的分离规则,扭曲子却因此能以比其他突变基因大得多的速率在种群中迅速传播——这种传播似乎受到了外力的作用。这种假想的外力被称为“减数驱力”,其根源乃是扭曲子使减数分裂不对等,从而偏向自身的繁殖。因为纯合扭曲子致死,所以个体选择论无法解释这一损害个体利益(亦即损害其他基因)的基因行为。自私基因理论可以很好地解释这种现象,即扭曲子只关心自己的繁殖。寄生现象也可以用自私基因理论来解释。有些寄生虫(或病毒)含有与宿主相同的基因成分,这乃是因为它们有共同的未来,寄生虫需要借宿主繁衍自身,犹如宿主自身需要繁殖一样——或许,寄生最终会发展成为共生。如果自私基因理论成立,那么自然选择必定特别有利于基因从一个细胞或个体跨越到另一个细胞或个体;引起传染病的生物的惊人的扩散力正是应验了这一推论。另外,有的基因还能够在染色体(不同部位)之间跳来跳去(它们被称为跳跃基因),这也是一种基因自私行为。可以说,染色体只是基因互相寄生的结果。诚然,基因自私的极端情形现今并不普遍了,我们的生命毕竟经历了几亿年的进化,有限的利他比极端的自私更能保存自己。但无论如何,利他都只是工具性的。

要理解自私基因理论,不但要彻底破除个体选择论的神话,还必须解决三个问题:(1)为什么基因会在细胞里集结成群?(2)为什么细胞会集结成身体?(3)为什么躯体经历“瓶颈”生活史过程(即从单细胞开始又依赖单细胞繁殖)?第一个问题涉及基因利他性的原因,前面已经解释过;第二个问题的关键在于单细胞生物和多细胞生物何者能更好繁衍,即何者能成为更好的基因工具,显然,多细胞生物胜于单细胞生物;第三个问题涉及有性生殖与无性生殖的区别,多细胞只能以无性方式繁殖,它只能在营养充足、条件良好的状况下进行,因此有性(单细胞)繁殖的风险显然远远低于无性(多细胞)繁殖的风险。

让我们以一个简短的宣言,来概括一下道金斯的自私基因理论中的生命观:复制者是基本单位,是所有生命的主要动力;复制者是宇宙间任何能够制造复本的东西;复制者是进化的偶然之箭的产物,但它一经产生就可能无限地自我复制。

(颜青山)

麦金太尔

德性之后[*] (1981)

阿拉斯代尔·麦金太尔(Alasdair MacIntyre,1929—),当代英国著名的道德哲学家,德性伦理学的主要代表人物。出生于苏格兰的格拉斯哥。1949 年在伦敦大学女王玛丽学院获文科学士学位;1951 年在曼彻斯特大学获哲学硕士学位。之后,先后在曼彻斯特、牛津、利兹等大学任教。1969 年移居美国后,在普林斯顿、艾色克斯、布兰狄斯、波斯顿、威尔斯利等大学任过社会学、政治学、哲学等学科的教授。1989 年任路特达姆大学哲学系的麦克马洪和哈克荣誉首席教授至今。

麦金太尔著述不少,主要哲学论著有《马克思主义与基督教》(1953)、《论无意识》(1957)、《伦理学简史》(1966)、《对时代自我形象的批判》(1971)、《德性之后》(1981)、《谁之理性? 何种正义?》

* 原书名为 AFTER VIRTUE。本文根据中译本《德性之后》(龚群、戴扬毅等译,北京,中国社会科学出版社,1995 年)撰写。

(1988)、《三种对立的道德探索观点:百科全书、谱系学和传统》(1990)、《第一原理、终极目的与当代哲学问题》(1990)等等。其中,《德性之后》是其伦理学代表作。

一、当代道德危机及其根源

麦金太尔在《德性之后》中首先表明的一个基本观点是:我们处在一个无法解决争执和无法摆脱困境的道德危机的时代。他敏锐地观察到:当代道德言词最突出的特征是如此多地用来表述分歧,而表述分歧的争论的最显著特征是其无终止性。在他看来,不但这些争论没有一个达到一致目标,而且当代西方文化本身就缺乏任何确保道德一致的理性方法!

麦金太尔是以现实生活中三个富有代表性的例子来说明这一观点的。第一个例子是关于现代战争的争论。参与该争论者各自持有不可通约的观点:(1)现代战争由于无从计算将要涉及的无辜的非战斗人员,因而不可能是正义战争,因此,我们都应成为和平主义者;(2)获得和平的唯一方法是阻止潜在的侵略者,因此,你希望和平,你就得准备战争;(3)超级大国之间的战争纯粹是毁灭性的,但解放被压迫人民的战争则是必要的,是摧毁阻止人类幸福的剥削统治的合理手段。第二个例子是关于人工流产的争论,争论者也各自持有不可通约的观点:(1)每个人都对自身拥有某些权利,其中当然包括对自己身体的权利,因而当胎儿本质上是母亲身体的一部分时,母亲有权在不受强制的情况下,决定自己流产与否;(2)就我个人来说,当我母亲怀着我时,我是不可能愿意她做人工流产的。我对自我生命权利的维护使我否认母亲一般有人工流产的权利,并因此而维护了类似我的他人的生命的权利;(3)谋杀是错误的。一个胎儿只是处于通向成人的漫长道路上的一个较早阶段的人,如果杀婴是谋杀,那么人工流产也是。第三个例子是关于教育权利和医疗权利的争论，在此争论中也出现了多种不可通约的观点：(1)公民享有平等的教育和医疗保健的权利，因而正义的要求就包括没有一个公民能够以金钱来买到这些服务中的不平等的份额，这就要求必然废除私人学校和私人医疗行业；(2)个人有选择医生和教育场所的权利，而医生则有自由开业的权利，教师有按其选择进行教育的权利。麦金太尔指出，在这些争论中，各方谁也无法说服对方，因为他们所使用的概念之间存在着一种不可通约性(incommensurability)。单独看来，每一论证都合乎逻辑，结论的确遵循着前提，但彼此之间的前提却是对立的，因而我们无法找到合理的方式来权衡它们，以支持一个而反对另一个。另外，所有这些争论都以非个人的形态表现出来，旨在达到一个非个人的理性论证，旨在取得超然的、公众都能接受的地位。而这在前提的不可通约的基础上却显然不可能并直接导致了当代道德的分歧。麦金太尔认为，当代的道德分歧中没有别的，有的只是对抗着的意志。由于谁也无法说服对方，因而道德争论中根本没有谁被承认为绝对的权威。当代所有的道德论争也就成了纯粹是断言与反断言的尖声叫喊的过程，道德处于严重的无序状态之中。

麦金太尔还指出：在上述争论中，争论者们都忽略了那些具有不可通约性的概念的历史语源涵义上的多样性。他们在争论中往往只是根据本身的需要而选择某个概念的部分语义。换言之，他们所挥舞的只是前人的残简断片。“我们所拥有的也只是一个概念体系的残片，只是一些现在已丧失了那些赋予其意义的背景条件的片断。”[①] 这样，道德及其理论就由于无法确立一个统一的背景坐标系统而处于残简断片的危机状态。

当代社会道德及其理论何以会陷入如此严重的无序状况之中呢？麦金太尔剖析了造成这一危机的现实的和历史的原因。他认

① 麦金太尔：《德性之后》，中译本第4页，下面引用此文，仅注明页码。

为:现实的原因在于情感主义,而历史的原因则要到自启蒙运动以来为道德进行合理性证明的运动中去寻找。

麦金太尔认为,当代道德状况可归结为一个主义——情感主义(emotionalism)。我们就生活在一种特殊的情感主义文化当中。这种文化淹没了我们的道德生活,渗进了道德生活的方方面面,构成了当代道德状况的显著特征。“情感主义是这样一种学说:所有的评价性判断,尤其是所有的道德判断,就它们在本性上是道德的或评价性的而言,都不过是爱好、态度或感情的表述。”(P.16)这种情感主义不但无助于无休止的道德争论的解决,相反只能证明它自身的不合理性。严肃的道德判断成了个人好恶情感的表达。当他们如此评价时,无需任何对人类文明做一般历史学的和社会学的探讨。这就使曾经是道德的东西在很大程度上消失了。这标志着一个退步,标志着一种伟大文化的丧失,实际上也就是人类传统德性的根基和客观的非个人的道德标准的丧失。而这样的一个现实的后果即是使情感主义的自我丧失了真正的自我。在情感主义者看来,现代自我摆脱了身份、等级和出身等封建传统的束缚,因而是一个历史的进步。但麦金太尔却认为,情感主义的自我以自身为道德评价的标准,对任何事物都可以从自我采取的观点出发,并自由选择他想成为的人及生活方式。这种自我因而可以是任何东西,可以扮演任何角色,采纳任何观点。因为他本身什么也不是,自我只不过是角色之衣借以悬挂的一个“衣夹”。这种自我不具备对道德的明辨力。麦金太尔以为,这种没有任何社会规定性的自我,即不具备任何必然的社会内容和社会身份的自我是当代道德问题的现实根源。

麦金太尔进而站在文化哲学的角度,对西方道德传统进行了深刻的反思。之后,他深刻地指出:现代社会所存在的道德危机的历史根源在于启蒙运动以来对道德合理性论证的失败,在于现代道德研究的非历史主义倾向——摒弃传统,拘泥于外在规范。在麦金太尔看来,西方长久的道德历史中,存在着一个亚里斯多德主义(Aristotelianism)的传统。而且他认为,“各种道德哲学总是描述着拥有具体的社会观点和文化观点的道德”(P.334)。也就是说不存在就道德而言的道德。然而到17世纪末18世纪初,由于社会历史的变迁,亚里斯多德道德传统的那种真正的客观的非个人的道德标准所赖以存在的社会背景正在丧失或已经丧失。于是对道德进行单独的合理性证明的运动开始兴起,并成为了整个欧洲文化的核心。

但麦金太尔认为,启蒙运动以来的证明道德的方案并没有真正实现。狄德罗希望以诉诸欲望来证明道德规则的合理性,麦金太尔却认为欲望本身就缺乏一个合理的区分,因而无法证明道德的合理性。休谟诉诸激情,康德诉诸理性,克尔凯郭尔诉诸自我选择,边沁、密尔则诉诸功利主义的趋乐避苦原则。但麦金太尔认为这些都无法填补道德与人性之间的鸿沟。同时,他还不无讽刺地指出,由于每一主张的立场在争论中都被其他立场有效地批判,其总和便是全部陷入失败,并使我们先前的文化道德缺少了公共性,缺少了正当性。这一运动的失败,麦金太尔认为,是在它开始时就注定了的,原因就在于它摒弃了亚里斯多德的传统。在他看来,亚里斯多的传统道德框架由三个要素组成:偶然而成的人性概念、合理的伦理诫律和认识到自身目的而必然形成的人性概念。伦理学就是一门使人懂得如何从一个偶然形成的人变成一个认识到自身目的而必然形成的人,亚里斯多德在这里已经预设了人作为理性动物的本质和人的目的。在这三个概念中,要正确理解其中任何一个概念的地位及其功能都必须参照另外两个。但启蒙运动对亚里斯多德传统摒弃的结果却是从根本上取消了“认识到自身目的而必然形成的人”的概念。传统的道德体系就只留下仅有相当模糊关系的两个因素组成的道德因素,道德律令和人性之间的联系也被人为地割裂了。因此,启蒙运动以来的思想家们所持有的只是一个概念体系的残片,而且是一些丧失了赋予其意义的背景条件的残片,这就注定了他们的运动的失败。这一失败直接导致了当代文化和道德的无序状况和危机。

针对当代的道德无序状况和道德危机,麦金太尔以文化拯救者的姿态给自己提出的任务是:(1)识别和描述过去已丧失的道德,评价以往道德对客观性和权威性的要求,即重述亚里斯多德主义的传统道德。(2)完成他本人关于当代特殊性的论点,即建立自己的德性理论,并恢复亚里斯多德的传统道德在现代社会中的生命力。这也是麦氏给西方当代的"道德危机"开出的药方。

二、西方传统的德性理论

麦金太尔沿历史之河上溯探察了中世纪、亚里斯多德、雅典及英雄社会等各时期的德性理论,其目的就是要在这一整体历史背景中去把握亚里斯多德德性论的真义。

英雄社会的德性理论。英雄社会(heroic society)是指荷马史诗或冰岛、爱尔兰等北欧地区基督教传入前后的英雄传说或传奇所反映的社会。这时期社会的关键特征是:在一个得到明确界定并具有高度确定性的角色和地位系统里,每个人都有既定的角色和地位。这个系统的关键结构是亲属关系和家庭的结构。在这样一个社会中,一个人是通过认识他在这个系统中的角色来认识到自身的,而且,通过这种认识,他也认识到他应当做什么,每一个其他角色的位置的占有者应把什么归于他。这就意味着每一社会地位都有一套规定了的责任和权利。人们也清楚地认识到了需要什么行为来履行这些责任和权利,什么行为又不能合乎这种要求。在此社会背景下,德性就是保持一个自由人在他的角色中的那些性质和角色在他的活动中所要求作的品性。判断一个人也就是判断他的行为,因为他就是他的行为所昭示的,他和他的行为是同一的。而一个人的德行和恶行的根据，也即在于他在具体环境中的具体行为。麦金太尔认为，英雄社会的德性与社会结构是紧密相联的。如果把德性从当时的社会结构的社会关联中抽离出来，就无法对之进行恰当的论述。在他看来，这时的德性与社会结构事实上是直接同一的。

雅典的德性理论。麦金太尔认为，不论历史上是否真正存在过英雄社会这一时代，它都对古典的希腊历史和后来的基督社会产生了重要影响。特别是英雄时代的文学为后来的道德经典提供了中心内容。而正是这些经典与新的现实关系和实践的冲突，导致了后来社会里新的道德特征。在雅典时期(Athenian ages)，道德问题的权威中心已从家庭和家族转移到了城邦。但它实质上还保留了英雄时代里家庭或家族制度的要求。因而，在雅典时期存在着英雄社会的传统德性与雅典现实德性的对立和冲突。而且，对同一种德性，人们往往也有不同的相互匹敌的理解。由于雅典的社会结构已走出了英雄时代相对狭隘的范围，英雄的价值标准已不再能界定道德领域，它只不过是通行的道德的一个小小的、理想的部分而已。这时，德性的概念也逐渐与具体的社会角色的概念分开了。5世纪的希腊人有一套普遍被接受的词汇，在此意义上，也有一套普遍被接受的德性观念，如友谊、勇敢、自制、智慧、正义等。这一方面表明了人类理性思维的进步，表明雅典人对一般德性的探讨开始了；但另一方面，在各个德性的要求是什么和为什么要把这些看成是德性的问题上却存在着广泛的分歧。当时最主要的观点，在麦金太尔看来有四种：即智者派的、柏拉图的、亚里斯多德的和悲剧家索福克勒斯的观点。这就意味着道德标准与道德词汇不是完全一致的。尽管如此，麦金太尔认为，所有的希腊人对以下的观点却抱有一致的看法：德性的实践及其界定都要依据城邦来进行。德性在城邦的社会背景中是有其位置的，实际上，在这一时期，做一个好人与做一个好公民是紧密相联的。

亚里斯多德的德性理论。麦金太尔认为,亚里斯多德的德性论"决定性地建构了并且在许多方面牢固地确立了他的诗人前辈只能断言或者示意的作为一个道德思想传统的古典传统"(P.185)。其内容十分丰富,择要说明如下:

第一,亚里斯多德从人的本性的目的性出发来阐明其德性论。他以其形而上的生物学为其德性观的先决条件,把人本性上的目的规定为善。在他看来,善即是这样一些品质,拥有它们就会使一个人获得幸福([希]eudaimonia),缺少它们就会妨碍他达到这个目的([希]telos)。而人之所以向善,是因为人有理性。在他的德性论系统中存在着偶然形成的人与认识到自身目的而必然形成的人之间的对照,伦理学说就是一门使人懂得如何从前者转化为后者的科学。而促成这种转化的就是人的向善的本性即德性。

第二,亚里斯多德从德性与城邦的关系角度来进一步阐述他的德性论。在亚里斯多德的德性论中,德性不仅在个人生活中有它的位置,在城邦中亦是如此。在他看来,个人只有作为政治动物([希]politikon zoon)才是真正可理解的——人是天生的政治动物。城邦作为公民之间联结的共同体,是人们活动的背景,城邦建立的前提是共同体内对善和德性的广泛一致的看法,正是这种一致使得公民和一个城邦结为一体成为可能。亚里斯多德在这里实质上是预设了道德的统一性,即人类的善存在于一个有着共同目标的社团中。友谊是刚建立的共同体所必需的一种品质,它本身即是一种德性。正义则是在一个已经建立起来的共同体内进行赏罚和补救过错的德性。在一个共同体内,正义德性的兴盛须具备两个条件:"对功过有一些理性的标准;对这些标准是什么有社会上确定的一致看法。"(P.192)

第三,亚里斯多德阐述了他对核心德性的观点。他认为智慧([希]phronesis)是德性的核心 ,因为它使得行为者品格中的德性得以践行:"德性实践的直接后果便是一种采取正确行动的选择。"

(P.188)而这种选择需要判断,即对时间、地点和方式是否恰当的判断能力,并需要一种在恰当的时间和地点以恰当的方式做正当的事的能力。这种判断能力不会来自对各种成规的运用,而只能是一种智慧。

中世纪的德性理论。麦金太尔认为,亚里斯多德之后的西方道德一般是用《尼各马科伦理学》和《政治学》为主要教本的。但并不能说中世纪(Middle ages)的德性只是完全照搬式的简单地赞同亚里斯多德的德性论,而是“一个始终处于跟亚里斯多德对话的关系中的传统”(P.207)。麦金太尔这样认为的理由主要有三。首先,中世纪社会是通过多样性途径完成从英雄社会到它自身的转变的,英雄社会的道德观点是其以后的传统范围内——当然包括中世纪——进行道德思考的一个必然起点,因而中世纪的道德不可能拒斥英雄社会的德目表。中世纪一方面以《圣经》中的原则为道德规范,但古典的传统也在不同程度上影响了整个中世纪。12世纪的著作就力图以德性的方式使正义、审慎(又译明智)、节制、勇敢四主德的实践与信仰、希望、仁爱三种神学德性相符。其次,“中世纪的王国有着亚里斯多德所表述的城邦的特色”(P.216)。在两种共同体(王国和城邦)中,个人都是通过其角色来识别的,个人所特有的善只有在共同体中并通过共同体才能实现。中世纪基督教区别于亚里斯多德主义之处在于:不论个人属于尘世中的哪个共同体,他同时又被看作是天国的一个成员,并在其中有自己的角色。也就是说,中世纪的人之目的具有超自然的性质,它区别于亚里斯多德主义的善的自然的性质。再次,在中世纪时期,人们是在自身之外发现德性的目的和意义的。人类生活被理解为一种追寻或旅程,人们所追求的目的是“那种只要能够达到,就能补偿他一生所有过错的东西”(P.220)。德性更多地被理解为使人能够克服恶、完成其使命、走完其旅程的品质。可见中世纪的德性体系的范围已大大地扩展了,信仰、希望、仁爱甚至谦卑等在亚里斯多德主义中不成其为德性的品质在中世纪却成了重要的德性。但从另一方面来看,二者又都强调德性的重要性。因此,麦金太尔认为,中世纪运用、修正、扩展了亚里斯多德观点的多样性,并真正推进了这一传统。

三、新德性论

在重述了西方的道德传统以后,麦金太尔指出,在他所叙述的德性范围内的许多德性观各各相别甚至不相容,缺乏一个单一的、中心的和核心的德性概念。他认为这也是传统遭摒弃及后来对道德进行合理论证失败的一个原因。因此,他有必要在传统的多种多样的德性观中理出一个新的统一的作为核心的德性概念来。麦金太尔自己的德性论,本文从三个方面来予以介绍。

第一,麦金太尔从实践的角度来界定其德性概念。他认为,使德性得以表现的是具体种类的实践(pratice)。德性也只有依据实践才能获得其意义。在他看来,一种品性之所以被誉为德性,是因为它合乎当时的历史环境中社会实践成功所需要的那些品质,是因为它表征了实践所要求的优点。实践,在他看来是这样一种活动:它通过任何一种连贯的、复杂的、有着社会稳定性的人类协作方式,在追求达到这种协作活动本身的卓越过程中,实现其内在利益(inward interest)。内在利益是理解麦金太尔德性概念的一个关键因素。在他看来,实践所获具有外在利益与内在利益之分。所谓外在利益就是人们可以通过任何一种实践而获得的如名声、财富及社会身份等外显的价值。而内在利益却是指某种实践本身所内在地具有的,除了该实践的形式,其他任何途径都无法获得的价值。比如说在绘画这一实践中,画家可因其作品而获得名声、财富或社会身份等,但这些却也可由其他形式的实践甚至无须进入实践领域(如继承)也能获得;而画家在其绘画活动中体味到自己作品的卓越及在追求这一卓越的过程中发现某种生活的意义,这些却只在绘画中而不能在别的形式的实践中得到满足。外在利益总表现为个人的财产形式的占有物,其中,某个人得到越多,其他人得之就越少。其本质是竞争的对象,在竞争中既有胜利者,也有失败者。内在利益虽也是竞争的结果,但它的实现却是有益于参加实践的整个群体,它不会因一个人拥有得多而削弱另一个人的享有。在此基础上,麦金太尔把德性界定为:"德性是一种获取性的人类品质,拥有和践行它,使我们能够获得实践的内在利益,而缺乏它,就使我们无从获得这些利益。"(P.241)

另一方面,麦氏认为德性之于实践也有重要意义。因为每一种实践都要有参加实践的人之间的一定种类的关系来维系。人们就是参照德性来限定实践中的人之间的关系的。他提出,正义、诚实、勇敢等德性应当被人们看作有着内在利益的任何实践和卓越的标准之必要成分而接受。

麦氏认为他的这一关于德性的观点既是传统的亚里斯多德主义的,又发展了这一传统。虽然,他的德性观与亚里斯多德的德性观都属目的论,但他自认为他摆脱了后者的以形而上的生物学为前提的局限性。而且,人类实践是多样性的且对利益追求的结果也是多样的,因而道德冲突的原因就不仅是亚里斯多德所说的人格的缺点,利益冲突也应被视为道德冲突的原因,这就把批判的矛头直指当代社会唯利是图的拜金主义。这一见解不但有新意且有重要的现实意义,它无疑有助于消弭当代西方把道德逻辑化和玄虚化的倾向,有助于扭转学院化的道德沉思,使道德重返社会现实,使德性融于生活实践。

第二,麦金太尔从个人与整体的关系角度来界定其德性概念。麦金太尔认为现代的个人生活的整体性已然丧失:每个人的生活都被不同的角色分割成许多片段而散布于不同的领域之中。在每一领域中都有准则和行为模式,个人只要遵循这些准则和行为模式就能成为有道德的人。而内在地贯穿于人生始终的传统德性却被忽视乃至被掩盖了,没有得到充分一贯的践行。他还认为,在现代的自我概念体系里,已没有亚里斯多德主义意义上的德性践行的余地了。他强调德性"不是一种使人只在某种特定类型的场合中获得成功的品质"(P.258)。如果某人真正拥有一种德性,就可以指望他在各种场合中表现出来,他的德性整体只有通过其生活的整体性才能表现出来。在此意义上,他把德性的第二层意义界定为:"德性必定被理解为这样的品质:它不仅维持着实践,使我们获得实践的内在利益,而且也将使我们能够克服我们所遭遇的伤害、危险、诱惑和涣散,从而在对相关类型的善的追求中支撑我们,并且还将把不断增长的自我知识和对善的认识充实我们。"(P.277)

第三,麦金太尔引入传统概念来限定其德性概念。他说:"我们不可能仅仅以个人的资格寻求善和践行德性。"(P.277)在他看来,每个人都是历史的自我,即每个人都以某一共同体的成员的资格与环境打交道,并从共同体的过去中继承许多东西,不论他是否喜欢或是否认识到,他都是传统(tradition)的承载者之一。而且,实践也是一个历史的范畴,实践之所以能够得以传承并不断被赋予新的形式也是通过传统来实现的。麦金太尔进一步认为,传统的传承还须通过德性的践行才能得以实现,德性本身也是传统的承载者。个人即是在传统的背景下把他的整体生活善作为他的善而追求的。因而,德性的第三层意义就应当是这样的:相关的德性践行维持并强化着传统,而相关德性的缺乏则腐蚀并削弱着传统。

至此,麦金太尔完成了对当代西方道德危机的探寻病灶、确诊及开方的全部工程。他重新界定了德性的概念,并企图以这一理论来拯救西方道德,但他也深知这一任务的艰难。在他看来,当代西方文化是以个人主义和官僚主义占支配地位的文化,在这种文化中,德性成了边缘性的概念,即只有在现代生活的边缘才可以发现它。由于摈弃了传统的德性概念的社会背景条件,新的德性概念出现了,德性本身也发生了变化,德性或者被理解为个体的自然倾向的表达,或被理解为限制和约束利己主义的破坏性结果所必须的品质,被理解为对付利己主义的工具或手段,以致德性沦落到了等同于利他主义的地位。现代的德性不再是亚里斯多德主义的对整体善的追求,而沦落成了实现外在利益的工具。功利和权利取代了以往德性概念在社会生活中的中心位置。基于此,麦金太尔认为现代社会正处在德性之后(或译追寻德性)的时期。

麦金太尔的《德性之后》一书影响甚为深远,1981 年首版后,立即被西方思想界认作是对近来出现的当代道德哲学所进行的最重要和最富有争议的批判。在该书中,麦金太尔突出的贡献在于他的研究道德问题的独特的理论视角。正是从这一视角,他回溯了西方传统道德的历史,并把西方自近代以来所暴露的道德和道德理论问题一一抖露无遗,表现了反西方主流伦理学的勇气,也体现了他的研究方法的历史主义特征。这一历史主义的方法融合了社会学、心理学、文学、宗教、历史等,进行总的社会背景分析,用健全的理性反对极端的唯理性论和唯情感论,抨击教条主义和相对主义,强调对社会的责任,从而把道德从观念的领域拉回到社会现实。它暗示了走出当代道德困境的可能道路:即整个地重新审视和铸造道德概念。另外,麦氏对德性概念的界定也实有其独到之处。

但是,麦金太尔为西方道德困境所设定的出路并不能引导西方道德真正地走出困境。他固然看到了西方道德的症结之所在,但仅仅通过重述亚里斯多德的传统,就能使我们的道德、社会态度和责任恢复其合理性么?显然不能。正如他自己所确认的那样,任何道德都有着自己的社会背景条件,都描述着具体的社会观念和文化观念,纯粹就道德而言的道德是不存在的。在亚里斯多德德性论的社会背景条件早已消失的情况下,企图通过重述这一德性论来化解西方道德近300年来的沉疴固疾,使人联想起当代新儒家希望由"内圣"开"外王"的做法,二者都让人感到一种一厢情愿和不切实际的勉强,都带有一种不可完成的堂吉诃德式的色彩。再者,道德困境本身即是整体社会困境的一个方面,因而道德困境的解决不可能仅仅是一个纯粹的道德问题。在这一点上,麦金太尔像被他批判的前辈们一样,没达成正确的认识,因而他没有真正找到帮助西方道德及其理论走出困境的道路。

(郑根成)

科斯洛夫斯基

伦理经济学原理* (1988)

彼得·科斯洛夫斯基（Peter Koslowski,1952— ）出生于德国哥廷根市。1971—1977年在德国图宾根大学、慕尼黑大学、美国弗吉尼亚综合技术学院修习哲学、国民经济学、社会学等专业。1977、1979和1980年在慕尼黑大学分别获得哲学硕士、哲学博士和国民经济学学士学位。1977—1985年在慕尼黑哲学研究所任助教,1985—1987年在维腾—海德大学任哲学和政治经济学副教授。1987年创办了汉诺威哲学研究所,并任所长和教授至今。他曾多次到中国参观访问,与中国学者合作主持经济伦理学方面的研讨会。

科斯洛夫斯基的主要著作有:《社会和国家》(1982)、《资本主义伦理学》(1982)、《后现代主义文化》(1987)、《经济伦理学原理》

---

* 原书名为 PRINZIPIEN DER ETHISCHEN OEKONOMIE。本文根据中译本《伦理经济学原理》(孙瑜译,北京,中国社会科学出版社,1997年)撰写。

(1988)、《作为文化的经济》(1989)、《社会的协调》(1991)、《经济秩序》(1994)。此外还有许多论文和报告,并与他人合作主编了一些书刊。

《经济伦理学原理》是科斯洛夫斯基诸多论著中较有影响的一部。它共分9章,主要研究德性与效益的关系,探讨了伦理经济学提出的三个问题,即市场经济制度和通过价格体制调节的道德前提问题,伦理财物学与经济财物学之间的关系问题,道德上与经济上对价值的感受和理解的关系问题。

在亚里斯多德时代,古典哲学的传统是伦理学、经济学和政治学的统一,到亚当·斯密,这种实践哲学的统一解体,并且自从经济学脱离道德哲学以来,在经济学与伦理学的学科之间存在着一种紧张关系。前者遵循利益原则,后者遵循德性原则,利与义的冲突随着经济的发展日益显著,两种学科日渐缺乏联系,伦理经济学甚至被视为后现代经济学。只是近年来,在美国和欧洲,作为古代显学的伦理学与当代显学的经济学二者之间的关系,才重新引发了人们的兴趣。结合二者而成的伦理经济学,包含了人们协调经济世界与价值世界之间的冲突的理想。

一、伦理经济学的必要性和可能性及协调个人行为的实证理论

在科斯洛夫斯基看来,伦理经济学这门学科兴起的原因主要有三。

首先,我们的经济行为产生的文化的和生态的副作用在增加,对此我们要负道义上的责任。副作用(nebenwirkung)是行为人在行为前视其为目的的主作用(hauptwirkung)以外的可以容忍的作用。副作用的增加及其对文化和生态的消极影响,促使人们从经

济学和伦理学的角度进行预测和评价。对任何行为,我们不仅要考察它所带来的经济效益,而且要反思它可能产生的在一定程度上超过其所创效益的负面影响。尤其是,近数十年来生态环境恶化在全球普遍化以后,人们迫切地需要经济领域的伦理约束。

其次,我们要在科学中重新认识人。科学在经济领域中突飞猛进的推动作用,要求重视人在科学中的主体作用。社会经济的发展,经济格局和模式都较从前有了很大改变,工业社会走向服务性社会,因而更重视人的因素。重视人的价值和作用也推动着伦理学和经济学的结合。

再次,在市场经济国家里,对利益的片面追求导致了文化事业的瓦解,特别是经济界的精神与物质的脱离。经济与文化的分离,使社会物质财富的丰富与精神世界的空虚形成鲜明对比,这在西方社会随处可见。假如物质的丰富和经济效益的增长只是使人们挣扎在道德失范的痛苦中,那么经济增长迟早会失去其持久的动力。因而将共同的价值和标准注入到社会和经济中去,成为伦理经济学的必要性受到人们关注的第三个原因。

在论证了现代社会中伦理学与经济学结合的必要性之后,科斯洛夫斯基进而分析了这种结合的可能性。

经济学与伦理学的契合始于二者目标指向的一致性。经济学产生于人类自身的利益,伦理学则追求美好的东西。效益与德性的结合,正如经济学与伦理学的结合。伦理经济学研究经济资本(oeknomisches kapital)与道德资本(ethisches kapital)的全面交往或经济中的伦理,它指出了经济思维的作用范围,同时在经济实践和经济理论中不能被忽视的地方提出了道德要求。

经济学应有其道德前提。用有限的资金实现最大的经济效益,这是每一个社会参与者最直接的目标。如果伦理学缺席,交易双方一味追求自身利益,就会导致因缺乏道德规范约束和因缺乏信任而产生的交易费用上升。因此,在市场体系和市场竞争中,伦理学是必需的。经济学与伦理学的结合是因为它们构成了一种由各种不同层次组成的具有活力的相互制约关系和一种社会性的社会生活协调机制。

我们看到伦理学在市场中的经济上的重要性,主要表现在使交易双方在降低合同中的成本时具有可信性和互相信赖,而且使经济人在履行义务时有自由决策的余地。没有信任即可信性的道德态度为前提,市场交易费用就增加,市场能力就降低,市场失灵(marktversagen)的可能性就大增,这时伦理学作为经济失灵的调整措施也面临着出现囚徒困境(gefangenendilemma)的可能。按照作者的观点,追求最大利益的囚徒困境即:如果所有人都遵守规则,大家都会得到最佳的待遇;如果所有人都遵守规则,只有他一个人不遵守规则,每个人仍然可以改善自己的待遇。这种利用别人的道德观念为自己谋利益的人,其行为都是经济性的,并且没有道德。这就可能出现“伦理学失灵”(ethikversagen),这时,宗教便出现了。宗教信仰可以把伦理学的失灵引导到对伦理学的信任。把囚徒困境变为担保处境,从而提高了在道德上预付代价的决心。因此,伦理学对遵守规则普遍性的担保和宗教对伦理学普遍性的担保,就构成了现代市场经济的一种协调模式,使人们获得了实现广泛的最大价值的可能性。经济学、伦理学和宗教的充分合理性,即伦理学作为个人遵守规则的保证和宗教作为伦理学和集体遵守规则的保证,把变量、确定环境融于一种战略状态。

科斯洛夫斯基批评了康德对普遍利益的忽略,把道德上的东西过分地与法律联系起来,以至于尊重法律和喜欢法律超越了对道德的肯定,使道德过分地退到遵守法律背后。他从经济伦理学角度解释了奥古斯丁的自爱、博爱和神爱的三位一体说。个人最初追求的是个人利益的满足,自我利益在整个体系中逐步扩大走向关注和追求整体幸福。从自爱到博爱到神爱意味着人在其自身利益中接受符合伦理学的公共利益,并将其自身利益扩大到关注普遍利益,使其个人行为与其他人的行为能够并存。奥古斯丁是想在神爱中消除个人利益和普遍道德之间的相互矛盾。

科斯洛夫斯基以理性为切入点,认为伦理学和经济学在协调个人利益行为的广泛理论中实现统一的前提是伦理学向形上学的扩展。

二、形式伦理学和实质伦理学

在人们按照道德行事的前提下,由经济学、伦理学和宗教的关系确定下来的总体关系为理性的行为人建立了一种道德、宗教和经济的自我利益结构。它对全面理性的行为人具有一种内在的召唤。

亚当·斯密认为,和睦交换和自觉交换是人道经济的唯一标志。在这里,和睦和自觉都意味着一种理想状况,这使我们看到,经济学与伦理学、宗教是连在一起的,而且人道经济学是一种完整的和理性的结合。宗教提供我们以“充分信任对方”的模式,作为对伦理学的保证,使经济学能够以确定的方式回到行为的最大利益的决策状态。

康德形式伦理学(formale ethik)的普遍准则是协调准则,包括行为准则普遍化和生活准则普遍化。行为人如果能共同遵守普遍规则,就为解决囚徒困境找到了答案。囚徒困境意味着个体与整体之间出现了特殊性与普遍性的矛盾,如果个人的生活准则或行为规则普遍化,就从道德上解决了囚徒困境。在灵活的市场社会条件下,伦理学把普遍规则和普遍利益作为个人行为动机的团体扩展到社会有关的所有人,并要求它对所有人通用。伦理学对经济学就有了很高的协调能力和包容能力。伦理学的目的本来就是为了完善人们的行为,它进入经济领域意味着人们从事经济活动在获利的同时也得到了道义的保证,从而使德性与效益并行不悖。

科斯洛夫斯基还探讨了伦理财物学与经济财物学之间的关系、道德上与经济上对价值的感受和理解的关系以及伦理经济学与社会文化的联系。

前已指出,形式伦理学和经济学的理性遵循个人最大化地实现主观确定的目标和最大化的协调。在实质伦理学(materiale Ethik)部分,财物的经济概念被定义为选择收益的可能性。但科斯洛夫斯基认为,财物并不由选择收益的可能性阐明,而是由通过它获得的至善来阐明。这种善既可以是个人内心感到的幸福,也可以是善的理念。在道德上追求至善的目标用经济学中的财物手段来保证和实现,这也是伦理经济学在现实中的运用。经济学和伦理学分别从不同方面揭示人的行为内蕴的价值,因此理解价值质量和重视价值成为实质伦理学的一个重要内容。人的行为的目的通常就是按照目标确定的财物和价值质量,在经济、科学和文化三大领域中实现经济、伦理和美学上的价值。价值质量有高等与低等之分。低等价值指物质的有用性,它是有限的。高等价值的优越性在于,它不会用完,不会用旧也不必结清,而且高等价值根据不断增殖的作用,越来越有广泛性和集体性。这种道德和精神的财富,既是公共的财富也是半私有的财富,这两方面在经济上都有重要意义。譬如半公共的财富在其不断扩大中,一方面改变了从消耗资源转化为节约资源的财富在国民经济产出中的比例,另一方面使社会的协调和联合变得容易了。总之,道德和精神的财富有利于公共财富的产生。

社会协调不仅是经济协调,同样也是文化协调和道德协调。经济协调是对财物质量和价值质量的协调,文化协调和道德协调则针对高等价值。随着高等价值的不断增长,随着国民经济福利和文明的提高,国民经济有可能达到实现价值最大值的界限。

经济行为中伴随产生的副作用随着人的行为权力的增加而扩大。这种天然的副作用,能够改变我们的价值信念。因此经济学和伦理学不能截然分开，我们必须根据伦理经济学评判每一项重要决定。按照伦理学的要求，所有值得去做的事情，都值得好好地去做，这种求善原则支配着我们的道德取向和经济行为。

经济学作为伦理经济学不仅是经济理性和协调的理论，而且也是经济文化和文化事业方面的经济理论，特别是随着技术进步和劳动社会的转变，生产和消费这种纯经济行为，由于文化因素的渗透而逐渐发生模式上的改变，呈现出适应于现代经济需求的新模式，从而有了生产文化(produktionskultur)和消费文化(konsumkultur)。经济的生产文化的转变是从生产物质财富转向生产非物质的精神财富和服务性行业；经济的消费文化的转变是从大宗消费过渡到讲究美观和文化性。文化在生产和消费中所起的作用越来越大。这种文化对经济的介入，甚至在很大程度上改变了人们的劳动观念。社会科学研究者把高失业率看成是一种产生人类生存新方式的机会，因为人从劳动中解放出来是思想形成、享受清闲的机会。这种结论正确与否固然有待考察，但现代人用文化丰富劳动，并增加艺术、娱乐、科学的和精神的东西，文化财富在生活中的比重加大却是一种确定不疑的倾向。应该说文化和经济的结合给我们提供了自我实现的机会。

类比于社会生物学中不同动物种类的共生现象，科斯洛夫斯基进一步探讨了经济行为的副作用的产生及其控制问题。在经济领域中，副作用的效果有好坏之分。有利的副作用创造效益，不利的副作用则造成损失。伦理经济学之所以关注副作用，不仅是为了把握不利副作用，也是为了把握有利副作用。这种把握在企业中有现实意义，因为它决定了企业利润的获得。卓有成效并有创造性的企业，必须支持其员工相互间的行为为了企业的总目标产生意外的有利的副作用，并考虑给予报酬。

为了对行为进行精确的概率计算，科斯洛夫斯基借助巴耶斯的决策概算指出了下列基本结构：期望值就是决策预算的收益，这种收益是根据主观对决策结果的评价和主观对可能产生的客观事件的估计测定的。当然,关于这种学说存在着争论。凯恩斯就批评巴耶斯的决策概算规则道:行为决策必须以对行为构成的评价和对行为因果的直观估价为依据,而不能以对部分成果的估价为基础。鉴于这种纷争,科斯洛夫斯基在经济行为的副作用问题上提出了以双重作用作为评判原则。这个原则指出:只要满足了下面的条件,带有不利的副作用的经济行为就是有意义的,并且是被允许的:

1.行为的目的必须是善良正直的,即行为人不得造成有害的和不被允许的结果。

2.行为的类型和形态必须是良好的和健康的,并且是得到允许的。

3.不利的副作用必须是事实上的副作用。这些副作用在客观上必须具备在追求别的目标时偶然出现的结果的特征,并且不得作为手段去谋求好的结果。

4.肯定有重要的原因去执行行为。行为人不得借口别人的责任来完全推卸自己的责任。

科斯洛夫斯基认为,副作用问题和双重作用行为原则构成了伦理学与经济学之间的桥梁,使伦理学和经济学求达财物平衡的共同目标得以实现。

三、经济本体论及对伦理经济学与市场经济关系的探讨

除了伦理经济学和经济文化哲学外,本书还涉及经济学与哲学的第三个共同研究领域:作为决定经济存在理论的经济本体论(wirschaftsontologie)。在此,经济本体论研究的是决定经济基础的

问题及其对象,经济人和协调经济行为的最初起因。经济本体论的市场理论分为奥地利学派和新古典学派,它们都把经济学仅仅视为选择手段的理论,而不视为也不考虑目的的理论(即都认为经济学的目的是合理地选择手段而不是判定目的)。两个学派的区别在于新古典学派把经济学原则视为自然法则,而奥地利学派认为经济学原则不是自然法则而是决策选择的逻辑规则即精神规则。前者把经济学原则解释为是一种强迫人遵守的自然法则,效益最大化被视为推动行为并使行为产生效果的力量。后者肯定经济学原则是一种确定人的优先行为的逻辑规则,人能符合理智和现实来认识市场。

在关于市场的讨论中,科斯洛夫斯基把想象特别是创造性的想象和市场进程中的新生事物视为一种财富,因为企业家不仅想象和发现所存在的机会,而且通过创造性的想象和幻想去创造新现实。在他看来,市场不只是一种目的机制,也是一种形上学的机制。从内部和外部看,把市场过程解释为一种推理和形上学的机制,符合经济行为的双重性,它既有生产效益,又有现实效益。这种经济效益的最终意义是,经济使人自身的表现力得到最大限度的实现。因此市场过程能够满足要求和使市场参与者达到圆满的自我实现的协调,但它不产生于价值学说中的主观主义。作者批判了价值主观主义的两部分错误:第一部分是承认"关于科学理论的理论性描述"的主观主义前提:所有制最终都是不合乎事实的;另一部分是结论:人们应该尽可能地自己作出价值判定。他指出,他所倡导的伦理经济学试图在绝对价值和价值主观主义的随意性之间,创造一种合理的经济学和一种理解、判断人们行为的既合乎伦理原则又合乎经济学原则的理论,并且认同价值问题是一个可以科学地讨论的问题。

应该说有文化教养的人的主体性和自我关系的概念构成了经济本体论的关注道德责任的基础。主体性是一种自我价值的内在规范和自由,这种价值范畴标明了人的主体对自我及自由不能转让的内在关系和自我关系。主体性和自我关系的实现是人类行为的目的。并且主体在市场中追求合乎社会道德标准的合法性。

对道德行为的可能性和竞争市场中的道德与利益的关系不能仅仅从本体论的角度而且也应从实际经济伦理学的角度去考虑。在真正的竞争市场中,采用竞争机制是否需要提出伦理要求,除了肯定利益与德性的关系外,还有一种否定的答案,即认为伦理学对竞争机制是多余的。持这种观点的人认为企业家应通过竞争提高生产效益,并获得利润。他们的任务是提高效益而不是讲道德。作者认为,这种主张伦理学在竞争市场中成为多余,由于竞争激烈道德应受排斥的论点,产生于错误的机械的经济本体论。他进而指出,经济伦理学在竞争市场中不是多余的,并且经济伦理学作为企业伦理学即使在接近理想的市场条件中也不是多余的,因为它能提高内外效益和企业文化。在企业文化中,经营者应当从促进效益上来考虑经济行为的道德、心理和社会文化问题,这种做法可以改善企业的环境和员工创造成绩的决心,其最终结果对于企业的生存和发展必然是有益的。由此看来,有效益的行为与有道德的行为是可以获得一致的。道德也是协调市场机制不可缺少的一种投入。

当然,科斯洛夫斯基并不否认这样一种事实的存在:企业放弃道德的考虑,可能从不公平竞争中获取额外利润或附加利润,因此遵从道德的指示,行为不仅不会产生附加利益,还会错过获得一种附加利益的机会。这种情况成为鼓励道德行为的极大障碍。这在一定程度上成为经济领域中道德水平下降的原因。有人用降低道德界限的概念来理解社会道德下降的情况。道德界限是最低社会程度上的道德行为,是在道德上已经普遍接受并已实施的行为。它的界限下降,是为了使竞争情况不致遭到恶化,使有道德的企业家不必处于德性与效益的尖锐对立中而向着不盈不亏的方向移动。降低道德界限之说的提出是为了在一定范围内保护有良心的企业家。但在实际操作中,这种理论有很多弊端。因为这种情况的扩展,虽对个人会提供短期的利益,但是它的普遍化不可能不对经济产生损害,并且长此下去受益者也会受到损害。实现经济的事实公平或许会摆脱这种困境,在通过不道德的行为可以获得短期经济利益的地方,事实上的公平和价格体系的功能要求采取道德的行为,这已不是出于对直接自身利益的追求,而是目的要求。

前面一再论及的伦理学对经济学的必要性表明,伦理经济学在竞争市场中不是多余的,市场经济的道德前提理论,经济学和伦理学上的财物学与跟经济学相关的伦理学,在处理公平问题中找到了它们的统一。实质的和形式的伦理学必须一起参与公平学说,因为公平问题既有常规公平的形式一面,又有实际公平的实质一面。所谓公平(fairness)就是人在社会关系中的行为道德的实现,每一个人都得到应属于他的权利。经济领域的公平,就是市场向每一个人配给属于他的东西,每个人得到与他的成就等值的东西。因此可以将公平交换原则理解为等值交换。在实施公平时,我们应区分两个根本问题:一个是如何确定每个人在交换中应当得到的东西;另一个是在交换中每个人得到他应得东西的原因是什么。作者从四个方面规定了公平交易的标准:实际价格与现行价格相结合;交换的实物事实上是公平的,不得是假货;交易是互利的,无任何交易方的财产受损;在合同中实现公平的利益平衡,并实行公平交易道德。

向每个人提供应归于他的东西,是由伦理规则和经济制度的作用条件及现行价格来确定的。伦理规则是为了保证在交换过程中满足货物需求和生产中经营者的自我实现。有经济道德的人必须按照伦理规则去实现和追求自己的经济目标。把公平交换作为自我行为的准则,意味着把公平作为维护和完善企业的条件。这种准则亦即个人在经济行为中的道德责任。公平交换又是根据预先规定的运行价格进行的,所以公平最后归结为对公平价格理论的把握和运用。

伦理经济学的目的就是在重视人的尊严的道德前提下和经济前提下取得行为的最佳效果。从古典哲学的传统来看,这门学科从亚里斯多德时代就开始了其悠久的发展历程。但到资本主义古典经济学时代,亚当·斯密看到利润成为资本主义商品经济的最高主宰,因此他把经济学和伦理学看作两个相互排斥的领域。经济领域的利己主义与伦理领域的利他主义如何协调,就成为科斯洛夫斯基这本书致力解决的一个主要问题。

市场经济已成为全球广泛采用的一种资源配置的有效手段,它在创造高效率的经济的同时,也引发了人们对于市场社会中道德水准的关注。科斯洛夫斯基以资本主义市场经济为例,探讨了伦理学与经济学结合的可能性、必然性以及从理论到实践的具体运作,对我们思考在社会主义市场经济条件下应该形成一个怎样的道德体系来指导人们的经济行为也提供了一条新思路。这本书提醒我们:经济的市场化与经济的社会化是同一个过程,只有建立相应的价值观念和道德规范才能保证普遍化最大利益的实现。

(成海鹰)

图书在版编目(CIP)数据

西方伦理学名著提要/唐凯麟主编.—南昌:江西人民出版社,2000.4(2015.12重印)

(西方哲学社会科学名著提要丛书/唐凯麟主编)

ISBN 7-210-02204-X

Ⅰ.西...　Ⅱ.唐...　Ⅲ.伦理学-内容提要-西方国家　Ⅳ.Z89:B82

中国版本图书馆CIP数据核字(1999)第55915号

西方伦理学名著提要

主编:唐凯麟　副主编:杨君武

江西人民出版社出版发行

南昌市红星印刷厂印刷　新华书店经销

2000年4月第1版　2015年12月第4次印刷

开本:850mm×1168mm　1/32　印张:22.625

字数:565千　印数:11001—14000册

ISBN7-210-02204-X/B·64　定价:38.00元

江西人民出版社　地址:南昌市三经路47号附1号

邮政编码:330006 传真电话:86898827 电话:86898893(发行部)

E-mail:jxpph@163.net